Kontaktadresse nach EU-Produktsicherheitsverordnung:
produktsicherheit@fischerverlage.de

Eine spannende und bewegende historische Reportage über die sieben »braunen« Jahre Österreichs: Tag für Tag schildert der Wiener Historiker die Ereignisse, die zum »Anschluss« führten – Hitlers Drohgebärden, die Volksabstimmung, der triumphale Einzug der NS-Führung. Bald darauf folgt zwar Ernüchterung bei vielen, doch andere machen Karriere im neuen Staat, und Tausende müssen fliehen.

Anhand von unzähligen Zeitzeugnissen (Erinnerungen, Tagebücher, Briefe) gelingt Kurt Bauer ein intimes Porträt der verschiedensten Menschen in allen Regionen des Landes: Da sind jene, die sich mit dem neuen Staat arrangieren, andere, die sich ins Private zurückziehen, oder solche, die sich mit glühender Begeisterung für Hitler und den Nationalsozialismus engagieren. Und schließlich jene, die Verfolgung und Gewalt erfahren – und zumeist nicht überleben.

Aus der Perspektive der Zeigenossen erleben wir den »Anschluss« und den Kriegsbeginn, die Deportationen der Juden und die Errichtung des KZ Mauthausen, den Luftkrieg und die Kapitulation. Ein mitreißend erzähltes Porträt der österreichischen Gesellschaft während des Nationalsozialismus, unverzichtbar nicht nur in Österreich – denn auch die Jahre nach 1945 erscheinen nach der Lektüre in neuem Licht.

Kurt Bauer, geboren 1961, ist Historiker und promovierte an der Universität Wien. 2003 erhielt er den Bruno-Kreisky-Preis für das Politische Buch. 2014 erschien sein vielbeachtetes Buch ›Hitlers zweiter Putsch. Dollfuß, die Nazis und der 25. Juli 1934‹. Er lebt als freier Autor in Wien.

KURT BAUER

Die dunklen Jahre

Politik und Alltag im
nationalsozialistischen Österreich
1938 bis 1945

FISCHER

3. Auflage

Originalausgabe

© 2023 S. Fischer Verlag GmbH,
Hedderichstr. 114, 60596 Frankfurt am Main

Printed in Germany
ISBN 978-3-596-29903-4

Inhalt

Dieses Buch widme ich dem Andenken
meiner Mutter Margarete Bauer (1937–2016).
Ihre Kindheit stand im Dunkel jener Jahre.

Prolog

Der Anschluss Österreichs an Deutschland hat eine lange Vorgeschichte. Sie beginnt mit dem preußisch-österreichischen Krieg von 1866.[1] Die Niederlage in der Schlacht bei Königgrätz verursachte in Österreich einen gewaltigen Schock. Die Deutschösterreicher sahen sich aus Deutschland hinausgeworfen und dazu verdammt, eines der vielen Völker des Habsburgerreiches zu sein statt Deutsche unter Deutschen. Die österreichischen Deutschnationalen fühlten sich von den anderen Nationalitäten der Monarchie bedrängt und bedroht und warfen sehnsuchtsvolle Blicke hinaus ins mächtige, nach der Weltmacht greifende Reich der Hohenzollern. Im Laufe der Zeit entwickelte sich daraus ein radikal antisemitischer, antislawischer, antimarxistischer Pangermanismus.[2]

Am nachdrücklichsten vertraten die Alldeutschen unter Georg Schönerer diese extreme Position. Hitler war von Schönerer so fasziniert, dass er ihm in »Mein Kampf« Dutzende Seiten widmete. Die Historikerin Brigitte Hamann bezeichnet ihn als Hitlers »Jugendidol«. Hitler habe Schönerers politische Grundsätze nicht nur aufgenommen, sondern geradezu kopiert.[3] Im zersplitterten deutschnationalen Lager der österreichisch-ungarischen Monarchie waren die Schönerianer allerdings nur eine Gruppe von vielen, und zwar keineswegs die dominierende, sondern bestenfalls diejenige, die am meisten Lärm erzeugte. Bei den meisten österreichischen Deutschnationalen verband sich die Liebe zum Deutschtum mit dem grundsätzlichen Bekenntnis zum Habsburgerstaat. Auch die Sozialdemokratie – trotz der Deutschtümelei vieler ihrer führenden Protagonisten – war am Erhalt des Großraums der Monarchie interessiert.

Die eigentlich staatstragende, prohabsburgische Partei der Deutsch-Österreicher waren die katholisch-konservativen Christlichsozialen. Der Historiker Ernst Hanisch spricht von einer »doppelten Identität« der Österreicher: »Eine starke deutsche, vermittelt durch Herkunft, Sprache, Erziehungssystem, Literatur, Kommunikationskreise, und eine schwächere österreichische, die sich auf die Donaumonarchie bezog und durch dynastische Symbole gestützt wurde.«[4]

Am Beginn des Ersten Weltkriegs herrschte in beiden Reichen dieselbe überbordende Begeisterung, vor allem in den bildungsbürgerlichen Schichten. Und während des Krieges betonte man nach außen hin bei jeder Gelegenheit unverbrüchliche »Waffenbrüderschaft« und »Nibelungentreue«. Tatsächlich aber war das Verhältnis zwischen den Bündnispartnern gespannt und konfliktbeladen. Mit zunehmender Kriegsdauer geriet Österreich-Ungarn militärisch und ökonomisch immer mehr in ein Abhängigkeitsverhältnis zu Deutschland.

Trotz aller Konflikte im Krieg entflammte danach, als die Monarchie zerfiel und eine demokratische Republik entstand, die Idee eines Anschlusses an das Deutsche Reich. Die Führungsschichten der neu entstehenden Republik Deutschösterreich waren ganz dem Großraumdenken der Monarchie verhaftet. Wie sollte der neu geschaffene Rumpfstaat eine realistische Lebenschance haben? Die existentiellen Erfahrungen von Not, Hunger und Deklassierung, die Millionen Menschen im Weltkrieg gemacht hatten, weckten in allen politischen Lagern und Bevölkerungsschichten die Überzeugung, ökonomisch nur im Großraum überleben zu können.[5]

Am 12. November 1918 wurde die demokratische Republik Deutschösterreich ausgerufen. Im Artikel 2 des Gesetzes über die Staats- und Regierungsform dieser Republik hieß es: »Deutschösterreich ist ein Bestandteil der Deutschen Republik.«[6] Allein, die Siegermächte dachten nicht daran, einen bedeutenden Zugewinn an Territorium und Bevölkerung für das Deutsche Reich als Ergebnis des Weltkriegs zu akzeptieren. Ein Anschluss, das wäre ja so, als hätte Deutschland nachträglich den Krieg gewonnen, hieß es in Paris. Der Republik Österreich wurde daher im Artikel 88 des Vertrags von Saint-Germain ein Anschlussverbot auferlegt.[7]

Wie die Stimmung in Österreich war, zeigte sich bei zwei Volks-abstimmungen, die im Frühjahr 1921 stattfanden: In Tirol votierten 98,8 und in Salzburg 99,1 Prozent der Bürger für einen Anschluss an Deutschland. Weitere Abstimmungen unterblieben auf Betreiben der Siegermächte.[8] Zugleich entstand eine Reihe teils einflussreicher Vereinigungen, die den Anschluss zum Ziel hatten. Der 1925 gegründete »Österreichisch-deutsche Volksbund« etwa war eine Massenorganisation, an der sich Verbände und Körperschaften aller politischen Richtungen beteiligten. In Deutschland existierte ein Pendant, der »Deutsch-österreichische Volksbund«, geführt vom sozialdemokratischen Reichstagspräsidenten Paul Löbe.[9] 1930/31 betrieben die beiden Regierungen das Projekt einer deutsch-österreichischen Zollunion. Frankreich und Italien, die selbst nach Suprematie im Donauraum strebten, traten energisch dagegen auf, ebenso Großbritannien und die Tschechoslowakei. Frankreich konnte, indem es Österreichs Finanznöte ausnutzte, den Plan schließlich 1931 zu Fall bringen.[10]

Im September 1930 stieg die reichsdeutsche NSDAP mit 18,3 Prozent zur zweitstärksten Partei im Deutschen Reich auf. Im Vergleich dazu kam die ebenfalls Hitler unterstehende österreichische Partei bei der Nationalratswahl vom November 1930 auf überaus bescheidene 3 Prozent. Aber 1932 ging es auch in Österreich aufwärts. Bei drei Landtagswahlen im April 1932 kam die NSDAP auf Ergebnisse zwischen 14,1 und 20,8 Prozent. Das war beachtlich, aber nichts gegen die von Hitler zur selben Zeit im Deutschen Reich errungenen Siege.[11]

Am 30. Januar 1933 übernahm Hitler die Macht in Deutschland und zertrümmerte die noch vorhandenen Restbestände des demokratischen Systems der Weimarer Republik binnen weniger Monate. Diese Entwicklung führte indirekt auch in Österreich zur Erschütterung und letztlich Auflösung der Demokratie. Bundeskanzler war seit Mai 1932 der Christlichsoziale Engelbert Dollfuß. Anfang März 1933 nutzte er eine unbedacht herbeigeführte Geschäftsordnungskrise, um das Parlament auszuschalten und auf der Grundlage von Notverordnungen zu regieren. Zur Verbreiterung seiner schmalen Führungsbasis führte Dollfuß Geheimverhandlungen mit den Nationalsozialisten. Zugleich versuchte er, sich Mussolini anzunähern. Als sich die Verhandlungen über die Beteiligung an der Regierung zerschlugen, gingen Österreichs Nationalsozialisten ab Mitte Mai 1933 zu offenem Terror über. Hitler übte mit einer von der notorischen deutschen Devisenknappheit inspirierten Boykottaktion gegen Österreichs Fremdenverkehr (»Tausendmarksperre«) zusätzlichen Druck aus. Am 19. Juni 1933 verhängte die Regierung Dollfuß ein Betätigungsverbot über die NSDAP. Österreichs wichtigste NS-Führer flüchteten nach Deutschland und steuerten von dort aus den mit allen Mitteln von Propaganda, Sabotage und Terror geführten Untergrundkampf gegen den Staat Österreich.

Der organisatorische Zusammenhalt der Nazibewegung in Österreich konnte gewahrt werden, indem die ehemaligen Parteimitglieder vordergründig unpolitischen oder sogar dem herrschenden Regime nahestehenden Organisationen beitraten und diese unterwanderten. Die bereits zuvor von Nationalsozialisten vereinnahmten Vereine des deutschnationalen Lagers wurden zu organisatorischen Plattformen für den illegalen Kampf umfunktioniert. Viele, zumeist junge, arbeitslose, unverheiratete Österreicher trieb eine tatsächliche oder auch nur vermeintliche Verfolgung wegen illegaler Betätigung zur Flucht ins Dritte Reich. Dort wurden sie im Regelfall in die »Österreichische Legion« gesteckt, eine feldmäßig gerüstete, an die zehntausend Mann starke SA-Formation, die im entscheidenden Moment als Bürgerkriegstruppe in Österreich eingreifen sollte.[12]

Die österreichische Regierung antwortete mit oft willkürlichen Verhaftungen und Abstrafungen, mit der Einrichtung von Anhaltelagern und einer ständigen Verschärfung des Strafmaßes für verbotene politische Betätigung. Angesichts des anhaltenden NS-Terrors setzte Kanzler Dollfuß nun stärker noch als vorher auf die Anlehnung an Italien. Mussolini nahm ab Mitte 1933 entscheidenden Einfluss auf die Entwicklung in Österreich, die ganz in Richtung Diktatur verlief.

Nach dem blutig niedergeschlagenen sozialdemokratischen Aufstand vom 12. Februar 1934 konnte sich das Dollfuß-Regime zunehmend festigen. Die mächtige Sozialdemokratie war zerschlagen, die

»Vaterländische Front«, eine künstlich geschaffene Einheitspartei, befand sich scheinbar erfolgreich im Aufbau, das faschistische Italien hielt seine schützende Hand über Österreich. Am 1. Mai 1934 ließ Dollfuß die neue autoritäre Verfassung verkünden. Die Gesellschaft sollte sich nach sozialharmonischen »Ständen« formieren. So nannte sich das betont katholische Gebilde denn auch »Christlicher Ständestaat«.[13]

Als »austrofaschistisch«, etwa im Sinn der Faschismusdefinition von Emilio Gentile,[14] kann man das Dollfuß-Schuschnigg-Regime allerdings nicht bezeichnen. Sowohl Dollfuß als auch Schuschnigg stützten sich in erster Linie auf den traditionellen Staatsapparat. Anleihen beim italienischen und deutschen Faschismus sind in der Literatur treffend als »Imitationsfaschismus« charakterisiert worden. Die als Einheitspartei im faschistischen Sinn gedachte Vaterländische Front etwa blieb stets ein Papiertiger ohne wirkliche Mobilisierungskraft. Der Ständestaat ist daher dem Typus des autoritären Regimes zuzurechnen und als »Kanzlerdiktatur« zu charakterisieren.[15]

Das NS-Regime befand sich in der ersten Jahreshälfte 1934 in einer überaus prekären Situation. Erstens war die wirtschaftliche Lage höchst problematisch. Der Mangel an Konsumgütern aller Art sorgte für lautstark geäußerte Unzufriedenheit in der deutschen Bevölkerung. Dazu kam zweitens die innenpolitische Krise um die Ansprüche der SA und ihres machtbewussten Stabschefs Ernst Röhm. Und drittens reagierte Frankreich auf Deutschlands neue außenpolitische Linie unter Hitler ab Frühjahr 1934 mit energischen Gegenmaßnahmen. Die französische »Einkreisungsoffensive« schien zur völligen Isolation Deutschlands zu führen. War in dieser Lage nicht ein Präventivkrieg zu erwarten, um die Aufrüstung zu stoppen und das Wiedererstarken Deutschlands zu verhindern? Genau das war es jedenfalls, was Hitler immer schon gefürchtet hatte. Noch dazu neigte sein Wunschverbündeter, Mussolini, im europäischen Mächtespiel immer stärker Frankreich zu. Grund dafür war die Auseinandersetzung um Österreich.

Mitte Juni 1934 fand in Venedig die erste persönliche Begegnung der beiden Diktatoren Mussolini und Hitler statt. Bei einer langen Aussprache unter vier Augen, geführt in deutscher Sprache, ging es in erster Linie um Österreich. Hitler gewann dabei – höchstwahrscheinlich aufgrund von sprachlichen Missverständnissen – den Eindruck, Mussolini hätte ihm einen »Regierungswechsel« in Österreich zugestanden. Folgerichtig erteilte er in der Woche nach dem Gipfeltreffen seinem Österreich-Beauftragten Theodor Habicht den Befehl zum Putsch in Österreich.

Wie sah Hitlers Plan aus? Dollfuß, immerhin ein persönlicher Freund Mussolinis, sollte »in Ehren kaltgestellt« werden, und der neue Kanzler Anton Rintelen, ein NS-affiner Christlichsozialer, sollte eine Regierung unter Beteiligung von Nationalsozialisten in Schlüsselpositionen bilden. An die Verwirklichung des Anschlusses dachte Hitler zu diesem Zeitpunkt noch nicht. Vorläufig ging es ihm darum, die lästige Österreich-Frage beizulegen und Italien als Verbündeten zu gewinnen. Österreich sollte, ähnlich wie die Freie Stadt Danzig, als Satellitenstaat bis auf weiteres formal unabhängig bleiben.

Der Putsch am 25. Juli 1934 scheiterte kläglich. Zwar gelang der illegalen Wiener SS-Standarte 89 trotz eines Verrats die Besetzung des Bundeskanzleramtes. Dollfuß wurde bei seiner Festnahme durch einen unabsichtlich abgegebenen Schuss so schwer verletzt, dass er kurze Zeit später starb. Wenige Stunden danach ergaben sich die Putschisten. Noch im Laufe des Abends marschierten mehrere italienische Divisionen an der Brennergrenze auf. Die Österreichische Legion, die zum Einfall in Österreich bereitstand, musste im letzten Moment zurückgepfiffen werden. In einigen Bundesländern brach trotzdem ein blutiger SA-Aufstand aus, der insgesamt rund 220 Todesopfer forderte.[16]

Neuer Bundeskanzler in Österreich wurde Unterrichtsminister Kurt Schuschnigg. Hitler verstand es geschickt, die Fronten in der Österreich-Frage in den Folgejahren ruhigzustellen. Als neuen Botschafter entsandte er den bisherigen Vizekanzler Franz von Papen nach Wien. Dieser – nationalkonservativ und katholisch, aber kein Nationalsozialist – agierte auf diesem Posten ganz im Sinne von Hitlers Befriedungskurs.

Als Mussolini im Oktober 1935 Abessinien (Äthiopien) angriff, geriet er in unerwartete Schwierigkeiten. Die vom Völkerbund verhängten Handelssanktionen führten dazu, dass er sich Schritt für Schritt Hitler zuwandte. Erstes Opfer dieser Annäherung wurde das außenpolitisch isolierte und ganz von Italien abhängige Österreich. Mussolini legte dem österreichischen Kanzler mehrmals dringend nahe, einen Modus Vivendi mit dem Deutschen Reich zu finden. So blieb Schuschnigg nichts anderes übrig, als sich auf geheime Ausgleichsverhandlungen mit Berlin einzulassen. Am 11. Juli 1936 wurde die völlig überraschte Öffentlichkeit über den Abschluss des »Normalisierungs- und Freundschaftsabkommens« informiert. Deutschland sagte in diesem als »Juliabkommen« bezeichneten Pakt die Aufhebung der Tausendmarksperre, die Anerkennung der österreichischen Souveränität und die Nichteinmischung in die österreichische Innenpolitik zu. Österreich erklärte im Gegenzug, sich in seiner Außenpolitik in Zukunft an Deutschland zu orientieren. Vom vertraulichen Zusatzabkommen erfuhr die Öffentlichkeit nichts. Es führte dazu, dass mehr oder weniger gut getarnte Voll- und Halb-Nazis in hohe staatliche Funktionen aufrücken und hier als »trojanische Pferde« Hitlers agieren konnten.[17]

Die österreichische NSDAP verhielt sich in der Folgezeit nach außen hin tatsächlich weitgehend ruhig. Anschläge und Terrorakte wie 1933/34 kamen praktisch nicht mehr vor. Die »Illegalen« ergingen sich stattdessen in Fraktions- und Flügelkämpfen. Grob gesagt, stand auf der einen Seite eine Gruppe rund um Hubert Klausner, Friedrich Rainer und Odilo Globocnik. (Alle drei stammten aus Kärnten, dem besonders stark nazifizierten südlichsten Bundesland Österreichs.) Diese »Kärntner Gruppe« galt als moderat, weil sie den Anschluss auf »evolutionärem« Weg anstrebte, durch schrittweise Infiltration des herrschenden Politsystems. Im NS-internen Machtgefüge war die Gruppe der SS zuzurechnen. Unterstützung im Deutschen Reich fand sie bei Größen wie Göring, Himmler und Heydrich. Die konkurrierende Clique formierte sich um den NSDAP-Landesleiter Josef Leopold. Dieser war einer der wenigen österreichischen Naziführer, die nach dem Parteiverbot von 1933 im Land verblieben

waren. Er hatte dafür viele in Anhaltelagern und Gefängnissen verbrachte Monate in Kauf nehmen müssen. Leopolds Leuten, in der
Regel der SA angehörend oder ihr nahestehend, wird eine weniger
subtile, »revolutionäre« Taktik für die Machtergreifung in Österreich
nachgesagt. Tatsächlich waren die Unterschiede zwischen den beiden Gruppen unwesentlich. Beide verfolgten das Konzept einer all-
mählichen »friedlichen Durchdringung«. Umstritten war nur, wer
diese Durchdringung durchführen sollte. Wie Leopold meinte, sollte
die Initiative bei den österreichischen Nazis liegen, die Kärntner
sahen die führende Rolle hingegen bei den Deutschen. Damit lagen
sie Hitlers Vorstellung darüber, wie die ganze Sache ablaufen sollte,
wesentlich näher.[18]

Als NS-Vertrauensmann trat der ehemalige Generalstabsoffizier
Edmund Glaise-Horstenau in die Regierung Schuschnigg ein. Ein
Nazi im eigentlichen Sinn war Glaise nicht, sosehr er auch von der
»faszinierenden Persönlichkeit des Führers« angetan war. Er gehörte
dem kleinen, aber gut vernetzten Zirkel der Katholisch-Nationalen
an. Die Mitglieder dieser losen Gruppierung verstanden sich als
»Brückenbauer«. Sie meinten, Nationalsozialismus und katholisches
Glaubensbekenntnis seien bruchlos miteinander vereinbar. Und sie
strebten einen Anschluss an, der auf die österreichische Eigenart und
Tradition Rücksicht nehmen sollte. In den Jahren des Ständestaates
kam den Katholisch-Nationalen eine wichtige Rolle zu. Zu beiden
Seiten pflegten ihre wichtigsten Protagonisten gute Kontakte, beide
Seiten sahen in ihnen akzeptable, brauchbare Vermittler. Glaise
wurde vorerst Minister ohne Portefeuille. Im November 1936 übernahm er das Innenministerium.[19]

In seinem Windschatten brachte sich ein anderer Katholisch-
Nationaler in Stellung: der aus Mähren stammende Rechtsanwalt
Arthur Seyß-Inquart. Bereits Bundeskanzler Dollfuß hatte versucht,
ihn in seine Regierung einzubinden. Auch Schuschnigg war nach
dem Juliabkommen 1936 auf der Suche nach vertrauenswürdigen
Vertretern des nationalen Lagers auf ihn gestoßen und hatte ihn in
den Staatsrat berufen, ein Gremium von mittlerer Bedeutung. Seyß
agierte taktisch geschickter als Glaise. Während jener hauptsächlich

Kontakte zur Leopold-Gruppe unterhielt, stieg Seyß zum bevorzugten Ansprechpartner der Kärntner Gruppe auf.[20]

Im Juni 1937 entstand in der Vaterländischen Front ein »Volkspolitisches Referat« zur Integration bislang »abseits stehender nationaler Kreise«. Dieses Referat kann man als Domäne der Kärntner Gruppe bezeichnen. Schon vorher hatte es Bemühungen gegeben, einen »Deutsch-Sozialen Volksbund« zu gründen, im Grunde eine NSDAP-Neugründung unter anderem Namen. Daraus wurde wegen Schuschniggs Widerstand nichts. Was übrig blieb, war ein siebenköpfiges Komitee, bestehend aus Voll-Nazis, naziähnlichen Deutschnationalen und Faschisten. Dieser von Leopold beherrschte »Siebener-Ausschuss« residierte, misstrauisch beäugt vom Ständestaatsregime, in der Wiener Innenstadt.[21]

Im Juli 1936 brach der Spanische Bürgerkrieg aus. Deutschland und Italien engagierten sich gemeinsam auf der Seite Francos gegen die Demokratie. Die demokratische Führungsnation in Europa, England, war hingegen voll und ganz auf »Appeasement« gestimmt. Durch Nachgeben, Beschwichtigen und Deeskalieren wollte man Hitler-Deutschland bei durchaus berechtigt anmutenden Forderungen, die die Revision des Versailler Vertrages und das Selbstbestimmungsrecht der Völker betrafen, so weit entgegenkommen, dass der Ausbruch eines neuerlichen Krieges in Europa verhindert werden konnte. Frankreich versank innenpolitisch in Chaos und orientierte sich außenpolitisch voll an den Briten. Ohne deren Unterstützung waren die Franzosen zu keinem ernsthaften Schritt gegen Hitler bereit. Österreich, international isoliert, hing am Gängelband Mussolinis. Dieser, längst eng an Deutschland gebunden, gab dem NS-Regime bei jeder passenden Gelegenheit zu verstehen, dass ein Satellitendasein Österreichs ihn nicht stören würde, solange es nur formal unabhängig bliebe. Aber man wusste in Deutschland, dass Italien auch diese Rückzugsposition bald würde aufgeben müssen.

Der zweite Mann des Dritten Reichs, Hermann Göring, hatte im Oktober 1936 die Funktion eines »Beauftragten für den Vierjahresplan« übernommen, der die deutsche Wirtschaft in vier Jahren »kriegsfähig« machen sollte. Göring verschärfte die Gangart in der

Österreich-Frage entscheidend. Hitlers langjähriger Wirtschaftsberater Wilhelm Keppler wurde zum Sonderbeauftragten für Österreich ernannt. Keineswegs zufällig, denn Keppler war ein enger Vertrauter Görings und Experte für Rohstoffbeschaffung im Rahmen des Vierjahresplans. Das deutlich gesteigerte Interesse an einer raschen Angliederung Österreichs war also in erster Linie strategischer und wirtschaftlicher Natur, weniger ideologisch bedingt. Österreich galt aus der Sicht des Deutschen Reichs als Brücke nach Südosten zur Schaffung einer deutschen Großraumwirtschaft in Mittel- und Südosteuropa. Und Österreich hatte vieles von dem zu bieten, woran es in Deutschland nach Jahren der bis zum Äußersten forcierten Aufrüstung bereits schmerzlich mangelte: Devisen, Rohstoffe (Eisenerz, Erdöl, Wasserkraft, Holz etc.), freie Arbeitskräfte und verfügbare Industriekapazitäten. Ein möglichst bald herbeigeführter Anschluss Österreichs sollte zu einer zumindest vorübergehenden Milderung der wirtschaftlichen Engpässe führen.[22]

Diese waren 1937 bereits beträchtlich. Der akute Stahlmangel brachte die Aufrüstung ins Stocken. Bei einer geheimen Besprechung am 5. November 1937 (»Hoßbach-Konferenz«) gab Hitler den Entscheidungsträgern des Heeres, der Marine, Luftwaffe und Diplomatie zu verstehen, dass der »Entschluss zu Anwendung von Gewalt unter Risiko« gefallen sei. Erstes Ziel sei es nun, »die Tschechei und gleichzeitig Österreich niederzuwerfen«. England und Frankreich, so spekulierte Hitler, hätten die Tschechoslowakei im Stillen ohnehin schon abgeschrieben und würden nicht eingreifen. In Bezug auf Österreich sah Hitler anscheinend nur in der Haltung Italiens ein gewisses, jedoch nicht allzu großes Problem. Auf die deutschen Rüstungsprobleme reagierte Hitler nach der Besprechung vorerst, indem er die deutsche Roheisenproduktion bis an die Grenzen ihrer Möglichkeiten trieb. Machten die beachtlichen Rohstoffvorkommen und Stahlindustrien Österreichs und der Tschechoslowakei eine baldige Eroberung dieser Länder nicht zusätzlich attraktiv?[23]

Tatsächlich verschärfte sich die innere und äußere Lage Österreichs ab Ende 1937 erkennbar. Ein von der Polizei Ende Januar 1938 bei einer Hausdurchsuchung in Wien aufgefundener Umsturzplan der österreichischen Nazis schreckte Bundeskanzler Schuschnigg gehörig auf. Botschafter Papen hatte ihm bereits vorher bei verschiedenen Gelegenheiten eine persönliche Aussprache mit Hitler vorgeschlagen. Nun drängte Schuschnigg selbst darauf, dieses Treffen möglichst bald stattfinden zu lassen.[24]

Vorläufig war Hitler allerdings ganz mit Affären um Kriegsminister Blomberg und den Oberbefehlshaber des Heeres Fritsch befasst. Er löste das Problem, indem er das Amt des Reichskriegsministers ersatzlos strich und sich selbst zum Oberbefehlshaber der gesamten Wehrmacht machte. Zahlreiche Generäle wurden in den Ruhestand geschickt und viele wichtige Führungspositionen neu besetzt. Das Auswärtige Amt übernahm der hundertprozentig hitlerhörige Joachim von Ribbentrop.[25]

Eines der Opfer des großen Revirements vom 4. Februar 1938 war der deutsche Botschafter in Wien, Franz von Papen. Ein kurzer Anruf aus Berlin hatte ihn von seiner Abberufung informiert. Am 5. Februar stand er in Berchtesgaden, um sich persönlich vom »Führer« zu verabschieden. Er fand Hitler zerstreut, fast erschöpft vor, erkennbar mitgenommen von der Aufregung der letzten Tage. Papen erinnerte ihn an das in Aussicht genommene Zusammentreffen mit Schuschnigg. Plötzlich war Hitler ganz Ohr: Das sei eine ausgezeichnete Idee. Er möge sogleich nach Wien zurückfahren und mit Schuschnigg für die nächsten Tage eine Zusammenkunft vereinbaren. Papen: Das sei wohl nicht möglich. Er habe schon in einer Note den Bundeskanzler von seiner Abberufung in Kenntnis gesetzt. Hitler: Das mache nichts. Er bitte ihn, die Geschäfte der Botschaft zu übernehmen, bis die Unterhaltung mit Schuschnigg zustande gekommen sei. So kam es, dass der abberufene Botschafter Papen zum Erstaunen seiner Mitarbeiter am 7. Februar wieder in Wien eintraf. Er setzte sich sogleich mit Bundeskanzler Schuschnigg in Verbindung.[26]

Im Tagebuch Alfred Jodls, Chef der Abteilung Landesverteidigung im Wehrmachtführungsamt, findet sich für den 31. Januar 1938 ein bemerkenswerter Eintrag. Es geht um das Hauptthema jener Tage, die Affäre Blomberg/Fritsch: »Führer will die Scheinwerfer von der Wehrmacht ablenken, Europa in Atem halten u. durch Neubeset-

zung verschiedener Stellen nicht den Eindruck eines Schwäche-
moments sondern einer Kraftkonzentration erwecken. Schußnig soll
nicht Mut fassen sondern zittern.«[27]

Euphorie und Panik / 1938

BERCHTESGADEN

Abends um zehn verließ der Zug mit dem Sonderwagen des Bundeskanzlers den Wiener Westbahnhof. Kurt Schuschnigg reiste mit kleinem Gefolge. Mit dabei waren neben dem Staatssekretär für auswärtige Angelegenheiten Guido Schmidt einige Beamte und Sekretäre.
Schuschniggs Waggon wurde auf dem Salzburger Bahnhof abgekop-
pelt. Der Kanzler und seine Leute verbrachten die Nacht im unauffällig abgestellten Sonderwagen. Den Salzburger Behörden war die
Anwesenheit des Kanzlers nicht mitgeteilt worden.

Samstag, der 12. Februar 1938, war ein grauer Wintertag. Es
schneite. Die Temperatur in der Stadt Salzburg lag unter dem Ge-
frierpunkt. Gegen zehn Uhr bestiegen Schuschnigg, Schmidt und
drei Begleiter das Dienstauto des Kanzlers. Etwas früher als Schuschnigg war Botschafter Papen am Vortag per Zug von Wien abgereist
und hatte in einem Hotel in Berchtesgaden Logis genommen. Ungefähr um elf Uhr stand Papen beim Schlagbaum an der deutsch-österreichischen Grenze. Schuschnigg und Schmidt schienen ihm in auf-
geräumter und zuversichtlicher Stimmung zu sein. Wie um ihnen
einen ersten Dämpfer zu versetzen, erwähnte der Botschafter die
Anwesenheit von drei Generälen der Wehrmacht auf dem Berghof.
Der Kanzler werde wohl nichts dagegen haben? Schuschnigg mit
Blick auf Schmidt: Nein, wie könne er? Auf der Weiterfahrt soll
Schuschnigg dann zu Schmidt geäußert haben, dass an seiner Stelle
eigentlich besser Wagner-Jauregg – der berühmte Psychiater – nach
Berchtesgaden fahren solle. Er mochte Schlimmes geahnt haben.[1]

Die in Berchtesgaden auf den Obersalzberg abzweigende Straße war vereist. So verfrachtete man die Gäste in einen bereitgestellten Raupenschlepper. Unterwegs registrierte Schuschnigg ein Areal mit Kasernenbaracken, die Fenster dicht besetzt mit Neugierigen in SS-Uniformen. Hitler empfing die Gäste auf der Freitreppe vor dem Gebäude, freundlich und korrekt, wie Schuschnigg schreibt. In Hitlers Gefolge die erwähnten Generäle: Keitel, Reichenau, Sperrle. Ihre Anwesenheit war Teil von Hitlers psychologischer Kriegsführung. Sie seien, hatte Hitler den drei Generälen erklärt, nur für einen »optischen Zweck« gerufen worden. Er wolle den Österreichern allein durch ihre bloße Anwesenheit zu verstehen geben, dass notfalls auch Soldaten bereitstünden.[2]

Es folgte eine kurze formelle Vorstellungsrunde. Anschließend bat Hitler den österreichischen Kanzler zum Vieraugengespräch in sein Arbeitszimmer in den ersten Stock. In seinem 1946 erschienenen Buch »Ein Requiem in Rot-Weiß-Rot« druckte Schuschnigg die nun folgende Auseinandersetzung mit Hitler auszugsweise auf sechs Seiten wortwörtlich ab. Es handelt sich um ein häufig zitiertes Schlüsseldokument der österreichischen Geschichte. Man mag bezweifeln, dass der Bundeskanzler sich an jedes Wort und jeden Satz derart präzise erinnern konnte,[3] der extrem rüde Ton und Inhalt des Gesprächs ist gewiss authentisch wiedergegeben.

Man sei hier nicht zusammengekommen, um über die schöne Aussicht oder das Wetter zu reden, herrschte Hitler den um ein paar verbindliche Einleitungsfloskeln bemühten Schuschnigg gleich im ersten Satz an. Schuschnigg habe stets alles getan, um eine deutsche Politik zu vermeiden. Die gesamte österreichische Geschichte sei ein ununterbrochener Volksverrat, jede nationale Regung habe von Österreich aus stets nur Prügel zwischen die Füße geworfen bekommen. Er, Hitler, habe einen geschichtlichen Auftrag, und diesen werde er erfüllen. Die sogenannte österreichische Frage werde er lösen, so oder so. Schuschnigg werde doch nicht glauben, dass er ihn, Hitler, auch nur eine halbe Stunde aufhalten könne? Vielleicht werde er über Nacht in Wien sein, wie der Frühlingssturm! Keine Hilfe habe Schuschnigg zu erhoffen, nicht von Italien, nicht von England, nicht von Frankreich. Er, Hitler, sei trotzdem bereit, Schuschnigg eine letzte Chance einzuräumen. Man müsse eine Lösung finden, und zwar bis zum Nachmittag. Sonst sei es zu spät. Er bluffe nicht, er erreiche immer, was er wolle, vielleicht sei er dadurch zum größten Deutschen der Geschichte geworden. – Nach zwei Stunden drückte Hitler auf eine Klingel, die Türen öffneten sich, und man begab sich in den Speisesaal.[4]

Einstweilen hatten Reichsaußenminister Ribbentrop und Staatssekretär Schmidt unter Assistenz Papens im großen Salon mit dem berühmten versenkbaren Panoramafenster die Detailverhandlungen aufgenommen. Ribbentrop war erst seit einer Woche im Amt, von den österreichischen Angelegenheiten wusste er so gut wie nichts. Nach belanglosem Smalltalk legte er Schmidt ein vom Österreich-Sonderbeauftragten Keppler zusammengestelltes Manuskript vor. Es war in anmaßendem Ton abgefasst und glich einem Ultimatum.[5] Der Führer habe diese Punkte gebilligt und werde auf ihrer Annahme unbedingt bestehen. In des Staatssekretärs Zügen habe sich beim Überfliegen des Papiers das »lebhafteste Erstaunen« abgezeichnet, erinnerte sich Papen. Daran anschließend entwickelte sich eine schwierige und unergiebige Diskussion.[6]

Bei Tisch spielte Hitler den höflichen Gastgeber. Schuschnigg saß ihm gegenüber. Die Konversation drehte sich um mehr oder minder belanglose Themen. Der Exil-Österreicher Reinhard Spitzy, Adjutant des Reichsaußenministers Ribbentrop, beobachtete den österreichischen Kanzler aufmerksam. Schuschnigg sei bleich und nachdenklich aus Hitlers Zimmer gekommen, habe an des Führers Tafel stumm vor sich hin gebrütet und sich am Gespräch kaum beteiligt. Beim Kaffee im Wintergarten forderte Hitler die anwesenden Generäle auf, aus ihrem Wirkungsbereich zu berichten. Anschließend zog er sich zurück. Seine Gäste ließ er volle zwei Stunden in einer Art Vorraum warten. Immerhin hatte der Kettenraucher Schuschnigg endlich Gelegenheit zu rauchen. Und er konnte sich mit seinem Staatssekretär abstimmen. Ansonsten plauderte man bei Cocktails und Zigaretten mit Reichspressechef Otto Dietrich und den drei Generälen.[7]

Gegen vier Uhr nachmittags wurden Schuschnigg und Schmidt zu Detailverhandlungen mit Ribbentrop und Papen gerufen. Als Grundlage diente das vorher schon Schmidt präsentierte Keppler-Papier. Ribbentrop: Der Entwurf müsse als Ganzes angenommen werden. Schuschnigg und Schmidt: Man sei bestürzt, mit Herrn von Papen sei anlässlich der Überbringung der Einladung auf den Obersalzberg ganz anderes vereinbart worden. Papen: Er sei selbst völlig überrascht.[8]

Tatsächlich hatte Papen dem österreichischen Kanzler bei der Überbringung der Einladung Hitlers erklärt, es gehe um eine Vertiefung und Bekräftigung des deutsch-österreichischen Abkommens von 1936. Eine Verschlechterung der österreichischen Lage werde sich durch das Treffen bestimmt nicht ergeben.[9] Nun aber forderten die Deutschen ultimativ die Einsetzung des NS-Vertrauensmannes Seyß-Inquart als Innen- und Sicherheitsminister sowie der NS-Vertrauensmänner Glaise-Horstenau und Fischböck als Heeresminister und Finanzminister. Eine allgemeine Amnestie für inhaftierte Nationalsozialisten müsse erlassen, Maßregelungen und wirtschaftliche Diskriminierungen müssten zurückgenommen, ein Offiziersaustausch vereinbart, außenpolitische Fragen abgestimmt und zwei missliebige Elemente im österreichischen Presse- und Propagandawesen entlassen werden. Zudem müsse die österreichische Regierung anerkennen, dass der Nationalsozialismus mit den »Gegebenheiten Österreichs« und dem Bekenntnis zur Vaterländischen Front vereinbar sei.[10]

In einigen Punkten konnten Schuschnigg und Schmidt Korrekturen erreichen: kein nationalsozialistischer Finanzminister, kein nationalsozialistischer Heeresminister, stattdessen Rücktritt des strikt antinationalsozialistischen Generalstabschefs Jansa. Und: Die Amnestie sollte durchgeführt werden, den Nationalsozialisten sollte die Möglichkeit zur legalen Betätigung im Rahmen der Vaterländischen Front geboten werden, und Seyß-Inquart hatte das Sicherheitswesen zu bekommen.[11] Letzteres war der gefährlichste Punkt. Es war die altbewährte Nazi-Strategie aus den Tagen der Machtergreifung 1933. Zwischendurch ging Ribbentrop immer wieder zu Hitler, um strittige Punkte mit ihm zu besprechen. Schließlich verkündete er ihm, dass man sich so weit einig sei. Aber Schuschnigg weigere sich, Seyß-Inquart zum Sicherheitsminister zu machen. Hitler: »Sagen Sie Schuschnigg, wenn er diese Forderung nicht akzeptiert, so marschiere ich noch in dieser Stunde.« Dieses Argument überzeugte, Schuschnigg lenkte ein.

Beim folgenden Vieraugengespräch zog Hitler alle Register. Schuschnigg habe das Protokoll zu unterschreiben. Wenn nicht, werde er im Laufe der Nacht seine Entschlüsse zu fassen haben. Schuschnigg: Es bleibe ihm nach der gegebenen Sachlage nichts anderes übrig. Er sei zur Unterschrift bereit. Aber nach der österreichischen Verfassung ernenne der Bundespräsident die Regierungsmitglieder. Deshalb könne er die Einhaltung der Punkte nicht garantieren. Daher forderte er drei Tage Bedenkzeit. Hitler stürzte zur Tür, brüllte nach General Keitel, bedeutete Schuschnigg, sich zu entfernen. Keitel, eben noch im Gespräch mit Schmidt, ließ diesen brüsk stehen und eilte zu seinem »Führer«. Papen berichtet, Hitler habe von Keitel gar nichts gewollt, sondern das ganze Theater nur inszeniert, um die Österreicher in Schrecken zu versetzen. Der geschockte Schmidt rechnete nun jedenfalls mit dem Schlimmsten. Nach der Theaterszene mit Keitel wurde Schuschnigg wiederum zu Hitler beschieden. Der »Führer« gab sich großzügig: Zum ersten Mal in seinem Leben werde er von einem einmal gefassten Entschluss abgehen. Innerhalb von drei Tagen erwarte er die Durchführung der Vereinbarung![12]

Während die Reinschriften des Abkommens in die Maschine getippt worden seien, habe sich Hitler allmählich beruhigt, schreibt Schuschnigg. Die Konversation sei in »gebräuchlicheren Formen« verlaufen. Hitler: Mit dem Abkommen sei die Frage Österreich für die nächsten fünf Jahre bereinigt, und danach sehe die Welt ohnehin anders aus. Schuschnigg: Ob der Herr Reichskanzler an eine friedliche Entwicklung in der Welt glaube? Hitler: Wenn man ihm folgen würde, wäre Friede möglich. Aber er wisse nicht, ob ein neuer Weltkrieg zu vermeiden sei, wenn man ihm nicht glaube. Die deutsche Wehrmacht sei in vielen Bereichen heute führend in der Welt, und es wäre vor der deutschen Geschichte nicht vertretbar, ein solches Instrument nicht zu benützen.

Spätabends unterschrieben Hitler, Ribbentrop, Schuschnigg und Schmidt das Protokoll der Besprechung. Die Gäste verabschiedeten sich rasch. Im Raupenschlepper ging es talwärts, per Automobil durch die Nacht heim Richtung Salzburg. Botschafter Papen, ebenfalls mit an Bord, unterbrach irgendwann die im Fond lastende Stille: »Ja, so kann der Führer sein; nun haben Sie es selbst erlebt. Aber, wenn Sie das nächste Mal kommen, werden Sie sich sehr viel leichter sprechen. Der Führer kann ausgesprochen charmant sein« (Version Schuschnigg). Oder aber: »Da haben Sie nun selbst einmal die Erfahrung gemacht, wie schwer es ist, mit diesem unbeherrschten Manne zu verhandeln. Ich sagte Ihnen ja immer, es sei fünf Minuten vor zwölf« (Version Papen).[13]

Die in Salzburg zurückgebliebenen Kanzlerbegleiter hatten ihr Hauptquartier am Sitz der Landesregierung im Chiemseehof aufgeschlagen. Im Laufe des Tages war die Spannung bis ins beinahe Unerträgliche gestiegen. Wo blieben Kanzler und Staatssekretär so lange? Als den ganzen Nachmittag über nichts geschah und es zu dämmern begann, griff eine gewisse Panikstimmung um sich. War Hitler bis zum Äußersten gegangen und hatte die beiden festnehmen lassen? Schuschniggs Sekretär Frölichsthal war beauftragt, um 18 Uhr die Salzburger Bundesheer-Garnison zu alarmieren, sollte bis dahin keine Nachricht aus Berchtesgaden eingetroffen sein. Mit der Uhr in der Hand und dem unruhig auf und ab gehenden Salzburger Bundesheer-Kommandanten im Zimmer wartete Frölichsthal auf ein Lebenszeichen vom Berghof. In letzter Minute ließ Schuschnigg anrufen. Es werde noch verhandelt.

Um 22.45 Uhr trafen Kanzler und Staatssekretär in Salzburg ein. Noch neun Jahre später erinnerte sich der Gesandte Hoffinger lebhaft daran: »Beide befanden sich in einer derart vernichteten Stimmung, wie ich kaum sonst jemanden je gesehen habe.« Schuschnigg und Schmidt zogen sich sofort zum Essen mit Landeshauptmann Rehrl zurück. Was sie diesem berichteten, muss ihn zutiefst geschockt haben. »Entsetzlich! Entsetzlich!«, flüsterte Rehrl Hoffinger anschließend im Vorbeigehen zu. Gegen zwei Uhr nachts nahmen Schuschnigg und seine Begleiter einen Sonderzug nach Wien.[14]

Weltfremd, lehrerhaft, steif, verschlossen, ohne Charisma, so wurde Schuschnigg häufig charakterisiert. Einem Hitler war er jedenfalls nicht gewachsen. Für sein Verhalten oder – wie viele meinten – Versagen in Berchtesgaden ist er oft kritisiert worden. Aber wie hätte sich der Regierungschef eines Kleinstaats ohne jede internationale Rückendeckung angesichts der beinahe schon physisch zu nennenden Bedrohung durch den skrupellosen, unumschränkten Herrscher des Deutschen Reichs verhalten sollen?[15] Schuschnigg spielte auf Zeit. Er hoffte auf eine grundlegende Änderung der europäischen Großwetterlage. Eine Illusion. »Was hat Hitler Schuschnigg gegeben? Die Verlängerung des Führerscheins um ein paar Wochen!«, so fasste ein in den Tagen nach Berchtesgaden in Wien kursierendes Bonmot die Lage zusammen.[16]

Was versprach sich Hitler von der Berchtesgadener Erpressung? Das von Schuschnigg unterzeichnete Protokoll sei so weitgehend, dass die Österreich-Frage bei voller Durchführung »automatisch« gelöst werde, legte er Ende Februar österreichischen Parteiführern dar. Eine gewaltsame Lösung solle, wenn irgend möglich, vermieden werden.[17] Hitler rechnete also, womit er im Laufe seiner politischen Karriere zu rechnen gelernt hatte: dass seine Anhänger ihm »entgegenarbeiten« würden. Mit diesem Zitat aus der Rede eines NS-Funktionärs charakterisierte der Historiker Ian Kershaw eine grundlegende Funktionsweise des Dritten Reichs: »Hitlers personalisierte Herrschaftsform ermutigte seine Anhänger zu radikalen Initiativen von unten und bot solchen Initiativen Rückendeckung, solange sie mit seinen grob definierten Zielen auf einer Linie lagen.«[18] Hitler war zuversichtlich, dass das Abkommen eine für das ständestaatliche Regime nicht mehr zu beherrschende Eigendynamik auslösen würde. Dass sich – so oder so – in absehbarer Zeit eine Situation ergäbe, die ihn gleichsam »automatisch« zum Eingreifen veranlassen würde.[19]

DOPPELHERRSCHAFT

Die Tage nach Schuschniggs Rückkehr vom Obersalzberg vergingen mit hektischen Beratungen hinter verschlossenen Türen. Bundespräsident Miklas wehrte sich vorerst entschieden dagegen, Seyß-Inquart das Sicherheitsministerium zu überlassen: »Jedes andere Ressort, aber nicht die staatliche Exekutive!« Als Schuschnigg daraufhin seinen Rücktritt in den Raum stellte, blieb Miklas nichts anderes übrig, als auch diese Bedingung des Abkommens zu akzeptieren.[20]

In Berlin blickte man ungeduldig nach Wien. »Großes Rätselraten um Österreich«, notierte Goebbels. »Wir erwarten die Beschlüsse bis abends.«[21] Tatsächlich, am Abend des 15. Februar – exakt bei Ablauf der Schuschnigg eingeräumten Frist – wurden auf reichsdeutschen und österreichischen Sendern gleichlautende amtliche Verlautbarungen verlesen. Inhalt: floskelhaft und nichtssagend. Bis auf die kryptische Ankündigung der »sofortigen Durchführungen von Maßnahmen« freilich.[22]

An diesem Abend fand in Berlin ein Diplomatenempfang statt. (Goebbels: »Sehr langweilig.«) Als gegen 22 Uhr die Meldung eintraf, Schuschnigg habe die deutschen Forderungen angenommen, stieg die Stimmung. Hitler war höchst erfreut. Er ließ den österreichischen Gesandten Tauschitz zu sich rufen: Er sei glücklich, dass die Besprechung zum »beiderseits gewünschten Ergebnis« geführt habe. Die Zeit der Missverständnisse sei damit vorbei, niemand könne mehr auf deutsche Zwietracht bauen. »Besonders warm« drückte Göring die Hand des Gesandten. Nun beginne eine neue Epoche der deutschen Geschichte. Und Goebbels kam lachend auf Tauschitz zu: Beide Seiten könnten sich beglückwünschen. »Es gibt kein gegenseitiges Schießen mehr, alles muss im Keim erstickt werden!«[23]

Den Morgenblättern des 16. Februar war die Ministerliste der neuen Regierung Schuschnigg zu entnehmen. Der Mann der Stunde hieß Arthur Seyß-Inquart, nunmehr Minister für Inneres und Sicherheitswesen. Laut späteren Eigenangaben war er zu diesem Zeitpunkt weder offen noch insgeheim Parteimitglied der NSDAP. Aber den

Kennern der österreichischen Szene galt der deutschnational-katholische Rechtsanwalt schlichtweg als Krypto-Nazi. Der bisherige Verbindungsmann der Nationalsozialisten in der österreichischen Regierung Edmund Glaise-Horstenau dürfte sich in Hitlers Augen nicht bewährt haben. (Dessen Urteil: »Weihnachtsmann!«[24]) Da Glaise der Gruppe um NS-Landesleiter Leopold zuneigte, deren Niederlage gegen die Kärntner Gruppe im parteiinternen Machtkampf faktisch bereits besiegelt war, wurde er nun auf ein Nebengleis abgeschoben. Immerhin blieb er als Minister ohne Portefeuille im Kabinett. Der Wiener Polizeipräsident Michael Skubl sollte als Staatssekretär für Sicherheitswesen die Rolle eines Gegengewichts zu Sicherheitsminister Seyß-Inquart spielen.[25]

Das Kabinett Schuschnigg V trat nur zweimal zusammen. Am 16. Februar beschloss man die in Berchtesgaden vereinbarte Amnestie für politische Straftäter und die Rücknahme von diversen Maßregelungen wegen politischer Delikte. Am 21. Februar erledigte man die üblichen Regierungsgeschäfte.[26]

Der erste Weg des neuen Ministers führte zu Hitler. Einige Stunden nach der Regierungssitzung bestieg Seyß-Inquart am Wiener Westbahnhof den Zug nach Berlin. Der Sonderbeauftragte für Österreich Keppler nahm ihn dort am Morgen des 17. Februar in Empfang. Zuerst ging es zu Reichsführer-SS Heinrich Himmler. Ihr unbedeutender Austausch war bald vorbei. Seyß-Inquart vermutete, Himmler habe ihn einfach einmal persönlich sehen wollen. Dann Hitler. Zwei Stunden und zehn Minuten dauerte das Vieraugengespräch der beiden. Seyß-Inquart will Hitler gegenüber ausgeführt haben, dass er als österreichischer Minister der österreichischen Staatsführung verpflichtet sei, dass die Tätigkeit der vom Reich aus gesteuerten illegalen Nazis in Österreich verderblich gewesen wäre, dass er als gläubiger Katholik einen »Kulturkampf« nicht mittragen werde, dass für sein Land die »Totalität« nicht in Frage komme, dass er in seiner Funktion notfalls auch Nationalsozialisten einsperren müsse und dass er sich im Übrigen nicht dazu hergeben wolle, als »Trojanisches Pferd« zu dienen. Die einzige Information über das Gespräch und seinen Inhalt haben wir aus einer Denkschrift Seyß-Inquarts und seinen

Aussagen im Nürnberger Prozess. Man kann das glauben oder nicht.
Jedenfalls war Hitler nicht unzufrieden mit seinem neuen Gefolgs-
mann. Goebbels:»Führer hält Seiß-Inquart [sic] für einen braven, an-
ständigen Deutschen. Aber er ist kein Nazi in unserem Sinne.«[27]
Sein dringlichster Wunsch sollte Seyß-Inquart ein paar Tage später
erfüllt werden. Hitler ließ den lästigen österreichischen NS-Landesleiter Josef Leopold nach Berlin zitieren, stauchte ihn nach Strich
und Faden zusammen – wie Keppler, der Leopold liebend gern los-
wurde, genüsslich in einer Aktennotiz beschreibt –, setzte ihn ab
und ernannte an seiner Stelle die Galionsfigur der »Kärntner Gruppe«
Hubert Klausner zum neuen Landesleiter.[28]

Die Wahrheit über Berchtesgaden war dem österreichischen Publikum im Laufe einer Woche in kleinen Dosen verabreicht worden.
Österreich eng an die Kandare Berlins genommen, ein Krypto-Nazi
als Polizeiminister, Freilassung aller Nazi-Täter, legale Betätigung der
Nazis – dieses Ergebnis war schlichtweg katastrophal. Schuschnigg
ging es in dieser kritischen Situation vor allem um eines: um jeden
Preis Optimismus markieren, um jeden Preis Panik verhindern.[29]

Er hatte damit nur mäßigen Erfolg. Der Kaffeehausliterat Anton
Kuh soll in der letzten seiner publikumswirksamen Stegreifreden in
Wien Ende Februar 1938 die rhetorische Frage »Sind die Juden intelligent?« gestellt und gleich selbst beantwortet haben: »Wenn ja,
rettet euch! Es ist höchste Zeit!«[30] Kuh selbst pendelte von Anfang
Februar bis Mitte März 1938 ruhelos zwischen Wien und Prag hin
und her. Die propagierte Selbsttrettung gelang ihm erst in letzter
Minute.[31] Albert Drach aus Mödling bei Wien, Rechtsanwalt jüdischer Herkunft, hatte in den Tagen nach Berchtesgaden Briefpapier
für seine Kanzlei bestellt. Der Druckereiagent, der bei ihm erschien,
fragte ihn besorgt, ob er wirklich noch glaube, die bestellte Quantität
zu benötigen. »Einige seiner ›Artgenossen‹ hätten die Nachbestel-
lung verweigert, der vielleicht Eingeweihteste von ihnen sei mit all
dem, was er schnell noch habe versilbern können, in die Schweiz gereist.«[32]

Joseph Buttinger war Führer der Revolutionären Sozialisten, der
illegalen Nachfolgeorganisation der Sozialdemokratischen Partei in

Österreich. Mitte Februar hielt er sich unter Decknamen in Paris auf. Knapp vor seiner Rückreise nach Wien erfuhr er von der neuen Ministerliste mit dem Sicherheitsressort für Seyß-Inquart. »Nun ist es aus«, sagte er zu seiner Freundin Muriel, »wir werden bald wieder in Paris sein, aber nach Wien kehren wir dann nicht mehr zurück.« Buttinger begann gleich nach seiner Ankunft in Wien damit, seine Genossen auf eine neue Phase der Illegalität einzuschwören. »Der Amtsantritt des Seyß-Inquart ist die Geburtsstunde der österreichischen Gestapo«, schrieb er im Informationsdienst seiner Bewegung. Mit Österreichs Selbständigkeit werde auch die bisherige Organisation der Revolutionären Sozialisten untergehen. Ihre Mitglieder sollten nun sich selbst so gut als möglich vor der Vernichtung bewahren.[33]

Eine interessante Quelle ist Eugen Lennhoff, Herausgeber des auflagenstarken *Telegraf,* eines Boulevardblattes von strikt antinazistischer Tendenz.[34] In einem 1938 in New York und London erschienenen Buch beschreibt er die dramatischen Februar- und Märztage in Wien. Die amerikanische Gesandtschaft sei nach Veröffentlichung der neuen Ministerliste am 16. Februar regelrecht belagert worden, hauptsächlich von Juden. Deren dringlicher Wunsch: ein Einreisevisum in die USA. Am 17. Februar seien nicht weniger als fünf gute Bekannte bei ihm vorbeigekommen, um sich zu verabschieden. Sie seien auf dem Weg in die Emigration gewesen. Er persönlich, Lennhoff, habe in jenen Tagen zwischen extremem Pessimismus und wildem Optimismus geschwankt, zwischen Kälte und Hitze, wie bei einer starken fiebrigen Erkältung. Theater, Restaurants und Cafés, schreibt er, seien leer gewesen, die Bridgeclubs ausgestorben. Mietverträge seien gekündigt worden. Friseure, Fleischhauer, Konditoren hätten Umsatzeinbrüche beklagt. Denn die Leute hätten gespart. Für die Flucht.[35]

In jüdischen Kreisen sei man überzeugt, heißt es in einem nationalsozialistischen Lagebericht, dass Österreich in absehbarer Zeit politisch und wirtschaftlich mit dem Deutschen Reich vereinigt werde. Am 17. Februar habe eine starke Kapitalflucht eingesetzt, Schillingnoten würden in großer Menge schwarz über die Grenze gebracht, österreichische Anleihewerte in der Schweiz, in London und im übrigen Ausland stark sinken. Eine für das Deutsche Reich zunächst nicht ungünstige Entwicklung, die man aber sehr genau beobachten müsse. Die Aushöhlung der österreichischen Währung und Wirtschaft dürfe nicht zu weit gehen. Das heißt: Wirtschaftliches Chaos war erwünscht, um so Schuschnigg zu schwächen. Aber dieses Chaos sollte ein gewisses Maß nicht überschreiten, denn das österreichische Wirtschaftspotential musste erhalten bleiben. Schließlich sollte es in absehbarer Zeit für das Deutsche Reich nutzbar gemacht werden.[36]

Optimistisch gaben sich die illegalen Nationalsozialisten: »Österreichs Bevölkerung ist wieder voll Hoffnung, und das Vertrauen in Hitler ist grenzenlos«, notierte Richard Ruffingshofer in sein Tagebuch. Der dreiunddreißigjährige Jurist aus Klosterneuburg bei Wien, Beamter des Postsparkassenamtes, befand sich dieser Tage in Hochstimmung.[37]

Am 20. Februar, einem strahlend schönen Spätwinter-Sonntag, hielt Hitler eine weltweit beachtete Rede vor dem Deutschen Reichstag. Geschlagene drei Stunden. Magere fünf Minuten waren Österreich gewidmet. Wie am Berghof versprochen, äußerte er sich positiv über das Berchtesgadener Abkommen, sprach Kanzler Schuschnigg seinen »aufrichtigen Dank« aus und lobte dessen »warmherzige Bereitwilligkeit« zur Verständigung. (Was sich für Schuschnigg nur zynisch angehört haben kann.) Zuvor hatte Hitler dunkle Drohungen ausgestoßen: Zehn Millionen Deutsche seien durch die Friedensverträge von 1919 gegen ihren Willen an einer Vereinigung mit dem Deutschen Reich gehindert worden. »Es ist auf die Dauer für eine Weltmacht von Selbstbewusstsein unerträglich, an ihrer Seite Volksgenossen zu wissen, denen aus ihrer Sympathie oder Verbundenheit mit dem Gesamtvolk, seinem Schicksal und seiner Weltauffassung fortgesetzt schwerstes Leid zugefügt wird.«[38]

Erstmals wurde eine Rede Hitlers vom österreichischen Rundfunk übertragen. In voller Länge. Sie sei ein »Meisterwerk« gewesen, fand Richard Ruffingshofer. An einigen Stellen habe er geradezu »Herzklopfen« bekommen. Über Österreich habe Hitler nicht viel gesagt, er werde schon wissen, warum. »Besser gehandelt als geredet.« Anschließend fuhr er mit seiner Freundin Elfi nach Wien. Ein bekanntes nationales Lokal in der Innenstadt war so voll, dass man nicht hineinkam. So ließen die beiden »den Adolf« in einer anderen Gaststätte hochleben.[39] Hitlers Rede markiert den Beginn einer Periode von drei Wochen, die man treffend als »Doppelherrschaft« charakterisiert hat.[40] Die österreichischen Nationalsozialisten traten ab nun massiv öffentlich in Erscheinung. Und ließen sich durch nichts und niemanden davon abhalten. Im ganzen Land, urteilte Joseph Buttinger, hätten sich nun die Nationalsozialisten auch ohne einheitliche organisatorische Weisungen in Bewegung gesetzt. »Sobald sie sich bewegten, handelten sie notwendigerweise im Sinne ihrer Führung. Sie brauchten nur zuzuschlagen, um mit Gewissheit zu treffen.«[41]

Tatsächlich setzten sich die Nazis in Bewegung. Nach Beendigung der Rede formierten sich in Wien lange Kolonnen, die aus allen Richtungen zur Ringstraße zogen. 10 000 bis 12 000 Kundgebungsteilnehmer sollen es gewesen sein. Es heißt, sie hätten gleichermaßen »Heil Hitler!« und »Heil Schuschnigg!« gerufen. Auf dem Platz vor der Votivkirche – der übrigens Dollfußplatz hieß – fand die Abschlussveranstaltung statt. Dergleichen hatte Wien seit 1933 nicht mehr erlebt. »Eine Wolke der Depression«, so Eugen Lennhoff, »hing über uns.«[42]

In Graz ging es den ganzen Tag rund: Sprechchöre, Heilgeschrei, Nazilieder, Hakenkreuze allenthalben. Ab 13 Uhr lauschten Tausende auf dem weitläufigen Hauptplatz der Hitlerrede. Danach bis spät in den Abend in der schon vorher geübten Manier: Umzüge, Heilgeschrei, Sprechchöre. Für die Straßenbahn gab es zeitweilig kein Durchkommen mehr. Viele Orte der Steiermark erlebten ähnlich begeisterte Kundgebungen.[43] In Linz waren viele Häuser aus Anlass der Hitlerrede beflaggt worden, auch die öffentlichen Gebäude. Am Abend flammten rings um die Stadt und überall im Land Oberösterreich Höhenfeuer auf, »Freudenkundgebungen« fanden statt. Ähnliche Meldungen aus Innsbruck, wo ein Fackelzug mit viertausend Teilnehmern unter »Sieg Heil!«, »Heil Hitler!« und »Heil Schuschnigg!« und den üblichen treudeutschen Gesangsdarbietungen durch die Altstadt und die Maria-Theresien-Straße zog. Fackelzüge auch in Villach und Spittal an der Drau, ein Demonstrationsbummel in Klagenfurt wurde von anscheinend unnötig vorsichtigen NS-Vertrauensleuten aufgelöst. In Salzburg marschierten abends junge Nationalsozialisten durch die Stadt. Sie führten ein Spruchband mit sich: »Österreich ist erwacht!«[44]

Auf den Druck der Straße reagierte das Regime mit einem Verbot aller öffentlichen Versammlungen. Mit Ausnahme von Veranstaltungen der Vaterländischen Front und ihrer Unterorganisationen allerdings. Zu diesen zählten auch die nationalsozialistischen Volkspolitischen Referate. Folgerichtig blieb das Verbot völlig wirkungslos. Die Referatsleiter riefen in den nächsten Tagen keck im Namen der Vaterländischen Front zu nationalsozialistischen Kundgebungen auf. Oder man ignorierte das Verbot einfach. Ernstzunehmende Gegenmaßnahmen der staatlichen Exekutive waren ohnehin auszuschließen. Die Leiter der Volkspolitischen Referate in den Bundesländern – laut Seyß-Inquart zum Teil »recht geschickte« Leute – sollten in den kommenden Wochen der Doppelherrschaft zu den wahren Treibern des Anschlusses von innen werden.[45]

Schuschniggs Antwort auf Hitlers programmatische Rede war – eine programmatische Rede. Zeitpunkt: 24. Februar, 19 Uhr. Ort: der große Sitzungssaal des Parlaments am Dr.-Ignaz-Seipel-Ring, nunmehr »Haus der Bundesgesetzgebung« genannt. Formal gab er seine Erklärung vor dem sogenannten Bundestag ab, dessen Funktion es an sich war, die von der Ständestaatsregierung autoritär gefassten Gesetzesbeschlüsse abzusegnen.

Nichts war von der Vaterländischen Front dem Zufall überlassen worden. Auf zentralen Plätzen in Wien und im ganzen Land, in Versammlungslokalen, Kinos, Privattheatern und Gaststätten fanden allgemein zugängliche Rundfunkübertragungen statt. Die Bundestheater blieben geschlossen, öffentliche Angestellte hatten früher Büroschluss, die Sperrzeit der Geschäfte war per amtlicher Verordnung vorverlegt worden, Hausbesitzer hatten die dringliche Aufforderung erhalten, als Bekenntnis ihrer patriotischen Gesinnung ihre

Häuser zu beflaggen. Lange vor 18 Uhr war die Ringstraße ein »wogendes Menschenmeer«, wie es in der ansonsten eher prosaischen *Wiener Zeitung* heißt. Aus allen Richtungen marschierten ständestaatliche Formationen, vaterländische Jugendgruppen, Musikkapellen, ganze Belegschaften öffentlicher Betriebe, großer Firmen und Fabriken mit Wimpeln und Fahnen Richtung Parlament. Dort nahmen sie Aufstellung, um die Lautsprecherübertragung zu hören.[46] Als Redner erlebte Schuschnigg an diesem Tag seinen größten Moment. Der trockene Schulmeister zeigte sich – zur Überraschung aller – temperamentvoll und kampfbereit. Drei Sequenzen der Rede sind ins historische Langzeitgedächtnis eingegangen: An das Ende seiner Ausführungen zum Abkommen von Berchtesgaden stellte Schuschnigg die in der gegebenen Situation durchaus mutige Parole »Bis hierher und nicht weiter!«. Betrachtungen zur gesamteuropäischen Lage und zu den Friedensverträgen von 1919 schloss er mit dem Satz: »Maßgeblich bleibt der feste Wille des österreichischen Volkes und die unabänderliche Überzeugung seiner verantwortlichen Führung, dass unser Österreich Österreich bleiben muss.« Abschließend beschwor Schuschnigg den Herrgott, der freilich nur jenen helfe, die zum Einsatz aller Kräfte entschlossen seien. »Und weil wir entschlossen sind, darum steht der Sieg außer Zweifel. Darum, Kameraden, bis in den Tod Rot-Weiß-Rot!« Dazu schwang er den rechten Arm wild im Takt seiner Worte, die im frenetischen Beifall der von den Sitzen aufspringenden Zuhörer untergingen.[47]

Über seinen Schatten war Kanzler Schuschnigg in der Rede wahrlich nicht gesprungen. Unbeirrbar hielt er an dem seltsam unverständlichen Konstrukt der deutschtümelnden Österreich-Ideologie fest. Und er war selbst angesichts der bedrohlichen Lage nicht dazu bereit, der in die Illegalität gedrängten sozialdemokratischen Arbeiterbewegung ein akzeptables Angebot für einen Schulterschluss gegen Hitler zu machen. Außer ein paar wohlfeilen Phrasen von sozialer Harmonie und Zusammengehörigkeit hatte er nichts zu bieten, ernsthafte Zugeständnisse schloss er kategorisch aus.[48] Im Grunde unbelehrbar, als hätte er noch eine Wahl gehabt. Es ging Schuschnigg in der Rede in erster Linie um die Mobilisierung der eigenen, allzu schmalen Basis. Aber die Rede gab den Bedrohten im Land neue Hoffnung, neue Zuversicht.[49] In ihrer verzweifelten Lage klammerten sie sich an einen Strohhalm. Man wollte mit aller Kraft daran glauben, dass Österreich Österreich bleiben würde, weil man das Ungeheuerliche nicht zu denken wagte: Österreich in Hitlers Händen.

Wie die Dinge wirklich standen, zeigte sich in den Straßen Wiens. Der junge Journalist Robert Breuer sollte seiner Zeitung ein »Stimmungsbild« übermitteln und war daher den ganzen Tag in der Innenstadt unterwegs. Alles habe seit Tagen auf die Schuschnigg-Rede gewartet, schreibt er, »alles vibrierte in ungeheuer Erregung«. Knapp vor 19 Uhr waren die Straßen leergefegt, ausgenommen die Plätze mit öffentlichen Übertragungen. Breuer stand inmitten einer Menge von ungefähr fünfzig Personen vor einem Radioladen am Stephansplatz. Ältere hörten Schuschnigg schweigend zu, hin und wieder zustimmend mit dem Kopf nickend, Jüngere lachten bei signifikanten Passagen demonstrativ höhnisch auf. Kleine Trupps von Burschen in Lederhosen und weißen Stutzen und Mädchen mit langen Zöpfen zogen vorüber, »Heil Hitler!« schreiend. Passanten antworteten mit »Hoch Schuschnigg!«. Im Laufe der Rede wurden die Marschkolonnen zusehends länger. Es ging durch die Kärntner Straße zum »Deutschen Verkehrsbüro« bei der Oper, das mit seinem riesigen Hitlerbild im Schaufenster schon seit längerer Zeit ein Zentrum der Nazi-Aktivitäten war. Als Schuschnigg mit »Bis in den Tod Rot-Weiß-Rot!« geendet hatte, pflanzten sich minutenlange Bravorufe und Händeklatschen durch die Straßen fort. Auf Breuer machten Schuschniggs Schlussworte tiefen Eindruck, nicht wegen des heldenhaften Appells, sondern wegen der »seltsamen Art«, mit der er sie ausgerufen hatte. »Es war darin etwas wie Bestimmung oder Fatum, das ich nicht deuten konnte, aber intensiv aus des Redners Stimme verspürte.«

In der Kärntner Straße herrschte unbeschreibliches Chaos. Auf der rechten Seite riefen Schuschnigg-Anhänger in Sprechchören: »Hoch Schuschnigg!«, »Wir bleiben ein freies Österreich!«, »Nieder mit der braunen Pest!« Links die Nazis: »Ein Volk, ein Reich, ein Führer!«, »Adolf Hitler – unser Führer!« Gesang rechts: »Ihr Jungen, schließt die Reihen gut!« Gesang links: »Die Reihen dicht geschlossen!« Beim

Deutschen Verkehrsbüro an der Ecke zur Mahlerstraße war ein Bataillon berittene Polizei aufgezogen, um die Massen im Zaum zu halten. Mittlerweile kam Schuschnigg mit Gefolge zum Abendessen beim Hotel Sacher an, wenige Schritte vom Verkehrsbüro entfernt. Ein paar Dutzend Getreue begrüßten den Kanzler vor dem Hoteleingang mit Hochrufen, von der gegenüberliegenden Seite drang tausendfaches Gebrüll: »Heil Hitler!«[50] Breuers Darstellung mag unausgewogen sein. Er hatte sich offensichtlich am Brennpunkt der NS-Demonstrationen aufgehalten. Die Ringstraße beim Parlament befand sich an diesem Tag jedenfalls in der Hand der Vaterländischen Front und ihrer Anhänger. Schuschnigg war nach der Rede unter euphorischem Jubel die Parlamentsrampe hinab und die Ringstraße entlang bis zur Hofburg geschritten. In seinen Erinnerungen schreibt er vom Jubel einer »zehntausendköpfigen Menge«, von »leidenschaftlicher Zustimmung« der eigenen Anhänger und der politisch Indifferenten, aber auch von »fanatischer Ablehnung« durch die illegalen NS-Aktivisten.[51] Am Schwarzenbergplatz kam es zu einer Schlägerei zwischen linken und nationalsozialistischen Jugendlichen. Zuvor hatten sie sich Sprechchor-Duelle geliefert, dann waren sie aufeinander losgegangen. Dazwischen ein Kordon Berittener, erfolglos bemüht, die Parteien getrennt zu halten.[52]

In Linz sammelten sich die Vaterländischen im Volksgartensaal, die Nationalsozialisten im Theresiensaal. Nachdem Schuschnigg geendigt hatte, zog zuerst der vaterländische Fackelzug mit einigen tausend Teilnehmern durch die Landstraße und über den Hauptplatz, vorbei an einem dichten Spalier von Zuschauern. Mit zeitlichem Abstand folgte der nationalsozialistische Fackelzug mit ungleich mehr Teilnehmern, die Rede ist von zehntausend und darüber.[53] In Innsbruck dagegen konnte die Vaterländische Front ihren Fackelzug ohne nationalsozialistische Konkurrenz durchführen. Die Tiroler Nationalsozialisten hatten die Parole ausgegeben, von den Straßen fernzubleiben.[54] Auch der vaterländische Fackelzug, der am 25. Februar in Salzburg-Stadt abgehalten wurde, blieb seitens der Nationalsozialisten ungestört.[55]

In Graz wurde Schuschniggs Rede mit Lautsprechern vom Rathaus auf den Hauptplatz übertragen. Schon eine Stunde vor Beginn hatten sich Tausende Nationalsozialisten gesammelt. Sie forderten in Sprechchören vehement das Hissen der Hakenkreuzfahne. So vehement, dass Bürgermeister Schmid schließlich auf den Balkon trat, in einer kurzen Ansprache seine Verbundenheit mit der nationalen Sache erklärte und dann zwei ständestaatliche Kruckenkreuzfahnen einziehen und eine nationalsozialistische Hakenkreuzfahne hissen ließ. (Tags darauf wurde er, wohl auf Geheiß aus Wien, »beurlaubt«.) Während der Kanzlerrede zerrissen NS-Demonstranten die rot-weiß-rote Flagge, sangen das Horst-Wessel-Lied und schlugen insgesamt so gewaltigen Lärm, dass die Übertragung praktisch nicht zu verstehen war.[56]

Die Vorgänge in Graz in diesen und den kommenden Tagen und Wochen sollten beträchtlich zum Kollaps des Schuschnigg-Regimes beitragen. Die steirische Landeshauptstadt erwarb sich damit den Beinamen »Stadt der Volkserhebung«, den sie während der NS-Ära mit (sukzessiv abnehmendem) Stolz trug.

Für Sonntag, den 27. Februar, planten die steirischen Nationalsozialisten einen groß aufgezogenen »Deutschen Tag«. Es ließ sich leicht ausrechnen, dass eine derartige Veranstaltung nur zu einem weiteren Nazi-Exzess führen konnte. Folgerichtig ließ Schuschnigg ein Verbot aussprechen und Bundesheer in beträchtlicher Quantität nach Graz beordern. (Womit er übrigens deutlich zum Ausdruck brachte, dass den steirischen Soldaten nicht zu trauen sei.) Schwerbewaffnete Truppen besetzten neuralgische Punkte, Militärflugzeuge kreisten über der Stadt. Die Nationalsozialisten gaben für das eine Mal nach und sagten die Veranstaltung im letzten Moment ab.[57]

Der Marsch aus dem Wiener Raum nach Graz war für die Soldaten ein Erlebnis eigener Art. In der Wiener Neustadt segnete eine alte Frau die Truppen, ganz so, als ginge es ins Kriegsgebiet. An der steirischen Landesgrenze, am Semmering, kam den Lkw-Kolonnen des Bundesheeres ein Motorradfahrer entgegen, der sie mit ausgestrecktem Arm grüßte. Überall auf dem weiteren Weg durch das Mürz- und Murtal trugen Passanten Hakenkreuzabzeichen, vielerorts wehten Hakenkreuzfahnen. In Graz empfingen NS-Demonstranten die Truppen mit dem Horst-Wessel-Lied, aber ohne Feindseligkeit. Eine derart offen zur Schau gestellte nationalsozialistische Gesinnung war den Soldaten von Wien her nicht geläufig.[58]

Das Sicherheitsministerium, geführt von Seyß-Inquart, erließ in Abstimmung mit der Vaterländischen Front Weisungen zum Verhalten der österreichischen Nationalsozialisten: Das Tragen von Hakenkreuzabzeichen sei verboten, der Hitlergruß und das Tragen von NS-Uniformen ebenso, das Singen des Deutschlandliedes sei nur mit behördlicher Genehmigung gestattet, das Hissen der Hakenkreuzfahne verboten.[59] In den entsprechenden Richtlinien des Ministeriums an die Sicherheitsorgane heißt es, davon durchaus abweichend, dass der Wortgruß »Heil Hitler« stillschweigend hinzunehmen sei, sofern er »nicht demonstrativ« gebraucht werde. Insgesamt möge man bei Verstößen gegen die oben definierten Regeln milde, nämlich mit »Abmahnungen und Verwarnungen« und erst »im Wiederholungs- und Beharrungsfalle« mit Strafen vorgehen.[60] – Im Nachhinein muss man sagen, dass Seyß-Inquart perfekt darin war, den Intentionen Hitlers »entgegenzuarbeiten«.

Am Nachmittag des 1. März reiste der Minister ohne Vorankündigung an die Medien nach Graz. Mission: angebliche Beschwichtigung der dortigen Nationalsozialisten. Im selben Zug saß ein politisch linksgerichteter britischer Journalist namens Gedye, er hatte einen Wink erhalten. Seyß-Inquart verließ den Zug in einem Vorort, um Aufsehen zu vermeiden. Weiterfahrt in die Stadt per Automobil. Schon unterwegs konnte der Minister registrieren, dass viele Häuser zu seiner Begrüßung beflaggt waren, selbstredend mit Hakenkreuzfahnen. Zuerst ging es höflichkeitshalber zum steirischen Landeshauptmann. Dann zu einer Besprechung in die Wohnung des Volkspolitischen Referenten Armin Dadieu. Dieser, ein sechsunddreißigjähriger Universitätsprofessor für Chemie, war neben dem sieben Jahre jüngeren SA-Führer Sigfried Uiberreither die zentrale Figur der Grazer »Volkserhebung«.

Gedye war mittlerweile von einem Grazer Nazi-Journalisten ins Parkhotel dirigiert worden. Es lag unweit der Wohnung des Professors Dadieu und diente als NS-Hauptquartier. Schließlich begab Gedye sich mit seinem Begleiter zum Dadieu-Haus. Der britische Journalist hatte eine Demonstration von Zivilisten erwartet. Zu seiner Überraschung sah er an der Spitze des Zuges von angeblich 20000 Menschen voll uniformierte SA-Kolonnen marschieren. Fünftausend Mann sollen es gewesen sein (nach einer anderen Quelle fünfhundert). Die mitgeführten Fackeln wurden entzündet, die üblichen Nazi-Gesänge angestimmt und eine regelrechte Parade abgehalten. Dadieu trat ans Fenster (nach einer anderen Quelle auf einen Balkon), etwas dahinter Seyß-Inquart. Und der sah seelenruhig all dem zu, was er selbst als Sicherheitsminister verboten hatte. »Sein Gesicht zeigte einen Ausdruck von Genugtuung, gemischt mit einiger Verlegenheit, während seine schweren Hornbrillen das Licht der Fackeln widerspiegelten.« Eine Viertelstunde lang begnügte sich der Minister damit, hin und wieder zu winken. Als dann aber eine besonders stramme SA-Kompanie vorbeimarschierte, hielt ihn nichts mehr. Er trat entschlossen an Dadieus Seite und stieß die rechte Hand halbhoch nach oben zum verbotenen Gruß. Die Marschierenden und Zuschauer auf der Straße erhoben ohrenbetäubendes Triumphgeschrei. Und so verharrte Seyß-Inquart dann bis zum Ende des Aufmarsches. Fast zwei Stunden lang soll der gedauert haben.[61]

Am Folgetag, dem 2. März, hielt Seyß-Inquart in Graz eine Rede vor öffentlichen Angestellten. Der Bundeskanzler habe ihn ermächtigt, ihnen mitzuteilen, dass das Heben der rechten Hand zum deutschen Gruß, der Ruf »Heil Hitler!« und das Tragen des Hakenkreuzabzeichens »selbstverständlich« gestattet seien. »Dieses jedoch nur außer Dienst.«[62] Schuschnigg, der Seyß-Inquart zu gar nichts ermächtigt hatte, war so erzürnt darüber, dass er die Verbreitung der Rede durch den Bundespressedienst verbieten ließ.[63] Was im Übrigen nicht das Geringste am weiteren Fortgang der Dinge änderte.

Wie die Situation unter den steirischen Beamten war, ergab sich aus Listen, die in Ämtern aufgelegt worden waren. Demnach sollten sich in verschiedenen Abteilungen der Landesverwaltung fünfundachtzig bis hundert Prozent aller Beamten zum Nationalsozialismus bekannt haben.[64] Gerade wenn man in dieser Unterschriftensammlung weniger ein Bekenntnis zu einer bestimmten politischen Ideologie erblickt als vielmehr konjunkturbedingtes Umschwenken:

Nichts zeigt deutlicher, dass die Autorität des kommenden jene des noch herrschenden Regimes bereits in den Schatten stellte. Ein Ministerialrat des Bundeskanzleramtes berichtete Eugen Lennhoff Anfang März von den zirkulierenden Listen. Nicht nur bekennende Nazis würden in den Ämtern von Büro zu Büro rennen, sondern auch viele Überläufer: Der Anschluss an das Dritte Reich stehe vor der Tür. Wer nicht für die Nationalsozialisten unterschreibe, werde bald ohne Posten dastehen.[65]

Schon unmittelbar nach Bekanntwerden des Berchtesgadener Treffens war in einigen Wiener Großbetrieben kurzfristig die Arbeit eingestellt worden. Die Arbeiter hätten mit diesem Streik gegen »die Auslieferung Österreichs an die Nazis« protestiert, hieß es in einer Aussendung des Auslandsbüros der österreichischen Sozialdemokraten.[66] So musste Schuschnigg sich Ende Februar widerwillig eingestehen, dass er auf die Unterstützung der sozialdemokratischen und kommunistischen Arbeiterbewegung nicht verzichten konnte. Und ganz ohne Zugeständnisse in irgendeiner Form würde es nicht gehen. Persönlichkeiten wie Otto von Habsburg, Bundespräsident Miklas, der Wiener Bürgermeister Schmitz und viele andere hatten mit zunehmender Vehemenz darauf gedrängt.[67] Nach langem Zögern entschloss sich der Kanzler, am 3. März ein vom sozialdemokratischen Gewerkschafter Friedrich Hillegeist geführtes Arbeiterkomitee aus rund zwanzig Personen zu empfangen. Dieses Treffen verlief nicht sonderlich ertragreich. Hillegeist sagte dem Kanzler, wenn Österreichs Arbeiter mit Erfolg für Österreichs Freiheit eintreten sollten, müssten sie zuerst selbst frei sein. Schuschnigg warnte vor »übertriebenen Forderungen«, zeigte sich aber zumindest bereit, Verhandlungen über ein Forderungsprogramm der Gewerkschafter aufzunehmen.[68]

Zu fragen ist, ob nicht bereits viele der ursprünglich sozialdemokratischen Arbeiter im Nationalsozialismus ein wesentlich attraktiveres Modell erblickten als im kleinkarierten, stagnierenden katholischen Ständestaat. Nicht von ungefähr meinte ein aufmerksamer Beobachter, nämlich der britische Gesandte, Schuschnigg müsse sich beeilen, wenn er »das Abdriften der Arbeiter zu den Nazis« aufhalten wolle.[69]

Zur Information von Vertrauensmännern der illegalen Freien Gewerkschaften hatte Schuschnigg für den 7. März einer Konferenz zugestimmt. Ort: das Arbeiterheim im Wiener Gemeindebezirk Floridsdorf, einer der Schauplätze der Kämpfe vom Februar 1934. Es war die erste derartige Versammlung seit mehr als vier Jahren (und die letzte für mehr als sieben Jahre). Die Begrüßung der rund vierhundert Delegierten mit »Genossinnen und Genossen!« durch den Gewerkschaftsobmann Mantler rief einen Begeisterungssturm hervor. Was Hillegeist dann von der Aussprache mit dem Bundeskanzler zu berichten hatte, regte weniger zur Begeisterung an. Man beschloss nach einiger Diskussion, die Verhandlungen fortzusetzen und zu forcieren. Trotzdem gingen die Gewerkschafter in Hochstimmung auseinander. Sie hatten den Eindruck gewonnen, dass Schuschnigg die Arbeiter brauche, dass er ohne sie zu schwach sei, sich gegen die Nazis zu behaupten.[70]

SCHUSCHNIGGS ENTSCHLUSS

Tatsächlich, Schuschnigg und sein Regime waren schwach. Immer mehr in die Enge getrieben, raffte sich der Kanzler Anfang März zu einem verzweifelten Entschluss auf: Eine Volksbefragung über die Unabhängigkeit Österreichs sollte ihm wieder Bewegungsfreiheit schaffen. Schuschnigg selbst meint, dass diese Idee wegen der immer bedrohlicher werdenden Nachrichten aus Graz »um den 3. März« bei ihm gereift sei.[71]

Beim Treffen mit Hillegeist und dem Arbeiterkomitee musste Schuschnigg den Eindruck gewonnen haben, dass das Gros der Arbeiterschaft sich nolens volens zu Österreich bekennen würde. So sandte er als Informant einen hochrangigen Diplomaten zu Mussolini, den unzuverlässigen Schirmherrn Österreichs. Dieser hörte sich alles geduldig an. Die Lage, fand der »Duce«, werde sich schon noch bessern, die Revolten in der Provinz seien nicht beunruhigend, Hauptsache, Wien bleibe fest in der Hand der Regierung. Allein, diese Idee mit der Volksabstimmung, das sei ein Fehler. Schuschnigg fand das nicht, und überhaupt sei es zu spät, noch etwas daran zu ändern. Das ließ er Mussolini mitteilen.[72]

Zu dieser Zeit besuchte Hitlers Sonderbeauftragter Keppler Wien. Dieser hätte, schreibt Schuschnigg, neue Forderungen präsentiert, so etwa die Ernennung des nazistischen Wirtschaftsexperten Fischböck zum Minister und die Verdoppelung des Offiziersaustauschs. Er, Schuschnigg, habe die Forderungen strikt zurückgewiesen und auf weitere Konversation mit Keppler verzichtet. Den Aufzeichnungen Kepplers sind diese Informationen so nicht zu entnehmen. Vielmehr meint er, die Unterredung mit Schuschnigg habe zwar »stürmisch« begonnen, aber »durchaus konziliant« geendet. Ansonsten geben beide Dokumente deutlich darüber Auskunft, wie Hitlers Emissär in Wien auftrat: präpotent, anmaßend, fordernd. Schuschnigg musste spätestens jetzt klargeworden sein, dass von einem »Bis hierher und nicht weiter« für Hitler keine Rede sein konnte.[73]

Und ebenso wenig für die österreichischen Nationalsozialisten. Trotz des Versammlungsverbots versammelten sie sich, trotz des Aufmarschverbots marschierten sie. Unbeirrt, unbeirrbar. Sogar von nationalsozialistischen Exerzier- und Gefechtsübungen in Partei-uniformen ist in polizeilichen Situationsberichten die Rede.[74] Seyß-Inquart setzte seine hinhaltende Taktik trotzdem unverdrossen fort. Nicht umsonst attestierte ihm Wilhelm Keppler anerkennend, »mit außerordentlicher Geschicklichkeit« zu arbeiten.[75]

Robert Breuer beschreibt die Zustände in Wien am 7. und 8. März als »Hexenkessel«. Überall wurden offen Hakenkreuze verkauft, ab den Mittagsstunden durchzogen tobende Gruppen von Nationalso-zialisten die Innere Stadt und die großen Einkaufsstraßen, pöbelten Passanten an, bedrohten jüdische Geschäfte, die alle vorsorglich ihre Rollläden halb heruntergezogen hatten, um sie notfalls rasch schlie-ßen zu können.[76]

Schuschnigg, dessen Entschluss zur Volksbefragung feststand, war überaus bemüht, den Kreis der Wissenden so lange wie möglich so klein wie möglich zu halten. Die Nationalsozialisten sollten durch den Coup regelrecht überrumpelt werden. Selbst Zernatto, der engste Mitarbeiter des Kanzlers, hatte erst an jenem Sonntag den genauen

Abstimmungstermin erfahren und war mit Vorbereitungsarbeiten beauftragt worden.[77]

Am 9. März stand in allen Blättern eine kurze Notiz, Kanzler und Frontführer Schuschnigg werde an diesem Abend in Innsbruck vor Tiroler VF-Amtswaltern eine Rede halten. Der *Telegraf* wurde im Laufe des Tages durch einen Verantwortlichen der Vaterländischen Front darauf eingestimmt: »Bereiten Sie eine Extraausgabe für heute Abend vor, halten Sie ausreichend Papier, Maschinen und Zeitungsverkäufer bereit. Die Redakteure können nach Hause gehen, den Inhalt wird der Kanzler alleine liefern.« Schuschnigg werde Österreich für den entscheidenden Sieg im Kampf gegen die Nazis mobilisieren. Seit langer Zeit habe er seinen Gesprächspartner nicht in so guter Laune erlebt, schreibt Lennhoff. Näheres wollte dieser allerdings nicht preisgeben. Trotzdem: Dessen Zuversicht übertrug sich auf Lennhoff. Er informierte umgehend seine Redaktion. Alle seien sie erleichtert gewesen. Endlich würde etwas geschehen.[78]

Schuschniggs Empfang in der Tiroler Landeshauptstadt am späten Nachmittag war trotz der fehlenden Zeit zur sorgfältigen Vorbereitung berauschend. Unzählige Schützenkompanien, Musikkapellen, Veteranen-, Jugend- und Turnverbände waren aufmarschiert, überall jubelnde Menschen, überall rot-weiß-rote Flaggen, ein Spalier aus Bundesheersoldaten und Tiroler Standschützen, Marschmusik und Hochrufe.[79] Mehr hatte Schuschnigg sich nicht erhoffen können. Die Rede fand im Innsbrucker Stadtsaal vor einem enthusiastischen Publikum statt. Als Schuschnigg zum Kern der Rede kam – zur Ankündigung der Volksbefragung für Sonntag, den 13. März –, brach ein Jubelsturm los. Die Musikkapelle stimmte das Andreas-Hofer-Lied an. Die Versammelten sangen es stehend und »mit erhobenen Schwurfingern« mit. (In dem Lied geht es übrigens um die Vollziehung des Todesurteils am Tiroler Freiheitshelden Andreas Hofer im Jahr 1810.) Apropos: Nachhaltig im historischen Langzeitgedächtnis hat sich verankert, dass Schuschnigg gegen Schluss seiner Rede eine Andreas Hofer zugeschriebene Phrase verwendete, um das österreichische Volk zu mobilisieren: »Mander, 's isch Zeit!«[80]

In Wien, beim *Telegraf,* waren die meisten Mitarbeiter in der Redaktion geblieben, um Schuschniggs Auftritt per Rundfunk mitzuerleben. Lennhoff war damit beschäftigt, den parallel durchgeführten Umbruch der Zeitungsseiten zu kontrollieren. Der Redakteur Strachwitz brachte das Redemanuskript Seite für Seite in den Satzsaal. Abschließend las er die Schlüsselpassagen mit lauter Stimme vor. Die Setzer und Metteure unterbrachen ihre Arbeit und hörten ihm zu. Lennhoff erlebte die sonst so ruhigen Männer aufgewühlt wie nie zuvor. Als der Redakteur seinen Vortrag beendet hatte, schrien sie euphorisch: »Rot-Weiß-Rot bis in den Tod! Rot-Weiß-Rot bis in den Tod!«[81]

Ist es unter diesen Umständen verwunderlich, dass Anton Kuh – der Juden wenige Tage zuvor noch die umgehende Abreise aus Österreich nahegelegt hatte – in Prag den nächsten Zug bestieg und nach Wien fuhr? Er wollte am Sonntag seine Stimme für Österreich abgeben. Im Sommer 1938 schrieb er in einer New Yorker Zeitschrift, die Ankündigung der Volksabstimmung hätte den vielen Tausenden, die bereits ihre Koffer gepackt hatten, neue Zuversicht, neue Hoffnung gegeben. Schuschnigg sei damit eine schreckliche Rolle zugefallen: »Ohne dass er es wusste, war ihm vom Schicksal die Aufgabe zuteil geworden, sein Land in eine Mausefalle zu verwandeln und sie selbst zuschnappen zu lassen.«[82]

Bleibt noch eine letztlich unlösbare Frage: Wie wäre diese Volksbefragung wohl ausgegangen? Schuschnigg selbst rechnete mit 70 bis 75 Prozent Ja-Stimmen. Zernatto lag auf derselben Linie (68 bis 75 Prozent), Seyß-Inquart soll ihm beigepflichtet haben. Lennhoff ging von mindestens zwei Drittel Befürwortern von Österreichs Unabhängigkeit aus. Zeitzeugen und Historiker schätzten durchwegs eine satte Ja-Mehrheit von 65 bis 75 Prozent.[83]

HITLERS ENTSCHLUSS

Ungefähr am frühen Nachmittag des 9. März muss es gewesen sein, dass Joseph Goebbels eine brandaktuelle Neuigkeit erfuhr: »Schuschnigg will am Sonntag eine Abstimmung machen. (…) Keppler ist

gleich nach Wien geflogen, um Näheres festzustellen. Ein gemeiner
Querschuss Schuschniggs.« Abends fand im Ministerium ein großer
Empfang für die Chefredakteure aller maßgeblichen deutschen
Blätter statt. Mitten in der Veranstaltung wurde Goebbels zu Hitler
und Göring gerufen. Schuschnigg, hieß es, plane einen »gemeinen
Bauernstreich«. »Wir überlegen: entweder Wahlenthaltung oder
1000 Flugzeuge mit Flugblättern über Österreich und dann aktiv eingreifen.« Zurück in seinem Ministerium, orientierte Goebbels sogleich
seine wichtigsten Mitarbeiter. Dann wieder zum Presseempfang, wo
es einstweilen hoch herging. Gegen drei Uhr morgens neuerlich zu
Hitler. Mittlerweile hatte sich der österreichische Minister Glaise-
Horstenau in der Reichskanzlei eingefunden. Näheres über die geplante Abstimmung wusste dieser allerdings nicht. Goebbels: »Der
Führer entwickelt ihm sehr drastisch seine Pläne. Glaise erschrickt
vor den Konsequenzen. Aber so ist das einmal.« Etwas erstaunt wirkt
Goebbels über die Anwesenheit des Gauleiters der Saarpfalz, Josef
Bürckel.

Anschaulich schildert Glaise-Horstenau, der gerade mehr oder weniger zufällig in Deutschland weilte, in seinen Erinnerungen die Sze-
nerie. Gemeinsam mit Bürckel war er um zwei Uhr morgens per
Flugzeug auf dem Tempelhofer Feld angekommen und sogleich in
die Reichskanzlei gebracht worden. Hitler informierte ihn vorerst
über die Sachlage. Dann forderte er ihn auf, Platz zu nehmen. Auch
Bürckel setzte sich, starr vor sich hin blickend. Er war betrunken und
mitgenommen vom Flug, während der ganzen Zeit sprach er kein
Wort. Glaise: »Während ich, zusammengekauert und doch ein wenig
eingeschüchtert, auf dem Sofa saß, schritt er [Hitler] vor mir laut
denkend auf und ab, mir nur ab und zu eine Frage wie einen Gum-
miball zuwerfend.« Schließlich sagte Hitler zu Glaise dasselbe wie zu
Schuschnigg in Berchtesgaden: Eigentlich sei es sündhaft, eine so
trefflich ausgerüstete Armee wie die deutsche Wehrmacht unge-
nützt stehen zu lassen. Goebbels, mittlerweile im Smoking aufge-
taucht, sprach davon, dass der März schon immer Hitlers Glücks-
monat gewesen sei. Hitler: »Sie haben recht – soll ich diesmal diesen
glücklichen Monat wirklich untätig vorübergehen lassen?« Um

4.30 Uhr wurden die Gäste verabschiedet. Hitler zu Glaise: Er brauche ihn noch, er werde ihn um elf Uhr vormittags rufen lassen. Goebbels führte das Gespräch mit Hitler unter vier Augen fort. »Er glaubt, die Stunde ist gekommen. Will nur noch die Nacht darüber schlafen. Italien und England werden nichts machen. Vielleicht Frankreich, aber wahrscheinlich nicht. (...) Der Führer ist in großer Fahrt. Eine wunderbare Kampfstimmung. Wir verabschieden uns am frühen Morgen.«[84]

Donnerstag, 10. März. Ausnahmslos jede österreichische Zeitung druckte den Aufruf des Bundeskanzlers zur Volksbefragung auf der Titelseite ab. Die Abstimmungsparole lautete: »Für ein freies und deutsches, unabhängiges und soziales, für ein christliches und einiges Österreich! Für Friede und Arbeit und die Gleichberechtigung aller, die sich zu Volk und Vaterland bekennen.«[85] Eine Formulierung, die im Grunde jedem recht sein musste. Aus dem Begleittext ging allerdings deutlich hervor, dass über die Politik Schuschniggs abgestimmt werden sollte. Und damit über die Frage der Unabhängigkeit Österreichs.

Die Durchführungsbestimmungen waren bedenklich. Wählerverzeichnisse gab es nicht, sie zu erstellen wäre aufgrund der knappen Frist sowieso unmöglich gewesen. Das Mindestalter wurde auf 24 Jahre festgelegt. Der Grund: Wie man genau wusste, hatte der Nationalsozialismus vor allem unter den Jungen seine Anhänger. In den Abstimmungslokalen sollten nur mit »Ja« bedruckte Stimmzettel ausliegen. Nein-Wähler sollten gezwungen sein, sich selbst Stimmzettel im vorgegebenen Format zuzuschneiden und diese von Hand mit »Nein« zu beschriften. Selbstverständlich, verkündete man, werde die Wahl geheim sein. Aber als »aufrechter Österreicher« könne man vor allen Leuten zeigen, dass man den Ja-Stimmzettel in die Urne werfe. Anders gesagt, wer in eine Wahlkabine ging und seine Stimme im Kuvert abgab, machte sich verdächtig, ebendies nicht zu sein: ein »aufrechter Österreicher«. Ein »gigantischer Schwindel«, fand Richard Ruffingshofer. Nach derselben Methode sollten die Deutschen übrigens wenige Wochen später ihre eigene Volksabstimmung durchführen.[86]

Angesichts der unklaren Lage wartete die österreichische NS-Führung auf ein Wort ihres »Führers« und gab vorläufig die Parole »Stimmenthaltung« aus.[87] Hitler arbeitete einstweilen in der Berliner Reichskanzlei an seinem Plan für das weitere Vorgehen in den nächsten Tagen. Ohne jeden Zweifel, für ihn war die Stunde gekommen: Gegen zehn Uhr vormittags teilte er OKW-Chef Keitel mit, eine militärische Lösung der Österreich-Frage ins Auge zu fassen. Konkrete Planungen für einen »Sonderfall Otto«, den Einmarsch der Wehrmacht in Österreich, hatte es bislang nicht gegeben. Erst am Nachmittag des 10. März begann der Generalstab des Heeres hektisch damit, derartige Pläne auszuarbeiten. Und erst gegen 18.55 Uhr erteilte Hitler die Weisung, die 8. Armee für den Angriff auf Österreich zu mobilisieren.[88]

Goebbels' Tagebuch gibt verhältnismäßig detailliert Auskunft über Hitlers Überlegungen: Seyß-Inquart und Glaise-Horstenau (»unsere Minister«) sollten am kommenden Tag, Freitag, den 11. März, ein neues Wahlstatut nach dem Muster der Saar-Abstimmung fordern. Wenn Schuschnigg dies ablehne, hätten beide am Abend zurückzutreten. Am Samstag sollten dann sechs- bis achthundert deutsche Flugzeuge über ganz Österreich Flugblätter abwerfen: »Aufforderung zum Widerstand. Das Volk steht auf. Und Sonntag Einmarsch. Zuerst Wehrmacht und dann Legion.«[89]

Die Legion war eine aus österreichischen NS-Emigranten gebildete SA-Truppe. Junge Männer, die sehr entgegen den Erwartungen und Hoffnungen, die sie ab Mitte 1933 zur Flucht ins Deutsche Reich bewogen hatten, Jahre in Lagern verbracht hatten, militärisch gedrillt, kaserniert, frustriert. Beim Putsch im Juli 1934 waren die Legionäre aufgrund außenpolitischer Bedenken im letzten Moment gestoppt worden. Aber nun, nun sollten sie bekommen, was ihnen damals vorenthalten worden war: eine triumphale Rückkehr in die Heimat, Rache an ihren Feinden von früher, Jagd auf lukrative Positionen, Posten und Pöstchen. Viertausend Mann seien sofort marschbereit, siebentausend stünden in Reserve, hieß es. Hitler zeichnete sie eifrig auf Karten ein und entwarf Transportpläne. Aufgrund der von österreichischen NS-Führern und deutschen Österreich-Spezialisten vehement geäußerten Bedenken wurde der Plan dann doch nicht realisiert.[90]

Außenpolitisch, fand Hitler, sei das Risiko geringer als bei der Rheinlandbesetzung von 1936. Mussolini könne, London werde nichts machen. Und Paris? Aus Paris war just an diesem Vormittag die Meldung vom Rücktritt des Ministerpräsidenten Chautemps eingelangt. Frankreich befand sich wieder einmal in einer Regierungskrise. Goebbels:»Halali! Das ist ein Fest. Ein Unsicherheitsfaktor vermindert sich.« Der Einmarsch könne also, befand Hitler, gewagt werden. Reichswirtschaftsminister Funk durfte noch bestätigen, dass Österreich, wenngleich mit Mühen, an das deutsche Wirtschafts- und Währungssystem angeschlossen werden könne.[91] Als Motor eines raschen Anschlusses sollte sich aber in den nächsten Stunden ohnehin der Chef des Vierjahresplans und eigentliche deutsche Wirtschaftsdiktator, Hermann Göring, herausstellen.

Glaise-Horstenau, österreichischer Minister und neben Seyß-Inquart zweiter Vertrauensmann der Nationalsozialisten in Österreichs Regierung, hatte am 7. März in Stuttgart einen historischen Vortrag gehalten und war anschließend aus angeblich privaten Gründen in die Pfalz gereist. In der Nacht vom 9. auf den 10. März hatte man ihn überraschend per Sonderflugzeug nach Berlin zu Hitler geholt. Und nun wartete Glaise in Görings Haus, wo man ihn spätnachts kurzfristig untergebracht hatte, auf den angekündigten Ruf in die Reichskanzlei. Dieser verzögerte sich.

Noch ein Gast aus Österreich war bei Göring anwesend: Franz Hueber, von Beruf Notar in Salzburg-Land, früher ein führender Vertreter der inzwischen aufgelösten faschistischen Heimwehrbewegung. (Sein gutes Standing im Dritten Reich erklärt sich daraus, dass er mit einer Schwester Görings verheiratet war.) Das nervtötende Abwarten dauerte den ganzen Tag über an. So blieb Glaise genügend Zeit, die Vorgänge zu beobachten. Rund um Görings Büro sei es wie in einem Kriegshauptquartier zugegangen, schreibt er. Himmler trat auf, mächtige Kartenrollen unter dem Arm. Glaise, ironisch: Ob dies der Operationsplan für die Eroberung Österreichs sei? Die Reaktion des humorlosen Reichsführers-SS überliefert er freilich nicht.

Abends um 20 Uhr wurde Glaise endlich gemeinsam mit Göring und Hueber zu Hitler gerufen. Dort herrschte hektische Aktivität, unzählige Menschen kamen und gingen. Hitler präsentierte dem österreichischen Minister zwei Entwürfe für Schriftstücke, die am kommenden Tag eine Rolle spielen sollten. Da tauchte, überraschend für Glaise, Odilo Globocnik auf. Der Organisationsleiter der österreichischen NS-Landesleitung war am Vortag per Flugzeug zur Berichterstattung und Befehlsentgegennahme von Wien nach Berlin beordert worden. Hitler nahm »Globus« (wie er in der NS-Führungsclique allgemein genannt wurde) zur Seite, hakte sich bei ihm unter und ging »im eifrigen Gespräch« mit ihm auf und ab, wie Glaise neiderfüllt beobachtete. Noch in der Nacht flog Globocnik nach Wien zurück, wo er um ein Uhr morgens Seyß-Inquart und die österreichischen NS-Führer im Sinne Hitlers instruierte. Glaise sollte erst am Morgen abfliegen dürfen.[92]

Goebbels hatte den ganzen Tag über »wie im Fieber« gearbeitet und sich abends zur Entspannung einen Film gegönnt. Um Mitternacht begab er sich zu Hitler. »Die Würfel sind gefallen: am Samstag Einmarsch. Gleich bis Wien vorstoßen. Große Flugblattaktion. Der Führer geht selbst nach Österreich.« Hitler und Goebbels besprachen die begleitende Propaganda: Flugblätter, Plakate, Rundfunk. In seinem Ministerium arbeitete Goebbels anschließend mit seinen Leuten bis vier Uhr morgens weiter.[93]

In Österreich war mittlerweile die Propagandamaschinerie der Vaterländischen Front voll angelaufen. Man warf buchstäblich alles in die Schlacht. Den Journalisten Robert Breuer hatten nach Schuschniggs Innsbrucker Rede schwere Zweifel befallen. Aber die nun einsetzende Wahlkampagne weckte Zuversicht in ihm. Die Gehsteige, sah er am Morgen des 10. März, waren überall mit weißen Kruckenkreuzen bemalt worden, an allen Litfaßsäulen das Porträt des Kanzlers, die Straßen übersät mit Streuzetteln, die mit nur einem Wort bedruckt waren: »Ja!« An allen möglichen und unmöglichen Orten wurden Klebezettel mit der Ja-Parole angebracht, über Durchgangs- und Geschäftsstraßen Transparente mit staatsbejahenden Inhalten gespannt. Mit einem Schlag war das rot-weiß-rote Bändchen der Vaterländischen Front wieder in Mode gekommen. Kaum einer, der es nicht trug. Kolonnen von Lastfahrzeugen durchfuhren die Straßen. Die Ladeflächen dicht besetzt von Mitgliedern der Vaterländischen Front und des Jungvolks, die Fahnen und Wimpel schwangen und Parolen riefen: »Österreich bleibt frei!«, »Wir brauchen keine braune Pest!«, »Front Heil, Österreich!«. In den Fenstern winkende Hausbewohner, auf den Gehsteigen winkende Passanten. Auch die Arbeiterbewegung stellte sich nun eindeutig auf die Seite des Schuschnigg-Regimes. Manche trugen das alte, lange verbotene Drei-Pfeile-Abzeichen. Aus dem »Freiheit!« der Sozialdemokraten und dem »Österreich!« der Vaterländischen ergab sich wie von selbst der Gruß der Stunde: »Freiheit Österreich!«.[94]

Schon tagsüber hatten Nationalsozialisten zu stören versucht. Abends sammelten sich am Wiener Karlsplatz rund sechstausend Nazis. Redner gaben die Parole »Wahlenthaltung« aus. Beim Deutschen Verkehrsbüro, in der Kärntner Straße, am Michaelerplatz und an anderen Orten der Inneren Stadt war es schon am Nachmittag zu Sprechchor-Duellen und Zusammenstößen zwischen Schuschnigg-Anhängern und Nationalsozialisten gekommen. Mitglieder der Arbeiterorganisation der Vaterländischen Front zogen von den Außenbezirken zum VF-Gebäude, um hier eine Treuekundgebung für Schuschnigg abzuhalten. Am Graben prügelten sich Arbeiter mit Nationalsozialisten. Schließlich riegelte die Polizei abends weite Teile der Innenstadt ab. Immer wieder musste berittene Polizei einschreiten. Richard Ruffingshofer war mit seiner Elfi an diesem Tag im Akademietheater gewesen. Als die beiden nach Ende der Vorstellung ins Freie traten, hörten sie aus der Richtung der Ringstraße das »dumpfe Brausen tausendstimmiger Rufe«. Sie stürzten sich beim Hotel Imperial ins Gewühl und wurden mit der wogenden Masse von der Polizei hin und her getrieben.

Ähnlich die Vorgänge in den Landeshauptstädten. Angeblich zehntausend Nationalsozialisten zogen abends in Linz bei strömendem Regen durch die Stadt und riefen in Sprechchören: »Wir stimmen nicht ab!« Vor dem Heim des Jungvolks drosch man gegen Mitternacht mit Stöcken aufeinander ein. Es fielen Schüsse, zwei Personen wurden verletzt. In Innsbruck kam es schon am Vormittag zu Reibereien zwischen Nazis und Jungvolk-Leuten, die Flugzettel verteilten. Mittags war die Maria-Theresien-Straße voll von Menschen, hauptsächlich Nationalsozialisten. Polizisten, mit Stahlhelmen und Gewehren ausgerüstet, mussten immer wieder eingreifen. In Salzburg gingen sie mit Gummiknüppeln gegen Demonstranten vor. In Graz demonstrierten rund 15 000 Personen gegen die Volksbefragung. Parole: »Weg mit Schuschnigg!«[95]

Am Vormittag hatte sich der deutsche Geschäftsträger Stein bei Bundespräsident Miklas anmelden lassen. Er müsse im Namen des Deutschen Reichs die Aussetzung der Volksabstimmung verlangen. Miklas: In Fragen der österreichischen Selbständigkeit lasse man sich nicht hineinreden. Ebenso Außenminister Guido Schmidt: Das sei eine interne österreichische Angelegenheit. Eine auswärtige Macht gehe das nichts an.[96] Steins Einwand war die einzige offizielle Reaktion Deutschlands auf Schuschniggs Rede. Vorläufig. Seyß-Inquart erhielt im Auftrag Hitlers über die deutsche Gesandtschaft die Anweisung, sich auf keinerlei Verhandlungen einzulassen, bestenfalls den bereits eingelegten Protest noch zu verschärfen.[97] Daraufhin schrieb Seyß-Inquart einen Brief an Schuschnigg, schärfer und polemischer formuliert als der gestrige an Zernatto. Schuschnigg antwortete seinerseits mit einem Brief. Erst am Abend sprachen beide direkt miteinander. Schuschnigg seien nun offenbar selbst Bedenken wegen der Volksbefragung gekommen, meinte Seyß-Inquart. Schuschnigg wollte bemerkt haben, dass die Nazis erkennbar unsicher waren. »Mit anderen Worten: sie hatten aus München und Berlin noch kein Stichwort erhalten.«

Hitlers Stichwortgeber traf spätabends per Flugzeug aus Berlin ein: NS-Organisationsleiter Globocnik. Im Wiener Hotel Regina instruierte er gegen Mitternacht die hier versammelten österreichischen NS-Gauleiter. Hitlers Botschaft: »Handlungsfreiheit!« Friedrich Rainer, der politische Leiter der NS-Landesleitung, erläuterte Details des Umsturzplans und die sich daraus ergebenden Optionen. Seyß-Inquart, ebenfalls anwesend, wurde mitgeteilt, dass er am Vormittag mehr erfahren werde, ein Kurier mit einem Brief Hitlers sei unterwegs.[98]

11. MÄRZ

Frühmorgens, noch in seiner Wohnung, erhielt Schuschnigg einen Anruf: Die deutsche Grenze sei hermetisch abgeriegelt, der Zugverkehr unterbrochen. Später, schon im Amt, berichtete VF-Generalsekretär Zernatto von auffälligen Truppenbewegungen in Bayern. Zudem lägen alarmierende Meldungen aus verschiedenen Landesteilen vor. Vielerorts sei beobachtet worden, dass sich SA- und SS-Leute sammeln. Schuschnigg, wie um sich selbst zu beruhigen: Das seien nur Einschüchterungsmanöver.[99]

Um neun Uhr landete Glaise-Horstenaus Sondermaschine, erwartet von Seyß-Inquart, auf dem Flugfeld Wien-Aspern. Mit an Bord waren Görings Schwager Hueber sowie ein deutscher Kurier, der die für Seyß-Inquart bestimmten Papiere umständlicherweise in die deutsche Gesandtschaft brachte. So hatte es sich der österreichische Minister Glaise aus formalen Gründen in Berlin gewünscht. Seyß und Glaise fuhren zur Gesandtschaft, holten die Papiere ab und studierten sie während der Fahrt ins Kanzleramt. Dort trafen sie gegen zehn Uhr ein und übermittelten Schuschnigg Hitlers Forderung: Abstimmung um vier Wochen verschieben, dann nach dem Muster des Saar-Plebiszits abhalten. Schuschnigg lehnte ab. Glaise will ihn daraufhin beschworen haben, auf die Abstimmung zu verzichten: »Hier hast du das Telefon vor Dir, rufe Hitler persönlich an und sage ihm, Du hast es nicht so gemeint, Du nimmst alles zurück, es war nichts!« Aber selbst durch den unmissverständlichen Hinweis auf militärische Schritte Deutschlands ließ Schuschnigg sich nicht umstimmen. Er glaubte – oder tat zumindest so –, auf die Unterstützung Frankreichs, Englands und Italiens zählen zu können. Die Diskussion zog sich bis Mittag. Seyß erbat eine Entscheidung bis zwei Uhr nachmittags.

Die beiden Minister eilten zur weiteren Abstimmung in die NS-Landesleitung (Klausner, Rainer, Globocnik und Konsorten). Anschließend diktierten sie ein Schreiben an Schuschnigg: Sollte bis 14 Uhr keine Absage erfolgen, würden sie demissionieren. Jede Verantwortung für das weitere Geschehen müssten sie in diesem Fall ablehnen. Dann Abstecher ins Café Herrenhof. Nach kurzer Zeit erneuter Ruf ins Kanzleramt.

Der exakte Ablauf des Folgenden wird von den verschiedenen Zeugen aus unterschiedlicher Perspektive unterschiedlich dargestellt. Jedenfalls willigte Schuschnigg (Glaise: »mit bleichem Gesichte«) nach weiterem Hin und Her schließlich ein, das Plebiszit abzusagen. Das muss gegen 14.30 Uhr gewesen sein. Parallel lief die vaterländische Propaganda auf Hochtouren. Flugzeuge streuten Millionen von Flugblättern über das Land. Der Rundfunk gab jede Viertelstunde Wahlparolen durch.[100]

Um die Mittagszeit hatte Zeitungsherausgeber Lennhoff einen anonymen Anruf erhalten. Die Botschaft bestand aus drei Worten: »Ultimatum aus Berlin!« Lennhoff: Man möge ihn nicht mit derartigem Unsinn behelligen, er habe ernsthafte Arbeit zu tun. Der Anrufer: Er könne nur wiederholen, dass gerade ein Ultimatum aus Berlin eingelangt sei. Er, Lennhoff, möge die Meldung verbreiten oder nicht. Das sei ganz seine Angelegenheit.

Lennhoff besprach die Sache mit Redaktionskollegen. Dann versuchte er, Näheres in Erfahrung zu bringen. In der Vaterländischen Front bestätigte man indirekt ein Ultimatum, man solle die Angelegenheit aber nicht überbewerten. Zum dritten Mal an diesem Tag erhielt Lennhoff Meldungen über deutsche Truppenkonzentrationen entlang der Grenze. Zum ersten Mal nahm er sie ernst. Aber keiner seiner Kollegen wollte an einen möglichen deutschen Angriff glauben. Während man diskutierte, betrat Redakteur Strachwitz den Raum, übers ganze Gesicht strahlend. Lennhoff: »Was ist los? Stimmt das mit dem Ultimatum nicht?« Strachwitz: »Es stimmt, aber Schuschnigg hat es zurückgewiesen!« Allgemeine Erleichterung.[101]

Mittlerer Nachmittag. Ein kühler, windiger Märztag. Vom Bundeskanzleramt aus seien nur wenige Menschen zu sehen gewesen, schreibt Zernatto. Aber er wusste, dass sich die Straßen immer mehr mit Demonstranten beider Richtungen füllten. Unerträgliche Spannung habe über der Stadt gelegen. Jeder habe gefühlt, dass etwas Ungeheures geschehen müsse. Die Nerven aller seien zum Zerreißen

gespannt, so empfand Richard Ruffingshofer die Lage. Nach Dienstschluss ging er über den Franz-Josefs-Kai zu Fuß die nicht unbeträchtliche Strecke nach Hause. Er sah, dass große Kontingente der
Polizei die Innenstadt abriegelten.[102]

Um diese Zeit machte sich Eugen Lennhoff von seiner Redaktion
nahe der Votivkirche auf den Weg in die Innere Stadt, um die Lage
zu erkunden. Die Straßen boten dasselbe Bild wie in den vorangegangenen Tagen: Trauben von Menschen, die herumstanden und ab-
warteten, Demonstranten, von denen manche sich einen Spaß daraus machten, abwechselnd »Heil Hitler!« und »Heil Schuschnigg!«
zu brüllen, vor der Universität am Ring berittene Polizei, vor dem
Gebäude der Creditanstalt Polizisten und Frontmilizleute mit grim-
migen Gesichtern. Windböen wirbelten die überall herumliegenden
Streuzettel mit der Ja-Parole auf und trieben sie durch die Straßen.
Die Geschäfte hatten ihre Rollläden wie immer in den letzten Tagen
ein wenig heruntergelassen, das Geschäftsleben schien zum Stillstand gekommen zu sein. Am Anfang der Kärntner Straße hieß es
plötzlich »Halt!«, die Straße war abgesperrt. Auf dem Stephansplatz
sah Lennhoff eine Gruppe von Nazis. Ein junger Mann sprang auf die
Ladefläche eines Transporters und schrie: »Wir wollen Schuschniggs
Österreich nicht. Wir wollen das Dritte Reich. Die Volksabstimmung
ist ein Schwindel. Ein Volk, ein Reich, ein Führer!« – »Ein Volk, ein
Reich, ein Führer!«, antworteten die Umstehenden, und »Sieg Heil!,
Sieg Heil!«. Die Anhänger der Vaterländischen Front reagierten so-
fort und stimmten ihrerseits Sprechchöre an: »Front Heil!«, »Heil
Schuschnigg!«, »Wir stimmen mit Ja!«.[103]

Das große Wort dürfte an diesem unfassbaren Tag nicht Hitler,
sondern Göring geführt haben.[104] Um 14.45 Uhr sprach er erstmals
per Telefon mit Seyß-Inquart: Wie es bei ihm stehe? Seyß-Inquart:
»Der Kanzler hat die Wahlen für Sonntag aufgehoben und dadurch
uns in eine schwierige Lage versetzt.« Dies könnte der Moment gewesen sein, den Göring acht Jahre später auf der Nürnberger Anklage-
bank beschrieb: Er habe intuitiv gefühlt, dass die Situation nunmehr
»ins Rutschen« gerate und endlich die Chance bestehe, die »ganze
und klare Lösung« der Österreich-Frage herbeizuführen. Görings

Antwort: Die Maßnahmen Schuschniggs würden keineswegs genügen. Er erblicke in dieser Aufhebung nur eine Verschiebung, aber keine Änderung des durch Schuschnigg herbeigeführten Zustands. Nach Beratung mit Hitler telefonierte Göring um 15.05 Uhr wiederum mit Seyß-Inquart. Offenkundig las er einen eilig formulierten Text vom Blatt. Inhalt: Infolge des Bruchs des Berchtesgadener Abkommens bestehe kein Vertrauen mehr zu Schuschnigg. Es werde daher dessen Demission und die Ernennung Seyß-Inquarts zum Bundeskanzler gefordert. Und zwar innerhalb einer Stunde. Zugleich solle Seyß-Inquart das vereinbarte Telegramm an den Führer schicken.[105] Dieses Telegramm hatte sich unter den Papieren befunden, die der Kurier am Morgen aus Berlin gebracht hatte, und enthielt die von Hitler bzw. Göring vorformulierte Bitte Seyß-Inquarts, die deutsche Reichsregierung möge baldigst Truppen entsenden, um Ruhe und Ordnung in Österreich wiederherzustellen. Das solle genügen, meinte man in Berlin, um gegenüber den Mächten einen hinreichenden Vorwand für den Einmarsch zu haben.[106]

Görings Ultimatum schockte Seyß-Inquart. »Bleich und aufgeregt« sahen Zernatto und Schmidt ihn vom Telefon zurückkehren. Seyß hatte sich stenographische Notizen des Gesprächs mit Göring gemacht. Er las sie den Wartenden vor. Ob nicht besser Zernatto und Schmidt diese Nachricht dem Kanzler überbringen sollten? Zernatto dachte nicht daran. Seyß begab sich mit Glaise zum Kanzler. Er las Schuschnigg die Forderungen Berlins vor: Rücktritt des Kanzlers, Ernennung Seyß-Inquarts, sonst Einmarsch. Langes Schweigen. Schließlich fragte Schuschnigg die beiden Minister, was sie persönlich dazu sagen würden. Seyß habe vor Erregung nicht sprechen können, Tränen seien ihm in den Augen gestanden, erinnerte sich Schuschnigg acht Jahre später. Glaise, nicht minder erschüttert, habe gemeint, man wisse als anständiger Mensch nicht, ob man unter diesen Umständen überhaupt noch mitmachen könne.[107]

Was tun? Alles hektische Beraten half nichts. Schuschnigg sah keinen anderen Ausweg als den Rücktritt. Er ließ sich beim Bundespräsidenten anmelden. Dieser, Wilhelm Miklas, zeigte sich entsetzt und empört. Was würden die Schutzmächte sagen? Man belehrte ihn, dass von diesen aktives Eingreifen nicht zu erwarten sei. Unmutig nahm Miklas Schuschniggs Demission zur Kenntnis, betraute ihn aber mit der Fortführung der Geschäfte. Eine Ernennung Seyß-Inquarts lehnte er entschieden ab. Das war gegen 15.30 Uhr. Nun suchte Miklas verzweifelt nach einem geeigneten Kandidaten für die Schuschnigg-Nachfolge. Erwartungsgemäß war niemand so verrückt (oder mutig), das Himmelfahrtskommando anzutreten. Miklas seinerseits wollte dem Druck aus Berlin partout nicht nachgeben. Über Stunden war er der Einzige und Letzte, der Hitler Widerstand entgegensetzte.[108]

Wie stand es tatsächlich mit dem Ausland? Den ganzen Tag über waren die Telefone im Bundeskanzleramt heiß gelaufen, man hatte alle diplomatischen Hebel in Bewegung gesetzt. Das Ergebnis: null. Frankreich sei gegebenenfalls bereit, wegen Österreich »den Säbel zu ziehen«, hieß es. Aber nur, wenn England mitmache. England dachte nicht daran, in diesem »Familienzwist« einen Finger zu rühren. Nach Erhalt des Ultimatums ließ Schuschnigg eine verzweifelte Bitte um Rat nach London telegraphieren. Die Antwort der britischen Diplomatie: »Die Regierung Seiner Majestät kann die Verantwortung nicht übernehmen, dem Kanzler zu raten, einen Kurs einzuschlagen, der sein Land Gefahren aussetzen könnte, für die die Regierung Seiner Majestät nicht in der Lage ist, Schutz garantieren zu können.« Und Italien? Mussolini hatte sich längst viel zu eng an Hitler gebunden, als dass er noch in der Lage gewesen wäre, die österreichische Unabhängigkeit wirkungsvoll zu stützen. Wieder einmal – zum letzten Mal – zeigte sich, dass Österreich außenpolitisch hoffnungslos isoliert war.[109]

Friedrich Rainer war an diesem Tag die zentrale Figur auf nationalsozialistischer Seite. Am frühen Nachmittag wartete er ungeduldig auf eine Meldung aus dem Kanzleramt. Als er um 14.45 Uhr informiert wurde, Schuschnigg habe die Abstimmung abgesagt, gab er an die überall in den Bundesländern wartenden Gauleiter den in der vorangegangenen Nacht im Hotel Regina vereinbarten Befehl »Fall 1« heraus: Absage der Volksbefragung, Demonstrationen großen Stils.[110]

Ein Zeitungsverkäufer des *Telegraf* machte Herausgeber Lennhoff am späteren Nachmittag in der Kärntner Straße auf einen seltsamen Umstand aufmerksam: »Da stimmt etwas nicht, Herr Lennhoff. Seit einer Viertelstunde sind keine Nazis mehr auf der Straße. Wenn sie nicht mehr demonstrieren, heißt das doch nur, dass sie etwas anderes im Schilde führen.« Lennhoff sah sich um. Der Mann hatte recht. Die Straßen waren wie leergefegt. Das war allerdings beunruhigend, beunruhigender als die ständige Nazi-Präsenz der letzten Tage und Wochen. Ein Kollege Lennhoffs wollte herausgefunden haben, dass die Nazis nach Hause gegangen seien, um ihre Kleider zu wechseln. Lennhoff: »Kleider wechseln! Was meinen Sie damit?« Der Redakteur: »Was ich meine? Ich meine Stiefel, Braunhemden, Hakenkreuzarmbinden, Waffen! Finden Sie nicht, wir sollten möglichst rasch verschwinden, bevor sie in die Redaktion marschieren und uns gefangen nehmen?« Flucht? Das wies Lennhoff weit von sich. Er sei doch kein Feigling.[111]

Es dauerte Stunden, bis die Nachricht von der Absage der Volksbefragung öffentlich wurde. Erst um 18.14 Uhr verkündete *Radio Wien* lakonisch die Hiobsbotschaft: »Der Bundeskanzler und Frontführer hat sich nach Berichterstattung an den Herrn Bundespräsidenten entschlossen, die für den 13. März angesetzte Volksbefragung zu verschieben. Weitere Mitteilungen bleiben vorbehalten.«[112]

Mit der öffentlichen Verkündigung der Absage änderte sich das Straßenbild. Die Pro-Österreich-Demonstranten zogen geschlagen und deprimiert ab. Aber es dauerte einige Zeit, bis die Nazis aus allen Richtungen heranmarschierten.[113] Schuschnigg, halb schon ein Gefangener in seinem Palais am Ballhausplatz, sah gegen Einbruch der Dämmerung draußen die ersten »verdächtigen Gestalten«, die sich sammelten. Im anderen Flügel des Bundeskanzleramtes, in der Präsidentschaftskanzlei, spielten sich dramatische Szenen ab. Angesichts der überall im Land immer massiver in Erscheinung tretenden Nazi-Verbände fürchtete man eine gewaltsame Eskalation, Bürgerkrieg, Tod und Verderben. Deutsche Sender verkündeten, in Österreich sei ein blutiger Kommunistenaufstand ausgebrochen. Man wusste, dass das gelogen war. Man wusste auch, dass durch derartige Meldungen ein Vorwand geschaffen werden sollte für das, worum es Hitler eigentlich ging: den Einmarsch in Österreich. Die sinnvollste, die einzig mögliche Lösung schien es zu sein, den Halb-Nazi Seyß-Inquart zum Kanzler einer Dreiviertel-Nazi-Regierung zu machen. Längst schon machten Kabinettslisten die Runde. Allein, Miklas war zum Nachgeben (noch) nicht bereit.[114]

Nicht nur auf dem Platz davor, auch im Bundeskanzleramt selbst traten die Nazis sukzessive stärker in Erscheinung. Rainer hatte zuerst Globocnik ins Zentrum der Macht entsandt, um Seyß die Meldung vom deutschen Ultimatum zu überbringen, die diesem aber ohnehin schon von Göring persönlich zugegangen war. Gegen 17 Uhr, nach telefonischer Einweisung durch Göring, trafen Rainer, Globocnik und der Seyß-Inquart-Vertraute Kajetan Mühlmann ein. Ernst Kaltenbrunner, der österreichische SS-Führer, tauchte ebenfalls bald auf. Rainer verhandelte mit Zernatto. Die Partei marschiere, drohte er, sie könne nicht mehr zurück. Dann versuchte die Nazi-Delegation, zu Miklas persönlich vorzudringen, aber dieser weigerte sich, mit Nationalsozialisten auch nur zu sprechen. So machte Rainer stattdessen Außenminister Schmidt in drastischen Worten klar, dass Berlin auf eine rasche Ernennung Seyß-Inquarts dränge. Ungefähr um 18.30 Uhr kam Staatssekretär Wilhelm Keppler ins Kanzleramt. Hitler hatte ihn gegen 15 Uhr per Regierungsmaschine nach Wien beordert.[115]

Zernatto stand gerade an der Hauptstiege des Kanzleramtes, als Keppler heraufkam. Für den VF-Generalsekretär war dieser Anblick wohl so etwas wie ein Menetekel. Kajetan Mühlmann sagte 1947 aus, Zernatto sei beinahe in Ohnmacht gefallen, als Keppler neuerlich die Einmarschdrohung überbracht habe. Wenig später habe Zernatto ihn gefragt, ob sie (die Nazis) seiner Frau etwas tun würden? Mühlmann: Selbstverständlich nicht, auch ihm selbst, Zernatto, würde man nichts tun. Ob er am Ende abfahren wolle? Zernatto: »Ja, *ihr* werdet mir nichts tun, aber die in Berlin. Ihr werdet nicht lange zu reden haben.« Mühlmann half Zernatto, aus dem Kanzleramt zu entkommen. Per Dienstauto ließ er sich gemeinsam mit seiner Ehegattin über die tschechoslowakische Grenze nach Preßburg bringen. Bun-

deskanzler Schuschnigg und der Wiener Bürgermeister Richard
Schmitz dagegen lehnten alle Angebote ab, ins Ausland zu fliehen.
Beide sollten die kommenden sieben Jahre in Gefangenschaft ver-
bringen.[116]

Um 19.30 Uhr, als das von Keppler überbrachte deutsche Ultimatum ablief, erhielt Staatssekretär Skubl telefonisch eine Falschmel-
dung, die für wahr genommen wurde: Deutsche Truppen würden
soeben die Grenze überschreiten. Schuschnigg lehnte es daraufhin
ab, die Regierungsgeschäfte auch nur interimistisch weiterzuführen.
Er wollte um jeden Preis demissionieren. Miklas: »Dann lässt man
mich jetzt also ganz allein.« Die Berufung Seyß-Inquarts verweigerte
er beharrlich. Die einmarschierenden Truppen würden ohnehin die
Exekutivgewalt übernehmen.[117]

Ungefähr um 19.50 Uhr hielt Schuschnigg im Bundeskanzleramt
seine berühmte Abschiedsrede. Sie dauerte exakt zwei Minuten
und 51 Sekunden. Schuschnigg sprach langsam, deutlich, mit einigen längeren und kürzeren Pausen. Erkennbar rang er um Fassung.
Er berichtete vom deutschen Ultimatum, stellte entschieden die von
den Deutschen lancierten Meldungen in Abrede, dass in Österreich
blutige Arbeiterunruhen ausgebrochen seien und die Regierung
nicht mehr Herrin der Lage sei. Vielmehr weiche man der Gewalt.
Das österreichische Militär habe den Auftrag erhalten, sich ohne
Widerstand zurückzuziehen, weil man nicht gesonnen sei, »deutsches Blut« zu vergießen. »So verabschiede ich mich in dieser Stunde
von dem österreichischen Volke mit einem deutschen Wort und einem
Herzenswunsch: Gott schütze Österreich!«[118]

Wenig später, um 20.18 Uhr, kurz nach einem weiteren Telefonat
mit Göring, sprach Seyß-Inquart im Rundfunk. Er befinde sich als
Innen- und Sicherheitsminister nach wie vor im Amt und fordere
alle auf, Disziplin zu wahren. Etwaige Kundgebungen dürften nicht
zu Exzessen führen. Die Formationen der Nationalsozialisten seien
daher aufgefordert, für Ruhe und Ordnung zu sorgen und entsprechend auf ihre Gesinnungsgenossen einzuwirken. Und dann der entscheidende Satz: »Ich rechne damit, dass Sie die Aufgaben der Exekutive restlos unterstützen und der Exekutive zur Verfügung stehen

werden.« SA und SS wurden auf einen Schlag zur Hilfspolizei erhoben. Alles, was diese in den kommenden Stunden und Tagen unternehmen würden, war damit im Vorhinein legitimiert.[119]

Zur selben Zeit erteilte Friedrich Rainer an alle Parteigliederungen in Österreich den Befehl zur Machtübernahme. In Wien traten sechstausend SA-Leute in Aktion, fünfhundert SS-Leute wurden zum Ballhausplatz beordert.[120] Einer von ihnen war der einundzwanzigjährige Albert Massiczek, Sohn eines aus Südtirol stammenden Gendarmerieoffiziers. Seit dem Vormittag hatte er gemeinsam mit rund hundert SS-Kameraden Bereitschaftsdienst in einem Burschenschaftslokal in der innenstadtnahen Josefstädter Straße gehalten und schließlich auch die Schuschnigg-Ansprache im ständig laufenden Radio gehört. Nicht lang danach marschierte die SS in militärisch geordneten Zügen aus der Josefstadt zum Ballhausplatz. Dort nahm man Aufstellung in Reih und Glied – und fror entsetzlich, weil das Wetter umschlug und ein Eisregen niederging. Die immer dichter herandrängenden Massen hielten die SS-Leute schließlich einigermaßen bei Temperatur.[121]

Muriel Gardiner, eine Amerikanerin, die sich in Wien zur Psychoanalytikerin ausbilden ließ, hatte den ganzen Tag mit ihrer siebenjährigen Tochter Connie in der Wohnung im neunten Gemeindebezirk verbracht. Fast ohne Unterbrechung war das Radio gelaufen. Aber weil sie ihrem Kind gerade eine Gutenachtgeschichte vorgelesen hatte, war ihr ausgerechnet Schuschniggs Abschiedsrede entgangen. Bald nach 20 Uhr erreichte sie der Anruf einer aufgeregten Freundin: Sie müsse umgehend abreisen, Connie könne Lungenentzündung bekommen, Luftveränderung sei wichtig. Gardiner verstand erst nach einigen Sätzen, dass ihre Freundin – die Angst hatte, das Telefon könnte abgehört werden – ihr so verklausuliert wie möglich einen dringenden Rat erteilen wollte: die sofortige Abreise. Nach Beendigung des Gesprächs eilte Gardiner in ein Eckzimmer. »Als ich die Vorhänge wegzog und das Fenster öffnete, bot sich mir unten ein unglaublicher Anblick. Die Gasse war von Menschen erfüllt, einer sich drängenden, bewegenden Menge, viele trugen Hakenkreuzfahnen und sangen das Horst-Wessel-Lied, das Lied der Nazis. Welch eine

Veränderung hatte sich innerhalb einer halben Stunde ereignet!« Ihr erster Gedanke galt ihrem Freund Joe.

Dieser, Joseph Buttinger, Führer der illegalen Revolutionären Sozialisten, war ausgerechnet an diesem Morgen in die Tschechoslowakei gefahren – wie immer unter Decknamen –, um mit dem sozialdemokratischen Parteiführer Otto Bauer zu beraten. Buttinger, der tags zuvor einen trotzigen Ja-Aufruf verfasst hatte, glaubte im Grunde nicht mehr daran, dass Hitler die Volksbefragung überhaupt durchführen lassen würde. Bauer hingegen hatte sich bei der stundenlangen Besprechung optimistisch gezeigt: Schuschnigg sei gezwungen, sich mit der Arbeiterschaft zu verständigen, um den Ansturm der Nazis zu brechen, Hitler hingegen müsse stillhalten, weil die Westmächte einen Angriff auf Österreich nicht dulden würden. Buttinger hatte zu diesen Illusionen des hochgeachteten Parteiführers respektvoll geschwiegen. Spätnachmittags war er ahnungslos in den Zug nach Wien gestiegen. Ankunft am Ostbahnhof um 20 Uhr. Auf dem Weg in den neunten Bezirk musste er, wie er schreibt, »bereits die braune Flut durchwaten, die sich aus allen Teilen der Stadt in den ersten Bezirk ergoss«. Offenkundig, gestand er sich ein, vollzog sich gerade, was er seit Wochen befürchtet und prophezeit hatte: die nationalsozialistische Machtergreifung.

Muriel Gardiner, die mittlerweile damit begonnen hatte, die in ihrer Wohnung befindliche illegale Literatur zu zerreißen und im Klosett hinunterzuspülen, bestürmte ihn, sofort mit dem ersten Frühzug in die Schweiz zu fahren. Das sah er nach einigem Hin und Her ein. Gleich am nächsten Morgen machte sich Buttinger – mit gefälschtem tschechoslowakischem Pass und getarnt als Skiurlauber gemeinsam mit Connie und der Haushälterin Fini auf den Weg. Gardiner, die US-Bürgerin, blieb noch mehrere Monate in Wien, um Freunden und Genossen bei der Flucht behilflich zu sein.[122]

Der Ostbahnhof wurde an diesem Abend von Fluchtwilligen gestürmt, die Zufahrten waren verstopft, die Hallen und Wartesäle, Gänge und Korridore voll mit panischen Menschen, die hastig etwas Gepäck in ihre Koffer gestopft hatten. Um 23.15 Uhr sollte der Nachtzug über Prag nach Warschau gehen. Hunderte sahen in ihm ihre

Rettung.[123] Mit gehöriger Verspätung verließ der Zug den Bahnhof. Aber bald nach der Abfahrt stoppte ihn die SA auf offener Strecke und dirigierte ihn zum Ostbahnhof zurück. Die Passagiere wurden neuerlich drangsaliert und nach Devisen durchsucht. Dann wiederum Abfahrt. Die österreichischen Behörden ließen den Zug an der Grenze anstandslos passieren. In der tschechoslowakischen Grenzstation Lundenburg (Břeclav) hingegen wurden sämtliche Reisende mit österreichischen Pässen in den Wartesaal getrieben. Sie alle mussten wieder nach Wien zurück. Die tschechoslowakische Regierung hatte die Grenzen schon vor Stunden geschlossen. Unter den Abgewiesenen befanden sich der Kabarettist Fritz Grünbaum, der Chef der österreichischen Staatspolizei Ludwig Weiser, der Journalist und Schriftsteller Richard Bermann (alias Arnold Höllriegel), Karl Hans Sailer, ein Führer der Revolutionären Sozialisten, sowie Robert Danneberg, ein den Nazis besonders verhasster Wiener Sozialdemokrat jüdischer Herkunft.[124]

Schuschniggs Abschiedsrede um 20 Uhr, mehr noch aber die kurz darauf durch die Universitätsstraße Richtung Innere Stadt marschierenden nationalsozialistischen Formationen und Demonstrationszüge machten den Redakteuren und Verantwortlichen des *Telegraf* klar, dass die Machtergreifung der Nationalsozialisten im Rollen und unabwendbar war. Es konnte sich nur noch um Minuten handeln, bis die SA die Redaktionsräumlichkeiten des einflussreichen Anti-Nazi-Blatts besetzen würde. (Tatsächlich erschien die Zeitung bereits am 12. März unter dem Titel *NS-Telegraf*.)[125] Gemeinsam mit dem Zeitungsverleger Bondy und dem Redakteur Strachwitz besorgte Lennhoff sich ein Auto, das sie zur tschechoslowakischen Grenze bringen sollte. Um 21 Uhr stand das Fahrzeug am Hinterausgang bereit. Der Chauffeur trieb sie zur Eile. Nach dem Losfahren fragte er seine Fahrgäste, ob sie denn die Nazis nicht gesehen hätten, die gerade beim vorderen Tor in das Redaktionsgebäude hineinmarschiert seien?

Die Fahrt durch das Stadtgebiet war schwierig, weil alle Hauptstraßen von Demonstrationszügen verstopft waren. Auch auf der Reichsstraße nach Preßburg (Bratislava) herrschte reger, immer wieder stockender Verkehr. Am Grenzübergang Berg endlich eine lange

Schlange von Automobilen, die von Minute zu Minute länger wurde.
Vor dem Zollgebäude stand eine Gruppe von Uniformierten mit über
die Schulter gehängten Karabinern. Lennhoff ging auf sie zu: Was
denn los sei, wieso nichts weitergehe? Antwort: Man wisse selbst
nichts. Dann einer der Uniformierten ironisch: Wer nun eigentlich
Chef sei in Wien? In diesem Moment raste ein Auto heran, hupend,
mit einer enormen Hakenkreuzflagge am Kühler. Zwei junge Burschen mit Hakenkreuzarmbinden und geschulterten Gewehren
sprangen aus dem Wageninneren. »Ich übernehme hier!«, schrie der
eine. Daraufhin einer der Grenzwächter: »Jetzt wissen wir, wer Chef
in Wien ist!«

Fünf Minuten später hieß es, die Grenze sei geschlossen. Alle Autos
müssten nach Wien zurück. Die Tschechoslowaken, nicht die Österreicher, waren es, die die Grenzbalken vor den Flüchtlingen heruntergelassen hatten. Der Chauffeur machte seine drei ratlosen Fahrgäste
darauf aufmerksam, dass der Grenzübergang nach Ungarn nur eine
Viertelstunde entfernt sei. Man versuchte es dort – und tatsächlich,
die Ausreise gelang.[126]

Robert Breuer, der für eine deutschsprachige Preßburger Zeitung
tätig war, erlebte den Umbruch im Stadtzentrum mit. Am Vormittag
hatte er den spontanen Beschluss gefasst, sich bis zur Volksabstimmung sicherheitshalber nach Preßburg zurückzuziehen. Die Lage
schien ihm nicht geheuer. Aber er war verlacht worden: »Das ist ja
purer Unsinn!« und »So geht wieder eine Stimme für Schuschnigg
verloren!« hatte er zu hören bekommen. Also war er in Wien geblieben. Ein Entschluss, den er bald bereuen sollte.

Schuschniggs Radiorede war ihm entgangen, aber von Passanten
hörte er, was passiert war. Von seiner zentral in der Innenstadt gelegenen Wohnung beobachtete er entsetzt die nationalsozialistische
Machtergreifung, »ein in Worten nicht zu beschreibendes Bild«. Die
Abzeichen der Vaterländischen Front waren mit einem Mal verschwunden, alles trug wie auf Kommando Hakenkreuz. Sämtliche
Polizisten hatten Hakenkreuzarmbinden angelegt. Sie wurden von
den Demonstranten mit »Heil Polizei!« begrüßt. Breuer sah Autos,
die sich einen Weg durch die tobende Menge bahnten. Naziführer

standen darin, grüßten die Masse mit der hocherhobenen Rechten. Es formierte sich ein riesiger Fackelzug, der über den Stephansplatz und den Graben zog. Und immerzu diese preußischen Militärmärsche![127]

Zu dieser Zeit, um neun Uhr abends, saß die Familie Johne in ihrer Wohnung am Margaretengürtel und hörte Schuberts »Unvollendete« im Radio. Die Stimmung: geschockt, verzweifelt. Die neunzehnjährige Stephanie beschreibt die Situation in ihrem Tagebuch: »Es ist alles so grässlich. Was wird morgen sein? Papa ergibt sich nun dem ›stillen Suff‹ und glaubt, das sei eine Lösung.« Kein Wunder, Rudolf Johne war Schriftsetzer bei der Reichspost, dem bevorzugten Presseorgan des Schuschnigg-Regimes. Musste er nun mit seiner Entlassung, vielleicht mit Schlimmerem rechnen?[128]

Richard Ruffingshofer, der Nationalsozialist, hingegen quittierte Schuschniggs »Gott schütze Österreich« mit einem Freudenschrei. Umgehend brach er gemeinsam mit Freunden per Autobus von Klosterneuburg nach Wien auf. Schon unterwegs trug der Wind eine Welle von Heilrufen heran. Die Ungeduld wuchs. Alles ging nun zu langsam: der Bus, die Elektrische, sie kamen einfach nicht weiter. Schließlich wurde die Straßenbahn bei der Universität von der Ringstraße abgeleitet. Die ständig wachsenden Massen erlaubten kein Durchkommen mehr. Hinter dem Rathaus stieg man aus. Ein Zug SA marschierte vorbei, in Zivil, mit Hakenkreuzarmbinden, voran eine Fahne. Tausende hielten die Treppen des Rathauses und den Platz davor besetzt. Endloses Heil-Hitler-Geschrei, Deutschlandlied, Horst-Wessel-Lied. Weiter in der Masse über die Ringstraße. Bei der Oper die ersten Polizisten, die Armbänder mit dem Hakenkreuz angelegt hatten. HJ-Trupps in weißen Hemden, BDM-Züge. Sprechchöre. Ruffingshofer sah, wie einer auf ein Telefonhäuschen kletterte, das VF-Symbol herabriss und stattdessen die Hakenkreuzfahne hisste. Enormer Beifall. Weiter durch die Innere Stadt zum Sitz der Vaterländischen Front. Auch hier: Die Auslagen geräumt, das Kruckenkreuz entfernt. SA-Leute, frierend in der kalten Nacht, sperrten den Gehsteig, um Verwüstungen zu verhindern. Die Kälte trieb Richard und seine Freunde in ein Wirtshaus, wo es hoch herging. Hier erfuhren

sie, dass Seyß-Inquart zum Kanzler ernannt worden war. Unbeschreiblicher Jubel. Auf dem Nachhauseweg, um drei Uhr morgens,
sah man vom Bundeskanzleramt die Hakenkreuzfahne wehen.[129]
Niemand, der diesen und die folgenden Tage miterlebte, scheint
das Geschehen je vergessen zu haben. Vor allem das plötzliche Um-
schlagen der Massenstimmung, das Brechen der Dämme, nachdem
sich die Nachricht von der Absage der Volksabstimmung herumge-
sprochen hatte, grub sich ins Gedächtnis ein. Mit ziemlicher Sicherheit war die österreichische Bevölkerung am Morgen dieses Tages
mehrheitlich noch nicht dem Lager der Nationalsozialisten zuzurechnen gewesen. Aber die Meldung von der Absage der Volksbefragung hatte dazu geführt, dass die Schuschnigg-Anhänger – frustriert,
deprimiert, geschlagen in jeder Hinsicht – die Straßen räumten und
den Nationalsozialisten und der rasend schnell anwachsenden Schar
der Mitläufer das Feld überließen. Die nationalsozialistischen Sieges-
kundgebungen, die auf Schuschniggs Abschiedsreden folgten, mün-
deten in eine Massenhysterie, die sich in den folgenden Tagen und
Wochen bis zum Exzess steigern sollte.

Der Historiker Gerhard Botz beschreibt den Anschluss als drei-
fachen Prozess: als Machtergreifung von unten, von oben und von
außen.[130] Die Machtübernahme von unten, die Botz zu Recht als
»pseudo-revolutionär« bezeichnet, setzte am Abend des 11. März
schlagartig ein. Sie trug tumultuöse Züge, war aber erkennbar von
oben, von der österreichischen NS-Führung, befohlen und weitgehend auch von ihr gesteuert gewesen. Man kann durchaus von einem
Putsch oder zumindest von staatsstreichartigen Vorgängen sprechen.
Der erste Akt der Machtergreifung bestand im Erobern der Straßen
und Plätze durch die siegestrunkenen nationalsozialistischen Massen. Dann wurden wichtige Gebäude planmäßig durch SA/SS besetzt,
teilweise aber auch von Demonstranten in revolutionärem Über-
schwang gestürmt. Noch am Abend hissten die Nationalsozialisten
Hakenkreuzfahnen am Bundeskanzleramt, am Wiener Rathaus, am
Gebäude der Vaterländischen Front, an der Polizeidirektion etc. Fast
zeitgleich mit dieser symbolischen Machtergreifung setzte der sehr
konkrete Terror gegen politische Gegner und Juden ein. Schuschnigg

hatte durch sein für Außenstehende überraschendes und vor allem widerstandsloses Aufgeben den Bedrohten keinerlei Vorsprung gelassen.[131]

Ähnlich wie in Wien ging es in ganz Österreich zu. In der Kärntner Landeshauptstadt Klagenfurt etwa hatten schon während des 10. März Demonstrationen der verschiedenen politischen Lager stattgefunden. Während des 11. März dasselbe. Bald nach 17 Uhr waren Gerüchte von einer Absage der Volksbefragung im Umlauf. Gegen 18 Uhr kam es zu regelrechten Zusammenstößen und Schlägereien zwischen linken Pro-Österreich-Demonstranten und Nationalsozialisten. Wie überall rief auch in Klagenfurt die Radiomeldung von der Absage der Volksabstimmung, mehr noch später die Rücktrittsrede Schuschniggs, Frustration und lähmendes Entsetzen aufseiten der Vaterländischen hervor. Geschlagen zogen sie von dannen, während die Nationalsozialisten, ohne zu zögern, die Initiative und innerhalb weniger Stunden die Macht ergriffen.[132]

In der Steiermark hatte sich Schuschnigg für seine Volksbefragung von vornherein nicht viel ausrechnen können. Die Bevölkerung stand vermutlich mehrheitlich im Lager der Nazis, wenngleich Kepplers Schätzung (80 Prozent) sicher übertrieben ist. Jedenfalls verhielten sich Militär, Exekutive und Beamtenschaft den Nationalsozialisten gegenüber schon seit Berchtesgaden in Erwartung des nahen Systemwechsels weitgehend passiv. Zwar hatte das Bundesheer alle strategisch wichtigen Punkte in Graz besetzt. Trotzdem beherrschten nationalsozialistische Demonstranten im Laufe des 11. März die Straßen der Stadt. An vielen Häusern wurden Hakenkreuzfahnen aufgezogen. Am späteren Nachmittag formierte sich ein nationalsozialistischer Fackelzug. Hin und wieder wagten sich noch vaterländische Propaganda-Lkws ins Getümmel, die für ein »Ja« bei der Volksbefragung warben.

Gleich nach der Schuschnigg-Rede und dem Rückzug des Bundesheeres traten SA und SS in Aktion, um die wichtigsten Ämter und Verkehrsknotenpunkte zu besetzen. Landeshauptmann Trummer war schon nach Hause gegangen, wurde allerdings wenig später in die Grazer Burg zitiert, um sein Amt formell dem bisherigen illegalen NS-Gauleiter Sepp Helfrich zu übergeben. 60 000 Menschen und mehr feierten einstweilen auf dem Grazer Hauptplatz. Ein Augenzeuge: »In Graz haben sie überall gebrüllt und geschrien, und die Leute sind sich um den Hals gefallen, das kann man einfach nicht schildern und nicht verstehen, wenn man das nicht gesehen hat. So eine Hysterie war das. Ich habe gesehen, dass die Leute ... sich umarmt (haben) und sind herum im Stadtpark und haben getanzt, und eine ... Stimmung war das, das war unwahrscheinlich ...«[133]

Drittes Beispiel: Salzburg. Stadt und Land standen den ganzen Tag im Zeichen der überbordenden Regierungspropaganda und massiven Gegendemonstrationen der Nazis. Landeshauptmann Rehrl erfuhr gegen 16 Uhr – bezeichnenderweise von nationalsozialistischer Seite – von der Absage der Volksbefragung. Später am Abend rief Schuschnigg an: Er habe unter »gewaltigem Druck« der Deutschen zurücktreten müssen. Rehrl reagierte wie andere Landeshauptleute auch – er verließ das Amt und begab sich in seine Wohnung. Nach Schuschniggs Abschiedsrede marschierte NS-Gauleiter Wintersteiger, begleitet von einem SA-Sturm, zum Sitz der Salzburger Landesregierung. Die dort postierten Wachen leisteten den Hitlergruß und ließen den Gauleiter anstandslos passieren. Wintersteiger begab sich in Rehrls Arbeitszimmer und meldete gegen 21 Uhr telefonisch nach Wien, er habe in Salzburg die Macht ergriffen. Zeitgleich wurden weitere Ämter und zentrale Punkte besetzt: das Rathaus, der Rundfunk, das Fernsprechamt, das Landesgericht, die Landwirtschaftskammer, die Arbeiterkammer, das Haus der Vaterländischen Front und so weiter. Eine Verhaftungswelle setzte ein, die vorerst die wichtigsten Vertreter des alten Regimes traf. Am Erzbischöflichen Palais zertrümmerten NS-Demonstranten nachts Fensterscheiben. SA und HJ setzten Erzbischof Waitz unter Hausarrest, indem sie das Gebäude mehrere Tage lang umstellten.[134]

Bundespräsident Miklas hielt sich noch für einige Stunden. Auch nach Schuschniggs Rede verweigerte er standhaft die Ernennung Seyß-Inquarts. Ungefähr um 20.15 Uhr erteilte Hitler den mündlichen, um 20.45 Uhr den schriftlichen Einsatzbefehl zum »Unternehmen Otto«: »Zur Vermeidung weiteren Blutvergießens in österreichischen Städten wird der Vormarsch der deutschen Wehrmacht nach Österreich bei Tagesanbruch (...) angetreten. Ich erwarte, dass die gesteckten Ziele unter Aufbietung aller Kräfte so rasch als möglich erreicht werden.«[135] Aber wo blieb das Seyß-Inquart aufgetragene Telegramm? Aus außenpolitischen Gründen wollte Hitler nicht darauf verzichten. Um 20.48 Uhr diktierte Göring Staatssekretär Keppler per Telefon den gewünschten Text: Die provisorische österreichische Regierung bitte die deutsche Regierung, baldmöglichst Truppen zu entsenden, um Blutvergießen zu verhindern. Und weiter: Seyß solle eine provisorische Regierung bilden, egal, was der Bundespräsident sage. Seyß möge das Telegramm möglichst bald schicken. Er brauche es auch gar nicht zu schicken, er brauche nur zu sagen: Einverstanden! – Keppler: »Jawohl.«

Keppler bedrängte daraufhin weisungsgemäß Seyß-Inquart. Dieser wies das Ansinnen im Laufe des Abends mehrfach zurück: Es gebe keine Unruhen. Er sehe keinen Grund, um die Hilfe deutscher Truppen zu ersuchen. Gegen 21.45 Uhr – eine Stunde nachdem Hitler den Einmarsch befohlen hatte – gab Seyß schließlich resignierend auf: »Sie kennen meine Stellungnahme, machen Sie, was Sie wollen.« Als um 21.54 Uhr Pressechef Dietrich anrief und dringend das Telegramm einforderte, konnte Keppler ihm antworten: »Sagen Sie dem Generalfeldmarschall, dass Seyß-Inquart einverstanden ist.« Dietrich: »Das ist hervorragend.« Ein Telegramm mit dem gewünschten Hilfsansuchen wurde vermutlich nie abgeschickt. Im Laufe der Nacht versuchte Seyß-Inquart mehrmals, den Einmarsch aufzuhalten. Erfolglos.[136]

Um 22 Uhr besetzten Männer der SS-Standarte 89 – die hier beim Putschversuch 1934 gescheitert war – das Bundeskanzleramt. Das könnte neben den durchweg niederschmetternden Meldungen aus den Bundesländern ein wichtiger Grund dafür gewesen sein, dass Bundespräsident Miklas mürbe wurde. Um 23 Uhr betraute er Seyß-Inquart mit der Fortführung der Geschäfte, eine Möglichkeit, die ihm die Bundesverfassung bot. Um Mitternacht ernannte er ihn zum Bundeskanzler, gegen ein Uhr vereidigte er die neue Regierung. Echte »alte Kämpfer« der NSDAP waren darin kaum zu finden, eher dem Nationalsozialismus zuneigende Katholisch-Nationale vom Schlage Seyß-Inquarts. Aber das sollte sich rasch ändern.[137]

EINMARSCH

Noch vor der Wehrmacht kam Himmler. Um 2.30 Uhr des 12. März starteten zwei Maschinen vom Flughafen Oberwiesenfeld in München. Ziel: Wien-Aspern. Heinrich Himmler ließ sich von den wichtigsten SS- und Polizeiführern begleiten: seinem Stabschef Karl Wolff, dem Chef der Sicherheitspolizei Reinhard Heydrich und dem Chef der Ordnungspolizei Kurt Daluege. Mit der zweiten Maschine flogen 27 schwerbewaffnete SS-Leute. Um 4.30 Uhr landeten beide Maschinen in Wien. Im Flughafenrestaurant warteten führende österreichische Nazis, um den Reichsführer-SS zu begrüßen. Dieser hielt sich damit nur wenige Minuten auf. Er wollte keine Zeit verlieren und brauste mit seinen Leuten sofort Richtung Innenstadt.[138]

Um diese Zeit warteten Soldaten der 8. Armee der deutschen Wehrmacht überall an den Grenzübergängen auf den Befehl zum Einmarsch nach Österreich. Trotz der Ankündigung Schuschniggs, das österreichische Bundesheer werde keinen Widerstand leisten, konnte man nicht ganz sicher sein, was tatsächlich passieren würde. Was, wenn es doch zu einem »Bruderkampf« kam? War die Gefahr von militärischen Gegenmaßnahmen der Großmächte und eines europäischen Konflikts tatsächlich gebannt? Wie würde sich die militärisch bestens gerüstete Tschechoslowakei verhalten?[139]

Erleichtert sahen die Soldaten, dass die Schlagbäume überall von selbst hochgingen oder von österreichischen Zollbeamten bereits entfernt worden waren. Um 5.30 Uhr überschritten erste Truppeneinheiten die deutsch-österreichische Grenze bei Schärding am Inn. Sie wurden, heißt es im Kriegstagebuch des entsprechenden Regiments, »von unglaublichem Jubel der Bevölkerung empfangen«. Als Oberstleutnant Blumentritt zur selben Zeit mit zwei Zügen einer Kompanie seines Infanterieregiments vorsichtig die Innbrücke von Simbach in Bayern nach Braunau in Oberösterreich überquerte, bot

sich ihm ein unerwartetes Bild: »Die Fenster öffnen sich, überall wird
Licht gemacht und ganze Trupps von Einwohnern stürzen mit aus-
gebreiteten Armen auf die Truppe los. Zum ersten Male werden den
Leuten Blumen überreicht und die Pferde mit Brot und Äpfeln gefüt-
tert.« In ähnlicher Weise drang die Wehrmacht bei Lindau, Mittenwald, Kiefersfelden, Freilassing und Burghausen auf österreichisches
Staatsgebiet vor und bildete hier erste Brückenköpfe. In Kufstein
stand die Bevölkerung jubelnd am Straßenrand, die mächtige Hel-
denorgel auf der über der Stadt thronenden Festung intonierte das
Deutschlandlied. Dicht hinter der Wehrmacht marschierte übrigens
die deutsche Ordnungspolizei ein. Schon während Hitlers Aufenthalt
in Linz und danach in Wien hielten aus dem Deutschen Reich her-
beigeschaffte Schupos die begeisterten Massen in Zaum.

Der Einmarsch erfolgte wegen der sich überschlagenden Ereignisse
in Wien am 11. März überstürzt. Dementsprechend chaotisch ging es
zu. Aber das spielte unter den gegebenen Umständen keine Rolle,
denn überall im Land empfing begeisterter Jubel die deutschen Truppen. 1946 in Nürnberg machte sich Göring über den Anklagepunkt
eines »Angriffskriegs gegen Österreich« lustig: »Einen Angriffskrieg
führt man, wenn man schießt, Bomben wirft und so weiter. Hier
wurde aber nur eins geworfen, und das waren Blumen.«[140]

Der Einmarschplan sah vor, dass Panzertruppen sofort Richtung
Wien vorstoßen sollten. Hitler wollte nicht mühsam Stellung um
Stellung besetzen, sondern durch Einnahme der Hauptstadt sofort
vollendete Tatsachen schaffen. Die Allerersten waren allerdings die
Flieger. Schon am Vormittag des 12. März nahmen deutsche Bom-
bergeschwader den Flughafen Wien-Aspern ein. Insgesamt flogen
an diesem Tag an die dreihundert Maschinen über das Stadtgebiet.
Das habe, meldete die Luftwaffe zufrieden, in Wien den »Eindruck
einer Luftparade« erweckt. Zudem wurden im Laufe des Tages nicht
weniger als 300 Millionen Flugblätter über Österreich abgeworfen.
Text: »Das nationalsozialistische Deutschland grüßt sein national-
sozialistisches Österreich und die neue nationalsozialistische Regierung in treuer, unlösbarer Verbundenheit. Heil Hitler!«[141] Auch über
der Wiener Gemeindewohnanlage Sandleiten tauchte eine Staffel

deutscher Militärmaschinen auf. Dann regnete es silbrig glänzende Hakenkreuze und Flugzettel auf die sozialdemokratische Hochburg nieder. Die Kinder stürmten in den Hof, unter ihnen der dreizehnjährige Alfred Pietsch, und sammelten die Hakenkreuze begeistert auf.[142]

Nach gewissen Anfangsschwierigkeiten kamen auch die Panzer ins Rollen. Kurz nach Mittag des 12. März erreichten die ersten Fahrzeuge Linz, gegen 14 Uhr traf die deutsche Vorhut in St. Pölten ein. Danach längere Pause. Der Grund: Panzergeneral Guderian wollte sowohl beim Empfang Hitlers in Linz am Abend anwesend sein als auch an der Spitze seiner Truppen in Wien einfahren. Gegen Mitternacht ging der Vormarsch weiter. Eine ganze Schlange von Privatfahrzeugen, dicht besetzt mit Neugierigen, folgte den Panzern auf diesem seltsamen Feldzug. Um 2.30 Uhr des 13. März erreichte Guderian schließlich mit dem Kradschützen-Bataillon 2 die Hauptstadt. Dort fand um drei Uhr morgens ein improvisierter Vorbeimarsch am Opernring statt. Anschließend trugen begeisterte Wiener den General auf den Schultern in sein Quartier. Die größten Gefahren, denen die Wehrmacht auf ihrem Vormarsch ausgesetzt war, stellten die herandrängenden Massen begeisterter Österreicher, die engen, kurvenreichen Straßen und die ungewohnte Linksfahrordnung im Osten Österreichs dar. Insgesamt 25 Soldaten kamen während der Invasion bei Verkehrsunfällen ums Leben.[143]

Hitler flog am Morgen des 12. März mit großem Gefolge von Berlin nach München. Auf dem Flughafen Oberwiesenfeld wartete bereits eine lange Reihe von grauen geländegängigen Automobilen der Marke Mercedes. Die martialisch wirkende Kolonne setzte sich Richtung Mühldorf am Inn, dem Hauptquartier der 8. Armee, in Bewegung. Mit dabei ein sechsundzwanzigjähriger Österreicher in SS-Uniform: Reinhard Spitzy. Dessen Chef, Reichsaußenminister Ribbentrop, weilte gerade in London. Sein Adjutant hingegen durfte während Hitlers Einzug in Österreich dabei sein. Spitzy war ein begeisterter Nationalsozialist, der sich 1933 wegen illegaler Betätigung aus Österreich nach Deutschland abgesetzt hatte. Für ihn war der Anschluss die Erfüllung eines Lebenstraums.

In Mühldorf ließ Hitler sich über den Verlauf des Einmarsches der Wehrmacht informieren. Überall in Österreich sei die Wehrmacht mit Jubel und Blumen empfangen worden, hieß es. Auch eine Zusammenfassung der Meldungen der internationalen Presse war befriedigend. Das Ausland schien sich mit der Besetzung Österreichs abzufinden. Hitler entschloss sich zur Weiterfahrt.

Nächste Station: die österreichische Grenzstadt Braunau am Inn. Um 15.50 Uhr traf Hitlers Kolonne ein. Spitzy saß im Auto neben Generalmajor Bodenschatz, dem Chef des Stabes Göring:»Ich schämte mich nicht meiner Rührung. Bodenschatz ging es nicht besser, und Tränen flossen über unsere staubigen, bald völlig verschmierten Gesichter.« Hier, in Braunau, war der »Führer« des Deutschen Reichs vor 49 Jahren auf die Welt gekommen. Über den langgezogenen Hauptplatz ließ Hitler sich in die Salzburger Vorstadt bringen. Im Auto stehend, von den Massen umjubelt, rollte er an seinem Geburtshaus vorüber.

Spitzy – und nicht nur er – beschreibt die Weiterfahrt als noch nie dagewesenen Triumphzug. Überall drängte sich die Bevölkerung an die Wagen heran. Alles schrie und jubelte und weinte vor hysterischer Freude und Begeisterung. Die Kinder wurden dem »Führer« entgegengehalten, als sollte er sie segnen. Von allen Seiten legten die Leute Blumensträuße auf Hitlers Wagen, so viele, dass die meisten auf der anderen Seite wieder herunterfielen. Hitler stand stundenlang starr im Auto und grüßte. Für die 120 Kilometer bis Linz brauchte die Kolonne weit länger als gedacht. Die Landstraßen waren überfüllt von den einmarschierenden Truppen, liegengebliebene Panzer säumten den Straßenrand, in den größeren und kleineren Ortschaften am Weg war wegen der Menschenmassen nur ein mühsames Durchkommen möglich. So traf man erst nach Einbruch der Dunkelheit ein.[144]

HITLER IN LINZ

Linz an der Donau war jene Stadt, die Hitler stets als seine »Heimatstadt« bezeichnete. Hier hatte er die wichtigsten Jahre seiner Kindheit und Jugend verbracht, hier war er zur Schule gegangen, hier hatte sich seine Passion für Malerei, Architektur, die Opern von Richard Wagner und den Deutschnationalismus der Richtung Schönerers entwickelt.[145] Seit den frühen Nachmittagsstunden des 12. März hatten sich hier Zehntausende eingefunden, um den deutschen »Führer und Reichskanzler« zu begrüßen. Aber Hitler ließ auf sich warten. Dafür trafen kurz nach 17 Uhr Bundeskanzler Seyß-Inquart, Vizekanzler Glaise-Horstenau, Reichsführer-SS Himmler, Staatssekretär Keppler und andere Nazigrößen beim Rathaus ein. Sie waren soeben per Flugzeug aus Wien gekommen. Es gab erste kurze Ansprachen. Dann fuhren sie Hitler entgegen, um sich dessen Triumphzug anzuschließen.

Gegen 19.30 Uhr war es so weit. Schätzungen zufolge sollen 60 000 bis 80 000 Menschen auf dem Hauptplatz versammelt gewesen sein. Der Platz war schwarz von Menschen. Von der Pestsäule im Zentrum des Platzes, schreibt Spitzy, seien nur noch die Konturen zu erahnen gewesen, so voll mit Menschen sei sie gewesen, die wie die Trauben an ihr hingen. Augenzeuge Seyß-Inquart: »Ich habe noch niemals und nie mehr eine derartige Begeisterung erlebt.« Vom Balkon des Rathauses hielt Hitler seine erste Rede auf österreichischem Boden. Er sprach von dem gläubigen Bekenntnis, mit dem er aus dieser Stadt einst ausgezogen sei, von seiner inneren Ergriffenheit, dieses Bekenntnis nunmehr zur Erfüllung gebracht zu haben, von der Vorsehung, die ihn zur Führung des Reichs berufen und ihm einen Auftrag erteilt habe: »Und es kann nur ein Auftrag gewesen sein, meine teure Heimat dem Deutschen Reich wiederzugeben.« Dieser Satz, wie andere auch, ging im hysterischen Jubelgeschrei der Massen beinahe unter.[146]

Anschließend bezog Hitler samt Tross das Hotel Weinzinger, unweit des Hauptplatzes und direkt an der Donau gelegen. Für die nächsten eineinhalb Tage sollte sich hier die Befehlszentrale des Deutschen Reichs befinden. Dafür allerdings war dieses kleine Hotel, das beste in Linz, denkbar schlecht ausgestattet. Das Durcheinander bei der Zimmervergabe war enorm. Generäle schliefen auf Feldbetten in Hotelgängen. Nur ein einziges Telefon stand zur Verfügung. Die Hotelküche war dem unerwarteten Ansturm nicht gewachsen. »Immer neue Leute kamen«, schreibt Spitzy, der mitten im Geschehen dabei war, »das Volk ballte sich vor den Türen, jubelte und sang, alle, die Jungen und die Alten. Sie wollten den Führer sehen, ganz gleich, ob der wollte oder nicht.« Schließlich musste die Umgebung des Hotels großräumig abgesperrt werden.[147]

Was Hitlers fast zweitägigen Aufenthalt in Linz – neben der pathetisch-sentimentalen Inszenierung der »Heimkehr des Führers« – bedeutsam macht, ist die Tatsache, dass er ausgerechnet hier in seiner Heimatstadt die wichtigsten Entscheidungen für die weitere Zukunft Österreichs traf. Seine Fahrt hatte er am Morgen des 12. März noch ohne klares Konzept dafür, wie es nun weitergehen würde, angetreten. Man hatte an eine gemeinsame bewaffnete Macht und eine Wirtschafts- und Währungsunion gedacht, aber noch an keine vollständige staatsrechtliche Vereinigung. Irgendwann unterwegs scheint Hitler der Gedanke gekommen zu sein, dass eigentlich alles viel schneller gehen könnte. Dafür dürften zwei Gründe ausschlaggebend gewesen sein: erstens der Jubel der Österreicher, der jedes erwartete Ausmaß überstieg, zweitens der Tenor der internationalen Presse, der ernsthafte Widerstände der europäischen Mächte gegen einen vollständigen Anschluss unwahrscheinlich erscheinen ließ. Jedenfalls ließ Hitler noch in der abendlichen Runde durchblicken, dass er keine »halben Maßnahmen« machen wolle.[148]

Bundeskanzler Seyß-Inquart wurde von der Entwicklung regelrecht überrollt. Zwar hatte er schon bei seiner Begrüßungsansprache für Hitler auf dem Rathausbalkon Artikel 88 des Vertrags von Saint-Germain (Anschlussverbot) für unwirksam erklärt. Aber wie rasch nun alles gehen würde, das wusste er (nach eigener Aussage) nicht, als er in der Nacht per Auto nach Wien zurückkehrte.[149]

Am Vormittag des 13. März traf Wilhelm Stuckart, Verfassungs-

experte des Reichsinnenministeriums, per Flugzeug in Linz ein. Er
hatte zwei Tage zuvor den Auftrag erhalten, den Entwurf für eine
Personalunion auszuarbeiten. Diesen sollte er nun auftragsgemäß
Hitler vorlegen. Zu seiner Überraschung erfuhr er von diesem, dass
sich die Sachlage mittlerweile geändert hatte: Österreich solle ein
Land des Deutschen Reiches werden, so wie Bayern und die übrigen
deutschen Länder. Bis spätestens Mitte April solle die österreichische
Bevölkerung über diese Vereinigung abstimmen. Und: Die Eingliederung Österreichs solle als »Wiedervereinigung« bezeichnet werden.
(Letzteres wohl, um die historische Kontinuität zum Heiligen Römi-
schen Reich zu betonen und den Rechtsbruch zu camouflieren.)

Stuckart skizzierte einen Entwurf des notwendigen Gesetzes, legte
ihn Hitler vor und flog dann umgehend nach Wien, um Staatssekretär Keppler bei dessen Verhandlung mit Bundeskanzler Seyß-Inquart
zur Seite zu stehen. Zu verhandeln gab es indes nichts. Seyß-Inquart,
wiewohl überrascht von der sich überschlagenden Entwicklung,
fügte sich widerstandslos ins Unvermeidliche.

Die letzte Sitzung des österreichischen Ministerrates begann um
17 Uhr und war nach fünf Minuten beendet. Ohne viel Federlesens
beschloss die Regierung das »Bundesverfassungsgesetz über die Wiedervereinigung Österreichs mit dem Deutschen Reich«. Bundespräsident Miklas konnte und wollte diese Entwicklung nicht aufhalten.
Um dieses Gesetz nicht beurkunden zu müssen, trat er von seinem
Amt zurück, womit laut Verfassung von 1934 seine Obliegenheiten
auf den Bundeskanzler übergingen. Somit konnten Seyß-Inquart und
seine Ministerkollegen das verfassungsmäßige Zustandekommen des
von ihnen beschlossenen Gesetzes selbst bestätigen. Anschließend
trat Seyß-Inquart die Fahrt nach Linz an, um seinem »Führer« den
Vollzug zu melden: »Hitler war sehr bewegt. Er war lange still. Tränen rannen ihm über die Wangen.«[150]

Seyß-Inquart war nun nicht mehr »Bundeskanzler«, sondern
»Reichsstatthalter«. Aus der von ihm geführten österreichischen
»Bundesregierung« war eine »Landesregierung« geworden, die noch
rund ein Jahr mit zunehmend beschnittenen Kompetenzen weitermachen durfte. Zum wahren starken Mann machte Hitler allerdings

einen geeichten Altnazi, der sich bei der Eingliederung des Saarlandes 1935 bewährt hatte: Josef Bürckel, Gauleiter von Saarpfalz. Noch am Vormittag des 13. März unterzeichnete Hitler eine entsprechende Verfügung. Demnach sollte Bürckel als »kommissarischer Leiter« die NSDAP in Österreich reorganisieren und die Volksabstimmung über den Anschluss vorbereiten. Damit war die zentrale Position vergeben. Der machtbewusste Bürckel verstand es, den Reichsstatthalter Seyß-Inquart und andere konkurrierende Institutionen aus dem Altreich zunehmend zurückzudrängen.[151]

Mittags ließ Hitler sich nach Leonding bringen, einen fünf Kilometer entfernten Vorort, in dem er mit seiner Familie gelebt hatte. Auf dem Ortsfriedhof lagen seine Eltern begraben – der gefürchtete Vater Alois (gestorben 1903) und die geliebte Mutter Klara (gestorben 1907). Überall an der Straße jubelten die Menschen Hitler zu. Den Friedhof besuchte er allein. Nicht ganz allein, sein Leibfotograf Heinrich Hoffmann war dabei. Dieser machte die Aufnahmen vom »Führer am Grab seiner Eltern«, die der Propagandainszenierung von Hitlers Heimkehr dienten.[152]

Wieder zurück im Hotel Weinzinger, gab es ein Mittagessen, zu dem prominente oberösterreichische Nationalsozialisten geladen waren. Hitler hielt seine üblichen Tischtiraden: über die außenpolitische Situation, den militärisch-strategischen Gewinn, den der Anschluss Österreichs für das Deutsche Reich bedeute, die Reichsautobahn, Städtebau und so weiter. Und schließlich, als Antwort auf eine Jeremiade über die missliche Lage der Stadt Linz, die Bürgermeister Wolkerstorfer bei günstiger Gelegenheit angebracht hatte: »Die Sorgen und Nöte dieser Stadt sind vorüber, denn ich übernehme die Patenschaft.« Gegen 15 Uhr zog Hitler dann seine Uhr und verkündete, dass soeben das Wiedervereinigungsgesetz erscheine. »Der Saal horchte auf«, erinnerte sich Franz Langoth, ein früherer deutschnationaler Politiker, der sich den Nazis angeschlossen hatte. Feierliche Stille habe geherrscht. Hitler: »Das ist die große Stunde. Ich bin so glücklich.« Später paradierten die oberösterreichischen NS-Formationen vor ihm. Den Abend verbrachte er, wo er sich am wohlsten fühlte, im Kreise »alter Kämpfer«.[153]

Seiner Heimatstadt galt künftig die besondere Zuwendung Hitlers. Hier entstanden binnen kurzer Zeit zwei Industriekonglomerate (Stahl und Stickstoff), rund 11 000 Wohnungen sowie eine neue Donaubrücke. Freilich, all die anderen hochfliegenden Pläne, die Linz nach Hitlers Willen in ein »deutsches Budapest« umformen sollten – Errichtung eines »Führermuseums«, einer neuen Oper, einer Prachtstraße, Monumentalverbauung des Donauufers, Bau von Hochschulen etc. –, konnten nie in die Wirklichkeit umgesetzt werden. »Linz«, meint der Historiker Roman Sandgruber, »wurde zum Symbol für die Mischung aus Irrationalität und Gewalt, die für die nationalsozialistischen Planungen charakteristisch war.«[154]

HELDENPLATZ

Am Montagvormittag, dem 14. März, trat Hitler die Weiterreise nach Wien an. Seine Fahrt war von Umständen begleitet, die man nur als Massenhysterie oder Massenpsychose bezeichnen kann. Für die österreichischen Nationalsozialisten müssen es die größten Momente ihres Lebens gewesen sein. So zum Beispiel für den enthusiastischen Reinhard Spitzy: »unbeschreibliche Triumphfahrt«, »frenetisch bejubelt«, »überschlugen sich vor Begeisterung«, »ohrenbetäubendes Jubeln«, »wie im Rausch« etc. Aber auch ein NS-feindlicher Beobachter wie der britische Korrespondent Gedye erlebte die Vorgänge ähnlich: »Wenn man sagt, dass die Massen (...) vor Begeisterung wie wahnsinnig waren, als sie Hitler begrüßten, so ist dies alles eher als eine Übertreibung.«[155]

Hitlers Wagenkolonne benutzte die Hauptverbindungsstraße von West nach Ost, die sogenannte Wiener Reichsstraße. Die Straßenränder waren gesäumt von dichtgeballten Menschenmassen. In Orten wie Enns, Strengberg, Amstetten oder Pöchlarn gab es überwältigenden Jubel. Selbst die klerikale Hochburg Melk mit ihrem mächtigen, über der Donau thronenden barocken Stift empfing Hitler mit Glockengeläute, Böllerschüssen, Blumensträußen und Heilrufen. Um 13.45 Uhr traf die Kolonne in St. Pölten ein, der größten Stadt am

Weg. Nach einer längeren Rast in einem Gasthaus ging es ohne Halt weiter bis Wien.[156]

Die einstige Reichshaupt- und Residenzstadt Österreich-Ungarns und nunmehrige Provinzstadt Großdeutschlands erwartete ihren neuen »Führer« mit Ungeduld.[157] Im Gegensatz zu Linz verband Hitler mit Wien allerdings keine guten Erinnerungen. 1908, nach dem Tod seiner Mutter, war er mit 19 Jahren hergezogen, bei der Aufnahmeprüfung an der Akademie der bildenden Künste allerdings ruhmlos durchgefallen. 1913 war er schließlich nach München übersiedelt.[158] Und nun, nach 25 Jahren, was für eine Rückkehr! Hitlers Kolonne, von St. Pölten kommend, überquerte den Riederberg, eine Passhöhe des Wienerwalds, erreichte bald die westlichen Vororte Wiens und schließlich die Mariahilfer Straße, eine mehrere Kilometer lange Einkaufsstraße, die direkt ins Stadtzentrum führt. Wochenschauaufnahmen und Fotografien zeigen, dass dieser breite Boulevard vermutlich niemals vorher oder nachher so dicht mit Menschenmassen gefüllt war. Spitzy: »Die Dächer waren vollbesetzt, die Fenster vollgepfropft. Ganze Trauben von Menschen hingen irgendwie an den Häusern und Fassaden. Alle Balkone waren überfüllt. (…) Es war beängstigend. Auf Straßen und Plätzen erfüllte die Luft ein ohrenbetäubendes Jubeln.« Der Jubel der Wienerinnen und Wiener habe »an Ekstase grenzende Formen« angenommen, schreibt der Preuße Below, der einen derartigen kollektiven Freudenausbruch nicht annähernd erwartet hatte.

Beim Kunsthistorischen Museum bog die im Schritttempo fahrende Führerkolonne in die Ringstraße ein. Nahe der Oper wartete der zehnjährige Günther Doubek. Zuerst waren er und sein Freund Ernst in der Masse eingekeilt gewesen. Keine Aussicht, auch nur einen Blick auf den »Führer« erhaschen zu können. Aber dann hatte Günther das Dach eines Wartehäuschens der Straßenbahn entdeckt. Gemeinsam mit weiteren umstehenden Buben war es gelungen, diese günstige Aussichtsplattform zu erobern. Endloses Warten. Sprechchöre und Parteiliedergesang. Die Ankündigung eines Lautsprecherwagens, der »Führer« habe soeben die Stadtgrenze erreicht, hatte die Menschen zuerst aufjubeln und dann verstummen lassen.

Eine Art gespannte Stille war eingekehrt. Immer häufiger Motorräder und Autos. Die Insassen: Männer in schwarzen Uniformen. Dann von ferne Geschrei, das immer lauter wurde und sich wie eine Welle fortpflanzte. Noch mehr Motorräder und Autos. Eine stetig näher kommende, sich überschlagende Woge des Jubels. Und dann sah Günther »ihn«: Er stand im offenen Wagen, mit ausgestrecktem Arm, den er manchmal abknickte, nach links und rechts grüßend, lächelnd.[159]

Die Kolonne erreichte nach einigen hundert Metern das Hotel Imperial, wo Hitler samt Gefolge residieren sollte. Hunderttausende hatten sich am Kärntner Ring, am nahen Schwarzenbergplatz und in den Seitengassen angesammelt. Die Menschen erklommen die Kühlerhauben und Dächer von Autos, benutzten Fahrräder, Stühle und Leitern, um in eine etwas bessere Position zu gelangen und einen Blick auf Hitler werfen zu können. Stundenlang ertönten Sprechchöre: »Wir wollen unseren Führer sehen!« Mehrmals trat Hitler auf den Balkon, schritt gemessen auf und ab und ließ sich huldigen, während die Mitglieder der österreichischen »Landesregierung« respektvoll im Hintergrund standen. Ein »ungeheurer Schrei« sei losgebrochen, als Hitler auf den Balkon trat, erinnerte sich der damals dreizehnjährige Leopold Rosenmayr. »Es war geradezu körperlich zu spüren. Die versammelten Menschen rissen ihre Arme lang gestreckt zum Hitlergruß hoch. Diese Bewegung der Arme hatte etwas Komisches. Sie sah wie gelenkt aus. Hitler stand auf dem Balkon und antwortete mit der gleichen Geste.« Er genoss die Situation: »Berauschendes Gefühl der Massenbeherrschung«, notierte sich Propagandaminister Goebbels, der in Berlin geblieben war, nach einem Telefonat mit Hitler.

Schließlich entschloss sich Hitler außerplanmäßig zu einer kurzen Rede: Eine große geschichtliche Wende werde dem deutschen Volk zuteil. Das Deutsche Reich, wie es heute stehe, werde niemand mehr zerschlagen und niemand mehr zerreißen können. Darauf habe sich ein »unbeschreiblicher Begeisterungssturm« erhoben, heißt es in den Zeitungen.[160]

Die NSDAP hatte den Aufmarsch ihrer Mitglieder, Anhänger, For-

mationen und Unterorganisationen minutiös organisiert. Für zwölf
Uhr war von der Wiener Gauleitung allgemeiner Dienstschluss ange-
ordnet worden, um den Angestellten die Möglichkeit zur Teilnahme
am Empfang Hitlers zu geben. »Die Partei erwartet, dass die Betriebs-
führer den vollen Dienst bezahlen.« Die gerade laufende Wiener
Frühjahrsmesse schloss um zwölf Uhr, das Unterrichtsministerium
hatte allgemeine Schulferien verfügt. Zehntausende Buben und Mädchen der Hitlerjugend, die man am Sonntag, dem 13. März, in ver-
frühter Erwartung Hitlers aus Niederösterreich und anderen Bundesländern nach Wien gekarrt hatte, waren in der Stadt geblieben,
um als Staffage des Führerempfangs zu dienen.[161]

Am Dienstag, dem 15. März, gegen zehn Uhr, fuhr Kardinal Theodor Innitzer, Erzbischof von Wien, zu einem Höflichkeitsbesuch bei
Hitler vor. Die Menge, die das Hotel umlagerte, empfing den Kardinal
mit Pfiffen und Schmährufen wie »In den Kanal mit dem Kardinal«.
Hitler hörte die Unmutsäußerungen der Massen in seinen Räumlichkeiten. Er habe, erzählte er Jahre später seiner Tischrunde, ein
»schuldbeladenes, niedergedrücktes Pfäfflein« erwartet. Im Gegenteil, ein Mann von »selbstbewusstem Auftreten« sei erschienen, der
ihn »mit strahlendem Gesicht« angesprochen habe. Die Katholiken
würden, versicherte Innitzer, loyal zum neuen Staat stehen. Hitler:
Das werde die Kirche nicht zu bereuen haben. Vielleicht könne sich
eine gute Zusammenarbeit hier in Österreich auch positiv auf das
Altreich auswirken, wo die Fronten zwischen Staat und katholischer
Kirche bedauerlicherweise »festgefahren« seien.[162]

Anschließend fand auf dem Heldenplatz jene Massenkundgebung
(in NS-Diktion »Befreiungsfeier«) statt, mit der im historischen Gedächtnis der Anschluss Österreichs an das Deutsche Reich untrennbar gekoppelt ist. Der riesige Platz zwischen Ringstraße und Hofburg
war bis zu den Rändern gefüllt mit Menschen. Die Rede ist von
250 000 Versammlungsteilnehmern und mehr.[163] Die NSDAP hatte
alle Hebel in Bewegung gesetzt, um möglichst viele Menschen auf
die Straße zu bringen. Um zehn Uhr war Dienstschluss in Büros, Ämtern, Werkstätten und Industriebetrieben, der Rest des Tages galt als
Feiertag. Die Schulen hatten ohnehin frei. Große Firmen aus Wien

und den niederösterreichischen Industriebezirken brachten ihre Werksangehörigen auf Lastautos in die Innere Stadt. Richard Ruffingshofer gelangte im Zug der Angestellten des Postsparkassenamtes zum Heldenplatz. Er wunderte sich, dass alle früheren bekannten Nazifeinde aus dem Amt dabei waren. Sogar das Hakenkreuz hätten sie getragen. Die Herrschaft der Schwarzen, notierte er, habe zweifellos die Charaktere verdorben. Denn selbstverständlich sei, ganz im Unterschied zu ähnlichen Veranstaltungen des vorigen Regimes, von den Nationalsozialisten keinerlei Zwang ausgeübt worden, an der Kundgebung teilzunehmen.[164] Aus Sicht eines Nazis mochte sich das so darstellen. Aber für Beamte und Staatsangestellte war es in der gegebenen Situation wenig ratsam, sich vor aller Augen zu weigern, den Marsch mitzumachen.

Viele in der Masse, folgert Gerhard Botz, hätten sich zweifellos in einem »echten Freudentaumel« befunden. Erfüllte doch der Anschluss an Deutschland die Sehnsucht nicht nur der Deutschnationalen, sondern auch der meisten Sozialdemokraten und vieler Christlichsozialer. Viele politisch eher Desinteressierte seien gekommen, um den sagenumwobenen »Führer« leibhaftig zu sehen. Und viele hätten sich den organisierten Fahrten oder Märschen ihrer Betriebe, Büros oder Vereine angeschlossen, weil sie sich nicht den gefährlichen Unwillen der NS-Funktionäre zuziehen wollten. »Einmal an Ort und Stelle«, so Botz, »wurden alle wohl ohne Ausnahme von dem Massenerlebnis erfasst.«[165] Zu den Begeisterten zählte auch die 21 Jahre alte Adolfine Jauernig. Dolfi, wie sie gerufen wurde, war mit ihrem Freund Rudi zum Heldenplatz gezogen. Sie schrie wie besessen. Immer wieder: »Heil!, Heil!, Heil!« So laut und anhaltend, dass Rudi sie schließlich anherrschte: »Was schreist denn so?« Erst diese Worte hätten sie zur Besinnung gebracht. »Aber ich wusste dunkel, warum ich schrie. Ich wollte nicht mehr zurück in Armut, Arbeitslosigkeit, kein Mensch zweiter Klasse sein, Hoffnung haben für die Zukunft.«[166]

Gegen elf Uhr ließ sich Hitler, wie immer im Auto stehend und die vor Begeisterung rasenden Massen mit gestrecktem Arm grüßend, über die Ringstraße zum Heldenplatz bringen. Alle zehn Meter hatte man Schnüre mit Hakenkreuzwimpeln über die Straße gespannt, links und rechts an langen Masten Fahnen aufgezogen, alle dreißig Meter Lautsprecher aufgestellt. Auf dem Balkon über dem Eingang zur Neuen Hofburg war ein Rednerpult errichtet worden. Zuerst hielt Seyß-Inquart eine vor Geschichtspathos triefende, kriecherische Begrüßungsansprache. Dann Hitler, immer wieder unterbrochen von minutenlangem Jubelgeschrei und von Sprechchören: Die »älteste Ostmark des deutschen Volkes« solle ab nun das »jüngste Bollwerk« des Deutschen Reichs sein. Immer schon hätten sich die Stürme des Ostens hier gebrochen, nunmehr werde sie wieder ein »eiserner Garant« für die Sicherheit und Freiheit des Reiches sein. Dieses Land sei deutsch, es solle an Treue zur deutschen Volksgemeinschaft von niemandem überboten werden. Er erstatte nunmehr die größte Vollzugsmeldung seines Lebens und melde vor der Geschichte den Eintritt seiner Heimat in das Deutsche Reich.

An dieser Rede – ansonsten eine geballte Anhäufung der üblichen Nazifloskeln – fällt zweierlei auf: Zum einen ließ Hitler bei einer Aufzählung der österreichischen Bundesländer die zwei kleinsten weg, nämlich das Burgenland und Vorarlberg. Demnach plante er wohl schon zu diesem frühen Zeitpunkt, diese beiden Länder anderen, größeren Gauen zuzuschlagen. Zum anderen verwendete er zweimal die Bezeichnung »Ostmark«. Es handelt sich dabei um einen im 19. Jahrhundert aufgekommenen historisierenden Ausdruck für »marcha orientalis«, die östlichen Grenzgebiete des fränkischen Herzogtums Baiern im 9. und 10. Jahrhundert. »Österreich« war künftig als Begriff verpönt, im alltäglichen Sprachgebrauch war nunmehr von der »Ostmark« die Rede. Dahinter steckte das Kalkül, die Beseitigung der staatlichen Selbständigkeit zu betonen und die Herausbildung eines spezifischen Österreichbewusstseins innerhalb des Großdeutschen Reichs zu unterbinden.[167]

Um 14 Uhr legte Hitler beim Heldendenkmal am Äußeren Burgtor einen Kranz nieder. Anschließend ließ er zwei Stunden lang eine Militärparade an sich vorüberziehen. Hunderttausende Zuschauer entlang der Ringstraße bestaunten die Demonstration der Stärke der deutschen Wehrmacht. Schließlich, gegen 18 Uhr, Rückflug nach München. Auch dort: jubelnde Massen.[168]

VOLKSABSTIMMUNG

Laut Artikel 2 des Gesetzes vom 13. März 1938 sollte am Sonntag, dem 10. April 1938, eine »freie und geheime Volksabstimmung der über 20 Jahre alten deutschen Männer und Frauen Österreichs über die Wiedervereinigung mit dem Deutschen Reiche« durchgeführt werden. Betonung auf »deutsch«, denn die von den Nürnberger Gesetzen betroffenen Personen (also Menschen jüdischer Herkunft) waren von der Teilnahme ausgeschlossen. Insgesamt rund 242 000 Österreicherinnen und Österreicher erhielten kein Stimmrecht, davon 201 000, weil sie Juden waren, der Rest aus anderen Gründen.[169]

Hitler entschloss sich, die Volksabstimmung über die Wiedervereinigung mit einer Reichstagswahl zu koppeln, abzuhalten nicht nur in Österreich, sondern in ganz Deutschland.[170] In den folgenden Tagen und Wochen wurde die österreichische Bevölkerung von perfekt aufeinander abgestimmten Propagandawellen regelrecht überrollt. Den Plan dafür entwarf Goebbels in enger Abstimmung mit Hitler. Die Leitung der Propaganda in Österreich lag bei Gauleiter Bürckel, der einen mächtigen Apparat von Zehntausenden Mitarbeitern dirigierte.

Der Soziologe Leopold Rosenmayr, 1938 ein dreizehnjähriger Schüler aus katholisch-kleinbürgerlicher Wiener Familie, erlebte die Phase des Anschlusses und der Volksabstimmung als »Überwältigung«. Mit Bezug auf die beeindruckenden und zugleich bedrohlich wirkenden Flugzeugstaffeln, die massenhaft Flugzettel über dem Stadtgebiet verstreuten, schreibt er: »Jetzt konnte man sich nicht mehr, jetzt musste man sich dazu bekennen. Man hatte keine Wahl mehr. Das war die eigentliche Überwältigung. So groß war die Macht, die sich vom Himmel her zeigte. Die riesigen, schwerfälligen Maschinen am Himmel, die mehrmals wiederkehrten und immer wieder die gleichen Zetteln entluden, deuteten an, dass es im Grunde keine Wahl mehr gab.«[171] Überwältigung, damit ist das Prinzip der NS-Propaganda für die Volksabstimmung auf den Punkt gebracht. Und das hieß: zur Wahl gehen, aber im Grunde keine Wahl haben, nicht abstimmen, nicht zwischen Alternativen wählen, sondern vorbehaltlos – bekennen. Der Salzburger NS-Landesrat Karl Springenschmid verkündete zwei Wochen vor der Abstimmung offen: Am 10. April werde keine Wahl abgehalten, sondern ein Bekenntnis gesetzt. Den Neinsagern werde für immer das »Kainsmal« auf der Stirn brennen.[172]

Die Nationalsozialisten arbeiteten mit allen Mitteln: umschmeicheln, versprechen, überreden, beeindrucken, versteckt und offen drohen, unterwerfen. Enorme Geldmittel standen ihnen für ihren »Propagandafeldzug« zur Verfügung: mindestens 17 Millionen Reichsmark.[173] 20 000 »Volksempfänger« (Radioapparate) sollten für den Gemeinschaftsempfang der Reden von NS-Führern »geschenkweise« österreichweit verteilt werden.[174] Goebbels, selbstgefällig wie immer: »Diesen Wahlkampf werden wir haushoch gewinnen.«[175]

Trotzdem gab es offene Fragen: Das deutschnationale Lager, in Österreich stets nur die dritte Kraft, war fraglos durchweg nazifiziert. Aber wie die Anhänger der beiden großen antinationalsozialistischen Lager des österreichischen politischen Systems überzeugen, die Christlichsozialen und die Sozialdemokraten? War die weitgehende Zustimmung dieser Leute wirklich sicher? Berichte von Wehrmachtseinheiten belegen jedenfalls für die ersten Tage nach dem Einmarsch noch beträchtliche mentale Reserven in manchen Regionen mit hohen Arbeiter- und bäuerlichen Anteilen.[176] Am Ende spielte die Bereitwilligkeit einiger Leitfiguren beider Parteien zur Kollaboration den Nationalsozialisten in die Hände.

Schon am 12. März hatte Kardinal Innitzer die Katholiken der Erzdiözese Wien aufgefordert, Gott für den »unblutigen Verlauf« der politischen Umwälzung zu danken. Allen Anordnungen der Behörden möge willig Folge geleistet werden. Am 15. März versicherte der Kardinal Hitler im persönlichen Gespräch der Loyalität der Kirche. Am 18. März fand schließlich eine Konferenz der österreichischen Bischöfe in Wien statt. Durch Tricks und versteckte Drohungen brachte Gauleiter Bürckel die Bischöfe dazu, eine von ihm vorformulierte »Feierliche Erklärung« zu unterschreiben: Man anerkenne »freudig«, dass die nationalsozialistische Bewegung Hervorragendes

geleistet habe und leiste, vor allem habe sie die Gefahr des gottlosen
Bolschewismus abgewehrt. Für die Bischöfe sei es am Tag der Volksabstimmung selbstverständliche nationale Pflicht, sich als Deutsche
zum Deutschen Reich zu bekennen. Schließlich ließ sich der gut-
gläubige und politisch erstaunlich naive Innitzer auf Drängen eines
Beauftragten Bürckels sogar dazu hinreißen, ein Schreiben an den
Gauleiter mit dem handschriftlichen Zusatz »und Heil Hitler!« zu
versehen.[177] Goebbels konnte es kaum fassen: »Ganz positiv und
fast unglaublich. Die müssen Angst haben. Wir werden sie ganz groß
im Wahlkampf gebrauchen können.« Hitler nahm die Sache so wichtig, dass er sich persönlich mit der Gestaltung der Propagandamittel
befasste. Die NS-Propaganda schlachtete die den Bischöfen abgenö-
tigte Erklärung voll aus: im Rundfunk, als Faksimile in sämtlichen
Zeitungen, auf Flugzetteln und Plakaten.[178]

Der Name »Initzer« (ständig falsch geschrieben) kommt im Goebbels-Tagebuch zwischen 15. März und 10. April insgesamt vierzehn-
mal vor. Mit wenigen anderen Themen beschäftigte er sich in diesem
Zeitraum so häufig. Der Name »Renner« wird von Goebbels im Zeitraum zwischen Anschluss und Abstimmung kein einziges Mal erwähnt. Wie Kardinal Innitzer stammte auch der sozialdemokratische Gründungskanzler der Republik Österreich Karl Renner aus
den deutschsprachigen Gebieten der Tschechoslowakei. Beide waren
»Sudetendeutsche«. Und diesen wurde, nicht ohne Grund, eine besondere Vorliebe für den Deutschnationalismus nachgesagt.[179] Der
Wille zum Anschluss an die »Deutsche Republik«, den Karl Renner
bei der Republikgründung am 12. November 1918 zum Ausdruck
gebracht hatte, war freilich auf ein ganz anderes Deutschland gerichtet gewesen: auf ein demokratisches, soziales, freiheitliches Staatswesen, nicht auf das totalitäre, faschistische Dritte Reich.

Ende März oder Anfang April 1938 suchte Renner den Wiener NS-
Bürgermeister Neubacher auf: Dieser möge ihm Gelegenheit geben,
seine ehemaligen sozialdemokratischen Genossen in Form eines Zei-
tungsartikels oder in Plakaten aufzurufen, am 10. April »für Adolf
Hitler und damit für Großdeutschland zu stimmen«. So berichtet es
jedenfalls NS-Vizebürgermeister Thomas Kozich in seinen Erinne-

rungen. Neubacher wandte sich an Gauleiter Bürckel, dieser wiederum fragte beim »Stellvertreter des Führers« Rudolf Heß und dieser möglicherweise bei Hitler höchstselbst nach. Die Antwort: Ein Zeitungsartikel oder ein Plakataufruf Renners komme nicht in Frage, aber er könne sein Statement in Form eines Zeitungsinterviews abgeben.[180]

Renners Interview erschien eine Woche vor dem Abstimmungstag im *Neuen Wiener Tagblatt*, einem früher großbürgerlich-liberalen Organ. (Es erschien bezeichnenderweise *nicht* in der früher sozialdemokratischen Boulevardzeitung *Kleines Blatt*, das den Nazis nun als bevorzugtes Sprachrohr zur Gewinnung der einstigen Sozialdemokraten diente.) Renner verwies in dem Gespräch auf seine Rolle als Staatskanzler und sein Eintreten für den Anschluss an Deutschland. »Obschon nicht mit jenen Methoden, zu denen ich mich bekenne, errungen, ist der Anschluss nunmehr doch vollzogen, ist geschichtliche Tatsache, und diese betrachte ich als wahrhafte Genugtuung für die Demütigungen von 1918 und 1919, für St.-Germain und Versailles.« Er habe keinen Auftrag, für seine Gesinnungsgenossen zu sprechen, aber als Sozialdemokrat und ehemaliger Kanzler werde er mit »Ja« stimmen.[181]

So umstritten sie nach 1945 sein sollte – 1938 kann der Eindruck dieser Erklärung auf die breite Masse der österreichischen Arbeiterschaft und die einstigen sozialdemokratischen Wählerinnen und Wähler nicht groß gewesen sein. Andere Zeitungen griffen das Interview nicht auf, es wurden weder Plakate geklebt noch Flugblätter verteilt.[182] Der Unterschied zur propagandistisch breit ausgewalzten Bischofserklärung ist frappierend. Es fragt sich, wie viele Menschen in den hektischen Tagen vor der Volksabstimmung tatsächlich von Renners Aufruf Notiz nahmen. Allerdings liegen plausible Berichte vor, dass Renners Eintreten für den Anschluss auf viele aktive Linke, die zum Widerstand gegen das NS-Regime bereit waren, niederschmetternd gewirkt habe.[183]

Weitere führende Sozialdemokraten sprachen sich öffentlich explizit für ein »Ja« aus. Auch der christlichsoziale Ex-Bundespräsident Miklas wäre bereit gewesen, eine Ja-Erklärung abzugeben. (Goebbels:

»Ich rate ab, das zu veröffentlichen. Was geht uns Miklas an.«) Dessen Vorgänger als Bundespräsident, der parteilose Deutschliberale Michael Hainisch, plädierte für eine Zustimmung: »Im großen Deutschen Reiche wird auch unsre österreichische Heimat einer schönen Zukunft entgegensehen!« Der im Schweizer Exil lebende ehemalige Heimwehrführer Starhemberg rief seine Kameraden zu einem »Ja« auf. Unzählige andere Persönlichkeiten aus Wirtschaft, Wissenschaft, Kunst und Kultur überschlugen sich förmlich in ihren Ja-Bekundungen. Unter ihnen Prominente wie die Schauspielerin Paula Wessely, ihr Ehemann Atilla Hörbiger und dessen Bruder Paul (beides Schauspieler), die Sängerinnen Anny und Hilde Konetzni, die Schriftsteller Josef Weinheber (NSDAP-Mitglied seit 1931), Bruno Brehm, Karl Heinrich Waggerl und Karl Schönherr sowie der Dirigent Karl Böhm.[184]

Ob mit oder ohne sozialdemokratische und andere Ja-Empfehlungen: Die Gewinnung der sozialdemokratischen Arbeiterschaft stellte einen wichtigen Schwerpunkt der Volksabstimmungskampagne dar. Schließlich hatte die Sozialdemokratie bei der letzten regulären Wahl 1930 mehr als vierzig Prozent und damit die relative Stimmenmehrheit errungen. Als Zentralfigur dieser Bemühungen kristallisierte sich der neue Wiener Bürgermeister Hermann Neubacher heraus. Es ist wahrscheinlich, dass der Wirtschaftsfachmann hauptsächlich wegen seiner früheren Nähe zur sozialdemokratischen Stadtverwaltung (»Rotes Wien«) für dieses Amt bestimmt worden war. Er ging es energisch und selbstbewusst an. Einem NS-Betriebszellenleiter erklärte er: »Es fällt mir gar nicht ein zu glauben, dass man (...) die alte, ganz rote Arbeiterschaft nur mit Reden und mit Worten angehen kann. Wir werden sie mit solchen Leistungen angehen, dass sie selbst zu uns kommen. Und sie werden zu uns kommen!«[185]

So wurden die Arbeiter mit Anpreisungen der Errungenschaften von Hitlers Volksgemeinschaft geradezu überschüttet. Der deutsche »Sozialismus der Tat« werde ihnen alles bringen, wofür die Sozialdemokratie seit jeher gekämpft habe – und mehr: vorneweg einen sicheren Arbeitsplatz für jeden, Ehestandsdarlehen, Kinderbeihilfen

und weitere ähnliche Vergünstigungen, Beseitigung von krank-
machenden Elendsquartieren, Bau von gesunden »Volkswohnungen«.
Demonstrativ kündigte man Preissenkungen an (wie etwa des im Alltag so wichtigen Gaspreises) oder schuf die unbeliebte Fahrradsteuer
ab. Ausgesteuerte (Arbeitslose, die aus der Unterstützung gefallen
waren) sollten wieder Arbeitslosengeld erhalten. Mit den Auszahlun-
gen wurde sofort begonnen.[186]

Angeblich zehntausend Arbeiter aus allen Bundesländern wurden
gleich zu Beginn der Kampagne geradezu überfallsartig von »Kraft
durch Freude« (KdF), der Freizeitorganisation der Deutschen Arbeitsfront, zu einer Rundreise ins »Altreich« verfrachtet. Die in den kommenden Tagen seitenweise abgedruckten Reiseberichte lesen sich,
als seien die österreichischen Arbeiter in Berlin, Hamburg und anderen deutschen Städten geradewegs im Paradies gelandet.[187]

Als »›Tischlein deck dich!‹ des Dritten Reichs« oder »rollendes
Schlaraffenland« priesen die Zeitungen den Hilfszug Bayern. Dabei
handelte es sich um rund hundert Lkws (die vorhandenen Angaben
differieren stark), die mit allem notwendigen Equipment zur Mas-
senverpflegung auf Parteitagen und Großkundgebungen ausgestattet waren. Der Hilfszug war gleich nach dem Einmarsch nach Österreich beordert worden und tourte nun für Wochen und Monate
durch die Industriebezirke des Landes. Den Anfang machte Wien, wo
der Hilfszug Elendsviertel wie die Barackenlager Hasenleiten und
Baumgarten beglückte. Später ging es in Industrieorte in der näheren und weiteren Umgebung Wiens, schließlich nach Graz und Linz.
Die Anrainer kamen aus allen Richtungen, stellten sich in langen
Schlangen an und ließen sich mitgebrachte Gefäße mit Eintopf,
Gulasch und ähnlichen Gerichten befüllen. Dazu wurden Brot, Käse,
Butter, Wurst, Reis, Kartoffeln, Nudeln, Grieß und sogar Schweine-
fleisch verteilt. Die Wehrmacht führte mit angeblich 170 Feldküchen
ebenfalls Ausspeisungen in »Notbezirken« durch.[188]

In auffallendem Kontrast zu derartigen Darstellungen stehen persönliche Berichte und Zeugnisse aus der Zeit des Anschlusses. Immer
wieder wird berichtet, dass die einmarschierten Wehrmachtssoldaten die Geschäfte, Bäckereien, Konditoreien, Gasthäuser etc. in Öster-

reich regelrecht leergekauft hätten. Deutsche aus dem Altreich nutzten den günstigen Umrechnungskurs (drei Schilling für zwei Reichsmark) für Hamsterfahrten nach Österreich. Hier konnten sie sich besorgen, was es in Deutschland schon längst nicht mehr zu kaufen gab. Deutsche Einkäufer mit riesigen Taschen seien durch die Wiener Straßen gezogen, von einem Geschäft zum anderen, erinnert sich der damals vierzehnjährige Fritz Molden. Kiloweise hätten sie die Butter aufgekauft, in den Meinl-Läden dreißig Dosen Tee erworben und bei Wiener Schneidern Dutzende Meter Stoff. Die deutsche Wirtschaft mochte boomen, aber es war ein Boom der Rüstung, nicht der Konsumgüter. Schon seit Jahren galt die Parole »Kanonen statt Butter«.[189]

Unter diesem Gesichtspunkt empfanden viele Menschen das Auftreten des Hilfszugs Bayern als geradezu beleidigend. Der siebzehnjährige Lehrling Hubert Pfoch erwiderte seinen Arbeitskollegen, die ihn zum Hilfszug Bayern schicken wollten, um für sie Essen zu besorgen: »Was glaubts denn ihr überhaupt, die stehlen uns zuerst die Lebensmittel, füttern dann die österreichische Bevölkerung mit den eigenen Produkten, und wir sollen uns da in einer untertänigen Weise anstellen und vielleicht noch danke sagen, das kommt überhaupt nicht in Frage!« Leopold Rosenmayr erinnert sich, dass die ausgeteilte Gratiskost als schlecht gegolten habe. Sogar Hungrige hätten sie heimlich weggeworfen.[190]

Das besondere Interesse der NS-Propaganda wandte sich den »Schutzbündlern« zu. Gemeint sind die ehemaligen Angehörigen des Republikanischen Schutzbundes, der mitgliederstarken Wehrorganisation der Sozialdemokraten. Der Schutzbund (besser gesagt: Teile davon) hatte am 12. Februar 1934 einen verzweifelten Aufstand gegen das autoritäre Dollfuß-Regime gewagt. Er war rasch und verlustreich niedergeschlagen worden. Aller Hass der Geschlagenen hatte danach dem Ständestaat (»Austrofaschismus«) gegolten, nicht den Nationalsozialisten, mit denen man im Untergrund nicht selten versteckte Kooperationen einging. (Ganz abgesehen von den vielen, die von Rot zu Braun wechselten.) Und dies, obwohl es bis zum Frühjahr 1933 in erster Linie Schutzbündler gewesen waren, die den Straßenkampf gegen die SA geführt hatten.

Die Nationalsozialisten verstanden es, den Mythos vom opfer-
reichen Februarkampf geschickt für ihre Volksabstimmungskampagne zu instrumentalisieren. Schutzbund-Angehörige, die 1934
nach dem Aufstand aus kommunalen Einrichtungen entlassen worden waren, wurden von der nationalsozialistischen Wiener Stadtverwaltung demonstrativ und unter großem Mediengetöse wieder
eingestellt: Feuerwehrleute, Straßenbahner, Gaswerksarbeiter und
andere Berufsgruppen. Nicht weniger als drei Titelblätter widmete
das *Kleine Blatt* in den Wochen vor der Abstimmung diesen Wieder-
einstellungen. Bürgermeister Neubacher gab sich demonstrativ
versöhnlich und großzügig: »Wir Nationalsozialisten bewerten ehemalige politische Gegner anders, wie das in anderen politischen Bereichen üblich ist. Ihr habt damals für ein Ideal, an das ihr geglaubt
habt, gekämpft. Ihr habt das geleistet, was wir Nationalsozialisten
den letzten Einsatz nennen. Das respektieren wir.«[191]
    Leopold Doubek war Mitglied des Schutzbundes und der Sozial-
demokratischen Partei gewesen. Schon 1933 hatte er seine Arbeit
verloren und sich, seine Frau und seinen kleinen Sohn während all
der Jahre bis 1938 mühsam mit dem spärlichen Arbeitslosengeld und
mit Schusterarbeiten durchgebracht. Eines grauen Morgens Ende
März 1938 holte ihn die Polizei, verfrachtete ihn mit anderen auf
einem Lastwagen und brachten ihn zur Gestapo. Dort wurde er lange
verhört. Doubek bestätigte, für den Anschluss stimmen zu wollen,
denn die Sozialdemokraten hätten diesen ja schon immer gewollt.
Und er unterschrieb bereitwillig, sich in Zukunft jeder politischen
Betätigung enthalten zu wollen. Der Unterwerfung folgte die Belohnung auf dem Fuß: die Zuteilung einer Arbeitsstelle. Und das nach
fünf Jahren Arbeitslosigkeit.
    Von seinem ersten Wochenlohn kaufte Doubek etwas, das sein
zehnjähriger Sohn Günther in seinem ganzen Leben noch nicht gesehen hatte: einen reichhaltigen Wurstaufschnitt. Günther: Unter
Schuschnigg habe man so etwas Gutes aber nicht zu essen gehabt.
Darauf sein Vater ironisch: »Was ich immer sage, wir danken dem
Führer, der uns den Aufschnitt gebracht hat ...« Im Bekanntenkreis
der Doubeks ging die Rede: »Was hamma bis jetzt ghabt? Eine Dikta-

tur, in der wir arbeitslos waren. Jetzt hamma wieder eine Diktatur, aber wenigstens Arbeit.« Keine Frage, dass Leopold Doubek und seine Frau wie alle ihre Verwandten, Bekannten, Freunde und Nachbarn am 10. April mit »Ja« stimmten.[192]

Am 22. März eröffnete Goebbels mit einer Rede im Berliner Sportpalast den Wahlkampf, am 24. März hielt Bürckel eine große Wahlkundgebung im Wiener Konzerthaus ab.[193] Einen ersten Höhepunkt erreichte die Kampagne mit einer Österreichreise Hermann Görings. Dieser war es, der als Beauftragter für den Vierjahresplan die weitaus wichtigste Rede der ganzen Volksabstimmungskampagne hielt. Am 26. März sprach er zweieinhalb Stunden lang vor einer jubelnden Masse in der großen Halle des einstigen Wiener Nordwestbahnhofs. Selbstverständlich, dass der Rundfunk die Rede in voller Länge übertrug und damit Millionen Zuhörer erreichte. Selbstverständlich, dass sämtliche Blätter tagelang in aller erdenklichen Ausführlichkeit über den Auftritt berichteten. Wichtig ist diese Rede, weil Göring sein Wirtschaftsprogramm für Österreich verkündete. Und interessant, weil viele Punkte dieses Programms, das sich wie ein einziges Hirngespinst liest, tatsächlich in Angriff genommen und manche sogar rasch verwirklicht wurden.

Worum ging es Göring? Um Österreichs Rohstoffe, um seine brachliegenden Industriekapazitäten und Arbeitskräfte und um die Integration der neu gewonnenen Gebiete in die deutsche Kriegsvorbereitungswirtschaft. Und zwar so schnell wie irgend möglich. Die Pläne müssen schon längere Zeit vor dem Anschluss sorgfältig ausgearbeitet worden sein. Görings Programm: Neubau von Kasernen und Flugplatzen, Ausbau der bestehenden Rüstungs-, Stahl- und chemischen Industrie, Bau eines Hüttenwerks in Linz, Eingliederung der Alpine-Montangesellschaft in die Hermann-Göring-Werke, Bau einer Zellstofffabrik, Erschließung und effizientere Verwertung von Bodenschätzen und Rohstoffen wie Eisenerz, Kupfer, Mangan, Magnesit, Blei, Erdöl, Kohle, Holz, Errichtung von Wasserkraftwerken im hochalpinen Gelände und an der Donau, Bau der Reichsautobahn, Ausbau des Eisenbahnsystems, Errichtung von neuen Donaubrücken, Verwirklichung des Rhein-Main-Donau-Kanals, Bau eines Donau-Großhafens in Wien, Wildbachregulierungen, Drainagearbeiten, Förderung der Landwirtschaft in jeder erdenklichen Form. Damit verbunden ein gebetsmühlenhaft wiederholtes Versprechen: restlose Beseitigung der Arbeitslosigkeit.[194]

Nichts kann propagandistisch wirksamer gewesen sein als dieses »Aufbauprogramm«.[195] Stand doch dahinter die mächtige deutsche Wirtschaft, die offensichtlich auf Hochtouren lief, während Österreichs Wirtschaft hoffnungslos stagnierte. Viele Menschen waren seit Jahren arbeitslos, viele im Alter von zwanzig bis dreißig Jahren hatten noch nie in einem regulären Beschäftigungsverhältnis gestanden. Gerade für diese Generation war der Anschluss an das große Modernitätsvorbild Deutschland eine Offenbarung. Er eröffnete bis dahin nicht geahnte und gekannte Lebenschancen. Nicht zufällig fasste ein 1909 geborener Bauernknecht aus dem Salzkammergut seine Empfindungen in die Worte: »Der Hitler ist kema, wie a Hergot für die kloan Leit.«[196]

Neben Göring tourten weitere Nazi-Berühmtheiten der ersten und zweiten Garnitur durch das Land. Der Rundfunk übertrug viele ihrer Reden, die Zeitungen berichteten in aller erdenklichen Ausführlichkeit. Göring besuchte auf seiner Fahrt hauptsächlich Stätten, denen für den Vierjahresplan und aus Sicht der deutschen Luftwaffe besonderes Interesse zukam: Linz als geplanter Standort der Hermann-Göring-Werke, das Floridsdorfer Industriegebiet, das Flugfeld Aspern, die Industriegebiete Wiener Neustadt, Leoben-Donawitz, den steirischen Erzberg, Graz, Villach, Klagenfurt und zum Abschluss am 2. April Salzburg. Der Terminplan war perfekt abgestimmt. Denn Göring hatte den Boden für Hitler bereitet, der am 3. April seine »Ostmarkfahrt« antrat.[197]

Hitlers Wahlreise löste eine ähnliche Massenpsychose aus wie sein Triumphzug im März. Diesmal noch dazu systematisch vorbereitet und geschürt durch eine über Wochen auf Hochtouren laufende Propaganda, die jedes bis dahin gekannte Ausmaß überstieg. Die Bahnlinien, die der Sonderzug Hitlers befuhr, waren stets gesäumt von jubelnden Massen. Bei kurzen Stopps in größeren Bahnhöfen spielten sich hysterische Szenen ab. Am Sonntag, dem 3. April, sprach Hitler in Graz, am Montag in Klagenfurt, am Dienstag in Innsbruck, am Mittwoch in Salzburg. Am Donnerstag, dem 7. April, setzte Hitler vor Zehntausenden Festgästen den ersten Spatenstich zum Bau der Reichsautobahn von Salzburg nach Wien: Es werde sofort mit dem Bau der Straße begonnen, Fertigstellung binnen drei Jahren. (Tatsächlich wurden während der NS-Herrschaft nur einige unbedeutende Fragmente dieser Straße dem Verkehr übergeben.) Donnerstagabend sprach Hitler in Linz, blieb den Freitag über in seiner »Patenstadt« und reiste am Samstag, dem 9. April, nach Wien weiter.[198]

Besonderen Wert legte die NS-Propaganda auf die Ausgestaltung der Städte für die Auftritte der Nazigrößen, allen voran denen Hitlers. Die Hauptbahnhöfe, an denen Hitlers Sonderzug ankam, waren üppig mit Fahnen, Hakenkreuzen, Reisiggirlanden, Spruchbändern und allem weiteren erdenklichen Nazi-Kitsch geschmückt. Vor dem Wiener Westbahnhof bauten Arbeiter zwei hohe Türme mit dem Nazi-Adler auf. Die Errichtung von turmartigen Bauten, bevorzugt über Brunnen und Statuen, war geradezu ein Markenzeichen der NS-Propaganda. Allein in Wien sollen rund dreihundert derartige Machwerke errichtet worden sein. Die Straßen, auf denen Hitler durch die jeweilige Stadt fuhr, waren von endlosen Reihen weißer Masten mit rotleuchtenden Hakenkreuzfahnen gesäumt. Jedes Haus beflaggt, keine Geschäftsauslage (außer jüdischen selbstverständlich) ohne Hitlerbild und Hakenkreuz, keine Straßenbahn, kein Bus ohne Spruchband, Spruchbänder mit Ja-Parolen über jeder Straße, keine Litfaßsäule, keine Plakatwand, kein Laternenpfahl, keine Hausmauer ohne Ja-Aufruf.

Wenn Hitler kam, war Feiertag. Schülern, Arbeitern, Angestellten und Beamten wurde freigegeben. Die örtlichen NS-Funktionäre taten alles, um möglichst viele Menschen zu den Kundgebungen zu bringen. Für den Führerempfang in Klagenfurt am 4. April etwa waren Menschen aus ganz Kärnten mit Zügen und Bussen in die Landeshauptstadt geschafft worden. Im Oberkärntner Mölltal, erinnert sich der damals sechzehnjährige Bauernsohn Josef Frattnig, seien die örtlichen Parteiorgane schon Tage vorher herumgerannt. Ihr

Auftrag: Aus jedem Haus sollte mindestens eine Person nach Klagenfurt fahren. Ansonsten werde man, hieß es, auf eine schwarze Liste
kommen. (Das dürfte zumindest unterschwellig so kolportiert worden sein.) Er und sein Vater nutzten diese Gelegenheit zu einem kos-
tenlosen Ausflug. Es war Josefs erste Fahrt mit der Bahn. In Klagenfurt wurde die Ortsgruppe zu einer schon vorher bestimmten Stelle
geschleust. Dort hatte man stundenlang – Parolen brüllend und
Hakenkreuzfähnchen schwenkend – zu warten. Als Hitler schließlich per Sonderzug eintraf, sollen laut Presse 200 000 Menschen die
Straßen gesäumt haben. Das klingt angesichts der geringen Bevöl-
kerungszahl dieses kleinen Landes unwahrscheinlich. Aber ein nie
dagewesener Massenauflauf steht außer Zweifel. Und so war es überall.[199]

Am späten Vormittag des 9. April traf Hitler am Wiener Westbahnhof ein, empfangen von allen österreichischen respektive ostmärkischen Nazigrößen. Über die jubelnde Mariahilfer Straße ging es zur
jubelnden Ringstraße und auf dieser vorbei am Parlament (nunmehr
»Gauhaus«) zum Wiener Rathaus. Über dem eleganten neoklassizis-
tischen Parlamentsportal prangte übrigens ein Spruchband, das in
plumpen gotischen Lettern verkündete: »Das Volk regiert.« Im Rathaus begrüßte Bürgermeister Neubacher den »Führer«: Diese Stadt
gehöre nun ihm, er möge sie unter seine schirmende Hand nehmen.
Der Wienhasser Hitler antwortete etwas zweideutig: Wien sei in seinen Augen eine Perle, er werde sie in eine würdige Fassung bringen.
Vom Balkon des Rathauses proklamierte Goebbels anschließend den
»Tag des Großdeutschen Reichs«. Sämtliche Sirenen im ganzen Reich
heulten. Der Verkehr stand still. Die Kirchenglocken läuteten. Flug-
geschwader zogen mit dröhnenden Motoren über die Stadt. Nach weiteren weiheartigen Handlungen zog Hitler sich ins von Menschenmassen umlagerte Hotel Imperial zurück.[200]

Abends sprach er in der Nordwestbahnhalle. Wieder einmal in-
szenierte sich die politische Religion des Nationalsozialismus, mit Hitler als ihrem Messias. Dessen Reden in der Ostmark waren, bei näherer Betrachtung, nach Schema F aufgebaut. In der Regel begann er
mit der umständlichen, selbstgefälligen Darstellung des Aufstiegs

der NSDAP und des eigenen Lebensweges. Anschließend folgte üblicherweise der verlogene Bericht jener Vorgänge, die zum Anschluss geführt hatten, inklusive Verdammung des »Herrn Schuschnigg«. Dazu kamen außenpolitische, wirtschaftliche, historische und sonstige Exkurse. Und schließlich der Appell zur Volksabstimmung, der häufig erstaunlich religiös aufgeladen war. So etwa in Graz: »Der Herrgott hat die Völker geschaffen! Was aber der Herrgott einigt, sollen die Menschen niemals mehr trennen!« Oder in Klagenfurt: »Der 10. April, das wird keine Wahl im herkömmlichen Sinne, sondern eine Wallfahrt der ganzen Nation!« Und schließlich in Wien: »Möge am morgigen Tage jeder Deutsche die Stunde erkennen, sie ermessen und sich in Demut verbeugen vor dem Willen des Allmächtigen, der in wenigen Wochen ein Wunder an uns vollzogen hat!«[201]

Der Wahltag verlief ruhig. Fotos zeigen lange Schlangen vor den Wahllokalen. Schleppertrupps der SA und des NSKK, die überall unterwegs waren, forderten Zaudernde mit mehr oder weniger vehementen Mitteln dazu auf, zur Wahl zu gehen. Alle, die nicht gehen konnten – Alte, Kranke und Behinderte –, wurden notfalls auf der Trage ins Wahllokal geschafft. Oder es erschienen fliegende Wahlkommissionen bei ihnen in der Wohnung. Allgemein üblich war es, offen abzustimmen, also direkt vor den Augen der Wahlkommission. Wer hätte unter diesen Umständen gewagt, sein Kreuz in den kleinen »Nein«- statt in den großen »Ja«-Kreis zu setzen? Ein Zeitzeuge: »Tatsächlich war es dann ja so, dass dort eine Kommission war, du kamst hin, sie hatten keine Zellen aufgestellt, einer schob dir den Zettel über den Tisch und zeigte: Hier mach das Kreuz! Was konntest du anderes tun?« Viele entschiedene NS-Gegner sagten sich, dass es bei dieser Wahl, deren Ausgang von vornherein feststand, keinen Sinn hatte, sich durch die Abgabe einer Nein-Stimme zu exponieren.[202]

Der Ehrgeiz jedes Ortsgruppenleiters war eine möglichst hohe, wenn nicht gar makellose Zustimmung. Dafür gab es eine Ehrenurkunde und für die entsprechende Gemeinde den Titel »Führergemeinde«. An vielen Orten dürfte es daher wohl zu ähnlichen Manipulationen gekommen sein. Aber eine allgemeine Manipulation des Wahlergebnisses lässt sich nicht nachweisen.[203] Es ist anzunehmen, dass auch bei geringerem Druck ein Ja-Stimmen-Anteil um die 90 Prozent zustande gekommen wäre.

Tatsächlich aber stimmten laut offiziellem Endergebnis 4,3 Millionen Österreicherinnen und Österreicher für die »Wiedervereinigung« mit dem Deutschen Reich, das waren sagenhafte 99,74 Prozent der gültigen Stimmen. Selbst in der NS-Spitze hatte man mit einem solchen Ergebnis nicht gerechnet. Goebbels: »Ein Wunder ist geschehen. (...) Als Seyß-Inquart und Bürckel um Mitternacht über alle Sender dem Führer das Resultat melden und der Führer dann ergriffen antwortet, fließen mir die Tränen. Eine geschichtliche Stunde! Alle sind wie benommen.«[204]

Ist eine Analyse dieser Volksbefragung angesichts eines solchen Ergebnisses überhaupt sinnvoll? Bei einem näheren Blick zeigen sich immerhin gewisse regionale Unterschiede. Den höchsten Nein-Stimmen-Anteil (1,37 Prozent) gab es im äußersten Westen, Vorarlberg. Ein kleines Bundesland, das nicht nur geographisch, sondern auch kulturell der Schweiz nahe ist. Auch in den beiden anderen westlichen, alpinen Bundesländern Tirol und Salzburg lagen die Nein-Stimmen über dem österreichischen Durchschnitt. Ähnlich verhielt es sich im ehemaligen »Roten Wien« mit einem Anteil der Nein-Stimmen von 0,4 Prozent. In der Anonymität der Großstadt war es wohl leichter als in ländlich-kleinstädtisch strukturierten Regionen, sich der übermächtigen Mehrheitsstimmung entgegenzustellen. Abgesehen von Wien lagen die Nein-Stimmen im Osten und Süden des Landes durchweg unter dem Österreich-Durchschnitt. Rund zweieinhalbtausend österreichische Gemeinden (knapp 60 Prozent) errangen den Titel »Führergemeinde«. Die wenigsten gab es in Vorarlberg (13 Prozent). Im Burgenland hingegen votierten in vier Fünftel aller Gemeinden sämtliche Stimmberechtigte mit »Ja«. [205]

In totalitären Systemen wie dem Nationalsozialismus ist nicht nur eine Nein-Stimme als oppositionelle Handlung zu werten, sondern auch die Nichtteilnahme an der Wahl oder die Abgabe einer ungültigen Stimme.[206] Demnach verweigerten sich in ganz Österreich rund 29 000 Abstimmungsberechtigte (0,68 Prozent). Sie nahmen – trotz aller flammenden Appelle, sozialen Zwänge, unterschwelligen und offenen Drohungen – nicht an der Abstimmung teil, füllten ihren Stimmzettel ungültig aus oder votierten mutig mit Nein. Im kleinen Vorarlberg gaben immerhin über dreitausend Personen (3,26 Prozent) ihre Stimme nicht im nationalsozialistischen Sinn ab. In Tirol lag dieser Anteil bei 1,13, in Wien bei 1,08 Prozent. Hingegen entschlossen sich nur 163 Burgenländer (0,09 Prozent) zu nichtkongruentem Abstimmungsverhalten.

Die Analyse für Wien ergibt ein paradoxes Ergebnis: Die bekannten NS-Hochburgen der Zeit bis 1933 und der Ära des Ständestaates mit dominierend bürgerlich-kleinbürgerlicher Sozialstruktur wiesen durchweg geringere Zustimmungsraten und einen höheren Nein-Stimmen-Anteil auf als die klassischen Arbeiterbezirke mit ihrer überwiegend sozialdemokratischen Wählerschaft. Im Übrigen war auch in anderen industriellen Zentren Österreichs die Resistenz gegen den Anschluss erstaunlich gering und lag häufig unter dem österreichischen Durchschnitt.[207]

Den größten Widerstand gegen die »Wiedervereinigung« – soweit er sich in den Abstimmungsergebnissen niederschlägt – leisteten zwei kleine Alpendörfer. In Innervillgraten in Osttirol weigerten sich 26 Prozent aller Stimmberechtigten auf die eine oder andere Weise, mit »Ja« zu stimmen. Fast ebenso hoch, nämlich bei 23 Prozent, lag der Resistenzfaktor in Riefensberg im Bregenzerwald.[208]

TERROR

Leopold Rosenmayrs Mutter führte einen kleinen Textilladen am Keplerplatz in Wien-Favoriten. Ihr Geschäftsnachbar war ein Schuhhändler. Sein Name: Sigmund Moses. Ein Jude. Das nachbarschaftliche Verhältnis der Rosenmayrs zu dem wortkargen Mann war korrekt, weder freund- noch feindschaftlich. Nach dem Anschluss hatte Moses sein Geschäft länger behalten als andere Juden, wohl weil kein Interesse an der »Arisierung« seines kleinen Ladens bestand. Aber irgendwann im Laufe des Frühjahrs wurden in der Favoritenstraße und am Keplerplatz die Gehsteige vor jüdischen Geschäften und ihre Auslagen mit Davidsternen und der Aufschrift »Jude« verschmiert.

Eines Tages registrierte Leopold eine Gruppe von Menschen vor dem Nachbargeschäft. Gemeinsam mit seiner Mutter trat er aus dem Laden. Mitten unter den herumstehenden Leuten erkannte er Herrn Moses. Dieser trug einen Kübel mit Wasser, ein Tuch und eine Bürste. Er bückte sich und kniete schließlich nieder, um das Wort »Jude« und den großen Davidstern vom Gehsteig wegzuwaschen. Niemand von den Zuschauern sprach ein Wort, keiner lachte, schimpfte oder spottete. »Die Menschen starrten auf diesen Vorgang wie gelähmt. Es waren weder Zustimmung noch Ablehnung zu erkennen.« Leopolds Mutter erschrak zutiefst. Sie zog ihren Sohn schnell ins Geschäft zurück. Nach einer Weile war die Menschengruppe draußen verschwunden, Davidstern und Schriftzug weggewaschen, der Rollladen von Moses' Geschäft geschlossen, er selbst wurde nie mehr gesehen. Entsetzen in der Familie Rosenmayr. Ein darauf angesprochener Freund, Nationalsozialist und ehemaliger Illegaler, bezeichnete den Vorfall als »Übergriff«. Manches geschehe, was der Führer nicht wisse. Es handle sich bloß um Übergangserscheinungen, die man bald überwinden werde.[209]

Ähnlich dachte Adolfine Jauernig. In der Inneren Stadt, auf dem Platz Am Hof, sah sie eine Gruppe von Juden, die dazu gezwungen worden waren, antinazistische Parolen wegzuwaschen. Unter den Aufwäschern erkannte sie zu ihrem Schreck den Kabarettisten Armin Berg. Wie oft hatte sie über seine Witze gelacht. »Das war peinlich«, schreibt sie, »man wünschte das nicht, es trübte die Freude, man war damit nicht einverstanden, man sah weg und bald vergaß man es.«[210]

Die »Reibpartien« gelten geradezu als Signum der Anschlusspogrome 1938. SA-Leute und sonstige Nazi-Kreaturen zerrten jüdische Mitbürgerinnen und Mitbürger aus ihren Wohnungen oder verschleppten sie von der Straße. Mit Schrubbern und Reibbürsten (daher »Reibpartie«) hatten sie die auf Straßen, Plätzen und Gehsteige gepinselten Parolen der Schuschnigg-Volksbefragung zu entfernen. In späteren Wochen schrieben die Nationalsozialisten (SA,

HJ) selbst antisemitische Schmierereien auf Straßen und Mauern. Oder sie zwangen Juden zu antijüdischen Aufschriften. Andere Juden, wie das Beispiel von Sigmund Moses zeigt, mussten diese dann wieder entfernen.

Fotografien zeigen dichtgedrängte Gruppen von Menschen, die die Gedemütigten umlagern. Vielen Zuschauern gefällt, was sie sehen. Sie zeigen schadenfroh grinsende Gesichter. Man meint ihre bösartigen Zurufe zu hören. Auf einigen Aufnahmen reißen Leute die Arme zum Hitlergruß empor. Wohl, weil sie die Anwesenheit des Fotografen wahrnehmen. Andere in der Menge schauen regungslos zu. Ohne erkennbare Emotionen, bestenfalls Neugierde. Von den tief gebeugt am Boden Hockenden hebt einer den Kopf, ein gutgekleideter, gebildet und kultiviert aussehender Herr. Vielleicht ist er durch das Gejohle aufmerksam geworden, das der Fotograf ausgelöst haben könnte. Dieser Mann von mittleren Jahren schaut seltsam ins Leere. Er vermeidet es, irgendjemanden direkt anzusehen. Sein Blick: gepeinigt, gedemütigt. Noch ein Bild: kein Gedränge, aber lose Gruppen von Zuschauern. Keine heulende Meute, interessiertes Publikum. Zwei Männer stehen beieinander. Einer in Uniform, beim anderen sieht man einen hellen Punkt an der dunklen Krawatte, zweifellos das Abzeichen der NSDAP. Sie plaudern, während sie die auf dem Boden Knienden mit einem Lächeln in den Mundwinkeln selbstgefällig mustern. Ein anderer älterer Mann steht da, breitbeinig, den Mantel über den Unterarm geworfen, eine Hand lässig in der Hosentasche, rauchend. Offenbar ein zufälliger Passant. Er schaut sich das alles an, einfach so. Man sieht so was schließlich nicht alle Tage.[211]

Die letzterwähnte Szene spielte sich in der Kurstadt Baden bei Wien ab. In unmittelbarer Nachbarschaft liegt Mödling, eine ähnliche Kleinstadt bürgerlichen Zuschnitts. Albert Drach, Jurist und Dichter jüdischer Abstammung, führte hier eine Anwaltskanzlei. Er hatte sich in den ersten Wochen nach dem Anschluss mit mutigen Schritten, die man angesichts der Lage durchaus als dreist bezeichnen kann, gegen nationalsozialistische Übergriffe gewehrt, verbliebene Reste althergebrachten Rechtsverständnisses geschickt ausnützend. Am 26. April 1938 kam der Gegenschlag. Eine größere Menge sammelte sich vor seinem Haus. Man forderte lautstark, er möge auf der Straße erscheinen. Drach zog es vor, sich zu verstecken. Teile des Mobs drangen ins Haus ein und bedrängten die anwesende Mutter und das Hausmädchen. Um die beiden zu schützen, verließ Drach das Versteck. Er wurde auf die Straße geschleppt, wo man ihm eine Leiter auflud. Sein Auftrag: auf das Geschäftsschild eines jüdischen Lederhändlers den Spruch »Nur ein Schwein kauft bei Juden ein!« zu malen.

Drach, der sich bewusst ungeschickt benahm, schrieb den ersten Buchstaben viel zu groß. Der Rest des Satzes würde auf diese Art unmöglich auf dem Schild unterzubringen sein. Der SA-Rädelsführer ordnete barsch eine kleinere Schreibweise an. Der nächste Buchstabe fiel so klein aus, dass er von der Straße aus kaum zu sehen war. Wütende Zurechtweisungen. Nun antwortete Drach, im Tonfall angeblich leicht Hitler persiflierend: Er sei eben kein gelernter Anstreicher und daher nicht in der Lage, die einschlägigen Maßstäbe anzuwenden. (Hitler wurde seinerzeit häufig, aber fälschlich, als ehemaliger Anstreicher bezeichnet.) Unter normalen Umständen wäre nun wohl seine Überstellung zur Gestapo erfolgt, wie Drach selbst meint. Er kam durch einen glücklichen Zufall ungeschoren davon.

Man muss dem Dichter Drach nicht in jedem Detail seiner gleichermaßen himmelschreiend komischen wie zutiefst niederdrückenden Darstellung Glauben schenken. Dass er auf die beschriebene Art behandelt wurde, steht außer Zweifel. Anderen Mödlinger Juden erging es ähnlich und schlimmer. Einer erhängte sich, kurz nachdem er von einer heulenden Meute dazu gezwungen worden war, eine antisemitische Inschrift anzubringen. Ein anderer wurde wenig später in ein »Narrenhaus« (Drachs Diktion) eingeliefert. Einige jüdische Geschäftsleute zwang man, sich in ihre Auslage zu setzen, um sich in einer erniedrigenden Pose fotografieren zu lassen. Einer von ihnen, dickbäuchig und kleingewachsen, hielt seine im Weltkrieg erworbene Tapferkeitsmedaille vor sich. Diese habe, meint Drach, wie eine »Hundemarke« ausgesehen. Geschützt habe sie ihn in keiner Weise.[212]

Raub und Plünderungen standen seit der Stunde eins der nationalsozialistischen Machtergreifung auf der Tagesordnung. SA-Trupps

räumten systematisch jüdische Warenhäuser und Geschäfte leer,
transportierten alles Greif- und irgendwie Verwertbare ab. Die Exil-
SPD (Sopade) berichtete: »Die Ausräumung des Warenhauses Schiff-
mann in der Taborstraße dauerte drei Tage. Arbeiter mit Hakenkreuzarmbinden leerten die Lager, Männer im Braunhemd hielten
die neugierige Menge fern.«[213] In Privathaushalten ging man nicht
anders vor. So zum Beispiel in der Wohnung der Familie Harmel in
Wien-Wieden. Bald nach dem 13. März traten hier sieben SA- und SS-
Männer geräuschvoll in Erscheinung. Zuerst ließen sie sich auf
mitgebrachten Unterlagen die Übergabe der beiden der Familie gehörenden Geschäfte bestätigen. Danach musste der geschockte Fami-
lienvater ihnen seine Sparbücher übergeben und auf mitgebrachten
Formularen weitere Kontogutschriften übertragen. Und schließlich
nahmen die Nationalsozialisten noch Antiquitäten, Schmuck und
Bargeld mit. Die vordem gutgestellte Familie blieb praktisch mittellos zurück.[214]

Die ersten Tage und Wochen der NS-Herrschaft waren die Zeit der
»wilden Arisierungen«. [215] »Wild« waren diese Arisierungen, weil alte
oder in den Märztagen frisch konvertierte Nazis sowie sonstige kriminelle Existenzen die Zwangslage der österreichischen Juden brutal
ausnutzten, um gegen jedes Recht und Gesetz – auch gegen national-
sozialistisches – Geld und Wertgegenstände aller Art aus jüdischem
Besitz an sich zu nehmen und jüdische Familien aus ihren Miet-
wohnungen zu vertreiben. Selbstermächtigte »kommissarische Leiter« übernahmen Tausende Betriebe jüdischer Eigentümer.[216]

Der massenhafte private Raub von Gütern, die sich der NS-Staat
gerne selbst angeeignet hätte, konnte auf Dauer nicht erwünscht
sein. Und die Leitung von Betrieben durch »Kommissare«, die vom
Geschäft in der Regel keine Ahnung hatten und nur an der eigenen
Bereicherung interessiert waren, musste volkswirtschaftlich enormen Schaden anrichten. Trotzdem ist es gut möglich, dass die NS-
Führung ihren Anhängern vorerst einmal bewusst freie Hand ließ:
einerseits zur »Belohnung« und andererseits, um den Juden den Ernst
der Lage drastisch vor Augen zu führen und sie möglichst rasch unter Zurücklassung ihres Vermögens außer Landes zu treiben. Aller-

dings nahm der kollektive Raubzug bald derartige Ausmaße an, dass sich die NS-Spitze gezwungen sah gegenzusteuern. Schon am 14. März wurde in den Zeitungen verkündet, dass unberechtigte Hausdurchsuchungen »auf das Strengste untersagt« seien. Gauleiter Bürckel gab in den Folgetagen eine regelrechte Flut einschlägiger Pressemeldungen heraus.[217]

Die Pogrome, die im historischen Langzeitgedächtnis untrennbar mit der Zeit des Anschlusses verbunden sind, spielten sich hauptsächlich in Wien ab. Aus gutem Grund, denn selbst in Städten wie Graz, Linz, Klagenfurt, Salzburg oder Innsbruck war der jüdische Bevölkerungsanteil verschwindend gering.[218] Was nicht heißt, dass Menschen jüdischer Herkunft nicht auch in diesen Städten und in den ländlichen und kleinstädtischen Regionen Österreichs gnadenloser Verfolgung, brutalem Raub, Anfeindungen und Diskriminierungen aller Art ausgesetzt gewesen wären. In Graz etwa waren von rund 153 000 Einwohnern maximal 2500 jüdischer Herkunft. Wie in Wien waren der Raub jüdischen Besitzes, die Plünderung jüdischer Wohnungen, Übergriffe auf jüdische Geschäfte, öffentliche Demütigungen von Juden gang und gäbe. Und bereits die ersten Verhaftungswellen in Graz richteten sich neben führenden Vertretern des Ständestaates hauptsächlich gegen prominente Juden und Amtsträger der Israelitischen Kultusgemeinde. Ein Beispiel: Der 64 Jahre alte Pharmakologe Otto Loewi, der 1936 den Nobelpreis für Medizin erhalten hatte, wurde schon am 12. März verhaftet. Nach zwei Monaten kam er frei. Um emigrieren zu dürfen, musste Loewi das Geld, das er für den Nobelpreis erhalten hatte, von einer ausländischen auf eine von den Nationalsozialisten kontrollierte Bank überweisen.[219]

Zu Hausdurchsuchungen und Beraubungen kam es überall in Österreich, auch im ländlich-kleinstädtischen Bereich. Georg Mahler lebte gemeinsam mit seiner Frau Emmy und drei Kindern in der kleinen Grenzstadt Gmünd. Er war Besitzer der Bobbin Holzwarenfabrik, eines Unternehmens mit über hundert Arbeitern und Angestellten. Mahler hatte gemeint, dass einem hochdekorierten Frontsoldaten, wie er es war, nichts geschehen würde. Eine fatale Illusion. Am 14. März erschienen ein Polizist und ein SA-Mann bei der Familie.

Sie durchsuchten das Haus, rissen die Betten auseinander, durchwühlten Bettwäsche und Kleider, konfiszierten alles von Wert: einen kleinen Geldschrank, das Sparbuch eines Kindes, Schmuck, Bargeld, wichtige Papiere, Versicherungspolicen. Emmy Mahler: »Das Haus sieht aus, als ob Einbrecher da gewesen wären, und wir sind alle wie gelähmt.«[220]

Ein besonders schlimmes Schicksal ereilte die Juden des Burgenlandes. Im einstigen Westungarn hatten sich unter dem Schutz ungarischer Feudalherren jüdische Gemeinden mit langer Tradition gebildet. 1938 dürften rund 4000 Juden im Burgenland gelebt haben.[221] Nirgendwo sonst gingen die Nazis mit ähnlicher Brutalität vor. Der Grund ist nicht ganz klar, die Rolle des Gauleiters Portschy ungeklärt. Jedenfalls hatte er angedroht, die Frage mit »nationalsozialistischer Konsequenz« lösen zu wollen. Möglicherweise lag ein Befehl Berlins vor, wonach »aus strategischen Gründen« keine Juden innerhalb von fünfzig Kilometern zur Reichsgrenze leben durften.

Die nationalsozialistische Vorgehensweise war jedenfalls beispiellos. Zumindest bis zu diesem Zeitpunkt. Kaum eine Woche nach dem Anschluss befahl die frisch installierte Gestapo-Leitstelle Eisenstadt die Erfassung der burgenländischen Juden durch Fragebögen. Kurz darauf zwang man sie zu einer schriftlichen Vermögensverzichtserklärung, verbunden mit der Aufforderung, das Reichsgebiet innerhalb kürzester Zeit zu verlassen. Und das war bitterster Ernst.

Frauenkirchen war eine 3300-Einwohner-Gemeinde im burgenländischen Seewinkel. Rund 12 Prozent der Bevölkerung gehörten der israelitischen Konfession an. Zu einem großen Teil handelte es sich um Familien, die seit vielen Generationen hier ansässig waren. Am 26. März verhaftete die Gestapo zehn als wohlhabend geltende Familien, vom Kleinkind bis zum Greis. Auf dem Gendarmerieposten des Ortes zwang man die Familienväter, ein Schriftstück folgenden Inhalts zu unterschreiben: »Ich verzichte auf mein Vermögen zugunsten des Reiches und verlasse das Land innerhalb 48 Stunden.« Herr M., ein Vorstandsmitglied der örtlichen Kultusgemeinde, erhielt gleich bei Betreten der Polizeistube zwei brutale Ohrfeigen. Trotzdem verweigerte er die ultimativ geforderte Unterschrift. Wie soll es möglich sein, mit einer Frau und fünf Kindern innerhalb von zwei Tagen das Land zu verlassen, ohne finanzielle Mittel und ohne Visum? Daraufhin begannen die Gestapo-Beamten, mit allen Kräften auf M. einzuprügeln. Sie schlugen so lange zu, bis M. blutüberströmt zu Boden ging. Mit ihren Schuhen traten sie blindwütig weiter auf den Wehrlosen ein. Allein, dieser war nicht zur Unterschrift bereit. Einer der Gestapo-Männer nahm rasend vor Zorn ein Gewehr zur Hand: »Jetzt ist der letzte Moment für dich gekommen.« Er legte an und schrie: »Eins, zwei, bei drei schieß' ich!« M.: »Schießen Sie, ich habe ohnedies nichts mehr von meinem Leben.« So weit zu gehen, war die Gestapo denn doch nicht bereit. (Noch nicht.) Der Beamte: »Wasch dich ab, du Schwein! Mit Rücksicht auf deine fünf Kinder bekommst du einen Aufschub von sechs Wochen.«

Die anderen, die unterschrieben hatten, wurden sofort an die tschechoslowakische Grenze gebracht. Die dortige Grenzwache verweigerte den Frauenkirchner Juden die Einreise. So mussten sie die Nacht unter freiem Himmel zwischen den Grenzen verbringen. Am nächsten Tag überstellten die ostmärkischen Behörden die Juden an die ungarische Grenze. Auch dort: Einreise nicht gestattet. Nach viertägigem Hin und Her ließ Ungarn die Gequälten ins Land. – In ihrer verlorenen Heimat hatte ihr Schicksal zuvor Empathie erweckt. Viele nichtjüdische Frauenkirchner hätten mit ihnen geweint und die Gestapo gebeten, sie im Ort zu lassen, berichteten die Vertriebenen. Umsonst.

In der Nacht vom 16. auf den 17. April 1938 holten Gestapo und SA sämtliche Juden von Kittsee und Pama aus den Betten. Man sperrte die rund 70 Personen vorerst in einen finsteren Keller und schaffte sie dann an die Donau. »Dies geschah«, berichtet der Rabbiner von Kittsee, »in einer kalten, regnerischen und stürmischen Nacht unter fürchterlichem Geschrei, Wehrufen und Misshandlungen durch die Begleitmannschaft, die sie mit Schlägen traktierte und mit der blanken Waffe bedrohte.« Mitten in der Donau wurde die Gruppe auf einem schwimmenden Wellenbrecher ausgesetzt. Einwohner des gegenüberliegenden tschechoslowakischen Ortes Devin hörten in der Nacht Hilferufe von der Donau her. Man sah vom Ufer aus die zusammengedrängten Menschen auf dem Wellenbrecher und eilte ihnen mit Ruderbooten zur Hilfe. Sie wurden an Land gebracht, versorgt und für kurze Zeit untergebracht. Die tschechoslowakischen Behörden waren allerdings nicht bereit, die burgenländischen Juden aufzunehmen. Täten sie dies, hieß es, würden die Deutschen sämtliche Juden in die Tschechoslowakei verfrachten.

Mit dieser Begründung schoben die Tschechoslowaken die burgenländischen Juden nach Ungarn ab. Die Ungarn wollten sie ebenso wenig behalten und schickten sie in die Ostmark zurück. So ging das menschenverachtende Spiel noch einige Male weiter. Schließlich mieteten jüdische Hilfsorganisationen in Bratislava einen französischen Schleppkahn, der auf einer Insel in der Donau vor Anker lag. Unter furchtbaren Umständen lebten die Vertriebenen hier mehrere Monate, versorgt von ungarischen Juden aus nahe gelegenen Gemeinden. Es bedurfte des Drucks der internationalen Berichterstattung, um mühselig Zielländer ausfindig zu machen, die bereit waren, die Vertriebenen aufzunehmen.[222]

Noch im März 1938 findet sich im Goebbels-Tagebuch ein Eintrag zu einem Phänomen, das nach den beschriebenen Vorkommnissen niemanden wirklich überraschen konnte: »Viele jüdische Selbstmorde in Wien. Früher haben sich die Deutschen selbst gemordet. Jetzt ist das eben mal umgekehrt.« Es ging um Berichte internationaler Zeitungen, in denen stark übertriebene Zahlen gemeldet worden waren.[223] Tatsächlich kam es nach dem Anschluss zu einem deutlichen Anstieg der Suizide. Für die Monate März bis Mai 1938 sind in der offiziellen Statistik für Wien 234 Selbstmorde von Menschen jüdischer Herkunft ausgewiesen. Im gesamten Jahr 1938 töteten sich dort 423 »Glaubensjuden« selbst. Zum Vergleich: 1937 hatte es in derselben Gruppe 98 Suizide gegeben. Diese Selbstmorde sind zum allergrößten Teil als direkte oder indirekte Folge des Nazi-Terrors zu bezeichnen.[224]

Der bekannteste Fall ist jener des Kulturhistorikers und Kabarettisten Egon Friedell, der jüdischer Herkunft, aber evangelischen Glaubens war. Franz Theodor Csokor, wiewohl Nichtjude, bereitete wenige Tage nach dem Anschluss seine Abreise aus Österreich vor, packte seine Koffer, vernichtete Unterlagen, machte Abschiedsbesuche. Am Abend des 16. März suchte er seinen Freund Friedell auf. Auf dem Weg zu ihm kam er an einer »Reibpartie« vorbei. Er traf Friedell an wie immer, im Schlafrock und mit langer Pfeife. Csokor bestürmte ihn, das Land sofort zu verlassen. Hier sei es zu gefährlich für ihn. Friedell verwies auf seine imposante Bibliothek, die den Raum bis zur Decke füllte. Was solle damit geschehen? Er blieb allen Argumenten und Appellen gegenüber verschlossen. Schließlich verabschiedete Csokor sich schweren Herzens. Friedells Entschluss, im »Fall der Fälle« den Freitod zu wählen, dürfte zu diesem Zeitpunkt bereits festgestanden haben.

Gegen 22 Uhr klingelte es: zwei SA-Leute. Ob da der Jude Friedell wohne? Die Haushälterin: Falls sie Herrn Doktor Friedell meinten, der wohne hier. Friedell trat in die Tür, die aus seiner Bibliothek in den Vorraum führte: Worum es gehe? Als die beiden SA-Leute durch Bewegung im Stiegenhaus abgelenkt wurden, schloss Friedell die Tür rasch hinter sich. Er eilte in das angrenzende Schlafzimmer. Eine Frau, die die Straße entlangkam, sah Friedell auf dem Fensterbrett erscheinen. Er habe Passanten zugerufen, zur Seite zu gehen. Dann sei er gesprungen. Bei Friedells Begräbnis am 21. März waren nicht allzu viele seiner Freunde und Kollegen anwesend. Die meisten von ihnen waren bereits ins Ausland geflüchtet.[225]

Hauptsächlich waren es Intellektuelle und politisch besonders Exponierte, die schon in den ersten Tagen und Wochen nach der NS-Machtergreifung flüchteten. Viele von ihnen verfügten über gute Auslandskontakte, hatten Freunde, Verwandte, Bekannte und Kollegen in ganz Europa. Das erleichterte das Entkommen aus der in die Hände des Todfeindes gefallenen Heimat entscheidend. Binnen weniger Tage und Wochen verlor Österreich den größten und besten Teil seiner geistigen Elite.

Ödön von Horváth verließ gleich nach dem Anschluss Wien. (»In dieser Luft kann ich nicht länger atmen!«) Als ungarischer Staatsbürger ging er vorerst nach Budapest. Zweieinhalb Monate später starb er auf den Champs-Élysées in Paris einen absurden Tod. Während eines Gewitters erschlug ihn ein herabstürzender Ast. Sein Freund

Franz Theodor Csokor nahm die Einladung eines Freundes nach Polen an. Eineinhalb Jahre später ging die Flucht weiter: über Rumänien und Jugoslawien nach Italien. Robert Musil floh in die Schweiz, wo er mit seiner Frau in ärmlichsten Verhältnissen lebte. Alfred Polgar emigrierte über Zürich nach Paris. 1940, als die Deutschen dort einmarschierten, entkam er über Spanien und Portugal in die USA. Denselben Weg legte Franz Werfel zurück. Er hatte sich zur Zeit des Anschlusses in Italien aufgehalten und sich dann mit seiner Frau Alma in Südfrankreich niedergelassen. Bis die deutsche Invasion das Ehepaar wiederum zur Flucht zwang. Carl Zuckmayer gelangte über Zürich und Paris 1939 in die USA. Anton Kuh hatte am frühen Nachmittag des 11. März durch Zufall vom Ultimatum Hitlers erfahren und sofort den nächsten Zug nach Prag genommen. Noch 1938 erreichte er New York. Friedrich Torberg war während der Anschlusstage in Paris gewesen. Selbstverständlich kehrte er nicht nach Österreich zurück. Beim Einmarsch der deutschen Wehrmacht 1940 legte er denselben Weg zurück wie so viele Emigranten: von Südfrankreich über die Pyrenäen nach Spanien, weiter nach Portugal und schließlich mit viel Glück in die USA. Elias und Veza Canetti konnten gegen Jahresende 1938 über Frankreich nach England ausreisen. Hermann Broch war an seinem Wohnort Altaussee verhaftet und mehrere Wochen lang inhaftiert worden. Verwandte besorgten ihm noch 1938 eine Ausreiseerlaubnis in die USA. Fritz Hochwälder entkam im August 1938 schwimmend durch den Alten Rhein von Vorarlberg in die Schweiz.[226]

Wenig Glück an der Schweizer Grenze hatte hingegen der sechsundzwanzigjährige Literat Jura Soyfer. Gemeinsam mit seinem Freund Hugo Ebner nahm er am 12. März den D-Zug von Wien nach Vorarlberg. Als Touristen getarnt, wollten sie auf Skiern über die Berge in die Schweiz gelangen. In Bludenz wechselten sie in den Zug ins Montafon. Von Schruns stiegen sie zum Dorf Gargellen auf. Bald hinter diesem Ort, als es ernsthaft bergwärts gehen sollte, stießen sie auf eine dreiköpfige Gendarmeriepatrouille. Unter einem läppischen Vorwand wurden die beiden verhaftet. Soyfer und Ebner kamen in Haft, zuerst nach Bludenz, dann nach Feldkirch. Dort übernahm die

Gestapo die beiden und verhörte sie. Schließlich schaffte man sie nach Innsbruck und im Juni 1938 nach Dachau. Im Februar 1939 starb Soyfer im KZ Buchenwald an Typhus.[227]

Die Nationalsozialisten verhafteten in den ersten eineinhalb Monaten nach ihrer Machtergreifung Zehntausende Personen aus politischen Gründen. Die in der Literatur angegebenen Zahlen schwanken zwischen 50 000 und 76 000. In vielen Fällen handelte es sich um kurzzeitige Festnahmen für wenige Tagen oder Wochen zur Einschüchterung. Viele tausend NS-Gegner blieben aber längere Zeit in Haft, oft über Jahre. Und rund 8000 Österreicher wurden allein im Lauf des Jahres 1938 in das Konzentrationslager Dachau bei München überstellt. Traurige Berühmtheit erlangte der erste Transport von 150 österreichischen Häftlingen, der am Abend des 1. April 1938 Wien verließ. Weit über ein Drittel der durchweg männlichen Häftlinge waren jüdischer Herkunft, rund ein Drittel politische Funktionäre und hohe Beamte des Ständestaates, der Rest waren Sozialdemokraten und Kommunisten. Wegen der vielen bekannten Persönlichkeiten, die bei dieser Gelegenheit ins KZ überstellt wurden, war vom »Prominententransport« die Rede.[228]

Einer der Häftlinge war Rudolf Kalmar, Chefredakteur von Blättern liberal-bürgerlicher und strikt antinationalsozialistischer Ausrichtung. Als die Männer am Abend des 1. April im Polizeigefängnis an der Roßauer Lände gesammelt und in Transportautos verfrachtet wurden, kam er am Fenster zu stehen. Es ging über die Ringstraße. »Durch die Gitterstäbe des fahrenden Kerkers seltsam bewegt, glitt die unverlierbare Silhouette wienerischen Prunkes vorüber: die Universität, das Burgtheater, das Rathaus, das Parlament.« Die Männer spekulierten, wohin es wohl gehen könnte. Zuerst dachte man, erinnerte sich Fritz Bock, einstiger Propagandaleiter der Vaterländischen Front, an das Landesgericht im achten Bezirk, als man die Abzweigung dorthin passiert hatte, an die Stiftskaserne im siebenten Bezirk. Als man auch dort vorbeifuhr, ahnte man, dass das Ziel Westbahnhof heißen musste. Plötzlich fiel im Wagen das Wort »Dachau«. Lähmendes Entsetzen erfasste die Gefangenen.

Die Gefängniswagen wurden am Frachtenbahnhof entladen, um

neugierige Blicke fernzuhalten. Nun übernahm die Dachauer Lager-
SS das Kommando. Die Uniformierten mit dem Totenkopf auf dem
Kragenspiegel bildeten eine Gasse und trieben die Gefangenen unter
Kolbenhieben, Tritten und Schlägen in die Waggons. Zehn, zwölf und
mehr Mann wurden in ein Abteil gequetscht. Abfahrt um Mitternacht. Unterwegs quälten und demütigten die SS-Leute die ihnen Ausgelieferten. Diese mussten unter die Sitzbank kriechen, ins Gepäck-
netz klettern, Kniebeugen bis zur völligen Erschöpfung machen,
minutenlang, ohne zu zwinkern, in die Deckenbeleuchtung starren,
Mitgefangene ohrfeigen, anspucken und so weiter. Und zwar während der gesamten Fahrt, ohne Unterlass. Manche kamen mit völlig
zerschlagenen Gesichtern an. »Das Dritte Reich«, schreibt Rudolf
Kalmar, »enttäuschte uns nicht. Es hielt an diesem Abend, in der folgenden Nacht und in den nächsten sieben Jahren alles, was wir von
ihm erwartet hatten.«[229]

Der Prominententransport war der erste von vielen Häftlingstrans-
porten, die 1938 von Österreich nach Dachau geführt wurden. Es traf
prominente und weniger prominente NS-Gegner und rassisch Verfolgte aus allen Teilen Österreichs. Am 11. April wurden Häftlinge
aus Salzburg nach Dachau überstellt, am 24. Mai Juden, Linke und
Repräsentanten des Ständestaates aus verschiedenen Teilen Österreichs, am 31. Mai Häftlinge aus Tirol und Vorarlberg, am selben Tag
sowie am 3. Juni je 600 jüdische Häftlinge aus Wien, ab Juni immer
wieder Roma. Nach dem Novemberpogrom kamen nicht weniger als
3950 Juden aus Österreich ins KZ Dachau. Im Lauf des Jahres 1938
steuerten zudem immer mehr österreichische Häftlingstransporte
das Konzentrationslager Buchenwald bei Weimar an.[230]

Schon wenige Tage nach dem Anschluss hatte die SS mit den Planungen für die Errichtung eines Konzentrationslagers auf österreichischem Gebiet begonnen. Der oberösterreichische Gauleiter Eigruber
Ende März bei einer Kundgebung in Gmunden: »Wir Oberösterreicher
erhalten aber auch noch eine andere, besondere Auszeichnung für
unsere Leistungen: Nach Oberösterreich kommt das Konzentrationslager für die Volksverräter von ganz Österreich!« Er löste damit, wenn
die Zeitungsberichte stimmen, brausenden Jubel aus. Es sollte sich

um die nahe Linz liegenden Granitsteinbrüche in Mauthausen und Gusen handeln.[231]

Außer gegen die Juden – sofern es vor Ort überhaupt welche gab – richteten sich die nationalsozialistischen Übergriffe überall in Österreich hauptsächlich gegen Vertreter des untergegangenen Regimes. Nunmehr sahen die Illegalen von einst die Stunde der Rache gekommen. Zum Beispiel der Bezirk Wolfsberg in Kärnten (Lavanttal). Hier war es den aufständischen Nationalsozialisten beim Juliputsch 1934 gelungen, die gesamte Region zu besetzen und immerhin rund einen Tag lang zu beherrschen. Mehr als 20 Menschen waren bei den oft brutal geführten Auseinandersetzungen getötet worden. Im März 1938 fanden im Lavanttal die üblichen Verhaftungen von NS-Gegnern statt. Aber bis Ende des Monats waren die meisten wieder auf freiem Fuß.

Dann kam der 10. April 1938: Das Lavanttal stimmte mit 99,82 Prozent für die »Wiedervereinigung«. Am selben Abend noch, während einer feuchtfröhlichen Siegesfeier im SA-Lokal, gab ein führender Juliputschist die Parole der Stunde aus: »Heute könnt ihr machen, was ihr wollt, und denen einmal heimzahlen, was sie euch angetan haben. (…) Der Befehl ist da, dass jeder straffrei ausgeht, wenn er eine an ihm begangene Ungerechtigkeit heimzahlt.« Daraufhin zog der SA-Mob durch die Stadt Wolfsberg. Erstes Opfer war ein ehemaliger Beamter, der für politische Strafen zuständig gewesen war. Die SA-Leute droschen mit Stahlruten so erbarmungslos auf ihn ein, dass er im Krankenhaus einer Notoperation unterzogen werden musste. Dann kam ein unliebsamer Gendarm an die Reihe. Er wurde brutal niedergeschlagen. Einen ehemaligen Kommandanten des Heimatschutzes namens Weissegger prügelten zwei SA-Männer so lange, bis er vor ihnen niederkniete und sie anflehte, ihm nichts mehr zu tun. Die örtliche SS bekam rasch Wind von der Racheaktion der SA. Da sie subtilere und effizientere Methoden des Terrors bevorzugte, nahm sie Weissegger in »Schutzhaft«. Er wurde bald wieder entlassen. Unter der Auflage freilich, die Stadt baldigst zu verlassen und sich jeder politischen Tätigkeit zu enthalten. Weissegger übersiedelte nach Graz.

Ähnlich wie in Wolfsberg ging es in anderen Orten des Lavanttals zu. In St. Leonhard schlossen sich Dutzende Schaulustige der randalierenden Prügelgarde an. Ein Gendarm hatte allerdings viele der ausersehenen Opfer gewarnt. Manche ergriffen die Flucht, andere verbarrikadierten sich in ihren Häusern. Durch die verschlossene Tür des ehemaligen Heimatschutzführers Baumgartner feuerten die SA-Leute in ihrer Wut drei Schüsse ab. Da sie seiner nicht habhaft werden konnte, verkündete die SA schließlich, dass Baumgartner aus der Stadt »ausgewiesen« werde. Am nächsten Tag zog die Familie unter dem Schutz der Gendarmerie ab.[232]

Viele nationalsozialistisch Gesinnte waren mit der ständigen Unruhe und den Übergriffen keineswegs einverstanden. So beobachtete ein jüdischer Rechtsanwalt in Graz, Ludwig Biró, in der Zeit des intensiven Naziterrors: »Eine Art Erstarrung hatte sich der Bevölkerung bemächtigt, bis weit in die Kreise des Nazibürgertums hinein; die Jugend allerdings und die radikalen Schichten, darunter vor allem Frauen, überschwemmten die Stadt mit einem Delirismus, der sie in einen tobenden Hexenkessel verwandelte.« Allenthalben hieß es, der Führer wisse von alledem nichts, das alles sei nicht in seinem Sinne.[233] Ende April schrieb ein Nationalsozialist und ehemaliger Illegaler einen Brief an Gauleiter Bürckel und schilderte darin einige von ihm beobachtete antijüdische Exzesse in Wien. So habe er kürzlich den Oberrabbiner von Wien, Dr. Taglicht, einen würdigen alten Herrn mit schneeweißem Bart, in der Taborstraße gesehen, ein Schild »Arier kauft nicht bei Juden« in der Hand. Sein ihn begleitender Chef habe ihn daraufhin gefragt, ob das der Nationalsozialismus sei. »Glauben Sie mir, sehr geehrter Herr Gauleiter, dass ich mich bei dieser Bemerkung meines Chefs eines inneren Schamgefühls nicht erwehren konnte.« Ein derartig zügelloses Treiben werde der NS-Bewegung jedenfalls keine Anhänger gewinnen. Er hoffe auf Bürckels energisches Einschreiten.[234]

Bürckel geriet immer stärker unter Druck, dem wilden und zunehmend schädlicher werdenden Treiben der eigenen Parteigenossen ein Ende zu bereiten. Ende April wurde der Befehl ausgegeben, dass zukünftig selbst bei den geringsten Ausschreitungen gegen Volksgenossen und Nichtarier nicht nur die daran beteiligten SA-Leute, sondern in erster Linie die verantwortlichen Führer mit dem Hinauswurf aus Dienststelle und Partei zu rechnen hätten. Der *Völkische Beobachter* schlug in dieselbe Kerbe: Der überschäumende Radikalismus in Wien sei endlich einzudämmen und in geordnete Bahnen zu lenken. Pogrome dürfe es nicht geben. Schließlich sei Deutschland ein Rechtsstaat. Hier geschehe nichts ohne rechtliche Grundlage.[235]

Tatsächlich ließ der ziellose Radau-Antisemitismus der SA langsam nach. Immer stärker trat der kalte, unbarmherzige Bürokratismus der SS in den Vordergrund. Die ersten Schritte in diese Richtung waren bereits im März gesetzt worden. Die Verordnung vom 15. März zur Durchführung der Volksabstimmung wiederholte erstmals in einem österreichischen Gesetzblatt sinngemäß die wesentlichsten Bestimmungen der Nürnberger Rassengesetzgebung. Am selben Tag erging ein Erlass zur Vereidigung der österreichischen Beamten. Wie die Soldaten hatten auch die Beamten ihren Eid persönlich auf Hitler zu leisten. In Paragraph 3 dann der entscheidende Satz: »Jüdische Beamte sind nicht zu vereidigen.« Schon am Vortag hatte man sämtliche jüdischen Soldaten und Offiziere aus dem Bundesheer entlassen. Ebenso wurden jüdische Richter und Staatsanwälte des Dienstes enthoben, Juden per sofort die Aufnahme in die Rechtsanwaltschaft und ins Notariat verweigert. Bald verbot man diesen die Berufsausübung überhaupt. Weitere Berufsverbote folgten rasch aufeinander. Die NS-Führung stand bei ihrer überhasteten Vorgehensweise sichtlich unter dem Druck der eigenen Basis. Die Illegalen drängten mit aller Macht an die Futterkrippen.[236]

Ende April lenkte man den Raubzug gegen Juden endgültig auf staatliche Geleise. Federführend waren dabei Göring und seine Vierjahresplanbehörde, stets auf der Suche nach Geldquellen für Hitlers geplanten Expansionskrieg. Schon die Telefonprotokolle aus den Anschlusstagen belegen, dass der Generalfeldmarschall bezüglich der jüdischen Vermögenswerte klare Vorstellungen hatte. Einen Vorschlag, die Grenzen für jüdische Flüchtlinge zu öffnen, beantwortete er mit entwaffnender Offenheit: »Die Juden können gehen, aber das Geld lassen sie gefälligst da, das haben sie doch nur gestohlen.« Zur

Umsetzung dieser Absicht ließ er eine spezielle Enteignungsbehörde
mit nahezu 500 Mitarbeitern und Filialen in einigen Bundesländern
einrichten, die »Vermögensverkehrsstelle«. Sie nahm Mitte Mai ihre
Tätigkeit auf. Leitung: Walter Rafelsberger, Ex-Gauleiter der Steiermark, einer der für die SS so typischen Technokraten. Der erste
Schritt des staatlichen Raubs an den Juden bestand in der Abgabe
einer »Vermögensanmeldung«. Alle Juden mit einem Vermögen über
5000 Reichsmark hatten bis Ende Juni 1938 detaillierte Auskünfte
zum Vermögen bei der Vermögensverkehrsstelle abzugeben.[237]

Am 16. März 1938 hatte übrigens Adolf Eichmann erstmals seit
fast fünf Jahren wieder österreichischen Boden betreten. Als Experte
für jüdische »Auswanderung« des Sicherheitsdienstes der SS (SD)
sollte er sich auch in Österreich mit seinem Spezialgebiet befassen.[238]

Ernüchterung / 1938–1939

Das Bundesamt für Statistik veröffentlichte bald nach dem Anschluss eine vergleichende Gegenüberstellung Österreichs und des Altreichs anhand wichtiger Eckdaten. Bei der Bevölkerung betrug das Verhältnis 6,76 Millionen zu 66,03 Millionen. Der Anteil des Landes Österreich an der Gesamtbevölkerung des Großdeutschen Reichs lag demnach bei 9,3 Prozent.[1] Nach der im Herbst 1938 vollzogenen Angliederung von einigen südböhmischen und südmährischen Bezirken wuchs die Bevölkerung der Ostmark um 348 000 Menschen. Die großdeutsche Volkszählung vom Mai 1939 wies allerdings nur eine Bevölkerung von ziemlich genau sieben Millionen aus.[2] Der sich daraus ergebende Bevölkerungsschwund ist zum einen auf die Vertreibung der Juden zurückzuführen, von denen zu diesem Zeitpunkt schon Zehntausende ihre Heimat verlassen hatten. Zum anderen ist sie Folge einer beträchtlichen Arbeitsmigration ins Altreich.[3]

Bezogen auf seine Flächenausdehnung lag das Land Österreich (rund 84 000 km²) zum Gebietsstand vom März 1938 an zweiter Stelle hinter Preußen (294 000 km²) und noch vor Bayern (76 000 km²). Gesamtfläche Großdeutschland: 555 000 km². Das Altreich war allerdings ungleich dichter besiedelt. Hier entfielen auf einen Quadratkilometer 140 Einwohner, in Österreich nur 81.

Konfessionell kam es mit dem Anschluss des zu 90 Prozent katholischen Österreich zu einer Verschiebung in Richtung Katholizismus. Trotzdem waren die evangelischen Kirchen im Gesamtreich nach wie vor deutlich in der Mehrheit (56,8 Prozent). Im Altreich betrug der

Anteil der »Glaubensjuden« an der Gesamtbevölkerung 0,8 Prozent, in Österreich 2,8 Prozent. Die meisten der 191 000 Angehörigen der israelitischen Konfession lebten in Wien. Dort lag ihr Anteil bei immerhin 9,4 Prozent der Gesamtbevölkerung, in Berlin dagegen nur bei 3,8 Prozent.[4]

Ein großer Staat schluckt einen kleinen. Bei aller Ähnlichkeit, ja Verwandtschaft der beiden Staatswesen doch eine gewaltige Herausforderung. Noch dazu in der kurzen Zeit, in der sie bewältigt werden sollte. Josef Bürckel war sich dessen bewusst. Schon am 15. März 1938 schrieb er an Hitler: In Österreich sei es wichtig, gerade auf dem Gebiet der Rechtsangleichung und der wirtschaftlichen Eingliederung, notwendige Maßnahmen energisch, mit Klarheit und ohne innere Widersprüche durchzuführen. Seine Erfahrungen bei der Rückgliederung des Saarlands 1935 sprächen unbedingt dafür, einen »Eingliederungskommissar« mit den »weitesten Vollmachten« auszustatten. In der gegebenen Situation konnte das nur Bürckel selbst sein. Das heißt, er bewarb sich um den Posten des starken Mannes der Ostmark.[5]

Man könnte meinen, dass diese Führungsrolle Arthur Seyß-Inquart zugekommen wäre. Immerhin war er von Hitler zum Reichsstatthalter und »Führer der österreichischen Landesregierung« ernannt worden. Praktisch lagen die Dinge von Anfang an anders. Am 13. März hatte Hitler den Gauleiter der Saarpfalz Josef Bürckel mit der propagandistischen Vorbereitung und Durchführung der Volksabstimmung beauftragt. Bereits von diesem Zeitpunkt an war Bürckel die führende Instanz in Österreich. Seyß-Inquarts Versuche, sich zu behaupten, waren meist erfolglos.

Ein weiterer Player: Reichsminister des Inneren Wilhelm Frick. In seiner Kompetenz lagen die Einführung des Reichsrechts sowie die Beteiligung bei allen organisatorischen und personellen Maßnahmen. Daneben wurde noch die Stelle eines »Reichsbeauftragten« eingerichtet. Dieser sollte Verwaltungschaos, das durch unkoordinierte Eingriffe reichsdeutscher Stellen zu erwarten war, abwenden. Der Job ging an Wilhelm Keppler, der sich seine Meriten als zentrale Figur der nationalsozialistischen Politik gegen Österreich erworben hatte. Tatsächlich trug die von Keppler geleitete Einrichtung eher zur Vermehrung des Verwaltungschaos und zur Verlängerung der Amtswege bei, als dass sie derartige Missstände beseitigt hätte. Am 25. April erstattete Bürckel Hitler Bericht. Ergebnis der Besprechung: Hitler ernannte Gauleiter Bürckel zum »Reichskommissar für die Wiedervereinigung Österreichs mit dem Deutschen Reich«.

Er habe, so der entsprechende Erlass, für die staatliche, wirtschaftliche und kulturelle »Wiedereingliederung« Österreichs zu sorgen. Der Reichskommissar unterstehe direkt dem »Führer«. Er sei befugt, den Dienststellen des Reichs in Österreich, den Dienststellen des Landes Österreich und der ehemaligen Bundesländer sowie den Dienststellen der NSDAP Weisungen zu erteilen. Der Reichsminister des Inneren habe bei seinen Maßnahmen das Einvernehmen mit dem Reichskommissar herzustellen. Der Reichsbeauftragte werde dem Reichskommissar angegliedert. Befristet war dieser Auftrag bis zum 1. Mai 1939. – Kurzum, Bürckel unterstand Hitler ohne Umweg über irgendwelche Zwischenstellen, Ministerien, Sonderbeauftragte etc. Eine stärkere Position konnte es im Führerstaat nicht geben.

Seyß-Inquart wurde in einem gesonderten Schreiben mitgeteilt, dass seine Arbeit als Reichsstatthalter ebenfalls mit dem 1. Mai 1939 beendet sein werde. Danach sollte er zum Reichsminister ernannt werden.[6] Eine Sonderstellung Österreichs innerhalb des Deutschen Reichs war offenkundig nicht gewünscht. Im Gegenteil, die Einheit »Österreich« sollte möglichst rasch möglichst vollständig verschwinden.

Wie Hitler dachte, geht aus einer Passage in Goebbels' Tagebuch hervor. Am Nachmittag des 9. April, einen Tag vor der Volksabstimmung, hielt sich der Propagandaminister bei Hitler im Hotel Imperial auf. Draußen schrien die Wiener sich in ihrer Begeisterung für den »Führer« die Seele aus dem Leib. Drinnen räsonierte dieser darüber, wie man die Rolle Wiens beschneiden könne. Die Bipolarität Berlin–Wien sei jedenfalls zu beseitigen. »Das Land Österreich muss auseinandergerissen werden.« Wien dürfe keine Hauptstadt sein. Die österreichische Provinz wolle überallhin, nur nicht nach Wien. Kommentar Goebbels: »Ganz Österreich wird aufgeteilt. Damit der österreichische Mensch entfleuche!«[7]

Zumindest bei der Einteilung der Gaue war Hitler vorläufig vorsichtig. Grundsätzlich waren viele Bundesländer einfach zu klein, um den Gauen des Altreichs zu entsprechen. Radikale Vorschläge gingen in die Richtung einer Viererlösung, nämlich Bildung eines Gaus Wien, eines »Donaugaus« (Ober- und Niederösterreich, nördliches Burgenland), eines »Südgaus« (Kärnten mit Osttirol, Steiermark, südliches Burgenland) und eines Gaus Tirol (bestehend aus Nordtirol, Salzburg und Vorarlberg). Hitler hielt davon nichts, jedenfalls vorläufig. Zu Bürckel, der eine derartige Lösung favorisierte, sagte er: »Bürckel, wenn ich das mache, dann würde sich die Anschlussfreudigkeit in eine Reichsmüdigkeit verwandeln.«

Den Wünschen Hitlers gemäß setzte sich eine Siebenerlösung durch. Die Bundesländer und ihre Hauptstädte, wünschte er, sollten im Wesentlichen erhalten bleiben. Und es sollte sich um Reichsgaue handeln, also um dem Reich unmittelbar unterstehende Territorien – anders als etwa in den Ländern Preußen und Bayern, die aus mehreren Parteigauen bestanden und über einen gemeinsamen Reichsstatthalter und Ministerpräsidenten verfügten. Die Großstadt Wien, erst seit 1922 ein eigenes Bundesland, wurde weit ins niederösterreichische Umland hinaus erweitert (Gau »Groß-Wien«). Dem Gau »Niederdonau« (Niederösterreich) schlug man, gleichsam als Entschädigung, die nördlichen Teile des Burgenlandes zu. Das Südburgenland kam zum Gau Steiermark, der allerdings das Ausseerland an den Gau »Oberdonau« (Oberösterreich) abtreten musste. Der Gau Kärnten wurde um Osttirol erweitert. Das westlichste Bundesland, Vorarlberg, sollte von Innsbruck aus verwaltet werden, wurde also trotz einer verfassungsrechtlichen Sonderstellung im Grunde Teil des Gaus Tirol. Keine Gebietsveränderung gab es hingegen in Salzburg, einem recht kleinen Bundesland, das trotzdem als eigener Gau bestehen blieb. Es gibt Hinweise, dass diese Lösung für maximal zwei Jahre gedacht war. Danach sollten Kärnten und die Steiermark, Tirol und Salzburg sowie Nieder- und Oberdonau vereint werden. Dazu kam es nie. 1940 hatte man andere Sorgen.

Um die Posten der neu zu bestellenden Gauleiter rangen und rangelten mehrere Gruppierungen: erstens jene Führer aus der Zeit vor dem NS-Verbot, die 1933/34 in die Emigration nach Deutschland gegangen waren. Zweitens die Führungsgruppe der im Land verbliebenen illegalen Nationalsozialisten um Landesleiter Leopold, der allerdings im Februar 1938 von Hitler entmachtet worden war. Und drittens die Kärntner Gruppe und deren Trabanten rund um den neuen Landesleiter Klausner. Über die sich im Hintergrund und auf informeller Ebene abspielenden Intrigen und Interventionen weiß man wenig. Eine zentrale Rolle bei der Besetzung spielte Christian Opdenhoff, ein Reichsdeutscher aus dem Stab Bürckel. Seine Idee, den aus Österreich gebürtigen Gauleitern jeweils stellvertretende Gauleiter aus dem Altreich beizustellen, ließ sich nicht durchsetzen. Der Widerstand der österreichischen Parteifunktionäre war zu groß. Jedenfalls vorläufig.[8]

Im Großen und Ganzen setzten sich die Kärntner – und mit ihnen die SS – durch. Ihre Galionsfigur Major Hubert Klausner, ein ehemaliger Weltkriegsoffizier, NS-Landesleiter seit Februar 1938, übernahm die Funktion des Gauleiters und Landeshauptmanns von Kärnten. Nominell. Als Minister der Seyß-Inquart-Regierung hielt er sich hauptsächlich in Wien auf, während Franz Kutschera (Gauleiter) und Wladimir Pawlowski (Landeshauptmann) die Geschäfte in Klagenfurt führten. (Die Trennung des Parteiamts vom politischen Amt war übrigens eine Besonderheit, die es außer in Kärnten nur noch in Wien gab.) Klausner, erst 46 Jahre alt, erlag im Februar 1939 einem Hirnschlag.[9]

Der 35 Jahre alte Notar Friedrich Rainer aus St. Veit an der Glan, Klausners engster Mitarbeiter und politischer Leiter der Landesleitung, hatte am 11. März 1938 eine Schlüsselrolle gespielt. Nun wurde er mit dem Posten eines Gauleiters und Landeshauptmanns von Salzburg belohnt. Aber Rainer – jung, ehrgeizig, skrupellos, der machtbesessene NS-Technokrat par excellence – wollte mehr. Er wollte nach Klausners Tod dessen Amt übernehmen, zugleich aber Gauleiter von Salzburg bleiben. Die beiden Gaue sollten unter seiner Herrschaft vereinigt werden, was ihm eine beträchtliche Machtstellung an der Südgrenze des Reiches verschafft hätte. Dem standen andere Überlegungen und Machtinteressen entgegen. Vielleicht hatte deshalb das Provisorium in Kärnten bis Ende November 1941 Bestand. Danach übernahm Rainer seinen Heimatgau Kärnten, musste allerdings Salzburg abtreten. Sein Nachfolger kam aus dem Altreich: der ehemalige Reichsstudentenführer Gustav Adolf Scheel, wie Rainer ein Mann der SS, aber ungleich konzilianter und menschlicher als dieser.[10] Als Organisationsleiter der NS-Landesleitung gehörte Odilo Globocnik dem engsten Führungskreis um Klausner an. Zwar hielten ihn wichtige Entscheidungsträger für ungeeignet, trotzdem wurde er nach einigem Hin und Her mit dem Posten des Gauleiters von Wien bedacht. Die Protektion Heydrichs und Himmlers dürfte dafür den Ausschlag gegeben haben. »Globus« sollte sich binnen kürzester Zeit als kolossale Niete herausstellen: der komplexen Aufgabe in keiner Weise gewachsen, korrupt, überheblich, chaotisch, undiszipliniert, sich rundum unnötig Feinde schaffend.

Treibende Kraft bei der Ablösung Globocniks dürfte Bürckel gewesen sein. Ursprünglich hatte er Globocnik unterstützt, zumindest zum Schein und solange es ihm nützlich war. Als er dessen Schwäche erkannte, wandte er sich gegen ihn. Hitler war nicht glücklich über die Situation: »Ich berufe außerordentlich ungern einen Gauleiter ab und tue das nur in den allerseltensten Fällen«, sagte er zu Bürckel. In jedem Fall müsse an dessen Stelle eine weit bessere Persönlichkeit treten. Am 30. Januar 1939 entließ Hitler Globocnik mit einem einzigen dürren Satz: »Ich habe der Bitte des Pg. Odilo Globocnik, ihn von seinem Amt als Gauleiter des Gaues Wien zu entheben, entsprochen.« Nachfolger: Reichskommissar Josef Bürckel, »unter Beibehaltung seiner sonstigen Ämter«.

Allzu lange konnte sich auch Bürckel in Wien nicht halten. Er erfreute sich wegen seines rüden, herrischen Auftretens allgemeiner Unbeliebtheit. Bekannt ist der Spottname »Bierleiter Gauckel«, mit dem er in Anspielung auf seinen angeblich beträchtlichen Alkoholkonsum belegt wurde. Im August 1940 verließ Bürckel Wien, um »Chef der Zivilverwaltung« im gerade besetzten Lothringen zu werden. An seiner Stelle übernahm Reichsjugendführer Baldur von Schirach die Position des Gauleiters und Reichsstatthalters. Hitlers Auftrag an ihn: die schlechte Stimmung in Wien heben.[11]

Hugo Jury, geboren 1887, stammte aus Mähren, hatte in Prag Medizin studiert und ab 1913 als Arzt in Niederösterreich praktiziert. Eifrige illegale NS-Betätigung und längere Zeiten der Inhaftierung im ständestaatlichen Anhaltelager Wöllersdorf verschafften ihm den Nimbus des Nazi-Märtyrers. 1936 avancierte er zum Stellvertreter des illegalen NS-Landesleiters Leopold. Geschickt wechselte er rechtzeitig in den Dunstkreis der Kärntner Gruppe. Das machte ihn zu einem der führenden Akteure der Anschlusstage und zum Minister der Seyß-Inquart-Regierung. Sein Lohn: Gauleiter und Landeshauptmann von Niederdonau. Von Hitler durchaus geschätzt, blieb er durchgehend im Amt. 1939 wurde ihm auch die Leitung der mährischen NSDAP übertragen. Seine Lieblingsidee, Mähren dem Gau Niederdonau anzuschließen und Brünn anstelle von Krems zur Gauhauptstadt zu machen, ließ sich freilich nicht realisieren.[12]

August Eigruber war ein Facharbeiter aus der Industriestadt Steyr. Obwohl zum Zeitpunkt seiner Kür erst 31 Jahre alt, kann man ihn als Uralt-Nazi bezeichnen. Schon 1922, mit 15 Jahren, hatte er sich der Nationalsozialistischen Arbeiterjugend angeschlossen. Und seit damals war er dabeigeblieben. Wie in den anderen Bundesländern auch übernahm der illegale NS-Gauleiter am 11. März 1938 in Linz handstreichartig die Macht: Eigruber. Aber er war der einzige von ihnen, der tatsächlich in dem usurpierten Amt verbleiben durfte. Wie die Quellen zeigen, gab es niemals einen ernsthaften Konkurrenten für ihn. Als Gauleiter von dessen »Heimatgau« hatte Eigruber einen besonders guten Draht zu Hitler.[13]

Der Einzige aus der Gruppe der 1933/34 ins Dritte Reich emigrierten österreichischen NS-Führer, der 1938 mit der Führung seines alten Gaus betraut wurde, war Franz Hofer. Nach Volks- und Realschule hatte der Sohn eines Hoteliers den Kaufmannsberuf erlernt und eine Radiohandlung betrieben. 1931 der NSDAP beigetreten, war er Ende 1932 zum Gauleiter von Tirol ernannt und im Juni 1933 verhaftet und zu zwei Jahren Gefängnis verurteilt worden. Deutschlandweite Bekanntheit verschaffte ihm seine spektakuläre Befreiung und Flucht Ende August 1933. In Deutschland nahm er eine führende Stellung im NS-Flüchtlingshilfswerk ein, was ihm eine gute

Ausgangsposition im Kampf um die Gauleiterstelle verschaffte. Und so fiel nach heftigen Machtkämpfen die Wahl auf ihn, Hofer, der sich in seiner Position bis zum Untergang des Dritten Reichs halten konnte.[14]

Sigfried Uiberreither, Sohn eines höheren Beamten aus Salzburg, der in Graz Recht studiert und seinen Doktor gemacht hatte, war zur Zeit des Anschlusses gerade einmal 30 Jahre alt. Als SA-Gruppenführer tat er sich vor allem in der Zeit der Grazer »Volkserhebung« im Februar und März 1938 hervor. Diesem Umstand und dem parteiintern gebotenen Proporz verdankte er den Gauleiterposten. Uiberreither wird als fanatisch, eitel und intelligent beschrieben, privat soll er sich trotz seiner hohen Position keinerlei Privilegien verschafft, sondern sich geradezu überkorrekt verhalten haben. Ein wenig ähnelte er vom Typus her dem Kärntner Gauleiter Friedrich Rainer. Wie dieser wurde er nach der Besetzung Jugoslawiens zum »Chef der Zivilverwaltung« in den angrenzenden Gebieten ernannt und war in dieser Position direkt oder indirekt für zahllose Verbrechen verantwortlich.[15]

Alle sieben von Hitler im Mai 1938 ernannten Gauleiter waren Österreicher. Reichsdeutsche (Bürckel, Schirach, Scheel) wurden erst später in diese Position gehievt. Die Herkunftsfamilien kann man mit einer Ausnahme (Eigruber) als mittelständisch bezeichnen: Lehrer, Beamte, ein Hotelier. Die schulische und berufliche Ausbildung: gediegen. Unter den Gauleitern befanden sich drei Universitätsabsolventen (zwei Juristen, ein Mediziner), dazu ein Bauleiter, ein Berufsoffizier, ein Kaufmann und ein technischer Facharbeiter. Allesamt konnten sie auf eine frühe deutschnationale Sozialisierung durch die Familie, in der Schule, an der Universität – zurückblicken. Allesamt waren sie vor Hitlers Machtergreifung im Deutschen Reich zur NSDAP gestoßen, die meisten in den Monaten nach dessen Wahlsieg vom September 1930. Spätberufene, wie etwa Seyß-Inquart, gab es unter ihnen nicht. In der Zeit des NS-Verbots zwischen 1933 und 1938 waren sechs von sieben führend illegal tätig gewesen und hatten deshalb die verschiedensten Unannehmlichkeiten, Zurücksetzungen, private und berufliche Nachteile auf sich genommen. Fünf der sieben

Gauleiter muss man als überaus jung bezeichnen. Zwischen 1902 und 1908 geboren, sind sie der Kriegsjugendgeneration zuzurechnen. Nur Jury (Jahrgang 1887) und Klausner (Jahrgang 1892) waren deutlich älter. Mag sein, dass Letztgenannte wegen ihres reiferen Alters den »gemäßigten«, das heißt weniger radikalen Nationalsozialisten zuzurechnen sind.

Nach Bürckels Bestellung zum Reichskommissar setzte ein Prozess ein, durch den die österreichischen Zentralinstanzen kontinuierlich aufgelöst wurden. Nach und nach gingen ihre Kompetenzen auf die Reichsbehörden über. Seyß-Inquarts Landesregierung wurde schrittweise »vereinfacht«. Österreich war für die NS-Führung ein Experimentierfeld für eine später geplante umfassende Reichsreform. Sie sollte eine straff zentral gelenkte, möglichst einheitliche Verwaltung bringen.

Ihren Ausdruck fand diese Zielsetzung im »Ostmarkgesetz« vom 14. April 1939. Es legte die Aufteilung des Landes Österreich in die erwähnten sieben Reichsgaue fest. Diese waren dreierlei in einem: staatliche Verwaltungsbezirke, Selbstverwaltungskörperschaften und Parteigaue. An der Spitze stand der Reichsstatthalter und Gauleiter, beide Ämter im Sinne des Führerprinzips in Personalunion ausübend. Vertreten wurde er in der staatlichen Verwaltung vom Regierungspräsidenten, in der Selbstverwaltung vom Gauhauptmann (in Wien: Bürgermeister) und in Angelegenheiten der NSDAP vom stellvertretenden Gauleiter. Unterhalb der Gauebene existierten die Kreise (adäquat zu den einstigen politischen Bezirken), geführt vom jeweiligen Kreisleiter. In den ländlichen Gemeinden regierte das sogenannte Ortsdreieck: Bürgermeister, Ortsgruppenleiter, Ortsbauernführer.

Über und neben den sieben Gauen wurden zahlreiche weitere Verwaltungseinheiten installiert, etwa für die Arbeitsämter, die Oberlandesgerichte, die Versicherungsämter, die Höheren SS- und Polizeiführer, die Allgemeine SS etc. Besonders bedeutend: die Wehrkreise der Wehrmacht. Davon gab es auf österreichischem Gebiet zwei, nämlich den Wehrkreis XVII (Wien) und den Wehrkreis XVIII (Salzburg). Zum 1. September 1939 ernannte Hitler die beiden entsprechenden Gauleiter (Bürckel für Wien und Rainer für Salzburg) zu Reichsverteidigungskommissaren mit weitreichenden Befugnissen. Für die anderen Gauleiter war dies eine von ihnen bestimmt nicht gern gesehene Zurücksetzung. Mitte November 1942 wurde dann jeder Gau zum Reichsverteidigungsbezirk und jeder Gauleiter zum Reichsverteidigungskommissar erhoben. Die Intensivierung des Krieges brachte eine sukzessive Stärkung der Position der Reichsstatthalter-Gauleiter.

Mit dem formellen Inkrafttreten des Gesetzes zum 1. Mai 1939 wurde das »Land Österreich« samt seiner Regierung aufgelöst. Bürckel hingegen ließ sich sein Mandat als Reichskommissar zweimal verlängern. Zu komplex war die Aufgabe, das ausgefeilte österreichische Verwaltungs- und Rechtssystem binnen der vorgegebenen Zeit umzustellen. Nicht zu vergessen die Positionskämpfe der Gauleiter untereinander. Dazu die endlosen Intrigen und Machtkämpfe der verschiedenen Cliquen und Klüngel. Ebenso hinderlich für die Beschleunigung der Abläufe waren die ständigen außenpolitischen Krisen und schließlich der Kriegsausbruch.

Erst am 31. März 1940 endete die Tätigkeit Bürckels, per 1. April wurden die sieben Reichsgaue installiert, die von Hitler ernannten Reichsstatthalter traten ihr Amt an. Offiziell war das »Land Österreich« nach dessen Auflösung 1939 »Ostmark« genannt worden. Von nun an war amtlich von den »Reichsgauen der Ostmark« die Rede. Und ab 1942 sollte als Sammelbezeichnung, sofern eine solche überhaupt nötig war, ausschließlich »Alpen- und Donaureichsgaue« verwendet werden. Dahinter steckte ein klares Kalkül: den Begriff »Österreich« und damit jedes österreichische Sonderbewusstsein sukzessive verschwinden zu lassen.[16]

DIE PARTEI

Eine interessante Frage ist, ob die österreichischen Nazis – so wie in Deutschland – im Wege von demokratischen Wahlen an die Macht gekommen wären. Das ist freilich unwahrscheinlich. Zwar erzielte die NSDAP bei Landtagswahlen in mehreren österreichischen Bundesländern im April 1932 zwischen 14 und 21 Prozent der Stimmen. Das war beachtlich, aber es reichte nicht annähernd an die triumphalen Wahlsiege heran, die Hitler zur selben Zeit in Deutschland einfuhr. Warum? Jürgen Falter identifiziert in seiner Studie »Hitlers Wähler« zwei wesentliche Faktoren für die Resistenz gegen den Nationalsozialismus: den Katholizismus und eine starke Arbeiterbewegung. Beide waren in weiten Teilen des Deutschen Reichs unbedeutend. Deutschland war konfessionell zu zwei Dritteln protestantisch geprägt. (Vor allem im Norden und Osten, wo die nationalsozialistischen Hochburgen lagen.) Und es bestand eine tiefe Spaltung zwischen Sozialdemokraten und Kommunisten. Anders hingegen Österreich: zu 90 Prozent katholisch, mit einer Arbeiterschaft, die fast ausnahmslos der Sozialdemokratie anhing. Dirk Hänisch, der die österreichischen NSDAP-Wähler untersuchte, kommt daher zu dem Schluss, dass auch nach der Machtübernahme der Nationalsozialisten in Deutschland die österreichische NSDAP kaum in der Lage gewesen wäre, aus eigener Kraft die »politische Hegemonie« zu erringen.[17]

Die tatsächliche Stärke des Nationalsozialismus in der Illegalität, das heißt seine Verankerung in der österreichischen Bevölkerung, ist schwer einzuschätzen. Der Blick in die Archivbestände der österreichischen Sicherheitsbehörden, die vor Akten über »NS-Betätigung« überquellen, vermittelt ein einseitiges Bild der Situation. Denn die zweifellos mannigfaltigen illegalen nationalsozialistischen Aktivitäten sagen nichts darüber aus, wie breit die Akzeptanz des Nationalsozialismus in der Bevölkerung tatsächlich war. Die Mitgliederstatistiken sind unklar, unvollständig und generell mit Vorsicht zu betrachten. Folgt man den in der Literatur zu findenden Angaben, so lag der Stand der Mitglieder der österreichischen NSDAP am 30. Januar 1933 bei 43 100 und wuchs bis zum 19. Juni 1933 (NS-Verbot in Österreich) auf 68 400 an. Am Tag des Juliabkommens (11. Juli 1936) sind 116 800 Parteigenossen verzeichnet und am 11. März 1938 164 300. Einer anderen Quelle nach betrug der Stand zu Ende 1937 105 000 österreichische Parteimitglieder.

Alles das ist jedoch zweifelhaft. Allein schon deshalb, weil es für eine verbotene Partei keine ordentliche Bestandsführung und Mitgliederkartei geben konnte. Aber lässt man diese Angaben als Richtgrößen gelten, nimmt die 164 300 österreichischen NSDAP-Mitglieder zum Zeitpunkt des Anschlusses und stellt sie der für Österreich ausgewiesenen Einwohnerzahl von 6,76 Millionen Menschen gegenüber, so ergibt das 2,4 Prozent. Was ist das gegen die Sozialdemokratische Partei, die im Jahr 1929 immerhin 718 000 Mitglieder (10,6 Prozent der Gesamtbevölkerung) hatte?[18]

Kommt der Kennzahl »Anzahl der Mitglieder« überhaupt entscheidende Aussagekraft in Bezug auf die Stärke einer illegalen Partei zu? Wohl kaum. Das passende Stichwort, um das politische Verhalten durchschnittlicher Österreicher in den prekären Jahren des Ständestaates adäquat zu beschreiben, lautet ohnehin: Opportunismus. – »Schauen's, was sollen wir machen«, sagte ein Polizist 1936 zum ehemaligen Vizekanzler Starhemberg, als dieser ihm das passive Verhalten der Polizei bei nationalsozialistischen Ausschreitungen vorhielt. »Weiß man's? Auf ja und nein werden die Nazis in der Regierung sein. Weiß man's, wird ein Nazi sogar Sicherheitsminister. Und der, was sich dann gegen die Nazibuam zu stark exponiert hat, der was amal hinghaut hat, der zahlt dann drauf.« Und so wie dieser Polizist hätten 90 Prozent seiner Berufskollegen gedacht, bis hinauf zum Polizeipräsidenten, so Starhemberg.[19] Das galt freilich nicht nur für die Polizei. Überall im öffentlichen Dienst und darüber hinaus in weiten Teilen der Bevölkerung verhielt es sich ähnlich. Man wartete ab. Und vermied es, sich zu exponieren, weder in die eine noch in die andere Richtung.

1938, nach dem Anschluss, wollten dann erstaunlich viele Österreicher immer schon aufrechte, opferbereite illegale Kämpfer für Hitler und seine Sache gewesen sein. Damit, meinten sie, hätten sie das Anrecht auf angemessenen Lohn erworben. Und den forderten sie in der Stunde des Sieges mit aller Vehemenz ein. Tatsächliche oder angebliche Verdienste um die Partei wurden maßlos übertrieben. Treffend schreibt der Historiker Gerhard Jagschitz von einem »Hexensabbat der Leidenschaften, Habgier und Denunziation«, der die NSDAP erfasst habe. Darunter sei, so Jagschitz, die Partei in den ersten Wochen und Monaten fast zusammengebrochen.[20] Ein ungeheurer Run auf die Mitgliedschaft in der NSDAP setzte ein. Die Mitgliedsaspiranten versprachen sich vom Mitgliedsausweis und dem Parteiabzeichen am Revers diverse Vergünstigungen und Erleichterungen – bei der Vergabe von Posten oder von Wohnungen, bei Sozialleistungen, bei Behördengängen etc.

Allein, ein derartiger Ansturm war seitens der NSDAP keineswegs erwünscht. Im Altreich hatte man bald nach der Machtergreifung, die zahllose »Märzgefallene« oder »Märzveilchen« (Beitritt nach Hitlers Wahlsieg im März 1933) in die Partei geschwemmt hatte, drakonische Maßnahmen ergriffen, um den Zulauf abzubremsen: Schon nach wenigen Monaten war eine Aufnahmesperre bis 1937 erlassen worden. Schließlich sollte die Mitgliedschaft in der NSDAP etwas Besonderes sein. Der Partei ging es um ideologische Grundsatztreue und Festigkeit. »Konjunkturritter« waren nicht erwünscht. Das zu prüfen, noch dazu bei Millionen neuen Parteigenossen, die binnen kürzester Zeit auf Aufnahme drängten, dauerte seine Zeit. Darüber hinaus hatte Hitler ganz bestimmte Vorstellungen: Ein getreues Abbild der deutschen Bevölkerung sollte die Partei sein, sozial und regional nicht einseitig zusammengesetzt. Parteianwärter waren nur bis zu einem bestimmten, noch jugendlichen Alter aufzunehmen, um eine Überalterung zu verhindern. Und keinesfalls sollten mehr als 10 Prozent der Gesamtbevölkerung in die NSDAP aufgenommen werden. Die Herstellung von Geschlechterparität war bei der Konstruktion der idealen Partei hingegen kein Thema.

Der Anschluss Österreichs verkomplizierte die Lage. Waren alte Parteigenossen in den Jahren der Illegalität tatsächlich trotz aller Verfolgung in der NSDAP geblieben? Oder im Fall eines Beitritts während der Illegalität: Hatte man sich tatsächlich aus innerer Überzeugung der Partei angeschlossen oder nur aus opportunistischen Gründen? Wie glaubwürdig waren die von lokalen Funktionären zehntausendfach mit leichter Hand ausgestellten Empfehlungen und Bestätigungen? Eine praktische Frage: Waren die Mitgliedsbeiträge durch all die Verbotsjahre regelmäßig bezahlt worden?

Vorerst hieß es, die »Illegalen« korrekt in die Partei aufzunehmen. Oder wiederaufzunehmen, sofern bereits vor dem Verbot Mitgliedschaft bestanden hatte. Für diesen Zweck wurde ein Nummernblock von 6,1 bis 6,6 Millionen reserviert. Beitrittsdatum: einheitlich der 1. Mai 1938. Das galt auch für illegale NS-Mitglieder, die beispielsweise schon 1934 beigetreten waren. Eine niedrige Mitgliedsnummer brachte allerdings bedeutende Privilegien mit sich. »Alten Kämpfern« und »Alten Parteigenossen« standen im NS-Staat viele Türen offen, die anderen verschlossen blieben. Bei der Vergabe von Posten und Ämtern wurden sie bevorzugt. Aus diesem Grund störte es viele österreichische NSDAP-Mitglieder, die bereits vor dem Parteiverbot (19. Juni 1933) beigetreten waren, dass sie nun mit einer Sechs-Millionen-Nummer abgespeist werden sollten. Ein sich bis zum Ende des Dritten Reichs hinziehender Kampf um die alten Nummern setzte ein.

Der 23 Jahre alte Karl Gerold hatte am 1. März 1931 in Kalwang, Steiermark, seinen NSDAP-Beitritt erklärt. Mitgliedsnummer: 441 537. Hitlers Wahlsieg in Deutschland im September 1930 mochte ihn zu diesem Schritt bewogen haben. »Septemberlinge« nannten die allerersten »Alten Kämpfer« diese Mitglieder. Aber es handelte sich um einen ziemlich frühen Beitritt und damit um eine privilegierte Nummer. Anfang 1932 war Gerold nach Schöder, Steiermark, und am 1. Mai 1932 in die benachbarte Marktgemeinde St. Peter am Kammersberg übersiedelt, um dort eine Gemischtwarenhandlung zu eröffnen. Die Kalwanger Ortsgruppe hatte ihn ordnungsgemäß abgemeldet. Diese Abmeldung war im zentralen Register verzeichnet worden, die Anmeldung in Schöder und St. Peter allerdings nicht. Gleichwohl hatte Gerold seine Mitgliedsbeiträge, so seine eidesstattliche Erklärung, weiterhin regelmäßig bezahlt. In der Illegalität war er als NS-Zellenleiter aktiv gewesen und hatte dafür sogar eine Strafe zahlen müssen: 88 Schilling an die Sicherheitsdirektion für Steiermark.

Im Mai 1938 stellte Gerold einen Antrag zur Erfassung als österreichisches NSDAP-Mitglied und bezahlte ab nun monatlich einen »freiwilligen« Mitgliedsbeitrag. Es dauerte ganze drei Jahre, bis das Schiedsamt in München Ende Juli 1941 dem Gauschatzmeister der Steiermark die Wiederaufnahme des Parteigenossen Gerold mitteilte. Mitgliedsnummer nunmehr: 6 226 602. Er erhielt eine »Vorläufige Mitgliedskarte« mit dem offiziellen Aufnahmedatum 1. Mai 1938 ausgestellt. Im weiteren Schriftverkehr geht es um die »Doppelmitgliedschaft«, also die Frage, ob die ursprüngliche Mitgliedschaft mit der alten, niedrigen Nummer noch gültig war oder nicht. Der Anfang 1942 eingereichte Antrag auf Ausstellung eines Mitgliedsbuches wurde vorläufig zurückgestellt. Um herauszufinden, ob tatsächlich eine durchgehende Mitgliedschaft bestanden habe, müssten die entsprechenden Politischen Leiter befragt werden, die sich im Moment allerdings im aktiven Wehrdienst befänden. – Dieses letzte im Akt vorhandene Schreiben datierte vom 30. Juli 1942. Karl Gerold, seit März 1939 Bürgermeister seines Wohnortes, war mittlerweile zum Wehrdienst einberufen worden.[21]

Die Mitgliederzahlen für das Gebiet des ehemaligen Österreich stiegen rasant an. Ende Dezember 1937 waren es noch 105 000 gewesen, Ende März 1939 bereits 219 000, im Juni 1940 knapp 628 000 und schließlich im März 1943 693 000, der höchste Stand, soweit Statistiken vorliegen. Das waren ungefähr jene 10 Prozent der Gesamtbevölkerung, die Hitler als wünschenswerte Obergrenze vorschwebten. Die regionale Verteilung der Mitglieder entsprach in etwa der regionalen Verteilung der Bevölkerung. Das war zu Zeiten der Illegalität noch ganz anders gewesen: Anfang 1938 hatten beinahe 39 Prozent aller österreichischen NSDAP-Mitglieder in Kärnten und der Steiermark (Anteil an der Gesamtbevölkerung: 21 Prozent) und nur 14 Prozent in Wien (Bevölkerungsanteil: 28 Prozent) gelebt.[22]

Gauleiter Bürckel, der in Österreich auch in Parteifragen das führende Wort hatte, initiierte gleich nach dem Anschluss eine »Verpreußung« der österreichischen NSDAP. Deren traditioneller, historisch gewachsener Separatismus sollte gebrochen werden. Zu diesem Zweck holte Bürckel noch im März 1938 als Vorhut 120 Kreisleiter aus dem Altreich in die Ostmark. Ihre Aufgabe: Überwachung der Vorbereitungen für die Volksabstimmung und später des Parteiaufbaus. Diese Männer waren sehr einflussreich. Ihre Beurteilungen

entschieden häufig über die Karriere der österreichischen Parteifunktionäre, die sie zu beraten hatten. Und in ihrem Gefolge kamen – gerufen und ungerufen – diejenigen, die lukrative Positionen
erringen wollten. Scharenweise. In Wien war unter Anspielung auf
die Herkunft Bürckels vom »Pfälzer Postenjäger-Regiment« die Rede.
Diese Zustände waren für österreichische Alt-Parteigenossen und
illegale Aktivisten in jeder Hinsicht frustrierend und desillusioni-
rend. Mittelmäßig und schwach sei ein großer Teil dieser Leute gewesen, nicht wenige von ihnen habe man »draußen« (also im Altreich)
schlichtweg loswerden wollen. Viele von ihnen hätten vor allem Geld
machen oder »Führer« spielen wollen. Oder beides. Anton Hadwiger,
der zu diesem harschen Urteil kommt, hatte in der Zeit der Illegalität eine hohe Funktion in der österreichischen HJ eingenommen und
war dafür im Ständestaat für mehr als ein Jahr inhaftiert worden.
Nun fühlte er sich zurückgesetzt. Und war abgestoßen von all dem
»Gedränge und Geschiebe«, von dem »Gerangel« um Ämter, Positionen und Stellen, das er mitansehen musste.[23]
Der Krieg änderte vieles. So beschleunigte er den schleichenden
Bedeutungsverlust der Partei gegenüber der staatlichen Bürokratie
und der Wehrmacht. Ein Prozess, der bald nach dem Anschluss
eingesetzt hatte. Eine gewisse Rolle spielte die NSDAP noch an der
»Heimatfront«: um die Massen zu mobilisieren, um Appelle und Versammlungen zu organisieren, mit denen die Volksgenossen ideologisch aufgemöbelt wurden, oder um Ernteeinsätze sowie Spenden-
und Sammelaktionen aller Art durchzuführen. Ein Feld, auf dem
sich die Partei in jeder Hinsicht austoben konnte, war die Hetze gegen Juden. Ein weiteres beliebtes Betätigungsfeld: der Kampf gegen
die katholische Kirche und ihre Vertreter. Dabei geriet die Partei im
Laufe des Krieges aber immer mehr ins Hintertreffen. Verhältnismäßig rasch verfiel ihre Autorität. Hitler selbst blieb in der Volksmeinung lange Zeit sakrosankt, während die vielen »kleinen Hitlers«, die »Goldfasane« und »Bonzen« der Partei, zunehmend allen
Unmut und Zorn über die misslichen Verhältnisse auf sich zogen.

OSTMÄRKER

Richard Ruffingshofer und Hans Piscator sind einander vermutlich nie begegnet, dabei hatten sie vieles gemein. Den Geburtsjahrgang etwa, 1904. (Die Generationenforschung zählt diesen zur sogenannten Kriegsjugendgeneration, die entscheidend vom Großen Krieg 1914 bis 1918 geprägt wurde.) Außerdem wuchsen beide an der Peripherie Wiens auf. Ruffingshofer in Klosterneuburg, nordwestlich an der Donau gelegen, und Piscator am südlichen Stadtrand in den Weinorten Gumpoldskirchen und Perchtoldsdorf. Beide entstammten demselben bürgerlichen Milieu. Piscators Vater war Beamter des Postsparkassenamtes in Wien, Ruffingshofers Vater als Oberkontrolleur im Wiener Magistrat tätig. Beide Söhne absolvierten die Mittelschule, schlossen sie erfolgreich mit der Reifeprüfung ab und besuchten in der ersten Hälfte der 1920er Jahre Hochschulen in Wien. Hans Piscator geriet bereits in seiner Mittelschulzeit in den Dunstkreis deutschnationaler und antisemitischer Verbindungen und Vereine. Bei Ruffingshofer wird es ähnlich gewesen sein. Piscator trat 1926 der NSDAP-Hitlerbewegung bei, Mitgliedsnummer 50308. Für Richard Ruffingshofer ist dies nicht bekannt, seine Tagebucheinträge 1934 zeigen aber eindeutig, dass er auf der Seite der illegalen Nazipartei stand.

Piscator brach nach zwei Jahren sein Studium an der Hochschule für Welthandel ab und stieg ins Berufsleben ein, zuerst durchaus erfolgreich. In der Weltwirtschaftskrise verlor er jedoch seine feste Anstellung und versuchte sich daher mit mäßigem Erfolg in verschiedenen Geschäftsfeldern. 1937 ging er nach Deutschland, wo er als alter Parteigenosse mit niedriger Mitgliedsnummer und Goldenem Parteiabzeichen eine Anstellung als Buchhalter beim Gauschatzamt in Breslau fand. Er zog mit seiner Frau Gerti in die niederschlesische Hauptstadt. Den ersehnten Anschluss Österreichs an das Deutsche Reich erlebte das Ehepaar aus der Ferne mit.[24]

Dr. jur. Richard Ruffingshofer trat gegen Ende der 1920er Jahre als Beamter in den Dienst der Postverwaltung. Details sind nicht be-

kannt. Im Gegensatz zu Piscator, der tagtäglich um seine Existenz
rang, führte Ruffingshofer in den 1930er Jahren ein weitgehend un-
beschwertes Junggesellendasein: Tanzabende und sonstige gesellige
Veranstaltungen des Deutschen Schulvereins verzeichnet er in seinem Tagebuch, Urlaubsreisen, Ausflüge, Heurigenbesuche, Liebe-
leien, Rendezvous, Affären, erotische Abenteuer. Die Anschlusstage
durchlebten Richard und seine Freundin Elfi wie im Rausch. Den sei-
tenlangen enthusiastischen Eintrag vom 13. März 1938 übertitelte er
mit großen Blockbuchstaben: »Gott sei's gedankt! Heil Adolf Hitler!«
Mit dem Dank an Gott war nicht der Gott der katholischen Kirche
gemeint. Anfang April trat Ruffingshofer aus dieser aus. Er habe
damit, schreibt er, »ein altes Gelöbnis erfüllt«. Denn die Verantwort-
lichkeit der Kirche für alles, was 1933 bis 1938 geschehen sei, stehe
fest. Leicht kann ihm dieser Schritt nicht gefallen sein. Seine lang-
atmigen, umständlichen Begründungen verweisen vor allem auf
eines: Gewissensbisse. Sukzessive kehrte der Alltag zurück. Bemühungen zur Übernahme in den höheren Finanzdienst brachten keinen Erfolg. Als im Januar 1939 klarwurde, dass er mit der Versetzung
ins Altreich zu rechnen hatte, war Ruffingshofer deprimiert.[25]

Adolfine (»Dolfi«) Jauernig kam 1916 als zweites Kind eines unver-
heirateten Paares zur Welt. Die Mutter führte den Haushalt, der Vater war selbständiger Schuhmachermeister. Insgesamt gab es neun
Kinder, zwei davon starben in frühen Jahren. Armut und äußerst
beengte Wohnverhältnisse prägten Dolfis Kindheit und Jugend. Sie
war allerdings eine hervorragende Schülerin. Ihr Abschlusszeugnis
war so gut, dass sie eine Lehrerinnenbildungsanstalt hätte besuchen
können. Aber sie wollte Geld verdienen. Und wundersamerweise
fand sie mitten in der Wirtschaftskrise eine Lehrstelle in einer Con-
fiserie in der Inneren Stadt. 1933 starb die Mutter. Diagnose: Lungen-
schwindsucht. Drei ihrer Geschwister kamen in ein Waisenhaus ins
Salzkammergut, der Vater konnte sie beim besten Willen nicht versorgen. 1934 lernte Dolfi ihren späteren Ehemann kennen, Rudi Schumann. 1935 endete ihre Lehrzeit. Zu ihrer Enttäuschung wurde sie gekündigt. Aber wieder hatte sie Glück, ergatterte bald eine neue Stelle
und später noch eine bessere im Büro eines großen Unternehmens.

Weniger trist als bei Adolfine Jauernig waren Kindheit und Jugend von Stephanie (»Steffi«) Johne. Sie war das einzige Kind ihrer Eltern, geboren 1919. Die Mutter hatte den Beruf einer Modistin erlernt, der Vater war als Schriftsetzer bei der christlichsozial-konservativen *Reichspost* angestellt. Mit 14 Jahren wechselte Steffi von der Hauptschule in die Oberstufe eines Realgymnasiums. Damals begann sie, Tagebuch zu führen. In den ersten Jahren geht es darin fast ausschließlich um Liebesqualen, das Hin-und-her-gerissen-Sein zwischen drängenden Verehrern. Doch auch die Querelen in der Familie sind ein Thema, der häufige Streit mit der Mutter, die Trunksucht des Vaters, das Geld, das vorne und hinten nicht reichte. Nach der 1937 bestandenen Matura besuchte Steffi eine berufsbildende Schule.

Die Anschlusstage erlebten Dolfi und Steffi ganz unterschiedlich. Adolfine Jauernig stürzte in einen Taumel der Begeisterung: »Nach kurzer Schrecksekunde war man zur Überlegung gelangt, dass dies die Lösung, die Erlösung sei.« Tatsächlich: Erlöst fühlte sie sich, selig, voller irrationaler Hoffnungen auf eine bessere Zukunft. Stephanie Johne, die noch am Vormittag des 11. März das »Heil Hitler!« von Nazi-Sympathisantinnen in ihrer Schule mit der Schuschnigg-Parole »Österreich!« beantwortet hatte, war dagegen verzweifelt. Würde ihr Vater, der Angestellte des Ständestaatsorgans *Reichspost,* seine Arbeit verlieren? Würde sie selbst aus der Schule austreten müssen? »Mich freut dieses Leben nicht«, notierte sie am 13. März. Ihr Körper reagierte übersensibel auf die politischen Vorgänge. Am 15. März, dem Tag von Hitlers Auftritt auf dem Heldenplatz, wurde sie von heftigen Kopfschmerzen und Krämpfen gequält. Über Bekannte, die sich mit einem Mal hundertfünfzigprozentig nationalsozialistisch gebärdeten, äußerte sie sich abschätzig. An ihren jüdischen und halbjüdischen Freundinnen und Bekannten hielt sie standhaft fest. Das Schicksal eines ihr besonders lieben Professors jüdischer Herkunft bereitete ihr Sorgen: »Mein Gott, was wird mit ihm geschehen?« Anders Adolfine Jauernig. Sie sah zwar die antisemitischen Exzesse mit Unbehagen, konnte dieses Gefühl aber erfolgreich unterdrücken. Es dominierte eine leise Genugtuung: »Die bisher oben waren«, schreibt sie, »befanden sich nun unten, nur diesmal waren es einmal nicht wir.«

Euphorie wie Entsetzen wichen nach und nach dem Alltag. Steffi Johnes Vater durfte seine Anstellung behalten, sie selbst blieb an der Schule. Relativ rasch traten die politischen Entwicklungen in den Hinter- und die Liebesverwicklungen wieder in den Vordergrund. Im Mai meldete sich der neue Staat mit neuen Forderungen. 26 Wochen sollte Steffi beim Reichsarbeitsdienst als »Arbeitsmaid« dienen (wozu es allerdings nicht kam). Die Mutter klagte über die vielen Beiträge, die neuerdings zu zahlen waren: eine Reichsmark monatlich für die Nationalsozialistische Volkswohlfahrt, dreieinhalb Reichsmark für die Deutsche Arbeitsfront und so weiter. Dafür sei oft eine Woche lang keinerlei Obst zu erhalten. Für Dolfi Jauernig wiederum, die den Anschluss vorbehaltlos begrüßt und Irritationen leichtherzig zur Seite geschoben hatte, hielt die »Seligkeit« nur kurz an: Rudi, ihr Freund, musste zum Militär.[26]

Moses Rottenberg war in Borysław in Ostgalizien zu Hause gewesen. Ein Kaufmann, angesehen, von bescheidenem Wohlstand, fromm jüdisch. Seine erste Frau hatte ihm drei Kinder geboren. Charlotte, seine zweite Frau, hatte in Abständen von jeweils fünf Jahren drei Töchter zur Welt gebracht, die mittlere, Mignon, im Oktober 1903. Bei Kriegsausbruch 1914 hatte die Familie zu den unzähligen galizischen Juden gehört, die vor der Invasion der zaristischen Armee flohen. Ab Oktober 1914 lebte die Familie in Wien, und zwar dort, wo Juden sich üblicherweise niederließen, auf der »Mazzesinsel«, in der Leopoldstadt, dem zweiten Gemeindebezirk. Die Wohnung hatte Zimmer, Küche, Kabinett, Wasser und Toilette am Gang. Der übliche Standard.

Allzu viel ist über Mignons frühen Lebensweg nicht bekannt. Sie ging zur Schule, absolvierte danach aber keine Berufsausbildung. 1928 heiratete sie Leon (»Leo«) Langnas, einen ebenfalls aus Galizien stammenden Juden. Leo hatte im Krieg als Soldat gedient. Er führte gemeinsam mit seinem Bruder einen Holzhandel in Wien-Favoriten. Das erste Kind des Paares, ein stets kränkliches Mädchen, starb im Alter von drei Jahren. 1933 wurde Manuela geboren, 1935 folgte Georg. Beides gesunde Kinder, aufgeweckt und lebhaft, die Lieblinge der weitläufigen Familie.

Der Anschluss war für diese Familie, wie für alle österreichischen Juden, eine existenzbedrohende Katastrophe. Über die Erfahrungen, die Mignon Langnas und ihre Familienangehörigen in den ersten Wochen und Monaten machen mussten, ist nichts bekannt. Leo Langnas, der in Polen Heimatrecht besaß, bemühte sich um Auswanderung dorthin. Aber Polen wollte ihn nicht, und die Familie galt nun als staatenlos. Begüterte Verwandte in New York gaben Bürgschaftserklärungen (»Affidavits«) für ihre Wiener Familienangehörigen ab, doch aufgrund der bestehenden Quotenregelung gab es lange Wartezeiten, bis man ein Visum erhielt. Der jüngeren Schwester Nelly gelang schon im September 1938 die Auswanderung in die USA. Für Mignon, Leo, die Kinder und Mignons Eltern hieß es hingegen: weiter warten.[27]

Rund 450 Kilometer südwestlich von Wien, knapp vor der italienischen Grenze, liegt die kleine Gemeinde Kartitsch in Osttirol. Seehöhe: 1360 Meter, so hoch, dass in manchen Sommern das Getreide nicht reif wurde. Hier war im Dezember 1900 Oswald Sint zur Welt gekommen, achtes und jüngstes Kind eines kleinbäuerlichen Ehepaars. Essen, Kleider, Schuhe, nichts davon war in dieser von Armut geprägten Welt selbstverständlich gewesen. Der Weltkrieg schließlich hatten Oswald und seine Familie nicht als weit entferntes Ereignis erlebt, die Front war vor der eigenen Haustür verlaufen. Der Vater, bei Kriegsausbruch 50 Jahre alt, war eingezogen worden. »Dürr wie Christus am Kreuz« sei er gewesen, als er zu einem Urlaub nach Hause gekommen sei, so beschreibt ihn der Sohn. Oswald hatte wie die anderen Dorfjugendlichen Kriegshilfsdienste geleistet. Sein bester Freund war vierzehnjährig den »Heldentod« gestorben. Es hatte auch Einquartierungen von Soldaten auf ihrem Hof gegeben. Die Mutter war schließlich im November 1918 der Spanischen Grippe erlegen. Wie 20 weitere Ortsbewohner.

Schwere Arbeit und tiefe katholische Frömmigkeit prägten Oswald Sints Leben. Er übernahm den Hof, heiratete. Die 1930er, eine elende Zeit. Mit dem kleinen Hof und der immer größer werdenden Familie war kaum ein Durchkommen. Oswald übernahm häufig Holzarbeiten, eine schwere, gefährliche Schinderei für einen Elendslohn. Um zu sparen, kaufte er für seine Familie rotes Viehsalz statt des weißen. Das war auch genießbar und kostete nur den halben Preis. Oswald Sint war, wie die meisten Männer im Dorf, bei der Osttiroler Heimatwehr. Während des Februaraufstands der Roten und des Juliputsches der Braunen im Jahr 1934 leistete er Patrouillendienst mit der Waffe. Harmlos. Nichts ereignete sich in der kleinen Bergbauerngemeinde. 1938 aber änderte sich plötzlich vieles. Die Menschen sprachen nicht mehr über Witterung, Lostage und andere Bauernangelegenheiten, sondern diskutierten über Politik, lasen Zeitung und hörten Radio. Mit Hitler kam auch eine gewaltige Abstimmungspropaganda. Manches habe sich, so schreibt Oswald Sint, nicht von der Hand weisen lassen: die Entschuldung der Höfe, steigende Preise für Holz und Vieh, steigende Arbeitslöhne. Und schließlich die Kinderbeihilfe. Für den Vater von fünf Kindern war dies ein fast zwingendes Argument für den Anschluss. »In meinem Inneren gab es einen gewaltigen Zwiespalt«, schreibt er. Doch bei allem Positiven fürchtete er, dass es zu Angriffen auf die Religion kommen könnte. Oder gar zum Krieg. Der Hirtenbrief des Kardinals Innitzer war für ihn schließlich ausschlaggebend. Am 10. April stimmte er mit Ja. Eine einzige Nein-Stimme gab es in Kartitsch.

Bald nach der Abstimmung geschah eine Art Wunder: Oswald Sint erhielt wegen seiner fünf Kinder eine einmalige Zuwendung von 250 Reichsmark. Umgehend fuhr er mit Ehefrau und Schwager in die Stadt, um für die Hälfte des Geldes das Notwendigste einzukaufen, so viel man von der Bahnhaltestelle nach Hause schleppen konnte. Über eine solche soziale Maßnahme klagte von den armen Gebirgsbauern keiner. Aber das, was danach geschah, das Verbot von Prozessionen und Kreuzgängen und die Abschaffung der hohen kirchlichen Feiertage, ließ bei vielen Leuten die Begeisterung für Führer und Partei schwinden.[28]

Josef Frattnig, Jahrgang 1922, war eines von sieben Kindern eines Bergbauern im Oberkärntner Mölltal. Er erlebte 1938 zwiespältig. Freude, Jubel, Hoffnung auf eine bessere Zukunft seien groß gewesen, die meisten hätten Hitler vergöttert. Einige hätten aber manches auch kritisch gesehen. Zu denen habe er gehört. Trotzdem war der

Fünfzehnjährige am 4. April 1938 bei Hitlers triumphalem Einzug in Klagenfurt dabei. Er erinnert sich an Eskorten von SA-Leuten auf Motorrädern. Dann ein chromblitzender offener Wagen, darin der »Führer« höchstselbst: kerzengerade dastehend, mit strengem Blick, die rechte Hand zum deutschen Gruß erhoben. Zuvor, beim stundenlangen Warten, hatte Josef antijüdische Schilder an Klagenfurter Geschäften gesehen. Er habe damals viel darüber nachgedacht, schreibt er. So recht sei ihm die Sache mit der Judenhetze nicht in den Sinn gegangen. Wozu? Warum? Von den Nazis habe man damals übrigens den Spruch gehört: »Zuerst der Knoblauch, dann der Weihrauch.« Was hieß: Zuerst kommen die Juden dran, dann die Kirche.

Es gelang Sepp Frattnig, den Beitritt zur Hitlerjugend zu vermeiden. Zwar wurde eifrig um ihn geworben, aber seine Eltern waren skeptisch, und er selbst hatte ebenfalls wenig Interesse. Es war ihm egal, dass die anderen Dorfburschen ihn deshalb ein wenig herablassend behandelten. Wenn etwas freie Zeit blieb, ging er lieber auf die Alm und in die Berge oder begleitete seinen Vater auf die Jagd. Er war, das sollte ihm noch zugutekommen, ein überaus talentierter Schütze.[29]

Lorenz Möstl, geboren 1912, war einer von vielen aus der Generation der Kriegskinder, die ohne Vater aufwuchsen. Der Vater, ein Kleinbesitzer (»Keuschler«) aus Stattegg bei Graz, starb an der Isonzofront. Die Kriegsjahre erlebte der kleine Lorenz als Zeit der Not, des Hungers, des Mangels an allem. Die kleine Landwirtschaft musste verkauft werden. Aber die Familie blieb auf dem Hof und führte ihn für den neuen, in der Stadt wohnenden Besitzer weiter. 1926 ging Lorenz von der Schule ab, fand aber trotz Vorzugszeugnis keine Lehrstelle. 1930 starb der ältere Bruder, Alleinverdiener der Familie, an Tuberkulose. Lorenz fand zu einem kärglichen Lohn Arbeit im örtlichen Kalk- und Steinbruch, später in einer Maschinenfabrik, war immer wieder arbeitslos, versuchte sich an einer Abendschule und bemühte sich erfolglos um Anstellung bei der Bundesbahn.

1933 wurde er wieder im Stattegger Kalk- und Schotterwerk aufgenommen. Diesmal dauerhaft. Obwohl ursprünglich wie sein Bruder sozialdemokratisch eingestellt, wandte er sich nun den Nationalsozialisten zu. Er führt in seinen Erinnerungen die üblichen Gründe an: Not und Arbeitslosigkeit, Hoffnung auf einen Aufschwung wie in Hitler-Deutschland, Ablehnung des aktuellen Regimes. Es gab einen handfesten Grund, sich der NSDAP und der SA anzuschließen: Der Besitzer des Werks war NS-Ortsgruppenleiter, dessen Bruder, der Betriebsleiter des Werks, war der örtliche SA-Führer. Die Stattegger SA-Truppe rekrutierte sich daher aus den Arbeitern des Werks. Arbeit in der Zeit der großen Arbeitslosigkeit haben, das hieß für Lorenz Möstl: illegaler SA-Mann sein.

Beim Juliputsch 1934 zog sich die in den Einsatz geschickte Stattegger SA zurück, ohne einen Schuss abgefeuert zu haben. Viele Teilnehmer an dieser missglückten Aktion wurden später verhaftet. Lorenz Möstl war nicht darunter und betätigte sich weiterhin illegal. Er übernahm schließlich die Funktion eines NS-Zellenleiters. Über die nationalsozialistischen Aktivitäten während der Zeit der »Volkserhebung« in Graz im Frühjahr 1938 – an denen er als SA-Mann beteiligt gewesen sein muss – gibt Lorenz Möstl nur bruchstückhaft und unwillig Auskunft. Jedenfalls sei mit dem Anschluss ein langer, schwerer Kampf beendet worden. Für ihn persönlich habe nun eine »gute Zeit« begonnen, die allerdings allzu kurz gewesen sei.

Als langjährigem, verdientem Parteigenossen stand ihm ein angemessener Versorgungsposten zu. Und den bekam er anstandslos. Er wurde Führer im Reichsarbeitsdienst. Doch die Arbeit behagte ihm nicht. Ihn störte der ständige militärische Drill. So suchte er um Aufnahme in den Postdienst nach. Auch das war für einen bewährten SA-Mann wie ihn kein Problem. Am 1. Juni 1938 nahm er seine Tätigkeit als Briefträger in Graz auf.[30]

Noch einer aus der Generation der Vaterlosen: Gottfried Florian, geboren 1914 im niederösterreichischen Industrieort Neuda. Gottfried wuchs nach dem Kriegstod seines Vaters in der Familie seiner Mutter auf. Seine wichtigsten männlichen Bezugspersonen waren sein tiefgläubiger Großvater und sein Onkel, Letzterer war Sozialdemokrat und Betriebsratsobmann der örtlichen Hanfspinnerei und Seilwarenfabrik. Fast jeder im Ort arbeitete dort. Fast jeder war auch Mitglied der Sozialdemokratischen Partei oder einer ihrer Unterorganisationen. Gottfried kam ebenfalls in der Fabrik unter und stieg bald vom Arbeiter zum Angestellten auf. Er engagierte sich führend in der Partei. Das Glück hielt bis 1933, dann wurde er entlassen. Die folgenden Jahre bis 1938 waren von einer stets prekären Arbeitssituation gekennzeichnet: immer wieder Entlassungen, dann vorübergehende Wiederaufnahme.

Am 12. Februar 1934 brach in einigen Teilen Österreichs ein sozialdemokratischer Aufstand gegen das autoritäre Regime Dollfuß aus. Aussichtslos, aber verlustreich. Die Partei wurde verboten, ihre Funktionäre überall im Land verhaftet. So auch in Neuda, wo Gottfried und andere für einen Tag in einen muffigen Kellerraum gesperrt wurden. Trotzdem war er nicht bereit, seine Ideale aufzugeben. Gemeinsam mit einigen Genossen gründete er eine Ortsgruppe der »Revolutionären Sozialisten« und kämpfte im Geheimen gegen das herrschende Regime. Gottfried war unter anderem maßgeblich an der Verteilung der aus der Tschechoslowakei eingeschmuggelten *Arbeiterzeitung* beteiligt. Oft musste er Hausdurchsuchungen erdulden. Erwischt wurde er nie.

Am 11. März 1938 fand, nach vier Jahren des Verbots, eine sozialdemokratische Versammlung im ehemaligen Arbeiterheim statt. Es ging um Schuschniggs Volksbefragung. Die Tagung hatte noch nicht begonnen, als der Bundeskanzler im Radio schon seine berühmte Abschiedsrede hielt: »Gott schütze Österreich!« Aus und vorbei. Auf dem Heimweg sang man trotzig die alten Parteilieder. Ein letztes Mal für lange Jahre. Der Anschluss änderte für Gottfried Florian vorläufig wenig. Er blieb arbeitslos. Ende Mai kam dann eine überraschende Nachricht: Wiedereinstellung im Betrieb.

Vieles sei nach der Machtübernahme der Nazis besser geworden, resümiert Gottfried Florian. Bald hätten vor dem Fabriktor keine Arbeitslosen mehr gestanden. Die herumziehenden Bettler seien mit einem Schlag verschwunden gewesen. Und die Gasthäuser, vor 1938 meistens leer, nunmehr bestens frequentiert. Für ihn persönlich, mit seinen 24 Jahren, begann eine schöne Zeit: endlich ein regelmäßiges Einkommen, angenehme Arbeit im Büro, Freizeit, die man genießen konnte, fröhliche Runden mit Freunden, Ausflüge, Skitouren im

Winter, Fahrradtouren im Sommer. Die »Minifaschisten« des untergegangenen Regimes seien langweilig gewesen. Aber die neuen Männer, die hätten »Mitreißendes« an sich gehabt. Das wollte er, der überzeugte Sozialdemokrat, ihnen nicht absprechen. Das angenehme
Leben jedoch war nicht von langer Dauer.[31] Alfred (»Fredy«) Pietsch, geboren 1925, war der Sohn eines Berufs-
musikers. Die Musikalität erbte er vom Vater. Später, im Krieg, sollte
ihm sein Talent noch sehr zugutekommen. Nachhaltig prägten ihn
die Errungenschaften des Roten Wien. Wenige Monate nach seiner
Geburt zogen seine Eltern aus einer Ottakringer Zinskaserne in eine
neue Wohnbauanlage der Gemeinde, den Sandleitenhof, nahe am
Wienerwald. Hier, in den weitläufigen, begrünten Höfen und im nahen Kongresspark, erlebte Fredy eine schöne Kindheit. Selbst in den
bittersten Zeiten der Arbeitslosigkeit brachte der Vater immer genug
Geld nach Hause, um ein menschenwürdiges Leben zu führen. Um
Fredy aufs Gymnasium zu schicken – wozu seine Lehrer rieten –,
reichte es allerdings nicht. Am 11. März 1938 war Anna Pietsch, Fre-
dys Mutter, verzweifelt. Sie befürchtete einen Krieg. Ihr Mann beruhigte sie: »Jetzt geht es in Österreich aufwärts. Jetzt wird alles gut!«
Fredy machte dasselbe wie die meisten seiner Freunde: Er schloss
sich dem Deutschen Jungvolk an, wurde ein »Pimpf«.[32]

Noch ein Kind des Roten Wien: Günther Doubek. Er war zur Zeit
des Anschlusses zehn Jahre alt. Die Vorgänge erlebte er mit kindli-
cher Begeisterung, war überall dabei, rannte überall mit. Skeptisch-
distanziert hingegen die Eltern und Verwandten, allesamt gestandene
Sozialdemokraten. Als der Vater, Leopold Doubek, nach langjähriger
Arbeitslosigkeit binnen weniger Wochen wieder einen Posten bekam, begannen die Erwachsenen, das Hitler-Regime mit anderen
Augen zu sehen: vorsichtig wohlwollend, wenngleich ironisch distanziert. Am 20. April 1938 etwa (»Führers Geburtstag«) servierte
die Mutter ihrem hitlerbegeisterten Sohn die Mittagssuppe mit fol-
gendem Kommentar: »Eine großdeutsche Geburtstagssuppe, aus rein
deutschem Gemüse.«

Günther wollte nichts lieber als ein »deutscher Junge« sein. Sogar
an einer Aufnahmeprüfung für die Eliteschule der Nazis, die Napola,

nahm er teil. Er bestand sie mit Leichtigkeit, wurde aber, angeblich wegen der übergroßen Zahl der Bewerber, nicht aufgenommen. Erst Jahre später sei ihm klargeworden, dass nur Söhne von verdienten Parteigenossen an der Napola Aufnahme gefunden hätten. Immerhin, an der »Oberschule für Jungen« kam er problemlos unter. In Wien wurde manches anders: Straßenbahn und Autos fuhren neuerdings rechts. Eis kostete nicht mehr 10, 20 oder 30 Groschen, sondern 7, 14 oder 20 Reichspfennig. Günther sammelte Zigarettenbilder und klebte sie in ein Album mit dem Titel »Wie die Ostmark ihre Befreiung erlebte«. Die aggressive, bösartige Haltung vieler Leute gegen Juden begriff er nicht so ganz. Seine persönlichen Erkenntnisse liefen jedenfalls in eine andere Richtung. Wieso sollten Juden nicht auf Parkbänken sitzen? Sein Vater sprach nicht gern über diese Dinge. Überhaupt, ganz so nazibegeistert wie im März und April 1938 waren die Wiener bald nicht mehr. Günther selbst blieb angetan von den Veränderungen, die es gegeben hatte. Als er im Juli 1939 von einem Ferienaufenthalt mit dem DJ in der Steiermark nach Hause fuhr, dachte er: »Die Welt ist schön! Mein Vater hat Arbeit, ich habe zwei schöne Zeltlager erlebt – und alles verdanken wir dem Führer.«[33]

VOLKSGEMEINSCHAFT

Als Hitler kam, änderte sich das Leben vieler Menschen rasch und nachhaltig. Die österreichische Gesellschaft wurde Teil der großdeutschen »Volksgemeinschaft«. Ihr wurde mit einem Schlag ein System übergestülpt, das sich im Deutschen Reich innerhalb von fünf Jahren entwickelt und ausgeformt hatte. Ohne Übertreibung kann man von einer Revolution sprechen, einer Revolution von außen und von oben.

Im Begriff der Volksgemeinschaft sahen die Nationalsozialisten alle gesellschaftlichen Unterschiede aufgehoben. Nicht familiäre Herkunft, soziale Schicht, Bildung, Beruf und Einkommen sollten den Status einer Person bestimmen, sondern ihr biologisches Erbgut,

ihre »Rassenzugehörigkeit«. Juden und sonstige Nichtarier, »Asoziale« (beispielsweise entlassene Häftlinge), Alkoholiker oder Behinderte waren dezidiert ausgenommen.[34] Aber denjenigen, die dazuge-
hörten, hatte die Volksgemeinschaft einiges zu bieten. Zuerst einmal
den durch permanente Mobilisierung zelebrierten gesellschaftlichen
Zusammenhalt. Das war nach Jahren der inneren Kämpfe und Zer-
rissenheit und einer bürgerkriegsähnlichen Situation nicht wenig, es
war so etwas wie Balsam auf die Seelen der Österreicher. Die Faszination, die von der Zugehörigkeit zu einer großen solidarischen
Gemeinschaft ausging – sosehr sie auch mit propagandistischen Mitteln inszeniert sein mochte –, war für viele geradezu unwidersteh-
lich.[35]

Zum Zweck der »Beseitigung des Klassenkampfes« war die Deut-
sche Arbeitsfront (DAF) als Einheitsorganisation aller »schaffenden
Deutschen« 1933 ins Leben gerufen worden. Neben lohnabhängigen
Arbeitern und Angestellten umfasste sie auch den gewerblichen
Mittelstand und die industriellen Arbeitgeber. Die DAF brachte viel
Bürokratie und ungeliebte Mitgliedsbeiträge, sie brachte aber auch
günstige Reisen und sonstige Freizeitaktivitäten mit »Kraft durch
Freude« (KdF). Im landwirtschaftlichen Bereich spielte der »Reichsnährstand« eine ähnliche Rolle wie die DAF. Sein Zweck war die umfassende Steuerung und Kontrolle der landwirtschaftlichen Produktion und des bäuerlichen Lebens. Eine weitere Massenorganisation
mit Millionen Mitgliedern, die NS-Volkswohlfahrt (NSV), war organi-
satorisch für das »Winterhilfswerk« zuständig. Zwar waren die ständigen Sammelaktionen, denen man praktisch nicht entgehen konnte,
lästig. Insgesamt aber stand man derartigen karitativen Aktivitäten, mit denen die neue Solidarität inszeniert wurde, positiv gegenüber.[36]

Besonderes Interesse im Sinn einer umfassenden sozialen Kontrolle, Mobilisierung und Gleichschaltung aller Lebensbereiche galt
der Jugend. Elternhaus und Familie als Sozialisationsagentur wurden, so gut es ging, zurückgedrängt, was allerdings selbst dem totalitären Staat nur unvollständig gelingen konnte. Wie in vielen anderen Bereichen auch krempelten die Nationalsozialisten das Schul-

wesen in Österreich nach dem Anschluss viel schneller um, als das in Deutschland nach 1933 geschehen war. Als Allererstes wurden politisch missliebige Lehrer hinausgeworfen, dann jüdische Schüler und Lehrer ausgesondert. Schließlich ging es an die Entkonfessionalisierung. Anders ausgedrückt: Der bis dahin enorme Einfluss der katholischen Kirche auf das Schulwesen wurde weitgehend gebrochen, konfessionelle Schulen aufgelöst. Dazu Gleichschaltung auf allen Ebenen, Mobilisierung ohne Unterlass: Treuegelöbnisse, Kundgebungen, Vorträge, Appelle, weltanschauliche Schulungen folgten dicht an dicht. An den Universitäten, ohnehin Hochburgen des illegalen Nationalsozialismus, lief es ähnlich. Schlagartig setzten die Säuberungen von politischen Gegnern und Juden ein, sowohl unter den Professoren und Dozenten als auch unter den Studenten. Die Gleichschaltung gelang reibungslos und mit erstaunlicher Schnelligkeit.[37]

Wichtigstes Instrument der nationalsozialistischen Indoktrination neben der Schule war die HJ. Im Alter von 10 bis 14 Jahren waren die Jungen beim Deutschen Jungvolk und die Mädchen im Jungmädelbund organisiert. Ab 14 folgte für die Jungen die eigentliche Hitlerjugend und für die Mädchen der Bund Deutscher Mädel. Für Jugendliche war am Beitritt zur Hitlerjugend kaum ein Vorbeikommen. Wenn sie nicht mitmachten, mussten sie in vielen Bereichen mit Nachteilen rechnen, etwa in der Schule, bei der Suche nach einer Lehrstelle oder einem Arbeitsplatz, beim Beitritt zu einem Sportverein etc. Auf die Eltern übte man entsprechenden Druck aus. 1939 wurde zusätzlich die »Jugenddienstpflicht« eingeführt. Die jeweils neu dazukommenden Jahrgänge ab zehn Jahren waren nunmehr gesetzlich verpflichtet, Dienst in der HJ zu tun.[38]

Viele waren mit Begeisterung dabei, andere, weil sie eben mussten. Einige wenige verstanden es, sich zu drücken, und sie wurden im Laufe der Jahre immer mehr. Der dreizehnjährige Leopold Rosenmayr hatte vor dem Anschluss einer Gruppe der katholischen Jugendbewegung angehört, die von einem Lehrer seines Gymnasiums aufgebaut und geführt worden war. Kurz nach dem 13. März wurden die Mitglieder zusammengerufen: Die Gruppe sei aufgelöst. Die Jüngeren würden in das Deutsche Jungvolk, die etwas Älteren in die HJ überführt. Später wurde eine Versammlung sämtlicher Jugendlicher in Leopold Rosenmayrs Wohnviertel abgehalten. Sie fand vor der Antonskirche in Wien-Favoriten statt. Die meisten waren mangels Uniform in weißen Hemden oder Blusen und dunklen kurzen Hosen oder Röcken erschienen. Nachdem alle in Reih und Glied Aufstellung genommen hatten, hielt der »Bannführer« eine Ansprache. Diese Rede, erinnert sich Leopold Rosenmayr, dauerte endlos, hatte aber keinen nachvollziehbaren Inhalt. Am Schluss schrie der »Bannführer« gellend, mit sich überschlagender Stimme »Ein Volk, ein Reich, ein Führer!« und »Sieg Heil!«. Ein paar Tage später standen drei Hitlerjungen vor der Wohnungstür. Auf Leopold wirkten sie wie Polizisten. Er sei ab nun verpflichtet, erklärten sie ihm, sich regelmäßig zu den Heimabenden der Hitlerjugend einzufinden, und drückten ihm einen Zettel mit Datum und Adresse in die Hand.

Obwohl ihn die Verpflichtung störte, fand Leopold sich am angegebenen Tag in einem Kellerlokal nahe seinem Wohnhaus ein. Der Raum war feucht und kalt, ein Hitlerbild hing an der Wand. Man probte Nazilieder, übte das Aufspringen von den Sitzen und Heil-Hitler-Grüße. Für Leopold war es ein öder Abend, er beschloss, die HJ zu boykottieren. Einmal noch kamen Burschen an die Tür, um ihn zum Weitermachen zu bewegen. Leopold spähte durch das Guckloch und tat, als sei niemand zu Hause. Dann kam nie wieder jemand.[39]

Günther Doubek dagegen machte mit und blieb dabei – anders als viele seiner Freunde, die bald wieder ausstiegen, weil ihnen die geforderte Disziplin nicht behagte. Am 20. April (»Führers Geburtstag«) war Angelobung. Fortan gab es jeden Dienstag- und Freitagnachmittag DJ-Treffen. Am Freitag spielte man Fußball. Das gefiel dem fußballverrückten Günther. Ansonsten lagen die Schwerpunkte auf nationalsozialistischer Indoktrination. Das mochte er weniger, doch sich vor den DJ-Nachmittagen zu drücken, das kam nicht in Frage. Immerhin, das Zeltlager am Putterersee in der Steiermark im Juli 1939 war beinahe kostenlos. Viel Sport wurde getrieben, Wanderungen, Geländespiele, tägliches Schwimmen im See und – Schießen. Alles, was Jungen in seinem Alter schätzen. Dazu immer reichlich zu essen. Das war schon was für ein Arbeiterkind aus Wien.[40]

Die nächste Station auf dem nationalsozialistischen Lebensweg
war der Reichsarbeitsdienst (RAD). Betroffen waren alle männlichen
Jugendlichen zwischen dem 18. und dem 25. Lebensjahr. Sechs Monate
lang hatten sie diesen »Ehrendienst am Deutschen Volke« zu leisten.
Hauptsächlich waren Meliorationsarbeiten durchzuführen, Wälder
aufzuforsten, Wege zu bauen, Hilfsdienste beim Bau der Reichsauto-
bahnen und des Westwalls zu leisten, im Krieg militärische Anlagen
zu errichten etc. Nach dem RAD ging es in aller Regel übergangslos
in die Wehrmacht. Die Kosten übertrafen den wirtschaftlichen Nutzen der Aktion bei weitem. Es ging in erster Linie um »nationalsozialistische Erziehungsarbeit« und die Vorbereitung auf den Wehrdienst. Der weibliche Arbeitsdienst wurde erst mit Kriegsbeginn
Pflicht. Die jungen Frauen kamen zumeist im Haushalt oder in der
Landwirtschaft zum Einsatz.[41]

Eine Art Konkurrenzunternehmen zum Arbeitsdienst war das
»Landjahr«. Weibliche und männliche Jugendliche konnten nach Ab-
solvierung der Schulpflicht ein Dreivierteljahr lang zur Arbeit in der
Landwirtschaft verpflichtet werden. Verpflichtend für spezifische
Gruppen von Mädchen war ab 1938 auch das »Pflichtjahr«.[42] Rosa
Schön sollte es im Rahmen des Landdienstes absolvieren. Das Arbeitsamt schickte das aus dem niederösterreichischen Weinviertel stammende Mädchen ins benachbarte Südmähren. Mitten in einem kleinen Dorf, neben dem Haus der Freiwilligen Feuerwehr, befand sich
das Lager. Die Mädchen waren zwischen 14 und 17 Jahre alt. Der
Tag begann, wie man sich das für ein solches Lager vorstellt: Nach
der »Tagwache« gab es Frühsport. Dann waschen, anziehen, Aufstellung nehmen, Fahne hissen mit Lied und Hitlergruß. Anschließend
ging es zur Bauernfamilie, der man zugeteilt worden war. Rosa hatte
Glück. Sie traf auf nette Leute, die sie herzlich aufnahmen. Zu tun
gab es mehr als genug: im Haushalt, in der Küche, auf dem Feld,
im Stall. Abends kehrten alle Landdienstmädchen zurück ins Lager,
um 22 Uhr war Nachtruhe.[43]

Ganz anders erlebte Franciska Berger ihren Zwangseinsatz in
der Landwirtschaft. Sie war, gut behütet, in einer mittelständischen
Familie in Linz aufgewachsen, hatte Matura gemacht und von einem

Studium geträumt. Bis eine Vorladung zum Arbeitsamt kam. Betreff: »Einberufung zum weiblichen Arbeitsdienst«. Die strenge Beamtin, schreibt Franciska, habe ihren »undeutschen« Pagenkopf abschätzig gemustert und ihr dann ein kleines, abgelegenes Bauerndorf zugewiesen. Dort sollte sie bei einer kinderreichen Familie Dienst tun.

Ihre Ankunft im Dorf nach langem, steilem Fußmarsch von der Bahnstation schildert Franciska als Schock: ein paar Häuser, eine Kirche, »erstaunlich viele lederbehoste Kinder«. Und ihr Arbeitsplatz war von allen Häusern das armseligste. Ein grobschlächtiger Bauer, eine zänkische Bäuerin, fünf lärmende Kinder. Selbst die Tiere im Stall habe sie nicht gemocht, schreibt sie. Die Arbeit war hart. Sie magerte ab, ihre Hände wurden rissig. Franciska lernte, Ekel zu unterdrücken, Schmerzen zu ertragen und Tränen zu verbergen. Heimweh plagte sie, das konnte sie nicht überwinden. Um Weihnachten herum wurde sie krank: Fieber, Grippe, Gelenkentzündung. »Beinahe hätte ich vor Freude gelacht.« Franciska bekam Krankenurlaub, fuhr nach Hause. Den zweiten Teil ihres Arbeitsdienstes absolvierte sie als Kindergärtnerin in Linz. Als der Arbeitsdienst vorbei war, wies das Arbeitsamt sie schließlich einem Linzer Rüstungsbetrieb als Stenotypistin zu.[44]

Der Wiener Fredy Pietsch durchlitt seine RAD-Ausbildungszeit mit 17 Jahren in einem Lager in Schlesien. Es ging dabei eindeutig und ausschließlich um eines: Vorbereitung auf den Einsatz im Krieg. Man exerzierte. Man marschierte. Man robbte durch das Gelände. Übte mit dem Spaten Gewehrgriffe, bis man Blasen an den Händen hatte. Lernte alles, was man später im Feld brauchen würde: »Hinlegen – Sprung auf – marsch marsch – Fliegerdeckung, bis zu meinen Fußspitzen vorrobben, am Koppelschloss kehrt, ihr lahmen Ärsche ihr, ihr ostmärkischen Trauerfiguren.« Jung, naiv, unbeschwert sei man ins Lager hineingegangen, ernster, innerlich gezeichnet und verändert wieder herausgekommen.[45]

RAUB UND VERTREIBUNG

Adolf Eichmann wurde 1906 im deutschen Solingen geboren. Wegen der Übersiedelung der Familie nach Linz im Jahr 1914 verbrachte er die prägenden Jahre seiner Kindheit und Jugend jedoch in der Heimatstadt seines späteren »Führers«. Ab 1928 verdiente Eichmann sein Geld als reisender Handelsvertreter. 1932 trat er der NSDAP und der SS bei. (Auf Anregung des Linzers Ernst Kaltenbrunner übrigens.) 1933 nutzte er die Situation nach dem NSDAP-Verbot in Österreich, um als politischer Flüchtling nach Deutschland zurückzukehren. Er geriet in die Österreichische Legion. Des langweiligen Dienstes in dieser Truppe überdrüssig, meldete Eichmann sich 1934 zum Sicherheitsdienst der SS (SD) nach Berlin. Dort arbeitete er sich zum Experten für Judenfragen hoch, die jüdische »Auswanderung« (sprich: organisierte Vertreibung) wurde zu seinem Spezialgebiet. Im März 1938 wurde er nach Österreich geschickt, um dort die Außerlandesschaffung der Juden zu organisieren.[46]

Eichmann ließ vorerst nach vorbereiteten Listen Funktionäre jüdischer Organisationen verhaften, um Informationen über deren Aktivitäten und Struktur zu erhalten. Nach und nach wurden die Funktionäre wieder aus der Haft entlassen, und die Organisationen nahmen ihre Tätigkeit erneut auf. Mit dem Unterschied freilich, dass sie nunmehr unter der Kontrolle Eichmanns und der SS standen und zur möglichst optimalen Judenvertreibung missbraucht wurden. Sogar ein entsprechendes Organ, die *Zionistische Rundschau*, rief Eichmann ins Leben. Die finanziell ausgeraubte Gemeinde brach unter dem Ansturm der Hilfesuchenden und Ausreisewilligen beinahe zusammen. Binnen kurzer Zeit sollen 45 000 Ausreiseformulare eingereicht worden sein. Die bürokratischen Hürden waren schier unüberwindlich. Täglich seien die jüdischen Funktionäre mit Klagen zu ihm gekommen, schrieb Eichmann später darüber.[47]

Von diesen kam der Vorschlag, die bürokratischen Modalitäten durch die Schaffung einer zentralen Behörde zu vereinfachen. Der Amtsdirektor der Israelitischen Kultusgemeinde, Josef Löwenherz, skizzierte im Auftrag Eichmanns, wie eine derartige Stelle aufgebaut sein könnte. Der Entwurf gelangte über Eichmann zu Reichskommissar Bürckel, dieser erteilte seine Zustimmung. So entstand im August 1938 die »Zentralstelle für die jüdische Auswanderung«. Ihren Sitz nahm die neue Behörde im Palais Albert Rothschild in der Prinz-Eugen-Straße in Wien-Wieden. Chef war formal der SD-Führer der Ostmark Stahlecker, während in Wirklichkeit Eichmann die Fäden zog. Die Antragsteller wurden wie am Fließband abgefertigt, innerhalb weniger Tage konnten die nötigen Papiere für die Auswanderung bereitgestellt werden. Die Nationalsozialisten hatten so einen ständigen Überblick über die Zahl der Ausreisewilligen, deren Berufe und Vermögen. Die Kosten hatten die Opfer selbst zu tragen. Die Zentralstelle finanzierte sich ausschließlich aus Mitteln, die den Verfolgten abgepresst wurden.

Der Idealfall war es aus Sicht der SS, wenn die antragstellenden Juden das Rothschild-Palais mit einer »Unbedenklichkeitsbescheinigung«, ansonsten jedoch mittellos und aller Rechte (außer dem zur Ausreise) beraubt, verließen. Der Umgang mit ihnen war demütigend und entwürdigend. Die SS schikanierte und misshandelte die Juden mit allen erdenklichen Mitteln. »Wehe, wenn einer noch was hatte!«, schreibt ein anonymer Berichterstatter. »Die Mühle presste es ihm ab, so sicher wie eine wirkliche Mühle ein Korn zerquetscht.«[48]

Aus nationalsozialistischer Sicht handelte es sich bei der Zentralstelle um ein Erfolgsmodell. Im Januar 1939 gründeten die Nationalsozialisten in Berlin die »Reichszentrale für jüdische Auswanderung« unter Leitung Heydrichs. Sie wurde ganz nach Wiener Muster aufgezogen. Eichmanns weitere Karriere war damit gesichert. Im März 1939 wurde er nach Prag geschickt, um auch dort eine entsprechende Institution einzurichten. Bis dahin war es den Nationalsozialisten gelungen, an die hunderttausend Juden aus Österreich zu vertreiben.[49]

Ähnlich »erfolgreich« agierte die Vermögensverkehrsstelle, die im Mai 1938 ihre Tätigkeit aufgenommen hatte. Sie unterstand dem von Hans Fischböck geleiteten Ministerium für Handel und Verkehr. Chef dieser Arisierungsbehörde für Klein- und Mittelbetriebe war ein gestandener Altnazi, Walter Rafelsberger, der den klingenden Titel eines »Staatskommissärs für die Privatwirtschaft« erhalten hatte. Er erlangte mit dieser Position die Kontrolle über ein jüdisches Vermögen von rund zwei Milliarden Reichsmark, das waren zwei Drittel des geschätzten Gesamtvermögens der österreichischen Juden im Jahr 1938. (Um die Arisierung jüdischer Großbetriebe kümmerte sich Wilhelm Keppler persönlich.) Durch die Gründung der Vermögensverkehrsstelle gelang es der NS-Führung, die »wilden« Arisierungen zurückzudrängen. Dass es sich dabei um ein Massenphänomen gehandelt hatte, zeigt eine von Fischböck genannte Zahl: In den ersten Tagen und Wochen nach dem Anschluss hatten sich demnach rund 25 000 unbefugte Kommissare in jüdischen Betrieben breitgemacht.

Die Abwicklung von Arisierungen war nur über Rafelsbergers Behörde möglich. Jüdische Eigentümer konnten ihre Betriebe nicht mehr »freiwillig« arisieren, also im Wege einer privatwirtschaftlichen Transaktion verkaufen. Stattdessen bestimmte die Vermögensverkehrsstelle geeignete Ariseure (bevorzugt aus der engeren NSDAP-Klientel) und legte den Kaufpreis fest, der dem realen Wert eines Unternehmens in der Regel nicht annähernd entsprach. Der Käufer hatte darüber hinaus, gleichsam als Prämie für den günstigen Kauf, eine »Arisierungsauflage« an den Staat zu zahlen. Der Kaufpreis selber wurde den ehemaligen jüdischen Eigentümern nicht ausbezahlt, sondern auf ein Sperrkonto gelegt. Im Falle der Auswanderung zog die Finanzverwaltung von diesem Konto die üppige »Reichsfluchtsteuer« und nach dem Novemberpogrom außerdem die »Judenvermögensabgabe« ein. Den Beraubten blieb nur ein äußerst karger Unterhalt und ein minimaler Betrag zur Finanzierung der erzwungenen Auswanderung.

Kein besonders bedeutender Brocken, aber wohl der bekannteste Fall war die Arisierung des Cafés Annahof in Wien-Favoriten. Sein ursprünglicher Besitzer Leopold Simon Drill hatte das gutgehende Lokal mit 37 Tischen bereits vor dem Ersten Weltkrieg erworben. Seit Ende April 1938 war ein kommissarischer Verwalter, ein NS-Mitglied namens Reithner, am Werk. Dieser schaffte es unter Anwendung der üblichen Methoden, den Besitzer zu einer Verkaufsanmeldung zu bewegen. Das war am 1. Juni 1938. Am 15. Juni reichte Matthias Sindelar, der berühmteste Fußballer des berühmten »Wunderteams«, bei der Vermögensverkehrsstelle einen Kaufantrag ein. Er bot 20 000 Reichsmark. Das Angebot wurde akzeptiert. Der Sachverständige hatte den Wert des Cafés auf 40 000 Mark geschätzt, für die Jahre davor sogar auf 76 000 Mark. Durch die systematische Vertreibung der zahlreichen jüdischen Gäste war der Wert bereits beträchtlich gedrückt worden.

Wie war es zu diesem »Arisierungsanbot« Sindelars gekommen? Die neue Sportpolitik nach dem Anschluss hatte zur Kündigung sämtlicher Profiverträge im Wiener Fußball geführt. Um neue Verdienstmöglichkeiten für sie zu schaffen, wurden die meisten Spieler mit Posten in den Wiener städtischen Betrieben versorgt. Den Stars, wie eben Sindelar, bot man günstig interessante Arisierungsobjekte an. Sindelar griff zu und wurde Kaffeehausbesitzer. Wie Tausende andere Österreicher beteiligte er sich zwar nicht aktiv am Raubzug, profitierte aber passiv davon. Leopold Drill dagegen erhielt nichts von dem ohnehin geringen Kaufbetrag. Im Juli 1942 deportierten ihn die Nazis nach Theresienstadt, wo er ein Jahr später starb.[50]

Durch die Tätigkeit der Vermögensverkehrsstelle sei »die gestellte Aufgabe der Entjudung der Wirtschaft in der Ostmark« in knapp eineinhalb Jahren gelöst worden, meldete Rafelsberger im August 1939 an Himmler: »Von etwa 33 000 jüdischen Betrieben, die sich zur Zeit des Anschlusses in Wien befanden, sind etwa 7000 Betriebe (…) im Zuge des Umbruchs aufgelöst worden. Von den restlichen etwa 26 000 Betrieben wurden ungefähr 5000 der Arisierung, die restlichen 21 000 einer geordneten Liquidation zugeführt.« Nirgendwo im Großdeutschen Reich war der Raubzug so rasch und so gründlich durchgeführt worden wie in der Ostmark.

Was sich aus diesen Zahlen noch ablesen lässt: Ziel der Arisierungen war nicht nur die Beraubung, sondern ebenso die Strukturbereinigung und Modernisierung der österreichischen Wirtschaft. Das »Reichskuratorium für Wirtschaftlichkeit« hatte die Rentabilität der zu arisierenden Betriebe geprüft. Mehr als 80 Prozent der jüdischen Betriebe wurden daraufhin stillgelegt, um die Leistungsfähigkeit der österreichischen Wirtschaft zu steigern und verdeckte Arbeitskraft-

reserven zu mobilisieren. Arisierung und Vermögensraub verbanden
sich mit Rationalisierung und Modernisierung.[51]

Ein Raubzug sondergleichen fand bei den Wohnungen statt. Von
den ersten Tagen der NS-Machtergreifung an rissen nichtjüdische
Österreicher ohne jede Rechtsgrundlage durch Denunziation, rechts-
widrige Kündigung, Erpressung, Drohung oder nackte Gewalt Wohnungen von Juden an sich. So berichtete die Israelitische Kultusgemeinde Wien an die Gestapo, dass in der Nacht vom 4. auf den
5. Oktober 1938 in vier Wiener Bezirken die jüdischen Wohnparteien
aufgefordert worden seien, ihre Wohnungen zu verlassen. Manchen
sei eine Frist von 12 bis 24 Stunden gewährt worden. Anderen habe
man die Wohnungsschlüssel sofort abgenommen. Familien mit kleinen Kindern seien in der Nacht durch die Straßen geirrt.

Allein, was sollte mit den Delogierten geschehen? Die Unzahl woh-
nungsloser jüdischer Familien stellte für die Wiener Stadtverwaltung ein ernsthaftes Problem dar. Manche kamen vorläufig unter
beengten Verhältnissen bei Verwandten unter. Andere verfrachtete
man in Barackenlager aus dem Ersten Weltkrieg, die seither als
Elendsquartiere gedient hatten. Diese befanden sich in einem katastrophalen Zustand, verfügten über keine oder höchst unzulängliche
sanitäre Anlagen, waren nicht beheizbar und überdies verwanzt.
Oft fehlten Fenster und Türen. Trotzdem waren diese Lager bald voll
belegt. Schließlich ging die NS-Stadtverwaltung dazu über, so viele
Juden wie möglich in Sammelwohnungen zu pressen.

Zwischen März 1938 und Mai 1939 wurden in Wien rund 44 000
jüdische Wohnungen arisiert (von geschätzten 60 000). Ein Beispiel,
wie die nichtjüdischen Wiener von dieser Entwicklung profitierten,
liefert die Familie Doubek aus Wien-Penzing. Anfang Juni 1938 be-
gutachtete ein Beamter des Wohnungsamtes das erbärmliche Kabinett, in dem die dreiköpfige Familie hauste. Die Doubeks könnten
am 1. Juli in die darüberliegende Wohnung der Familie Benesch ziehen, verkündete er schließlich. Diese hatte eine Fläche von immerhin 26 Quadratmetern, dem zehnjährigen Günther erschien sie rie-
sengroß. Die Familie Benesch ihrerseits war am 1. Juni in die bessere Wohnung einer Zahnarztfamilie umgezogen. Diese wiederum

hatte die noch bessere Wohnung mit danebenliegender Praxis eines anderen Zahnarztes übernommen. Der betreffende Zahnarzt, ein ehemaliger »Illegaler«, war in den Nobelbezirk Hietzing gezogen. Ihm war das Erdgeschoss einer dortigen »Judenvilla« zur Verfügung gestellt worden. Den Nationalsozialisten war es somit gelungen, binnen kürzester Zeit für vier Familien eine deutliche Steigerung der Lebensqualität zu erreichen. Dass es am Ende der Kette einen Beraubten gab, nämlich den Hietzinger Villenbesitzer, wussten sie nicht – oder wollten es nicht wissen.[52]

Die Verbesserung der Wohnsituation von »arischen« Volksgenossen war übrigens ein durchaus kalkulierter sozialpolitischer Effekt des Raubs von jüdischen Wohnungen, den Gerhard Botz als »negative Sozialpolitik« bezeichnet hat. So äußerte Hitler am 19. März 1938 gegenüber Goebbels: »Wir müssen bald die Juden und Tschechen aus Wien herausdrücken und daraus eine rein deutsche Stadt machen. Damit lösen wir auch z.T. das Wohnungsproblem.« Die in Wien herrschende Wohnungsnot konnte allerdings nicht behoben, sondern nur geringfügig gelindert werden. Beim Neubau von Wohnungen in Wien versagte das NS-Regime völlig.[53]

Jeder Schritt, den das NS-Regime setzte, lief auf einen Punkt hinaus: die österreichischen Juden so rasch und vollständig wie möglich ins Ausland zu vertreiben. Zwei Monate nachdem die Zentralstelle für jüdische Auswanderung ihre Arbeit aufgenommen hatte, gegen Ende Oktober 1938, berichtete Eichmann nach Berlin, die Zahl der »zur Auswanderung gebrachten Juden« betrage nunmehr täglich 350. Insgesamt hätten bis Ende September 1938 rund 50 000 Juden Österreich verlassen.[54]

Der Berühmteste der Vertriebenen: Sigmund Freud. Am 15. März 1938 durchsuchten Nazis seine Wohnung in der Berggasse 19, zogen die Reisepässe der Familie ein, räumten einen Safe mit 6000 Schilling leer. Eine Woche später verhaftete die Gestapo Anna Freud, die Tochter. Sie hatte ein stundenlanges Verhör durchzustehen. Ihr Vater war zutiefst geschockt. Er weinte vor Freude, als sie am Abend unversehrt heimkam. Einflussreiche Freunde und Anhänger setzten sich nun vehement für Freud ein. John Wiley, der amerikanische Geschäftsträger, alarmierte telegrafisch Außenminister Hull: »Fear Freud, despite age and illness, in danger.« Hull sprach mit Präsident Roosevelt. So kamen die diplomatischen Mühlen in Gang. Jenseits des Kanals intervenierte Ernest Jones, Präsident der Internationalen Psychoanalytischen Vereinigung, beim britischen Innenminister Samuel Hoare persönlich. Dieser ließ umgehend Visa für Freud und seine Familie ausstellen.

Nach Erledigung aller Formalitäten (steuerliche Unbedenklichkeitserklärung, Bezahlung der Reichsfluchtsteuer) gestatteten die NS-Behörden die Ausreise. Zuvor hatte Freud noch eine Erklärung zu unterschreiben: Er und seine Hausgenossen seien stets korrekt und rücksichtsvoll behandelt und in keiner Weise behelligt worden. »Ich kann«, fügte er angeblich spontan hinzu, »die Gestapo jedermann auf das Beste empfehlen.« Doch auf dem Original der erwähnten Erklärung, aufbewahrt in der Handschriftensammlung der Österreichischen Nationalbibliothek, ist kein derartiges Postskriptum zu finden. Wieso auch? Undenkbar, dass Freud in dieser Situation – die nahe Rettung vor Augen – nichts Besseres zu tun gewusst hätte, als sich über die Gestapo lustig zu machen.[55]

Am Samstag, dem 4. Juni 1938, verließen Sigmund und Anna Freud Wien per Eisenbahn. Am Sonntag kamen Vater und Tochter in Paris an, erwartet von einem Pulk an Freunden, Anhängern, Journalisten und Fotografen. Ihre Ankunft an der Victoria Station in London am Montag war ein Medienereignis. Die Zeitungen berichteten auf den Titelseiten. Am selben Tag schrieb Freud einem Bekannten, alles sei noch »traumhaft unwirklich« für ihn. »Das Triumphgefühl der Befreiung vermengt sich zu stark mit der Trauer, denn man hat das Gefängnis, aus dem man entlassen wurde, immer noch sehr geliebt.« Sigmund Freud starb im September 1939 im Londoner Exil. Seine Schwestern Rosa, Mitzi, Dolfi und Pauli waren nicht aus dem nationalsozialistischen Herrschaftsbereich entkommen. Sie wurden 1942 deportiert und ermordet.[56]

Eine Hausdurchsuchung mit Beraubung hatte auch die Familie des Fabrikbesitzers Georg Mahler und seiner Frau Emmy aus Gmünd im niederösterreichischen Waldviertel kurz nach dem Anschluss erlebt.

Schleichend setzte danach der Prozess der sozialen Isolation ein.
Nichtjüdische Freunde wollten sich nur noch heimlich mit den Mahlers treffen. Auf der Straße kaum noch Grüße, gute Bekannte blickten mit einem Mal ostentativ in eine andere Richtung. Die Kinder
kamen weinend aus der Schule heim, von Mitschülern beschimpft,
mit Steinen beworfen, geschlagen. Der Pfarrer – die Familie war
nicht israelitischer, sondern evangelischer Konfession – versicherte
Emmy, dass es in der Kirche keine Rassentheorie gebe. Einige Tage
später kam er wieder, nunmehr im Schutz der Dunkelheit: Die Mahlers möchten doch besser nicht in die Kirche kommen.

Georg bemühte sich um eine einigermaßen günstige Arisierung
seiner Fabrik. Sein Lebenswerk sollte in einem ordentlichen Zustand
in gute Hände übergehen. Ein ehemaliger Konkurrent erklärte sich
schließlich zur Übernahme bereit. Allerdings müsse Georg Mahler
weiterhin die Führung behalten. Er sei unersetzbar. Der NSDAP-
Kreisleiter, mit dieser Forderung konfrontiert: Die Partei könne so
eine Erklärung nicht schriftlich abgeben. Aber er erkläre ehrenwört-
lich, dass der alte Chef in Ruhe arbeiten dürfe und die Familie unter
dem Schutz der Partei stehe.

Einige Tage später hing am Fabrikeingang ein Schild: »Arischer Betrieb«. Und am Gartentor: »Hir [sic] wohnen Juden«. In dieser Tonart
ging es weiter. Immer häufiger kam es zu Übergriffen gegen die wenigen Juden der 5200-Einwohner-Gemeinde.[57] Dem Arzt wurden die
Fenster eingeschlagen, dem Rechtsanwalt die Tür zugenagelt, eine
jüdische Familie (»große, blonde Leute«) wegen angeblichen Steuer-
rückstands von heute auf morgen auf die Straße gesetzt. Tatsächlich
ging es um das lukrative Warenhaus der Familie, auf das ein hoher
NS-Funktionär ein Auge geworfen hatte.

Mahlers Fabrik stellte mittlerweile Munition für den Bedarf der
Wehrmacht her. Daher müsse sie, hieß es, endlich »judenrein« gemacht werden. Der Kreisleiter wollte sich plötzlich an sein Ehren-
wort nicht mehr erinnern können. Im Herbst 1938 stand eines
Abends ein Polizist vor der Tür, in Zivil: Er wisse mit Sicherheit, dass
die Familie Mahler in drei Tagen deportiert werden würde, wegen
Spionagegefahr. Er könne das nicht mit ansehen, die Familie solle so

schnell wie möglich abreisen. Das hieß: Umgehend die Heimat verlassen, vorläufige Übersiedelung nach Wien. Emmy Mahler: »Damals
dachte ich, dass ich nie wieder fähig sein würde zu lachen oder zu
weinen. Ich dachte, ich würde gefühllos in die weite Welt hinaus-
gehen.« Schließlich, nach Mühen und Ängsten, den üblichen Lau-
fereien, Schikanen und Demütigungen, gelang die Ausreise in die
Dominikanische Republik.[58]

Robert Breuer war schon im März 1938 klargeworden, dass er in
seiner Heimatstadt nicht bleiben konnte. Wie für viele andere Juden
begann für ihn die ermüdende Wanderung zu den Konsulaten. Kaum
ein Land der Erde, das nicht in Erwägung gezogen wurde. Besonders
begehrt war ein »Affidavit« für die USA. Glücklich, wer Verwandte
dort hatte, die bereit waren, die Bürgschaftserklärung auszustellen.
Auch den als zukunftsträchtig geltenden südamerikanischen Staaten galt größtes Interesse. Die europäischen Staaten sperrten sich ab,
so gut es nur ging. Breuers Leben war ein einziges Warten, Hoffen,
Bangen, Verzweifeln. Fünfmal am Tag ging er zum Hausbriefkasten,
um zu sehen, ob Post gekommen war. »Verwandte und Freunde in
England arbeiteten für mich. Aber wie selten kamen Briefe! Wie
schwer waren die langen Pausen zu ertragen!« Die ausländischen
Zeitungen, für die Breuer tätig gewesen war, stellten ihm Bestätigungen aus, wonach er für sie als Korrespondent nach London gehen
sollte. Derartig ausgerüstet, beantragte er ein Visum für England.
Endlich, im Juni, traf ein Schreiben aus London ein. Man stehe seinem
Ansuchen wohlgesinnt gegenüber. Freilich, das Eintreffen der defi-
nitiven Einreiseerlaubnis dauerte. Also: warten!

In Wien herrschte eine zutiefst bedrückte Stimmung unter den
Menschen, die dem nationalsozialistischen Rassenideal nicht entsprachen. Das Betreten öffentlicher Parkanlagen war ihnen nicht
gestattet. Auf den Bänken entlang der Ringstraße und des Gürtels
fand sich die Aufschrift »Nur für Arier«. Einige versteckte Bänke
waren durch gelben Anstrich als »Judenbänke« gekennzeichnet. Hier
drängten sich Alte, Kinder und Kranke. Immer wieder kam es vor,
dass Rudel von halbwüchsigen Hitlerjungen heranstürmten und die
Leute rücksichtslos vertrieben. Mit einer einzigen Ausnahme waren

die Badeanstalten der Stadt für Juden verboten. So hockten die Familien den Sommer über daheim und besprachen Zukunftspläne. Und sorgten sich um Angehörige, die in Dachau gelandet waren. Durch Sprachkurse und berufliche Umschulung versuchte man, sich auf die Auswanderung vorzubereiten. Die Breuers verkauften ihre Wohnungseinrichtung.

Ende August dann eine Freudenbotschaft: Ein Londoner Vetter hatte bei einer USA-Reise das Affidavit eines Geschäftsfreundes für Robert Breuer erlangt. Wenig später traf das Visum für einen dreimonatigen Aufenthalt im United Kingdom ein. Doppeltes Glück, zugleich die Einreiseerlaubnis für England und die USA in Händen zu haben. Am 9. September 1938 bestieg Breuer, freudig und wehmütig in einem, am Wiener Westbahnhof den Zug, der ihn in die Freiheit bringen sollte.[59]

Robert Breuer landete nach einem kurzen Englandaufenthalt schließlich in den USA. Er gehörte zu den Glücklichen, die verhältnismäßig rasch ausreisen konnten. Anderen erging es weniger gut. Um die Emigrationsmöglichkeiten deutscher und österreichischer Juden auszuloten, hatte im Juli 1938 auf Anregung von US-Präsident Roosevelt die Konferenz von Évian, einem Badeort am Genfer See, stattgefunden. Die Ergebnisse waren für die bedrängten Juden deprimierend. Unter Verweis auf befürchtete soziale Probleme und die schlechte wirtschaftliche Lage weigerten sich die allermeisten Staaten, ihre Einreisebestimmungen zu lockern.[60]

AUFSCHWUNG

Unbestreitbar hatte der Anschluss positive Folgen. Die Wirtschaft wuchs, die Arbeitslosigkeit schrumpfte. Bis 1932 hatte sie sich im Staatenvergleich weitgehend parallel entwickelt, und zwar extrem negativ. Mit der nationalsozialistischen Machtergreifung 1933 war die Arbeitslosenrate in Deutschland stark gesunken, in Österreich unter dem autoritären Regime Dollfuß/Schuschnigg hingegen nur geringfügig. Hitler brachte auch in Österreich die Wende: Allein im

Juli 1938 fanden 124 000 Arbeitssuchende eine Stelle. 1937 hatte die Arbeitslosenrate in Österreich mindestens 22 Prozent betragen, 1938 sank sie im Jahresschnitt auf 12,7 Prozent und 1939 auf 3,7 Prozent. Rückschlüsse auf die gehobene bis euphorische Stimmung im Land lässt eine weitere Statistik zu: In den Monaten nach dem Anschluss kam es zu einem wahren Heiratsboom. Von April bis Juni 1938 wurden fast 20 000 Ehen geschlossen, rund 50 Prozent mehr als im Jahr davor. Die Anzahl der Hochzeiten je tausend Einwohner stieg von 6,9 (1937) auf 13,3 (1938) und 17,6 (1939). Folgerichtig schnellte die Geburtenrate in die Höhe und lag in den Jahren 1939 bis 1941 nahezu doppelt so hoch wie 1937.[61]

Im Grunde stellte sich in Österreich 1938 ein ähnlicher massenpsychologischer Effekt ein wie im Altreich ab 1933. Dort habe allein das »Gefühl von ökonomischer Erholung und autoritärer Entschlossenheit« genügt, meint der Historiker Götz Aly, um neuen Optimismus zu erwecken und Hitler die Loyalität der Massen zu sichern. Aber zu welchem Preis? Die Haushaltspolitik der Nazis muss bereits in den Anfangsjahren als grob fahrlässig bezeichnet werden, schließlich als kriminell. Hitlers Kurs glich von Anfang an einer beständigen »Flucht nach vorne« (Timothy W. Mason). Freilich, dieser Weg war von ihm bewusst eingeschlagen worden. Er hatte sich für eine Aufrüstung ohne Rücksicht auf ökonomische Basiserfordernisse entschieden und damit alle Brücken hinter sich abgebrochen.

Die wahnwitzige Expansion ab Anfang 1938 hatte ein unmittelbares Ziel: den akut drohenden Staatskonkurs zu vermeiden und kurzfristig neue Mittel ins kollapsgefährdete System zu pumpen. Allerdings wäre es verfehlt, den Anschluss ausschließlich als Folge von Budgetproblemen des Dritten Reichs anzusehen. Die Eröffnungspassage von »Mein Kampf« – Österreich müsse zurück zum »großen deutschen Mutterlande«, auch wenn das wirtschaftlich gleichgültig oder sogar schädlich wäre – war für Hitler keine hohle Phrase.[62] Allerdings, der Anschluss erwies sich wirtschaftlich keineswegs als schädlich. Im Gegenteil, die Einverleibung Österreichs half Hitlers Finanzexperten, den Staatsetat einige Monate über Wasser zu halten. Das war ein wichtiger, aber längst nicht der wichtigste und schon gar

nicht der einzige Grund, wieso sich die Ereignisse in der Österreich-
frage ab Anfang 1938 derartig überschlugen. Nach Hitlers Meinung
hatte es so oder so zum Anschluss kommen müssen. Als sich eine
günstige Gelegenheit ergab, griff er bedenkenlos zu.

Ähnlich verhielt es sich in der Frage der Juden. Deren Bekämpfung
war unumstößlicher Teil des nationalsozialistischen Programms. Die
Radikalisierung und Brutalisierung, die sich mit dem Anschluss ein-
stellte, hatte verschiedene Gründe. Es war der sich spontan entwi-
ckelnde Raub- und Pogrom-Antisemitismus von unten, der den Raub-
Antisemitismus von oben befeuerte. Der Staat wollte nicht zu kurz
kommen, wenn es um die Verteilung der Beute ging. Er benötigte das
Geld. Durch die Verstaatlichung jüdischen Privateigentums ließen
sich nämlich für einige Monate die exorbitanten Staatsschulden re-
finanzieren. Selbst der Gewaltausbruch des Novemberpogroms 1938
und die den Opfern danach mit grenzenlosem Zynismus aufgebür-
dete»Sühneleistung« von mehr als einer Milliarde Reichsmark muss
aus diesem Blickwinkel betrachtet werden. Die akute Gefahr einer
Zahlungsunfähigkeit des Staates wurde damit entschärft. Zumindest
für kurze Zeit.

Fast alle Mittel flossen in die Aufrüstung. Die Rüstungsausgaben
des Deutschen Reichs von 1933 bis Mitte 1939 beliefen sich auf eine
damals astronomische Summe: 45 Milliarden Reichsmark. Das war
mehr als das Dreifache der Staatseinnahmen von 1937. Der Effekt
des mit enormen Schulden erkauften Booms war für den einfachen
Deutschen – und ab 1938 für den nicht weniger einfachen Österreicher – vorerst durchaus positiv: Vollbeschäftigung. Für diese Gewissheit, nach Jahren der Depression wieder Arbeit zu haben und
eine nationale Wiedergeburt mitzuerleben, nahm man hin, dass die
Löhne stagnierten und es bei Lebensmitteln und sonstigen Konsumgütern regelmäßig zu Preissteigerungen und Engpässen kam. Man
murrte vielleicht, aber man rebellierte nicht. Und war stolz auf die
Position, die sich das neue Deutschland in der Welt errungen hatte.[63]

Was war es, das Österreich für das nationalsozialistische Deutschland in der Phase vor dem Anschluss so besonders attraktiv gemacht hatte? Es waren die reichen Reserven an Rohstoffen, Energie

und Devisen und die ungenutzten Sach- und personellen Kapazitäten des Landes. Die Ostmark sollte die ihr zugedachte Rolle in Hitlers Raubökonomie spielen. Im Fokus standen dabei die energie- und wehrwirtschaftlichen Ergänzungsbedürfnisse des Reichs. Die wichtigsten Projekte, die nunmehr überhastet in Angriff genommen wurden, standen durchweg im Zusammenhang mit diesen Erfordernissen.

Im Linzer Stadtteil St. Peter-Zizlau errichteten die »Reichswerke Hermann Göring« ab Mai 1938 die »Hütte Linz« und das »Eisenwerk Oberdonau«. Das Erz des steirischen Erzberges wurde hier verhüttet und zu Panzerteilen verarbeitet. Um das im Hüttenwerk anfallende Kokereigas verwerten zu können, errichtete der IG-Farben-Konzern unmittelbar daneben die »Stickstoffwerke Ostmark«. Anfangs stellte man Amoniakdünger her, später Sprengstoff. In Lenzing, Oberdonau, wurde 1938/39 ein Zellwolle-Werk aus dem Boden gestampft. Die aus Zellstoff produzierten Kunstfasern verarbeiteten Spinnereien im gesamten Reichsgebiet zu Textilien. In Ranshofen, nahe Hitlers Geburtsort Braunau am Inn gelegen, entstand ab 1939 ein riesiges Aluminiumwerk. Es war auf eine jährliche Produktion von 66 000 Tonnen ausgelegt, rund ein Zehntel der damaligen Weltproduktion. Ein Wert, den man kriegsbedingt nie erreichte. Die Steyr-Daimler-Puch AG wurde vom neuen Eigentümer, den Reichswerken Hermann Göring, voll auf Kriegsproduktion umgestellt. Zur Zeit des Anschlusses waren dort 7000 Arbeiter beschäftigt gewesen, bis 1944 stieg die Zahl auf 50 000. In Steyr-Münichholz entstand ab 1939 eine Produktionsstätte für Wälzlager. Das ursprünglich eher klein konzipierte Werk wuchs rasch zu einem der wichtigsten Kugellagerproduzenten des Deutschen Reichs. Oberdonau, der »Heimatgau des Führers«, scheint bei Industrieansiedlungen besonders privilegiert worden zu sein. Dabei war die absolute Zahl an Neugründungen gar nicht so hoch. Was ins Auge sticht, ist die Größe der Betriebe. Und es fällt auf, dass sie über den Krieg hinaus fortbestanden und den Ruf Oberösterreichs als Industrieland nachhaltig prägten.[64]

Andernorts entstanden ebenfalls in rascher Folge große Werke. So in St. Valentin, Niederdonau, wo die in Linz gefertigten Teile in Fließbandfertigung zu Kampfpanzern zusammengebaut wurden. Die Produktionsstätte erhielt einen mythenträchtigen Namen: »Nibelungenwerk«. Der Raum Wiener Neustadt war ein traditionsreiches Zentrum der Rüstungsindustrie. Auch hier investierten die Nazis kräftig. Die »Wiener Neustädter Flugzeugwerke«, gegründet Ende März 1938 durch das Reichsluftfahrtministerium, entwickelte sich zum größten Jagdflugzeughersteller des Deutschen Reichs. Beschäftigtenstand: bis zu 23 000. 1941 begann in Wiener Neudorf nahe Wien der Bau der »Flugmotorenwerke Ostmark«. Das Werk, das sich über ein Areal von 250 Hektar erstreckte, wurde in einer Rekordzeit von acht Monaten aus dem Boden gestampft. Das ging, weil Zwangsarbeiter und Kriegsgefangene in großer Zahl zur Verfügung standen und rücksichtslos ausgebeutet werden konnten. In Schwechat, östlich von Wien, produzierten die Heinkel-Werke Jagdflieger, in Jenbach, Tirol, Flugzeugteile, später auch Raketenantriebe für das V2-Programm. Weitere große deutsche Flugzeughersteller ließen sich in Tirol und Vorarlberg nieder.

Die altehrwürdige Wiener Lokomotivfabrik in Floridsdorf, nach dem Anschluss erworben vom Kasseler Konzern Henschel & Sohn, wurde zu einer der größten einschlägigen Fabriken des Deutschen Reichs ausgebaut. Die zu diesem Unternehmen gehörige Lokomotivfabrik in Wiener Neustadt wuchs in ähnlichem Ausmaß. Eine Tochtergesellschaft produzierte ab 1943 in Wiener Neustadt unter dem Decknamen »Raxwerke« Rüstungsgüter wie Rohre für Panzer- und Flakgeschütze, später vorübergehend auch die deutsche »Wunderwaffe«, die V2-Rakete.[65]

Überhaupt erlebte die Ostmark während des Krieges eine Art zweite Industrialisierungswelle. Zahlreiche große deutsche Industriekonzerne verlagerten wichtige Standorte hierher, in den »Reichsluftschutzkeller«, der lange von alliierten Bomberangriffen verschont blieb. Dahinter steckte seitens der Unternehmensleitungen zusätzlich die Überlegung, dass nach der insgeheim erwarteten Niederlage das Betriebsvermögen in Österreich gegen Begehrlichkeiten der Siegermächte besser geschützt sei als in Deutschland.[66]

In Österreich gab es ungenutzte, brachliegende Energiereserven, die es möglichst rasch zu aktivieren galt. Tatsächlich verdoppelte sich das Energieaufkommen bis 1944 (im Vergleich zu 1937). Und das, obwohl viele Projekte kriegsbedingt im Halbfertigen steckenblieben. Überlegungen für die Errichtung eines Wasserkraftwerks in den Hohen Tauern bei Kaprun gab es bereits in den 1920er Jahren. Die Nazis erbten den Plan. Und Göring setzte am 16. Mai 1938 unter dem üblichen propagandistischen Getöse den ersten Spatenstich. Vorerst waren einheimische, später im Ausland angeworbene Zivilarbeiter hier tätig, während des Krieges hauptsächlich Zwangsarbeiter und Kriegsgefangene, zeitweilig mehr als zehntausend Mann. Die Arbeit im Hochgebirge war extrem schwer und gefährlich, die Unterbringung und Verpflegung schlichtweg unmenschlich. Im September 1944 gingen erste Teile des Kraftwerks in Betrieb, fertiggestellt wurde es erst nach dem Krieg. An Donau, Inn, Enns, Mur, Drau entstanden Flusskraftwerke. Der Bau des großen Donaukraftwerks Ybbs-Persenbeug startete 1938, um schon ein Jahr später kriegsbedingt wieder eingestellt zu werden (eröffnet wurde es schließlich 1959). Der Kohlebergbau in Österreich war aus großdeutscher Sicht uninteressant, dafür aber gab es im Wiener Becken Erdöl in beträchtlichem Ausmaß. Das war angesichts des eklatanten Treibstoffmangels im Deutschen Reich von höchster militärischer Bedeutung. Die österreichischen Ölfelder wurden rücksichtslos ausgebeutet. Folgerichtig wuchs die Fördermenge von 33 000 Tonnen 1937 auf 1,2 Millionen 1944.[67] In Wien und Umgebung gab es mehrere Raffinerien, deren Kapazitäten beträchtlich gesteigert wurden. In der Lobau, einem Augebiet am östlichen Stadtrand von Wien, entstand ein riesiges Tanklager. In Moosbierbaum im Tullnerfeld, rund 60 Kilometer nordwestlich von Wien, errichtete der IG-Farben-Konzern ein Hydrierwerk zur Erzeugung von Flugbenzin.[68]

Die Reichsautobahn freilich blieb im Grunde ein Mythos. Ihr Bau kam nie so recht in Gang. Ein kleines Teilstück in Salzburg, ein paar Brückenpfeiler im Wienerwald – mehr war unter den Gegebenheiten der Vorkriegs- und Kriegszeit nicht zu schaffen. Beträchtliche Ressourcen flossen dagegen in den Ausbau der Eisenbahn. Teilstücke wurden elektrifiziert, zweigleisig ausgebaut, modernisiert. Den Wasserwegen galt ein besonderes Interesse der Wirtschaftsplaner. Wichtige neue Industrien entstanden entlang der Donau, die als Verbindungsroute vom Reich in den Südosten fungieren sollte. Über lange vor der NS-Zeit projektierte Kanalbauten sollte sie mit dem Rhein und der Oder verbunden werden. Aber der Donau-Oder-Kanal östlich von Wien kam über ein paar Kilometer nicht hinaus. Generell lässt sich sagen: Vieles, was mit Tamtam begonnen worden war, wurde bald abgebrochen und auf die Zeit nach dem Krieg verschoben.

Die Verteilung der Industriebeschäftigung in der Ostmark zeigt, dass der Sektor der Investitionsgüter (zu denen die Rüstungsindustrie zählt) stark wuchs. Bei den Grundstoffen war ebenfalls eine nicht unwesentliche Zunahme zu registrieren. Bei den Konsumgütern hingegen sank der Anteil an allen Industriebeschäftigten von 42,2 Prozent 1939 auf 22,1 Prozent 1944. Zahlreiche Betriebe mussten mit Fortdauer und Intensivierung des Krieges gezwungenermaßen schließen. Grund war die »Freimachung der Arbeitskräfte für die kriegswichtigen Aufgaben«.[69]

Die Landwirte hatten sich vom Nationalsozialismus viel versprochen und versprechen lassen: Befreiung der Höfe von ihren Schulden, Festigung des bäuerlichen Besitzstandes, Mechanisierung, Produktivitätssteigerung. Die dringend notwendige »Entschuldung« erwies sich als Umschuldung von kurz- zu langfristigen Verbindlichkeiten. Zu Zwangsversteigerungen von Höfen, wie sie zuvor in den agrarischen Regionen alltägliche bittere Realität gewesen war, kam es nun freilich nicht mehr. Das im Juli 1938 in der Ostmark eingeführte Reichserbhofgesetz schuf allerdings mehr Probleme, als es löste. Ausschließlich landwirtschaftliche Besitzer »deutschen oder stammesgleichen Blutes« konnten Erbhofbauern werden. Erbteilung war ausgeschlossen, um eine weitere Zersplitterung der Betriebe zu unterbinden. Betriebsveräußerungen waren nicht gestattet. Dies führte dazu, dass Erbhofbauern auf dem freien Kapitalmarkt kein Geld mehr zur technischen Modernisierung und Rationalisierung aufnehmen konnten, da die Sicherheit fehlte. In manchen Teilen Österreichs war die Akzeptanz des Gesetzes gering, in einigen ließ es sich gar nicht durchsetzen. Allzu sehr widersprach es regionalen Traditionen.

Der deutlich gesteigerte Konsum nach dem Anschluss führte zu einem merkbaren Anziehen der Abnahmepreise für landwirtschaftliche Güter. Auch der Holzabsatz verbesserte sich deutlich. Großangekündigte Maßnahmen und Reformen (verbilligte Maschinen und Düngemittel, forcierter Güterwegebau, günstige Kredite für den Bau von Ställen und Silos etc.) mussten bald kriegsbedingt zurückgestellt werden. Dafür sorgte der »Reichsnährstand«, die überbürokratisierte Zwangsorganisation der Landwirtschaft, für eine bisher nie dagewesene lückenlose Kontrolle und Lenkung der landwirtschaftlichen Produktion.

Das größte Problem, mit dem sich die Landwirtschaft konfrontiert sah, war allerdings erst durch den Anschluss geschaffen worden. Mitte der 1920er Jahre war die Migration jugendlicher Arbeitskräfte vom Land in die Stadt aufgrund der zunehmenden wirtschaftlichen Probleme gebremst worden und schließlich ab Anfang der 1930er Jahre beinahe vollständig zum Erliegen gekommen. Für die ländlichen Unterschichten fanden sich in Industrie, Gewerbe und Dienstleistungsbranchen einfach keine Arbeitsmöglichkeiten. So waren die jungen Leute notgedrungen im Dorf geblieben, um sich als Gelegenheitsarbeiter, Tagelöhner oder Bauernknechte durchzuschlagen. Gerade diese »Dorfburschen« waren es übrigens, aus denen sich im ländlichen Raum die Fußtruppen der illegalen Nationalsozialisten formiert hatten.[70]

Als der Anschluss kam, ergriffen diese jungen Männer (und auch viele Frauen), ohne zu zögern, die Chance, die sie sich von Hitler erhofft hatten. Sie verließen geradezu fluchtartig ihre schlecht oder gar nicht bezahlten Arbeitsplätze auf den Bauernhöfen, um in die Ballungszentren zu ziehen. Da halfen keine Restriktionen, da half kein Arbeitsbuch. Die Leute strömten in die Industrie, deren Heißhunger nach Arbeitskräften schier unstillbar war. Und sie fehlten in der Landwirtschaft.

In einem internen Papier aus dem Stab Bürckel hieß es folgerichtig, man solle den Begriff »Landflucht« vermeiden. Denn in Wahrheit würden die Landarbeiter nicht von der Landarbeit weggedrängt, sondern zum besseren Verdienst in Industrie und Gewerbe hingedrängt.

Allein in Oberösterreich verließen im Jahr 1938 rund 20 000 Dienst-
boten ihre Bauernhöfe. Die Situation wurde so kritisch, dass schon
im Sommer 1938 in vielen Gemeinden die Ortsbauernführer Alarm
schlugen: Die Einbringung der Ernte sei gefährdet. SA, HJ und BDM,
Schüler, Studenten, Beamte und andere wurden zu Ernteeinsätzen
mobilisiert. Auf Dauer war das keine Lösung. Diverse soziale und
rechtliche Besserstellungen halfen wenig, wie auch die Drohung mit
Gefängnisstrafen und sonstigen Zwangsmaßnahmen bei Abwande-
rungen. Die Mechanisierung der landwirtschaftlichen Arbeiten, die
dauerhaft Abhilfe geschaffen hätte, war während der NS-Ära durchaus beeindruckend. Aber sie kam viel zu langsam in die Gänge, vor
allem im alpinen Bereich. Und sie geriet kriegsbedingt bald ins Stocken. Die Situation sollte sich erst ab 1940 verbessern, als Kriegsgefangene und Zwangsarbeiter auf den Bauernhöfen massiv zum
Einsatz gelangten.[71]

Von einer Revolutionierung der Lebenswelten ist weiter oben gesprochen worden. Viele, vor allem Jüngere, profitierten stark vom
Nationalsozialismus. Durch den rapiden Rückgang der Arbeitslosigkeit und das Ansteigen der Löhne verbesserte sich das Massenein-
kommen sprunghaft. Ein Konsumboom setzte ein, der Umsatz von
Verbrauchsgütern ging beträchtlich in die Höhe. Die Menschen
konnten sich Dinge kaufen, an die vorher kein Denken gewesen
wäre. So lässt sich für 1938/39 eine kleine Motorisierungswelle kon-
statieren. In Wien etwa betrug der Kfz-Bestand Ende 1937 42 450 Fahrzeuge, Ende 1939 schon 63 665 Fahrzeuge.[72] Motorisierte Individual-
fahrzeuge strahlten in den 1930er Jahren eine Aura von Modernität
und Fortschrittlichkeit aus wie kein zweites technisches Produkt.
Man konnte mit ihnen Reisen unternehmen und Neues sehen und
erleben. Der Fremdenverkehr nahm in kurzer Zeit einen enormen
Aufschwung. Zwischen April und Dezember 1938 wuchs er gegenüber dem Vorjahr um beinahe ein Drittel. Diese Entwicklung war vor
allem dem Ansteigen des Tourismus aus dem Altreich geschuldet.
Besucher aus dem nichtdeutschen Ausland blieben hingegen aus,
wohl aus politischen Gründen.

Die wichtigste volkswirtschaftliche Kennzahl verdeutlicht am besten den Aufschwung, den Österreich in der Zeit nach dem Anschluss nahm: 1938 wuchs das Bruttonationalprodukt gegenüber dem Vorjahr um sagenhafte 12,8 Prozent, 1939 sogar um 13,3 Prozent.[73] Und das nach Jahrzehnten der Stagnation und Krise. Dass ein derartig fulminanter wirtschaftlicher Aufschwung im Alltag positive Auswirkungen zeigen musste, ist nachvollziehbar. Die Erfahrungen jener Jahre prägten sich tief ein ins individuelle und kollektive Gedächtnis.

Wer die rassisch und sozial definierten Kriterien erfüllte, um dazuzugehören, dem hatte die NS-Volksgemeinschaft einiges zu bieten. Als überaus positiv empfand man zwei neue staatliche Transferleistungen: Erstens konnten junge Ehepaare ein zinsloses Ehestandsdarlehen in Anspruch nehmen. Mit jedem Kind wurde ein Viertel des Betrages erlassen. Nach dem vierten Kind war es »abgekindert«, musste also nicht mehr getilgt werden. Und zweitens gab es ab dem dritten Kind zudem für Geringverdiener ein monatliches Kindergeld von zehn Reichsmark. Solche und weitere familienpolitische Maßnahmen hatten den Zweck, die rückläufige Geburtenrate im Deutschen Reich zu heben. Was freilich auf lange Sicht nicht gelang. Der Trend zur Zwei-Kinder-Familie war, wie Statistiken beweisen, nicht aufzuhalten. Der Hochzeits- und Geburtenboom in der Ostmark nach dem März 1938 dürfte in erster Linie auf eine Art Nachholeffekt zurückzuführen sein. Während der Jahre der Depression hatte man den Wunsch, zu heiraten und eine Familie zu gründen, nolens volens zurückstellen müssen. Nun, mit neugewonnenem Optimismus, konnte man das Aufgeschobene endlich Wirklichkeit werden lassen. Ein ähnlicher Effekt lässt sich auch für Deutschland in den Jahren nach 1933 nachweisen.[74]

Überhaupt hatte Hitler nach seiner Machtergreifung in Deutschland viele Verbesserungen eingeführt, die in erster Linie die einst »rote« Arbeiterschaft an das Regime binden sollten: bezahlte Feiertage und Urlaube – etwas, das breite Schichten bis dahin kaum gekannt hatten –, steuerliche Entlastung niederer und mittlerer Einkommen, Ausbau des Sozialversicherungssystems, Besserstellung von Schuldnern gegenüber Gläubigern, Verbesserung des Mieterschutzes. Für die Ostmark bedeutete der komplexe Prozess der Anpassung an das

System des NS-Staats, dass hin und wieder auch Regelungen übernommen werden mussten, die in Bezug auf die bisherigen Standards
ungünstig waren. Zudem vertagten die Machthaber viele versprochene Verbesserungen und Reformen auf die Zeit nach dem »Endsieg«. Trotzdem: Hitlers Sozialpolitik trug maßgeblich dazu bei,
seine stets höchst labile Macht zu stabilisieren.[75]

Bis 1935/36 war es im Deutschen Reich gelungen, die Löhne auf
niedrigem Niveau einzufrieren. Danach hatte die Rüstungskonjunk-
tur in manchen Branchen und Schlüsselindustrien zu Facharbei-
termangel geführt. Es war den von der Aufrüstung profitierenden
Unternehmen nichts anderes übriggeblieben, als Arbeiter mit Lock-
löhnen und Sozialleistungen, die oft beträchtlich über die tariflich
vorgeschriebenen Obergrenzen hinausgingen, von Konkurrenzbetrie-
ben abzuwerben. In der Konsumgüterindustrie und der Landwirtschaft hingegen waren die Löhne niedrig geblieben wie ehedem. Die
logische Konsequenz: Abwanderung vieler Arbeitnehmer in besser
bezahlende Bereiche. So war die Situation zur Zeit des Anschlusses.
Die deutsche Industrie suchte verzweifelt nach Facharbeitern. Die
gab es in Österreich, gut ausgebildet und arbeitslos.

Kein Wunder, dass auch hier die von Reichskommissar Bürckel ver-
ordnete »Lohnruhe« nicht einzuhalten war. Die Nominallöhne stiegen sowieso. Denn durch die Währungsumstellung (zwei Reichsmark für drei Schilling) hatte sich eine nominelle Aufwertung der
alten österreichischen Währung um 36 Prozent ergeben.[76] Zusätzlich stieg der Wochenlohn von Industriearbeitern von Juni bis Dezember 1938 um durchschnittlich 9 Prozent, bis September 1939
(Kriegsbeginn) um 13,4 Prozent. Das Wiener Institut für Wirtschafts-
forschung errechnete 1941 den Anstieg der Bruttolöhne für Arbeiter
in Wien seit dem Anschluss mit 19 Prozent. Andererseits: Die Preise
für Güter und Leistungen hatten sich bis 1941 beträchtlich gesteigert, die Qualität war gesunken. Insgesamt errechnete das Institut
einen Reallohnverlust von 15 bis 20 Prozent. Den offiziell veröffentlichten Statistiken war dergleichen nicht zu entnehmen. Aber die
Situation während des Krieges muss ohnehin mit anderen Augen gesehen werden.[77]

Brachte der Nationalsozialismus nach langen Jahren der Stagnation und des Niedergangs im sozioökonomischen Bereich so etwas wie Modernisierung? Kohorten von Historikern haben sich mit dieser Frage herumgeschlagen. Während etwa auf der einen Seite Rainer Zitelmann Hitler geradewegs zum Sozialrevolutionär stempelt, der eine umfassende Modernisierung der deutschen Gesellschaft angestrebt habe, waren für Hans Mommsen auf der anderen Seite die nationalsozialistischen Modernisierungseffekte bestenfalls unbeabsichtigt und vorgetäuscht. Dazwischen findet sich eine Reihe von abgestuften Positionen.[78] In diesem Spannungsfeld scheint der von Ernst Hanisch eingeführte Begriff der »regressiven Modernisierung« durchaus tragfähig zu sein. Hanisch spricht vom »irrlichternden Charakter« des Nationalsozialismus. In ihm hätten sich traditionale und revolutionäre Elemente verschränkt. In Österreich habe er jedenfalls messbare Modernisierungsschübe ausgelöst. Die Industrialisierung habe vor allem in Westösterreich zu einer Entprovinzialisierung geführt und den Verstädterungsprozess vorangetrieben. Die Infrastruktur sei ausgebaut, die Landwirtschaft mechanisiert worden. Die Arisierungen in Wien hätten notwendige Strukturbereinigung in Handel und Gewerbe zur Folge gehabt. Totalitarismus und Krieg haben sich im 20. Jahrhundert als mächtige Treiber von Modernisierung erwiesen, nicht nur im ökonomisch-technischen Bereich, sondern auch im Sozialen. Die Massen mit sozialen Zuwendungen bei der Stange zu halten gehörte geradezu zum kleinen Einmaleins der Diktatoren. Niemand wusste das besser, niemand achtete sorgfältiger darauf als Hitler.[79]

Zur oben aufgeworfenen Frage: Für Österreich lässt sich gewiss von einer Modernisierung sprechen, mit welchem Adjektiv (»regressiv«, »gewaltsam«, »abhängig«, »pathologisch«, »ambivalent« etc.) man diese auch immer bedenken mag. Der Nationalsozialismus hat die österreichische Gesellschaft nachhaltig verändert, wenngleich sich diese Veränderung unter anderen Gegebenheiten und Rahmenbedingungen wohl ebenso ergeben hätte, weniger rasch, weniger radikal und ganz gewiss weniger zerstörerisch.

STIMMUNGEN

Ende März 1938 ließ Gauleiter Bürckel sich dazu herab, ein mahnendes Wort an die neuen Volksgenossen zu richten. In den kommenden zwei Wochen bis zur Volksabstimmung gebe es für alle amtlichen Stellen und Wahlleitungen weder Tag- noch Nachtruhe. Wörtlich: »Ich will damit nicht die Gemütlichkeit stören, die ich selbst hier schon außerordentlich schätzen gelernt habe«, sie werde nach dem 10. April wieder voll zu ihrem Recht kommen. Aber nunmehr müsse mit etwas mehr Tempo gearbeitet werden. Und Göring Mitte Mai beim Spatenstich für das Hüttenwerk in Linz: »Ihr müsst die Welt Lügen strafen, die das Wort von der ›österreichischen Gemütlichkeit‹ geprägt hat. Gemütlichkeit nach der Arbeit ist sehr schön – Gemütlichkeit während der Arbeit aber ist Faulheit!«[80]

Da war es wieder, das preußische Klischee vom nachlässigen, schlampigen, allzu gemächlich arbeitenden Österreicher. Viele Ostmärker hörten derartige Statements mit verhaltenem Ärger und innerer Wut. Jedenfalls war in Wien bald nur mehr abschätzig von den »Piefkes« die Rede, wenn es um Reichsdeutsche ging. Zahlreiche Beamte, Militärs, Parteifunktionäre und Geschäftsleute kamen samt Familien aus dem Altreich nach Österreich. Deren »polternde Überheblichkeit« habe gestört, schreibt der spätere Bundespräsident Karl Renner, »die humorlose Übertreibung, der ständige gemütslose Bramarbas und im besten Fall die onkelhafte Begönnerung.«[81] Ob man in dieser Phase schon von den Anfängen eines neuen Österreichbewusstseins sprechen kann? Renner tut es. Vielleicht aber sollte man den spürbaren Stimmungsumschwung als Rückkehr zur Normalität deuten oder als Verkaterung nach einem heftigen Rausch. Gerhard Botz ordnet die Haltung der meisten Österreicher zum neuen Regime treffend zwischen Akzeptanz und Distanz ein. Vorläufig wohl noch näher zur Akzeptanz.[82]

Robert Breuer, der jüdische Journalist, der auf seine Einreiseerlaubnis nach England wartete, berichtet von der Erzählung einer ihm gut bekannten nichtjüdischen Konditoreibesitzerin aus der Inneren Stadt Wien. Diese Dame unternahm im August 1938 eine Bahnreise ins Altreich. Dabei kam sie bei Dresden mit einer sächsischen Mitreisenden ins Gespräch. Die Sächsin: »An diesem Österreich haben wir einen schweren Brocken geschluckt!« Darauf die Wienerin empört: »Was, einen schweren Brocken? Sie könnten ja nicht einmal Ihren Goldzahn im Mund tragen, wenn ihr nicht unser gesamtes Gold aus der Nationalbank nach Berlin geschafft hättet – und unser Erzberg in der Steiermark war euch auch wert genug...« Alles gehe auf den Krieg zu, nur für den Krieg habe man den Anschluss gebraucht, für sonst nichts. »Ach Gott, wo ist unser schönes altes Österreich! Wien wird ja direkt eine Provinzstadt. Na, ich kann wirklich nur sagen: Wir danken unserem Führer!«[83]

Albert Massiczeks Vater, ein hoher Gendarmerieoffizier, erzählte im Familienkreis von einer Protestaktion auf dem Gemüsemarkt in Wiener Neustadt. Hausfrauen hätten lautstark gegen den zunehmenden Mangel an Lebensmitteln demonstriert. Ihr Sprechchor: »Ein Volk, ein Reich, ein Führer! Derselbe Dreck wie früher!« Überhaupt, so schrieb der Sohn, ein SS-Mann und Geschichtsstudent, habe Massiczek senior immer häufiger kritische Bemerkungen über das neue Regime fallenlassen. Und auch er selbst habe bald jede Begeisterung für den Nationalsozialismus verloren. An der Universität sei der Rausch des Umbruchs allmählich der Ernüchterung gewichen. Die vielen Nazis am Institut für Geschichtsforschung hätten sich zwar (noch) nicht von ihrer Gesinnung abgewandt, aber das Witzeln über die eigene Führung habe Tag für Tag zugenommen.[84]

Einer von jenen reichsdeutschen Kreisleitern, die Bürckel zur Unterstützung der Volksabstimmung und des Parteiaufbaus nach Österreich geholt hatte, schrieb in einem Tätigkeitsbericht, man habe zur Wahlzeit »manches Unheil« angerichtet. Wahlredner hätten vielfach »nichts als Glorie, Glanz und Herrlichkeit« vorausgesagt. Und nun würden die Volksgenossen meckern, weil ihnen die versprochenen »gebratenen Tauben« nicht in den Mund flögen. Berichte aus Wiener Betrieben zeigen, dass sich spätestens ab Sommer 1938 die Stimmung deutlich verschlechterte. Viele Nazis und ehemalige Illegale waren nicht weniger unzufrieden mit der Entwicklung. Ihre hochgestochenen beruflichen Ambitionen hatten sich nicht erfüllen lassen. Günther Doubek erinnert sich an zwei Brüder, beide ehemals illegale NSDAP-Mitglieder, der eine beim Bundesheer, der andere bei der Straßenbahn. Günthers Onkel Fritz, ein guter Bekannter der beiden, erzählte voller Schadenfreude: »Den Ferdi haben's nach Stuttgart versetzt, und Hauptmann ist er geblieben, und auf dem Posten, den der Paul gern gehabt hätte, sitzt jetzt ein Piefke.«[85]

Durch regelmäßige, einheitlich strukturierte Berichte der Gestapo hielt sich die NS-Führung über die Stimmung im Volk auf dem Laufenden. Im Gau Oberdonau – und es wird in anderen Regionen der Ostmark nicht anders gewesen sein – lassen sich in diesen Berichten für die Jahre 1938/39 drei Schwerpunkte identifizieren: erstens wirtschaftliche Fragen (Löhne, Preise, Versorgung), zweitens Maßnahmen des NS-Regimes gegen die katholische Kirche und drittens die Angst vor einem Krieg.

Die Löhne stiegen, gewiss. Aber längst nicht so stark wie erhofft. Und längst nicht in allen Branchen. Viele Menschen konnten nur wahrnehmen, dass es ihnen entgegen allen Versprechungen wirtschaftlich keineswegs besserging. Zudem registrierte man in der Arbeiterschaft genau, dass das Lohnniveau im Altreich deutlich höher lag als in der Ostmark. Das erzeugte Unmut. War man ein Volksgenosse zweiter Klasse? Und auch wenn man endlich Arbeit gefunden hatte, endlich etwas mehr verdiente – so sah man doch, dass die Preise deutlich anzogen, die Qualität der Waren sich verschlechterte und es um die Versorgung übel bestellt war. Dass für Textilien immer häufiger Zellstoff statt Baumwolle verwendet wurde, dürfte fatal an die Situation im letzten Krieg erinnert haben. Aus Kirchdorf an der Krems wurde im Spätsommer 1938 gemeldet, die Preise für verschiedene Gemüsegattungen seien um hundert bis fünfhundert Prozent gestiegen. Der Grund dafür: schlechtes Wetter und erhöhte Ausfuhren ins Altreich. Im November schrieb die Bezirkshauptmannschaft Kirchdorf gar, der Bezirk sei ein »Notstandsgebiet«. Der allgemeine Aufschwung werde hier erst allmählich spürbar werden. Die Arbeiter klagten, die Bauern klagten, der Mittelstand und das Gewerbe klagte erst recht. In manchen Regionen stärker, in anderen weniger stark. Ein Grund zur Unzufriedenheit fand sich immer und überall.

Ein wichtiger Punkt waren Kirche und Religion. Im ländlichen Bereich war schon kurz nach dem Anschluss befürchtet worden, der Nationalsozialismus werde gegen die katholische Kirche vorgehen. Als sich dies zu bewahrheiten begann, erweckte es beträchtlichen Unmut. Beispielsweise Fronleichnam 1938. Weil es der Feuerwehr von Aschach an der Steyr verboten worden war, in Uniform an der Prozession teilzunehmen, hätten sich »mehrere Fanatiker zu staatsfeindlichen Äußerungen hinreißen lassen«. Im benachbarten Kurort Bad Hall erregte es beträchtlichen Missmut, dass es der örtlichen Musikkapelle durch Weisung des NS-Ortsgruppenleiters verboten worden war, uniformiert in der Prozession mitzumarschieren.

Wirklich entscheidend für die Gemütslage des Volkes war eine einzige bange Frage: Kommt es zu einem neuen Krieg? Für Anzeichen, die in Richtung Krieg wiesen, hatten die Menschen ein feines Sensorium. Ein Bericht der Bezirkshauptmannschaft Steyr von Mitte 1938 belegt das: »Gerade in den Kreisen der Landwirte besteht Furcht vor einem zukünftigen Krieg. Die Befürchtungen werden aus den Berichten über die außenpolitische Lage, die Aussendung der Widmungskarten, Vornahme der Pferdemusterung, Einberufung vieler Arbeiter zum Straßenbau in das Mühlviertel usw. abgeleitet.«[86] Im Herbst 1938 steigerte sich die Kriegsfurcht zur Kriegspsychose. Die Frage, ob es im Zusammenhang mit der Sudetenkrise zum Krieg kommen würde, beherrschte das Denken und Tun der Menschen. Die Erinnerungen an den Ersten Weltkrieg waren noch wach.

»Kriegspsychose« – diesen drastischen Begriff verwendete die Stapo-Leitstelle Wien in einem Bericht vom September 1938. Die Vorzeichen eines Krieges waren unverkennbar. In Wien fanden im Laufe des September am laufenden Band Verdunkelungs- und Luftschutzübungen statt. Sollte es zum Krieg kommen, würde Wien das erste Ziel der modernen tschechoslowakischen Luftwaffe sein, so viel war klar. Tausende Soldaten wurden hier zusammengezogen, diverse militärische Anlagen errichtet. Auf den Dächern von Krankenhäusern und Kinderheimen baute die Wehrmacht Flak-Stellungen auf.

Richard Ruffingshofer schreibt am 23. September von »fieberhafter Spannung«: »Wir vertrauen aber alle auf den Führer.« Und am 27. September: »Es sollen bereits drei tschechische Flieger in der Umgebung Wiens abgeschossen worden sein. Tatsächlich blitzen in der Nacht unaufhörlich die Scheinwerfer, die den Himmel abtasten.« Steffi Johne notierte am 12. September eine »Verdunkelungsübung« für den Fall eines Fliegerangriffs. »Schaut es schon so gefährlich für uns aus? Nach all den Vorbereitungen, der allgemein eingeführten VM (Volksgasmaske) und der heutigen Rede Hitlers zu schließen, schon.« 15. September: »Ich habe solche Angst, dass Krieg wird.« 20. September: Ein Bekannter sei als Soldat an der tschechischen Grenze, seine Mutter in größter Sorge. 28. September: »Wir stehen knapp vor einem Krieg.«[87]

Die Tschechoslowakei mit ihren 3,2 Millionen deutschen Bürgern, den Sudetendeutschen, die zumeist in geschlossenen Siedlungsgebieten an der deutschen und österreichischen Grenze lebten, war schon lange Ziel von Hitlers Expansionsplänen. Mit dem Anschluss sah er die Zeit gekommen, die Sudetengebiete »heim ins Reich« zu holen. Allerdings gab es für Hitler einen Haken: Die Stimmung der Deutschen – nicht nur der Ostmärker – war gedrückt, ängstlich, ja panisch. Man fürchtete einen Krieg über alles. Zudem übten Mussolini und die wichtigsten NS-Führer, die ihrerseits aufkommende Panik spürten, Druck auf Hitler aus: Er möge es um Himmels willen nicht zum Äußersten kommen lassen. Hitler blieb schließlich nichts anderes übrig, als einem eilig einberufenen Gipfeltreffen der Staats- und Regierungschefs zuzustimmen. Das Ergebnis war das Münchner Abkommen vom 29. September 1938. Die Westmächte erkauften sich den Frieden, indem sie große Gebiete der souveränen Tschechoslowakei an Deutschland aushändigten.[88]

Richard Ruffingshofer bejubelte im Tagebuch seinen »Führer«: »Hitler ist der überragende Sieger.« Und am 10. Oktober, nach Abschluss des Einmarsches in die Sudetengebiete, schrieb er: »Ein friedlicher Sieg ist errungen. Alles ist wieder guter Dinge. Eine starke Armee hat der Vernunft zum Sieg verholfen.« Dass Hitler seinen »Sieg« in München als Rückschlag empfand und jetzt erst recht den Krieg anstrebte, ahnte er nicht. Auch Steffi Johne machte sich darüber keine Gedanken. Sie notierte nur kurz und erleichtert, dass sich die Großen dieser Welt für den Frieden entschieden hätten. Dann wandte sie sich wieder den Alltagsdingen zu: der neuen Arbeitsstelle, Familienproblemen, dem ständigen Hin und Her mit ihren Verehrern.[89] Dolfi Jauernigs Freund Rudi Schumann hatte am 10. September zum Militär einrücken müssen:»Damit hatten wir nicht gerechnet.« Am 10. Oktober traf sein Regiment in Zlabings, Südmähren, ein. Geregnet habe es, bitterkalt sei es gewesen, aber die Leute hätten vor Freude geweint, schrieb er seiner Dolfi nach Hause. Am 26. Oktober stand Rudis Einheit beim hysterisch umjubelten Führer-Besuch in Südmähren Spalier. Dann wurde abgerüstet. Damit sollte es mit dem Soldatenspielen aber ein für alle Mal vorbei sein, hoffte Rudi.[90]

Das Gebiet des Großdeutschen Reiches wuchs um mehr als 28 000 Quadratkilometer, seine Bevölkerung nahm um 3,5 Millionen Menschen zu. Polen erhielt einen kleineren und Ungarn einen größeren Teil der ČSR zugesprochen. Es entstand der Reichsgau Sudetenland mit 3,1 Millionen Einwohnern. Die südböhmischen Bezirke Krumau und Kaplitz wurden dem Gau Oberdonau, die südmährischen Bezirke Znaim, Nikolsburg und Neubistritz sowie zwei zur Slowakei gehörende Orte nahe Preßburg (Engerau und Theben) dem Gau Niederdonau zugeschlagen.[91]

Hitlers Stellungnahme, er habe nun keine territorialen Forderungen mehr, stieß vielerorts auf beträchtliche Zweifel. In der Bergbauerngemeinde Kartitsch in Osttirol fragten sich die Leute:»Warum werden alle Jahrgänge von 1894 an zu militärischen Übungen herangezogen? Da steckt ein Zweck dahinter.« Am 28. Oktober 1938, als die Sudetenlandbesetzer gerade erst am Abrüsten waren, wurde Oswald Sint mit seinen 38 Jahren zu einer vierzehntägigen militärischen Übung einberufen, wie auch andere Männer aus seinem Dorf. Er sah es als interessante Abwechslung, fragte sich aber: Wozu?[92]

Im Frühjahr, nach der Besetzung der»Rest-Tschechei«, wusste man es. Die Westmächte waren nicht mehr bereit, weitere Expansionsschritte Hitlers hinzunehmen. Am 31. März 1939 gab der britische Premierminister eine Garantieerklärung für Polen ab, das nach der

Tschechoslowakei in Hitlers Fokus geriet. Geradezu seismographisch verzeichneten die Stimmungsberichte das neuerliche Ansteigen der Kriegsangst. Von in der Bevölkerung herrschender Kriegsfurcht war die Rede und von Hamsterkäufen.[93] Steffi Johne vermerkte am 25. April 1939 eine Probeverdunkelung und eine Luftschutzübung. Ein Flugzeug sei so knapp über das Haus geflogen, dass man befürchtet habe, es könnte den Schornstein mitnehmen. Die Gefahr eines Weltkriegs werde immer deutlicher, schrieb sie am 27. April. Eine Schreckenszeit könnte anbrechen. Am 28. April, nach einer »Führerrede«: »Krieg oder Frieden? Die Frage betrifft uns alle. Es wäre grässlich, wenn ein Krieg käme.« Man könne nur auf die Feigheit der demokratischen Mächte hoffen. Am 14. Mai: »Hetze über Hetze. Dabei Not an den wichtigsten Lebensmitteln. Kein Obst die ganze Zeit über, fast wie im Krieg.« Und tags darauf: Trüb sei der Mai. So trüb wie ihr Herz – und das Herz vieler Menschen.[94]

ROSENKRANZFEST

Die Haltung der katholischen Kirche zum Nationalsozialismus war nie einheitlich gewesen. In gewissen Positionen stimmten viele Repräsentanten des Katholizismus mit nationalsozialistischem Gedankengut durchaus überein: Antisemitismus, Antiparlamentarismus, Antimarxismus, großdeutsche Geschichtsauffassung. Andererseits hatte sich die Amtskirche als ideologische Trägerin des »Christlichen Ständestaates« klar für die Bewahrung der österreichischen Unabhängigkeit, gegen den Anschluss an Deutschland und damit gegen den Nationalsozialismus positioniert. Eindeutig nationalsozialistische Haltungen waren in der Kirche stets in der Minderheit. Zudem hatte sich das katholische Milieu in Deutschland wie in Österreich, das zeigen Wahlanalysen, stets als besonders NS-resistent erwiesen.

Umso überraschender war es, dass Kardinal Innitzer und die katholischen Bischöfe Österreichs den Anschluss im März 1938 in ihrer »Feierlichen Erklärung« so überaus »freudig« begrüßten. Die Hoffnungen, die die Kirche an diese Unterwerfungsgeste geknüpft hatte, erfüllten sich freilich nicht. Sobald die Volksabstimmung vom 10. April vorüber war, ging das NS-Regime zu einer Politik der Sticheleien und Schikanen über. Eine unabhängige Institution, die unmittelbaren Einfluss auf Millionen von Bürgern auszuüben vermochte, musste für die totalitäre Staatsauffassung des Nationalsozialismus auf lange Sicht unerträglich erscheinen. Katholische Vereine wurden aufgelöst, das katholische Pressewesen eingeschränkt, die Schulen entkonfessionalisiert, kirchliches Vermögen beschlagnahmt, katholische Privatschulen und katholisch-theologische Fakultäten geschlossen. Trotzdem nahm die katholische Bischofskonferenz im Juni 1938 hoffnungsvoll Verhandlungen mit Vertretern des Reichskommissars Bürckel auf. Ziel: Herstellung eines Modus Vivendi. Schon Anfang September brachen die Bischöfe die Gespräche ernüchtert ab. (Ähnlich erging es übrigens der traditionell deutschnationalen evangelischen Kirche.)[95]

Speziell in der katholischen Jugend war die Verbitterung über das unterwürfige Verhalten der Kirche groß. Da hatte man bis zuletzt für Österreichs Unabhängigkeit gekämpft, hatte begeistert an der Propaganda für Schuschniggs Volksabstimmung teilgenommen und war am Abend des 11. März geschlagen, aber erhobenen Hauptes abgezogen. Und dann dieser Verrat – denn so empfand man es – durch die Kirche, durch den Kardinal. Zudem entzog die Auflösung der katholischen Jugendverbände den Jugendlichen die organisatorische Basis. Aber im Rahmen der Pfarrjugend fand man neuen Zusammenhalt, konnte weiterhin aktiv bleiben.

Schon lange war es in der Erzdiözese Wien üblich, einmal im Jahr eine große religiöse Feier für die Jugend abzuhalten. 1938 sollte diese Veranstaltung im Rahmen des Rosenkranzfestes im Stephansdom stattfinden. Termin: Freitag, 7. Oktober 1938. Man warb im Diözesanblatt, wandte sich an die Pfarrer und Jugendseelsorger, versandte einige Plakate für die Anschlagtafeln und vertraute ansonsten auf die Mundpropaganda. 1500 bis 2000 Jugendliche war in etwa die Teilnehmerzahl, die sich die Organisatoren erhofften.

Gemeinsam mit ihren Geschwistern machte sich die achtzehnjährige Johanna Zeßner-Spitzenberg an diesem Freitagabend auf den

Weg zum Dom. Ihr Vater, ein bekannter Jurist und habsburgtreuer katholischer Aktivist, war zwei Monate zuvor im KZ Dachau ums Leben gekommen. Wie viele würden wohl den Mut haben, sich öffentlich zu deklarieren, fragte sich Johanna unterwegs voller Zweifel. Und dann, welche Überraschung! Auf dem Weg durch die Innenstadt: überall junge Menschen. Von allen Seiten strömten sie heran, drängten beim Hauptportal in die Kirche hinein. Auch Alfred Palka hatte sich mit Freunden an einer Straßenecke verabredet. Zu viert gingen sie zum Stephansplatz. Sie waren erstaunt von den vielen kleinen Grüppchen, die von allen Seiten zum Dom strebten. Die Rede ist von bis zu zehntausend Teilnehmern. Die überall verstreuten Gestapo-Spitzel und die verschämt im Hintergrund stehenden Grüppchen der HJ und SA müssen bestürzt gewesen sein über das, was sich hier abspielte.

Der Dom war so dicht besetzt wie selten je zuvor. Die Orgel spielte mit allen Registern. Von einer »unbeschreiblichen Stimmung« ist die Rede, von Spannung, Freude, Euphorie. Beim Lied »Auf zum Schwure, Volk und Land« hoben Tausende die Schwurhand. »Uns kann nichts passieren«, habe man gedacht, berichtet eine Teilnehmerin. »Gott passt auf uns auf!« So fühlte vielleicht auch der Kardinal. Entgegen der ersten Absicht sprach Innitzer nicht vom Altar aus. Die gewaltige Menge der Besucher animierte ihn, für seine Predigt die berühmte sechseckige gotische Kanzel in der Mitte des Langhauses zu benutzen. Abgemagert und mit eingefallenen Wangen habe er vor der Menge gestanden, schreibt Alfred Palka. Aber seine Augen hätten vor Freude gestrahlt.

Verschlüsselt waren die Worte des Kardinals, im üblichen Kirchenstil, aber mehr als klar für alle Anwesenden: Vieles, was sich die Jugend mit Idealismus aufgebaut habe, sei nicht mehr da, die alten Fahnen dürfe man nicht mehr tragen. Immer fester und standhafter möge man sich daher gerade in dieser Zeit zum Glauben bekennen, »zu Christus, unserem Führer und Meister«. Das war allerdings deutlich. Keiner unter den Anwesenden, der diese Worte nicht noch viele Jahrzehnte später in Erinnerung gehabt hätte. Und weiter: Auch wenn es einem noch so schwergemacht werde, man solle sich nicht irremachen lassen, nicht abfallen vom Glauben. Nicht alle hätten in den letzten Monaten verstanden, was die Bischöfe getan hätten. (»Ihr wisst, um was es sich handelt.«) Die Gläubigen mögen beten, dass der Heilige Geist sie wieder erleuchte. »Wir haben die Rede verstanden als klare, offizielle Absage des Kardinals an das nationalsozialistische Regime«, berichtet der damals achtzehnjährige Hermann Lein. Als die Jugendlichen ins Freie strömten, waren sie in ihrer Begeisterung nicht bereit, sofort ruhig nach Hause zu gehen. Dazu kam, dass sich am Rand des Stephansplatzes HJ-Grüppchen zeigten, die eifrig »Sieg Heil!« schrien. Damit waren möglicherweise sie es, die etwas provozierten, was die NS-Machthaber fassungslos gemacht haben muss: die erste und einzige antinationalsozialistische Massendemonstration während der NS-Zeit in Österreich. Erneut sangen die katholischen Jugendlichen »Auf zum Schwure«. Dabei reckten sie die rechte Hand wie zum Hitlergruß nach oben, aber mit gespreizten Schwurfingern. Alles zog zum Erzbischöflichen Palais. Sprechchöre: »Ein Volk, ein Reich, ein Bischof!«, »Wir wollen unseren Bischof sehen!«, »Lieber Bischof sei so nett, zeig dich am Fensterbrett!«, »Wir danken unserem Bischof!« Eine unerhörte Provokation, es waren Parodien auf jene Rufe, die in den Anschlusstagen Hitler gegolten hatten.

Der Kardinal – erfreut und beunruhigt zugleich – ließ rund zwanzig Minuten verstreichen, bis er endlich das Fenster öffnete und sich zeigte. Gewaltiger Jubel. Die Menge stimmte ein Lied an: »O du mein Heiland, hoch und hehr«. Innitzer, sichtlich gerührt, segnete die vor seinem Palais Versammelten. Dann machte er mit den Händen deutliche Zeichen: Man möge jetzt doch bitte gehen. »Am Heimweg«, so der damals zwanzigjährige Leopold Guggenberger, »waren wir alle wie von Euphorie betrunken.« Noch stundenlang sei man in der Innenstadt herumgezogen, habe kirchliche Lieder gesungen und Losungen gerufen. Und stänkernden HJlern eine »Abreibung« verpasst.

Die Rache des Regimes folgte unverzüglich. In seiner Samstagsausgabe stieß der *Völkische Beobachter* dunkle Drohungen gegen gewisse »Existenzen« aus. Die in der Innenstadt liegenden NS-Ortsgruppen erhielten am selben Morgen die Anweisung, sich für einen Einsatz bereitzuhalten. Kurz nach 20 Uhr am 8. Oktober waren im Erzbischöflichen Palais Nazi-Parolen, Nazi-Lieder und Drohrufe gegen Kardinal Innitzer vernehmbar. Die Demonstranten waren Jungen und junge Männer zwischen 14 und 25 Jahren, ungefähr fünfzig oder auch an die hundert, Hitlerjungen und Mitglieder benachbarter NS-Ortsgruppen. Auf Kommando ergoss sich ein Steinhagel über das Erzbischöfliche Palais. Sämtliche Fensterscheiben auf beiden Straßenseiten gingen zu Bruch.

Innitzers Sekretär Jakob Weinbacher forderte per Notruf die Polizei an. Dann vernahmen er und sein Kollege Franz Jachym Rufe: »Ho-Ruck!« Es folgten regelmäßige starke Stöße gegen das Tor. In höchster Eile brachten sie die geistlichen Schwestern, die den Haushalt des Kardinals führten, auf den Dachboden. Innitzer führten sie ins Matrikelarchiv und schlossen die eiserne Tür hinter ihm ab. Mittlerweile hatte der Nazi-Mob das Haustor gesprengt und war in den Hof eingedrungen. Die beiden Priester stellten sich den Anstürmenden entgegen. Sie schafften es vorerst, ihnen den Zugang zur Hauskapelle zu verwehren. Die Räumlichkeiten des Kardinals aber wurden verwüstet: Tische und Stühle, Luster, wertvolle Ölgemälde, Kreuze, Spiegeltüren, große venezianische Spiegel, Glastüren, schöne, alte Bücherschränke – alles mit Messingstangen und anderen geeigneten Instrumenten kurz und klein geschlagen. Bilder, Kleider, Birette, Tischdecken landeten auf der Straße, dort steckten Randalierer alles in Brand. Jachym wurde mit einem Bronzeleuchter ein Schlag auf den Kopf verpasst. Weinbacher zerrten sechs Leute durch das Vorzimmer zum Fenster: »Den Hund schmeißen wir beim Fenster hinaus!« Durch äußerste Kraftanstrengung konnte Weinbacher das verhindern. Dann, endlich, kam die Polizei. Die Eindringlinge verschwanden blitzartig. Gut vierzig Minuten hatte es vom Notruf bis zum Eintreffen des Überfallkommandos gedauert.

Auf der anderen, südlichen Seite des Stephansdoms liegt das Churhaus, der »Pfarrhof« von St. Stephan. Bei einem abendlichen Gang hatte Domkurat Johannes Krawarik Menschenansammlungen und

Lärm in der Nähe des Erzbischöflichen Palais wahrgenommen. Aber unbehelligt war er in seine Wohnung im Churhaus gelangt. Während er das Brevier betete, hörte er, wie der Lärm bedrohlich näher kam. Trotzdem öffnete er, als es an der Tür läutete. Unglücklicherweise. Er hatte gedacht, es sei eine der weiblichen Hausangestellten, die bei ihm Schutz suchen wollte, doch es waren die Demonstranten. Sie schleppten Krawarik auf den Gang und warfen ihn aus einem Fenster des ersten Stockes in die Tiefe. Er fiel auf einen Sandhaufen in einer Ecke des Hofes, einen Sturz auf das nackte Pflaster hätte er kaum überlebt. Seine Oberschenkel waren mehrfach gebrochen, eine Kniescheibe gespalten. Während er sich unter Schmerzen wand, donnerten links und rechts von ihm Glasscheiben zu Boden. Die Eindringlinge waren daran, das Churhaus zu verwüsten.

In den Zeitungen fand sich davon selbstverständlich kein Wort. Trotzdem sprach sich am Sonntag schnell herum, dass am Stephansplatz Schlimmes geschehen war. Ungefähr zehn katholische Aktivisten kamen infolge der Rosenkranzandacht in Haft, fünf von ihnen wurden im Dezember 1938 ins KZ Dachau verbracht. Eine weitere Antwort der Nazis war eine Massenkundgebung auf dem Heldenplatz mit angeblich 200 000 Teilnehmern. Transparente wie »Innitzer und Jud – eine Brut«, »Nieder mit Innitzer«, »Pfaffen an den Galgen« etc. waren zu sehen. Reichskommissar Bürckel hielt – dem Vernehmen nach in schwer alkoholisiertem Zustand – eine einstündige Hetzrede gegen die Kirche und den »politisierenden Katholizismus«. »Rein rednerisch die mieseste Kundgebung, die bisher aus dem Dritten Reich durch den Äther an unsere Ohren tönte«, schrieb die *Neue Zürcher Zeitung*. Anschließend zogen Zehntausende Kundgebungsteilnehmer am Erzbischöflichen Palais vorüber, Rufe wie »Zwei, drei, vier – Innitzer krepier!« auf den Lippen.[96]

In der Folge verschärften die Nationalsozialisten ihren Kampf gegen vermeintliche und tatsächliche Privilegien der katholischen Kirche deutlich. »Mit Rücksicht auf verschiedene Vorkommnisse der letzten Zeit und im Hinblick auf die Notwendigkeit der Erziehung der gesamten Jugend im nationalsozialistischen Geist« ordnete Bürckel am 17. Oktober die Schließung sämtlicher katholischer Privat-

schulen an. Weitere antikirchliche Maßnahmen im Schulbereich
und im katholischen Vereinswesen folgten Schlag auf Schlag.
Zugleich gab es eine massive Welle an Austritten aus der katholischen Kirche. Überzeugte Nazis, aber auch zahllose Opportunisten
bekundeten ihre nationalsozialistische Gesinnung, indem sie sich als
»gottgläubig« deklarierten. Die Angaben »konfessionslos« oder »ohne
Bekenntnis« waren allerdings verpönt. Ein kirchenungebundener
Glaube an Gott schien der NS-Ideologie angemessen, nicht hingegen
offener Atheismus oder Agnostizismus. Bereits im September 1938
hatte man verfahrensrechtliche Änderungen durchgeführt, um den
Austritt möglichst unbürokratisch zu gestalten und damit zu be-
günstigen. Das Gesetz über die Erhebung von Kirchenbeiträgen
wurde im April 1939 ebenfalls mit dem Hintergedanken erlassen,
Menschen zum Kirchenaustritt zu animieren, denn so konnten sie
der Bezahlung dieser Steuer entgehen. Insgesamt kehrten 1938/39 in
der Großstadt Wien rund 12 Prozent der Katholiken ihrer Kirche den
Rücken, im überwiegend ländlich-alpinen Salzburg waren es hingegen nur rund 3 Prozent. Auch sonst wendeten die Nazis das gesamte,
bereits aus dem Altreich bekannte und bewährte Repertoire an anti-
kirchlichen Maßnahmen an. Dazu gehörten Schauprozesse gegen
Geistliche wegen angeblicher oder tatsächlicher Devisen- und Sitt-
lichkeitsvergehen, Verbote von diversen kirchlichen Feiertagen, die
Einschränkung von kirchlichen Prozessionen, Maßnahmen gegen
unliebsame Priester und Ordensleute.

Die vielen österreichischen Klöster und deren oft beträchtlicher
Besitz weckten die Gier der Stellen von Staat und Partei. Besonders
radikal gingen die Nationalsozialisten in der Steiermark vor. Das Bene-
diktinerstift St. Lambrecht wurde bereits im März 1938 von SA und
SS überfallen und bald darauf beschlagnahmt. Ähnlich erging es den
Stiften Admont, Seckau, Vorau und Rein sowie weiteren 15 Männer-
und acht Frauenklöstern. In Oberösterreich hoben die Nationalsozialisten mit einer Ausnahme sämtliche Stifte auf. Von 34 Liegen-
schaften, die Orden und Kongregationen in Salzburg-Stadt besaßen,
wurden die allermeisten beschlagnahmt. Im Raum Wien war es das
mächtige Chorherrenstift Klosterneuburg, das die besondere Auf-

merksamkeit der Nazis auf sich zog. Es wurde sukzessive enteignet und schließlich Ende April 1941 aufgehoben. Diese Auflistung ließe sich fortsetzen. Insgesamt verfielen in Österreich 26 große Stifte und Klöster der Beschlagnahme und Aufhebung, dazu 188 kleinere Klöster und Klosterfilialen.

Mit dem Ausbruch des Krieges gegen die Sowjetunion ließ der antikirchliche Furor der Nationalsozialisten deutlich nach. Allzu große Unruhe in der katholischen Bevölkerung konnte und wollte Hitler sich nicht leisten. Die endgültige »Abrechnung« mit den »Pfaffen« verschob er, wie so vieles, auf die Zeit nach dem »Endsieg«.

Nicht zu übersehen ist bei allen Gegensätzen eine beträchtliche Werte- und Interessenskonkordanz zwischen Kirche und NS-Staat. Ernst Hanisch bezeichnet die Position der Kirche im NS-System als »außerordentlich ambivalent«. Sie sei stets ein partieller Bündnispartner des NS-Regimes gewesen und habe so mitgeholfen, das System zu stabilisieren. Denn letztlich war der Nationalsozialismus für die Kirche Obrigkeit. Und diese war, wie jede andere staatliche Gewalt auch, von Gott. Ihr war zu gehorchen – wie gerecht oder ungerecht sie auch immer sein mochte. Folgerichtig forderte das deutsche Episkopat in einem gemeinsamen Hirtenbrief zu Kriegsbeginn die katholischen Soldaten zum Gehorsam gegenüber dem Führer auf. Unter »Hingabe ihrer gesamten Persönlichkeit« hätten sie ihre Pflicht zu erfüllen. Im November 1941 veröffentlichten die österreichischen Bischöfe einen in allen Kirchen verlesenen Hirtenbrief über »Kirche und Bolschewismus«. Der Krieg gegen die Sowjetunion sei ein legitimer Kampf gegen den gottlosen Kommunismus. Dessen Sieg werde für die gesamte abendländische Kultur unabsehbare Folgen haben.

Bezeichnend für die zwiespältige Haltung der offiziellen Kirche war ihr beschämendes Schweigen, wenn es um das Leid der anderen ging: jenes Leid, das Jüdinnen und Juden zugefügt wurde. Zu den nationalsozialistischen Ausschreitungen im November 1938 konnte und wollte sie sich zu keinem Wort des Protests und des Mitgefühls durchringen.[97]

»REICHSKRISTALLNACHT«

Die Vorgänge in Österreich im Frühjahr 1938 hatten zu einer wesentlichen Radikalisierung der antijüdischen Politik der Nationalsozialisten geführt. Was im Deutschen Reich nach Hitlers Machtergreifung
mehrere Jahre gedauert hatte, wurde in Österreich innerhalb weniger Wochen vollzogen. Und zu einer wirklichen Beruhigung war es
auch nach den Anschlusspogromen vom März/April 1938 nicht gekommen. Laut Verordnung vom Juni 1938 waren jüdische Geschäfte
mit einem Davidstern oder der Aufschrift »Jude« zu markieren. Im
August folgte die Verordnung, dass Juden und Jüdinnen ihren Namen die Vornamen »Israel« oder »Sarah« hinzufügen mussten. Und
schließlich hatten sie sich ab Anfang Oktober ein »J« in ihren Reise-
pass stempeln zu lassen.[98]

Während des jüdischen Versöhnungstages (Jom Kippur) Anfang
Oktober 1938 veranstalteten die Wiener Nationalsozialisten in den
westlichen Bezirken der Stadt pogromartige Ausschreitungen. Zahlreiche Familien wurden gnadenlos aus ihren Wohnungen geworfen.
Ähnliches wiederholte sich in den nachfolgenden Wochen in anderen Stadtteilen, vor allem in der Leopoldstadt. Zudem schändeten die
Nazis jüdische Tempel, verwüsteten Geschäfte, misshandelten Menschen. Im Streit über den Status von in Deutschland lebenden polnischen Juden, denen Polen in einem überraschenden Willkürakt die
Staatsbürgerrechte entzogen hatte, ordnete Hitler Ende Oktober drakonische Maßnahmen an. Überraschend wurden rund 17 000 der im
Reichsgebiet lebenden Juden polnischer Staatsangehörigkeit abgeschoben. Die Unglücklichen mussten tagelang im Niemandsland ausharren, bis Polen schließlich die Grenzen öffnete.[99]

Am 3. November erfuhr der sich in Paris aufhaltende siebzehnjährige Herschel Grynszpan vom Schicksal seiner von dieser »Judenevakuierung« betroffenen Eltern und Geschwister. Daraufhin begab
er sich am 7. November auf die deutsche Botschaft und feuerte mit
einem Trommelrevolver fünfmal auf den Legationssekretär Ernst
vom Rath. Er verletzte ihn so schwer, dass er zwei Tage später starb.

Grynszpan nannte Rache und »Protest gegen die Barbarei Hitlers«
als Motiv. Goebbels erkannte das Potential, das diese unbedachte Tat
barg. Er ließ Rundfunk und Presse entsprechend instruieren. Das
wirkte: Während Rath noch mit dem Tod rang, kam es zu ersten
antisemitischen Ausschreitungen.[100] Die Nachricht vom Ableben Raths kam am Nachmittag des 9. November 1938. Am Abend trafen sich die »Alten Kämpfer« der NSDAP,
die wie jedes Jahr zur Erinnerung an den Hitlerputsch von 1923 in
München versammelt waren, zu einem Empfang im Alten Rathaus.
Hitler gab bei dieser Gelegenheit Goebbels den Auftrag, die »Demonstrationen weiterlaufen« zu lassen. Die Polizei solle sich zurückziehen, die Juden »einmal den Volkszorn« zu spüren bekommen, wie
Goebbels in seinem Tagebuch vermerkte. Der Propagandaminister
hielt gegen 22 Uhr eine Rede. Seine Notiz: »Stürmischer Beifall. Alles
saust gleich an die Telephone. Nun wird das Volk handeln.« Anwesend war auch Wiens Gauleiter Globocnik. Goebbels habe ausgeführt, berichtete er, dass es nach diesem Mord zu einer »entsprechenden Reaktion aus dem Volke« kommen müsse. »Er gab (...) die
Weisung, dass Aktionen größten Stils mit vollkommen freier Hand
für jedermann gegen Juden einzutreten haben, die mit einer entsprechenden Vernichtung des jüdischen Besitzes enden sollten. Ich tele-
phonierte an meine Dienststelle nach Wien, dass Aktionen demons-
trativer Art stattzufinden hätten unter der Beifügung, dass das
Tragen von Uniformen während dieser Aktion strengstens verboten
ist.«[101]

Spätnachts läutete in der Wohnung des zweiundzwanzigjährigen
SS-Mannes Albert Massiczek das Telefon. Am Apparat sein Schar-
führer: »Du hast sofort in Zivil im Sturmlokal zu erscheinen. Pistole
ist mitzunehmen. Juden, die du unterwegs triffst, sind umzulegen.«
Massiczek: »Jawoll, ich komme!« Massiczek, der sich bereits zu diesem Zeitpunkt innerlich von der SS abgewandt und einer Widerstandsgruppe angeschlossen haben will, ließ sich Zeit. Auf seinem
Weg quer durch die Stadt nahm er Brandgeruch wahr. In der Tempelgasse in Wien-Leopoldstadt stand die Synagoge in Flammen. Innere Stadt: Gruppen dunkler Männergestalten, weitere Brände, split-

ternde Auslagenscheiben. In der Mariahilfer Straße wurde der Lärm klirrenden Glases stärker. Es dämmerte bereits, als er in seinem Sturmlokal eintraf. Dort wurde er in ein Kommando eingeteilt. »Auftrag: Demolieren, Terrorisieren.« Anhand von vorbereiteten Listen ging es von Tür zu Tür. Verängstigte Menschen öffneten. Die SS-Leute stürmten die Wohnungen. Unbeobachtet von seinen Kameraden versuchte Massiczek, in dem ihm zur Zerstörung zugeteilten Zimmer möglichst behutsam eine möglichst echt wirkende Verwüstung anzurichten. Dem anwesenden alten jüdischen Herrn gab er mit einer beschwichtigenden Geste zu verstehen, dass er ruhig bleiben solle. Nebenan schrecklicher Krach und das Geschrei gequälter Menschen. Trotzdem hatte Massiczek das Gefühl, keineswegs der einzige unter seinen Kameraden zu sein, dem die Sache unangenehm war. Einer von diesen schaute mit bleichem Gesicht zu ihm herein: »Schade um die Sachen!« Massiczek: »Ruhmestaten sind das keine!«[102]

Ob tatsächlich so viele SS-Leute durch diese feigen Angriffe auf Wehrlose demoralisiert wurden, wie Massiczek behauptet, lässt sich nicht belegen. Ernst Benedikt, der frühere Herausgeber und Chefredakteur der *Neuen Freien Presse,* gewann am 10. November und an den Folgetagen einen vollkommen anderen Einblick in das Wesen der SS-Leute: »Ich habe dem Satan mitten hinein in seine Küche gesehen. Ich habe seine Helfer kennengelernt: Aug in Aug stand ich ihnen gegenüber – ihrer glühenden Bosheit, ihrem grinsenden Hohn, ihrer zähnefletschenden Misshandlungslust.« Am Vormittag des 10. November erschien ein Wachmann am Tor seiner Villa. Benedikt möge auf das Kommissariat Grinzing kommen. Genaueres wisse er nicht, aber es handle sich möglicherweise um eine Ausweisleistung. Benedikt, nichts Übles ahnend, machte sich auf den Weg. Wie er trafen nach und nach weitere Leute ein, die ebenfalls herbefohlen worden waren, ohne den Grund zu kennen. Nach kurzem Verhör hieß es warten, stundenlang. Schließlich ging es in ein anderes Kommissariat, weiteres Warten. Selbstverständlich, ohne etwas zu essen oder zu trinken zu bekommen.

Abends erschien die SS. Sie hetzte die Gefangenen mit Schreien, Schlägen, Tritten, Hieben in Transportwagen, prügelte sie nach rascher Fahrt aus den Fahrzeugen in einen riesigen Saal, der vorläufig noch leer war, eine Reitschule der Polizei in der Pramergasse in Wien-Alsergrund. Benedikt und seine Leidensgefährten, ungefähr 15 Personen, mussten an der Wand Aufstellung nehmen. In tiefer Kniebeuge mit ausgestreckten Armen hatten sie ihre Personendaten mitzuteilen. Von Minute zu Minute kamen nun mehr Menschen an – »totenblass, nach Atem ringend, von Angst erschüttert«. Gesprächen mit Mitgefangenen entnahm Benedikt, welches Glück er selbst gehabt hatte. Denn er war bisher vergleichsweise schadlos davongekommen. Viele seien im Morgengrauen aus den Häusern geholt oder auf der Straße verhaftet worden. In Kellern habe man sie gequält, infame, perverse Szenen hätten sich hier abgespielt. So seien Leute gezwungen worden, eineinhalb Stunden lang zu wippen. Und wer nicht mehr gekonnt habe, wem der Atem, die Kraft ausgegangen sei, der sei brutal verprügelt worden.

Zur Masse der im Laufe der Nacht in die Reitschule Verschleppten gehörte auch ein siebzehnjähriger Mittelschüler, Reinhold Eckfeld. Er war vormittags auf der Straße einer SS-Sperre in die Hände gelaufen, verhaftet, auf ein Polizeikommissariat eingeliefert und dort verhört worden. Nach Einbruch der Dunkelheit war es mit den Abtransporten losgegangen. Ein lärmender Mob auf der gegenüberliegenden Straßenseite hatte dem brutalen Verladen der Juden mit Schadenfreude und unter Hohnrufen zugesehen. Im Hof des Polizeigebäudes Pramergasse mussten die Gefangenen dann einen regelrechten Spießrutenlauf absolvieren. Blutend kam Eckfeld in der Reithalle an. »Ermattet stehen wir da, gebückt, mit dem Ausdruck der Müdigkeit, des Hungers und des verfolgten, gehetzten und gejagten Tieres in den Augen.« Immer neue Transporte langten ein. Sukzessive ließ die Lust der Polizei und SS am Prügeln nach. Man war müde, begnügte sich schließlich mit dem Anschreien der Opfer. Müde, sehr müde waren auch die Gefangenen. Manche brachen zusammen.

Um halb drei Uhr morgens (11. November) hieß es plötzlich: »Alle über 60 und unter 18 sollen nach vorne kommen.« Dazu gehörte auch Eckfeld. Ihm ging auf, dass es um die Entlassung gehen könnte. So war es. In langen Doppelreihen wurden die Jungen und die Alten zum Tor geführt. Schließlich ein Offizier:»Und wenn man euch jetzt sagt, marsch, dann rennts davon so schnell ihr könnts, wer zurückbleibt, den holen wir uns nochmal zurück!« Auf Kommando hetzte Eckfeld mit den anderen in Panik durch die Pramergasse. Irgendwann fand er sich auf einsamer Straße in der herbstkalten Nacht wieder und eilte weiter, kam glücklich zu Hause an. Eines war ihm klargeworden –»dass ich gehen müsste, unter allen Umständen«.

Den sechsundfünfzigjährigen Ernst Benedikt hingegen verfrachtete man am 12. November unter Drohungen, Geschrei und Schlägen mit seinen Mitgefangenen in die Kenyongasse, eine leerstehende ehemalige Klosterschule in Wien-Neubau, die vorübergehend in einen Notarrest umgewandelt worden war. Hier wurden die Gefangenen gruppenweise in Schulklassen gesperrt. Sie hatten über mehrere Tage eine Art militärisches Training unter Aufsicht der SS zu absolvieren. Kein Bett, keine Pritsche, keinen Strohhaufen zum Ausruhen gab es für die Gefangenen, so gut wie nichts zu essen, wenig zu trinken. Dazu ständig Quälerei, Demütigung, Folter.

Am Dienstag, dem 15. November, wurden all jene, die ein Visum oder Affidavit besaßen, von der Gestapo registriert. Auch Benedikt zählte dazu. Nach schweren Misshandlungen und einem kurzen Aufenthalt in einer Zelle des Landesgerichts wurde er freigelassen. Insgesamt 2062 Menschen waren in der Kenyongasse inhaftiert worden, fünf von ihnen ermordete die SS, mindestens einer verübte Selbstmord. Jene Unglücklichen, die über keine Ausreisepapiere verfügten, kamen nach Dachau.[103]

Ähnlich wie in Wien trommelten in der Nacht vom 9. auf den 10. November überall im Reich die aus München telefonisch instru ierten lokalen Führer ihre Leute zusammen. Getragen wurde die Aktion im Wesentlichen von den Horden der SA und SS, die zur Tarnung in Zivil auftraten. Wenn es ohne Gefährdung von Nebengebäuden möglich war, wurden Synagogen und sonstige jüdische Einrichtungen in Brand gesteckt oder demoliert, Geschäfte jüdischer Besitzer zerstört, jüdische Wohnungen überfallen und verwüstet, ihre Bewohner gedemütigt, malträtiert, geschlagen, misshandelt oder gar ermordet. Polizei und Feuerwehr waren angewiesen, den Ausschrei-

tungen tatenlos zuzusehen. Man hatte nur darauf zu achten, dass
keine »arischen Volksgenossen« in Mitleidenschaft gezogen wurden,
dass es nicht zu Plünderungen kam und die gelegten Feuer nicht auf
andere Gebäude übergriffen.[104]

Wien, wo über 90 Prozent der österreichischen Juden lebten, war
der Brennpunkt des Novemberpogroms in der Ostmark. Der Nazi-
Mob zerstörte hier insgesamt 42 Synagogen und Bethäuser, darunter
einzigartige Baudenkmäler wie die herrliche Synagoge der sephar-
dischen Gemeinde oder den imposanten Leopoldstädter Tempel. Die
Anzahl der während des Novemberpogroms in Wien getöteten Juden
dürfte zwischen 20 und 30 liegen. Dazu kamen mindestens 41 Selbstmorde von Wiener Juden während oder als Folge des Pogroms. Die
häufig kolportierte Zahl von 680 Selbstmorden allein in Wien ist
weit übertrieben. Die Menge der in Wien verhafteten Juden wird in
der Literatur meist präzise mit 6547 angegeben, in der restlichen Ostmark sollen es weitere rund 1250 gewesen sein. Aus Wien kamen
rund 3000 Verhaftete ins KZ Dachau, aus dem restlichen Österreich
weitere rund 750. Sie kehrten durch brutale, unmenschliche, sadistische Behandlung gebrochen und traumatisiert zurück, sofern sie
nicht im Lager umkamen. Kalkül dieser unmenschlichen Behandlung war es, sie und ihre Familien zu zwingen, alle nur erdenklichen
verzweifelten Schritte in Richtung Auswanderung zu unternehmen.
Oftmals war die Entlassung aus einem KZ direkt an die Bedingung
geknüpft, gültige Ausreisepapiere vorzuweisen.[105]

Während die Pogrome am 10. November andauerten, äußerten
viele NS-Führer Unmut und Proteste. Schließlich wurden die Aktionen eingestellt. Am 12. November fand eine von Göring einberufene
Konferenz statt, um die Schäden zu bilanzieren und die weitere Vorgehensweise zu klären. Die Zerstörung von Sachwerten war enorm.
Die Versicherungsschäden beliefen sich auf 225 Millionen Reichsmark, allein der Glasbruch ging in die Millionen. Am selben Tag erließ Göring eine »Erste Verordnung zur Ausschaltung der Juden aus
dem deutschen Wirtschaftsleben«, die bis Ende des Jahres vollzogen
sein sollte. Zudem erlegte man den Juden eine »Sühneleistung«
(im Beamtendeutsch »Judenvermögensabgabe«) von einer Milliarde

Reichsmark auf, die nach einer weiteren Aufstockung bis Mitte 1939 insgesamt 1,13 Milliarden Reichsmark in die Staatskassen schwemmte. Die Leistungen der Versicherungen beschlagnahmte ebenfalls der Staat.[106]

Berichten zufolge beteiligten sich immer wieder auch »einfache« Deutsche und Österreicher an den Ausschreitungen, speziell an den zahllosen Plünderungen. Die Mehrheit war allerdings beschämt, entsetzt und abgestoßen. Es gibt Beispiele mutiger, selbstloser Hilfeleistung, die meisten Menschen aber verhielten sich trotz aller Abscheu passiv. Zu groß war die soziale Isolation der Juden bereits geworden. Von lautstark geäußerter Empörung war nichts zu merken, stattdessen verstärkte sich die Tendenz zum Verstummen, Verdrängen, ostentativen Wegsehen. Die NS-Herrscher zogen aus diesem Verhalten ihre Lehren für die weitere Behandlung der »Judenfrage«. Ab nun wurde die Verfolgung immer mehr Sache von Polizei und SS, die im Stillen, dafür umso effizienter arbeiteten.[107]

Wie Reinhold Eckfeld und Ernst Benedikt gelangten sämtliche im Machtbereich Hitlers lebende Juden während des Novemberpogroms zu einer bitteren Einsicht: In diesem Land waren sie nicht nur Menschen zweiter Klasse, in diesem Land waren sie ihres Lebens nicht mehr sicher. Sie mussten weg. Aber wohin? Die Bereitschaft zur Öffnung der Grenzen war international gering und blieb es weiterhin. Immerhin lockerte die britische Regierung ihre Haltung ein wenig. Sie war bereit, Kinder jüdischer Herkunft aus Österreich und Deutschland im Alter unter 17 Jahren aufzunehmen. Bedingung: Sämtliche Kosten mussten durch private Mittel gedeckt sein. Die Auswahl der Kinder übernahm die Wiener Kultusgemeinde, um »nichtarische« Christen kümmerte sich die religiöse Gemeinschaft der Quäker. Rund 10 000 Kinder aus Österreich, Deutschland, später auch der Tschechoslowakei und Polen, gelangten bis Kriegsbeginn nach Großbritannien. Die meisten von ihnen kamen bei britischen Pflegeeltern unter. Weniger Glückliche landeten in Heimen. Aber der »Kindertransport« rettete sie alle vor dem Holocaust.[108]

Die 43 Jahre alte Wienerin Franziska Tausig wurde von der Kultusgemeinde per Expressbrief überraschend benachrichtigt, dass in einem von den Quäkern organisierten Transport ein Platz für ihren Sohn Otto frei wäre. Der Zug sollte am selben Abend abfahren. Die Szenen, die sie beim Abschied mit ansah, waren herzzerreißend. »Junge Väter kamen mit Milchflaschen, Windelpaketen und Gummitieren. Auf dem Bahnsteig übergaben sie einer der Frauen in Schwesterntracht den Säugling oder das Kleinkind. Eine Frau kam mit einem Dreijährigen, der so jammerte, dass es einem das Herz umdrehte.« Der sechzehnjährige Otto hielt sich tapfer. »Unser Junge schaute mit anderen Kindern zum Waggonfenster heraus. Ohne zu wissen, was ihn erwartete, wohin er kommen würde, wer ihn aufnehmen würde, ohne Geld, mussten wir ihn wegschicken. Denn jede Stunde war eine tödliche Gefahr.« Die Eltern liefen dem Zug nach, solange es ging, winkend, weinend.[109]

Es gab noch eine weitere Chance, aus dem Herrschaftsbereich Hitlers auf die britische Insel zu gelangen. 1938/39 konnten beinahe 15000 jüdische Frauen aus der Ostmark (und weitere 5000 aus dem Altreich) nach England emigrieren. Der Hintergrund: chronischer Mangel an Dienstmädchen. So war es vielen jüdischen Frauen trotz der ansonsten strengen Einwanderungsbestimmungen möglich, mit einem *domestic permit* eine Stelle als Hausangestellte in England zu finden – und so der Vernichtung zu entgehen.[110]

Bis Kriegsausbruch verließen 126481 Juden das Land. 55505 fanden Aufnahme in einem europäischen Staat, davon mehr als die Hälfte in Großbritannien. 28615 kamen in den USA unter, 11580 in Ländern Mittel- und Südamerikas, 9195 in Palästina, 18124 in China (Schanghai), die übrigen in anderen Ländern Asiens, in Australien, Neuseeland und Afrika.[111]

AUGUST '39

Leo Langnas hatte im Mai 1939 ein Visum für Kuba ergattert. Er allein. Sein Plan: Er wollte via Kuba in die USA gelangen und dann seine Familie nachholen. Die Reise mit der MS St. Louis wurde zu einem Drama, das weltweit Aufsehen erregte. Denn den 936 Passagieren

– fast durchweg deutsche Juden – wurde es verweigert, in Havanna an Land zu gehen. Der kubanische Präsident hatte es sich anders überlegt. Leo fand nach langer Irrfahrt Aufnahme in England. Mignon Langnas war in Wien zurückgeblieben. Gemeinsam mit der sechsjährigen Manuela (»Molly«) und dem vierjährigen Georg lebte sie bei ihren kränklichen Eltern in deren Wohnung in Wien-Leopoldstadt. Der Zustand der 67 Jahre alten Mutter, Charlotte Rottenberg, verschlechterte sich Tag für Tag. Diagnose: Krebs. Regelmäßig musste Mignon ihr Morphium geben, damit sie die Schmerzen einigermaßen ertragen konnte. Zu dieser Zeit begann Mignon, ihre Gedanken und Gefühle einem Tagebuch anzuvertrauen. Die Einträge erzählen von den schier unerträglichen Qualen, Zweifeln und Ängsten, die sie durchstehen musste. Mitte Juli 1939 wäre der kleine Georg beim Baden im Donaukanal fast ertrunken. Und sie mit ihm, als sie ihn aus dem Strom zu reißen versuchte. Am furchtbarsten für sie: »Als die Leute am Ufer uns versinken sahen, die Mutter und das Kind, rührte sich kein Mensch, obwohl die meisten Schwimmer waren – weil sie sahen, dass ich Jüdin bin!«

Gemeinsam mit Freunden suchte sie Möglichkeiten zur Ausreise. In erster Linie ging es ihr darum, die Kinder so rasch wie möglich in Sicherheit zu bringen. Sie selbst wollte bei den Eltern bleiben, bis diese ihr Visum bekommen würden. Ende Juli gelang es ihr, den Antrag auf Ausstellung eines Passes für die Kinder einzureichen. Von halb sieben Uhr morgens bis ein Uhr mittags musste sie dafür in der Prinz-Eugen-Straße (»Zentralstelle für jüdische Auswanderung«) anstehen.[112]

Richard Ruffingshofer hatte im Januar 1939 erfahren, dass er und viele seiner Kollegen vom Postsparkassenamt mit der Versetzung ins Altreich rechnen mussten. »Keiner will gehen«, schrieb er. »Jetzt wissen wir erst, was wir in Wien alles verlassen müssten!« Jedenfalls hatte er sich in Reaktion auf die mögliche Versetzung zu einem längst fälligen Schritt entschlossen, zur Heirat mit seiner langjährigen Freundin Elfi. Als Junggesellen wäre es ihm bei einer Versetzung schlecht ergangen. Im Frühjahr hielt Ruffingshofer sich zwei Monate zu einem Kurs für Assessoren im Reichspostzentralamt in Berlin auf.

Diese Gelegenheit nutzte er, um die Reichshauptstadt kennenzu-
lernen. Nicht schlecht, aber um wie viel schöner war doch Wien.
Sosehr er Wien auch liebte, schließlich musste er doch ins Reich.
Am 1. Juli 1939 trat er seinen Dienst in Kassel an: freundlicher Empfang, angenehmer Dienst, nettes Zimmer, schöne Stadt, schöne Umgebung, gute Museen. Was konnte man mehr wünschen? Ab August
machte Ruffingshofer Dienst im Postamt des reizenden Universitäts-
städtchens Marburg an der Lahn. Ein halbes Jahr sollte er hier bleiben. Elfi kam für 14 Tage zu Besuch. Am Donnerstag, 24. August,
traf eine schreckliche Nachricht von zu Hause ein: Die Mutter war
an einem Gehirnschlag gestorben. Überstürzte Reise nach Wien. Am
Sonntag musste er schon wieder zurück an seine Dienststelle. Die
Züge waren restlos überfüllt. »Alles spricht von der Möglichkeit eines
Krieges wegen Danzig. Ich vertraue dem Führer, sein Genius wird
alles zum Guten wenden.«[113]

Hans Piscator und seiner Ehefrau Gerti gefiel es in Breslau. Trotzdem wären sie liebend gerne in die Heimat zurückgekehrt. Bei einem
Besuch im Spätfrühling 1939 hatte sich überraschend eine Gelegenheit dazu ergeben. Kreisleiter Rentmeister in Perchtoldsdorf, wie
Piscator ein Uralt-Nazi, hatte einen Posten für ihn: Kreiskassenleiter
im Kreis V. Da gab es kein Überlegen. Im August stand die Rückkehr
an. Piscators Schwiegervater war als NS-Parteigenosse nach dem
Anschluss Verwalter der gemeindeeigenen Wohnhäuser geworden.
Wen überrascht es, dass unter diesen Umständen schnell eine schöne
Gemeindewohnung in Mauer bei Wien gefunden war? Man übersiedelte, richtete sich ein. Am 1. September 1939 sollte Piscator sein
neues, verantwortungsvolles Amt antreten.[114]

Stephanie Johne fuhr Anfang August in den Urlaub nach Osttirol,
wie so oft in den vorangegangenen Jahren. In Osttirol hatte sie vor
ein paar Jahren auch ihren gegenwärtigen Freund kennengelernt,
Pepo, einen angehenden Mediziner. Eine schwierige Beziehung. Sie
litt an seinen schwankenden Stimmungen, changierend zwischen
heftigen Gefühlsausbrüchen und kühler Gleichgültigkeit. Mag sein,
dass es Pepo mit ihr ähnlich erging. Jedenfalls taten beide alles, um
sich gegenseitig eifersüchtig zu machen. Und Eifersucht war wohl

der Grund, aus dem Steffi um den 20. August herum überraschend
abreiste. In Wien stürzte sie sich sofort in eine Romanze mit einem
Heurigensänger. Am 22. August notierte sie den Nichtangriffspakt
zwischen Deutschland und Russland:»Die Welt steht Kopf.« Aber
Steffi hatte vorläufig noch anderes im Sinn. Sie dachte intensiv darüber nach, ob nicht eine »kleine Liebesaffäre« ganz nett sein könnte.
Aber irgendwo war da eine »moralische Stimme«, die ihr abriet.
Ganz verdrängen ließen sich die Weltereignisse ohnehin nicht. Am
26. August fragte Steffi Johne sich sorgenvoll, was wohl die Zukunft
bringen werde. Am 27. August notierte sie, dass viele Männer jeden
Alters einen Einrückungsbefehl erhalten hätten. 28. August: Bezugskarten für die wichtigsten Lebensmittel würden ausgegeben, ärger
als in Russland sei das. Aber das dürfe man gar nicht laut sagen, denn
die vor kurzem noch verteufelten Russen seien mit einem Mal die
besten Freunde.»Direkt zum Lachen, wenn es nicht so traurig wäre.
Das Lachen wird uns allen schon vergehen. In den Straßen herrscht
eine unheimliche Ruhe.«[115]

Als die Nachricht vom deutsch-sowjetischen Nichtangriffspakt am
21. August 1939 spätabends im Radio gesendet wurde, herrschte Fas-
sungslosigkeit. Man wollte seinen Ohren nicht trauen. Verwandte,
Bekannte, Freunde riefen einander an, um die unfassbare Neuigkeit
so rasch als möglich loszuwerden. Am nächsten Tag machte sich ein
allgemeines Gefühl großer Erleichterung breit. Damit sei die Gefahr
eines großen Krieges wegen Danzig und Polen gebannt. Ohne Russland seien die Westmächte zum Krieg gegen Deutschland nicht in der
Lage. Sie würden dankbar jede Gelegenheit ergreifen, sich zurückzuziehen. So dachte man allgemein, und so dachte auch der fünfund-
dreißigjährige Josef Schöner, ein den Nazis nicht genehmer Diplomat,
der im März 1939 in den Ruhestand versetzt worden war und nun in
der Verwaltung der Gastronomiebetriebe seiner Eltern arbeitete.

Rasch seien Witze kolportiert worden, berichtet Schöner. Ob die
Sowjetunion nun wohl dem Antikominternpakt beitreten werde? Ob
»Mein Kampf« in einer gereinigten Version herauskommen werde?
Ob man jetzt den Text der »Internationale« auswendig lernen müsse?
Ganz verwegene Witzbolde grüßten im Büro mit »Rotfront!« und er-

hobener Faust. Diese angestrengte Lustigkeit war, beobachtete Schöner, zwei Tage später verflogen. Eine Kriegsfurcht bemächtigte sich
der Menschen, die jene vom September 1938 (Sudetenkrise) weit
übertraf. Schöner am 25. August: »Ich bin recht trauriger und pessi-
mistischer Stimmung, alles was ich tue, kommt mir so verzweifelt
nutzlos und unsinnig vor.« 28. August: Das Geschäftsleben stockte
gänzlich, viele Läden waren wegen einer verordneten Bestandsauf-
nahme geschlossen, Bezugskarten wurden ausgegeben. Fatalistische
Ruhe und Abwarten herrschten vor. »Jedermann hat, nicht zuletzt
wegen der fabelhaft und bis aufs letzte durchorganisierten Vorbereitungen und Erfassungen das Gefühl, in einer unentrinnbaren Lage
zu sein, aus der es eben keinen Ausweg gibt.« Niemand habe demonstriert, weder für den Krieg noch dagegen.[116]

Von Juli bis Mitte August 1939 arbeiteten Oswald Sint und andere
Männer seines Dorfes im Holzschlag. Weil der Weg heim jeden Abend
zu weit gewesen wäre, hausten sie in einer selbstgebauten Rinden-
hütte auf einer kleinen Lichtung im Wald. Die Arbeit war gefährlich
und beschwerlich wie seit jeher. Aber im Gegensatz zu früher ließ
sich nun gutes Geld damit verdienen. Mit dem Anschluss hatte die
Nachfrage nach Holz deutlich zugenommen. Als man am Abend
des 25. August gerade einen für das Dorf sehr günstigen Holzhandel
begießen wollte, traf überraschend eine Nachricht ein: der Befehl
für eine Reihe von Männern, sich unverzüglich in der Franz-Joseph-
Kaserne in Lienz einzufinden. »Oho!«, hieß es. »Was ist? Wird Krieg?«

Einer der Betroffenen war Oswald Sint. Er verabschiedete sich
bald von den anderen und machte sich in der Dunkelheit auf den
Weg. Unterwegs besuchte er das Grab seiner Mutter, die zum Ende
des letzten Krieges an der Spanischen Grippe gestorben war. Halblaut
sprach er zu ihr: »Mutter, wenn du etwas drüben zu gelten hast,
schau auf mich, meine Frau und die fünf kleinen Kinder. Ich muss
jetzt höchstwahrscheinlich in den Krieg gehen.« Es war Mitternacht.
Oswald Sint lenkte seinen Schritt heimwärts und nicht zur Bahnhaltestelle, um mit dem nächsten Zug nach Lienz zu fahren, wie es
eigentlich seine Pflicht gewesen wäre. »So schnell schießen die Preußen nicht!«, dachte er.[117]

Illusionen / 1939–1942

SEPTEMBER '39

Freitag, 1. September 1939, Badetag im Kinderfreibad im Reinlpark im 14. Wiener Gemeindebezirk. Der elfjährige Oberschüler Günther Doubek wollte das warme, sonnige Wetter nutzen, um ein letztes Mal vor Schulbeginn zu baden. Er war zu früh dran, das Bad noch geschlossen. So saß er auf dem Geländer und wartete. Schaute der Besitzerin des Ladens gegenüber zu, die Obst in die Gassenregale schichtete. Plötzlich öffnete sich das Fenster über dem Geschäft. Eine Frau stellte ein großes Radiogerät auf die Fensterbank. Dann rief sie mit lauter Stimme auf die Straße: »Der Führer spricht!«

Um besser zu hören, wechselte Günther die Straßenseite, setzte sich unmittelbar unter dem Fenster mit dem Radio auf eine leere Obstkiste. Nach und nach sammelten sich Passanten, um zuzuhören. Die Leute unterhielten sich über das Gesagte, redeten durcheinander. Günther war unglücklich, er bekam kaum die Hälfte der Führerrede mit. Die Greißlerin sah seine Not, winkte ihn ins Geschäft und schickte ihn in die Küche, wo ein Radio lief. Nun hörte er alles ganz genau. Hörte jene berühmt-berüchtigte Passage, die den Beginn des Weltenbrandes markierte: »Polen hat nun heute Nacht zum ersten Mal auf unserem eigenen Territorium auch durch reguläre Soldaten geschossen. Seit 5 Uhr 45 wird jetzt zurückgeschossen! Und von jetzt ab wird Bombe mit Bombe vergolten!« Als die Rede geendet hatte, sagte die Ladenbesitzerin mit fast tonloser Stimme: »Also doch ein Krieg, und ich habe zwei Buben.« Günther Doubek konnte das nicht verstehen. Er kannte die beiden, der eine beim RAD, der andere in der sechsten Klasse. Sie waren doch noch viel zu jung für die Wehrmacht. Günther hatte nicht den geringsten Zweifel, dass dieser Krieg in wenigen Wochen zu Ende sein würde. Wie also sollten sie noch einberufen werden? Den Rest des Vormittags verbrachte Günther unbeschwert mit seinen Freunden im Bad. Seine größte Sorge: Das Fußballspiel am Sonntag könnte wegen des Krieges abgesagt werden.[1]

Josef Schöner hörte Hitlers Rede in einem Lokal, das gepackt voll war von Zuhörern. »Alles mit ernster Miene, kein Beifall.« Auf dem Stephansplatz hatten sich Passanten um einen Lautsprecher geschart. Längst nicht alle hoben beim Abspielen des Deutschlandliedes die Hand zum Hitlergruß. Die Stimmung war gedrückt. Vage Hoffnung gab es auf einen kurzen, lokal begrenzten Krieg. Nicht die Spur von Begeisterung, wie einst 1914. Man schickte sich ins Unvermeidliche. Kommentare gab man lieber nicht ab, zumindest nicht öffentlich. Drakonische Strafen für Defätismus und das Abhören von ausländischen Radiosendern waren angedroht worden.[2]

Am Abend besprachen die Erwachsenen in der Doubek-Wohnung die Lage. Bald werde es auf alles Bezugsscheine geben, meinte Günthers gutinformierter Onkel Fritz. Und ob es die Engländer und Franzosen wegen Polen tatsächlich zum Krieg kommen lassen würden? Günthers Vater wollte es kaum glauben. Fritz warf ein, dass es doch irgendwann aufhören müsse mit dem »Heimholen« von Deutschen. In anderen Ländern gebe es schließlich auch noch welche. Wer käme als Nächstes dran? Günther, der führergläubige Hitlerjunge, tat unbeteiligt, starrte angestrengt in sein Buch und spitzte zugleich die Ohren. Irgendwann sagte seine Mutter »Schindeln am Dach«, ein von den Erwachsenen vereinbarter Code. Man wechselte das Thema.[3]

Zwei Tage später, am Sonntag, erklärten England und Frankreich Deutschland den Krieg. Günther Doubek verbrachte den Sonntagnachmittag auf der sogenannten Hütteldorfer Pfarrwiese, dem Fußballstadion des Sportklubs Rapid. Er sah zwei Spiele mit vielen Toren. In der Pause wurde überraschend der Lautsprecher eingeschaltet. Marschmusik. Dann eine Stimme: »Wir bringen eine Sondermeldung aus dem Führerhauptquartier.« Neben Günther stand ein Unteroffizier in Wehrmachtsuniform. Laut und lustig rief er: »Die werden doch nicht Warschau erobert haben, bevor ich in Polen bin.« Der Lautsprecher verkündete, dass die Reichsregierung das englische und französische Ultimatum zurückgewiesen habe und sich die beiden Verbündeten daraufhin als mit dem Deutschen Reich im Kriegszustand befindlich erklärt hätten. Während der Verlautbarung waren die Gespräche verstummt. Nach einigen Schrecksekunden begannen die Matchbesucher gedämpft, das Gehörte zu diskutieren. Nur der unerschütterliche Unteroffizier neben Günther rief mit fröhlicher Stimme: »Na, dann geht's eben nicht nach Warschau, dann eben auf nach Paris!« Da rief jemand aus der Menge, unüberhörbar: »Fahr nach Steinhof, du Trottel!« (Steinhof war die psychiatrische Anstalt von Wien.)[4]

In den Gestapo-Berichten aus Oberösterreich wird die Volksstimmung als »gedrückt«, »niedergedrückt«, »bedrückt«, »gespannt«, »nicht besonders gut«, »schlecht« usw. beschrieben. Nirgendwo löste der Kriegsbeginn Jubel und Begeisterung aus, wie etwa 1914. Im Gegenteil. »Der große Weltkrieg und seine Auswirkungen ist den Leuten noch zu gut in Erinnerung«, hieß es aus Spital am Pyhrn. »Die Nazis sollen jetzt in Polen den Kopf hinhalten, sie haben es so gewollt«, äußerten »Klerusanhänger« in Molln. In Grünburg wurde eine merkliche Zunahme des Kirchenbesuchs registriert. Die Leute seien mit ihren Reden sehr vorsichtig, meldete der Berichterstatter aus Steinbach am Ziehberg, daher könne man ihre Ansichten nur schwer feststellen. Die Begeisterung für die NSDAP sei jedenfalls nicht mehr so wie noch vor wenigen Monaten.[5]

Historiker haben für die mangelnde Begeisterung der Deutschen (und Österreicher) bei Kriegsbeginn den Begriff »widerwillige Loyalität« geprägt. Denn trotz ihrer Aversionen folgten die Bürger des Dritten Reichs Hitler loyal in den Krieg. Die außenpolitischen Erfolge der vorangegangenen Jahre hatten zu einer massenhaften, tief verankerten Akzeptanz des NS-Regimes geführt. Hitlers Mythos beruhte allerdings paradoxerweise darauf, dass diese Erfolge allesamt friedlich zustande gekommen waren. Die englische Appeasement-Politik hatte ihm dabei perfekt in die Hand gespielt. Aber damit war es nun vorbei.[6]

SOLDATEN

Soldat, genau das wollte Rudi Schumann nie sein. Im Oktober 1937 war er zur Ableistung des Grundwehrdienstes ins österreichische Bundesheer einberufen worden. Als er entlassen wurde – schon nach dem Anschluss –, war er der festen Überzeugung, diese Sache sei nun für alle Zeit erledigt. Weit gefehlt, im September 1938 wurde er als Infanterist wieder eingezogen. Zu einem »Manöver«, wie es hieß. Tatsächlich ging es um die Besetzung des Sudetenlandes. Das war schnell erledigt. Schon Ende Oktober 1938 konnte er zurückkehren in Beruf und Zivilleben. Für den Angriff auf Polen im September 1939 wurde er nicht gebraucht, wohl aber im Februar 1940. Es ging vorerst nach Hollabrunn in Niederdonau.

Angesichts des möglicherweise bevorstehenden Kriegseinsatzes beschlossen Rudi und seine langjährige Freundin Dolfi Jauernig, zu heiraten. Dieser poetische Entschluss hatte den gewünschten prosaischen Nebeneffekt: Rudi entging vorläufig der Verlegung an die Westfront. Nicht so seine Kameraden: »Als die Männer erfuhren«, schrieb er Dolfi, »dass sie nach Pirmasens kommen, nahmen sie das ganz ruhig auf. Gestern aber, als man ihnen sagte, dass sie zur Fronteinheit überstellt werden, besoffen sie sich sinnlos und heulten wie kleine Kinder.« Mitte März 1940 fand in kleinem Rahmen die Hochzeit statt. Für die Hochzeitsreise blieben drei Tage. Das Paar fuhr auf den Semmering, das bevorzugte Ausflugs- und Urlaubsgebiet der Wiener. Kurz nach der Rückkehr wurde Schumann aus der Wehrmacht entlassen. Die Enttäuschung war groß, als er am 1. April erneut eingezogen wurde. Diesmal auf Kriegsdauer. Als Dolfi, seine Ehefrau, sich am Bahnhof von ihm verabschiedete, rief sie dem anfahrenden Zug nach: »Komm mir nicht mit einer Auszeichnung zurück, sonst lasse ich mich scheiden!« Schumann, am Fenster stehend, antwortete mit einer wegwerfenden Handbewegung. Zum Spaßen war freilich beiden nicht zumute.

Schumann wurde am Westwall stationiert. Er nahm am siegreichen Frankreichfeldzug teil, ohne verletzt zu werden. Am 27. Juni

1940, kurz nach Unterzeichnung des Waffenstillstands, schrieb er an seine Frau: »Mir geht es zu gut, als dass es dauern könnte.« Siegen sei schön, aber der Krieg an sich sei nicht erhebend, wie manche »Idioten« in der Heimat meinten. Diese, etwa seine Arbeitskollegen aus dem Büro, würden in Briefen an ihn immer wieder beklagen, dass sie bei den weltbewegenden Vorgängen nicht dabei seien. Dem Soldatendasein konnte er nach wie vor nichts abgewinnen. Besonders das Exerzieren war ihm verhasst. »Nach einem Vierteljahr Front geht mir das Rechtsum, Linksum schon sehr gegen den Strich.« Der Kasernenhofbetrieb mache ihn noch »verrückt und tobsüchtig«.

Im Oktober 1940 wurde Schumann nach Wien versetzt, zur Verwendung in der Rüstungsindustrie. Das junge Ehepaar war glücklich. Fast stellte sich so etwas wie Alltagsnormalität ein. Im Winter 1940/41 stürzte Rudi bei einer Skitour schwer, verletzte sich am Knie, lag vier Monate im Gips. »Skilaufen ist ein gesunder Sport«, schreibt Dolfi Schumann ironisch, »er hat ihm wahrscheinlich das Leben gerettet.« Ihr Ehemann war damit nicht mehr voll einsatzfähig. Die Wehrmacht schrieb ihn »garnisonsverwendungsfähig Heimat«. Statt Ostfront und Russlandfeldzug hieß es für ihn: Bürojob in Wien.[7]

39 Jahre war der Osttiroler Bauer Oswald Sint alt, als er am 26. August 1939 einrücken musste. Zur Zeit des Anschlusses war er nicht unbeeindruckt von den Ankündigungen und verteilten Wohltaten der Nationalsozialisten geblieben. Aber diese Haltung hatte sich mittlerweile verflüchtigt. Besonders die antikirchliche Politik der Nazis war ihm zuwider. Bei der Vereidigung griff er zu einem Trick, um sein Gewissen zu entlasten. Zwar sprach er die Formel mit leiser Stimme mit, sagte aber nicht »schwöre bei Gott einen feierlichen Eid«, sondern »schwöre bei Gott *keinen* feierlichen Eid«. Er und seine Kameraden, durchweg Männer um die vierzig, erhielten altösterreichische Monturen zugeteilt, Militärschuhe, Gewehre, Gasmasken, Spaten, Essgeschirr und Rucksäcke. Nach einigen Geländeübungen ging es ins Kärntner Mölltal. Aufgabe: Bewachung von Brücken.

Bald hieß es, die ganze Einheit werde nach Polen verlegt – also in die gerade tobenden Kämpfe. Eine Aussicht, die manche Männer geradezu in Panik versetzte. Aber Sint hatte Glück. Als einzige vollwer-

tige Arbeitskraft auf dem Hof durfte er Mitte September nach Hause
gehen. »Auf unbestimmte Zeit«, hieß es. Erst Ende 1944 wurde er
kurz eingezogen. Und auch da sollte die Sache glimpflich ablaufen.[8]
Gottfried Florian, Jahrgang 1914, hatte ebenfalls Glück. Im Frühjahr 1940 musste er zu den Pionieren nach Melk an der Donau einrücken. Er machte bald die Erfahrung, dass es beim Militär – ähnlich
wie in der Fabrik – in erster Linie auf die »Grütze« ankam. Seine Be-
kanntschaft mit einem Stabsarzt (»überzeugter Österreicher«) führte
dazu, dass er zum Wehrbezirkskommando und schließlich zum
Wehrmeldeamt versetzt wurde. Was bedeutete: bequeme, gefahrlose
Schreibstubentätigkeit im Hinterland.[9] Im Herbst 1941 war es, dass
der neunzehnjährige Oberkärntner Bergbauernsohn Sepp Frattnig
zur Wehrmacht musste. Naheliegend, dass man ihn den Gebirgs-
jägern zuteilte. Ausbildung in Glasenbach bei Salzburg. Im Winter
ging es dann nach Niederbayern, von dort nach Hamburg und per
Schiff hinaus auf die stürmische, gefährliche Nordsee. Ziel war Norwegen. Landung in Kristiansand, weiter über Oslo nach Lillehammer,
wo man längere Zeit auf einem Truppenübungsplatz der norwe-
gischen Armee stationiert wurde. Das nächste Ziel jedoch war ein
wahrer Schreckensort: Leningrad.[10]

Alfred Pietsch aus Wien-Ottakring, im Sommer gerade 17 Jahre alt
geworden, trat seinen Weg in den Krieg beim Reichsarbeitsdienst an.
Im Oktober 1942 musste er ins Lager Grünberg, Oberschlesien, einrücken. Auf dem Exerzierplatz baute sich ein großer Mann in braunen Breecheshosen und glänzenden schwarzen Lackstiefeln vor
den lässig herumstehenden Neuankömmlingen aus Wien auf: »Alle
mal herhören! Ich bin Oberfeldmeister Wiawalla. Ihr werdet mich
alle noch kennenlernen! Ich bin für eure Ausbildung verantwortlich.
Ich bin ein echter Preuße und ihr – ja, ihr seid alle Scheiß Wiener
Schlappschwänze!« Da hörte Pietsch hinter sich eine laute Stimme:
»Waßt wos – leck uns alle am Oarsch!« Dröhnendes Gelächter. Oberfeldmeister Wiawalla stutzte. Allein, den Inhalt des Zwischenrufs
hatte er nicht so recht verstanden. So brüllte er bloß: »Euch wird
das Lachen noch vergehen!« Und schickte die Wiener Schlappschwänze im Laufschritt zur Uniformausgabe. Das Versprechen des

Oberfeldmeisters aber sollte in den kommenden Monaten nur zu wahr werden.[11]

Insgesamt 17,3 Millionen Deutsche dienten in der Wehrmacht, 900 000 in der Waffen-SS. Rund 1,3 Millionen der Wehrmachtssoldaten stammten aus Österreich, die Zahl der österreichischen Waffen-SS-Angehörigen dürfte deutlich unter 100 000 gelegen haben.[12] Wurden die österreichischen Soldaten von ihren aus dem Altreich stammenden Kameraden und Vorgesetzten akzeptiert? Gab es Unterschiede? Die Ego-Dokumente ehemaliger österreichischer Wehrmachtssoldaten ergeben kein einheitliches Bild. Von schlechter, herablassender Behandlung, Missachtung, Geringschätzung, so wie Alfred Pietsch sie bei der Aufnahme im RAD erlebte, wird oft geschrieben, ebenso oft aber liest man auch Gegenteiliges. Viele Berichte ehemaliger Wehrmachtsangehöriger lassen auf durchaus gutes Einvernehmen zwischen Ostmärkern und Reichsdeutschen schließen.

Klischeehafte, stereotypisierende Spottnamen waren jedenfalls weit verbreitet. Die Ostmärker (auch »Ostmark-Schweine« oder »Beutedeutsche«) wurden von Altreichsdeutschen gerne herablassend als »Kamerad Schnürschuh« tituliert, eine aus dem Ersten Weltkrieg übernommene Bezeichnung. Die österreichischen soldatischen Qualitäten schätzte man auf deutscher Seite eher gering ein. Umgekehrt bezeichneten österreichische Soldaten Reichsdeutsche als »Marmeladinger«, »Saupreußen«, »Piefke« und dergleichen und machten sich über ihre betonte preußische »Zackigkeit« lustig. Mit solchen Begriffen wurde der Nationalsozialismus zu etwas, das von außen aufgezwungen war und mit dem man sich nicht identifizieren wollte.

Aber das ist nur die eine Seite der Medaille. Als sicher kann gelten, dass in der ersten Kriegsphase, der Zeit der glanzvollen Siege in Polen und an der Westfront, die Regime-Identifikation der Soldaten aus der Ostmark hoch war. Zur besten Armee der Welt zu gehören, siegreicher Soldat einer neu entstandenen Weltmacht zu sein, dies motivierte die zur Wehrmacht eingezogenen Österreicher. Die offenkundige Effizienz und Überlegenheit der preußisch-deutschen Armee konnte nur faszinierend auf sie wirken. Dem Historiker Thomas R.

Grischany zufolge lief die Integration der Österreicher in die Wehrmacht nach einigen Anfangsschwierigkeiten weitgehend reibungslos ab. Das Verhältnis zwischen reichsdeutschen und österreichischen Soldaten könne man als »sehr gut« bezeichnen. Die Wehrmacht sei in den Augen der Soldaten so etwas wie die »bewaffnete Volksgemeinschaft« gewesen. Die »Ideen von 1914« und die egalitäre »Schützengrabengemeinschaft« des Ersten Weltkriegs seien 1939 und in den Folgejahren wiederauferstanden. Sogar in der Phase der Niederlagen sei es keineswegs zu einer Desintegration gekommen.

Ein anderes Bild zeichnet das Kriegstagebuch eines aus Österreich stammenden Pioniers, Tonio Brenner. Die Reichsdeutschen in seiner Einheit trauten den Ostmärkern nicht über den Weg. Deshalb verteilte man Brenner und seine ostmärkischen Kameraden tunlichst auf verschiedene Schützenpanzer. Ein Oberfeldwebel hatte es ganz besonders auf sie abgesehen. »Vor versammelter Mannschaft [erklärte er] offen, dass er mich und andere Ostmärker eigenhändig erschießen würde, wenn wir künftig nicht ordentlich spuren.« Dass der besagte Oberfeldwebel eine Woche später tödlich verwundet wurde, nahm der Tagebuchschreiber mit Erleichterung zur Kenntnis. Nun müsse er nicht mehr fürchten, vom eigenen Vorgesetzten »versehentlich« abgeknallt zu werden, schreibt Brenner. In einer anderen Einheit machte er allerdings wesentlich bessere Erfahrungen mit Kameraden aus dem Altreich. Aber über politische Fragen tauschte er sich ausschließlich mit seinen Landsleuten aus. Sicherheitshalber.

Handelte es sich bei den Erlebnissen des Pioniers Brenner um individuelle Erfahrungen ohne Allgemeingültigkeit? Gut möglich. Den von Grischany untersuchten Berichten von Feldpostprüfstellen ist nicht zu entnehmen, dass Österreicher allzu häufig Vorbehalte gegen reichsdeutsche Kameraden oder Vorgesetzte geäußert hätten. Im Gegenteil: Selbst im August 1944 lasse sich, so Grischany, aus vielen Briefen in die Ostmark noch die volle Identifikation mit dem NS-Regime und den Zielen des Krieges herauslesen. Andererseits: Wie ernst sind derartige Aussagen überhaupt zu nehmen? Wussten die in die Heimat schreibenden Soldaten doch ganz genau, dass ihre Briefe zumindest stichprobenweise zensiert wurden.

Akte eines spezifisch österreichisch motivierten Widerstands in Hitlers Armee dürfte es jedenfalls nur selten gegeben haben. (Und wenn, dann am ehesten zum Kriegsende.) Die ostmärkischen Soldaten »funktionierten« im Rahmen der Wehrmacht. Sie nahmen an Hitlers Krieg teil wie Soldaten aus anderen Regionen des Deutschen Reichs auch: unwillig oder begeistert, als Sieger die Situation genießend, trotzdem auf ein baldiges Ende hoffend, immer eine möglichst bequeme, mit möglichst wenigen Gefahren verbundene Stationierung ersehnend, die Verlegung an die Front, in die Feuerzone fürchtend.[13]

Die Verlegung an die Ostfront im kalten Winter von 1942 war dem siebenundzwanzigjährigen Anton Brandhuber ganz und gar nicht recht. Der Bauernsohn aus Laa an der Thaya im nördlichen Niederösterreich war im Dezember 1938 zur 44. Infanterie-Division eingezogen worden, einer Truppe, die hauptsächlich aus österreichischen Soldaten bestand. Der Krieg in Polen, den er vom ersten Tag an mitmachte, scheint ihn wenig beeindruckt zu haben: »Es ging sehr rasch«, schreibt er lakonisch in seinem Lebenslauf. Danach war die Division in der niedersächsischen Provinz einquartiert worden und hatte anschließend am Westfeldzug teilgenommen. Nach dem Sieg im Westen war es dem Obergefreiten Brandhuber gelungen, als Hilfsausbilder ins südmährische Nikolsburg verlegt zu werden. Am Wochenende war er jeweils nach Hause gefahren, um auf dem heimatlichen Hof zu helfen.

Im Januar 1942 ging die 45. Infanterie-Division an die Ostfront ab. »Das Militär habe ich schon satt«, schrieb Brandhuber seinen Eltern. Der Eisenbahntransport nach Zentralrussland (»eisige Kälte, vierzig Mann per Waggon«) dauerte beinahe drei Wochen. Am 15. Februar traf Brandhubers Marschbataillon in Orel ein. Dann weiter, noch 80 Kilometer bis Alexandrowka, nahe der Front. Alles zu Fuß bei tiefsten Temperaturen auf tief verschneiten Wegen. Immer wieder griffen russische Flieger an, tagelang gab es keinerlei Nahrung. Wer zusammenzuklappen drohte, wurde mit vorgehaltener Pistole zum Weitermarschieren angetrieben. Soldaten anderer Einheiten, denen man unterwegs begegnete, waren erschöpft, übermüdet, berichteten

vom fast panikartigen Rückzug. Anton Brandhuber mochte einen
Eindruck von dem bekommen haben, was ihn vorne erwarten würde.
Denn seine Einheit sollte für eine Gegenoffensive in die Schlacht ge-
worfen werden.

Am Morgen des 17. Februar wartete das Bataillon zwei Stunden
lang in eisiger Kälte auf den Oberleutnant. Vergeblich. Dieser schlief
in seinem bequemen, warmen Quartier, vermuteten die frierenden
Soldaten. Da wurde es Brandhuber »zu dumm«. Er setzte sich von der
Truppe ab. Richtung: Westen. Konnte eine Desertion zu diesem Zeitpunkt und auf diese Art überhaupt die geringste Aussicht auf Erfolg
haben? War es nicht der direkte Weg an den Galgen, den er antrat?
Rund 20 000 Deserteure wurden im Laufe des Krieges zum Tod verurteilt, mindestens 16 000 von ihnen tatsächlich hingerichtet.[14] Wie
sollte Brandhuber durchkommen? Er schaffte es. Unerschrockenheit,
Erfahrung nach mehr als dreijährigem Dienst in der Wehrmacht,
Gewitztheit und viel Glück halfen ihm. Vor allem aber verstand er es,
das durch die sowjetische Winteroffensive hervorgerufene Chaos geschickt auszunutzen.

Ein Stück Brot hatte er dabei. Nach 15 Kilometern vergrub er seinen Karabiner, die Gasmaske und Patronentasche im Schnee, aß seinen Vorrat, hielt ein Auto an, das ihn ein größeres Stück mitnahm.
So gelangte er zu einem Bahnhof, bestieg gemeinsam mit leicht ver-
letzten Soldaten einen Güterzug, konnte Brot auftreiben, kam nach
Orel, wo er bei der Quartiersuche von eigenen Wehrmachtskamera-
den abgewiesen, aber von freundlichen Russen aufgenommen wurde.

Der nächste Tag. Brandhuber bemerkte eine große Ansammlung
von SS-Leuten und Soldaten außerhalb der Stadt. Neugierig ging er
nachschauen. Lastwagen mit Juden kamen an, Ärmere und Wohl-
habendere. Brandhuber sah, wie sie mit Spitzhacken den gefrorenen
Boden bearbeiten und Gräben von einem Meter Tiefe, zwei Metern
Breite und 15 Metern Länge ausheben mussten. Er sah, wie sie anschließend mit Gewalt in die Gruben gezerrt wurden. Sah, dass sie
lagen »wie Sardinen in der Büchse«. Sah, wie ein SS-Mann mit der
Maschinenpistole die Reihe entlangstrich, dass das Blut spritzte. Weitere Juden wurden hineingezerrt. Körper an Körper mussten sie sich

auf die Leichen legen. Und so weiter, bis der Graben randvoll mit Erschossenen war. Am nächsten Tag eine andere Hinrichtungsart: Auf-
hängen. Als Vergeltung für Partisanenüberfälle. Brandhuber sah und
erfuhr noch manch Weiteres. SS-Leute erzählten ihm von der Räumung ganzer Ortschaften und von anschließenden Erschießungen
im Wald, von den Ghettos in Krakau, Warschau und anderen Orten,
wo täglich Hunderte Juden hungers starben.

Nach einem Tag Aufenthalt in Orel fuhr Anton Brandhuber per
Zug weiter Richtung Westen. Einmal bestach er einen Lokführer mit
Tabak. Dieser ließ ihn im Führerstand mitfahren. Wehrmachtsstrei-
fen und Bahnhofswachen entging er mit Geschick. Wenn es ihn doch
erwischte, verstand er es, sich herauszureden: Er habe aus diesem
oder jenem Grund seine Truppe verloren und suche sie nun. Das passierte ihm zweimal, in Brest-Litowsk und in Warschau. Dort wurde
er spätnachts zum Bahnhofsoffizier gebracht. Zwei Oberleutnants
und drei Hauptleute seien dort gewesen. Sie hätten mächtig gebrüllt. Davon habe er sich nicht beeindrucken lassen. Im allgemeinen Durcheinander war es ohnehin unmöglich, seine Angaben durch
Rückfragen bei seiner Einheit zu überprüfen. Schließlich erhielt
Brandhuber einen Marschbefehl nach Orel – den er umgehend vernichtete. Am Nachmittag des 24. Februar bestieg er stattdessen den
Schnellzug nach Wien. Von dort gelangte er über Innsbruck nach
Vorarlberg. Am 27. Februar überschritt er die Grenze zur Schweiz.
Und am 28. Februar gab er den eidgenössischen Behörden zu Protokoll: »Nach allem, was ich gesehen und gehört hatte, konnte ich
mich nicht länger entschließen, weiter mitzumachen, den Glauben
an einen Sieg hatte ich schon längst verloren.«[15]

Alfred Bamer gehörte ebenfalls zu jenen, die im kalten Winter 1942
nach Russland verlegt wurden. Am 5. Februar Verladung in St. Pölten. Vierzig Mann in einem Waggon, geheizt durch einen sogenannten Bunkerofen. Bamer, ironisch: »Man ist ja schon etwas gewöhnt.«
Ankunft in Orel am 14. Februar. Weiter nach Kursk, von dort nach
Schtschigry, wo die 9. Panzer-Division in ihrer Winterstellung lag.
Und es war ein kalter Winter, der nicht zu enden schien. Dazu ständige Angriffe der russischen Flieger. Noch Mitte März konnte man es

bei minus 40 Grad kaum länger als ein paar Minuten im Freien aus-
halten. Schließlich kam doch der Frühling. Die Tage und Wochen
vergingen mit der Vorbereitung der großen Sommeroffensive, die die
Entscheidung im Krieg gegen die Sowjetunion bringen sollte. Bamer
war Funkspezialist. Und als Funktruppführer nahm er ab 28. Juni
mit seiner Einheit an dieser Offensive teil.

In seinen Aufzeichnungen ist Bamer ganz der gut funktionierende,
mustergültige, einsatzbereite Soldat. Die dramatischen Situationen,
die er durchlebt, schildert er in knappen, nüchternen Sätzen. Nur
hin und wieder, gleichsam in der Hitze des Gefechts – das beim
Schreiben neuerlich durchlebt wird –, gehen die Emotionen mit ihm
durch. So etwa nach einem besonders harten, verlustreichen Kampf-
tag: »Fünf Opfer kostet dieser Tag. Wir legen den ganzen Tag Feuer
über Feuer hinüber zu den Russen. (...) Es soll dort niemand mehr
den heutigen Tag gut überleben, sie sollen sehen, was wir für sie auf
Lager haben.« Vom feinsinnigen Musiker, vom gefühlvollen Lieb-
haber Fredl, dem wir in Steffi Johnes Tagebuch begegnen, ist in seinen Kriegsaufzeichnungen nichts zu merken. Er geht ganz in den
vielfältigen Aufgaben auf, die die Wehrmacht ihm stellt. So etwas
wie Kritik, Unwillen, Widerspruchsgeist klingt nicht durch. Vielmehr reißt ihn die Euphorie des Kampfgeschehens mit. Stolz notiert
er die beeindruckenden Zahlen der Abschüsse von gegnerischen Panzern und Flugzeugen. Stolz nimmt er das Eiserne Kreuz II. Klasse in
Empfang. Tod und Elend scheinen ihn wenig zu rühren. Über Übergriffe auf Juden, Kriegsgefangene, Zivilbevölkerung, über Mangel,
Hunger und Not der Menschen in dem von Krieg überzogenen Land
berichtet Bamer nichts.

Am 6. August 1942 wurde seine Division abgezogen: »Augenblick-
lich denken wir an die Heimat.« Ein Wunschtraum. Es ging nicht
nach Westen, es ging in nördliche Richtung, wo man Mitte August
am Schisdra-Abschnitt zum Einsatz kam. Zunächst erfolgreich gegen
einen sich zäh verteidigenden Feind. Ein russischer Gegenangriff
wurde blutig zurückgeschlagen: »In kürzester Zeit speien alle Rohre
in die wild sich annähernden Massen der Russen. Sie fallen wie die
Grashalme, es ist eigentlich schön anzusehen, dieses Schauspiel.«

Schließlich kam der deutsche Vorstoß doch zum Erliegen, es entwickelte sich eine Art Grabenkrieg. Mitte September wurde die Einheit abgezogen. Regen setzte ein. Schlamm, Dreck, Kälte, unpassierbare Straßen. Mühsam ging es nach Rschew, rund 200 Kilometer nordwestlich von Moskau gelegen. Dort tobte seit Monaten eine blutige Schlacht. Ab Oktober 1942 richtete man in Frontnähe einen Stützpunkt ein. Es kam eine Phase der Ruhe, kürzer als gedacht und erhofft.[16]

Welches Ausmaß an Unmenschlichkeit ihn an der Ostfront erwarten würde, konnte Josef Frattnig erstmals erahnen, als er mit dem Gebirgsjäger-Regiment 138 im Spätsommer 1942 in Reval (Tallinn) landete. Im Hafen sah er russische Kriegsgefangene, die mit dem Entladen eines Getreideschiffs beschäftigt waren. Bedauernswerte, halbverhungerte Kreaturen. Wenn einer versuchte, ein paar Getreidekörner vom Boden aufzulesen, wurde er von den zur Überwachung eingesetzten estnischen Soldaten erbarmungslos niedergeknüppelt.

Von Reval ging es ein paar Tage später per Bahn Richtung Leningrad. Ausladen in Frontnähe, weiter zu Fuß durch zerstörte Dörfer, vorbei an zerschossenen Wäldern, zerstörten Kulturen, kleinen Kriegerfriedhöfen. In der Ferne, bedrohlich näher rückend, das Donnern der deutschen Kanonen, die Leningrad beschossen. Die Russen belegten die Nachschubstraßen mit Artilleriefeuer. Eine Granate schlug in der Nähe von Frattnigs Einheit ein: ein Toter, zwei Verletzte, zwei tote Pferde. Weitermarsch mit schlotternden Knien und aschgrauem Gesicht. In der Nacht kamen Tiefflieger und beschossen das Lager: zwei tote Kameraden, 15 tote Pferde.

Zum Kampfeinsatz kam Frattnig diesmal nicht, noch nicht. Anfang Oktober, bei Dauerregen, wurde das Regiment abgezogen. Bis zu den Knien im Schlamm watend, musste man immer wieder die versunkenen Wagen flottmachen. Dieser Marsch habe Menschen, Pferden und Material das Letzte abverlangt. »Was haben wir«, fragte sich Frattnig, »in diesem Land, dreitausend Kilometer von der Heimat entfernt, in Not und Schlamm versinkend, überhaupt verloren?«[17]

ZIVILISTEN

Lästig, aber ungefährlich, so charakterisierte Adolfine Schumann
nach einem guten halben Jahr den Krieg. Die Rationierungen fand sie
reichlich. Sie und ihre Familie lebten gut – wären da nicht die Wehr-
machtsberichte gewesen. Günther Doubek erinnert sich, dass sich die
Menschen rasch an das Einkaufen mit Lebensmittelkarten und Be-
zugsscheinen gewöhnten. Die Zuteilung: ausreichend. Die Einschrän-
kungen im Alltagsleben: gering. In Stephanie Johnes Tagebuch finden sich anfänglich hin und wieder Klagen über die schlechte Versorgung. 14. September 1939: Die wirtschaftliche Lage sei »ziemlich
katastrophal«. Fleisch bekomme man fast nicht. 27. September: »Unsere Lage in Wien: Magermilch, immer geringere Fleischrationen,
keine Eier, wenig Fett.« Josef Schöner behauptete am 5. September
sogar, dass man sich bei der Versorgung mit einem Ruck auf das
Niveau von 1918 begeben habe.[18]

Zweifellos eine Übertreibung, erwachsen aus dem Pessimismus
und der Depression nach dem Kriegsausbruch. Aufgrund der guten
wirtschaftlichen Entwicklung und Vollbeschäftigung seit dem Anschluss war eine beachtliche private Kaufkraft vorhanden – doch es
gab nur wenig, das man hätte kaufen können. Produziert wurde
fürs Militär, nicht für den täglichen Bedarf. Der Kaufkraftüberhang
konnte im Inland weder in Waren noch in Dienstleistungen umgesetzt werden. Langlebige Konsumgüter (Wäsche, Bettzeug, Möbel,
Geschirr etc.) waren bald ausverkauft. Die Versorgung mit Lebensmitteln war nicht optimal, aber akzeptabel. Und das Rationierungs-
system funktionierte. Schleichhandel und Hamsterfahrten zu Bauern trugen zur Aufbesserung der Rationen bei. Von Verhältnissen wie
während des Ersten Weltkriegs konnte keine Rede sein. Zu essen gab
es fast während des gesamten Krieges ausreichend – übrigens zu Lasten der rücksichtslos ausgebeuteten besetzten Länder, in denen oft
schrecklicher Hunger herrschte.[19]

Im städtischen Bereich wurden brachliegende Flächen kostenlos
zum Anbau für den Eigenbedarf vergeben. Die Familie Schumann be-

warb sich und erhielt ein schönes Stück Land keine fünf Gehminuten von ihrer Wohnung. Das Grundstück war von Himbeerhecken und Hollerstauden eingesäumt. Anfangs – Mitte 1940 – schätzte die Familie den Freizeitwert des Grundstücks noch höher als den Beitrag zur Eigenversorgung, der sich durch den Anbau von Zwiebeln, Bohnen, Paradeisern (Tomaten), Erdbeeren etc. erzielen ließ. Sogar in der Kaninchenzucht versuchte man sich, brachte es aber nicht übers Herz, die Tiere zu schlachten – und gab es wieder auf.[20]

Der Kraftfahrzeugverkehr wurde stark eingeschränkt. Man benötigte eine Ausnahmegenehmigung, um ein Privatauto oder -motorrad benützen zu dürfen. Die betreffenden Autos erhielten einen roten Winkel am Nummernschild. Josef Schöner stellte sich am 4. September vier Stunden lang am Magistratischen Bezirksamt um Benzin-Bezugsscheine für den Firmen-Lkw an.[21]

Als nicht unwesentliche Beeinträchtigung des Alltagslebens erwies sich die seit Kriegsausbruch geltende Verdunkelungspflicht. Die Sache war lästig. Und übertrieben, wie man monierte. Wieso bloß sollten sich englische oder französische Bomber auf den weiten, gefährlichen Flug nach Wien, Graz, Linz etc. machen, wenn doch reichsdeutsche Großstädte so viel näher lagen? Trotzdem, jeder der die Verdunkelung unterließ, musste mit einer Anzeige und Bestrafung rechnen. Vergaß man, ein Fenster zu verhängen, riefen Passanten sofort: »Verdunkeln! Verdunkeln!« Die Straßenbeleuchtung wurde auf das Allernotwendigste reduziert. Die Fenster von Bussen und Straßenbahnen erhielten einen dunkelblauen Anstrich, bis auf einen schmalen Querstreifen, der ein wenig Licht durchließ. Ähnlich verfuhr man mit Scheinwerfern von Kraftfahrzeugen.[22]

Dolfi Jauernig kann man getrost als NS-Sympathisantin bezeichnen. Die Goebbels-Propaganda fiel bei ihr auf fruchtbaren Boden. Trotzdem: Keine Phase des Krieges, in der sie nicht den baldigen Frieden herbeigesehnt hätte. Nach dem Sieg in Polen: »Ein Blitzkrieg war gewonnen. Ich atmete auf. Nun war wieder Frieden – so dachte ich.« Januar 1940: »Sie sollten ein Ende machen, sich vertragen.« Sie addierte die Zahlen der versenkten englischen Schiffe, die täglich gemeldet wurden. Demnach konnte es doch nur noch ganz kurze

Zeit dauern, bis der Sieg errungen war. Aber was hieß schon Sieg?
»Wie der Krieg ausgeht, ist mir wurscht, nur aus soll er bald sein und
Rudi gesund zurück.« Zu Hause ließ sie den ganzen Tag das Radio-
gerät laufen, das sie sich kurz zuvor auf Raten gekauft hatte. »Ich
warte darauf, dass sie anfangen, vom Schlussmachen zu reden.« Als
Rudi Schumann im Oktober 1940 heimkehrte, notierte seine über-
glückliche Ehefrau: »Die Tage der Hochspannung sind vorbei. Der
Krieg ist aus, ein neuer Lebensabschnitt beginnt für uns. Es sollte die
schönste Zeit in unserem Leben werden.« Vielleicht werde auch ihr
Bruder bald heimkehren. Denn wozu benötige man überhaupt noch
Soldaten?[23]

Josef Schöner registrierte als scharfer und genauer Beobachter
einen bemerkenswerten kollektiven Realitätsverlust: Viele Leute näh-
men den Krieg nicht oder nicht in seiner vollen Tragweite zur Kenntnis: »Sie wollen nichts davon hören und rechnen mit baldigem
Ende.«[24]

Schon beim Abschiednehmen im Mai 1939 hatte Leo Langnas seiner Frau Mignon prophezeit, dass sie vielleicht für viele Jahre getrennt sein würden. Als dann im September der Krieg ausbrach,
schrieb sie in einem fiktiven Brief an ihn: »Jetzt ist wirklich eingetreten, was wir so befürchtet haben, und ich fühle, wie die Welt ver-
sinkt.« Gleich in den ersten Kriegstagen verschärfte das NS-Regime
die antijüdischen Maßnahmen. Ganz schlimm wurde es für Mignon
am 11. September. Bereits tags zuvor hatte sie gehört, dass staaten-
lose männliche Juden verhaftet worden seien. Aufgrund des fortgeschrittenen Alters ihres Vaters dachte sie dennoch an keine Gefahr.
Frühmorgens erwachte sie, weil sie beim Nachbarn laute Stimmen
hörte. Sie sprang auf, beruhigte ihre Mutter. Schon hämmerte es an
die Tür. Drei SS-Männer und ein Polizist. Barsch: Wo Moses Rottenberg sei? – Ihr Vater schlafe. Er sei taub und krank und schon 73 Jahre
alt. – Egal, sofort wecken! – Alles Bitten half nichts, sie musste den
alten Mann aus dem Bett holen. Mit großen Augen blickte er sie er-
schrocken an, als sie ihn rüttelte. Da sagte sie sich, sie müsse ihn retten, und wenn es ihr Leben koste. Aber was konnte sie gegen vier
kräftige Männer ausrichten? Sie bat, sie flehte, sie weinte. Dann ka-

men die Kinder, schluchzend. Molly bat inständig für ihren Opa. Und die SS-Leute gingen tatsächlich. Sie ließen den Greis bei seiner Familie.

Ein Wunder, wie Mignon nachträglich feststellen musste. Woanders waren ältere, kränkere Männer gnadenlos verschleppt worden. Unter ihnen Leos zweiundsiebzigjähriger Vater. Weil die Gefängnisse überfüllt waren, sperrte man die mehr als tausend Verhafteten ins Praterstadion. Dort blieben sie bis Ende September, schliefen auf Stroh unter den Tribünen, erhielten einmal am Tag Suppe und ein Stück Brot. Als ein Fußballspiel anstand, packte man sie in Viehwaggons und brachte sie ins KZ Buchenwald. Mitte 1940 war nur noch ein Drittel von ihnen am Leben. Leos Vater starb im Dezember 1939. Mitgeteilte Ursache: »Herz- und Kreislaufversagen«.[25]

Ende November 1939 hatte Mignon alles für die Ausreise der Kinder beisammen. Sie selbst, sie wollte, ja sie musste bleiben. Konnte sie die alten, kranken, hilflosen Eltern allein zurücklassen? Eine Freundin der Familie hatte das Glück, ebenfalls auswandern zu können. Sie nahm die sechsjährige Molly und den vierjährigen Georg auf der Reise in ihre Obhut. Mit der Bahn ging es nach Genua, von dort mit dem Schiff nach New York. Am 21. Dezember 1939 betraten die Kinder den Boden der Neuen Welt, freudig begrüßt von Mignons Schwester Nelly und ihrem Schwager Ernst. Molly und Georg waren in Sicherheit. Für die Mutter war dies höchstes Glück zugleich und tiefstes Unglück. »Die Kinderchen fehlen mir auf Schritt und Tritt, und es gibt Stunden großer Verzweiflung und brennender Sehnsucht«, schrieb Mignon ihrer Cousine Hala Dornbusch, die es schon 1938 mit ihrem Mann in die Schweiz geschafft hatte.

Mignon widmete sich nun ganz der Pflege ihrer Eltern. Der Zustand der Mutter verschlechterte sich Tag für Tag. Die Bemühungen um eine Ausreisemöglichkeit waren nervenaufreibend – und aussichtslos. Immerhin, Leo Langnas wurde aus dem britischen Internierungslager entlassen. Er durfte in die USA reisen. Anfang Oktober 1940 traf er in New York ein. Die Probleme, im Gastland Fuß zu fassen, waren für ihn mit Mitte vierzig groß genug. Seine Kinder konnte er nicht versorgen, sie mussten in dem jüdischen Waisenhaus in New York bleiben, in dem sie Aufnahme gefunden hatten. Charlotte Rottenberg starb, umhegt und gepflegt von ihrer Tochter Mignon, im November 1940 in Wien an Schilddrüsenkrebs.

Anfang 1941 lockerten die USA ihre Einreisebestimmungen. Für die noch in Wien lebenden Juden war es ein Hoffnungsschimmer. Vielleicht war Emigration noch möglich. Mignon, die ihren Vater nicht allein zurücklassen wollte, schaffte es trotz guter Voraussetzungen nicht – aus verschiedenen Gründen, auch aufgrund von Missverständnissen innerhalb der Familie. Die Briefe jener Zeit sind voll von bitteren, zornigen, ungerechten Vorwürfen. Mitte 1941 kam alles Ausreisen praktisch zum Erliegen. Mignon war nun akut davon bedroht, in den Osten verschickt zu werden. Einmal entging sie nur knapp und dank der Hilfe von einflussreichen Freunden in der Kultusgemeinde der Deportation. Und die Vermittlung eines guten Freundes war es auch, die es ihr ermöglichte, eine Ausbildung zur Krankenschwester zu machen. Mitte Mai 1941 begann sie, im jüdischen Altersheim in der Malzgasse als Lernschwester zu arbeiten. Damit war sie fürs Erste davor geschützt, verschleppt zu werden, erhielt Verpflegung und Lohn. Die Angst blieb. Täglich und stündlich war sie da.[26]

Der Krieg eröffnete vielen Frauen – die anders als Mignon Langnas unter »normalen« Umständen leben konnten – ungeahnte berufliche Möglichkeiten und Lebenschancen. So für Adolfine Schumann. Sie war verheiratet. Aber sie stand, wie sie im November 1940 zufrieden feststellte, auf eigenen Beinen, war beruflich anerkannt und finanziell abgesichert. Sie lebte in einer eigenen schönen Wohnung. Der »Heimhof« war eine Einrichtung, die alleinstehenden, arbeitenden Frauen Unterkunft bot – nach damaligen Maßstäben geradezu luxuriös und trotzdem erschwinglich. (Dolfi verdankte ihre Wohnung dem Umstand, dass nach dem Anschluss sämtliche jüdische Bewohnerinnen hinausgeworfen worden waren.) Für die Partei ließ sich Dolfi nicht anwerben. Zwar sei sie »dafür«, aber sie hasse jede Form von Vereinsmeierei, schreibt sie. Die Mitgliedschaft in der DAF sei Pflicht, das reiche. Sie hatte keine Lust, lange Abende in politischen Versammlungen zu verbringen. Stattdessen nutzte sie das immer noch reichhaltige kulturelle Angebot der Großstadt.[27]

Steffi Johne arbeitete seit Oktober 1938 in der Postsparkasse. Nicht allzu gern. Der Dienst war anstrengend und uninteressant. Ihr wahrer Wunsch war es, Lehrerin zu werden. Das zerschlug sich, so dachte sie an ein Jurastudium. Zu dieser Zeit trat der Musiker und Jurist Alfred (»Fredl«) Bamer in ihr Leben, ihr späterer Ehemann, damals noch ein Kandidat neben anderen. Im Frühjahr 1940, während im Norden und Westen die Angriffe rollten, schrieb sie sich zum Studium ein. Die Universität war nun Freiraum und Rückzugsgebiet für sie. Anfang August gab es einen kleinen Karriereschritt: Versetzung ins Fernamt. Die neue Arbeit in der Telefonvermittlung gefiel ihr, besser als die alte im Postsparkassenamt. Fredl Bamer, damals in Wien stationiert, warb intensiv und mit zunehmendem Erfolg um sie: »Wie schön ist diese Welt, wenn man so verliebt und glücklich ist, wie ich es jetzt bin.« Der Krieg schien fern im Herbst 1940.[28]

Richard Ruffingshofer, der nach seinem Praktikum in Marburg wieder nach Kassel zurückgekehrt war, erlebte den ersten britischen Luftangriff in der Nacht vom 21. auf den 22. Juli 1940. Die Personen- und Sachschäden waren (noch) gering. Am 23. Juli erfolgte der nächste Angriff. Er notierte: »Heute Nacht sitzen wir im Keller! Draußen köllert die Flak. Die Bombeneinschläge sind weit zu hören.« Und im selben Atemzug über Englands Absage an Hitlers letztes Friedensangebot: »Glauben die Esel wirklich an einen Sieg?«[29]

Seit Kriegsbeginn war Hans Piscator für die Finanzen des Kreises V des Gaus Groß-Wien zuständig. Eine verantwortungsvolle und fordernde Tätigkeit, aber wie maßgeschneidert für einen »enragierten Idealisten«, wie er es war (wie er sich sah). Neben dem üblichen Dienst im Amt hatte Piscator laufend alle ihm unterstehenden 23 Ortsgruppen-Kassenleitungen zu kontrollieren und zu beraten. Das konnte nur abends geschehen, denn die Funktionäre der Ortsgruppen waren allesamt ehrenamtlich tätig, hatten also erst nach Feierabend Zeit für den Kreiskassenleiter. Zudem hielt Piscator fachliche und allgemein politische Vorträge in den Ortsgruppen und war Mobilisierungsbeauftragter (im Nazi-Slang: »Mob-Beauftragter«) für seinen Kreis. Er musste sich eine komplette Parteiuniform zulegen. Die trug er nur selten (obwohl er meinte, sie habe ihm gut zu Gesicht gestanden), denn er liebte uniformierte Kleidung nicht. Wie alle Politischen Leiter war er verpflichtet, stets eine Dienstpistole zu tragen. Benutzen musste er sie kein einziges Mal, denn er wurde nie bedroht oder angegriffen.

Schließlich übernahm Piscator auch noch die Funktion eines Ortsgruppenleiters von Wiener Neudorf. Keiner der dortigen Parteigenossen hatte sich die Aufgabe in dem wegen seiner spezifischen sozialen Strukturierung als »schwierig« geltenden Ort zugetraut. Für Piscator wurde der Tag nun noch länger. Vor Mitternacht kam er selten nach Hause. Piscator sorgte für Ordnung in der Ortsgruppe, entfernte unwürdige Elemente aus der Partei. Keine angenehme Sache war es, Angehörigen von gefallenen Soldaten die Todesnachricht zu überbringen. Im Gegensatz zu anderen Ortsgruppenleitern habe er sich sogar zu ortsbekannten Kommunisten gewagt und oft lange mit ihnen diskutiert. Überdies arbeitete er auch in der sogenannten Göring-Kommission mit. Ihre Aufgabe war es, Wirtschaft und Verwaltung nach brauchbaren Menschen und Geräten zu durchkämmen, die der Wehrmacht zur Verfügung gestellt werden konnten.[30]

Erfahrungen von ganz eigener Art mit dem Nationalsozialismus machte Oswald Sint. Als tiefgläubiger Katholik war er – wie die meisten Menschen in seinem Dorf – mit den zunehmenden Angriffen des NS-Regimes auf die religiösen Sitten und Gebräuche nicht einverstanden. Dass die Kinder etwa am Dreikönigstag zur Schule gehen sollten, ging ihm gehörig gegen den Strich. Ihm und vielen anderen. So organisierten die Bewohner von Osttiroler Bergdörfern einen Schülerstreik. In St. Oswald, seinem Heimatdorf, besuchte Sint am Vorabend Haus für Haus und forderte die Leute auf, die Kinder am nächsten Tag nicht zur Schule gehen zu lassen. Die Sache kam der Gestapo zu Ohren, mehrere Männer aus der Umgebung erhielten längere Kerkerstrafen. Auch Sint erwischte es. Aber aus einem anderen Grund.

Mitte Januar 1940 fand in Kartitsch eine »Pflichtversammlung« statt. Der große Wirtshaussaal war voll. Es sprach der Lienzer Kreisleiter, flankiert von zwei Wachen. Zuerst gab er einen kurzen Überblick über die allgemeine Lage, feierte den Sieg in Polen und prophezeite für das Frühjahr Friedensverhandlungen im Westen. Aber das sei nicht der Grund, aus dem er hergekommen sei. Vielmehr gehe es um die Frage, wieso viele Leute trotz all der Verbesserungen seit dem Anschluss so unzufrieden seien. Deshalb fordere er alle Anwesenden auf, hier und jetzt alle Beschwerden offen vorzubringen. Sollte dies mit Anstand und Ordnung geschehen, garantiere er jedem, dass er unbestraft bleibe. Als Erster stand Oswald Sint auf. Man habe beim Anschluss versprochen, in kultureller und religiöser Hinsicht alles so zu belassen wie gewohnt. »Das ist aber nicht gehalten worden.« Er monierte erstens das Verbot der traditionellen Wallfahrten und zweitens, dass die Kinder neuerdings an hohen kirchlichen Feiertagen zur Schule gehen müssten. Danach brachten Sints Schwester und eine Bäuerin ähnliche Beschwerden vor.

Anschließend lief die Versammlung aus dem Ruder. Ein betrunkener Bauer ging zwischen den Sitzreihen auf und ab und lallte in einem fort in Osttiroler Dialekt: »Es lebe der Führer! Heil Hitler!« Der Kreisleiter verstand ihn nicht, vermutete weiteren Protest und befahl dem Mann, zu schweigen. Worauf dieser beleidigt meinte, »Heil Hitler!« werde er doch wohl noch sagen dürfen. Der Kreisleiter noch einmal: »Ruhe!« Dann sprang ein ortsbekannter hundertfünfzigprozentiger Nazi auf und schrie: »Sperren Sie doch diese schwarze, fanatische Bande ein, dann wird ihnen das Krakeelen schon vergehen!« Der Mann stammte aus dem Altreich und sprach in Mannheimer Mundart. Auch diese Äußerung missverstand der nunmehr wohl schon sehr gereizte Kreisleiter. Er herrschte den Mann an: »Sofort halten Sie den Mund, sonst lass' ich Sie verhaften!« Worauf dieser, wiederum sehr schnell und für den Kreisleiter unverständlich, erwiderte: »Ich bin ja Nationalsozialist, Blutordensträger und ...« Der Kreisleiter unterbrach ihn, schrie voll Zorn: »Sofort Maul halten! Kein Wort mehr!« Damit war die Versammlung beendet.

Die Sache hatte ein Nachspiel in zwei Akten: erstens Vorladung zur Gestapo mit strenger Befragung, zweitens 14 Tage Arrest. Als Sint wieder nach Hause zurückkehrte, hielt ihm einer aus dem Dorf vor: »Soll man halt 's Maul halten, dann passiert niemandem was. Ist uns ja nie so gut gegangen wie jetzt.«[31]

In den vergleichsweise ruhigen Phasen nach dem Polenkrieg und zwischen dem Sieg im Westen im Frühsommer 1940 und dem Angriff auf die Sowjetunion im Frühsommer 1941 kehrte so etwas wie Normalität ein. Man lebte damit, dass nahe Angehörige eingerückt waren. Gewiss, man sorgte sich um sie. Aber man wiegte sich auch in der Illusion, dass der Krieg bald beendet wäre. Zu Weihnachten 1940 bog sich der Tisch der Familie Schumann unter zahlreichen Köstlichkeiten. Zwar waren Lebensmittel rationiert, aber dennoch so reichlich vorhanden, dass kein Mangel herrschte. In Steffi Johnes Tagebuch vom Herbst 1940 finden sich keinerlei Klagen über Versorgungsprobleme. Weihnachten war schön. Sehr schön sogar, denn am Heiligen Abend verlobten sich Stephanie Johne und Alfred Bamer. Weihnachtsgeschenke: eine Bleikristallvase von Fredl, Wäsche und Handtücher von den Eltern (wohl schon in Hinblick auf eine baldige Hausstandsgründung), Seife und Parfüm von Freundinnen, eine Damasttischdecke von der Tante.

Am 25. März 1941 hatte Steffi Telefondienst im Hotel Imperial. Zusammen mit zwei Kolleginnen bediente sie eine Sonderleitung. An diesem Tag trat Jugoslawien dem Dreimächtepakt bei. Die feierliche Unterzeichnung fand an einem passenden Ort statt, dem Schloss Belvedere in Wien. Gegen 16.30 Uhr traf Hitler, vom Belvedere kommend, im Imperial ein. Im Foyer, versteckt hinter einem schweren Vorhang, beobachtete Steffi gemeinsam mit einer Kollegin die Vorgänge. Ein ebenfalls in der Telefonzentrale diensttuender Soldat hatte ihnen angeboten, vorübergehend ihre Arbeit zu übernehmen. Zuerst kamen Ribbentrop und Keitel, dann Hitler. Er begrüßte verwundete Soldaten, die im Halbkreis saßen. Das war es.[32]

In Belgrad führte die Vertragsunterzeichnung postwendend zu einem Putsch von Offizieren und zum Sturz der Regierung. Hitlers Antwort: Angriff auf Jugoslawien am 6. April 1941. Mit dabei in der ersten Angriffswelle war Fredl Bamer. Steffi verging fast vor Sorgen, harrte Tag für Tag in banger Erwartung der Post. Am 16. Mai, gegen Mitternacht, läutete es: »Ich stürzte zur Türe: Fredl! Da stand er nun, braungebrannt, mit glänzenden Augen – und wir küssten uns lange.« Die Freude währte nur kurz. Bald ging sein Regiment nach Schlesien ab. Größere Aufgaben standen bevor.

Dolfi Schumann, die den Nationalsozialismus liebte, aber den
Krieg hasste, erlebte in ihrem Zimmer im Heimhof am Sonntag, dem
22. Juni 1941, einen gehörigen Schock. Um sieben Uhr morgens ging
sie hinunter in die Küche, um das Frühstück zu holen. Da erfuhr sie
von Mitbewohnerinnen die schreckliche Neuigkeit. Mit dem Tablett
taumelte sie aufs Zimmer, warf sich aufs Bett, stammelte: »Krieg mit
Russland!« Ihr Ehemann, Rudi, war wie vom Blitz getroffen. Dolfi
verstand die Welt nicht mehr. »Warum hassen uns alle so?«, fragte
sie sich. Zwar ging es vorerst gut voran, wie bei den vorherigen Feld-
zügen. Aber es blieb ein Gefühl der Ernüchterung. Rudi musste
wieder zum Barras, trotz seiner Behinderung. Immerhin war er als
»garnisonsverwendungsfähig Heimat« eingestuft worden. Sein Stationierungsort war vorläufig Wien.[33]

Aus Oberdonau berichtete die Gestapo, die Meldung vom Ausbruch des Krieges gegen die Sowjetunion habe allgemein »Bestür-
zung« ausgelöst. Mütter von Söhnen und Frauen von Ehemännern,
die in Polen standen, seien in größter Sorge um ihre Angehörigen.
Mit den ersten Siegen der voranstürmenden Wehrmacht stabilisierte
sich die Stimmung. Überschäumend war die Begeisterung deshalb
noch lange nicht. Im September 1941 hieß es im geheimdienstlichen
Stimmungsbericht sogar, ein Großteil der Bevölkerung stehe den
»außerordentlichen Erfolgen« im Osten »nach wie vor gleichgültig«
gegenüber. Vor allem die ländliche Bevölkerung sei hauptsächlich an
einer einzigen Frage interessiert: Wann der Krieg endlich zu Ende
wäre?[34]

Je länger die Sache dauerte, je näher der Winter heranrückte, desto
stärker wurden die Zweifel. Wurde es Hitler in den Weiten Russlands
ergehen wie einst Napoleon und seiner Grande Armée? Eine bange
Frage. Und sie wurde immer drängender, als der Winter einbrach, als
die Wehrmacht vor Moskau steckenblieb, als der russische Gegenstoß anrollte. Und als zur Überraschung aller ein hektisches Sammeln von Spinnstoffen und Winterausrüstung einsetzte. Die Bürger
des Dritten Reichs begannen sich zu fragen, ob ihr »Führer« seine
Soldaten tatsächlich ohne adäquate Ausrüstung in den bitterkalten
russischen Winter geschickt hatte. Zu alledem kam noch der Kriegs-

eintritt der Vereinigten Staaten Mitte Dezember 1941. Die öffentliche Meinung, hieß es in einem SD-Bericht, sank auf einen bisher nicht gekannten »Tiefststand«.[35]

In der zweiten Jahreshälfte 1941 hatte sich für Dolfi Schumann einiges getan: Eine neue, bessere Arbeitsstelle war gefunden, ebenso eine schöne gemeinsame Wohnung. Wie gut, dass die früheren jüdischen Besitzer »nach Palästina ausreisen« wollten. (Tatsächlich kann es sich zu diesem Zeitpunkt nur um die Deportation in den Osten – und damit die Ermordung – gehandelt haben.) Rudi wurde, sehr zu seinem Ärger, in die Kaserne Hollabrunn, Niederdonau, versetzt. Und Dolfi erhielt die Chance, für ihre neue Firma, die »Treuarbeit«, für einige Monate in die Außenstelle Brüssel zu gehen.[36]

Die allgemeine Lage verschärfte sich ab Anfang 1942 erneut. Ohne Bezugsscheine war so gut wie nichts mehr erhältlich. In Osttirol verlangten die Geschäftsleute von den Bauern beim Einkauf von allen möglichen Gebrauchsgegenständen »Bauernpunkte«, das heißt Butter, Speck, Würste, Fleisch, Wolle etc. Alles natürlich unter der Hand. Insgesamt war die Versorgung in agrarischen Regionen besser als in der Stadt. Als Steffi Johne von einem längeren Landaufenthalt zurückkehrte, wurde sie wegen ihres guten Aussehens bestaunt. Ihr Kommentar: »Ja, wenn man Bauernbrot und Vollmilch bekommt. Die tun ihre Wirkung.«[37]

Kartitsch, wo Oswald Sint lebte, war bald ohne junge Männer. Zwei waren schon 1940 als Gebirgsjäger beim Kampf um Narvik getötet worden. Viele sollten noch folgen. Im Laufe des Krieges fielen vier der fünf Söhne von Oswald Sints Nachbar.[38] Günther Doubek stellte in Wien auf dem Fußballplatz fest, dass die Männer sukzessive verschwanden. Bei den meisten Vereinen spielten nur noch Achtzehn- und Neunzehnjährige. Und das Publikum setzte sich in erster Linie aus Jungen unter 17 und Männern über 45 Jahren zusammen. Auch die Polizei war offensichtlich stark ausgedünnt worden, denn in den Parks und auf den Straßen hatten Gruppen von Jugendlichen das Sagen.

Sein zur Wehrmacht eingezogener Onkel Karl verkündete dem mittlerweile Vierzehnjährigen: »Wenn der Krieg noch eine Weile dauert, bist du vielleicht auch noch betroffen.« Im Fall des Falles solle er sich überallhin melden, bloß nicht zur Waffen-SS oder zu den U-Booten. Leopold Doubek, Günthers Vater, führte während dessen Fronturlaub mit Karl lange Gespräche unter vier Augen. Als Angehöriger einer Transporteinheit hatte Karl furchtbare Dinge miterlebt und erfahren. Die unmenschliche Behandlung der aus der Sowjetunion nach Deutschland verschleppten Zwangsarbeiter etwa. Oft seien sie tagelang in Viehwaggons gesperrt worden, ohne aussteigen zu dürfen. Viele seien unterwegs gestorben. Und noch etwas, schier unfassbar: Kranke seien in geschlossenen Planwagen transportiert worden. Mit einem Schlauch habe man Motorabgase in den Innenraum geleitet. Bis die Menschen elendig erstickten. Leopold Doubek nahm endgültig Abstand vom nationalen Sozialismus Hitlers. Im Flüsterton, hinter vorgehaltener Hand, sprach sich langsam herum, wie es in diesem Krieg zuging, zu welchen Verbrechen dieses Regime fähig war.

Günther war nach wie vor ein begeisterter Hitlerjunge, aber im Herbst 1942 doch nicht mehr so begeistert, dass ihn seine Beförderung zum DJ-Jungzugführer noch sonderlich gefreut hätte. Trotzdem nahm er die Ernennung an. Und erfuhr, dass sich immer mehr Buben vor dem Dienst drückten. Bei der DJ sei es schlimm, bei der HJ noch schlimmer. Günther bemühte sich, seinen Jungzug zu motivieren. Umsonst. Beim letzten von ihm geleiteten Heimnachmittag waren nur neun Jungen anwesend, von denen sich noch dazu drei nach einer halben Stunde wieder aus dem Staub machten. Bei einer internen Besprechung stellte man fest, dass im Schnitt nur rund 30 Prozent der erfassten Knaben mitmachten. In den Arbeiterbezirken konnte man mit 25 Prozent bereits zufrieden sein, in bürgerlichen Bezirken lag die durchschnittliche Teilnehmerquote immerhin noch bei 50 Prozent.[39]

Anhand von Steffi Johnes Tagebuch ist nachvollziehbar, wie sich die Situation Schritt für Schritt verschärfte, wie sich der Krieg und seine Auswirkungen immer mehr in den Vordergrund drängten. Fredl wurde Anfang Juli 1941 in das »Innere von Russland« versetzt. Er schrieb an seine Verlobte, dass alles bisher im Krieg Erlebte nur ein Bruchteil dessen gewesen sei, was er und seine Kameraden nun mitmachen mussten. Steffis Leben bestand von nun an aus Warten. Vor allem auf Post. Wenn welche kam – oft blieb sie wochenlang aus –, stellte sich kurz Erleichterung ein. Dazwischen Depression und Angstzustände. 18. September 1941: »Ich weine und bete, mehr kann ich nicht tun.« 20. September: »Das ganze Leben ist hart und grausam. Ein ewiges Warten.« Im Oktober kam Fredl auf Urlaub, für ein paar Tage. Er sprach im Schlaf, stöhnte über Hitze und Durst, schimpfte über lästige Fliegen, beklagte einen gefallenen Freund namens Toni.

Gute Freundinnen von Steffi heirateten überstürzt, bevor ihre Verlobten an die Front kamen. Oft, weil ein Kind unterwegs war. Immer mehr junge Männer aus Steffis Bekanntenkreis mussten in den Krieg ziehen. Die ersten bösen Nachrichten trafen ein: dieser und jener, gefallen da und dort. Am 15. Februar 1942 folgende Notiz: »Faschingssonntag! Wer denkt daran? Kein Mensch. Alle Freude, alles Glück ist dahin in diesem Krieg.« Eine gute Woche vorher war Alfred Bamers Regiment in St. Pölten verladen worden. Er war wieder in Russland. Für Steffi Johne begann das schreckliche Warten von neuem.

Die Wochenrationen sanken: ein dreiviertel Laib Brot, 30 Dekagramm Fleisch, 15 Dekagramm Fett und 12 Dekagramm Butter. »Und dabei habe ich so viel Hunger.« Mehr war offiziell nicht zu bekommen. Im Schleichhandel kostete ein Kilogramm Fett 40 bis 50 Reichsmark, ein Kilogramm echter Bohnenkaffee bis zu 200 Reichsmark. Zum Glück arbeitete der Vater in der Tabakverwaltung. Dort gab es Freizigaretten, eine wertvolle Währung auf dem Schwarzmarkt. Eintrag Ende Mai 1942: Das Essen werde immer weniger und ungenießbarer. Für eine dreiköpfige Familie gebe es insgesamt nur einen halben Liter Milch alle zwei Tage. Und Obst und Gemüse seien den ganzen Winter und das Frühjahr über nicht zu bekommen gewesen. Noch versuchten die Wiener, der misslichen Lage mit Humor zu begegnen. In der Straßenbahn sah Steffi ein Warnschild: »Bei den Wiener Straßenbahnen sind durch Aufspringen 22 und durch Abspringen 17 Fahrgäste verunglückt.« Darunter hatte jemand mit Bleistift gekritzelt: »Der Rest wurde am Boden zerstört.«[40]

In jenem Kriegssommer kehrte Dolfi Schumann von ihrem Auslandseinsatz in Brüssel nach Wien zurück. Zufrieden, bereichert. Sogar in Paris war sie gewesen. Und in Berlin, der Reichshauptstadt. Aber die vier Monate der Trennung hatten das Paar in eine tiefe Beziehungskrise gestürzt. Die Selbständigkeit und Eigeninitiative seiner Ehefrau war für Rudi, der in der niederösterreichischen Provinz hockte, schwer zu verkraften. »Eine Mauer hatte sich zwischen uns erhoben«, schreibt Dolfi. Als die »Treuarbeit« ihr wenig später eine neuerliche Auslandstätigkeit anbot, sagte sie nicht nein: »Ich sah darin eine Erlösung von der bedrückenden Entfremdung.« Am 1. Oktober 1942 verließ sie Wien. Über Berlin und Königsberg ging es ins Baltikum nach Reval, hoch im Norden.[41]

Richard Ruffingshofer, höherer Beamter des Postdienstes und als solcher »UK« (unabkömmlich), hatte vom Leben in Norddeutschland mittlerweile »reichlich genug«. Und dies, obwohl schon seit längerem seine Frau Elfi und die 1940 geborenen Zwillinge bei ihm waren. Der größte Wunsch des Ehepaars war es, wieder in die Heimat zurückzukehren. Doch entsprechende Beamtenstellen waren nicht zu bekommen. Zu begehrt waren die Positionen im von feindlichen Luftangriffen bislang verschonten »Reichsluftschutzkeller« Ostmark. In langen, schwärmerischen Passagen verleiht Ruffingshofer seiner Sehnsucht nach Wien und dem Wienerwald Ausdruck. Er schreibt: »Es wird nicht der kleinste Gewinn dieser Versetzung gewesen sein, dass wir die Schönheit der Ostmark und die Weisheit so vieler unserer Einrichtungen erst richtig erkannt haben!« Ein Jahr später war auch die »Ostmark« vergessen. »Wie reich ist doch dieses Österreich!«, notierte er nach einer Besichtigung des Stiftes Klosterneuburg. Seinem neugeborenen Sohn, dem dritten Kind, gab er den Namen Eugen, »um ihn mit der alten österreichischen Tradition fester zu verbinden«. Nach schweren Luftangriffen im August 1942 ging Elfi mit den Kindern nach Klosterneuburg zurück. Richard blieb in Kassel. Am 15. September notierte er: »Was gleicht schon dem Heldenmut unserer Soldaten, die jetzt Stalingrad erobern? Es ist doch gut, dass wir hier in Kassel auch einigermaßen ›an der Front‹ und so am Krieg beteiligt sind. Das gibt ein reineres Gewissen!«[42]

Mignon Langnas' Leben stand stets auf der Kippe. Sie überlebte

dank ihrer Arbeitsstelle als Krankenschwester im jüdischen Altersheim. »Mir ist so elend«, schrieb sie im November 1941 an ihren Ehemann Leo in New York. Der Vater sei ganz allein in der Wohnung, sie
selbst oft für ganze Tage und Nächte bei der Arbeit. Und doch sei es
ein unfassbares Glück, diese Stelle zu haben. Denn als Schwester sei
sie von der »Evakuierung« enthoben und Angehörige im gemeinsamen Haushalt (also ihr Vater) ebenso. Im Juni 1942 kamen dann
die Insassen des Altersheims an die Reihe. Sie wurden nach Izbica im
Distrikt Lublin verschickt. (Von wo niemand zurückkehrte.) Aber
Mignon konnte bleiben. Das Rothschild-Spital, das einzige, das Juden
behandeln durfte, übersiedelte vom Währinger Gürtel in die nun
leerstehenden Räume des Altersheims. Mignon fand Arbeit im Kinderspital.

Seit dem Kriegseintritt der USA (Dezember 1941) war ein Brief-
verkehr mit den Angehörigen in New York nicht mehr möglich.
Mignons Cousine Hala, die in der Schweiz lebte, war nun die Einzige
aus der Familie, mit der sie sich regelmäßig austauschen konnte. Am
3. September 1942 berichtete sie ihr von einem Besuch auf dem jüdischen Friedhof. Die Toten habe sie zu erwecken versucht mit ihren
Tränen und ihrer Verzweiflung. Aber dann habe sie sich dieser Verzweiflung plötzlich geschämt. »Denn am Friedhof ist eine solche
Ruhe, ein so herrlicher Friede, dass ich mich am liebsten selbst dort
hingelegt hätte, um nicht in die furchtbare, grausame Wirklichkeit
hinauszutreten.«[43]

DEPORTATIONEN

Alles, was die Nazis seit Kriegsbeginn hinsichtlich der Juden unter-
nahmen, war darauf ausgerichtet, diese möglichst rasch, möglichst
vollständig aus dem Reichsgebiet zu entfernen. Die gesetzlichen Voraussetzungen für ihre Konzentration an bestimmten Orten und in
bestimmten Wohnungen waren schon Ende April 1939 geschaffen
worden. Arische Vermieter durften ihren jüdischen Mietern kündi-
gen, wenn für diese eine »anderweitige Unterbringung« sicherge-

stellt war. Gleichzeitig verpflichtete man Juden, die noch über verwertbaren Wohnraum verfügten, wohnungslose Juden aufzunehmen. So kam es in den Jahren 1940 bis 1942 zur Umsiedlung und Zusammenlegung von Juden in sogenannten »Judenhäusern« und Sammelwohnungen.

Bald nach Kriegsbeginn setzten die Ernährungsämter spezielle Einkaufszeiten für Juden fest, damit arische Kunden nicht durch deren Gegenwart gestört würden. In ähnliche Richtung ging das Verbot, Schlaf- und Speisewagen der Reichsbahn zu benützen. Juden durften sich von arischen Friseuren nicht die Haare schneiden, von arischen Ärzten und in arischen Krankenhäusern nicht behandeln lassen, keine Badeanstalten und Kurorte aufsuchen, waren aus Wartesälen und Gaststätten von Bahnhöfen verbannt. Weitere tückische Maßnahmen schränkten ihre Bewegungsfreiheit zusätzlich ein: Ausgehverbot nach 20 Uhr, Verbot, den Wohnsitz zu verlassen, die Stadtgrenze zu überschreiten, bestimmte Bezirke und Regionen zu betreten, öffentliche Verkehrsmittel oder Telefone zu benützen etc.[44]

Trotzdem hieß es in einem Schreiben, das Karl Ocenasek, Leiter der Wiener NS-Ortsgruppe Rossau, Anfang Oktober 1939 an die zuständige Kreisleitung richtete: Man meine allgemein, dass nur die Juden schuld am Krieg seien, sie müssten daher entsprechend behandelt werden. Man verstehe nicht, dass die Juden dieselbe Menge an Lebensmitteln zugewiesen erhielten wie die Arier. Man frage sich auch, wieso Juden nicht zur Zwangsarbeit herangezogen würden. Er, der Ortsgruppenleiter, wisse diesbezüglich Abhilfe: Entweder solle man die männlichen Juden zur Arbeit in Bergwerken oder Ähnlichem heranziehen und die »weibliche Mischpoche nächst den Arbeitsstätten in Lagern« unterbringen. Oder es sei eine »Evakuierung nach Polen östlich der Weichsel« in Betracht zu ziehen.[45]

Ob große Teile der Wiener Bevölkerung nach eineinhalb Jahren schwerster Verfolgung und Vertreibung der Juden tatsächlich noch immer von einer derartig bösartigen judenfeindlichen Stimmung erfüllt waren, sei dahingestellt. In ersten Linie bringt das zitierte Schreiben wohl die Stimmung unter radikalen NS-Funktionären zum Ausdruck. Ortsgruppenleiter Ocenasek gab jedenfalls – bewusst oder unbewusst – wieder, was in höchsten Kreisen von Partei und SS seit Kriegsbeginn ohnehin schon in Diskussion stand: die Schaffung eines »Judenreservates« östlich der Weichsel. Der SS-Experte für jüdische »Auswanderung« Adolf Eichmann und sein Vorgesetzter Walter Stahlecker waren bereits am 10. September 1939 darauf zu sprechen gekommen. Man solle in Polen ein Gebiet abzweigen und dort einen autonomen Judenstaat errichten. Zwei Tage später trug Stahlecker den Plan seinem Chef Heydrich vor. Dieser war begeistert. Am 21. September verkündete er auf einer hochrangigen Besprechung in Berlin, Hitler habe der »Judendeportation in den fremdsprachigen Gau« und »Abschiebungen« über die deutsch-sowjetische Demarkationslinie zugestimmt.[46] Anfang Oktober erhielt Eichmann den Auftrag, die geplanten Deportationen zu organisieren. Ins Auge gefasst wurden fürs Erste Juden aus Wien, Mährisch-Ostrau und Kattowitz. Vorkommandos aus männlichen »vollarbeitsfähigen« Juden, hauptsächlich Handwerker, Ingenieure, Baumeister sowie einige Ärzte, sollten im Raum südwestlich von Lublin ein Barackendorf errichten, das als »Durchgangslager« für die weiteren Transporte gedacht war. Als Standort bestimmte Eichmann nach einer Inspektionsreise das Städtchen Nisko am San. Zwei Deportationszüge mit je tausend Teilnehmern sollten pro Woche aus Wien nach Polen abgehen. Die Transportkosten waren von der Israelitischen Kultusgemeinde zu tragen.

Josef Löwenherz, Amtsleiter der Israelitischen Kultusgemeinde, war anfangs von der Idee eines jüdischen Ansiedlungsgebiets in Polen begeistert. Er sah es als Chance, den Krieg und die NS-Herrschaft zu überleben. Sehr rasch regte sich zwar bei ihm deutliches Misstrauen, doch blieb ihm kaum etwas anderes übrig, als die geforderten Transporte zusammenzustellen. Tausend bis tausendzweihundert »auswanderungs- und arbeitsfähige Männer« sollten es laut Anforderungsprofil der SS vorerst sein, vor allem »Handwerker aller Art, insbesondere Tischler, Zimmerleute und Techniker«. Schließlich präsentierte Löwenherz Eichmanns Mitarbeitern ein Verzeichnis von 830 Personen, das später noch aufgestockt wurde. Als Basis dieser Auswahl diente die Anfang September im Auftrag der SS durchgeführte Registrierung der in Wien lebenden Jüdinnen und Juden. (66 380 »Glaubensjuden« sowie 8359 »Nichtglaubensjuden« waren gezählt worden.)

Der erste Zug nach Nisko fuhr am 20. Oktober um 22.22 Uhr vom Aspangbahnhof los. Der kleine Bahnhof im dritten Gemeindebezirk lag etwas versteckt, hatte geringes Passagieraufkommen – und war daher besonders gut für die Deportation von Juden geeignet. Denn diese sollte »möglichst unauffällig« sein. So wünschte es die SS.[47]

Noch während der Vorbereitungen für die Deportationen aus der Ostmark und dem Protektorat (die besetzte »Rest-Tschechei«) in das mittlerweile »Generalgouvernement«[48] genannte Gebiet distanzierte Heydrich sich schon wieder von der Idee eines Judenreservats. Er war nur noch an den Erfahrungen interessiert, die durch ein paar Probetransporte zu machen waren. Der Grund: Mittlerweile hatte sich Hitlers Politik geändert. Es ging diesem nun vorrangig um die rasche »Flurbereinigung« der dem Reich neu angegliederten westpolnischen Gebiete (Reichsgaue Danzig-Westpreußen und Wartheland). »Juden, Polacken und Gesindel« (so Hitlers Worte) sollten von hier rasch nach Osten abgeschoben werden, um Platz zu schaffen für die anzusiedelnden Volksdeutschen aus dem Baltikum. Dazu kamen konkrete logistische Probleme. Und schließlich die üblichen Positionskämpfe unter Hitlers Satrapen: Hans Frank, Hitlers Statthalter im Generalgouvernement, angestiftet von seinem Stellvertreter Arthur Seyß-Inquart, wandte sich entschieden gegen die von der SS betriebene Verschiebung von Juden aus dem Reich in »sein« Gebiet. Am 26. Oktober 1939 konnte noch ein zweiter Transport aus Wien auf den Weg geschickt werden. Dann war Schluss. Die Deportationen wurden eingestellt. Vorläufig.[49]

Die Realität, mit denen sich die Deportierten bei der Ankunft in Nisko konfrontiert sahen, war grauenhaft. Einige der Deportierten aus Mährisch-Ostrau – kräftige junge Handwerker und Baufachleute – mussten beim Dorf Zarzecze ein Barackenlager errichten. Der Rest wurde weggeführt, angeblich, um sie in den umliegenden Dörfern unterzubringen. Tatsächlich trieb die SS sie unter Todesdrohungen Richtung deutsch-sowjetische Demarkationslinie. Ähnlich erging es den beiden Transporten aus Wien. Die SS führte die Männer, die mitten in der Nacht am Bahnhof Nisko ankamen, zu den halbfertigen Baracken jenseits der San. (Ein Zeuge: »Der Anblick war niederschmetternd.«) Dort suchten sie sich einige junge und kräftige Handwerker aus, rund 50 Mann. Der Rest musste bei strömendem Regen weitermarschieren. Schließlich machte der Elendszug halt, das Gepäck wurde abgeladen. Ein SS-Mann schrie: »So, jetzt könnts gehen! Wer im Umkreis von fünf Kilometern innerhalb von drei Stunden angetroffen wird, wird sofort erschossen. Jetzt gehts zu euren Freunden!« Gemeint waren die Russen. Die Grenze zur Sowjetunion, der Fluss Bug, lag nicht allzu weit entfernt. Was blieb anderes übrig, als loszumarschieren?[50]

Dem zweiten Wiener Transport nach Nisko hatte sich per freiwilliger Meldung ein zwanzigjähriger Schlossergehilfe angeschlossen. Sein Name: Richard Kohn. Anfang März 1939 war er zur Hachschara gegangen, wo junge Juden wie er sich für die Auswanderung nach Palästina vorbereiteten. Im Sommer war seine Gruppe von der SS zur Zwangsarbeit eingeteilt worden. Im Herbst hörte Richard, in Polen entstehe eine jüdische Kolonie. Er hielt das für eine Chance. Mit dem zweiten Nisko-Transport am 26. Oktober 1939 verließ er Wien in Richtung Nordosten. Sein Vater hatte ihn zum Bahnhof gebracht. »Das erste Mal in meinem Leben sah ich meinen Vater gefühlvoll, ich sah eine Träne.« Es war ein Abschied für immer.[51]

Nach langer Fahrt erreichten die 672 Männer aus Wien die Stadt Nisko. Es kam zur gleichen Selektion wie beim ersten Wiener Transport. Richard war jung, kräftig, gelernter Schlosser von Beruf. Er und einige andere durften im Lager bleiben, die meisten wurden verjagt. Die Arbeit erwies sich als extrem schwer, das Leben im Lager als unerträglich. Eines Tages hatte Richard gemeinsam mit einem Kameraden, einem deutschen Kommunisten, am äußersten Rand des Lagers zu tun. Die beiden nutzten die günstige Gelegenheit. Sie schlugen sich durch die Wälder Richtung Demarkationslinie. Bei einem orthodoxen Juden fanden sie Unterschlupf für eine Nacht. Beim ersten Versuch eines Grenzübertritts am nächsten Morgen stoppten russische Soldaten sie: »Dawai iditje nasad!« (»Schnell, geht zurück!«)

Zweiter Versuch. Nun liefen die beiden Flüchtlinge deutschen Soldaten über den Weg: »Halt, wer da? Wer seid ihr?« – »Juden!« – »Woher kommt ihr?« – »Aus Wien!« – Der Zufall wollte es, dass einer von den Soldaten selbst Wiener war. Scherzhaft fragte er, ob Wien noch »ganz« sei. Ja, Wien sei noch ganz, bestätigte Richard. Wohin sie gingen, fragte der Soldat. »Zum Nachbarn«, antwortete Richard. »Also geht«, antwortete der Soldat, »aber wenn ihr zurückkommt, werden wir auf euch schießen.« So wateten sie durch den Bach, der an dieser Stelle die Grenze markierte. In einem armseligen kleinen Dorf kamen sie während der ersten Nacht in einer Scheune unter. Mit der Unterstützung von Juden gelangten sie in den nächsten Tagen nach Lemberg, der Hauptstadt der einstigen österreichisch-ungarischen Provinz Galizien.

Durch Zufall traf Richard hier seinen Onkel, der bereits mit dem Transport vom 20. Oktober nach Nisko deportiert worden war und sich nach Lemberg durchgeschlagen hatte. Er hauste mit drei weiteren österreichischen Juden in einem Kellerloch. Bei ihm kam Richard vorerst unter. Nach einigen Monaten verhaftete die russische Polizei den Onkel und dessen drei Mitbewohner. Richard Kohn selbst entging der Verhaftung, weil er zufällig nicht anwesend war. Der Onkel und die anderen verschwanden spurlos in den Lagern Stalins. Richard musste sich von nun an allein durchschlagen.

Lemberg war im Herbst 1939 voll von geflüchteten Juden, vor allem aus den deutschbesetzten Teilen Polens. Sie wurden in Massenquartieren, leerstehenden Schulen, zerstörten Häusern etc. untergebracht. Dürftig verpflegt wurden sie durch jüdische Hilfsorganisationen oder sowjetische Behörden. Viele der Älteren aus den Wiener Transporten hielten die Strapazen nicht lange durch. Sie erkrankten und starben. 1940 forderten die Behörden die Flüchtlinge auf, die sowjetische Staatsbürgerschaft anzunehmen. Wer dafür optierte, wie etwa Richard Kohn, erhielt Pass und Arbeitsbewilligung. (Die meisten fielen 1941 erneut in den nationalsozialistischen Machtbereich und wurden Opfer der Shoah.) Es gab allerdings viele, die das sowjetische Angebot nicht annehmen wollten. Sie hofften, auswandern zu können, nach Amerika etwa. Doch durch ihre Ablehnung hatten sie sich verdächtig gemacht, sie gerieten in die Fänge des NKWD und wurden in Zwangsarbeitslager verschleppt. Richard Kohn entkam der Nazi-Invasion. Mit den Jahren sollte ein loyaler Sowjetbürger aus ihm werden.[52] Das Zarzecze-Lager blieb noch rund ein halbes Jahr bestehen. Jene, die den harten Winter und die brutalen Existenzbedingungen überlebten, durften im April 1940 in ihre Herkunftsorte zurückkehren. Von mehreren tausend Deportierten waren es insgesamt 516 Männer, davon 198 aus Wien.[53]

Das Scheitern der Nisko-Aktion bedeutete keineswegs, dass die Idee der »Judenevakuierung« aufgegeben worden wäre. Die Lösung, kristallisierte sich bald heraus, konnte nur im Osten liegen.[54] Am 2. Oktober 1940 fand eine Besprechung im Führerhauptquartier statt. Wiens Gauleiter Baldur von Schirach nutzte die Gelegenheit, um von Hans Frank, dem Herrn des Generalgouvernements, die Aufnahme der Wiener Juden zu fordern. Frank lehnte dies ab, weil es keine entsprechenden Unterbringungsmöglichkeiten gebe. Hitler ließ sich von Schirach einen Bericht über die Juden in Wien vorlegen und übermittelte ihm dann Anfang Dezember 1940 folgende Mitteilung: Er habe Generalgouverneur Frank und Reichsführer-SS Himmler über seine Entscheidung informiert, »dass die im Reichsgau Wien noch wohnhaften 60 000 Juden beschleunigt, also noch während des Krieges, wegen der in Wien herrschenden Wohnungsnot ins Generalgouvernement abgeschoben werden sollen«.[55]

Anfang Februar 1941 erhielt Alois Brunner, Eichmanns Nachfolger als Leiter der Zentralstelle für jüdische Auswanderung in Wien, den Befehl, bis Mai 10 000 Juden »umzusiedeln«. Je Transport sollten rund tausend Personen vom Aspangbahnhof Richtung Osten abgehen. Die von der Zentralstelle zur »Umsiedlung« Bestimmten sollten sich in einem Sammellager im zweiten Gemeindebezirk einfinden. Zwei Koffer mit insgesamt höchstens 50 Kilogramm Gewicht dürften mitgenommen werden, dazu Bargeld in unbegrenzter Höhe, Wohnungsschlüssel und Lebensmittelkarten seien abzuliefern, ein Verzeichnis aller Vermögenswerte mit Name und Anschrift des Vermögensverwalters vorzulegen.

Die böse Neuigkeit sprach sich unter den Betroffenen rasch herum. »Mit einer Schreckensnachricht kam Tante Lisl gestern zu uns«, notierte Martha S. am 4. Februar 1941 in ihr Tagebuch. »Das Gerücht, das man schon seit einiger Zeit immer wieder hören konnte, bewahrheitet sich, nämlich: Alle Juden müssen bis zu einem bestimmten (baldigen!) Zeitpunkt Deutschland verlassen haben. Also wird diese so genannte ›Polenaktion‹ doch wieder aufgenommen, nachdem sie bald nach Onkel Pauls ›Abreise‹ eingestellt worden war. Und diesmal scheint es bitter ernst damit zu sein. (…) Wir zittern für die arme Tante Lisl. Furchtbar wäre es, wenn sie nun auch fort müsste.« Die Großeltern zumindest, hoffte Martha, würde man doch wohl wegen ihres hohen Alters in Ruhe lassen. Ein Wunsch, der sich nicht erfüllen sollte.

Martha S., über die keine persönlichen Informationen bekannt sind, dürfte 1941 eine Frau von etwas über 30 Jahren gewesen sein. Eine »Volljüdin«. Dass sie die NS-Zeit in Wien überlebte, hatte einen einzigen Grund: ihre Heirat mit einem Arier. »Privilegierte Mischehen« wie diese waren geschützt, weil Hitler unnötige Unruhe unter den nichtjüdischen Verwandten verhindern wollte.[56] Einige nahe Angehörige von Martha hatten bis Kriegsausbruch auswandern können. Aber Bruder Paul, Schwester Lisl und den Eltern war das nicht geglückt. Sie sollten alle dem Holocaust zum Opfer fallen. Paul war der Erste. Im Oktober 1939 war er im Rahmen der erwähnten Nisko-Aktion nach Polen transportiert worden. Er gehörte zu jenen, die spurlos in Stalins Todeslagern verschwanden.[57]

Beginnend mit dem 15. Februar 1941 fanden fünf Deportationstransporte aus Wien statt, bei denen rund fünftausend Jüdinnen und Juden in die Ghettos polnischer Kleinstädte verschleppt wurden. Zum größten Teil handelte es sich um ältere, kranke, behinderte Menschen. »Ich kann euch nur sagen«, heißt es im Brief einer Deportierten, »es wäre besser gewesen, man hätte uns alle in Wien an die Wand gestellt und erschossen. Es wäre ein schönerer Tod gewesen, wir müssen elender sterben.« Und es starben tatsächlich viele, die Lebensumstände in den Ghettos waren gerade für Ältere unerträglich. (Die Überlebenden wurden 1942 in den Vernichtungslagern der »Aktion Reinhardt« ermordet.)

Infolge des kriegsbedingten Mangels an Transportmitteln mussten die Deportationen schon Mitte März 1941 unterbrochen werden.[58] Das heißt nicht, dass deshalb weitere antijüdische Maßnahmen ein- oder zumindest zurückgestellt worden wären. Im Gegenteil. Reichsmarschall Göring, dem Hitler 1938 die Letztverantwortung für die Abwicklung der Maßnahmen gegen die Juden übertragen hatte, beauftragte Ende Juli 1941 Reinhard Heydrich damit, die erforderlichen Vorbereitungen zu einer »Gesamtlösung der Judenfrage« zu treffen. Ein wichtiger Schritt war dabei die Einführung des »Judensterns« am 1. September 1941. Zu dieser Zeit, in den ersten Septembertagen 1941, entschloss sich Hitler, die verbliebenen Juden möglichst rasch aus dem Reich entfernen zu lassen. Und während des Herbstes grübelte er über der Frage, was nach erfolgter Verbringung in den Osten mit den Juden weiter geschehen sollte. Irgendwann zwischen Oktober und Dezember 1941 muss seine Entscheidung gefallen sein, wie die »Endlösung der Judenfrage« aussehen sollte. Hitler entschloss sich, seine Drohung vom 30. Januar 1939 wahr werden zu lassen: die »Vernichtung der jüdischen Rasse in Europa«.[59]

Während in den besetzten Teilen der Sowjetunion bereits die deutschen Einsatzgruppen wüteten und Juden zu Hunderttausenden niedermetzelten, fuhren vom Wiener Aspangbahnhof aus wieder Deportationszüge nach Osten. Zwischen 15. Oktober und 2. November 1941 wurden rund fünftausend meist ältere Juden aus Wien in das Ghetto Łódź (Litzmannstadt) überführt. Am 23. November brachte ein Zug Juden aus Wien nach Kaunas, am 28. November nach Minsk und am 3. Dezember nach Riga. Weitere drei Transporte nach Riga folgten im Januar und Februar 1942. Die nach Kaunas deportierten Frauen, Männer und Kinder wurden umgehend erschossen. Nach der Ankunft des in Wien am 6. Februar 1942 abgefertigten Transports in Riga zeigte sich die SS ungewohnt freundlich. Sie bot den älteren Ankömmlingen Lastautos für den beschwerlichen Weg ins Ghetto an. Von tausend Deportierten erreichten nur jene dreihundert, die den Fußweg gewählt hatten, den Zielort. Die anderen starben während der Fahrt. Es hatte sich um Gaswagen gehandelt.

Der Horror steigerte sich noch im Frühjahr 1942. Fünf Deportationszüge aus Wien hatten die Orte Izbica und Włodawa im Distrikt Lublin zum Ziel. Izbica war nichts weiter als ein Sammellager auf dem Weg in den Tod. Mitte Oktober 1942 transportierte die SS die zusammengetriebenen Juden in das Vernichtungslager Belzec. Auch vom Kleinstädtchen Włodawa aus wurden jüdische Männer, Frauen und Kinder nach und nach zur Ermordung in das elf Kilometer entfernte Vernichtungslager Sobibor gebracht. In einem Fall fuhr ein Deportationszug aus Wien direkt dorthin.

Zwischen Mai und Oktober 1942 steuerten neun Wiener Deportationszüge die Destination Minsk an. Die Deportierten, nach oft tagelangem Warten auf einem Nebengleis endlich doch aus den Waggons herausgeholt, kamen nicht etwa in das Minsker Ghetto, sondern zu einem stadtnah gelegenen Gut namens Maly Trostinez. Nach der Selektion einiger arbeitsfähiger Personen schaffte man die Verbliebenen in ein Kiefernwäldchen. Schutzpolizisten und Angehörige der Waffen-SS ermordeten die Deportierten am Rand von vorbereiteten Gruben per Genickschuss. Bei späteren Transporten wurden dann zusätzlich Gaswagen eingesetzt, um den Massenmord effizienter zu gestalten.

Ab Juni 1942 gingen die meisten Deportationszüge aus dem Reich – und eben auch aus Wien – nach Theresienstadt nordwestlich von Prag. Zur Beschwichtigung besorgter Volksgenossen und des neutralen Auslands hatten die Nationalsozialisten die böhmische Festungsstadt in ein »Reichsghetto« (oder »Altersghetto«) umgewandelt. Hier sollten ältere und im Ersten Weltkrieg schwerverletzte und ausgezeichnete Juden unter angeblich günstigen Bedingungen untergebracht werden. In Wahrheit war Theresienstadt für die meisten der hierher Deportierten, sofern sie nicht an Ort und Stelle ums Leben kamen, nur Durchgangsstation auf dem Weg nach Auschwitz.[60]

Das Tagebuch von Martha S. ist ein einziges Dokument der Ungewissheit und Qual. Mit geradezu seismographischer Präzision registriert sie die Schockwellen, die von den nach längerer oder kürzerer Unterbrechung immer wieder einsetzenden Deportationen ausgingen, zunächst am 9. Oktober 1941: »Nun wird es nicht mehr lange dauern, dass wir alle das unerhörte Maß von Qualen und Leiden nicht mehr ertragen können. Die ›Polenaktion‹ hat wieder begonnen! Unvorstellbar grauenhaft ist das.« Dann am 29. Januar 1942: »Die furchtbarste Last, nun schon seit vier Monaten, ist die fast unerträgliche Angst, die Großeltern und Tante Lisl zu verlieren. Die grauenhaften Verschickungen dauern an.« Und am 7. Februar: »Wir dürfen wieder für eine Weile leben. Die Transporte nach Polen sind vorläufig wieder einmal eingestellt.«[61] Im April 1942 aber setzten die Deportationen schließlich voll ein. Und im Juni holten die jüdischen Ausheber im Auftrag der SS Lisl ab. Martha S. erhielt die Schreckensbotschaft telefonisch von ihrem Vater. Sie eilte gemeinsam mit ihrem Mann zur Wohnung der Schwester. Die beiden kamen an, als Lisl gerade dabei war, den überfüllten Lastwagen zu besteigen. Eine kurze letzte Umarmung noch, dann wurde Lisl in eines der Sammellager gebracht, von denen es in Wien-Leopoldstadt mehrere gab. Hier mussten die zusammengetriebenen jüdischen Frauen, Männer und Kinder unter extrem beengten und äußerst mangelhaften hygienischen Bedingungen auf ihren Abtransport warten. Lisl dürfte einige Tage oder auch Wochen später jenen Zug bestiegen haben, der sie in die Gaskammern von Sobibor oder Auschwitz oder zu den Erschießungsstätten von Maly Trostinez brachte.

Sechs Wochen nach der Tochter traf es die Eltern. Ihre Fahrt ging nach Theresienstadt. Die folgenden Monate standen für Martha S. im Zeichen des zermürbenden Wartens auf eine Nachricht: »Was immer ich tue oder rede, sehe oder höre, wo immer ich bin, nicht einen Augenblick verlassen mich die qualvollen Gedanken an meine Lieben. Was werden sie alles erdulden müssen? Man hört so schreckliche Dinge über das Schicksal der Unglücklichen. Kein Lebenszeichen, immer nur peinigende Ungewissheit!« Im Februar 1943 traf eine erste Nachricht ein, eine von Marthas Vater geschriebene Karte. Aber wieso kein Gruß, kein Wort der Mutter? Was war mit ihr, lebte sie noch? Im Mai dann endlich das ersehnte Lebenszeichen. Unendliche Erleichterung. Eine weitere Nachricht im August. Sie stürzte Martha in tiefste Zweifel. Die Karte war mit »Mama und Omama« unterschrieben. Aber die Handschrift – nicht jene der Mutter. Was hatte das zu bedeuten?

Weitere Karten aus Theresienstadt konnten die Unsicherheit nicht beseitigen. Im Gegenteil. Langsam, in einem sich über Monate und Jahre hinziehenden peinigenden Prozess begann Martha S. sich einzugestehen, dass sie weder die Schwester noch die Eltern je wiedersehen würde.[62]

Die Massendeportationen aus Wien endeten im Oktober 1942. Mehr als 47000 Menschen waren verschleppt worden. Nur rund achttausend Menschen jüdischer Herkunft lebten noch in Wien, die meisten in sogenannten »Mischehen«. Und diese Zahl sollte sich wegen vieler weiterer kleiner oder Einzeldeportationen noch bedeutend reduzieren. Weniger als zweitausend Deportierte (an die vier Prozent) erlebten das Ende der NS-Herrschaft.[63]

Um der Deportation und damit dem fast sicheren Tod zu entgehen, wählten manche den Weg in den Untergrund. Rund tausend Juden überlebten in Österreich, vor allem in Wien, als sogenannte »U-Boote«.[64] Es gelang ihnen, sich dem Zugriff der Häscher zu entziehen und die NS-Zeit unter größten Gefahren zu überstehen. Greifen wir aus den dokumentierten Fällen das Beispiel eines wagemutigen und entschlossenen Ehepaares heraus: Karl und Hedwig Wahle. Beide jüdischer Abstammung, aber streng katholischen Glaubens. Er Richter am Handelsgericht Wien, sie Chefmathematikerin der Anker-Versicherung. Zwei Kinder, geboren 1929 und 1931. Eine bestens etablierte Familie mit schöner, geräumiger Wohnung in der Inneren Stadt. Die Nazis nahmen den Eheleuten ihre Arbeitsplätze und Verdienstmöglichkeiten. Sohn und Tochter brachten die beiden in einem Kindertransport nach England unter. Ihnen selbst gelang die Ausreise nicht, alle noch so verzweifelten Bemühungen um ein Affidavit in die USA scheiterten. Im Sommer 1941 wurden ihnen jüdische Zwangsuntermieter zugewiesen. Als die Deportationen begannen, traf das Ehepaar entsprechende Vorkehrungen. »Wir waren nicht gewillt«, schrieb Hedwig Wahle später, »uns wie das liebe Vieh verladen und zur Schlachtbank führen zu lassen.« So verließen sie jeden Tag sehr früh das Haus, entledigten sich ihres Judensterns, besuchten vorerst die Morgenmesse. Karl arbeitete illegal bei einem befreundeten arischen Rechtsanwalt, Hedwig war gezwungen, sich auf der

Straße herumzutreiben. Später fand sich auch für sie ein Platz, an dem sie tagsüber unterkommen konnte.

Am Nachmittag des 2. Mai 1942 war das Paar ausnahmsweise zu Hause. Als Karl weggehen wollte, warnte ihn der Hausbesorger: Die Ausheber seien da, das Haus wäre umstellt. Karl versuchte es trotzdem und passierte den Kordon unbehelligt. Vermutlich hielt man ihn wegen seines selbstsicheren Auftretens für einen Arier. Hedwig, vom Hausbesorger gewarnt, tat es ihm gleich: »Ich schaute die uniformierten Gangster und ihre jüdischen Helfer nur ruhig an und fragte, anscheinend neugierig: ›Was ist denn da für ein Krawall?‹« Wie ihr Mann kam sie durch, sprang auf eine vorbeifahrende Straßenbahn – und entging der Deportation. Mitnehmen konnten die beiden freilich nichts, jedes Gepäckstück hätte Verdacht erregt. »So haben wir buchstäblich nichts gerettet als unser Leben!«

Unmöglich, an dieser Stelle das Leben zu beschreiben, das Karl und Hedwig nun führen mussten. Freunde, Bekannte, ein gehöriges Maß an Gewitztheit halfen. Und Glück. Einmal wurde das Paar verhaftet. Über gültige Dokumente verfügten die beiden selbstverständlich nicht. Aber ohne weiteres Nachprüfen nahmen die Polizisten ihnen das vorbereitete Lügenmärchen ab: eine außereheliche Affäre. Nach einem Tag kamen sie wieder frei.[65]

Überleben. Mut, Entschlossenheit und sehr viel Glück brauchte es dazu. Die Baranyais, Roma aus Niederösterreich, verfügten über gute Beziehungen zu Nichtroma (»Gadsche«). So wurden sie rechtzeitig vor Razzien der Nazis gewarnt. Die Familie überlebte, versteckt in den Wäldern Österreichs, Ungarns und der Tschechoslowakei. Julo Baranyai, der Vater, war bei den Gadsche sehr beliebt, er war stets hilfsbereit und arbeitete für sie mit viel Fleiß und Geschick. Deshalb wurde die Familie nicht verraten, sondern sogar von Gadsche mit Lebensmitteln versorgt. Wenn keine Lebensmittel da waren, fing Julo Baranyai Hasen oder erlegte sonstiges Wild.[66] Doch auf diese Weise zu überleben war nur im Ausnahmefall möglich, gelang wenigen. Die Nationalsozialisten ermordeten rund 9500 österreichische »Zigeuner«, nur etwas über tausend (ungefähr 10 Prozent) dürften die NS-Zeit überlebt haben.[67]

Ideologischer Vordenker und Wegbereiter der Zigeunerverfolgung war der burgenländische Gauleiter (und spätere Gauleiter-Stellvertreter der Steiermark) Tobias Portschy. Die Zigeuner seien ein »wahrer Krankheitsherd« inmitten der deutschen Bevölkerung, schrieb er in einer im August 1938 entstandenen Denkschrift. Beruflich könne man sie allesamt als Diebe charakterisieren. Lüge, Trägheit, Falschheit und Durchtriebenheit seien ihnen eigen. Sie seien asozial und eine Gefahr für das »deutsche Blut« im Grenzraum. Deshalb sei es höchste Zeit, diese Frage einer »nationalsozialistischen Lösung« zuzuführen.[68]

Begonnen hatte man damit gleich nach dem Anschluss. Bis Juni 1938 waren 232 Roma und Sinti aus der Ostmark in Konzentrationslager überstellt worden. In den Folgejahren sollten noch viele hundert dazukommen. Unfassbar, dass zwei halbwüchsige Romamädchen aus Trausdorf im Burgenland – Walpurga und ihre Schwester Stefanie – am frühen Morgen des 25. Juni 1938 von der örtlichen SA gefangen genommen wurden, als sie sich gerade auf den Weg zur Arbeit machen wollten. »Ihr braucht nichts, ab mit euch!«, hieß es. Die Mädchen kamen, wie viele andere Roma aus dem Bezirk, in eine Sammelstelle in Eisenstadt, dann per Lkw nach Fischamend nahe Wien. Schließlich ging es in Viehwaggons nach Ravensbrück in Brandenburg, dem Frauen-Konzentrationslager. Behinderte, Kranke und Alte überlebten hier nicht lange. Aber Walpurga und Stefanie arbeiteten in der Flugzeugfabrik. »Wir, die gearbeitet haben und arbeiten haben können, uns haben sie nicht sterben lassen.« Entgegen aller Wahrscheinlichkeit erlebten beide Schwestern, schwerkrank und halbtot, die Befreiung 1945.[69]

Im Juni 1939 fand eine große Verhaftungsaktion unter Roma und Sinti statt. Es ging der SS um Zwangsarbeiter für die SS-eigenen Industrien. Die Verhafteten hatten zuvor jedoch aufgrund der rüstungsbedingten Konjunktur reguläre Arbeit in der Landwirtschaft, im Baugewerbe und in der Industrie gefunden. Nach der Aktion blieben Tausende unversorgte Angehörige – Ehefrauen, Kinder, Alte – zurück. Diese fielen nunmehr tatsächlich der Allgemeinheit zur Last. Die Fürsorgeausgaben der betroffenen Gemeinden stiegen exorbitant. Was wiederum die altbekannten Vorurteile bestärkte und dazu führte, dass NS-Führer vehement die endgültige »Abschaffung« (das heißt Deportation) der Roma forderten.

Die Vorgehensweise gegen Roma und Sinti nach Kriegsbeginn ähnelte jener gegen die Juden. Der »Festsetzungserlass« des Reichssicherheitshauptamts vom Oktober 1939 verbot allen »Zigeunern« und »Zigeunermischlingen«, ihren Wohnsitz oder Aufenthaltsort zu verlassen. Es sei empfehlenswert, sie bis zu ihrem »endgültigen Abtransport« in Sammellagern unterzubringen. Das größte derartige Lager entstand im November 1940 in der mittelburgenländischen Gemeinde Lackenbach. Die Inhaftierten vegetierten unter katastrophalen hygienischen Bedingungen bei denkbar schlechter Versorgung. Dabei hatten sie schwere Zwangsarbeit zu leisten. Anfang November 1941 waren in Lackenbach 2335 Personen zusammengepfercht.

Anfang Oktober war der Befehl ergangen, fünftausend Zigeuner aus den Alpen- und Donaureichsgauen in das Ghetto nach Litzmannstadt (Łódź) abzuschieben. Deshalb waren im Laufe des Oktober ganze Romafamilien aus dem Burgenland in Lackenbach zusammengezogen worden. Am 4. und 7. November 1941 wurden je tausend abtransportiert. Weitere Züge von anderen Orten gingen am 5., 6. und 8. November. Gesamtzahl der Verschleppten: 5007 Personen, davon mehr als die Hälfte Kinder. Niemand überlebte. Schon in den ersten Wochen starben mehr als sechshundert Deportierte im Ghetto. Die übrigen wurden im Dezember 1941 oder Januar 1942 in Chełmno/ Kulmhof vergast.

1943 setzte eine neue Welle der Verfolgung und Vernichtung ein. Im Dezember 1942 war Himmlers »Auschwitz-Erlass« ergangen. Ohne Rücksicht auf den »Mischlingsgrad« seien »zigeunerische Personen« familienweise in das KZ Auschwitz einzuweisen. Über 22000 Menschen aus elf Ländern Europas wurden als Folge dieses Befehls verschleppt, 2900 davon aus Österreich. Niederdonaus Gauleiter Hugo Jury hatte darauf gedrängt, möglichst wenig Ausnahmen zu machen. Dies sei die »wahrscheinlich letzte Gelegenheit zur restlosen Bereinigung der Zigeunerfrage«. Burgenländische Roma beispielsweise, die ihren Dienst in der Wehrmacht versahen, schickte man perfide auf Heimaturlaub, wo man sie verhaftete und deportierte. In Auschwitz-Birkenau war ein eigenes »Zigeunerlager« eingerichtet worden. Die Überlebensrate hier lag bei zehn Prozent.[70]

MAUTHAUSEN

Vom Linzer Stadtzentrum über die Donaubrücke auf die linke Uferseite, den Fluss entlang und ostwärts durch das Hügelland bis zur Marktgemeinde Mauthausen sind es fünfundzwanzig Kilometer. Der Ort von weniger als zweitausend Einwohnern (1938) liegt direkt am Flussufer. Gegenüber mündet die wasserreiche Enns in die Donau. Das Hinterland ist Teil des Untermühlviertler Schollenlandes, eines Ausläufers des Mühl- und Waldviertler Granit- und Gneisplateaus. Bekannt ist die Gegend für ihre Steinbrüche, in denen der fein- bis mittelkörnige Mauthausner Granit von hellgrau-bläulicher Farbe abgebaut wird.[71]

Bald nach dem Anschluss besuchten hochrangige Nazis die Gegend: Heinrich Himmler, Reichsführer der SS, und Oswald Pohl, deren Verwaltungs- und Wirtschaftschef. Ihr Interesse galt dem Granit. Hitlers Chefarchitekt Albert Speer, seit Anfang 1937 »Generalbauinspektor für die Reichshauptstadt«, benötigte dringend Baumaterial, um Hitlers megalomanische Baupläne umsetzen zu können. Und Himmler wollte ihm dieses Material liefern. KZ-Sklavenarbeiter sollten es abbauen. Die Standorte von neuen Konzentrationslagern wurden ab nun danach ausgewählt, ob es in der Nähe entsprechende Stein- oder Lehmvorkommen (für die Ziegelgewinnung) gab. Nicht mehr die Einschüchterung und Disziplinierung politischer Gegner stand im Vordergrund, sondern die gnadenlose Ausbeutung von Gratisarbeitskräften.

Ende April 1938 gründete die SS die Deutsche Erd- und Steinwerke GmbH (DESt). Das nötige Geld stellte Albert Speer in Form eines langfristigen Kredits zur Verfügung. Die DESt pachtete (und kaufte später) zwei der Gemeinde Wien gehörende Steinbrüche in der Mauthausner Gegend. Oberhalb des Steinbruchs »Wiener Graben« entstand das

Konzentrationslager Mauthausen. Ganz in der Nähe, im Dorf Gusen, übernahm die DESt ebenfalls zwei Steinbrüche. Hier wurde ab Anfang 1940 ein Lager von beträchtlichen Ausmaßen errichtet. Es war so eng mit Mauthausen verbunden, dass man im Grunde von einem Doppellager Mauthausen-Gusen sprechen müsste.

Am 8. August 1938 trafen die ersten dreihundert Häftlinge ein. Sie waren aus Dachau überstellt worden. Bewachung: achtzig Angehörige der SS-Totenkopfverbände, ebenfalls aus Dachau. Die Häftlinge hausten vorerst provisorisch im Wiener Graben und errichteten das eigentliche Lager. Bis Jahresende 1938 kamen mehr als tausend Häftlinge aus Dachau und Sachsenhausen nach Mauthausen. In den Folgejahren stiegen die Häftlingszahlen exponentiell an. Lagerstand Ende 1939: 2666 Häftlinge, Ende 1941: 15900, Ende 1943: 25607, Ende 1944: 73351. Bis Mitte des Krieges wurden die Häftlinge hauptsächlich in den Steinbrüchen eingesetzt, danach dominierte die Arbeit in der Rüstungsindustrie, die sich immer mehr auf die über das Gebiet der Donau- und Alpenreichsgaue verstreuten Außenlager verschob.

Die Verhältnisse im Lager: unvorstellbar grausam. Anfang 1941 war Mauthausen das einzige als Stufe III kategorisierte Lager. Definitionsgemäß sollten hier »schwerbelastete, (...) kaum noch erziehbare Schutzhäftlinge« untergebracht – und umgebracht – werden. Tatsächlich überlebten Häftlinge aus bestimmten Gruppen – in erster Linie Juden, Roma und Sinti, aber auch Russen und Polen – den Aufenthalt im Lager in der Regel nur wenige Wochen.

Bruno Erbsmann war 17 Jahre alt, als er aus dem KZ Plaszow bei Krakau nach Mauthausen überstellt werden sollte. Das war im August. Um ein Uhr nachts trieb die SS ihn und Tausende Leidensgenossen vom Appellplatz zu bereitgestellten Zügen und in die Waggons. Bruno landete mit neunzig bis hundert anderen in einem Kühlwaggon, der vollständig mit Blech ausgeschlagen war und in dem es nicht das kleinste Fenster gab. Zuerst war es sehr kalt, doch es wurde rasch immer wärmer. Wenig und weniger Luft. Die Häftlinge lagen auf dem Boden und rangen nach Atem. Sie hämmerten gegen die Waggonwände, so lange, bis ein SS-Mann das Tor aufriss und die zunächst Liegenden blutig schlug: Wenn noch ein Geräusch zu hören sei, würde er den Wagen mit Benzin übergießen und anzünden. Nach Stunden durften die Häftlinge schließlich den Waggon wechseln. Die dreitägige Fahrt war ein einziger Albtraum. Kein Wasser. Kein Abtritt. Keine Gelegenheit zu sitzen. Unerträglicher Gestank. Bei der Ankunft in Mauthausen waren viele Häftlinge tot.

Józef Scislo kam mit seinem Transport im Februar auf dem Mauthausner Bahnhof an. Was noch stehen konnte, musste so rasch als möglich vom Waggon springen. Alle anderen warf man wie Strohballen auf den Bahnsteig. Dann wurden die Leichen in eine Reihe gelegt, um den Stand zu überprüfen. 210 Tote. Die Kranken lud man auf Lastautos. Die anderen traten den fünf Kilometer langen Marsch ins Lager an, angetrieben von brüllenden SS-Leuten. Quälender Durst. Dumpfe Schläge von Gewehrkolben. Pistolenschüsse. Das Stöhnen Sterbender. Hundegekläff. Plötzlich eine unerwartete Geste der Menschlichkeit: Brot, von unsichtbaren Händen in kleinen Stücken über einen Zaun geworfen. Manche Häftlinge konnten einzelne Stücke auffangen und rasch einstecken, die meisten fielen zu Boden. Die SS-Leute zertrampelten sie mit ihren schweren Stiefeln.

Schließlich, auf dem Hügel, eine Festung aus grauem Granit, das Lager. »Mit den letzten Kräften«, schreibt Józef Scislo, »überwanden wir die restlichen Meter und betraten durch ein Tor eine neue Hölle.« Auf dem Appellplatz wurden alle noch einmal genau gezählt. Stundenlanges Ausharren. Dann die Selektion: die Gesunden auf die linke Seite, die Kranken und Arbeitsunfähigen auf die rechte. Józef wollte sich erst rechts hinstellen, er fühlte sich elendig. Ein SS-Mann trieb ihn auf die linke Seite. Zum Glück. Die auf der rechten Seite ließ man in der kalten Februarnacht nackt im Freien erfrieren. Diejenigen links hatten noch einige Wochen oder Monate. Sie sollten sich zu Tode schinden.[72]

Die »Vernichtung durch Arbeit«[73] war durch die Schwerstarbeit in den Steinbrüchen bei brutaler Behandlung, unzureichender Verpflegung und untragbaren hygienischen Zuständen nicht schwer zu bewerkstelligen. Geradezu zum Symbol des Massenmords durch Arbeit wurde die aus dem Steinbruch in das Lager führende steile

»Todesstiege«. Häftlinge mussten auf Holztragen oder auch nur auf den bloßen Schultern schwere Granitbrocken über diese Stiege schleppen. So lange, bis sie das Gleichgewicht verloren, strauchelten, nach unten stürzten, andere im Stürzen mit in den Tod rissen. SS-Leute stießen Häftlinge mit ihren Lasten über die Treppe. Andere, deren körperlicher Zustand erkennbar schlecht war, erschoss man »auf der Flucht«. Eine weitere sadistische Mordmethode war das »Fallschirmspringen«, bei dem Häftlinge von SS-Männern über die beinahe senkrechte Wand des Steinbruchs in den Tod gestoßen wurden. Hunderte Häftlinge kamen auf diese Weise ums Leben.

Ota Šik, Sohn jüdischer Eltern aus der Tschechoslowakei, hatte sich dem kommunistischen Widerstand angeschlossen und war 1940 in die Hände der Gestapo gefallen. Fünf Jahre verbrachte er in Mauthausen. Er überlebte. Überlebte sogar die Arbeit im Steinbruch und den Weg über die Todesstiege. Jeder habe getrachtet, erzählt er, einen möglichst handlichen Stein zu ergattern. Zu leicht durfte dieser freilich nicht sein. Mit einem zwanzig Kilogramm schweren Stück wäre man negativ aufgefallen und hätte Prügel riskiert. Besser war es, einen Dreißig-Kilo-Stein aufzuheben und zu schultern. Damit ging es die steilen Stufen hinauf. Schon auf dem Weg fielen manche hin. Sie wurden von den Kapos zu Tode geprügelt. Oben hieß es dann anhalten. Alle standen, Reihe um Reihe, jeder mit seinem Granitblock auf der Schulter. Ein SS-Führer ging an der Kolonne vorbei, die Häftlinge scharf musternd. Wenn er auf jemanden zeigte, musste der an den Rand des Abgrunds treten. Dann der Befehl: »Jetzt springst du!« Zu fürchterlichen Szenen sei es gekommen, erzählt Šik. Die Todgeweihten hätten um ihr Leben gebettelt. Nutzlos. Man habe sie gestoßen. Manche hätten sich im Fallen noch am Rand festgehalten, in der Luft hängend. »Und dann kamen sie, und mit Freude sind sie ihm auf die Finger getreten. So lange, bis er losließ und mit einem furchtbaren Schrei hinunterfiel.«[74]

Die Möglichkeiten, in Mauthausen ums Leben zu kommen, waren vielfältig und von ausgewählter Grausamkeit. Viele starben an Unterernährung und Erschöpfung. Kranke, die einen längeren, aufwendigen Genesungsverlauf erwarten ließen, wurden von SS-Ärzten »abgespritzt«, das heißt mit Injektionen (Phenol, Benzin, Luft) ermordet. Winters überschüttete man Häftlinge mit Wasser und ließ sie bei Minusgraden im Freien stehen, so lange, bis sie zusammenbrachen und erfroren. »Totbaden« nannte sich das. Bei »Fasslaktionen« hatten Kapos und Blockälteste Häftlinge in mit Wasser gefüllten Fässern zu ertränken. Außerhalb der Lagermauern gab es eine eigene Hinrichtungsstätte, in der SS-Kommandos Erschießungen durchführten. Später richtete man im Keller des Lagergefängnisses eine »Genickschussecke« ein. Erhängungen fanden hier ebenfalls statt.

Das Eintreffen sowjetischer Kriegsgefangener im Herbst 1941 verschärfte den Platzmangel und verschlechterte die hygienischen Bedingungen in Mauthausen-Gusen. Eine Fleckfieberepidemie brach aus. Die Reaktion der SS: Absperren des Lagers, partielle Verbesserung der Hygiene, Entlausung der Baracken, Ermordung der erkrankten Häftlinge. Kranke und Schwache überstellte man im Rahmen der »Aktion 14f13« nach Schloss Hartheim bei Linz. Zur Erholung, wie man ihnen vormachte. Sie starben, wie Tausende Patienten dort vor ihnen: durch Giftgas.

Nun vollzog die SS vollends den Schritt zur Technisierung des Tötens. In Gusen ermordete man Anfang März 1942 eine größere Anzahl kranker, arbeitsunfähiger sowjetischer Kriegsgefangener im Krankenrevier, indem man sie in eine abgedichtete Baracke sperrte und Giftgas durch eine Tür in den Raum warf. »Die Gefangenen lagen kraftlos am Fußboden«, so der Lagerschreiber Jerzy Osuchowski, »sie waren im Gesicht blau, fast schwarz mit verzerrtem Mund, einige hatten geballte Hände zwischen den Zähnen, andere hatten Stücke von Decken im Mund, andere wieder waren in einer brüderlichen verabschiedenden Umarmung verblieben.« Für jeden stellte Jerzy eine Todesmeldung aus. Zu nennende Todesursache: Tuberkulose, Flecktyphus oder Herzschlag. So hatte es der SS-Arzt befohlen.[75]

Zu dieser Zeit arbeitete man im Krematoriumsbereich von Mauthausen bereits am Bau einer Gaskammer. Der fensterlose Raum von 3,80 Metern Länge und 3,50 Metern Breite war zum Teil verfliest und durch Brausen und Wasserrohre als Duschbad getarnt. Aus der benachbarten »Gaszelle« führte man das Giftgas Zyklon B ein. Mindestens 3455 Menschen kamen hier ums Leben. Zwischen Mauthausen und Gusen pendelte zudem ein Gaswagen, in dem mindestens neunhundert Menschen ermordet wurden.

Die Historiker Florian Freund und Bertrand Perz errechneten für 1939 eine Sterblichkeitsrate von 14 Prozent, 1940 betrug sie 38 Prozent, 1941 waren es 34 und 1942 über 50 Prozent. Danach kam es zu einem merklichen Rückgang, bei einer Vervielfachung der Häftlingszahlen. Der Grund: Erfordernisse der Kriegswirtschaft. Die nunmehr etwas sorgsamer behandelten (das heißt weniger rasch ermordeten) Sklavenarbeiter wurden massiv für die Zwecke der Rüstungsproduktion eingesetzt. Ab Anfang 1943 entstanden in rascher Abfolge Außenlager, in denen in der Regel für Rüstungs- oder allgemein kriegswirtschaftliche Zwecke gearbeitet wurde, so in Ebensee, Eisenerz, Gusen II, Linz, Redl-Zipf, Steyr-Münichholz, Wiener Neudorf, Wiener Neustadt, Wien-Schwechat, Wien-Simmering und am Loiblpass.[76]

Was ahnte, was wusste man in der Bevölkerung über die Vorgänge in diesen Lagern? Zumindest die in der Nähe Wohnenden wussten bald so gut wie alles. Das gilt besonders für Gusen, wo die Wohnhäuser direkt an das Lager angrenzten, manche Gebäude sogar auf dem Lagergelände lagen. Anfangs hieß es, wohl durch die SS gezielt ausgestreut, es handle sich bei den Häftlingen um Kriminelle, die zur Strafe arbeiten müssten und hin und wieder »eine über den Rüssel« bekommen würden.

Bald korrigierte sich dieses Bild. Man sah und hörte, mit welch unfassbarer Brutalität SS und Kapos die ihnen wehrlos Ausgelieferten behandelten. Kinder beobachteten, wie Häftlinge aus dem Lager in Kolonnen zu den Arbeitsstellen getrieben wurden. Und wie sie am Abend zurückkehrten, einen Karren oder im Winter einen Schlitten mit sich schleppend, auf denen die Toten und Halbtoten »wie Holzscheiter« geschichtet lagen. Nachts hörte man das Klappern der Holzschuhe, wenn die schweigenden Häftlingskolonnen vorbeizogen, man trat ans Fenster und sah das ganze Elend. Je nach Windrichtung stieg einem an manchen Tagen der süßliche Geruch der verbrennenden Leichen aus dem Krematorium penetrant in die Nase. In unmittelbarer Nähe von zur Schule gehenden Kindern knallte ein SS-Mann

einen Häftling nieder. Ein Kapo prügelte zwanzig Meter vor den
Augen von zuschauenden Kindern einen Häftling mit dem Schaufel-
stiel, bis dieser wimmernd zusammenbrach.

Manche versuchten zu helfen, so gut es eben ging. Sie warfen den
vorbeiziehenden Häftlingen heimlich Brotstücke zu. Oder sie ließen
Essbares an Stellen liegen, an denen, wie sie wussten, Häftlinge vorbeikommen würden: »Ich hab immer Erdäpfel rausgelegt vor den
Zaun. Die haben ja solchen Hunger gehabt, die haben das Gras aus-
gerupft.« Dieses Verhalten kam anscheinend häufig vor. Organisier-
ter Widerstand gegen den Nationalsozialismus erwuchs aus alledem
nicht. Bedrückt nahm man hin, was man sah. Die versteckte, angstvolle Hilfe, die manche leisteten, wurde als selbstverständliche Form
der Menschlichkeit verstanden, nicht als Akt des Aufbegehrens gegen ein verbrecherisches Regime.[77]

HARTHEIM

Noch kürzer als nach Mauthausen ist es von Linz in westlicher Richtung nach Hartheim. Der zur Gemeinde Alkoven gehörende Ort liegt
inmitten des fruchtbaren Eferdinger Beckens. Dominiert wird er von
einem Ende des 16. Jahrhunderts erbauten Schloss im Renaissance-
stil, eines der bedeutendsten seiner Art in Österreich.[78] 1898 hatte
der Oberösterreichische Landeswohltätigkeitsverein hier ein Heim
für »Schwach- und Blödsinnige, Cretinöse und Idioten« eingerichtet.
Die Betreuung der Patienten in der an den Zeitumständen gemesse-
nen fortschrittlichen Anstalt geschah durch Ordensschwestern.

Gleich nach dem Anschluss 1938 machten die Nationalsozialisten
sich daran, die konfessionelle Wohlfahrt zurückzudrängen und
schließlich gänzlich auszuschalten. Im Zuge dieser Aktivitäten wurde
Ende 1938 der Landeswohltätigkeitsverein aufgelöst, das Vermögen – unter anderem Hartheim – fiel an den Reichsgau Oberdonau.
Die Anstalt sollte für andere Zwecke freigemacht werden. Parallel zu
diesen Aktivitäten liefen ab Sommer 1939 die streng geheimen Vorbereitungen für die planmäßige Vernichtung der Patienten psychia-

trischer Anstalten. Die »Euthanasie« war ein Kernpunkt der nationalsozialistischen Utopie einer rassenreinen und erbgesunden Volksgemeinschaft. Allerdings konnte man sie nur unter Ausnahmebedingungen – wie dem Krieg – in die Realität umsetzen. Federführend war die zur Bearbeitung der Eingaben an Hitler eingerichtete »Kanzlei des Führers«, geleitet von Philipp Bouhler. Der eigentliche Kopf der Aktion war dessen Stellvertreter Viktor Brack. Dieser war es auch, der über die Auswahl der über das Reichsgebiet verstreuten Tötungsanstalten bestimmte. Für die Ostmark und die angrenzenden Gebiete sollte dies die »Landesanstalt Hartheim« sein, wie sie nunmehr hieß.

Anfang Oktober 1939 unterzeichnete Hitler die auf 1. September 1939 rückdatierte Ermächtigung für die anlaufende Ermordung der Behinderten, den sogenannten »Gnadentoderlass«. Die in die Vorbereitungen eingebundenen Experten hatten auf eine schriftliche Legitimation gedrängt. Mitte Oktober fand in Posen, im besetzten Polen, erstmals eine Probevergasung von psychiatrischen Patienten mit Kohlenmonoxid statt. Offenbar erfolgreich, man legte sich schließlich auf diese Methode fest. Um diese Zeit verschickte das Reichsministerium des Inneren Meldebögen an sämtliche einschlägige Anstalten im Großdeutschen Reich. Gezielt wurden darin diejenigen Kriterien abgefragt, nach denen die Opfer der geplanten Vernichtungsaktion ausgewählt werden sollten. Gutachter der Euthanasie-Tarnorganisation »Zentraldienststelle T4« (benannt nach dem Sitz in der Tiergartenstraße 4 in Berlin) trafen die endgültige Auswahl. Weil die Meldequote nicht immer dem gewünschten Ausmaß entsprach, bereisten ab Frühsommer 1940 Gutachterkommissionen die säumigen Anstalten, um weitere zu Ermordende auszusuchen.[79]

Im März 1940 wurden die 191 Pfleglinge aus Hartheim in andere Institutionen im Raum Linz verlegt. Nun begannen die Umbauarbeiten im Schloss. Ein Spezialist der T4-Organisation leitete sie. Es entstand die rund fünfundzwanzig Quadratmeter große Gaskammer, als Brausebad getarnt. Der Gaskammer vorgelagert war der sogenannte Aufnahmeraum, in dem Ärzte die Opfer ein letztes Mal begutachteten, nachgelagert der Leichen- und der Krematoriumsraum, in den man einen leistungsfähigen Verbrennungsofen einbaute.

Zugleich wurde nach und nach das entsprechende Personal angeworben: diverse Hilfskräfte, Küchenpersonal, Büromitarbeiterinnen,
Pflegerinnen und Pfleger, Autobus-Chauffeure, die für den Transport der Opfer zuständig waren, sowie die Brenner, die die Leichen
beseitigten. Rund sechzig bis siebzig Personen waren zu den Spitzen-
zeiten in Schloss Hartheim tätig. Man konnte hier mehr verdienen,
als es sonst zu dieser Zeit üblich war. Und noch ein zweiter Vorteil ist
nicht zu unterschätzen: Männer entgingen der Einberufung zur
Wehrmacht. Es herrschte absolute Schweigepflicht. »Wer nicht
schweigt, kommt ins KZ oder wird erschossen«, hieß es.

Ärztlicher Leiter war der Linzer Psychiater Dr. Rudolf Lonauer, sein
Stellvertreter war Dr. Georg Renno. Die Verwaltung des Massenmor-
des in all seinen Facetten oblag dem Büroleiter. Sein Name: Christian
Wirth, ein in jeder Hinsicht skrupelloser Kriminalkommissar aus
Württemberg, der zuvor in derselben Funktion in anderen Tötungsanstalten tätig gewesen war. Ihm folgte der Linzer Polizeibeamte
Franz Stangl nach. Beide waren Spezialisten des Massenmords und
sollten später – wie auch andere aus der Hartheimer Belegschaft – im
Zuge der »Aktion Reinhardt« Karriere machen. Das in Hartheim und
den anderen Euthanasieanstalten erworbene Know-how ließ sich bei
der Ermordung von Millionen Juden in Polen erfolgreich anwenden.

In Österreich gab es eine Reihe von großen Landesanstalten für
geistig Behinderte und psychisch Kranke. Auf diesen lag der Schwerpunkt der Aktion. Hier schuf man vorerst Platz, indem man einen
Teil der Patientinnen und Patienten zur Tötung nach Hartheim überstellte. Die freigewordenen Betten dienten als Durchgangsstation für
die Pfleglinge kleinerer privater und konfessioneller Einrichtungen:
als Durchgangsstation auf dem Weg nach Hartheim, auf dem Weg in
den Tod.

Geographisch ging die Mordmaschinerie systematisch vor. Vorerst
schaffte man die ausgewählten Opfer – ungefähr die Hälfte des Pa-
tientenstands – aus der Gau-Heil- und Pflegeanstalt Niedernhart in
Linz nach Hartheim. Von Mitte Juni bis Mitte Juli 1940 war die niederösterreichische Heil- und Pflegeanstalt Mauer-Öhling bei Amstetten an der Reihe, ab August die der Stadt Wien gehörende Einrich-

tung in Ybbs an der Donau, schließlich die Anstalt Gugging, wiederum zum Gau Niederdonau gehörend, und ab September 1940 die größte derartige Anstalt in Österreich, die Heil- und Pflegeanstalt »Am Steinhof« in Wien. Dann verlagerten sich die Transporte in den Süden und schließlich in den Westen Österreichs. Ab Ende August 1940 kamen auch bayerische Patienten nach Hartheim und ab Frühsommer 1941 solche aus Anstalten in Cilli (Celje) und Marburg (Maribor).

Auf einem der ersten Transporte vom »Feldhof« in Graz nach Hartheim war Mitte Oktober 1940 der achtunddreißigjährige Pfleger Franz Sitter dabei. Wenige Tage zuvor war er in Ybbs für die »Verlagerung von Geisteskranken« angeworben worden. Näheres über die Art seiner Tätigkeit war ihm noch nicht bekannt. Auf der Zugfahrt stellte er beunruhigt fest, dass die Patienten keinerlei Verpflegung erhielten. Er intervenierte beim Transportleiter. Darum habe er sich nicht zu kümmern, war alles, was dieser dazu zu sagen hatte. In Linz ging ein Teil des Transports in die Durchgangsstation Niedernhart, der andere direkt nach Hartheim. Erst jetzt klärte Büroleiter Wirth den Pfleger Sitter über den wahren Zweck der Anstalt auf: die Vergasung geistig behinderter Menschen. Sitter war zutiefst schockiert. Er drang zum ärztlichen Leiter Lonauer vor und verlangte seine sofortige Rückversetzung nach Ybbs. Bei einer »solchen Sache« könne er nicht mitmachen. Lonauer: Seine derzeitige Stellung bringe ihm doch finanzielle Vorteile. Zudem müsse er nicht zur Wehrmacht. Er solle sich das noch einmal gut überlegen. Sitter: Da gebe es kein Überlegen. Lieber wolle er einrücken als weiter in Hartheim bleiben. – Franz Sitter war der Einzige unter den Angeworbenen, der den Dienst in der Tötungsanstalt Hartheim verweigerte. Im Februar 1941 zog ihn die Wehrmacht ein. Er überlebte den Krieg und die Kriegsgefangenschaft.[80]

Was ist über die Reaktion der Opfer bekannt? Wenig, von ihnen blieben meist nur die Namen und nackten Lebensdaten in diversen Auflistungen erhalten. Keineswegs handelte es sich durchweg um »geistig Tote« (so die Ausdrucksweise des Euthanasiearztes Renno), die ihre Umwelt nicht wahrgenommen oder völlig emotionslos auf sie reagiert hätten. Ernst Klee zitiert in seinem Standardwerk über die NS-Euthanasie seitenlang Dokumente, denen die Verzweiflung, die Angst der Pfleglinge und Patienten abzulesen ist. Viele ahnten, mache wussten, dass die Transportbusse sie in den Tod führen würden. In Linz-Niedernhart knieten einige vor Dr. Lonauer nieder und flehten ihn mit erhobenen Händen an, nicht weggeführt zu werden. In Mauer-Öhling seien die Patienten beim Anlegen der Meldebögen früher misstrauisch geworden als die Ärzte, so Anstaltsdirektor Scharpf. Es habe große Angst vor den Transporten geherrscht, erschütternde Szenen hätten sich abgespielt. Ähnliches wurde vom »Steinhof« gemeldet.

In der Anstalt Hall in Tirol wandte sich eine Patientin brieflich an ihren Cousin: Er möge ihr in der Not helfen. Sie fürchte, zur »Verurnung« weggebracht zu werden. Am 10. Dezember 1940 kam sie nach Hartheim, im März 1941 erhielt der Cousin die Todesmeldung. In Nassereith, Tirol, schrie ein bereits im Auto sitzender Pflegling: »Wir kommen unter die Metzger!« So oft und so laut, dass die Ortsbevölkerung auf den Vorgang aufmerksam wurde. Ansonsten hätten die meisten Pfleglinge aber keine besonderen Schwierigkeiten gemacht, berichtet die Schwester Oberin der Anstalt. Sie wären der Meinung gewesen, es handle sich um eine Spazierfahrt. Anders im Heim der Barmherzigen Schwestern in Mariathal, Tirol. Dort wurden im Mai 1941 an die sechzig Kinder und Jugendliche abgeholt. Morgens kamen zwei Autobusse mit fünf SS-Leuten an. Einer Frau, die gerade ihren sechsjährigen Neffen aus dem Heim holen wollte, rissen sie das Kind weg und brachten es ins Auto. Ein Vierzehnjähriger verschanzte sich auf dem Dach, unerreichbar für die SS-Leute. Erst als eine Schwester zu ihm hinaufklettern wollte, gab er auf. Einen sterbenskranken sechzehnjährigen Jungen schleppten die SS-Leute gegen die Einwände der Schwestern ebenfalls weg. Alle Kinder wurden in die Busse gezerrt, sosehr sie auch jammerten, weinten und schrien. Drinnen, so die Wahrnehmung der Schwestern, kehrte bald Ruhe ein, vermutlich durch die Verabreichung von Beruhigungsspritzen.

Zumeist fanden die Transporte aus den großen Anstalten per Eisenbahn statt. Am Hauptbahnhof in Linz wurden die Waggons auf ein Nebengleis geschoben, Polizei riegelte die Umgebung ab. Noch im Waggon bestimmten die Ärzte jene, die sofort nach Hartheim überstellt, und jene, die vorübergehend in Niedernhart untergebracht werden sollten. Mit Autobussen wurden die Opfer verteilt. Busse setzte man auch ein, um Direkttransporte aus größeren und kleineren Anstalten nach Hartheim oder zu Durchgangsstationen durchzuführen.

An der Westseite des Schlosses war ein Schuppen errichtet worden, groß genug, um die ankommenden Busse zu fassen. Kein Unbefugter sollte Zeuge der Vorgänge werden. Geleitet von Pflegerinnen und Pflegern, gelangten die Opfer durch einen Seiteneingang ins Schloss. Es war für sie das Tor zum Hades. Durch einen mit Holzplanken abgesicherten Gang ging es in einen Raum, in dem sich die Opfer auszuziehen hatten. Ihre Kleider wurden gebündelt, persönliche Habseligkeiten und Schmuck registriert und verwahrt. Danach trieb man sie in den sogenannten Aufnahmeraum. Ein Arzt wartete hier, entweder Dr. Lonauer oder Dr. Renno. Dieser kontrollierte anhand der Transportlisten und Krankheitsakten die Identität der Opfer. Helfer bestempelten sie mit einer laufenden Nummer. Dann entschied der Arzt, welche von den Todgeweihten als medizinisch interessante Fälle anzusehen wären. Diese wurden gekennzeichnet. Ebenso jene, die über Goldzähne verfügten. Von den für eine spätere wissenschaftliche Verwertung Ausgewählten fertigte ein Fotograf in einer separierten Ecke des Aufnahmeraums Bilder an: ein Porträt von vorne, eines im Profil und eines vom ganzen Körper.

Der nächste Weg führte in einen Raum, den man auf den ersten Blick für eine Dusche halten konnte, die Gaskammer. Eine Pflegerin: »Wenn sie [die Opfer] ansprechbar waren, sagte man ihnen, sie würden gebadet. Viele freuten sich auf das Baden, auch wenn sie sonst nichts erfassten. Manche wollten sich nicht waschen lassen, man musste sie ins Bad zerren.« Dreißig bis sechzig Personen pferchte man hinein. Je nach Größe des Transports konnten es auch mehr sein. Schließlich verriegelte man die schweren, luftdichten Stahltüren. In einem Nebenraum der Gaskammer standen ein paar Stahlflaschen der Firma IG Farben bereit, befüllt mit Kohlenmonoxid. Ein Gummirohr führte von der Flaschenöffnung zu einem etwa fünfzehn bis zwanzig Millimeter starken Stahlrohr, und dieses in die Gaskammer. Der anwesende Arzt oder ein Krematoriumsarbeiter öffnete den Gashahn. Das Kohlenmonoxid strömte in die Gaskammer, nach zehn bis zwanzig Minuten waren die dort Eingesperrten tot.

»Sanfter Tod«, »friedliches Hinüberdämmern«, »Erlösung« für die geistig schwer Behinderten und unheilbar Kranken? So jedenfalls wollten der Euthanasiearzt Renno und andere Täter den Vorgang erlebt haben, als sie Jahre später vor Gericht standen. Aber davon konnte keine Rede sein. Tatsächlich starben die Opfer unter furchtbaren Qualen. »Ja, ich sah einmal durch das Guckloch«, berichtete ein Transportbegleiter. »Es war ein schauriger Anblick, wenn die Kranken nach und nach zusammensackten und durcheinander fielen. Ich werde den Anblick nie mehr verlieren oder vergessen.« Bei einer Gelegenheit wurden 150 Menschen auf einen Schlag vergast. Es waren so viele, dass sie nicht umfallen konnten. Im Todeskampf krallte sich einer an den anderen. Die Leichen waren kaum zu trennen. Die Gaskammer war regelmäßig nach dem Wegräumen der Toten voller Stuhl und Erbrochenem und musste aufwendig gereinigt werden.

Rund eine bis eineinhalb Stunden nach dem Eintritt des Todes und ausreichender Entlüftung öffnete man die Türen. Nun begannen die Brenner ihr grausiges Werk. Vinzenz Nohel, beschreibt die Arbeit als nervenzermürbend. Die Brenner hatten die Toten vorerst in den angrenzenden Raum zu schaffen. Schwierig sei es gewesen, die ineinander verkrampften Leichen auseinanderzubringen. In der ersten Zeit bestand der Boden aus Holz, er war holprig. Später wurde er betoniert und war von rauer Oberflächenbeschaffenheit. Das Hinausschleifen der Leichen auf dieser Unterlage war überaus kräftezehrend. Erst die Verfliesung brachte Erleichterung. Die Arbeiter schütteten Wasser darauf, und von nun an war die Beförderung der Toten einfacher zu bewerkstelligen. Opfer, die das ärztliche Interesse auf sich gezogen hatten und entsprechend markiert worden waren, wurden in den Obduktionsraum geschafft. Ein eigens dafür angestellter Pathologiegehilfe entnahm ihnen die gewünschten Organe, zumeist das Gehirn, und konservierte sie in Formalin.

Im Leichenraum stapelten die Brenner die Toten übereinander. Den mit einem Kreuz Markierten zogen sie die Goldzähne. Waren besonders viele Menschen vergast worden, gingen die zuunterst liegenden Leichen zuweilen schon in Verwesung über. Man kam mit dem Verheizen kaum nach. Das Krematorium war nicht selten Tag und Nacht in Betrieb. Auf einer herausziehbaren sogenannten Pfanne schob man die Leichen »wie bei einem Backrohr« in den mit Koks befeuerten Ofen, zwischen zwei und acht je Heizvorgang. Frauen brannten wegen des stärker vorhandenen Fettgewebes und des leichteren Knochengerüstes besser als Männer, so die Beobachtung Nohels. Die Asche wurde zum Teil in Urnen abgefüllt, je drei Kilogramm in etwa. Diese verschickte man an Angehörige, wenn sie es wünschten. Durch den Rost gefallene Knochenstücke wurden zu Pulver vermahlen. Die nicht in Urnen verwertete Asche und das Knochenmehl streute man in der ersten Zeit in die Donau. Als man merkte, dass dieser häufig wiederholte Vorgang unliebsame Aufmerksamkeit erregte, vergrub man diese Überreste auf dem Schlossgelände.

Täglich hätten die Brenner für ihre aufreibende Arbeit eine Ration von einem Viertelliter Schnaps erhalten, sagte Nohel im September 1945 bei der Kripo Linz aus. »Ich leide heute noch an schweren Träumen. Bei solchen Anlässen erscheinen mir die vielen Toten im Geiste und glaube ich jedes Mal, ich werde närrisch.« 1946, im Dachauer Mauthausenprozess, wurde er zum Tod verurteilt, 1947 hingerichtet.[81]

Die seltsamen Vorgänge im Schloss konnten in einem Dorf wie Hartheim nicht unbemerkt bleiben. Busse kamen fast täglich an, stets voll mit Passagieren. Aber immer fuhren sie leer weg. Wo blieben all diese Menschen? Bald nach der Ankunft der Busse begann jedes Mal ein Schornstein zu rauchen, den man von außen nicht sehen konnte. Schwarzer Rauch, ununterbrochen schwarzer Rauch. Es stank nach verbranntem Fleisch, Knochen und Haaren. Manchmal flogen Haarbüschel durch den Kamin auf die Straße.

Menschen aus ganz Deutschland würden im Schloss untersucht und dann je nach dem Grad und der Art ihrer Krankheit auf unterschiedliche Anstalten verteilt. So erklärte Kommandant Wirth den besorgten Gemeindebewohnern bei einer Versammlung im Gasthaus die Vorgänge. Zudem werde im Schloss Altöl aufbereitet, das man für U-Boote brauche. Daher der schwarze Rauch und Gestank. Im Übrigen sei es besser, keine absurden Gerüchte zu verbreiten, sonst drohe das KZ oder gar die Todesstrafe.

Trotzdem, die Gerüchte ließen sich nicht unterdrücken. Unruhe entstand. Sie verbreitete sich im gesamten Reich. Irrenhäuser würden leergeräumt, hieß es, die Insassen weggebracht. Wohin? Unbekannt. Und immer würden die Verwandten regelmäßig nach einigen Wochen oder Monaten die Nachricht erhalten, ihre Angehörigen seien plötzlich und unerwartet verstorben. Konnte diese merkwürdige Häufung an plötzlich verstorbenen Behinderten ein Zufall sein?

Dabei hatten sich die T4-Organisatoren ein aufwendiges Verfahren ausgedacht, um die Wahrheit zu verschleiern. Dem Hartheimer Büroleiter stand ein Stab von mehr als zwanzig Mitarbeiterinnen zur Verfügung. Zuerst erhielten die nächsten Verwandten die Nachricht von der Verlegung ihrer behinderten Angehörigen. Begründung: angebliche kriegsbedingte Notwendigkeiten. Einige Tage später dann eine Bestätigung von der Ankunft des oder der Betreffenden in der Landesanstalt Hartheim. Besuche seien zum gegebenen Zeitpunkt wegen des Auftretens von Infektionskrankheiten unter einzelnen Patienten leider unstatthaft. Nach ein paar Wochen oder Monaten geduldigen bürokratischen Zuwartens schließlich die Verständigung vom plötzlichen, leider trotz aller aufgewendeten ärztlichen Kunst nicht zu verhindernden Ableben des (oder der) Angehörigen. Bei der Todesursache bemühten sich die Euthanasieärzte, Angaben zu machen, die den raschen Tod plausibel erscheinen ließen. Aufgrund der wegen des Krieges besonders großen Seuchengefahr habe man die Leiche sofort eingeäschert. Auf Wunsch könne die Urne kostenfrei zugestellt werden. Ein eigens eingerichtetes Sonderstandesamt stellte eine fingierte Sterbeurkunde aus. Und noch ein Täuschungsmanöver: Die Tötungsanstalten tauschten untereinander ihre Akten aus. Man achtete darauf, dass die Benachrichtigung stets aus einer entfernten Region kam. Die Angehörigen von aus dem Raum Linz stammenden Patienten erhielten Todesmeldungen nie aus Hartheim, sondern stets aus anderen Euthanasieanstalten wie Sonnenstein in Sachsen, Hadamar in Hessen oder Grafeneck in Württemberg.

Am 3. August 1941 hielt der Bischof Galen von Münster seine berühmte Predigt gegen die Euthanasie. Der Wortlaut der Predigt ging von Hand zu Hand, wurde mit der Maschine abgetippt und vervielfältigt und verbreitete sich über das ganze Reichsgebiet bis an die Fronten des Weltkriegs. Die Situation für das NS-Regime wurde unhaltbar. Dazu kam eine merkbare Stimmungstrübung in der Bevölkerung nach der Ausweitung des Krieges durch den Angriff auf die Sowjetunion. Am 24. August ließ Hitler die Aktion T4 stoppen.

Das kam überraschend für die Verantwortlichen. Sie wollten sich nicht so recht damit abfinden und hofften auf Fortsetzung in näherer Zukunft. Wohl um Argumente dafür zu liefern, ließen sie durch einen Statistiker eine Art Zwischenbilanz erstellen. Die Amerikaner fanden das 39 Seiten umfassende Heft im Juni 1945 in Hartheim. Demnach waren im Zuge der Aktion 70 273 Menschen »desinfiziert« (also ermordet) worden. Von allen Anstalten wurden in Hartheim die meisten Patienten ermordet, nämlich 18 269. Mehr noch interessierte die Auftraggeber der T4-Organisation aber die durch den Massenmord bewirkten Einsparungen: hochgerechnet auf zehn Jahre angeblich 885 Millionen Reichsmark.

Tatsächlich lief die gezielte Ermordung der Patienten – weniger auffällig – bis Kriegsende auf Anstaltsebene weiter. Auch Hartheim blieb bis Dezember 1944 in Betrieb. Die Tötungseinrichtung war nützlich zur Vernichtung kranker KZ-Häftlinge aus Mauthausen und Nebenlagern (»Aktion 14f13«). Später behandelte man Zwangsarbeiter aus dem Osten, die sich krankgeschunden hatten, in derselben Weise. Die Gesamtzahl der in Hartheim ermordeten Männer, Frauen und Kinder dürfte um die 28 000 liegen.[82]

TÄTER

Jahrzehntelang bestimmte die »Opferthese« Österreichs Position zum Nationalsozialismus: Österreich sah sich, in den Worten der alliierten »Moskauer Deklaration« von 1943, als erstes Opfer der »typischen

Angriffspolitik Hitlers«. Diesem selbstgefälligen offiziellen Standpunkt stand seit Mitte der 1960er Jahre eine masochistische oppositionelle »Täterthese« gegenüber: Österreicher seien in überdurchschnittlichem Ausmaß an den Verbrechen des NS-Regimes beteiligt gewesen. Die These geht auf ein Memorandum Simon Wiesenthals zurück, der ein stärkeres Engagement der österreichischen Regierung in der Verfolgung von NS-Verbrechern erreichen wollte. Wiesenthal behauptete, dass der Anteil der NS-Täter aus Österreich prozentual wesentlich höher liege als der Anteil der österreichischen Bevölkerung am Großdeutschen Reich.

Wiesenthal folgend, wird in der Literatur kolportiert, Österreich habe – von der Euthanasie bis Auschwitz – 14 Prozent der SS-Männer und 40 Prozent der Täter gestellt. Bei kritischer Analyse der Herkunft dieser Zahlen zeigt sich: Es handelt sich um unhaltbare, unbewiesene und methodisch gesehen auch unbeweisbare Behauptungen.[83] Vom Historiker Wolfgang Graf stammt eine Studie über die österreichischen SS-Generäle. Von insgesamt 738 Personen in derartigen Rängen waren 51 in der österreichischen Reichshälfte der Doppelmonarchie (Cisleithanien) auf die Welt gekommen. Das ergibt einen Anteil von 6,9 Prozent,[84] also weniger als die 8,8 Prozent, die dem Bevölkerungsanteil der Ostmark im Großdeutschen Reich entsprochen hätten. Das mag viele Gründe haben, beispielsweise, dass die Österreicher fünf Jahre weniger Zeit hatten, in der SS Karriere zu machen und in die höchsten Ränge zu gelangen. Jedenfalls belegen die Zahlen, dass eine massive Überrepräsentation von Österreichern unter den Tätern unwahrscheinlich ist. Auch eine Untersuchung des Führungspersonals der Sicherheitspolizei und des SD ergibt eine markante Unterrepräsentation von Österreichern.[85] Fasst man die verschiedenen Analysen zusammen, kommt man zu dem Schluss, dass der Anteil der an NS-Verbrechen beteiligten Österreicher in etwa dem Anteil der Ostmark an der Gesamtbevölkerung des Großdeutschen Reichs entsprochen haben dürfte. Die Täterthese ist – wie die Opferthese – ein Mythos.

Tatsache ist freilich, dass Österreicher in gewissen Bereichen überdurchschnittlich stark vertreten waren. So zum Beispiel in den

Niederlanden, wo Reichskommissar Arthur Seyß-Inquart mit einer Reihe von hochrangigen Mitarbeitern aus Österreich die Macht ausübte. Oder im Umfeld Adolf Eichmanns, über den viele Österreicher an die Hebel der Vernichtungsmaschinerie gelangten. Generell waren Österreicher im »Generalgouvernement« und auf dem Balkan überdurchschnittlich oft in den Vernichtungsprozess und in Kriegsverbrechen involviert. Grund: Man war im NS-Reich der Meinung, dass Österreicher in diesem Raum aufgrund ihrer Geschichte (Habsburgermonarchie) besonders viel Erfahrung hätten. Deshalb wurden sie überdurchschnittlich oft dorthin kommandiert und in die dort verübten Verbrechen verwickelt.[86]

Die wohl beeindruckendste Karriere von allen legte der Linzer Rechtsanwalt Ernst Kaltenbrunner hin. Als Nachfolger des bei einem Attentat ums Leben gekommenen Reinhard Heydrich übernahm er im Januar 1943 die Führung des Reichssicherheitshauptamts – und damit den Terrorapparat der SS. Zuvor hatte er den SS-Abschnitt »Donau« (Ostösterreich) geleitet. Zugleich war er Chef der Polizei in diesem Gebiet gewesen. Kaltenbrunner war der »Schreibtischtäter« par excellence.

Hoch war der Anteil von Österreichern unter den »Höheren SS- und Polizeiführern« (HSSPF) und »SS- und Polizeiführern« (SSPF). So lautete die Bezeichnung der Chefs von SS und Polizei in bestimmten Regionen. Handelte es sich dabei um besetzte Gebiete, vor allem im Osten und Südosten, kann man diese Leute durchaus als Herren über Leben und Tod bezeichnen. Überdurchschnittlich viele, 10 Prozent, sind von ihrer Herkunft her der Ostmark zuzurechnen, nur die HSSPF genommen, sogar 17 Prozent.[87]

Hervorzuheben sind drei führende Vertreter des einstigen Steirischen Heimatschutzes, einer rechtsextremen paramilitärischen Formation, die sich früh mit dem Nationalsozialismus verbündet hatte: Hanns Rauter übte die HSSPF-Funktion in den Niederlanden aus, Konstantin Kammerhofer in Kroatien und August Meyszner in Serbien. Ihnen allen sind zahllose Verbrechen gegen die Menschlichkeit anzulasten. Josef Fitzthum, früher SS-Führer in Wien, wurde durch die Art und Weise, wie er sein Amt als HSSPF ausübte, in Albanien zu

einem Symbol des Bösen schlechthin. Beim geringsten Widerstand
ließ er erbarmungslos ganze Dörfer anzünden und die Bevölkerung
niedermetzeln. Mit gnadenloser Brutalität agierte auch Franz Kutschera, der vor der Übernahme der SS-Funktion einige Jahre lang als
De-facto-Gauleiter Kärnten regiert hatte. Mitte 1943 ging er als SSPF
nach Warschau. Er sollte die dort zunehmend unsicherer werdende
Lage unter Kontrolle halten. Und er tat es in aller Rücksichtslosig-
keit. Regelmäßig trieb die SS im Fall von polnischen Widerstandshandlungen willkürlich Dutzende, oft Hunderte Geiseln in der Stadt
zusammen und exekutierte sie öffentlich. Innerhalb eines halben Jahres waren das an die fünftausend Menschen. Als Rache für ein fehl-
geschlagenes Attentat auf ihn selbst ließ Kutschera im Januar 1944
zweihundert Polen ermorden. Aber nur wenig später, am 1. Februar
1944, gelang es einem Kommando der polnischen Heimatarmee
dann doch, ihn zu liquidieren. Die SS antwortete auf ihre Art: mit der
Erschießung von dreihundert Unschuldigen.[88]

Odilo Globocnik übernahm im November 1939 das Amt eines SS-
und Polizeiführers von Lublin. Ein Posten, auf dem er sofort unter
Beweis stellte, dass jede Regung von Menschlichkeit ihm völlig fremd
war. 1941 übertrug Himmler ihm folgerichtig die Durchführung der
»Endlösung der Judenfrage« durch den Einsatz von Giftgas. Deckname: »Aktion Reinhardt«. Wie der Massenmord durch Vergasung
funktionierte, wusste man aus der »Aktion T4«. Weil Hitler die systematische Ermordung von Behinderten im August 1941 hatte ab-
brechen lassen, standen arbeitslose Experten dieser Vernichtungs-
methode in ausreichender Anzahl zur Verfügung. Das erste Vernichtungslager entstand nahe dem Dorf Belzec, rund 130 Kilometer
südöstlich von Lublin. Nach dem Vorbild der Euthanasie-Tötungsan-
stalten wurde dieses Lager mit stationären Gaskammern ausgestattet. Ein zweites Lager wurde in Sobibór errichtet, rund hundert Kilometer nordöstlich von Lublin gelegen. Das dritte Lager, Treblinka,
rund neunzig Kilometer nordöstlich von Warschau, ging Mitte 1942
in Betrieb. Im Frühjahr 1942 hatte die Vernichtungsaktion begonnen, von Ende Juli bis Mitte November 1942 liefen die Todesfabriken
auf Hochtouren, blieben aber auch noch 1943 in Betrieb. Die Gesamt-

zahl der Ermordeten wird in der Literatur mit rund 1,75 bis 2 Millionen Menschen beziffert.[89]

Der Kärntner Globocnik war im Herbst 1939 mit einem ganzen Stab an Mitarbeitern aus der Heimat nach Lublin gekommen. Bis zu siebzehn Kärntner standen zeitweilig in seinen Diensten. Paul Gasser aus Wolfsberg im Lavanttal war ein naher Freund und Kamerad aus der illegalen Zeit. Er leitete Globocniks persönlichen Stab. 1941 kam es zum Bruch. Ob die Sache etwas mit der immer radikaler und brutaler werdenden Judenverfolgung zu tun hatte? Jedenfalls meldete sich Gasser freiwillig zur Wehrmacht und fiel noch im selben Jahr an der Ostfront. Tief verstricken in Globocniks Menschheitsverbrechen ließ sich hingegen Gassers Nachfolger Ernst Lerch, ein junger Klagenfurter. Er organisierte unter anderem die Transporte in die Vernichtungslager. Hermann Höfle, ein Salzburger, war im September 1940 zum SSPF nach Lublin versetzt worden. Im Herbst 1941 machte Globocnik ihn zum »Leiter der Hauptabteilung Einsatz Reinhardt« und übertrug ihm damit eine Schlüsselfunktion im Vernichtungsprozess.

Zu Globocniks Leuten muss man auch das T4-Personal zählen. Bemerkenswert ist, dass drei von sieben Lagerleitern, die zeitweilig Bełżec, Sobibor und Treblinka führten, Österreicher waren: Franz Stangl, ein Kriminalbeamter aus Oberösterreich, hatte als T4-Verwaltungs- und Büroleiter in Hartheim und Bernburg (Sachsen-Anhalt) gedient. Franz Reichleitner, ebenso Kriminalbeamter, ebenso aus Oberösterreich, war Stangls Stellvertreter in Hartheim gewesen. Stangl übernahm im Mai 1942 die Leitung des Vernichtungslagers Sobibor. Als er im September 1942 nach Treblinka wechselte, wurde Reichleitner Chef in Sobibor. In Treblinka löste Stangl den Vorarlberger Arzt Irmfried Eberl ab, dem seine Aufgabe über den Kopf gewachsen war. (Nicht aus moralischen, sondern aus organisatorischen Gründen wohlgemerkt.) Im Rahmen der Euthanasieaktion war Eberl 1940/41 ärztlicher Leiter der Tötungsanstalten Brandenburg und Bernburg gewesen.

Insgesamt gesehen lässt sich bei dem in der Aktion Reinhardt eingesetzten T4-Personal aber keine Überrepräsentation von Österreichern feststellen. Die Historikerin Sara Berger identifizierte insgesamt 121 Männer, die dem T4-Reinhardt-Netzwerk angehörten, darunter elf aus Österreich (9,1 Prozent). Das entsprach ungefähr dem Anteil der Ostmark am Großdeutschen Reich. Überraschend wenig, wenn man bedenkt, dass sich die größte der insgesamt sechs Euthanasieanstalten in Hartheim bei Linz befand.[90]

Der auffälligen Überrepräsentation von Ostmärkern bei den Höheren SS- und Polizeiführern steht eine auffällige Unterrepräsentation bei den Führern der Einsatzgruppen gegenüber. Das sind jene SS-Sondereinheiten, die in Polen, vor allem aber in der Sowjetunion unsägliche Massenverbrechen verübten. 79 Führer und Kommandoführer von Einsatzgruppen sind namentlich bekannt, von 68 liegen Angaben zur regionalen Herkunft vor. Nur drei davon sind Österreich zuzuordnen.[91] Da ist zum einen Alois Persterer, geboren 1909, Autoschlosser aus Saalfelden in Salzburg. Er hatte es nach dem Anschluss zur Position des Führers des Salzburger SD gebracht. 1941 wurde der bewährte Mann in den Osten versetzt, um das Sonderkommando 10b der Einsatzgruppe D auf der Krim zu leiten. Persterer machte sich in dieser Funktion zahlreicher Massenverbrechen schuldig. So etwa metzelte seine Truppe Anfang Dezember 1941 in dem idyllischen Schwarzmeerstädtchen Feodosia rund 2000 bis 2500 Juden nieder. – Gerhard Bast, geboren 1911, Jurist, kam als eifriger »Illegaler« nach dem Anschluss zur Gestapo. Er machte eine beeindruckende Karriere, die ihn bis in die Position des Gestapo-Chefs von Linz brachte. Ende 1942 übernahm er im südlichen Abschnitt der Ostfront für zwei Monate die Führung eines Sonderkommandos der Einsatzgruppe D, Mitte bis Ende 1944 übte er dieselbe Funktion bei der Einsatzgruppe B aus. – Humbert Achamer-Pifrader, Jahrgang 1900, von sudetendeutscher Herkunft (Teplitz-Schönau), Jurist, war 1935 wegen seiner illegalen Betätigung für die NSDAP nach Deutschland geflohen. Er kam zur Geheimen Staatspolizei, wo er rasch in Führungspositionen aufstieg. 1942 ging es nach Riga, ins »Reichskommissariat Ostland«. Dort wurde er Befehlshaber der Sicherheitspolizei und des SD und übernahm das Kommando über die Einsatzgruppe A. Bis zu diesem Zeitpunkt hatte diese Massenmör-

dertruppe bereits den allergrößten Teil der Juden im Baltikum ermordet. Achamer-Pifraders Hauptaufgabe lag daher im Kampf gegen Partisanen.[92]

Wenn es um die »Täter« geht, also um jene, die auf die eine oder
andere Weise in die Verbrechen des NS-Regimes verwickelt waren,
gilt das besondere Interesse der Forschung schon geraume Zeit den
»normalen Männern«. Exemplarisch für diese stehen Einheiten der
Ordnungspolizei, die aus dem Reich in den Osten verlegt wurden, wo
sie für »Ruhe und Ordnung« sorgen sollten. Und die dabei in einem
Ausmaß in Massenverbrechen und Judenmord verstrickt wurden,
das sich wohl niemand der Teilnehmer zuvor ausgemalt hatte. Denn
es handelte sich durchweg um Polizeibeamte fortgeschrittenen Alters, die oft schon seit Jahrzehnten im regulären Polizeidienst standen, nicht um fanatisierte Weltanschauungstäter der SS.

Christopher Brownings bekannte Studie (»Ordinary Men«) befasst
sich mit dem Reserve-Polizeibataillon 101, Hamburger Polizisten,
die für den regulären Dienst in der Wehrmacht zu alt waren, dafür
aber zum »Sondereinsatz« nach Polen entsandt wurden. Sondereinsatz, das hieß vor allem: Judenmord. Auch aus Wien kam eine solche
Truppe, das Polizeibataillon 322. Weil sein Kriegstagebuch erhalten
blieb, ist die Tätigkeit dieses Bataillons besonders gut dokumentiert.
Die rund 550 Mann, deren Führer zumeist aus dem Altreich kamen,
gingen im April 1941 nach Polen ab. Nach dem Überfall auf die Sowjetunion (22. Juni 1941) wurde das Bataillon im »rückwärtigen Hee-
resgebiet Mitte« aktiv. Auftrag: das eroberte Gebiet »reinigen« und
»befrieden«. Das Bataillon zog eine Spur der Vernichtung und des
Grauens durch Ostpolen, Weißrussland und schließlich Russland.
Das Kriegstagebuch endet am 26. Mai 1942. Demnach führte das
Bataillon in 234 Einzelfällen Erschießungen durch, denen rund
11 000 Menschen zum Opfer fielen, davon mehr als 9000 Juden, dazu
sowjetische Soldaten, Kriegsgefangene und nichtjüdische Zivilisten.
Juden seien Freiwild gewesen, so beschrieb ein Angehöriger des Bataillons nach dem Krieg die Situation, »sie wurden ohne Gnade erschossen, ohne dass dazu eine Begründung gegeben wurde oder notwendig gewesen wäre«.[93]

Neben den mobilen Polizeibataillonen gab es im von der Wehrmacht besetzten Osten auch stationäre Dienstabteilungen der Schutzpolizei. So etwa im galizischen Erdölgebiet um Drohobycz und
Borysław südwestlich von Lemberg.[94] Im relativen Frieden, weitgehend unberührt vom Krieg, taten hier Wiener Schutzpolizisten ab
Herbst 1941 bis Sommer 1944 Dienst. Bunt zusammengewürfelte,
erfahrene Männer fortgeschrittenen Alters. Manche waren hierher
kommandiert worden, andere hatten sich freiwillig gemeldet. Soweit
bekannt, war keiner zuvor durch besondere Brutalität, durch Sadis-
mus oder Übergriffe aufgefallen. Nichts hatte erahnen lassen, zu welchen Untaten sie im praktisch rechtsfreien Raum, den das besetzte
Ostgalizien für sie rund zweieinhalb Jahre lang darstellen sollte, fähig sein würden.

Auf der Anreise nach Borysław wurden die Wiener Polizisten vorübergehend im Städtchen Zaleszczyki stationiert. Mitte November
1941 bekamen sie den Auftrag, die männlichen Juden zusammen-
zutreiben und ihre Wertsachen einzusammeln. Unklar ist, in welchem Ausmaß sie sich an der anschließenden Liquidierung der Juden
durch Gestapo-Einheiten beteiligten. Es heißt allerdings, der Polizeibeamte Leopold Mitas allein soll sechshundert Juden getötet haben.
Möglich, dass er sich bereits bei dieser Gelegenheit seinen Spitz-
namen »Schießer« erwarb. Alles in allem kann man den Vorgang
wohl als eine Art Initiation betrachten, als Einstimmung auf das, was
noch kommen sollte.

Am 18. November trafen die Wiener Schutzpolizisten in Borysław
ein. Eineinhalb Wochen später wurden sie für eine ähnliche Aktion
herangezogen wie zuvor in Zaleszczyki. Gestapo, Schupo und ukrainische Milizen holten auf Basis einer vom örtlichen Judenrat zusam-
mengestellten Liste rund siebenhundert Juden, überwiegend Alte
und Kranke, aus ihren Wohnungen. Dann wurden die Opfer auf Lastautos gepackt, in den nahe gelegenen Wald gebracht und erschossen.
Die Schüsse waren bis ins Ortszentrum zu hören. In den nächsten
Monaten, bis zum Sommer 1942, war im Distrikt Galizien ausschließlich der Apparat der Sicherheitspolizei mit der Judenverfolgung befasst. Es wäre verfehlt zu meinen, dass der Dienst der Wiener Schutz-

polizisten in Borysław und Drohobycz ausschließlich im Drangsalieren und Ermorden von Juden und Ausüben von Terror gegen die polnische Zivilbevölkerung bestanden hätte. Die Wiener Schutzpolizisten hatten vielfältige polizeiliche Tätigkeiten im üblichen Rahmen zu erledigen.

Auf längere Sicht waren Massenerschießungen ohnehin kein probates Mittel zur Durchführung der »Endlösung der Judenfrage«. Ab Frühjahr 1942 setzten die Deportationen in die Vernichtungslager der »Aktion Reinhardt« ein. In Drohobycz und Borysław ging es so richtig in der ersten Augusthälfte 1942 los. Binnen drei Tagen wurden rund 11 000 Juden deportiert. Ziel: das 200 Kilometer nördlich gelegene Vernichtungslager Bełżec. Nur ein kleiner Teil der Juden kam in ein Zwangsarbeiterlager bei Lemberg.

Am Zusammentreiben der Juden und den zahllosen Verbrechen, die dabei verübt wurden, war diesmal auch die Schutzpolizei beteiligt. Immer wieder schossen Wiener Polizisten willkürlich auf Juden und töteten sie. Bei der Räumung des jüdischen Waisenhauses in Borysław warfen sie die Kleinkinder durch die Fenster auf die Straße. Leopold Mitas packte einen Dreijährigen, der den Sturz überlebt hatte, bei den Beinen und zerschmetterte seinen Kopf an einem Telegrafenmast. Und wer wollte die Polizisten daran hindern, sich jüdisches Eigentum anzuzeigen? Die Gelegenheit zu plündern war günstig, nur wenige ließen sie ungenutzt. Kein Wunder, dass auch Bestechung und Erpressung auf der Tagesordnung standen. Mit entsprechenden Wertsachen (bevorzugt Schmuck) konnten wohlhabende jüdische Familien sich von der Deportation freikaufen. Vorübergehend. Als die Aktion vorbei war, lagen Hunderte Leichen in den Straßen von Borysław. Der jüdische Ordnungsdienst musste sie beseitigen.

Bis zu ihrem Abzug beim Herannahen der Roten Armee im Sommer 1944 ließen sich die Wiener Schutzpolizisten noch zahllose weitere Massen- und Individualverbrechen zuschulden kommen. Ihr Verhaltensmuster, fand der Historiker Thomas Geldmacher heraus, ähnelte frappierend jenem, das Probanden in der Rolle von Gefängniswärtern im »Stanford Prison Experiment« von 1971 an den Tag legten.[95] Ungefähr ein Drittel der Polizisten beteiligte sich aktiv an den Verbrechen. Sie genossen die Situation und entwickelten immer qualvollere Methoden. Das Morden dürfte ihnen regelrecht Spaß gemacht haben. Andererseits liegen Aussagen vor, wonach die Männer vor den Erschießungsaktionen in großen Mengen Schnaps konsumierten. Es war, scheint es, vor Ausführung der Taten notwendig, eine gewisse Hemmschwelle zu überwinden. In etwa die Hälfte der Leute machte widerspruchslos alles mit, was ihnen befohlen wurde. Allerdings versuchten sie nicht, sich dabei irgendwie hervorzutun. Es gab unter den Männern – entsprechend der dritten und kleinsten Gruppe des Stanford-Experiments – auch einige, die sich bemühten, den Verfolgten zu helfen, so gut das eben möglich war, ohne sich selbst dadurch zu gefährden. Sie gingen Hinweisen auf versteckte Juden nicht nach und vermieden die Teilnahme an Erschießungsaktionen, notfalls verweigerten sie diese sogar offen. Das trug den Betreffenden vielleicht den Unmut ihrer Vorgesetzten, sonst aber keine nachteiligen Konsequenzen ein.

Die meisten Polizeibeamten in Borysław und Drohobycz begingen Taten, die in keiner Weise dem Rechtsempfinden entsprachen, entlang dem sie in der Monarchie und Ersten Republik Österreich sozialisiert worden waren. Sie erfüllten anstandslos die ihnen erteilten mörderischen Befehle, ja sie gingen oft noch viel weiter, als es nötig gewesen wäre. Und sie raubten und mordeten aus Mutwillen und Habgier, nicht aufgrund irgendwelcher ideologisch motivierter Befehle. Wie hatte es dazu kommen können? Zweifellos spielte die zunehmende Brutalisierung durch den Krieg eine wichtige Rolle. Töten wurde nach und nach zur Routine, ohne dass man groß darüber nachgedacht hätte. Die Täter konnten persönliche Allmachtsphantasien ausleben, ohne Sanktionen befürchten zu müssen. Die durch ideologische Indoktrination herbeigeführte Deindividualisierung und Entmenschlichung des Anderen schaffte jene notwendige psychologische Distanz, die man als Grundvoraussetzung zum Mord, insbesondere zum Massenmord, bezeichnen muss. Dazu kamen der historisch gewachsene, seit Jahrzehnten zu alltäglicher Gewohnheit gewordene Antisemitismus in all seinen Spielarten sowie Gehorsam, Autoritätsgläubigkeit und Karrierismus.[96]

Der Sozialpsychologe Harald Welzer zeigt, dass Menschen ihr Handeln in jeweils spezifische Referenzrahmen einordnen. Das macht es ihnen möglich, dieses Handeln als etwas von ihrer Person Unabhängiges zu erleben. Dem Nationalsozialismus sei es gelungen, so Welzer, einen neuen Referenzrahmen zu schaffen und eine neue nationalsozialistische »Moral« zu implementieren. Dieser Moral zufolge war es gut, sinnvoll und notwendig, die »Judenfrage« zu lösen, wie radikal auch immer diese Lösung letztendlich sein mochte. Damit war der Rahmen abgesteckt. Um aus »normalen Männern« Mörder zu machen, durchliefen sie verschiedene Stadien. In einem langsamen Prozess der zunehmenden Professionalisierung wurde Massenmord in »normale« Arbeit umgewandelt.[97] Ein neuerer Ansatz des Soziologen Stefan Kühl betont die Bedeutung von Organisationen in diesem Prozess. So gut wie alle Judenmorde seien durch Mitglieder staatlicher Organisationen durchgeführt worden. Die »Folgebereitschaft in Organisationen« sei der wichtigste Faktor zum Verständnis dieser Taten.[98]

Um abschließend zu der in diesem Kontext fast ein wenig banal anmutenden Frage zurückzukommen, ob Österreicher bei derartigen Verbrechen überrepräsentiert waren: Dies war sicher nicht der Fall. Andere Polizeitrupps und Dienstabteilungen, die aus anderen Teilen des Reichs in den Osten verlegt worden waren, zeigten das gleiche Verhalten. Nichts weist darauf hin, dass aus den »Gauen der Ostmark« stammende Personen per se eine signifikant stärkere oder schwächere Disposition gezeigt hätten, zu Massenmördern im Vernichtungskrieg zu werden.

Angst / 1943–1944

SOLDATEN

Der einundzwanzigjährige Niederösterreicher Engelbert Taschl war 1940 eingezogen und zum Maschinengewehrschützen ausgebildet worden. Seine Einheit war das Jäger-Regiment 54 der überwiegend aus Österreichern rekrutierten 100. Jäger-Division. Beim Russlandkrieg hatte er von Anfang an mitgemacht. Und zu tun gelernt, was er tun musste: auf Menschen schießen, Menschen totschießen. Ein eigenartiges Gefühl. Aber man habe sich daran gewöhnt.

Im Spätherbst 1941 blieb der Angriff vor Moskau im Schlamm stecken. Dann kam der Winter und mit ihm die sowjetische Gegenoffensive. Eine schwere Krise, aber sie konnte bewältigt werden. Nachschub zum Ausgleich der Verluste war noch ausreichend vorhanden. Die deutsche Offensive im Sommer 1942 schritt zügig voran. Bei Charkow war Taschl im Mai an der Einkesselung großer sowjetischer Truppenteile beteiligt. Dann weiter in Richtung Südost. Im September 1942 drang die 6. Armee trotz härtesten Widerstands in Stalingrad ein. Rings um sich herum sah Engelbert Taschl die Kameraden fallen. Von seiner Kompanie, die ein Jahr zuvor zum Angriff auf die Sowjetunion angetreten war, war ein einziger Mann übrig geblieben: er selbst. Beim Kampf um das Stahlwerk »Roter Oktober« hatte Taschl eine Gruppe von zwölf Leuten zu führen. Die Hälfte starb. Aber die Verluste auf der anderen Seite müssen noch höher gewesen sein, schätzt er. Jedenfalls hätten die Russen ihre verbliebenen Stellungen mit unglaublicher Hartnäckigkeit verteidigt.

Der russische Gegenstoß im November drehte alles um. Es waren frische, kampfstarke, zahlenmäßig überlegene, gut ausgerüstete Truppen, die gegen die abgekämpften Deutschen zum Einsatz kamen. Rasch entwickelte sich ein Kampf auf Sein oder Nichtsein. Am 17. Januar 1943 wurde er bei einem russischen Handgranatenangriff verletzt, so kam er zum Tross. Dort verblieb er unter ärztlicher Versorgung bis zum 29. Januar. Um 9 Uhr morgens an jenem Schicksalstag stand plötzlich, aber nicht unerwartet – hatte man doch schon am Vortag die Waffen vor die Kellertür gelegt und die weiße Fahne gehisst –, ein russischer Unteroffizier mit Maschinenpistole in der Tür: »Dawai!« Die Deutschen krochen aus dem Keller, traten ins Freie und wurden von russischen Soldaten zu weiteren Gefangenen dirigiert, die auf den Abtransport warteten.

Über 100 000 deutsche Soldaten starben in der Schlacht, darunter Alfred Bamers Bruder Ferdinand. Mindestens 108 000 gerieten in Kriegsgefangenschaft, von diesen kehrten nur etwa 6000 nach langen Jahren der Gefangenschaft in die Heimat zurück.[1] Einer von ihnen war Engelbert Taschl. An jenem 29. Januar hatte er mit zahllosen anderen Gefangenen Richtung Nordwesten zu marschieren. Als es Nacht wurde, kauerten sich die extrem geschwächten Männer in Gruppen zu je zwanzig am Straßenrand zusammen. Temperatur: an die minus 25 Grad Celsius. Die Männer versuchten, sich gegenseitig zu wärmen. Trotzdem lagen morgens viele erfroren im Schnee. Abends erreichten die Überlebenden des Marsches Beketowka, ein mehrere Hektar großes Areal mit Steinbauten und Baracken, von Stacheldraht umzäunt. Zu essen gab es erstmals nach fünf Tagen etwas: einen Wecken Brot von kohlrabenschwarzer Farbe und wässriger Konsistenz, den sich je vier Männer zu teilen hatten.

Taschl und seine Kameraden wurden in eine dreckige Halle gesperrt, insgesamt 7000 Mann. Ein paar Öfen gab es, um die sich die Landser drängten. Fleckfieber und Ruhr grassierten. Die tägliche Ration: Mehlsuppe und 52 Gramm Brot. Sie wurde erst ausgeteilt, nachdem die Gefangenen die überall herumliegenden Leichen hinausgebracht hatten. Zum Tragen fehlte die Kraft. So schleifte man die Toten mit Hilfe eines Seils aus der Halle.

Ende Februar 1943: endlich Verlegung in ein »richtiges« Lager. Ab-

marsch bei minus 25 Grad und starkem Schneetreiben. Einige Dutzend Kilometer mussten die Entkräfteten die Wolga entlangmar-
schieren. Über Nacht blieben sie in einem alten Schafstall. Dieser
hatte zwar ein Dach, aber keine Seitenteile. Am Morgen arbeiteten
sich die Männer aus den Schneeverwehungen heraus. Bis auf jene,
die in der Nacht erfroren waren. Man schleppte sich weiter. Wer
nicht mehr konnte, wurde von Kameraden noch eine Zeitlang gestützt. Irgendwann blieb er liegen. Und die russischen Begleitmannschaften erschossen ihn am Ende der Kolonne. Kein Gefangener blieb
lebend zurück.[2]

Gefangene. Arbeitsdienstmann Alfred Pietsch aus Wien sah sie, als
er an einem kalten Winterabend 1943 im Bahnhof Warschau-Praga
auf den letzten Zug wartete, der zu seinem Stationierungsort ging.
Als Kurier hatte er regelmäßig die Post zum General-Arbeitsdienst-
führer nach Warschau zu bringen. An diesem Tag geschah etwas
Ungewöhnliches. Eine Gruppe SS-Leute räumte den Bahnsteig. Die
vielen polnischen Arbeiter, die aus den nahen Fabriken nach Hause
fahren wollten, mussten den Bahnhof verlassen. Das gelte auch für
ihn, erklärte ihm der kommandierende SS-Scharführer. Pietsch beharrte, dass er nicht weggehen könne. Er dürfe unter keinen Umständen seinen Zug versäumen. Dann möge er halt hierbleiben, sich
zur Seite stellen und sich ruhig verhalten.

Die SS-Leute postierten sich entlang des Bahnsteigs. Ein endlos langer Güterzug mit Viehwaggons kam, fuhr im Schritttempo durch
die Station. Mit Schrecken sah Pietsch, dass aus den Lüftungsklap-
pen Hände ragten. Gemurmel hörte er, Jammern, hin und wieder
Rufe. Das meiste verstand er nicht, manches schon: »Wasser! Brot!«
Geschockt stand er noch da, als der Gespensterzug längst durch war
und die Menschen wieder auf den Bahnsteig strömten. Was das gewesen sei, fragte er den vorbeikommenden SS-Scharführer, da seien
doch Menschen im Zug gewesen, die hätten Hunger und Durst. Er
solle sich keine Sorgen machen, kam die Antwort, das seien Juden
gewesen, die zum Arbeiten an die Front geführt würden. Sie kämen
in ein Lager, zu essen und zu trinken gebe es dort ausreichend. Denn
schließlich müssten sie ja endlich lernen, hart zu arbeiten.[3]

Im November 1942 war das Gebirgsjäger-Regiment 138 von Leningrad an den Mittelabschnitt der Front verlegt worden, wo sowjetische
Truppen einen Durchbruch geschafft hatten. Die österreichischen
Gebirgsjäger sollten die Lücke schließen. Bei diesen Kämpfen wurde
das Regiment eingekesselt und beinahe aufgerieben. Enorm die Verluste: 624 Tote, 1792 Verwundete und 70 Vermisste.[4] Der Oberkärntner Bauernsohn Sepp Frattnig gehörte zu den Überlebenden. Im
Winter hätte der Krieg in Russland, schreibt er, seinen ganz besonderen Charakter gehabt. Einen festen Frontverlauf wie im Sommer
habe es nicht gegeben. Der Boden metertief gefroren. Undenkbar, in
diesem Terrain Befestigungen zu errichten und sich einzugraben.
Undenkbar, auf freiem Feld, etwa in Zelten, zu überleben. Der Kampf
habe sich daher auf die Dörfer und Städte konzentriert. Dazwischen
Niemandsland, von beiden Seiten nur durch Spähtrupps kontrolliert.
Und immer die verdammte Kälte. Um die minus dreißig Grad. Praktisch jeder der Soldaten erlitt zumindest leichte Erfrierungen. Hätten
sie nicht den toten Feinden die Filzstiefel von den Füßen gezogen,
wären die meisten wohl ohne Zehen nach Hause gekommen, schreibt
Frattnig.

Sein Überleben verdankte Frattnig nicht zuletzt glücklichen Zu-
fällen. So schlug einmal während eines Angriffs keine fünf Meter von
ihm entfernt eine Granate ein. Ohne zu explodieren. Ein Blindgän-
ger. Aber das war längst noch nicht alles, denn bald kam der Angriff
zum Erliegen. Schutzlos auf den Boden gepresst, lagen Frattnig und
seine Kameraden, mörderischem MG- und Gewehrfeuer ausgeliefert.
Immer wieder schrie jemand getroffen auf, Sterbende wälzten sich
am Boden. Frattnig fand behelfsmäßig Deckung, indem er sich neben
einen steifgefrorenen toten Russen legte. Es kam Hilfe, der Feind
wurde niedergemacht oder floh. Aber die Hälfte von Frattnigs
Kompanie war tot oder verletzt. Er hingegen war heil geblieben. Am
nächsten Tag stellte er fest, dass ein Geschoss seinen aufgestellten
Mantelkragen durchschlagen hatte, haarscharf an seiner Kehle vorbei. »Meine Zeit war wohl noch nicht um«, schreibt er.

Die Reste des Regiments wurden, nachdem es sich aus eigener
Kraft aus der Umklammerung befreit hatte, von der Front abgezo-

gen, mit Nachschub aufgefüllt und schließlich im März 1943 nach Süden verlegt, ins Donezbecken, dem industriellen Zentrum der Sowjetunion. Frattnig sah, dass hier schreckliche Zustände herrschten. Die deutschen Besatzer hatten das Gros der Ernte der fruchtbaren Ukraine abtransportiert oder für die Versorgung der eigenen Truppen verwendet. Wie es der Zivilbevölkerung dabei erging, kümmerte niemand. »Leute, zu Gerippen abgemagert, brachen häufig auf der Straße zusammen, Kinder mit aufgedunsenen Wasserbäuchen starben reihenweise dahin.« Die Friedhöfe reichten zur Bestattung nicht mehr aus, so wurden überall an den Ortsrändern die Toten verscharrt. Frattnig sah Menschen, die aus dem Mist der Wehrmachtspferde ganz gebliebene Haferkörner herauspickten oder die frischen Keime von Gras aßen. Einmal hatte Frattnig einen Lebensmitteltransport der Wehrmacht zu bewachen. Das Versorgungslager in der Stadt Donezk glich einer Festung, umlagert von unzähligen Hungernden. Mit dem Stock in der Hand hielten die Soldaten die Massen mühsam zurück. Als Frattnig – was übrigens streng verboten war – heimlich einigen bettelnden Kindern ein paar Handvoll Rollgerste zuwarf, löste er damit einen regelrechten Tumult aus. Warnschüsse in die Luft waren nötig, um die Menge auseinanderzutreiben.

An der Front ging es vorerst ziemlich ruhig zu. Bis zum 26. September. An diesem Tag brach südlich von Frattnigs Stellung die russische Herbstoffensive los. Man konnte sie aus sicherer Entfernung gut beobachten. Bald kam der Rückzugsbefehl. Es drohte die Einkesselung. Unter Ausführung der Strategie der »verbrannten Erde« zog sich das Regiment bis Nikopol zurück. Und hier hatte Josef Frattnig Glück: Er bekam die Gelbsucht. Und das zwei Tage vor Verlegung in die vorderste Kampflinie.[5]

Gelbsucht (Ikterus) war eine der verbreitetsten Krankheiten in der Wehrmacht. Unzählige deutsche Soldaten erkrankten im Laufe des Krieges daran. Das war unangenehm und auch nicht ganz ungefährlich. Der Aufenthalt an der Front und in der Feuerlinie war wesentlich unangenehmer und ungleich gefährlicher. Frattnig führte seine Erkrankung auf die fetten Nahrungsmittel zurück, an die man beim Rückzug durch die fruchtbare Ukraine in den verlassenen Dörfern gekommen war: Hühner und Gänse, Töpfe mit Schweinefett, Speck und Eier. Die Soldaten kannten Tricks, wie man diese Krankheit erlangen konnte. So hieß es etwa, man solle eine Dose Sardinen erhitzen und diese dann warm essen. Fredy Pietsch hatte während seiner Ausbildung in Cilli Mitte 1943 Gelbsucht bekommen und war nach Graz ins Spital gebracht worden. Durch die fachgerechte Behandlung und Schonkost bestand die Gefahr, »zu früh« gesund zu werden. Erst nach achtundzwanzig Tagen Lazarettaufenthalt stand ihm ein vierzehntägiger Erholungsurlaub zu. Um diesen in Anspruch nehmen zu können, aß Pietsch auf Anraten von Kameraden heimlich zwei dünne Scheiben Speck. Es trat die erhoffte Wirkung ein. Der Arzt stellte einen unerklärlichen Rückfall fest. Pietsch blieb länger als dreißig Tage im Spital und erhielt seinen Erholungsurlaub zu Hause.

Unter Soldaten wurden häufig Möglichkeiten diskutiert, dem Fronteinsatz zu entgehen. So war von speziellen Augentropfen die Rede, die angeblich wochenlange Augenentzündungen bewirken sollten. Beim Einfahren in den Bahnhof könne man vom Zug springen und darauf achten, mit umgelegtem Fuß aufzukommen, dann sei der Knöchel sicher gebrochen. Oder man könne etwa durch Zuschlagen einer schweren Eisentür einen Armbruch herbeiführen. Beliebt war es auch, Wunden heimlich zu infizieren, um die Heilung hinauszuzögern. »Selbstverstümmelung« aber war gefährlich. Konnte sie nachgewiesen werden, was nicht selten vorkam, bedeutete dies das Todesurteil oder die Versetzung in ein Strafbataillon und Himmelfahrtskommando.[6]

Im Laufe des Jahres 1943 wurde Alfred Bamers Einheit, die 9. Panzer-Division, von einem Schauplatz zum anderen verlegt. Als Lückenfüller, wenn den Sowjets – wieder einmal – Einbrüche in die deutsche Front gelangen. Das kam immer öfter vor. Und immer öfter musste man sich zurückziehen. »Frontbegradigung« nannte sich das. Im Juli nahm die Division an der letzten deutschen Großoffensive bei Kursk und Orel teil. Zuerst stieß man zügig vor, dann kam der Angriff ins Stocken, schließlich ging der vielfach überlegene Feind zum Gegenangriff über. Bald war die Division in schwere Abwehrkämpfe verwickelt. Alfred Bamer entging mit Glück und Mut allen Gefahren.

Dafür erhielt er eine begehrte Auszeichnung: das Eiserne Kreuz
I. Klasse. Bereits ein paar Monate zuvor war er zum Unteroffizier ernannt worden.

Im August erfolgte die Verlegung Richtung Süden. Dort wurde die
Division in eine von der Roten Armee in die deutsche Front gerissene
Lücke geworfen. Ende September 1943 dann Überstellung in den
Raum westlich Dnjepropetrowsk. Es war nicht nur ein Kampf gegen
einen sukzessive stärker werdenden Feind. Es war auch ein Kampf
mit zunehmend geringer werdenden Ressourcen, insbesondere ekla-
tantem Treibstoffmangel, schlecht funktionierendem Nachschub,
einer immer dünner werdenden Personaldecke – und gegen die übermächtig werdenden Zweifel an den eigenen Erfolgsaussichten.[7]

Anfang 1943 hatte Hans Piscator, nunmehr immerhin schon
39 Jahre alt, zur Wehrmacht einrücken müssen. Zwar wäre es dem
Kreiskassenleiter Piscator leichtgefallen, eine »UK«-Stellung zu er-
wirken. Aber gerade er als Parteifunktionär hatte sich nicht dem
Vorwurf aussetzen wollen, ein Drückeberger zu sein. Zuerst war er
zur Heeresküstenartillerie nach Norwegen gekommen, im Winter
1943/44 dann an die montenegrinische Küste und später zum Regi-
mentsstab nahe der albanischen Hauptstadt Tirana, wo er eine ruhige
Kugel schob. Ende Oktober 1944 kam der längst erwartete Befehl
zum Rückzug. Man schloss sich den nordwärts marschierenden
Truppen an. Eine Heeresküstenartillerie gab es nun nicht mehr,
Piscators Einheit wurde der 297. Infanteriedivision angegliedert, die
hauptsächlich aus österreichischen und bayerischen Soldaten bestand. Piscator spricht von einem »geordneten Rückzug«. Liest man
seinen Bericht, stellt sich der Eindruck ein, dass zeitweilig gewaltiges
Chaos geherrscht haben muss. Um nicht die gesamte Strecke zu Fuß
zurücklegen zu müssen, versuchte jeder, eine Mitfahrgelegenheit zu
ergattern. Die Vorgesetzten hätten sich nicht weiter um ihre Leute
gekümmert, schreibt Piscator. »Jeder musste schauen, wie er weiter-
kam.«

Immer wieder griffen Tito-Partisanen die Einheit an. Einmal, während einer längeren Stationierung auf einem Bauernhof, gab es mitten in der Nacht Alarm. Da man stets mit einem Angriff zu rechnen

hatte, schlief alles in Uniform, Tornister und Karabiner griffbereit. Piscator sprang auf, stürzte hinaus in die stockfinstere Nacht, sah Wehrmachtsgestalten laufen – die eigene Infanterie in panischer Flucht –, sprang auf das Trittbrett des letzten Wagens, klammerte sich mit verzweifelter Kraft an, gelangte auf diese Art noch über die rettende Brücke, die unmittelbar hinter ihm gesprengt wurde. In die Hände der Partisanen fallen, das bedeutete: umgebracht werden. Gefangene wurden nicht gemacht, von beiden Seiten nicht.

In dunkler Nacht glitt Piscator aus, stürzte über einen Hang, lag lange bewusstlos. Irgendwann im ersten Tageslicht wurde er wach, nichts war gebrochen. Er kämpfte sich den Hang hoch bis zur Straße. Kameraden halfen ihm. In einem Notlazarett wurde er notdürftig versorgt. Trotz der Winterkälte war ihm oft merkwürdig warm. Schließlich hieß es, er und andere Leidensgefährten könnten hier nicht bleiben, sie sollten versuchen, auf einer vorbeikommenden Lkw-Kolonne des Roten Kreuzes Platz zu finden. Aber kein Wagen blieb stehen. Immerhin, einer verringerte die Geschwindigkeit, Piscator klammerte sich an, hatte aber nicht die Kraft, sich hochzuziehen, und musste wieder abspringen. Einer der letzten Lkws blieb schließlich doch stehen. Piscator schlief erschöpft auf dem offenen Plateau des Wagens ein. Als er erwachte, war er schneebedeckt. Trotzdem fror es ihn seltsamerweise nicht.

Der Feind war den sich zurückziehenden Truppen dicht auf den Fersen. Daher auch die Hast der Lkw-Chauffeure, das Nicht-stehenbleiben-Wollen. Es war ein Wettlauf auf Leben und Tod. Endlich, nach langer Fahrt, ein Verbandsplatz im Saal einer Schule. Sanitäter und Ärzte gab es hier, auf Strohpritschen lagen teilnahmslos Schwerverletzte und Kranke. Es stank nach Kot und Urin. Ein Sanitäter maß Piscators Temperatur, stach ihm in den Finger. Diagnose: Malaria. Was half es? Hier war kein Bleiben. Wieder gelangte Piscator mit Mühe auf einen Sanitätswagen, auf kurvenreicher, enger Gebirgsstraße ging es in mörderischem Tempo weiter. Dann eine große Stadt, umgeben von Bergen: Sarajewo. Mitte Dezember 1944.

In einem Behelfslazarett kam Piscator unter. Ein Lazarettzug sollte ihn in die Heimat bringen. Aber bald blieb man über Nacht in einem

Bahnhof hängen, fror, weil die Heizung ausfiel. Irgendwann Tiefflieger. Einer traf den Nachbarwagen: Tote, Schwerverletzte, Brände,
Panik, unsagbares Chaos. Nach weiteren Verwicklungen und Gefahren schaffte es Piscator in einen anderen Zug, mit diesem in die kro-
atische Hauptstadt Agram und von dort, nach Tagen des bangen Wartens, über Marburg nach Graz. Man brachte ihn in ein Krankenhaus.
Aber Ruhe war auch hier nicht zu finden, denn täglich – oft mehrmals – heulten die Sirenen: Luftalarm.[8]

Im Herbst 1943 war Josef Frattnig wegen seiner Gelbsucht Richtung Westen transportiert worden und schließlich in einem Kurort
im Riesengebirge gelandet. Nach Weihnachten fuhr er auf Urlaub ins
heimatliche Mölltal. Im Laufe des Jahres 1944 hatte er immer wieder
Urlaub, um zu Hause auf dem Bauernhof auszuhelfen. Zwischendurch gelang es ihm, längere Zeit in der Steiermark zur Bahnsiche-
rung eingesetzt zu werden. Frattnig verstand es glänzend, dem Fronteinsatz zu entgehen. Sein ganzes Bestreben sei darauf gerichtet
gewesen, schreibt er, möglichst lange an der »Heimatfront« zu bleiben. Als er im Sommer 1944 bereits auf den Abtransport an die Ostfront wartete, ergab sich erneut eine glückliche Wendung. Frattnig
wurde zu einem Scharfschützenlehrgang in den Seetaler Alpen bei
Judenburg in der Steiermark eingeteilt. Zwar hatte er Skrupel bei
dem Gedanken, jeden sich unvorsichtig zeigenden feindlichen Soldaten aus dem Hinterhalt erschießen zu müssen. Aber er konnte die
Zuteilung, die ihn immerhin vorläufig vor der Front bewahrte, ohnehin nicht ändern. Im Übrigen, schreibt er, sei für moralische Bedenken im Krieg kein Platz.

Die Sache gefiel ihm. Kein Drill, nur Schusstechnik und Tarnung.
Und das alles im Hochsommer auf einer schönen Alm. Frattnig erwies sich als bester Schütze des gesamten Lehrgangs. Danach half
dann nichts mehr: Über Ungarn ging es per Bahn an die Front, die
sich mittlerweile – es war Herbst 1944 – bereits in Siebenbürgen befand. Nachts Wache schieben musste er in seinem neuen Dienst
nicht. »Dafür aber«, so schreibt er, »war es unsere Aufgabe, tagsüber
immer in der Stellung zu sein und ähnlich wie eine Katze vor dem
Mausloch zu lauern, und wenn auf der Feindseite ein Iwan zu unvor-

sichtig aus seiner Stellung lugte, hatte er dann meist sein Leben im Kampf fürs Vaterland verloren.« Manchmal habe er, meint Frattnig, wohl zu viel und zu genau geschossen, auch wenn es nicht nötig gewesen sei. Damit habe er sich gegen Gottes Willen schuldig gemacht, und er könne nur hoffen, dass ihm vergeben werde.

Der Krieg war zu diesem Zeitpunkt ein einziges Zurück. Mittlerweile waren die österreichischen Gebirgsjäger im flachsten Ungarn angelangt, im Raum der Stadt Debrezin. Rückzug, das hieß Marschieren bis zur totalen Erschöpfung. Einmal drei Tage und Nächte lang ohne Schlaf. Immerhin, die Verpflegung sei gut gewesen. Auch Wein habe man überall aus den Kellern geholt, und er habe Kraft und Mut gespendet. An den Marsch durch ein Dorf erinnert sich Frattnig mit Grauen. Eine russische Panzertruppe sei hier ein paar Tage zuvor eingebrochen. Die ungarischen Soldaten hätten in Panik zu fliehen versucht. Zu spät. Die Panzer hätten alles niedergeschossen und niedergewalzt. Tote Soldaten, tote Pferde, kaputte Wagen – zusammengepresst, »als ob eine Straßenwalze den Schotter verdichtet hätte«. Fliegenschwärme, Krähen, unerträglicher Verwesungsgestank. Hinter dem Dorf habe man kurz Rast gehalten, zutiefst geschockt. Viele, vor allem die Neulinge, hätten gekotzt.

Wenige Tage später traf Frattnig der ersehnte »Tausendguldenschuss«, ein Granatsplitter im rechten Unterarm, stark blutend. Nicht wirklich gefährlich, aber Grund genug, sich rasch aus der Kampfzone ins Feldlazarett zu begeben. Die dort vorgenommene Operation misslang jedoch, und Frattnig wurde in eine Stadt gebracht, von der aus ein Lazarettzug nach Deutschland gehen sollte. Weil Kameraden ihm voraussagten, dass er mit seiner geringfügigen Verletzung nie und nimmer in den Zug gelassen würde, legte er sich einen respekteinflößenden Verband zu, um eine schwerere Verletzung vorzutäuschen. Es gelang ihm, in den von allen Seiten gestürmten Zug zu kommen. Während der Fahrt plagten ihn allerdings schwere Sorgen: Was würde der Heimat geschehen, wenn die Russen das zurückzahlten, was ihnen angetan worden war?[9]

ZIVILISTEN

Alfred Bamer verbrachte den Jahreswechsel 1942/43 in der Heimat, zum Teil bei seinen Eltern in Oberdonau, zum Teil bei seiner Verlobten in Wien. In seinen Kriegsaufzeichnungen verschweigt er Näheres über diesen Urlaub. Gefühle wie Sehnsucht, Liebe, Willkommensfreude, Abschiedsschmerz, Angst etc. passen nicht in sein heroischmännliches Selbstbild. Spätere Einträge zeigen, dass ihm daran gelegen war, die beiden Sphären – Krieg und Liebe – deutlich getrennt zu halten, um die Liebe nicht durch den Krieg beschmutzen zu lassen. Aber gerade diese Haltung machte ihn zu jenem gut funktionierenden Soldaten, der er stets war. Ausführlich gibt hingegen Steffi Johne, seine Verlobte, Auskunft über ihre Gefühle. Als Fredl am 16. Dezember 1942 spätabends in Wien ankam, notierte sie: »Er ist ganz der geblieben, der er war – ›männlicher‹ ist er geworden – halt ein richtiger Soldat.« Stolz zählt sie seine Auszeichnungen auf. Zugleich bekennt sie: »Ich habe große Angst um ihn. (…) Fredl ist mir alles auf der Welt!« Unermesslich der Schmerz, als er am 6. Januar 1943 wieder abfuhr: »Der Krieg geht weiter, man fragt uns ja nicht, wie wir das alles ertragen sollen und können. Ich bete zu Gott, dass er ihn mir gesund wiederbringt.«[10]

»Wie gelähmt« waren die Menschen, als sich die Nachricht vom Fall Stalingrads und dem Untergang einer ganzen Armee verbreitete, erinnerte sich Günther Doubek. Bedrückt und traurig sei man gewesen, niemand habe über etwas anderes reden können. Jeder kannte irgendjemand, der in Stalingrad gekämpft hatte. Unfassbar, wie konnte die russische Armee nach all ihren Verlusten noch immer so stark sein? Zum ersten Mal erschienen Günther Zeitungsartikel und Goebbels-Reden unglaubwürdig. »Hoffentlich behandeln die Russen unsere Soldaten besser als wir ihre«, sagte Leopold Doubek.[11]

Im Grunde war es egal, wie man zum NS-Regime stand. Die Katastrophe von Stalingrad erschütterte jeden bis in die Grundfesten. Plötzlich tat sich ein Abgrund auf. Angst griff um sich. Dieser Krieg, wurde jedem mit Schrecken klar, konnte verlorengehen. Aber was dann? Würde man erleiden – gerechterweise erleiden, wie viele sich eingestanden –, was die Sowjetbürger erlitten hatten und noch immer erleiden mussten? Die Menschen flüchteten in irrationale Hoffnungen. Nach Stalingrad tauchten – vom Regime wohl bewusst gestreut und genährt – erstmals Gerüchte über eine angebliche Wunderwaffe auf.

Auch andere Gerüchte gab es, vom Regime weniger erwünscht. Aus irgendeinem Grund – möglicherweise durch das Abhören von Feindsendern – war man allgemein der Ansicht, in Stalingrad hätten besonders viele Österreicher gekämpft. Wieso der Führer zugelassen habe, dass ausgerechnet Ostmärker in den Tod getrieben worden seien? Solches und Ähnliches flüsterte man sich zu. »Uns Österreichern machen die Bolschewisten nichts«, sagten die Bauern im Kreis Tulln. Die Österreicher würden in der Kriegsgefangenschaft ungleich besser behandelt als die Deutschen, hieß es. Im Kreis Melk erzählte man sich, dass ostmärkische Gefangene in Stalingrad in schöne Lager bei guter Verpflegung kämen. Altreichsdeutsche würden hingegen auf der Stelle erschossen.[12] Im Altreich machte man sich über diese Haltung der Ostmärker lustig. Einer der kolportierten Witze: Göring, Goebbels und Hitler unterhalten sich, was sie im Falle einer Niederlage tun würden. Göring will nach Spanien fliegen, dort habe er lauter gute Freunde. Der kleingewachsene Goebbels will den Konfirmationsanzug seines Neffen anziehen. Wenn die Russen kämen, würde er die Tür öffnen und sagen: »Leider, der Vati ist nicht daheim.« Hitler schweigt. Beide blicken ihn erstaunt an. Ob er sich denn nichts überlegt habe? Hitler verwundert: »Was kann mir passieren? Ich bin Österreicher!«[13]

Die Stimmungsberichte des SD aus Oberdonau von Anfang 1943 waren vernichtend: Man sei schon zufrieden, wenn sich die Lage nicht verschlechtere, die gedrückte Stimmung mache sich in allgemeiner Gleichgültigkeit gegenüber allem politischen und militärischen Geschehen bemerkbar. »Man weiß eben nicht mehr, wie man die Stimmung bezeichnen soll. Sie ist sozusagen abgestumpft, unsere Leute können sich keinen glücklichen Ausgang dieses furchtbaren Ringens mehr vorstellen.« Die vielen Gefallenen- und Vermisstenmeldungen und die Erzählungen von Fronturlaubern taten das Ihrige. In Wallern, Kreis Grieskirchen, versetzte eine Bäuerin dem Ortsgruppenleiter eine Ohrfeige, als er der Familie die Nachricht vom Tod des Sohnes überbrachte. »Ihr habt die Schuld, dass es so weit gekommen ist«, schrie sie. In Feldkirchen, Bezirk Braunau, riss ein Bauer, der die gleiche Nachricht erhalten hatte, das Hitlerbild von der Wand und warf es unter Flüchen dem Ortsgruppenleiter vor die Füße.[14]

In Mignon Langnas' Papieren finden sich keine Reaktionen auf Stalingrad. Sie mag die Nachrichten als Zeichen genommen haben, dass es mit dem mörderischen Regime, das ihr Leben bedrohte, in absehbarer Zeit zu Ende gehen könnte. Anfang 1943 bedrückten sie schwerste Sorgen und Ängste: Ihre engsten, besten, vertrautesten Freunde mussten »ausreisen«. So schrieb Mignon in einem Brief an Nelly, ihre Schwester in New York. »Ausreise«, das hieß »Evakuierung«, das hieß Deportation ins KZ Theresienstadt. Ihre Freunde, die ihr in bitterster Zeit beigestanden waren und denen sie letztlich ihr Leben zu verdanken hatte – ohne sie fühlte sie sich völlig alleingelassen. Immerhin, ihr selbst und ihrem Vater ging es gut. Sie hatten eine neue, akzeptable Wohnung in ihrem alten Wohnhaus zugewiesen bekommen. Schon seit einiger Zeit arbeitete Mignon als Schwester im jüdischen Kinderspital.

In Briefen an ihre Cousine Hala taucht immer wieder »Robert« auf. Oft denke sie an Nellys Schwester und ihr Unglück mit Robert. Ob sie es überleben werde? Es wäre ein großes Glück, aber sie könne nicht daran glauben, weil sie Roberts brutales Wesen genau kenne. Es sei gar nicht zu begreifen, wie sie mit diesem überhaupt leben könne, wieso sie vor diesem Scheusal noch nicht in den Tod geflüchtet sei. Mit »Nellys Schwester« war sie selbst gemeint. Und »Robert« war der Code für das grausame Regime, unter dem Mignon leben musste. Immerhin, die Überlebenschancen schienen zu steigen. »Robert geht es sehr schlecht«, schrieb sie Mitte Mai 1943 an Hala.[15]

Diesem Urteil hätte zweifellos auch ein namenloser Schweizer beigepflichtet, der sich von Frühjahr bis Herbst 1943 in Wien aufhielt. Aus beruflichen Gründen, wie er in einem bald nach seiner Rückkehr verfassten Feuilleton angibt. Noch sei die ehemalige österrei-

chische Hauptstadt unversehrt, schreibt er, wohl ahnend, dass es
nicht mehr lange so bleiben würde. Aufmerksam registriert er, dass
seit Mussolinis Sturz in Italien in Wien hektische Aktivitäten in Richtung Luftschutz eingesetzt hatten. Auf großen Plätzen hob man
Löschwasserbassins für die Feuerwehr aus. Bau- und Kulturdenk-
mäler ummauerte man mit Sandsäcken und Ziegelsteinen, um sie
vor Bombenschäden zu schützen. Das Aussehen der Stadt beschreibt
der Schweizer als verwahrlost. Häuser würden nicht instandgehal-
ten, die Straßen und Parkanlagen wenig oder gar nicht gepflegt. Den
Zustand der Straßenbahnen nennt er unerfreulich. Kreischend rum-
pelten sie durch die Stadt, in der Regel heillos überfüllt. Und erst die
Menschen: alle mürrisch, gereizt, unverträglich. Der Krieg habe die
Wiener nicht härter, sondern gleichgültiger gemacht. Immer wieder
falle der Satz:»Des hot jo ollas kan Wert net.« Und danach werde
auch gelebt.

Zu essen gab es dem Schweizer Beobachter zufolge genug. Freilich,
die Kartoffel spielte dabei eine überragende Rolle. Die Kost war generell überaus eintönig, die Zuteilung von Obst und Frischgemüse spärlich. Nur wenige Wiener wollten sich mit diesen Rationen begnügen.
Massenhaft schwärmten sie ins agrarische Umland aus und kauften
den Bauern zu hohen Preisen oder im Tausch gegen Tabakwaren Lebensmittel ab. Auch auf dem Schwarzmarkt war vieles zu bekommen, was man sonst schon seit Jahren nicht mehr kannte. Bohnenkaffee etwa, freilich zu horrenden Preisen. Aber Geld war nicht das
Problem, davon hatten die Menschen in der Regel genug. Allerdings
zu wenig Gelegenheit, es auszugeben. Immer mehr Geschäfte wurden geschlossen,»auf die Dauer des Krieges«, wie es hieß. Das Stadtbild wurde von Menschenschlangen beherrscht. Für alles musste
man sich anstellen: vor Gemüseläden, Ämtern, Kassen von Theatern
und Kinos.

Das sagenhafte Völkergemisch in der Stadt beeindruckte den
Schweizer Gast: Reichsdeutsche, Franzosen, Belgier, Italiener, Tschechen, Ungarn, unzählige Zwangsarbeiter aus Polen und der Sowjetunion, erkennbar durch die Schilder »P« und »OST« an der Kleidung.
Daneben waren die eingeborenen Wiener in der Minderzahl. Den

nachhaltigsten Eindruck machten freilich die vielen Kriegsinvaliden auf ihn, die überall zu sehen waren. Wien war zu einem wichtigen Standort für Lazarette geworden, in den leerstehenden großen Hotels gab es Platz genug. Für »normale« Kranke, Alte, Gebrechliche war die Versorgung allerdings schlecht. Die meisten Ärzte versahen ihren Dienst an der Front oder in Lazaretten.[16]

Mitte Mai schrieb Richard Ruffingshofer: »Unsere Lage wird langsam beklemmend.« Ende Mai gestand er sich ein, dass der Krieg genau den von Churchill vorhergesagten Verlauf genommen habe. Diese Tatsache habe freilich dem Prestige »unserer führenden Persönlichkeiten« Abbruch getan, fand er. Vorsichtig nahm Ruffingshofer Abschied vom Führermythos. Hitlers »Genius« liege wohl eher im Inneren, in der Außenpolitik habe es leider an geeigneten Beratern gemangelt. Meint ausgerechnet Ruffingshofer, der jahrelang Hitlers außenpolitische Erfolge bejubelt hatte. Die Nachrichten von schweren Luftangriffen auf das Ruhrgebiet im Sommer setzten ihm zu: »Es ist furchtbar, was die Bevölkerung dort zu erdulden hat. Und keine Aussicht auf eine Wendung der Dinge – – – –! Wird man später einmal ermessen können, unter welchen Nervenanspannungen wir diese Zeit durchleben?«

Zum Glück war es ihm mittlerweile gelungen, von Kassel weg ins Sudetenland versetzt zu werden, nach Aussig an der Elbe. Ungleich sicherer als Kassel. Und näher an der Heimat und damit bei Elfi und den drei Kindern. Am 21. November, nach einem furchtbaren Bombardement Berlins, stellte er sich eine Frage, die Millionen Bürger des Dritten Reichs bewegte: »Wann kommt endlich die Vergeltung?«[17]

Dolfi Schumann war Anfang Dezember 1942 von ihrer Arbeitsstelle im estnischen Reval überstürzt nach Wien zurückgekehrt. Der Grund: ein Brief ihres Ehemanns Rudi. »Ich habe dich, wie man so schön sagt, betrogen«, hatte er geschrieben. Und dass man die Sache durch Totschweigen nicht aus der Welt schaffen könne. Zum Reden war Rudi nun, da seine Frau wieder da war, trotzdem nicht bereit. Er drückte sich, kam selbst an freien Tagen nicht heim. Im April eskalierte die Ehekrise. Danach schienen sich die Verwicklungen zu lösen, schien alles gut zu werden. Das Ehepaar unternahm eine zweite

Hochzeitsreise nach Hintertux im Zillertal. »Dort waren wir glücklich.« Vorläufig.

Bald darauf fand Dolfi eine neue Arbeitsstelle. Und was für eine. In der neugeschaffenen Filiale der »Bank der deutschen Luftfahrt«, die sich in einem Stockwerk des Gebäudes ihrer bisherigen Firma eingemietet hatte, brauchte man eine Sekretärin. Sie bekam den Posten, wurde ausgezeichnet bezahlt. Der Chef, Herr Struck, war ein wohlhabender Mann, großzügig und ein wenig weltfremd. Er gefiel ihr. In jeder Hinsicht.

Im Laufe des Jahres 1943 finden sich zahlreiche Briefe ihrer Brüder in Adolfine Schumanns Aufzeichnungen: Alfred an der Front bei Leningrad, Willy auf dem Balkan, Herbert beim RAD in Deutschland. Im September 1943 kamen die Brüder auf Urlaub nach Hause, alle drei zur selben Zeit. Was für ein Glück! Ein paar Wochen lang musste die Familie um keinen von ihnen Sorge haben. Aber die guten Tage gingen schnell vorüber. Am 8. Dezember schrieb Willy, er sei nun seit einem geschlagenen Monat auf dem Rückzug. Und habe dabei Dinge erlebt, die er nie vergessen werde. Am selben Tag ein Brief von Alfred: Er liege im Lazarett. Granatsplitter im Oberschenkel. Weihnachten 1943 war in jeder Hinsicht eine triste Angelegenheit, der Jahreswechsel 1943/44 ebenso. Im März 1944 ein Brief von Alfred, datiert mit 23. Februar: Er sei aus dem Lazarett heraus, befinde sich nunmehr in einem Erholungsheim, komme aber Ende der Woche wieder zurück zur Truppe.

Zwei Tage später, ein Montag. Der Tag grub sich unauslöschlich in Dolfis Erinnerung ein. Gerade wollte sie zu Mittag das Büro verlassen, um zum Zahnarzt zu gehen. Da stieß sie im Stiegenhaus überraschend auf ihren Vater. Er war auf dem Weg zu ihr. »Fredi ist gefallen«, sagte er. Es traf sie wie ein Blitz. Ihr Bruder tot. Wie angenagelt blieb sie auf der Treppe stehen. Später las sie die amtliche Verständigung. Das reichte ihr nicht. So schrieb sie an die Kompanie, konnte aber auch dem Antwortbrief, der Wochen später eintraf, nur wenig Konkretes entnehmen. Nach den vorliegenden Unterlagen, hieß es, sei der Gefreite Alfred Jauernig durch einen Kopfschuss so schwer verwundet worden, dass der Tod auf der Stelle eingetreten sei. Wenn das stimmte, war es tröstlich. Aber vielleicht beantwortete man derartige Anfragen immer auf diese Art.[18]

Angst, namenlose Angst um ihren Verlobten beherrschte Steffi
Johne während des Jahres 1943. Im März träumte sie, sie habe einen
Brief erhalten mit der Nachricht, Fredl sei gefallen. »Ich weinte heftig – und erwachte! Als ich dann aufstand, war ich direkt schwach
vor Aufregung.« Immer häufiger notierte sie, dass Freunde und Bekannte oder die Verlobten und Ehemänner von Freundinnen gefallen
waren. Am 13. August fielen die ersten Bomben auf Wiener Neustadt. Voll Schrecken registrierte sie es. 9. September: »Es ist wirklich
nicht mehr schön auf dieser Welt. Unsere Kinder müssen aufs Land
geschickt werden, weil man auch für Wien Bombenangriffe fürchtet.« Fredl stand nun in Südrussland an der Front, natürlich wieder
genau dort, wo es ganz besonders böse zuging. Sie sei schon ganz apathisch, könne sich über nichts mehr freuen. Anfang Oktober kam
Fredl auf Urlaub. Sie verbrachten selige Tage im Herbst. Ob er anders
geworden sei? Noch ruhiger, noch ernster vielleicht, wie sie fand.
Wie könnten derartige Kämpfe auch keine Spuren hinterlassen.
Ende Oktober schließlich: Wieder einer dieser unendlich schmerzvollen Abschiede. »Auf dem Bahnhof habe ich mich sehr aufgeregt,
aber dennoch habe ich mich tapfer verhalten, damit er meine Tränen
nicht sieht.«

Die Zeit im Fernamt war vorbei. Anfang Dezember 1943 trat Steffi
Johne ihre Stelle als Gerichtsreferendarin im Amtsgericht Wolkersdorf ein. Nicht weit von Wien, trotzdem musste sie um 6 Uhr morgens losfahren, damit sie um 8 Uhr am Ziel war. Die Rückfahrt war
noch schlimmer. Weihnachten war traurig, der Jahreswechsel einsam – ganz ohne den Liebsten, weit weg an der Front in Russland.[19]

Das Leben Oswald Sints in den Osttiroler Bergen verlief wesentlich
unaufgeregter. Die Ereignisse der Weltgeschichte, die Sint als leidenschaftlicher Chronist präzise verzeichnete, bekamen die Dörfler aus
dem Radio, aus der Zeitung und wohl auch aus Erzählungen von Fronturlaubern und Angehörigen von Wehrmachtssoldaten mit. Im April
1943 starb Sints Vater nach langem Leiden mit 78 Jahren. Den Anbau,
der gleich nach dem Begräbnis losging, erledigte Sint mit Hilfe seiner

kranken Ehefrau und der drei ältesten Mädchen, die »ihr Äußerstes«
leisteten und an Arbeitstagen vom Schulbesuch entbunden waren.
Als das Wichtigste erledigt war, kamen benachbarte Bäuerinnen, deren Ehegatten oder Söhne oder Brüder im Krieg standen. Sie baten
Sint, so wie schon im vorangegangenen Jahr, um seine Hilfe bei dieser oder jener Arbeit. Nie sagte er nein. Seine Hilfsbereitschaft hatte
einen angenehmen Nebeneffekt: Er wurde nicht einberufen. Anderen Männern seines Alters, die weniger kooperativ waren und sich
allzu oft herausredeten, ging es schlechter. Sie mussten an die Front.
Auch beim Abliefern, etwa von Hafer, hielt Sint sich an die vorgeschriebenen Mengen. Größere Bauern als er, die Vorwände für geringere Ablieferungen gesucht und gefunden hatten, erhielten eine
eindeutige Antwort: den Gestellungsbefehl. Nach Mussolinis Sturz
und der Besetzung Italiens durch die Wehrmacht wurden Oswald
Sint und die anderen Männer von Kartitsch schließlich im Herbst
1943 bewaffnet. Sie hatten Patrouillengänge in den Bergen durchzuführen. Immer mehr Todesmeldungen erreichten zu dieser Zeit
die kleine Gemeinde: aus Russland, aus Italien, von verschiedenen
Lazaretten.[20]

Günther Doubek, geboren 1928, spürte den Krieg immer näher an
sich heranrücken. In seiner Schule erfuhr er im Februar 1943, dass
der Jahrgang 1926 zur Musterung aufgerufen worden sei. Die meisten der Gemusterten waren noch nicht einmal 17 Jahre alt. Im April
konnten sie die Notmatura machen, bei der es keine negativen Noten
gab. Dann wurden sie als »Flakhelfer« eingezogen. Durch ihren Einsatz sollte es ermöglicht werden, im Reich eingesetzte Flaksoldaten
für die Front freizumachen. In der Oberstufe von Günthers Mittelschule waren die Schülerzahlen inzwischen beträchtlich zurück-
gegangen. In den siebenten Klassen gab es insgesamt nur neun Schüler, in den sechsten Klassen nur siebzehn. Alle anderen waren zur
Flak geschickt worden. Im Herbst 1943 erhielt auch der Jahrgang
1928 die Vorladung zur Musterung. Im Unterschied zu seinen Klas-
senkollegen musste Günther allerdings vorläufig nicht einrücken.
Stattdessen ging es Anfang Januar 1944 nach Poděbrady nahe Prag.
Als HJ-Führer hatte Günther hier einen KLV-Führerkurs zu absolvie-

ren. KLV bedeutete Kinderlandverschickung. Zweck dieser aufwendigen Aktion war es, Kinder aus bombengefährdeten Großstädten in
Lagern in ländlichen Regionen unterzubringen, wo sie in Sicherheit
waren. Als Günther seinen Kurs erfolgreich abgeschlossen hatte,
stellte sich heraus, dass man seine Dienste als Lagermannschafts-
führer gar nicht benötigte. So fuhr er heim nach Wien, wo er noch
drei Monate zur Schule ging. Mitte April 1944 musste auch er einrücken.[21]

»Wir warten auf die versprochene Vergeltung«, schrieb Richard
Ruffingshofer zum Jahreswechsel 1943/44 in sein Tagebuch. Bereits
zum zweiten Mal schrieb er das. Die nicht nachlassenden ständigen
Luftangriffe der Briten empörten ihn. So forderte er energisch ein Versprechen Hitlers ein. Dieser hatte zwei Monate zuvor seinen jubelnden Anhängern in München ebendiese Vergeltung angekündigt. Es
sollte die letzte Parole Hitlers sein, die im deutschen Volk positive
Resonanz und breite Zustimmung fand.[22] Je länger der Einsatz der
Wunderwaffe und damit die Vergeltung für die Zerstörung der deutschen Städte ausblieb, umso verzagter wurden die Menschen, umso
weniger mochten sie an einen deutschen Sieg glauben, umso mehr
wandten sie sich von ihrer Führung ab.

Das Jahr 1944 verlief für Ruffingshofer verhältnismäßig ruhig, zumindest bis zur Jahresmitte. Als Beamter des höheren Postdienstes
musste er nicht in den Krieg. Dabei hatten ältere Männer als er schon
längst die Uniform anziehen müssen. Dass die Russen stetig vorrück-
ten, beunruhigte ihn. Die Besetzung Ungarns durch die Wehrmacht
Ende März 1944 veranlasste Ruffingshofer zu der Feststellung, man
habe in der ganzen Welt nichts als Feinde. Die Schuld daran liege
zum großen Teil bei den norddeutschen Verwaltungsbeamten. Überall wo diese hinkämen, würden sie durch ihr herausforderndes Wesen nichts als Widerstände und Feindschaft hervorrufen. So hätten
sie es ja sogar in der Ostmark gemacht. 6. Juni: »Die schon lange
angekündigte Invasion ist da. Vielleicht wird jetzt die Entscheidung
fallen.« Ständig stieg die Sorge um die Familie, weil Wien immer häufiger im Bombenhagel lag. Im Oktober 1944 hatte Richard Schanzarbeiten in den Beskiden (im äußersten Osten der Slowakei) zu ver-

richten. Zweck: Errichtung eines »Walls gegen die Bolschewiken«. Die Arbeit mühsam, die Gegend herrlich schön. Mitte November war er auf ein paar Tage in Klosterneuburg. Dort erfuhr er, dass sein Bruder Edi schon seit Ende August vermisst wurde. Es werde angenommen, dass er in russische Kriegsgefangenschaft geraten sei, hieß es. Immerhin. So blieb noch ein Funken Hoffnung.[23]

Am 1. März 1944 musste Steffi Johnes Vater einrücken, dabei war er schon 55 Jahre alt. »Immer elender wird alles.« 6. März: »Ein kleiner Sonnenstrahl verirrt sich doch in unser graues Dasein.« Fredl kam für ein paar Tage nach Wien. Er sollte bald mit seiner Offiziersausbildung beginnen. Stationierungsort war vorläufig Olmütz. Dort war er einstweilen sicher. Gut auch, dass sie sich nun öfter sahen. Zu Ostern verbrachten sie sechs wundervolle Tage miteinander.

Es kam die Zeit der Luftangriffe. Am 3. Juni flüchtete Steffi in einen Keller in der Nähe eines Flakturms. Die Flak feuerte so laut, dass man die Detonationen der Fliegerbomben nicht hören konnte. Steffi im leichten Sommerkleid fror fürchterlich in dem feuchtkalten Keller. 6. Juni: Invasion der Alliierten. Sie sandte ein »Dankgebet zum Himmel«, dass Fredl nicht in Frankreich war. 17. Juni: Luftalarm. 26. Juni: Luftalarm. 29. Juni: Luftalarm. 30. Juni: Luftalarm. 8. Juli: »Jetzt kommen wir bald Tag und Nacht nicht mehr zur Ruhe.« 16. Juli: Großangriff, in der Brigittenau ganze Häuserreihen niedergelegt. 20. Juli: Anschlag auf Hitler. »[Es tut mir] so leid, dass das misslungen ist.« 21. Juli: zweieinhalb Stunden im Keller. Seit Mitte Juli arbeitete Steffi im Wiener Justizpalast. Dort gefiel es ihr besser als am Amtsgericht Wolkersdorf mit all den Nazis. Im August wurde ihre Mutter wie viele andere dazu verdonnert, eine Arbeit aufzunehmen. Der Staat konnte und wollte auf niemanden mehr verzichten. Wohin man die Arme wohl stecken würde? »Heute haben wir beide wieder sehr geweint«, notierte Steffi, »weil uns dieses Leben schon so verdrießt.«

Am 21. Oktober 1944, einem sonnigen Herbsttag, heirateten Stephanie Johne und Alfred Bamer. Zuerst auf dem Standesamt. Es gab Hitlers »Mein Kampf« und ein »Familienbuch« als Geschenk. Letzteres als Ermahnung, dem »Führer« recht viele Kinder zu schenken.

Dann ging es in die Kirche, alles ganz festlich. Steffi war überglücklich, trotz der schweren Zeiten.[24]

Mignon Langnas hatte nach Jahren der Qual so etwas wie innere Ruhe gefunden. Sie war zufrieden mit ihrem Beruf als Krankenschwester. Die Kinder, die sie zu pflegen hatte, waren ihr Ein und Alles. Ihr Vater war Ende November 1943 gestorben, friedlich in seiner Wohnung, umsorgt von seiner Tochter. In den Wochen davor hatte die Deportation ins KZ Theresienstadt gedroht. So gesehen war es ein Glück, dass er aus dem Leben geschieden war, ohne diese Strapazen und Qualen noch erleben zu müssen. Sie sei nun allein – das müsse sie nicht, aber sie ziehe es vor, denn in diesem Alleinsein liege viel Ruhe und Trost, schrieb sie am 8. September 1944 an ihre Cousine Hala in die Schweiz. Und noch etwas mag unendlich tröstlich für sie gewesen sein: »Verzweifle nicht, dass Robert so krank ist; wir müssen nur Gott bitten, dass Er ihn rasch + schmerzlos erlöst. Bald erlöst – denn so ein Ende ist zu qualvoll für seine Umgebung.« Robert – der dunkle Code für das menschenfressende Ungeheuer, den Nationalsozialismus.[25]

Die Hoffnung auf ein rasches, möglichst schmerzloses Ende des nationalsozialistischen Regimes war zu dieser Zeit weit verbreitet, in Österreich wie in Deutschland. Den Glauben an einen Endsieg hatten sich nur noch die fanatischsten Nazis erhalten. Der Defätismus wuchs. Viele verfluchten nun den »Führer«, den sie vor ein paar Jahren noch in den Himmel gehoben hatten. Die im Laufe des Jahres immer massiver werdende Bombardierung österreichischer Städte hatte erkennbare Auswirkung auf die Volksstimmung. Man musste sich eingestehen, dass die amerikanischen und britischen Flieger österreichische Städte nicht verschonen würden, wie insgeheim erhofft. Diese Erkenntnis war schockierend. Sie führte zuerst zu Hassausbrüchen gegen die Alliierten und zum Wutschrei nach Vergeltung. Auf mittlere Sicht war die Folge aber, dass sich die Menschen immer mehr von der eigenen Führung abwandten, resignierend und wütend zugleich. Mit dem schier unaufhaltsamen Vordringen des Feindes im Osten und ab Juni auch im Westen sank die Moral. Unaufhaltsam.

Ein letzter Strohhalm blieb noch: die »Wunderwaffe«. Die ersten V1-Angriffe auf London kurz nach der Invasion in der Normandie führten zu einem merklichen Stimmungsaufschwung. Lange hielt die gute Stimmung jedoch nicht. Man durchschaute rasch, dass durch die neue Waffe keine Änderung eintreten würde. Kriegsmüdigkeit, Wut auf Hitler und sein Regime, Verzweiflung und Angst vor den kommenden Schrecken wurden übermächtig. Es galt nur noch eines: durchkommen, irgendwie.[26]

Josef Schöner, der Ex-Diplomat, war nach eineinhalbjährigem Wehrdienst im August 1943 im Alter von 40 Jahren mit dem Befund »av« (arbeitsverwendungsfähig) entlassen worden. Nun musste er als Zivilist in der Personalabteilung der Heeresstandortlohnstelle in Wien-Mariahilf Dienst tun. Als Hitler am 18. Oktober 1944 »alle waffenfähigen Männer im Alter von 16 bis 60 Jahren« zur Bildung des Volkssturms aufrief, freute ihn das wenig. Aber er war mit dieser Empfindung nicht allein. Das stellte er fest, als er sich bei seiner NSDAP-Ortsgruppe für den Volkssturm einzuschreiben hatte. Die Mitwartenden hätten mit düsterer Miene dagesessen, schreibt Schöner, keiner habe ein Parteiabzeichen getragen, keiner ein Wort gesprochen. »Es liegt eine Wolke von Resignation und Misstrauen im Zimmer.« Ein älterer Parteigenosse in brauner Uniform nahm seine Daten auf. Dann wurde er zum Ortsgruppenleiter gebeten, der hinter seinem Schreibtisch unter einem großen Hitlerbild saß. Höflich und liebenswürdig unterhielt er sich kurz mit Schöner. Er verabschiedete ihn mit den Worten: »Und wenn die Russen kommen, werden wir halt alle schießen.«

Für den 12. November, einen Sonntag, war die Vereidigung am Rathausplatz angesetzt. Die meisten Männer in seiner Gruppe waren älter als 50 Jahre. Sie machten einen resigniert-fatalistischen Eindruck auf ihn. Zum Teil zeigten sie offen ihre Opposition. Die kommandierenden Parteifunktionäre stießen allgemein auf Ablehnung, sosehr sie sich auch bemühten und so freundlich sie auch waren. Als einem dieser Kommandanten beim Marschieren ein Fehler unterlief, erhob sich unter den vielen anwesenden Veteranen des Ersten Weltkriegs und abgerüsteten Wehrmachtssoldaten empörtes Geschrei:

»Erst richtig kommandieren lernen, bevor man sich vorn hinstellt!«
So ging es zum Rathausplatz, wo man Aufstellung nahm. Der Lautsprecher gab immer wieder durch, dass im Glied nicht geraucht werden dürfe. Aber niemand scherte sich darum. Dann sprach Gauleiter
Schirach: »Komme, was mag, hier steht die Macht, an der der Feind
zuschanden wird. Es gibt nun kein Zurück, jetzt heißt es fechten
oder fallen!« Bei der Eidesleistung sprachen viele die Formel nicht
mit. Schon vorher verschwanden etliche aus den hinteren Reihen in
den Rathauspark. Nach dem Eid gingen die Leute erst recht scharenweise weg. Da halfen keine Appelle durch die Lautsprecher. Beim
Auszug der Fahnen waren praktisch nur noch die vorderen Reihen
anwesend. Dort standen die Politischen Leiter der NSDAP. Von
»Volkssturm« könne keine Rede sein, hieß es im Volksmund, eher
von einem »Volkslüfterl« oder »Volkshauch«.[27]

Neben den Alten traf es die Jungen. Seit Ende April 1944 war der
sechzehnjährige Günther Doubek in Fischamend nahe Wien als Luftwaffenhelfer tätig. Im Spätherbst 1944 kam er zur leichten Flak am
Flugfeld in Schwechat-Heidfeld. Dort arbeiteten Mauthausner KZ-
Häftlinge für die Heinkel-Werke. Eines Tages, als er gerade Wache
schob, sah Günther, wie ein SS-Mann zwei ausgemergelte Männer in
gestreifter Kleidung zu einem Bombentrichter führte. Er befahl ihnen, das Loch mit Erde zuzuschaufeln. Günther trug er auf, hin und
wieder einen Blick auf sie zu werfen. Günther sah den beiden Männern bei der Arbeit zu. Da schaute einer von ihnen auf, graues Haar,
graues Gesicht und klapperdürr. Günther glaubte, seinen Augen
nicht zu trauen. Er kannte den Mann. Ein Bekannter aus seiner Kindheit. »Sind Sie nicht der Herr Schapira?«, fragte er ihn halblaut. Der
antwortete: »Jawohl, Herr Offizier!« Günther: Er sei kein Offizier,
sondern Günther Doubek aus der Hustergasse in Breitensee. Schapira wiederholte, was Günther gesagt hatte, aber er schien ihn nicht
verstanden oder erkannt zu haben. Günther: Wieso er KZ-Häftling
sei? Schapira deutete auf den gelben Stern auf seiner Jacke. Günther:
»Nur weil S' ein Jud sind, sind S' im KZ?« Die beiden Häftlinge blickten sich an. Dann sagte der andere: »No, alle Juden sind im KZ – wenn
sie noch am Leben sind.« Diese Antwort warf Günther vollends aus

der Bahn. Um irgendetwas zu tun, holte er später zwei dicke Scheiben Kommissbrot aus seinem Spind. Er steckte sie den beiden Männern zu. Jeder biss einmal hastig ab und barg dann sein Stück in der Tasche. Gott werde es Günther danken, sagten sie.

Dieses Erlebnis konnte er nicht mehr vergessen. Es bedrückte ihn zutiefst. Es war nicht so, dass der HJ-Führer Günther Doubek alles kritiklos hingenommen hätte, was er sah und erlebte. Aber Negatives schob er dem Versagen Einzelner zu, nicht dem NS-System als solchem. Nun sah er auf einmal alles mit anderen Augen. Ein paar Tage später bot sich die Gelegenheit, mit dem Vater über das Erlebte zu sprechen. Leopold Doubek hörte seinem Sohn aufmerksam zu. Dann erklärte er ihm, dass die Nazis allesamt Psychopathen und Verbrecher seien. Was er über die Konzentrationslager wüsste, sei noch viel schrecklicher als das, was Günther mitbekommen habe. Er wisse es von einem früheren SS-Mann, der sich freiwillig an die Front gemeldet habe, um aus dem KZ wegzukommen. Nach einer Verletzung sei dieser SS-Mann zwar ein Invalide, aber alles sei besser als der Dienst in einem KZ. Dieser Mann habe ihm erzählt, dass Juden, die nicht mehr arbeiten könnten, zu großen Gruben getrieben und dort erschossen worden seien. Und noch schlimmer: »Angeblich soll es in einem Lager, das heißt Birkenwald oder so, einen großen Raum geben, in den die Juden hineingetrieben und mit Gas vergiftet werden.« Aus ganz Europa würden die Juden nach Polen gebracht und dort getötet. Und der Befehl dazu stamme vom »Führer« selbst. Von wegen: »Wenn das der Führer wüsste ...!« Er selbst, Leopold Doubek, sei schon zu alt, um irgendwas zu tun. Aber hin und wieder, wenn er unbeobachtet sei, male er ein »O5« an die Wand, das Zeichen des österreichischen Widerstandes. Und für ihn, seinen Sohn Günther, habe er einen dringenden Rat: »Sei vorsichtig! Red nix! Bei uns grüßen sich die Arbeiter nur mehr mit ›Bleib über!‹.«[28]

ABWENDUNG

Baldur von Schirach hatte im August 1940 sein Amt als Reichsstatthalter und Gauleiter von Groß-Wien angetreten. Man habe ihn vorab
informiert, berichtete er beim Nürnberger Prozess, dass die Wiener
zum Teil eine »unfreundliche Haltung« einnähmen, würde man sie
in der Straßenbahn mit norddeutschem Dialekt ansprechen. Überhaupt sei in Wien nach dem Anschluss eine »große Ernüchterung«
eingetreten. Viele Neuerungen hätten sich als nicht zweckmäßig herausgestellt und seien abgelehnt worden.[29] Zweieinhalb Jahre später
war die Stimmung nicht besser geworden. Als der schwedische Journalist Arvid Fredborg Anfang 1943 nach Wien kam, war er über eines
besonders erstaunt: über die offene Feindseligkeit gegenüber Deutschen. Diese Feindschaft habe sich durch die »ganze österreichische
Gesellschaft« gezogen, »von oben bis unten«. Die Mehrheit der Österreicher habe für immer mit dem Anschluss gebrochen. Amerikanische Berichte aus dieser Zeit ergeben ein ähnliches Bild: Allgemein
herrsche Ernüchterung über das Regime, die Wiener hätten die Nase
voll. 1938 sei alles zu den Nazis gelaufen, 1943 würde man sich allmählich distanzieren. Nichts als Krieg, Leid und Verderben habe der
Nationalsozialismus gebracht. Von organisiertem Widerstand könne
allerdings keine Rede sein.[30]

Eine ressentimentgeladene Abneigung gegen alles Deutsche nördlich der Mainlinie war seit jeher die Kehrseite der österreichischen
Sehnsucht nach dem Anschluss. Die Bezeichnung »Piefke« steht für
alles, was durchschnittliche Österreicher an Preußen und generell
an allen Norddeutschen verabscheuten: deren angeblich herrisches,
nassforsches Auftreten, die ihnen zugeschriebene Überheblichkeit
und Zackigkeit, der Kasernenhofton im alltäglichen Umgang. Bald
nach dem Ende der Anschluss-Euphorie von 1938 erlebten der
»Piefke« und die unverblümt geäußerte Abneigung gegen alles Nord-
deutsche eine wahre Renaissance. Nehmen wir Steffi Johne. Einer
ihrer Professoren war ein »Piefke«, trotzdem »ganz nett«. Dass sich
ihr Ex-Freund Pepo mit einer »Piefkeneserin« verlobte, konnte sie

angesichts seiner sonstigen Charakterschwächen nicht weiter verwundern. Bekannte aus Deutschland, die sich im Sommer 1942 von
der Familie Johne bewirten ließen, obwohl sie selbst heimlich Lebensmittel dabeihatten, bedachte Steffi mit einem vernichtenden
Urteil: »Ja, die Piefke!« An ihrer Arbeitsstelle im Fernamt registrierte
Steffi, dass »die Deutschen« nach Luftangriffen auf ihre Heimatstädte hektisch drauflostelefonierten, um Näheres zu erfahren. Wörtlich: »Verzweifelte Anrufe – die einen hastig, weinend und entsetzt,
die anderen resignierend und mutlos. (...) Sie sind sicher arm und
bedauernswert, aber nun wird ihnen doch ihr großes Maul gestopft –
denn sie haben es noch immer.«[31]

Dolfi Schumanns Chef bei der Bank der deutschen Luftfahrt
stammte aus Hamburg. Wenn er etwas auf Lebensmittelkarte zu
besorgen hatte, erledigte Dolfi das für ihn. Denn: »Geld spielte für
Herrn Struck keine Rolle, aber wenn er mit seiner norddeutschen
Aussprache in ein Geschäft kam, gab man ihm nicht einmal mehr,
was ihm auf der Karte zustand.« Und bei einem Aufenthalt in Berlin
fühlte sie sich beschämt von der Freundlichkeit und Hilfsbereitschaft der Berliner, wenn man beispielsweise nach dem Weg fragte.
In Wien würden Deutsche meist absichtlich in die falsche Richtung
geschickt.[32]

Ein bevorzugter Kampfplatz ostmärkisch-altreichsdeutscher Animositäten und Ressentiments war das Fußballstadion. Das »Anschluss-
Spiel« vom 3. April 1938 im Wiener Praterstadion war noch harmonisch verlaufen. Vermutlich hatte es Anweisungen gegeben, grobe
Fouls zu vermeiden. Die Ostmärker, bei denen die Stars des einstigen
»Wunderteams« den Ton angaben, siegten 2:0.[33] Bei späteren Spielen
kochten auf dem Spielfeld und den Tribünen regelmäßig die Emotionen hoch. Ärger über angebliche oder tatsächliche Ungerechtigkeiten auf dem Feld äußerten sich in Wutausbrüchen der Zuschauer,
die eine durchaus politische Note bekommen konnten. Es hieß, die
Mannschaften aus der Ostmark würden systematisch benachteiligt –
durch parteiische Schiedsrichter oder dadurch, dass Schlüsselspieler
von Wiener Mannschaften vor einem wichtigen Match gegen ein
Team aus dem Altreich zur Wehrmacht einberufen wurden. Derar

tige Publikumsexzesse hatten, berichtete der Höhere SS- und Polizeiführer Donau Ernst Kaltenbrunner nach Berlin, klar erkennbare »Ös-
terreich-Tendenzen«.[34]

Für den 17. November 1940 war Günther Doubek von seinem Onkel Fritz zum Spiel Admira Wien gegen Schalke 04 eingeladen worden. Bereits in der Straßenbahn lieferten sich Reichsdeutsche und
Wiener Wortgeplänkel. Am Eingang ein Handgemenge. Das Praterstadion war randvoll gefüllt, die Atmosphäre geladen, geradezu ex-
plosiv. Als die Teams aufs Feld liefen, hob ein gewaltiges minutenlan-
ges Gebrüll an. Bereits in den ersten Minuten gab es krasse Fehlent-
scheidungen des Schiedsrichters, eines Herrn aus Dresden. Gellende
Pfiffe und Wutgeschrei. Fritz schrie in maßlosem Zorn: »Schauts
euch das an, der ist ja beauftragt! Die Admira darf gegen die Piefke-
Parademannschaft net g'winnen.« Ein Nachbar: »Sei ruhig, sonst
kriegst Scherereien!« Je länger das Spiel dauerte, desto mehr steigerte sich die Unruhe. Handgemenge und Schlägereien im Publikum.
Einzelne Rufe: »Hauts die Piefke, hauts es!« Bald wurden regelrechte
Sprechchöre daraus. Manche schrien dazwischen: »Österreich, Österreich!«

Günther sah vom obersten Rang, wie sich unter ihm ein unbeschreibliches Chaos ausbreitete. Überall wurde gebrüllt und gerauft.
Zivilisten, Soldaten und Polizisten gingen aufeinander los. Vor dem
Stadion dasselbe Chaos, Wehrmachtsautos wurden umgeworfen,
dem Mannschaftsbus von Schalke die Scheiben eingeschlagen, Poli-
zeiautos die Reifen aufgestochen. Das geschah auch mit dem Auto
des Gauleiters Schirach. Das Spiel endete 1:1. Admira hätte den Sieg
verdient gehabt, schrieben die Blätter. Zwei reguläre Treffer seien
aberkannt worden. Man kam nicht umhin, die Ausschreitungen ta-
delnd zu kommentieren. Innerhalb des Regimes war die Aufregung
groß. Ein Fußballspiel sei zu einer politischen Kundgebung missbraucht worden, hieß es.[35]

Lässt die weitverbreitete Abneigung gegen Reichsdeutsche, die im
Laufe der NS-Herrschaft hervortrag, auf ein langsam erwachendes
Österreich-Bewusstsein schließen? Zum Teil. Ab welchem Zeitpunkt,
zu welchem Anlass und in welchem Ausmaß die Ausformung einer

derartigen Bewusstseinsbildung eingesetzt haben könnte, ist schwer zu beantworten. Hinweise geben Tagebücher und Briefe, in geringerem Maße auch die Stimmungsberichte der Gestapo und des SD.[36] Im Tagebuch Richard Ruffingshofers zum Beispiel lässt sich ein entsprechender langsamer Bewusstseinswandel verfolgen. Als Deutschnationaler und Krypto-Nazi hatte er den Anschluss 1938 vorbehaltlos bejubelt. Aber mit den Jahren, insbesondere mit dem Eskalieren der Kriegssituation, wuchs seine Skepsis. Schließlich wurde eine unbestimmte, nostalgisch gefärbte Österreich-Sehnsucht geradezu übermächtig in ihm. Diese geistige Neuorientierung setzte 1939 ein, als er zu seinem Leidwesen von der geliebten Heimat ins ferne Hessen versetzt wurde. Besonders deutlich wird der Wandel ab 1940. Ruffingshofer musste die Luftangriffe auf Kassel miterleben und erleiden. Liebend gerne wäre er nach Hause zurückgekehrt. Im Tagebuch finden sich zu allen möglichen Gelegenheiten spitze Nebenbemerkungen wie:»Viel Lärm um nichts, wie so oft bei ›Preußens‹.«

Stalingrad stellte den endgültigen Wendepunkt dar, auch bei ihm. Immer kritischer äußerte er sich danach über das NS-Regime. Bei einem Wien-Aufenthalt im März 1943 besuchte Ruffingshofer die Kapuzinergruft, die Begräbnisstätte der österreichischen Kaiser. Nachdenklich habe ihn das gemacht. Ob etwa das »Tu felix Austria nube« der Habsburger schlechte Politik gewesen sei? (Unausgesprochen schwingt mit, dass sie zumindest besser war als die der Nazis.) In Klosterneuburg traf er einen alten Bekannten, ebenfalls auf Heimaturlaub:»Es geht ihm auch wie allen Ostmärkern im Altreich: Das gute alte Österreich gewinnt beim Vergleichen immer mehr.« Und nach dem Besuch eines nostalgischen Paula-Wessely-Films an seinem Dienstort Aussig ein wehmütiger Stoßseufzer:»Wieder einmal altes Österreich!«

Im Dunkel des Kinosaals wagten viele Menschen, ihre wiedererwachte Österreich-Liebe zu bekunden. Steffi Johne stellte sich sechs Stunden lang an, um Karten für den Film »Schrammeln« zu ergattern, einen typischen Wien-Film rund um die Wiener Volksmusik der Gebrüder Schrammel. Hauptrollen: Hans Moser und Paul Hörbiger. Steffi hatte gehört, dass der Film die Leute regelrecht zum Weinen

brachte und hin und wieder der Ruf »Heil Österreich!« am Schluss zu
hören war. Günther Doubek, der den Film gemeinsam mit seiner
Mutter sah, erinnerte sich besonders gut an eine Szene, in der die
Schrammeln vor Alt-Wiener Kulisse ein beliebtes Wienerlied zum
Besten geben: »Wer no in Wien net woar und Linz net kennt …«
Der Funke sprang über, die Zuschauer sangen das bekannte Lied
mit. Statt der von der Reichsfilmkammer neu formulierten Schluss-
strophe »hat kan Begriff davon, wie schön's do is'!« sangen die Leute
die ursprüngliche Version »hat kan Begriff davon, was Öst'reich is'!«.
Und als schließlich die Sängerin im Film das Publikum zum Mit-
singen aufforderte, schmetterten die Kinogänger den Refrain in-
brünstig wie eine Hymne. Kaum war die Szene zu Ende, wurde der
Film unterbrochen, das Licht ging an. Der Kinobesitzer trat in den
Saal: Er ersuche das verehrte Publikum dringend, während der Vorstellung nicht mitzusingen. Sonst müsse er umgehend die Polizei
holen. Das sei ihm von den Behörden ausdrücklich aufgetragen worden. »Also machen S' mir bitte keine Scherereien, meine Herrschaf-
ten!«[37]

Bei Richard Ruffingshofer, der 1938 wie Hunderttausende andere
aus der Kirche ausgetreten war, lässt sich ab 1941/42 eine langsame
Rückkehr erkennen. Spätestens ab 1943, als er im Stift Klosterneuburg die Auferstehungsfeier miterlebte, kann man ihn als in den
Schoß der »Mutter Kirche« zurückgekehrt bezeichnen. Ruffingshofers wiederentdeckter Katholizismus verband sich mit seinem neu
aufgekeimten konservativen Österreich-Bewusstsein. Ende November 1944 schrieb er, dass Deutschland nach diesem Krieg wohl aussehen werde wie 1648. Ob das wirklich notwendig gewesen sei?
Merkwürdig sei, dass nun alle Menschen angesichts der sich stetig
steigernden Grausamkeit des Krieges einen Ausgleich in geistigen
Dingen suchten. »Vielleicht werden die Welt und die Menschen tiefer
und inniger werden, ›österreichischer‹, nachdem die preußischen
Methoden und Auffassungen uns an den Rand des Abgrundes gebracht haben.«[38]

Nach Stalingrad war eine sukzessive Abwendung breiter Teile der
Bevölkerung vom Nationalsozialismus im gesamten Deutschen Reich

unbestreitbar. So gut wie alle zur Verfügung stehenden Quellen und einschlägigen Untersuchungen belegen es.[39] Ob die Alpen- und Donaureichsgaue in dieser Hinsicht eine Sonderstellung einnahmen? Ob ausgerechnet hier, wo man wenige Jahre zuvor Hitler so besonders hysterisch zugejubelt hatte, der Führermythos besonders schnell verfiel? Der US-amerikanische Historiker Evan Burr Bukey meint, dass die Stimmung der Österreicher nicht signifikant vom allgemeinen Meinungsklima im Deutschen Reich abgewichen sei.[40]

Unbestreitbar ist, dass sich mit der langsamen, dann sich immer mehr beschleunigenden inneren Abkehr vom Nationalsozialismus ein neues, geläutertes Österreich-Bewusstsein durchzusetzen begann. Eine breite österreichische Widerstandsbewegung erwuchs daraus nicht. Ernsthafte Akte der Resistenz blieben bis in die letzten Tage des Krieges auf mutige Einzelpersonen oder kleine, entschlossene Gruppen beschränkt. Nie wurde dadurch der Fortbestand des Regimes in Frage gestellt. Der Rat, den Leopold Doubek Ende 1944 seinem Sohn Günther erteilte, mag die Haltung breiter Teile der österreichischen Bevölkerung widergespiegelt haben. Widerstand ist gefährlich, man ist lieber vorsichtig, hält den Mund und sieht zu, dass man überlebt.

LUFTKRIEG

Abgesehen von einer kleinen Ausnahme während des Krieges gegen Jugoslawien 1941, gab es bis Mitte 1943 keinerlei Luftangriffe auf österreichisches Gebiet.[41] Zu groß waren für die Alliierten die Entfernungen, zu gefährlich der lange Anflug über Reichsgebiet. Die Ostmark galt als »Reichsluftschutzkeller«. Erste Erfahrungen mit dem Luftkrieg und seinen Folgen machten deren Bewohner in Form der Einquartierung von Bombengeschädigten. Bestimmte ostmärkische »Aufnahmegaue« bekamen bestimmte reichsdeutsche Großstädte und industrielle Zentren zugewiesen. Die Verantwortlichen dieser Gaue mussten Platz für Menschen schaffen, die durch Bombenschäden ihre Wohnungen verloren hatten. Die Erfahrungen, die Quartier-

geber und -nehmer miteinander machten, waren nicht immer gut.
»Volksgenossen« aus norddeutschen Großstädten kamen in agrarisch
geprägte alpine Gebiete. Höchst unterschiedliche Lebenswelten prall-
ten aufeinander. Und das lief nicht immer ohne Spannungen ab.
Äußerst unangenehm für die regionalen NS-Machthaber waren die
Erzählungen, die die Ausgebombten über ihre persönlichen Erleb-
nisse verbreiteten. Erzählungen aus erster Hand über die grauen-
hafte Wirklichkeit des Luftkriegs, wie man sie in den nördlichen,
westlichen und zentralen Teilen des Deutschen Reichs schon lange
kannte. Derartige Horrorgeschichten sprachen sich schnell herum,
sie wurden bei jeder Gelegenheit im Flüsterton weitererzählt. Und
damit kam die Angst. Kam die Panik vor dem, was geschehen würde,
wenn die alliierten Bomber auch in die Ostmark einfliegen würden.
Viele Ostmärker glaubten – wohl, weil sie es unbedingt glauben wollten –, dass die Alliierten die österreichischen Gebiete bewusst verschonen würden. Mitte März 1943 erzählte man sich, Otto von Habsburg, der Sohn des letzten Kaisers, habe im Radio gesagt: »Vor der
Hungersnot kann ich euch zwar nicht bewahren, aber vor den Bomben!«[42]
Als Briten und Amerikaner im Sommer 1943 in Italien landeten,
war selbst den nachlässigsten NS-Führern klar, dass nun eine zweite
Luftfront entstehen würde. Nach dem Anschluss waren in der Ostmark neue, kriegswichtige Industrien aus dem Boden gestampft worden. Und während des Krieges hatte man bedeutsame Produktionen
großer Betriebe hierher verlagert. Unweigerlich mussten diese Rüs-
tungsagglomerationen die alliierten Flieger anziehen. Daher setzten
allenthalben hektische Luftschutzaktivitäten ein. In Wien hatte man
schon Ende 1942 mit dem Bau der ersten Flaktürme begonnen –
graue Monster aus meterdickem Stahlbeton, die als Plattform für
Flugabwehrgeschütze und zugleich als Hochbunker dienen sollten.[43]
Günther Doubek erinnert sich an regelmäßige Luftschutzkurse in
der Schule. Immer öfter gab es nun Luftschutzübungen. Jedes Haus
musste einen Luftschutzwart bestimmen, der über Wasser- und Gasleitungen, über Notausstiege und Kellerdurchbrüche in Nachbarhäu-
ser Bescheid wusste. In vielen Parks wurden Löschteiche angelegt.

Notausgänge an den Häusern markierte man mit den Buchstaben
»NA« und Zugänge zu angeblich bombensicheren Kellern mit »LSR«
(Luftschutzraum). Mit Galgenhumor deuteten die Wiener diese Kür-
zel um: NA zu »Nicht ausgraben!« und LSR zu »Lasst sie ruhen!«.[44]
Erstes Ziel der Alliierten war es, die absolute Lufthoheit zu erringen. Folgerichtig wandte sich ihr Augenmerk den Zentren der deutschen Luftrüstung zu. Ab Sommer 1943 sollten diese gezielt aus zwei
Richtungen attackiert werden. Die Amerikaner verlegten einen Teil
ihrer Luftstreitkräfte in den Mittelmeerraum. Und weil es die deutschen Jägerverbände waren, die den Amerikanern bei ihren Angriffen immer wieder große Verluste zufügten, lag es nahe, die wichtigste Produktionsstätte von Jagdbombern im Deutschen Reich zuerst zu zerstören. Diese lag rund fünfzig Kilometer südlich von Wien:
die Industriestadt Wiener Neustadt.[45]

Am Freitag, dem 13. August 1943, zwischen 6.10 und 6.40 Uhr mit-
teleuropäischer Zeit, starteten insgesamt 101 Flugzeuge der 9. U.S.
Army Air Force in Bengasi, Libyen, Richtung Norden. Die zum Einsatz gelangenden B-24-Bomber trugen den schönen Beinamen »Libe-
rator«. Das Briefing, das eine Stunde vor dem Start stattgefunden
hatte, war beruhigend verlaufen. Die Flugabwehr im Zielgebiet
würde voraussichtlich gering sein. Aber dieselbe Zuversicht hatte
man zwei Wochen zuvor, beim Angriff auf die Erdölfelder und Raffinerien in Ploiești, Rumänien, ebenfalls gezeigt. Dort war es allerdings zu schweren, verlustreichen Kämpfen gekommen. Eine Reihe
der damals beschädigten Maschinen erwiesen sich nun trotz Repara-
tur als fehleranfällig. Siebzehn Liberators mussten nach kurzem
Flug über dem Mittelmeer umkehren. Die verbleibenden 84 Maschinen formierten sich zu zwei Angriffswellen. Die »Combat Wave A«
bestand aus drei, die »Combat Wave B« aus zwei Bombergruppen. Be-
stückt waren die Maschinen wahlweise mit vier Bomben zu je 500 Kilogramm oder acht Bomben zu je 250 Kilogramm. Die schweren
Bomben sollten die Betondecken der anzugreifenden Gebäude auf-
reißen, die nachfolgend abzuwerfenden leichten Bomben und weitere Brandbombenbehälter im Inneren Brände auslösen.

Die Bomberstaffeln, die das Mittelmeer in einer Höhe von 650 bis

1300 Metern überquerten, streiften den Absatz des italienischen Stiefels und gingen dann Richtung Kroatien in Steigflug über. Von dort flogen sie weiter zum Plattensee. An dessen Westende vollzogen die Maschinen eine Wende nach Nordost in Richtung Sopron. Flughöhe: sechstausend Meter. Die Sicht über dem Wiener Becken war verhältnismäßig gut. Wiener Neustadt mit seinen Flugzeugwerken I und II lag rund dreißig Kilometer entfernt. Um 13.52 Uhr erreichte die erste Bomb Group Wiener Neustadt.

Josefine Jaksche hatte von ihrem Arbeitsplatz in der Halle 43 des Wiener Neustädter Flugzeugwerks I (WNF I) einen schönen Blick auf die beiden Türme des Doms von Wiener Neustadt. Plötzlich sah sie unmittelbar über den Türmen ein helles Feuer, als hätte jemand eine Wunderkerze entzündet. Sie war nicht die Einzige, die das Phänomen bemerkte, auch andere standen am Fenster und blickten Richtung Himmel. Plötzlich verstand der Werkmeister, was vor sich ging. Er schrie:»Heute kommen wir dran! Rüber zu den Garderoben!« Weil diese etwas tiefer lagen, erhoffte er sich dort mehr Schutz als in der Halle. In diesem Moment krachte es ohrenbetäubend. Der Boden bebte. Alle Blicke richteten sich angstvoll zur Decke.

Helene Luckingers Eltern betrieben eine kleine Landwirtschaft nahe dem Flugfeldviertel und dem WNF. Helene, die vor kurzem ein Kind zur Welt gebracht hatte, ihre Eltern, ein polnischer Zwangsarbeiter und ein hilfreicher Nachbar waren gerade mit dem Dreschen des eingebrachten Weizens beschäftigt. Ein auffällig anschwellendes Brummen wurde vernehmbar. Derlei waren sie gewöhnt. Als aber Sirenen ertönten, blickten sie irritiert auf und vermuteten einen Probealarm. Auf einmal gab es ohrenbetäubende Explosionen. Kurz dachten sie an ein Probeschießen der Flak. Aber der Vater drängte dazu, im Kartoffelkeller Schutz zu suchen. Er hatte dort unlängst anstelle der Holzdecke eine solide Betondecke eingezogen. Zum Glück. Die Familie lief zum Keller. Der Nachbar rief ihnen nach, er wolle vorläufig im Freien abwarten, was geschehen würde. Helene, das Kind in den Armen, stieg in den Keller hinunter. In diesem Moment: ein unsagbar lautes Krachen, ein heftiger Stoß. Sie flog die Treppe hinunter, gegen die gegenüberliegende Wand, presste ihr Kind schützend an sich. Die Wände erzitterten, Staub rieselte von der Decke. Dann verharrten sie ängstlich zusammengeduckt. Horchten zitternd auf die Detonationen, eine nach der anderen, immer wieder.

Unbehelligt von Fliegerabwehrkanonen oder Jagdflugzeugen warfen die 19 Liberators der ersten Gruppe zwischen 13.56 und 14.01 Uhr insgesamt 74 Stück 500-Kilogramm-Bomben ab. Die nächste Gruppe, bestehend aus 14 Maschinen, entlud zwischen 13.58 und 14.00 Uhr 97 Stück Bomben à 250 Kilogramm und 25 Stück Brandbombenbehälter à 50 Kilogramm über den Flugzeugwerken. Nun begann auch die Flak zu arbeiten, mäßig erfolgreich. Immerhin, ein B-24-Bomber der zweiten Gruppe wurde getroffen. Zwei der vier Motoren fielen aus. Der Pilot fasste den Entschluss, sich und seine Leute in der Schweiz in Sicherheit zu bringen. Tatsächlich gelang es ihm, sich im Tiefflug durch die Alpentäler zu schmuggeln. Als er an einen großen See gelangte (vermutlich den Bodensee), legte er eine Bruchlandung mit eingezogenem Fahrwerk hin. Anschließend steckte die Mannschaft die Maschine in Brand. Sie hatten es tatsächlich in die Schweiz geschafft. Die dritte Gruppe der Welle A, bestehend aus 22 Bombern, fand wegen aufziehender Wolken das Ziel vorerst nicht und flog darüber hinweg. Bei Bad Vöslau drehte die Staffel um und nahm erneut Kurs auf Wiener Neustadt.

Gerade als die Gruppen eins und zwei der Welle A ihren Angriff beendet hatten, traf die erste Gruppe der Welle B über ihrem Ziel ein, dem WNF II. Sie bestand aus nur zehn Flugzeugen. Diese warfen zwischen 14.00 und 14.03 Uhr 36 Stück schwere und 8 Stück leichte Bomben ab. Die zweite Gruppe, bestehend aus 19 Liberators, war schon beim Anflug auf Sopron auf eine dichte Wolkendecke gestoßen. Aus diesem Grund ging sie rund 150 Kilometer südlich von Wiener Neustadt wieder auf Kurs Richtung Adria. Dafür erreichte nun die zuvor fehlgegangene dritte Gruppe der Welle A das WNF I. Zwischen 14.10 und 14.12 Uhr luden die 22 Maschinen insgesamt 151 Bomben à 500 Kilogramm ab. Erstmals erschienen auch deutsche Jagdflieger am Himmel, vier Messerschmitt Bf 109. Einer der B-24-Bomber wurde durch einen Treffer leicht beschädigt, das war alles.

Als nach endlos scheinenden bangen Minuten die Erschütterungen und Detonationen endlich vorbei waren, verließen die Menschen die Garderobe der Halle 43. Draußen herrschte unbeschreibliches Chaos. Rauch verdunkelte den Himmel. Unter einer abgestellten Messerschmitt sah Josefine Jaksche einen toten Mann liegen. Sie kannte ihn. Vermutlich hatte ein Bombensplitter oder der Luftdruck einer explodierenden Bombe ihn getötet. Fast belustigt registrierte Josefine, dass er keine Schuhe anhatte. Offensichtlich hatte irgendwer die günstige Gelegenheit genutzt, um an neues Schuhwerk zu gelangen. Alles drängte zum Ausgang. Viele Werksangehörige wohnten in Orten der Umgebung. Sie strömten zum Bahnhof, um so rasch als möglich nach Hause zu fahren. Unterwegs kamen ihnen Massen von Stadtbewohnern entgegen. Viele hatten Säcke voll Wäsche und Koffer dabei, die Kinder an der Hand oder am Arm. In Panik drängten auch sie zu den Zügen, um die Flucht aus der Stadt zu ergreifen. Sie befürchteten einen weiteren Angriff während der Nacht.

Lange saßen Helene Luckinger und ihr Kleinkind, ihre Eltern und der polnische Arbeiter im Kartoffelkeller. Ein Passant mit Verletzungen am Kopf hatte sich ebenfalls zu ihnen geflüchtet. Als alles ruhig war, krochen sie ins Freie. Was sie zu sehen bekamen, übertraf ihre schlimmsten Befürchtungen. Der Stall hatte einen Volltreffer abbekommen. Die beiden Kühe lagen zerfetzt in der angrenzenden Wiese. Doch wundersamerweise lebten die beiden Pferde. Vermutlich hatten sie sich schon vor dem Einschlag in Panik losgerissen und waren nach draußen gerannt. Das Dach des Wohnhauses war durch den Luftdruck abgedeckt worden. Überall im Garten lagen kaputte Dachziegel herum. Und der Nachbar, der bei der Arbeit ausgeholfen hatte, wo war er? Nach einigem Suchen fand man ihn, rund hundert Meter entfernt. Tot. Die Detonation hatte ihn durch die Luft geschleudert und zerfetzt.

65 amerikanische Bomber hatten innerhalb von 20 Minuten 380 Bomben abgeworfen. Die Gesamtlast betrug 120 Tonnen. Die Schäden an den beiden Flugzeugwerken, an den Raxwerken und anderen Betrieben waren beträchtlich. 30 fabrikneue Messerschmitt-Maschinen wurden gänzlich zerstört, 32 weitere erheblich und 49 leicht beschädigt. 93 Arbeiter der WNF und 26 Arbeiter der Raxwerke

starben. Alle außerhalb der Luftschutzräume. Der Alarm war viel zu spät ausgelöst worden. In anderen Werken und in der Stadt selbst kamen 14 Menschen ums Leben. Ein Barackenlager französischer Zwangsarbeiter wurde ebenfalls getroffen: 26 Tote. Am Fliegerhorst starb ein Soldat durch den Luftdruck einer detonierenden Bombe.[46]

Bei diesem Angriff handelte es sich um den ersten Einflug von Feindbombern in den Süden des Reiches. Obwohl man erwarten konnte, dass Wiener Neustadt das Primärziel eines solchen zu erwartenden Angriffs sein würde, hatte die Flugabwehr schmählich versagt. Das Führerhauptquartier entsandte den stellvertretenden Gauleiter von Niederdonau, Karl Gerland, nach Wiener Neustadt, um die Stimmung in der Bevölkerung auszuloten. Er berichtete von Schock, von Angst, von Panik, von Abwanderungstendenzen. Es gebe starke Hassgefühle gegen die Angreifer. Am stärksten werde aber über die nicht ausreichende Abwehr geklagt. In den Tagen und Wochen nach dem Angriff habe eine unerträgliche Spannung in der Luft gelegen, erinnert sich Josefine Jaksche. Alles habe nur darüber gesprochen, wann die Flieger wieder zurückkehren würden. Dass im Werk nun hektisch damit begonnen worden sei, Bunker zu bauen, habe nicht eben zur Beruhigung der Belegschaft beigetragen.

Mehrmals wurde in den folgenden Tagen irrtümlich Luftalarm ausgelöst. Jedes Mal flüchteten die Menschen aus der Stadt oder drängten sich panisch in die Luftschutzkeller und Splitterschutzgräben. Viele zogen, wenn sie konnten, zu Verwandten oder Bekannten in ländlichen Regionen. Nur weg aus dieser Stadt mit ihren großen Rüstungs- und Industriebetrieben.

Die Sorgen der Wiener Neustädter sollten sich als nur zu berechtigt erweisen. Der nächste, noch schwerere Angriff traf die Stadt am 1. Oktober 1943. Am 2. November wurden nicht weniger als 659 Bomben mit einem Gesamtgewicht von 329,5 Tonnen abgeworfen. Die Fertigung von Jagdmaschinen in Wiener Neustadt brach deutlich ein. Im April und Mai 1944 bombardierte die U.S. Air Force die Flugzeugwerke und weitere Luftfahrt- und Industrieeinrichtungen noch fünfmal. Am 10. Mai etwa griffen rund 400 Bomber die Stadt an. Das Gesamtgewicht der abgeworfenen Bomben betrug allein an diesem

Tag knapp über 1000 Tonnen. Ab Ende Dezember 1944 attackierten
Bomber und Tiefflieger hauptsächlich Bahnanlagen und andere
Bodenziele. Der Historiker Markus Reisner registrierte insgesamt
29 Angriffe auf Wiener Neustadt. Das Gesamtgewicht der abgelade-
nen Bomben gibt er mit exakt 5969,4 Tonnen an. Die Gesamtzahl der
Toten in der Stadt betrug ungefähr 900, ebenso viele Menschen
kamen bei den Kämpfen in der Luft ums Leben. Von insgesamt 4178
baulichen Objekten in der Stadt blieben nur 18 gänzlich unbeschä-
digt. Wiener Neustadt zählt zu den zehn im Zweiten Weltkrieg am
schwersten getroffenen Städten.[47]

Die Bewohner der Alpen- und Donaureichsgaue hofften von Mitte
1943 bis Mitte 1944 trotzdem hartnäckig, als Österreicher vom Luftkrieg verschont zu bleiben. Man könnte auch sagen: Sie klammerten
sich verzweifelt an diese Hoffnung. Vielleicht mochte es den einen
oder anderen Rüstungsbetrieb treffen, vielleicht den einen oder anderen Fehlabwurf geben. Aber im Großen und Ganzen würde nicht
viel passieren. Die Moskauer Deklaration der Alliierten, die Anfang
November 1943 bekannt wurde, nährte die Hoffnungen auf Schonung zusätzlich.[48]

Tatsächlich passierte bis auf Wiener Neustadt im Herbst 1943 wenig. Schlimm traf es allerdings den Gau Tirol-Vorarlberg. Die Lage an
der strategisch überaus wichtigen Brennerstrecke prädestinierte die
Gauhauptstadt Innsbruck geradezu, zum Ziel amerikanischer Luftangriffe zu werden. Anfang November war die 15. US-Luftflotte aufgestellt worden. Sie hatte die Aufgabe, strategische Ziele in Österreich, Ungarn und Süddeutschland anzugreifen. Ihre Flugplätze
lagen im Raum von Foggia in Süditalien. Am 15. Dezember 1943 steuerten 48 Bomber vom Typ B-17 (»Flying Fortress«) Innsbruck an.
Eskortiert wurden sie von 39 Begleitjägern. Den Angreifern ging es
darum, die deutschen Nachschubwege an die italienische Front zu
stören. An diesem Tag versagte das deutsche Vorwarnsystem total.
Zwischen Fliegeralarm und Angriff lagen nur zwei bis maximal zehn
Minuten. Für die meisten Menschen viel zu kurz, um sich in Sicherheit zu bringen. Von 12.40 bis 12.46 Uhr warfen die B-17-Maschinen
rund 300 Sprengbomben ab. Der Angriff galt den Innsbrucker Bahn-

anlagen. Hauptsächlich getroffen wurden aber Wohngebiete. Die
Bilanz war verheerend: 269 Tote, 1627 Obdachlose, 45 komplett zerstörte und 295 beschädigte Häuser. Die Bahnanlagen hatte es schwer
erwischt, trotzdem konnte der Zugverkehr schon am Abend wiederaufgenommen werden.

Bereits am 19. Dezember folgte der nächste Angriff. Diesmal war
die Vorwarnung rechtzeitig erfolgt, deshalb war die Zahl der Todesopfer wesentlich geringer, sie lag bei 70. Über Innsbruck entwickelte
sich an diesem Tag ein regelrechter Luftkampf. Deutsche Jäger schossen fünf amerikanische Flieger ab, mussten aber ihrerseits hohe
Verluste hinnehmen. Die beiden Luftangriffe führten zu einer regelrechten Massenflucht aus der Stadt. Viele Innsbrucker zogen zu Verwandten und Bekannten aufs Land oder wurden behördlich umquar-
tiert. Die Kinder ab der vierten Volksschulklasse kamen im Zuge der
»erweiterten Kinderlandverschickung« in sichere Landgemeinden.[49]

Ende 1943 reduzierten die Amerikaner die Einflüge ins Deutsche
Reich deutlich. Es galt, sich zu regenerieren und Nachschub heran-
zuholen. Das gelang schnell, denn die Rüstungsproduktion der USA
lief auf Hochtouren. Waren im Herbst 1943 pro Angriffstag durchschnittlich 300 Bomber und 200 Begleitjäger zum Einsatz gekommen, sollten es im Frühjahr 1944 schon 1000 Bomber und 900 Jäger
sein. Zwar gelang es den Deutschen unter größten Mühen, die Zahl
ihrer Jäger von 200 auf 300 zu heben. Aber was war das gegen die
Übermacht der U.S. Air Force?[50]

Die traditionsreiche Industriestadt Steyr in Oberdonau war aus
zwei Gründen von ganz speziellem Interesse: erstens wegen des
Wälzlagerwerkes, eines der größten im Deutschen Reich, zweitens
wegen der Flugmotorenfertigung für die Messerschmitt-Maschinen.
Am 23. Februar, kurz nach Mittag, attackierten 102 B-24-Bomber das
Wälzlagerwerk. Am nächsten Tag, wieder gegen Mittag, waren es
87 B-17-Bomber, die das Wälzlager- und das Flugmotorenwerk an-
visierten. Rund 1900 Sprengbomben zu je 250 Kilogramm warfen
die Amerikaner an diesen beiden Tagen auf Steyr. Und am Abend des
24. Februar kam schließlich die Royal Air Force über die Stadt und
lud die vergleichsweise bescheidene Menge von rund drei Tonnen an

Bomben ab. Am 2. April 1944 erlitt das Wälzlagerwerk so schwere
Zerstörungen, dass die Produktion in Steyr eingestellt werden
musste.[51]

Ein logisches Ziel war Linz mit seinem riesigen Industriekomplex
(Hütte Linz, Eisenwerk, Stickstoffwerk). Der erste große Angriff
fand am 25. Juli 1944 statt. Franciska Berger war zu dieser Zeit als
Direktionssekretärin in den Hermann-Göring-Werken beschäftigt.
Die Reaktion auf das Heulen der Sirenen sei »geradezu grotesk«
gewesen, schreibt sie. »Es war, als hätte der Herzschlag der Welt ausgesetzt. Jäh verstummte das ewige Dröhnen und Hämmern der
Maschinen in den Hallen; die Rollwagen blieben mit einem Aufkrei-
schen mitten in der Fahrbahn stehen, und alles hastete zu den Aus-
gängen, um die Keller und Bunker aufzusuchen.« Franciska und ihre
Freundin Erika hatten den Felsenkeller gewählt. Er lag ungefähr
zehn Minuten entfernt und galt als sicherster Zufluchtsort der Stadt.
Ein langer Stollen, eng und feucht. Ein grauenvoller Unterschlupf,
noch dazu für jemanden, der wie Franciska unter Klaustrophobie
litt. Von allen Seiten kamen die Menschen, alles drängte hinein. Franciska stand hinter einem grauhaarigen Arbeiter. Seine Kleidung roch
intensiv nach Benzin. Sie ekelte sich davor. Das Murmeln und Flüs-
tern der Menschen verstummte nach und nach, schließlich hörte
man nur noch, wie sie atmeten, flach und gepresst. Plötzlich, die
Stille zerreißend, der Schrei einer Frau: »Licht! So macht doch endlich Licht um Himmels willen!« Sie schluchzte hysterisch. Vom Eingang der Luftschutzwart, eindringlich mahnend: Man solle um alles
in der Welt alle überflüssigen Gespräche unterlassen, damit der Sau-
erstoff nicht frühzeitig verbraucht werde. Endlich wurden ein paar
Glühbirnen eingeschaltet, die spärlich Licht gaben.

Franciska wurde es übel, vom Benzingeruch und von der Platz-
angst. Sie öffnete die obersten Knöpfe ihrer Bluse. Klammerte sich
krampfhaft an den Arm ihrer Freundin Erika. Fürchtete, sich übergeben zu müssen. »Ich muss hinaus«, flüsterte sie verzweifelt. Erika,
zischend: »Lass' dich fallen, werd' ohnmächtig.« Franciska sank nieder, der Ohnmacht ohnehin schon sehr nahe. Die Menschen standen
so eng, dass die ganze Schlange durch ihr Zusammensacken in eine

leichte Bewegung versetzt wurde. Ein Mann rief nach einem Sanitäter: Jemand sei ohnmächtig geworden. Franciska wurde über die Köpfe hinweg nach vorne gereicht. Beim Eingang lehnte man sie an eine Wand. Der Luftschutzwart, ein älterer Mann, sagte ihr, sie solle ruhig und tief atmen. Als sie kurz den Kopf zum Tor hinausstrecken durfte, nahm sie einen unheimlichen Geruch von Brand und Rauch wahr.

Endlich Entwarnung. All die Menschen taumelten hinaus, mit wächsernen Gesichtern. In der Stadt Chaos. Geschrei. Autokolonnen. Militärwagen voll mit Soldaten, die Spaten und Schaufeln in Händen hielten. Feuerwehr in rasender Fahrt. Im Büro ließ sich Franciska auf einen Stuhl fallen. Legte sich mit dem Oberkörper über den Schreibtisch, barg den Kopf in den Armen. Da fiel ihr die Großmutter ein, bei der sie wohnte, draußen auf dem Land, in Pregarten. Diese mochte von der Bombardierung gehört und Angst um ihre Enkelin bekommen haben. Rasch ans Telefon. Aber die Leitung war stumm. Auch Strom gab es nicht, kein Wasser, kein Gas. Als die Elektrizität nach einiger Zeit wieder funktionierte, liefen sogleich die Maschinen an, das Stampfen und Hämmern ging los, die Fabrik begann zu arbeiten. Im Werk hatte der Angriff an diesem Tag relativ geringen Schaden hinterlassen. Die Anlagen waren rechtzeitig vernebelt worden. Bis Jahresende 1944 sollte Oberdonau insgesamt 27 große Luftangriffe erleben.[52]

Nachdem sich die Alliierten vorerst hauptsächlich auf die Flugzeugindustrie konzentriert hatten, wandte sich ihr Interesse nun verstärkt der Erdölverarbeitung und Treibstofferzeugung zu. Raffinerien in der Umgebung von Wien wurden immer wieder attackiert, ebenso das Hydrierwerk in Moosbierbaum. Immer mehr in den Fokus geriet auch die Verkehrsinfrastruktur, insbesondere Bahnanlagen und Flugplätze. Die britische Luftwaffe verminte die Donau. Sie war der wichtigste Transportweg für das rumänische Erdöl nach Deutschland.

Hatte die deutsche Luftabwehr im Frühjahr 1944 teilweise noch sehr erfolgreich agiert, konnte sie den mit immer größerer Wucht ausgeführten alliierten Angriffen bald immer weniger entgegensetzen. Als die Alliierten am 6. Juni 1944 in der Normandie landeten, musste die Masse der deutschen Jagdverbände in den Westen verlegt werden. Sie fehlten in der Reichsverteidigung. Die Abwehr ließ nach. Das war auch für die täglich von Luftangriffen Bedrohten deutlich erkennbar. Die Menschen reagierten mit Wut, Verzweiflung, Resignation. Und mit bitterem Humor. In Wien kursierte ein Spottgedicht: »Zwischen Wien und Steinamanger / fliegt ein Kampfverband, ein langer. / Links kein Jäger, rechts keine Flak, / vielleicht stürzt er von selber ab.«[53]

Wien erlebte zwischen April und August 1944 zehn Luftangriffe. Betroffen waren mit einer Ausnahme jeweils Randbezirke mit kriegsrelevanten Industrien.[54] Das sollte sich am 10. September 1944 ändern. Es war ein strahlend schöner Spätsommersonntag. Am Vormittag waren Alfred Pietsch und seine Freundin Friedl auf ihren Fahrrädern zur Stürzllacke unterwegs, einem beliebten Badeplatz im Überschwemmungsgebiet der Donau. Drei Wochen vorher war Fredy bei den Kämpfen in Polen von einer Kugel in den Oberarm getroffen worden. Nun absolvierte er seinen Genesungsurlaub. Den linken Arm trug er in der Schlinge, das Rad steuerte er mit der Rechten. Noch im dichten Stadtgebiet heulten die Sirenen – Voralarm. Friedl nahm das nicht so ernst. Die Flugzeuge seien vermutlich auf dem Weg nach Wiener Neustadt. Beim Überqueren der Reichsbrücke heulten die Sirenen erneut. Diesmal war es Fliegeralarm.

Bei der Stürzllacke trafen sie mehrere Feuerwehrmänner an, alle um die 70 Jahre alt. Sie standen mit ihrem Fahrzeug zur Tarnung unter einer Gruppe von alten Aubäumen. Zum Schutz vor Splittern hatten sie Deckungslöcher gegraben. Fredy starrte angestrengt stromaufwärts. Schon entdeckte er die über den Kahlenberg hereinfliegenden riesigen silbergrauen B-17-Bomber der US-Luftwaffe. Eine Formation von zwanzig bis dreißig Flugzeugen war es, etwa sechstausend Meter hoch. Die Flugabwehr begann aus vollen Rohren zu feuern. Fredy Pietsch sah, wie einem der Flugzeuge ein Tragflügel abgeschossen wurde. Eine Spirale drehend, stürzte es zu Boden. Andere Flieger zogen eine dichte Rauchfahne hinter sich her. Die meisten kamen allerdings genau auf die Stürzllacke zu. Fredy, der Frontsoldat, sah ein Blitzen und Flimmern unter den Flugzeugen. Er schrie: »Volle Deckung! Die werfen einen Bombenteppich!« Er stieß seine Freundin in ein Deckungsloch und schmiss sich schützend über sie. »Verdammt«, dachte er, als die Bomben fielen, »in der Heimat derselbe Dreck wie an der Front.« Die Bomben explodierten am gegenüberliegenden Donauufer. Fredy sah, wie Hausdächer fünfzig Meter in die Luft geschleudert wurden. Binnen Sekunden lag alles in Schutt und Asche. Das Krachen war ohrenbetäubend. Fredy riss den Mund auf, um sein Trommelfell zu schützen.

Wenig später sah er einen weiteren Bomberverband über den Kahlen- und den Leopoldsberg heranfliegen. Sie kamen direkt auf die Stürzllacke zu. Wieder hinein in das Erdloch. Der Bombenteppich ging quer über die Donau hinweg. Offensichtlich sollte die Brücke getroffen werden. Aber die Bomben explodierten knapp daneben. Fredy und Friedl hörten das Zischen und Surren der niedergehenden Granatsplitter, sahen eine Fontäne aus Wasser, vermischt mit Staub, die sich langsam wieder senkte. Für Augenblicke spannte sich ein Regenbogen über die Brücke.

Sorgen um die Familien daheim trieb Fredy und Friedl dazu, so rasch als möglich nach Hause zu radeln, sobald es Entwarnung gab. Sie atmeten erleichtert auf, als sie ankamen. Sandleiten war weitgehend verschont geblieben. Nur an einer Stelle hatte eine Bombe eingeschlagen. Sie hatte möglicherweise einer großen Maschinenfabrik gegolten, die ganz in der Nähe lag.[55]

Im Laufe des September 1944 gab es noch einen weiteren, im Oktober hingegen schon vier Angriffe. Und es kam noch schlimmer: Im November fielen an neun Tagen Bomben auf Wien, und im Dezember 1944 waren es sogar elf. Alles zusammengezählt, kommt man für die neun Monate von April bis Dezember 1944 auf 36 Angriffe.[56] Lange Zeit sei der Glaube verbreitet gewesen, die Alliierten würden nach dem Motto »Bomben auf Berlin, Rosen auf Wien« handeln, schreibt Josef Schöner. Die Angriffe auf Wien, vor allem auf den Stadtkern, zu denen es ab dem 10. September immer häufiger kam, habe man nicht begreifen wollen. Jeder habe sich gefragt: »Ja warum denn nur, wo wir doch befreit werden sollen?« Schöners sarkastischer Kommentar: »Sie vergessen sechs Jahre Krieg und die 99 Prozent Ja-Stimmen 1938.«

Schöner registrierte eine bis zum Höchstmaß gesteigerte allgemeine Nervosität. Wenn er zur Arbeit ging, sah er hier schon um acht Uhr morgens Hunderte Menschen anstehen. Auch die Cafés und Gasthäuser in der Umgebung waren zu dieser Stunde zum Bersten voll. Es waren Frauen mit ihren Kindern. Sie warteten, um beim Auslösen des Luftalarms sofort in den Flakturm laufen zu können. Dieser bot größtmöglichen Schutz vor den Bomben. Die Frauen warteten üblicherweise bis zum Ende der »gefährlichen Zeit«, ungefähr um 13 Uhr. Dann gingen sie heim.

Die ständige Gefahr von Angriffen aus der Luft hatte den Wiener Alltag voll im Griff. Jeder trug gewisse notwendige Utensilien ständig bei sich. In seiner Tasche hatte man stets eine Schachtel Zucker, etwas Schokolade, Käse, Brot, Rasierapparat mit Pinsel und Seife, ein Buch, Pfeife, Pfeifentabak, Zigarren, Papiere. Immer mehr habe man die beinahe täglichen Alarme mit Resignation hingenommen, meint Schöner. Unmittelbar nach Angriffen war die Stimmung immer besonders gedrückt. Allgemein herrschte tiefster Pessimismus. Trauer und Depression lagen wie eine dunkle Wolke über der Stadt. Trost suchte man in der Religion. Die Kirchen waren oft überfüllt, besonders nach Luftangriffen.[57]

Seit der alliierten Invasion vom 6. Juni 1944 flog die 15. US-Luftflotte mehr und mehr Angriffe auf das gesamte Gebiet der Alpen- und Donaureichsgaue. Der 16. Oktober 1944 schließlich war ein entscheidender Tag. Denn er markierte eine neue Phase des Luftkrieges. Ab nun sollte es beinahe täglich zu schweren Angriffen kommen. Rund 600 Flugzeuge der US-Luftstreitkräfte suchten an diesem Tag bei bestem Herbstwetter das Gebiet der ehemaligen Republik Österreich heim. Die Bomber attackierten Steyr (Flugzeugproduktion) und St. Valentin (Panzerfertigung), Graz (Flugzeugindustrie) und Zeltweg (Flugplatz).[58]

Erstmals traf es Salzburg. Der Angriff verursachte – wohl irrtümlich wegen der künstlichen Vernebelung – in der weltbekannten Altstadt verheerende Schäden, unter anderem am Dom und an Mozarts

Geburtshaus. 244 Menschen starben. Der Grund für diese hohe Opferzahl: Die Stadt war trotz zahlreicher Alarme bislang verschont geblieben. Deshalb hatten es viele Stadtbewohner versäumt, die Luftschutzräume aufzusuchen. Zwangsarbeiter hatten 1943/44 unter unmenschlichen Bedingungen Luftschutzstollen in die Salzburger Stadtberge, den Kapuzinerberg und den Mönchsberg, gegraben. Sie boten fast 40 000 Menschen Schutz. Zuerst waren die Salzburger nur ungern in diese finsteren Höhlen hineingegangen, aus gutem Grund. Nach dem ersten Angriff änderte sich das Bild. Nun war es die nackte Angst, die die Menschen hineintrieb. Tausende, die schon am Morgen aus anderen Stadtteilen kamen, lagerten rund um die Stollen, um beim ersten Alarm sofort ins Innere zu verschwinden. Allerdings gab es ein massives Problem: zu wenig Luft.[59]

Der Schriftsteller Thomas Bernhard erlebte die letzten Kriegsjahre als Schüler eines Salzburger Internats. Die meiste Zeit habe man nicht in der Schule verbracht, schreibt er in seinem Buch »Die Ursache«, sondern in den Luftschutzstollen. Vor den Augen des Dreizehnjährigen trugen sich schreckliche Szenen zu. Zu Dutzenden, später zu Hunderten, wurden die Menschen ohnmächtig. Sie mussten rasch hinausgeschleppt werden. Vor den Eingängen standen Autobusse, ausgestattet mit Tragbahren und Wolldecken. Dort wurden die Ohnmächtigen gelagert. Häufig waren zu wenig Busse da, so dass diejenigen, die keinen Platz fanden, unter freiem Himmel vor dem Stolleneingang abgelegt werden mussten. Die vollen Busse fuhren mit den Ohnmächtigen in das Neutor, einen Straßentunnel nahe dem Großen Festspielhaus.

Thomas Bernhard und seine Schulkollegen hatten sich nach zahlreichen blinden Luftalarmen aus »pubertärer Neugier« einen wirklichen Angriff herbeigewünscht. Auch am 16. Oktober 1944 waren sie, wie schon so oft vorher, nicht zur Schule, sondern gleich in den Stollen gegangen. An diesem Tag sei aber auf einmal ein Grollen hörbar geworden, eine ungewöhnliche Erschütterung. Darauf sei eine »vollkommene Stille« gefolgt. »Die Menschen schauten sich an, sie sagten nichts, aber sie gaben durch ihr Schweigen zu verstehen, dass das, was sie schon monatelang befürchtet hatten, jetzt eingetreten war (...).«

Nach der Entwarnung drängte alles rasch nach draußen, um zu sehen, was geschehen war. Zuerst sah man – nichts. Nichts schien sich
verändert zu haben. Bald hieß es aber, die Altstadt sei zerstört. Nun
waren auch die Signale von Feuerwehr und Rettung zu vernehmen.
Alles lief in Richtung der Altstadt. Am Makartplatz waren die ersten
Verwüstungen zu sehen, die Straßen voller Glas- und Mauerschutt.
Das dort befindliche Wohnhaus Mozarts war ein rauchender Schutthaufen. Über die Staatsbrücke ging es in die Altstadt, alles hastete
zum Residenzplatz. Es stimmte! Eine Luftmine hatte den Dom getroffen, die Domkuppel war ins Kirchenschiff gestürzt – »wie wenn dem
riesigen, das untere Stadtbild beherrschenden Bauwerk eine entsetzlich blutende Wunde in den Rücken gerissen worden wäre«.[60]

Und die anderen Städte? Am häufigsten, wenn auch nicht am
schwersten, traf es Graz, insgesamt 57-mal. Die zweitgrößte Stadt der
Alpen- und Donaureichsgaue hatte bedeutende Rüstungs- und sonstige Industrie und war ein wichtiger Verkehrsknotenpunkt. Aber der
Hauptgrund für die übergroße Anzahl an Attacken dürfte wohl in
der südlichen, grenznahen Lage der Stadt zu finden sein – und in
dem fatalen Umstand, dass der Raum Graz genau in der regulären
Anflug- und Rückflugschneise der alliierten Flieger lag. Ähnlich
wird man sich auch die überdurchschnittlich häufigen Angriffe auf
die beiden Kärntner Städte Klagenfurt (48) und Villach (37) erklären
können. Villach war übrigens nach Wiener Neustadt die am stärksten zerstörte Stadt Österreichs.[61]

AUSBEUTUNG

Eine Volkswirtschaft von achtzig Millionen Menschen, in der Millionen Männer von ihren Arbeitsplätzen weg zum Militärdienst einberufen werden, wird bald an Arbeitskräftemangel leiden. So geschah es auch in Hitlers Reich. Ein Ausgleich durch eine Erhöhung
der Frauenerwerbsquote war nur bedingt möglich und erwünscht.
Wer also sollte die notwendigen Arbeiten erledigen? Bereits nach den
Blitzsiegen in Polen 1939 und im Westen 1940 holte man Kriegsge-

fangene als Zwangsarbeiter und mehr oder weniger freiwillige Zivilarbeiter aus den besiegten Ländern ins Reich. Viele von ihnen gingen in die Landwirtschaft, wo schon vor dem Krieg großer Arbeitskräftemangel geherrscht hatte.

Nach dem Scheitern der Blitzkriegsstrategie Ende 1941 zeichnete sich ein langwieriger Material- und Abnutzungskrieg ab. Noch mehr Männer mussten einberufen werden, noch mehr Arbeitsstellen blieben unbesetzt, noch mehr ausländische Arbeiter mussten angeworben oder zur Arbeit in Deutschland gepresst werden. In verbündeten Staaten angeworbene Arbeiter waren die einzigen, die sich in einem einigermaßen regulären Dienstverhältnis befanden. Ihnen stand es frei, nach Ablauf des Arbeitsvertrags in ihre Herkunftsländer zurückzukehren. Alle anderen »Fremdarbeiter« sind als weitgehend rechtlose Zwangs- und Sklavenarbeiter zu betrachten.

Zu ihnen gehörten erstens die vorerst auf freiwilliger Basis angeworbenen, mit Fortdauer des Krieges aber immer häufiger zwangsverpflichteten ausländischen Zivilarbeiter, zweitens Kriegsgefangene und drittens Häftlinge von Konzentrations- und Arbeitserziehungslagern, darunter viele Roma und Sinti sowie »Arbeitsjuden«. Insgesamt ist von 13,5 Millionen Zwangsarbeitern innerhalb der Reichsgrenzen auszugehen.

In allen drei genannten Kategorien brachten die Nationalsozialisten ihr sozialdarwinistisches Rassenschema zur Anwendung. Abgesehen von den Arbeitern verbündeter Staaten rangierten Arbeiter aus germanischen, dann angelsächsischen und romanischen Ländern oben in der Hierarchie, während Polen (mit einem auf die Kleidung aufgenähten »P« gekennzeichnet) und schließlich aus der Sowjetunion stammende »Ostarbeiter« (Kennzeichnung: »OST«) an letzter Stelle kamen. Diese beiden Gruppen standen unter einem rigiden Sonderrecht, das für viele »Verstöße« – wie etwa den Sexualverkehr mit Deutschen – die Todesstrafe vorsah. Tatsächlich wurden Zehntausende Zwangsarbeiter von der Gestapo ohne Gerichtsurteil erhängt oder durch Sondergerichte zum Tode verurteilt. Bei geringeren Delikten drohten Arbeitserziehungs- oder Konzentrationslager.

Die Arbeiter wurden vor allem im Osten mit brutalen Methoden

zusammengetrieben. Man verschleppte die Einwohner ganzer Ortschaften und Familien mit Kindern, auf offener Straße, in Kinos, ja
sogar in Kirchen und bei Nacht in Privathäusern hielten die Deutschen Menschenjagden ab. Allein von Anfang April bis Ende Dezember 1942 wurden auf diese Weise 1,4 Millionen Menschen zur Zwangsarbeit nach Deutschland gebracht. Insgesamt betrug die Zahl der
Zivilarbeiter aus der Sowjetunion fast drei Millionen.

Eingesetzt wurden Zwangsarbeiter – sofern es sich nicht um Fach-
kräfte handelte – für Schwer- und Schwerstarbeit in allen denkbaren
Bereichen der deutschen Wirtschaft: in der Landwirtschaft ebenso
wie in Bergwerken, beim Bau, in der Rüstungsindustrie oder auch als
Dienstbotinnen im Haushalt. Die Ernährung war dürftig, die Unterbringung in der Regel schlecht, medizinische Betreuung gab es
kaum. Auf die Gesundheit und das Leben der Arbeiter aus dem Osten
nahm das NS-Regime so gut wie keine Rücksicht. Sowjetische Kriegsgefangene und KZ-Häftlinge hatten nur geringe Chancen, die ihnen
auferlegte Sklavenarbeit längere Zeit lebend zu überstehen. Brachten Arbeiterinnen aus Polen oder der Sowjetunion Kinder zur Welt,
nahmen die Arbeits- und Gesundheitsämter sie ihnen weg und steckten sie in »Säuglingsheime«. Dort starben sie in der Regel bald an ge-
wollter Vernachlässigung.

Nicht viel besser erging es italienischen Arbeitern. Bis Sommer
1943 hatten sie als Angehörige eines verbündeten Staates einige Vorteile genossen. Nun, nach dem Abfall Italiens, schlug die einstige
Wertschätzung ins blanke Gegenteil um. Aller Unmut und die – gerade in Österreich – ohnehin stets latent vorhandenen Vorurteile gegen Italiener übertrugen sich auf sie. Unter ihnen waren auch rund
600 000 italienische »Militärinternierte«, Soldaten, die sich geweigert
hatten, an der Seite der Wehrmacht weiter am Krieg teilzunehmen.
Sie wurden ins Reich verschleppt, wo sie schwerste Arbeiten zu verrichten hatten und nicht besser behandelt wurden als die Ostarbeiter.[62]

Die Situation in den Alpen- und Donaureichsgauen war dabei nicht
wesentlich anders als im übrigen Deutschen Reich. Im September
1944 hielten sich ungefähr 580 000 ausländische Zivilarbeiter hier

auf. Die Zahl der zur Zwangsarbeit verpflichteten Kriegsgefangenen und Militärinternierten wird mit ungefähr 300 000 angegeben, dazu rund 190 000 Häftlinge des Konzentrationslagers Mauthausen, die sich auf zahlreiche Nebenlager verteilten. Hinzu kamen ungefähr 60 000 ungarische Juden, die außerhalb des KZ-Systems eingesetzt wurden und in Ostösterreich in »Judenlagern« Zwangsarbeit zu verrichten hatten. Interessant ist die Verteilung auf einzelne Wirtschaftssektoren. Ende 1940 waren 51 Prozent der Kriegsgefangenen in der Ostmark in der Baubranche tätig, im Altreich hingegen nur 23 Prozent. Der Grund liegt im forcierten Ausbau der Infrastruktur, denn hier gab es gegenüber dem Altreich einen deutlichen Rückstand. Im Vergleich dazu die Landwirtschaft: Ostmark 34 Prozent, Altreich 48 Prozent. Im weiteren Verlauf nivellierte sich die Aufteilung aber mehr und mehr. Ab 1940 gingen dort wie da immer mehr ausländische Arbeiter in die Rüstungsindustrie, trotz aller Sicherheitsbedenken. Ihre Zahl erhöhte sich in der Ostmark proportional betrachtet wesentlich deutlicher als im Altreich, denn viele Rüstungsbetriebe verlagerten ihre Produktion in den Süden des Reiches, der als »luftsicher« galt.[63]

Die Arbeit in der Landwirtschaft war hart, die Verhältnisse waren aber in der Regel menschlicher und die Versorgung besser als in Industriebetrieben und auf Baustellen. Auf den Bauernhöfen standen Dienstgeber und Zwangsarbeiter in einem persönlichen Verhältnis. Man musste täglich zusammenarbeiten, oft über mehrere Jahre. Ohne ein gewisses Maß an gegenseitigem Vertrauen und Respekt war das so gut wie unmöglich. Hinzu kam, dass das in der Kriegszeit äußerst wertvolle Gut der Arbeitskraft langfristig gesichert werden musste. Auch diese Überlegung setzte der ungehemmten Ausbeutung Grenzen. Rassisch motivierte Verbote des NS-Staats ließen sich zudem gerade im bäuerlichen Kontext nur schwer durchsetzen. In einem in Saalfelden, Salzburg-Land, verteilten Merkblatt hieß es, man solle Abstand von den Polen halten, sie nicht am selben Tisch essen lassen, sie von Festen und Feiern ausschließen, sie nicht in Gasthäuser mitnehmen, ihnen auch sonst keine Vergünstigungen geben, sich ihnen gegenüber selbstbewusst verhalten, gerade Kriegs-

gefangenen gegenüber besonders vorsichtig sein, an die Spionagegefahr denken etc. Nicht zuletzt aber solle man das »deutsche Blut«
reinhalten. Es sei eine Sünde, eine intime Beziehung mit ihnen ein-
zugehen. Vielmehr solle man die »tierische Triebhaftigkeit dieser
Rasse« verachten.

Trotzdem war es auf vielen Höfen üblich, dass die Fremdarbeiter
an der Tischgemeinschaft teilnahmen und sich auch sonst am sozialen Leben der Bauernfamilie und des Dorfes beteiligten. »Wer mit uns
arbeitet, der isst auch mit uns«, hieß es. Gegen diese Form von bäuer-
lichem Eigenwillen war seitens der NS-Stellen kaum anzukommen.
Mit drakonischen Strafen ging man allerdings gegen die »Rassenschande« vor, den Sexualverkehr zwischen Deutschen und »Fremd-
völkischen«. Der polnische Zivilarbeiter Aleksy Jagla war auf einem
Bauernhof bei Saalfelden tätig. Im Laufe des Jahres 1941 ließ er sich
auf eine Beziehung mit einer deutschen Magd ein. Die Sache flog auf,
Jagla wurde zum Tod verurteilt. Die Vollstreckung verlief unter bar-
barischen Umständen. Anfang 1942 erhängte man ihn in einem
Waldstück ungefähr hundert Meter von der Straße entfernt. Anwesend als Zeugen: Vertreter der Gauleitung, der Kreisleitung, der
Gestapo sowie der zuständige Amtsarzt. Vollziehen mussten die
Hinrichtung zwei Polen. Anschließend hatten sämtliche polnische
Zivilarbeiter der Gegend zur Abschreckung an dem Gehenkten
vorbeizuparadieren. Die betreffende Magd, deren Geliebter gehenkt
worden war, wurde in ein Konzentrationslager verbracht.

Was geschah den Frauen, die sich auf Liebesbeziehungen mit
Fremdarbeitern eingelassen hatten? In Obermixnitz, Niederdonau,
trieb man eine ledige Dienstmagd mit kahlgeschorenem Schädel
durch den Ort. In der Hand hielt sie eine Tafel: »Zum abschrecken-
den Beispiel«. In der zwanzig Kilometer entfernten Ortschaft Unter-
thumeritz erging es einem Mädchen ebenso. Ihre Tafel trug die Aufschrift: »Dieses Schwein hat sich mit einem Kriegsgefangenen aus
Polen eingelassen.« Vergleichbares ereignete sich auch an anderen
Orten der Gegend. Die Maßnahmen hätten erhebliches Aufsehen erregt, heißt es in einem SD-Bericht, seien aber von der »verständigen
Bevölkerung allgemein gutgeheißen« worden. In Hollabrunn, Nie-

derdonau, wurden drei Ehefrauen von eingerückten Männern »wegen unwürdigen Verhaltens« arbeitsverpflichtet. (Offenbar hatten sie sich Zwangsarbeitern gegenüber zu freundlich verhalten.) Gegen drei weitere Frauen sprach der Kreisamtsleiter Verwarnungen aus, ein Mädchen wurde zu zehn Monaten Gefängnis verurteilt. Ähnliches in Retz und Scheibbs. In Znaim wurde ein Mitglied des Deutschen Frauenwerkes zu einem Jahr Zuchthaus verurteilt. Sie erwartete ein Kind von einem serbischen Kriegsgefangenen.[64] Wie erging es den Verschleppten? Nehmen wir die 25 Jahre alte Helene Pawlik, eine Kleinbauerntochter aus Racławice in Polen. Sie kam Mitte 1940 in die Ostmark. Das Arbeitsamt wies sie einem Bauernhof in der kleinen Agrargemeinde Hafnerbach zu, rund zehn Kilometer westlich von St. Pölten. Anfangs fühlte sie sich fremd, aber nach und nach entwickelte sich ein Vertrauensverhältnis zur Bäuerin. Beide Frauen hatten unter den Attacken des jähzornigen und trinkfreudigen Bauern zu leiden. Mitte 1941 brachte Helene ein Kind zur Welt. Vater war ein im selben Ort beschäftigter polnischer Zivilarbeiter. Die Behörden wollten sie daraufhin mit ihrem Kind nach Polen abschieben. Aber die Bauernfamilie verhinderte dies, indem sie die Zuständigen bestach. Helenes Arbeitskraft und Einsatz waren für den Hof unentbehrlich geworden. Dennoch litt sie weiter unter der Tyrannei des Hofbesitzers.[65]

Olga Porchum war in einem kleinen ukrainischen Dorf aufgewachsen. Im Mai 1942, als Achtzehnjährige, wurde sie zur Zwangsarbeit im Deutschen Reich verpflichtet. In Pferdewagen brachte man sie und viele andere aus dem Dorf zum Bahnhof Krassyliw, ungefähr zwanzig Kilometer entfernt. Dort nahm man ihre Personalien auf, und hier übernachtete sie. Aus dem ganzen Bezirk kamen Wagen um Wagen an, zumeist Mädchen und jüngere Frauen. Am nächsten Tag wurde sie in einen langen Güterzug verladen. Im Waggon befand sich ringsum an der Wand eine Holzbank, auf dem Boden lag Stroh. Das Fenster war vergittert. Immer mehr Frauen kamen in den Wagen, schließlich waren die Bänke und auch der Boden voll besetzt. Dann fuhr man los. »Die meisten«, schreibt Olga, »weinten in sich hinein.« Ein Soldat saß an der offenen Waggontür, ließ die Füße ins Freie baumeln und hielt sein Gewehr schussbereit. Hin und wieder hielt der Zug in einem Bahnhof. Die Mädchen konnten ihre Notdurft verrichten, Wasser trinken und die Wasserflaschen auffüllen. Zu essen gab es nur, was sie von zu Hause mitgenommen hatten.

Endlos war die Fahrt. Ein ukrainischer Zwangsarbeiter erinnert sich, dass seine Fahrt von Przemyśl nach Wien (Distanz: 700 Kilometer) zwölf Tage gedauert habe. Sie hätten aber nur für drei Tage Proviant gehabt, da von einer Dreitagereise die Rede gewesen sei. Auch Olga war mehr als eine Woche unterwegs. In Wien kam sie mit ihren Leidensgenossinnen in ein Auffanglager zur ärztlichen Untersuchung und Desinfizierung. Übernachtet wurde in Stockbetten ohne Matratzen, es gab nur kaltes Wasser und nur ein einziges Mal Verpflegung, Brot und Streichkäse. Frauen, die Kopfläuse hatten, wurden die Haare geschoren. Dann ging es weiter per Güterzug nach Wörgl in Tirol. Hier fotografierte man die Mädchen und stellte ihnen Identitätskarten aus. Die nächste Station für Olga war Rankweil in Vorarlberg. Uniformierte mit Hunden brachten sie auf einen Bergbauernhof oberhalb von Rankweil.

Olga hatte sich aussuchen dürfen, ob sie lieber in der Landwirtschaft oder in einer Fabrik arbeiten wollte. Häufig war es allerdings üblich, die neu angekommenen Arbeiterinnen und Arbeiter vor dem Bahnhof, auf dem Dorfplatz oder beim Arbeitsamt zur Schau zu stellen: »Wir wurden bei einem Haus abgeladen, es wurden Bänke hingestellt, wir mussten uns setzen, und die Leute kamen uns anschauen und aussuchen. Wir haben geweint dabei.«

Olga traf es gut mit ihrer Familie. Nach ein paar Wochen ging die Bäuerin mit ihr zu einer Schneiderin und ließ ein Kleid für sie nähen. Und das zu einer Zeit, als es Textilien nur auf Kleiderkarte gab. Zu ihrem Leidwesen musste Olga nach einigen Monaten auf einen anderen Hof wechseln, wurde aber auch dort gut aufgenommen. Sie schlief sogar – was streng verboten war – mit der Tochter des Bauern in derselben Kammer und ging hin und wieder mit ihr ins Kino.[66]

Selbstverständlich konnte es Fremdarbeitern auf Höfen auch schlecht ergehen. Die Arbeit war schwer und ungewohnt, manchmal sogar gefährlich. Die Gebirgslandschaft wirkte bedrückend auf die

Menschen aus dem Flachland. Der Alltag auf Höfen war eintönig. Längst nicht alle Dienstgeber waren freundlich zu ihren Arbeitern, manche beuteten sie gnadenlos aus, gaben ihnen wenig und schlecht zu essen und brachten sie in erbärmlichen Verschlägen unter. In der Regel bauten die bäuerlichen Familien aber gute Beziehungen zu ihren Arbeitern auf und behandelten sie so, wie sie auch Knechte und Mägde aus der eigenen Sozialwelt behandelt hätten.[67] Ganz anders war es in landwirtschaftlichen Großbetrieben und auf Gutshöfen. Die Arbeiter lebten in Massenlagern, wurden morgens von den Besitzern gegen eine »Entlehngebühr« zur Arbeit abgeholt und am Abend wieder zurückgebracht. Die Verpflegung: Rüben und Erdäpfel aus Gemeinschaftskesseln. »In den Schlafsälen wurden ganze Familien untergebracht. Wir waren voll Ungeziefer und hungerten.« Bei der Arbeit herrschte brutale Hetze, ein Menschenleben galt wenig. Stjepan S.: »Die Wärter prügelten, aber auch die Bauern. (...) Eine Bäuerin ohrfeigte mich, weil ich bei der Arbeit im Garten eine Möhre genommen hatte. Ein anderes Mal prügelte mich der Aufseher, weil ich mich mit einem anderen Arbeiter beim Tragen der schweren Kartoffelkisten abwechselte.« Einige Bauern freilich, auch das erwähnt er, hätten ihnen gut zu essen gegeben. Die Slowenin Franca K. kam auf ein landwirtschaftliches Gut bei Judenburg in der Steiermark. Mit ihren 15 Jahren half sie beim Schlachten und Häuten von Vieh und war damit völlig überfordert. Und das alles im Winter, bei großer Kälte, ohne angemessene Bekleidung.[68]

Die Arbeit in der Industrie war meist schwerer und die Behandlung schlechter als in der Landwirtschaft. Aber auch das hing in erster Linie von der Einstellung der Werksleitung ab. Josip K., 15 Jahre, geriet als Partisan 1943 in deutsche Gefangenschaft. Er wurde in Häftlingskleidung mit Holzpantoffeln gesteckt und nach Wien-Liesing verfrachtet. Dort hatte er in einem Aluminium- und Schmelzwerk zu arbeiten. Die Behandlung, meint er, sei besser gewesen als erwartet. Immerhin erhielt er Schutzbrille, Schutzhandschuhe und arbeitsgerechte Kleidung statt der Häftlingskluft. Das Essen war schlecht, aber er und seine Kameraden bekamen Lebensmittelkarten für Brot, Käse, Margarine und Obst.

Vielen Zivilarbeitern waren bei der Anwerbung Versprechungen gemacht worden, nur in bestimmten Branchen eingesetzt zu werden. Das stellte sich häufig als Lüge heraus. Stattdessen wurden sie ungefragt in die Rüstungsfertigung gesteckt, mussten Handgranaten, Tellerminen oder Bombenteile herstellen oder bei der Erzeugung von Sprengstoff mitarbeiten. Frauen wurden oft nicht anders behandelt als Männer. Sie mussten schwerste Arbeiten verrichten, für die ihnen die körperlichen Voraussetzungen fehlten. Wenn die anspruchsvollen Vorgaben nicht erfüllt werden konnten, gab es Schläge und sonstige Sanktionen.

Hart war auch die Arbeit am Bau. Marko K., Jahrgang 1928, arbeitete ab Juni 1944 bei der Errichtung eines Flugplatzes in Strasshof, nordöstlich von Wien. Die sanitären und hygienischen Verhältnisse in seinem Arbeitslager waren furchtbar.»Die Leute schliefen in feuchten, kalten Räumen, voller Ungeziefer. Sie waren hungrig und mussten bei allen Witterungsbedingungen den Weg zur Baustelle und zum Lager zu Fuß gehen.« Vjeskoslav O. aus Banja Luka in Bosnien-Herzegowina war 16 Jahre alt, als er bei der Errichtung der Raffinerie in Moosbierbaum, Niederdonau, zum Einsatz kam. In spärlicher Bekleidung und mit Holzschuhen musste er auf acht Meter hohen Baugerüsten herumklettern und Rohrleitungen mit Glaswolle isolieren. Es war kalt und windig, die Glaswolle reizte die Haut. Dagegen schützte er sich mit leeren Zementsäcken. Die Unterkunft bestand aus menschenunwürdigen Holzbaracken für je zwanzig Mann. Verpflegung: Ersatzkaffee und ein Stück Brot zum Frühstück, tagsüber gekochte Möhren, Kohl und anderes Gemüse. Bezahlung: nichts. Stattdessen gab es täglich Schläge.

Der »Totale Krieg« ab 1943/44 verschärfte die Situation für die Zwangsarbeiter noch. Ein Beispiel: Die Vereinigten Deutschen Metallwerke mit Sitz in Frankfurt am Main verlegten Teile ihre Produktion nach Amstetten in Niederdonau. Dort wurden die ehemaligen Lagerhallen einer Textilfirma entsprechend adaptiert. Ab Mai 1944 war hier der 1909 geborene Andrija Trlin aus Kroatien tätig. In seinen schriftlichen Erinnerungen berichtet er von zwölfstündigen Arbeitstagen im Schichtbetrieb, immerhin bei freien Sonntagen. Die Ernährung beschreibt er als schlecht und unzureichend. Mittags gab es anfangs dasselbe Essen, das auch sowjetische Kriegsgefangene im Nebenlager erhielten: tagtäglich gekochte Rüben, ungewürzt. Später wurde die Versorgung etwa besser, blieb aber unzureichend. Dafür wurde die Arbeitszeit auf fünfzehn Stunden täglich erhöht. Bei Arbeitsverweigerung bedrohte man die Arbeiter mit Erschießen. Bei Vergehen kam man in Einzelhaft, ohne Wasser und Brot. Als alles vorüber war, wog Andrija nur noch 41 Kilogramm.

Weil auch die ehemaligen österreichischen Gebiete vom Luftkrieg nicht verschont blieben, verlegte man die Produktion in höchster Eile unter Tage, so gut es eben ging. Den Hauptteil der Arbeit erledigten KZ-Häftlinge, Kriegsgefangene und zwangsverpflichtete Zivilarbeiter aus besetzten Ländern – Zehntausende starben. Gerade diese Gruppen waren von der Luftgefahr besonders stark betroffen. Die schwersten und gefährlichsten Arbeiten nach Luftangriffen (Bergung der Opfer, Beseitigung des Schuttes, Entschärfung von Blindgängern) wurden in der Regel von ihnen ausgeführt. Häufig wurden ihre Unterkünfte im Bombenhagel zerstört. Bei einem Luftangriff auf Steyr im Februar 1944 starben sechzig italienische Militärinternierte, die als Zwangsarbeiter im Einsatz standen. Ihre Bewacher hatten ihnen den Zugang zu den Schutzräumen verwehrt. So waren sie, eingesperrt in ihren Unterkünften, hilflos den Flammen ausgeliefert. Man fand ihre verkohlten Leichen, an den vergitterten Fenstern hängend.[69]

MOSKAUER DEKLARATION

In der zweiten Oktoberhälfte 1943 trafen sich in Moskau die Außenminister der drei alliierten Großmächte USA, Großbritannien und Sowjetunion zu einer Konferenz. Zweck des Treffens war es, das gemeinsame Vorgehen in der Endphase des Krieges und in der ersten Nachkriegszeit festzulegen. Ein Tagesordnungspunkt: die Zukunft Österreichs. Bestimmt nicht das wichtigste Gesprächsthema in Moskau, aber für das kleine Land in der Mitte des Kontinents von entscheidender Bedeutung. Die Schlusserklärung wurde am 30. Oktober beschlossen und am 1. November 1943 in Moskau veröffentlicht. Dieses Dokument enthält drei Kernaussagen: Erstens, Österreich sei als erstes freies Land der Aggression Hitlers zum Opfer gefallen und müsse von der deutschen Herrschaft befreit werden. Die Großmächte betrachteten den Anschluss für »null und nichtig« und fühlten sich in keiner Weise daran gebunden. Zweitens wünschten die Großmächte ein freies und unabhängiges Österreich wiederherzustellen. Und drittens werde Österreich darauf aufmerksam gemacht, dass es für die Teilnahme am Krieg aufseiten Hitler-Deutschlands die Verantwortung tragen müsse. Bei der »endgültigen Regelung« werde aber Österreichs eigener Beitrag zur Befreiung berücksichtigt.

Die Moskauer Deklaration wird gerne als »Gründungsurkunde« oder gar »Magna Charta« der Zweiten Republik Österreich bezeichnet. So viel ist daran richtig, dass jede ernsthafte Geschichte der Zweiten Republik dieses Dokument als Ausgangspunkt nehmen muss. Die beiden ersten Aussagen der Deklaration sind unmissverständlich: Der Anschluss wird rückgängig gemacht und Österreich als freier und unabhängiger Staat wiederhergestellt. Dazu steht die dritte Aussage in einem nicht lösbaren Widerspruch. Wenn Österreich als Staat Hitlers Aggression zum Opfer gefallen war, wie konnte es dann als Staat für die Teilnahme am Krieg Verantwortung tragen? Sollte es nicht richtig heißen, einzelne, vermutlich sogar ziemlich viele Österreicher hätten Verantwortung für diesen Krieg und die in ihm begangenen Verbrechen zu tragen – aber eben nicht der nicht mehr existierende, von Hitler aufgelöste Staat Österreich als solcher? Die Passage in dieser Form war von den Sowjets in den Text hineinreklamiert worden, um später daraus das Anrecht auf Reparations- und Entschädigungsansprüche an die Republik Österreich ableiten zu können.

1943 war definitiv nicht die Stunde für feingeschliffene staatsrechtliche Überlegungen. Deutlich erkennbar hatte diese Passage ein klares Ziel: Die Österreicher sollten zu ihrer eigenen Befreiung beitragen. Die Alliierten wollten tatkräftigen Widerstand gegen das NS-Regime in Österreich initiieren. Doch war das realistisch? Vor allem österreichische Patrioten des bürgerlichen Lagers, von liberaler bis konservativer Grundhaltung, verstanden die Deklaration durchaus als Signal, ihre Widerstandsaktivitäten zu intensivieren. Für die Widerstandsbewegung O5 etwa stellte die Moskauer Deklaration zweifellos einen wichtigen Impuls dar.

Zwar wurde die Deklaration in unzähligen aus Flugzeugen abgeworfenen Flugblättern und über insgeheim überall im Land gehörte alliierte Radiosender verbreitet. Trotzdem musste der in der Schweiz stationierte amerikanische Nachrichtendienst OSS im Januar 1944 melden, die Moskauer Erklärung über ein unabhängiges Österreich habe »keinen nachhaltigen Einfluss« im Land. Ein Kriegsgefangener erklärte den Amerikanern einige Monate später einen nicht unerheblichen Grund für die Probleme, die viele Österreicher mit der Erklärung hatten: Die Deklaration sei bekannt. Man wisse, dass sie ein Versprechen der Unabhängigkeit enthalte, aber da die Erklärung mit »Moskau« in Verbindung gebracht werde, stehe sie in den Köpfen der Menschen für den Bolschewismus. Daran könne auch die Beteiligung der Regierungen der Vereinigten Staaten und Großbritanniens nichts ändern.

Wenn die Erklärung der Außenminister der Großmächte in den Alpen- und Donaureichsgauen etwas bewirkte, dann war es die trügerische Hoffnung, von alliierten Luftangriffen verschont zu bleiben und insgesamt glimpflich davonzukommen. Als Aufruf zum bewaffneten Kampf wurde sie in den allerwenigsten Fällen verstanden. Irgendwie durchkommen, überleben um jeden Preis, sich möglichst ruhig, möglichst passiv verhalten – so lautete die Devise ab 1943. Das war es, was die allermeisten Österreicher zu ihrer Befreiung beitragen konnten und wollten. Mehr nicht.[70]

WIDERSTAND

Dennoch gab es Widerstand gegen den Nationalsozialismus in allen Milieus und politischen Lagern der österreichischen Gesellschaft und in allen Regionen. Und es gab ihn vom ersten Tag der NS-Herrschaft

an. Freilich variierte er in seiner Intensität sowohl im Zeitverlauf als
auch je nach sozioökonomischem Milieu und politischem Lager sowie regional, und zwar beträchtlich. Man sollte diesen Widerstand
nicht überschätzen. 1943 gab es bei einer Bevölkerungsstärke von
ungefähr sieben Millionen rund 693 000 NSDAP-Mitglieder in den
Alpen- und Donaureichsgauen, während im selben Gebiet in den Jahren 1938 bis 1945 geschätzte 100 000 Personen aus im weitesten Sinn
politischen Gründen von der Gestapo »beamtshandelt« wurden.[71]
Die vom Dokumentationsarchiv des österreichischen Widerstandes recherchierten Zahlen der Opfer der politischen Verfolgung zwischen 1938 und 1945 ergeben ein präziseres Bild. Demnach konnten
die Namen von 7974 Menschen ermittelt werden, die aufgrund politischer Verfolgung starben – durch Hinrichtung, Mord oder infolge
der Bedingungen der Verfolgung. Zählt man die geschätzten Opfer
der NS-Militärjustiz hinzu, ergibt sich eine Gesamtzahl von rund
9500 Todesopfern. Ungefähr zwei Drittel davon sind als politisch Verfolgte in engerem Sinn anzusehen. Der Rest entfällt auf sogenannte
»Asoziale«, »Arbeitsscheue«, angebliche oder tatsächliche Kriminelle, auf wegen ihrer sexuellen Orientierung verfolgte Männer sowie auf Zeugen Jehovas. Aber auch die politisch Verfolgten sind keineswegs durchgängig einem organisierten Widerstand zuzurechnen.
Nicht zu übersehen sind die vielen, die aufgrund individueller Akte
der Widerständigkeit festgenommen wurden: weil sie verfolgten
Juden geholfen, sich gegenüber Zwangsarbeitern menschlich verhalten oder einfach nur weil sie Feindsender abgehört oder gegen
kriegswirtschaftliche Bestimmungen verstoßen hatten.[72]
Dass es zwischen den Alpen- und Donaureichsgauen und dem Altreich beträchtliche Unterschiede in der Intensität des Widerstands
gegen das NS-Regime gegeben haben dürfte, zeigt eine vergleichende
Untersuchung von Volksgerichtshofverfahren. Dieses Blutgericht verhandelte die Delikte Hochverrat, Landesverrat und schwere Fälle von
»Wehrkraftzersetzung«, also genau das, wofür Widerstandskämpfer
in der Regel angeklagt wurden. Zwischen 1938 und 1945 wurden im
Land Hessen (rund 4,9 Millionen Einwohner) 188 Personen vor dem
VGH angeklagt, im ehemaligen Österreich (rund 7,1 Millionen) wa-

ren es hingegen 1683 Personen, also sechsmal mehr, als aufgrund der Bevölkerungsstärke zu erwarten gewesen wäre. Noch größer ist der Unterschied bei den Verurteilungen: In Hessen fällte der VGH 69 Todesurteile, im ehemaligen Österreich hingegen 736.[73] Trotzdem gab es grundsätzlich nur wenig Widerstand. Zwar war Österreich von einer feindlichen Macht besetzt und als Staat ausgelöscht worden. Aber was hieß schon »feindlich«? Die Okkupanten sprachen dieselbe Sprache, entstammten derselben Kultur – und sie waren mit grenzenlosem Jubel begrüßt worden. Hatten sich die meisten Österreicher nicht schon vor dem Anschluss in erster Linie als Deutsche und erst in zweiter Linie als Österreicher betrachtet? Wie also hätte unter diesen Umständen eine breite, alle Volksschichten und Milieus erfassende Widerstandsbewegung entstehen können? Mit welch negativen Gefühlen auch immer Reichsdeutsche in der Ostmark belegt wurden – so etwas wie ein nationaler Befreiungskampf gegen fremde Invasoren konnte sich daraus gewiss nicht entwickeln. Mag sein, dass mit fortschreitendem Krieg die Mehrheit der Österreicher die Deutschen wieder loswerden wollte, den Anschluss als obsolet ansah: Gegen sie auf breiter Front einen bewaffneten Untergrundkampf zu führen war undenkbar.

Rund drei Viertel aller vom Volksgerichtshof oder vom Oberlandesgericht Wien verurteilten Widerstandskämpfer sind der Kommunistischen Partei zuzuordnen.[74] Wobei sich die zentralistische, streng hierarchische Struktur der KPÖ im Widerstandskampf gegen den Nationalsozialismus als extrem nachteilig erwies. Regelmäßig wurden Spitzenfunktionäre in Österreich eingeschleust, die ebenso regelmäßig von der Gestapo ausgehoben und umgebracht wurden. Und mit ihnen stürzten ganze Netzwerke an selbstlosen und mutigen Widerstandskämpfern, Aktivisten und Sympathisanten – Frauen wie Männer – ins Verderben. Eine dezentrale, kleinteilige Struktur des Widerstands ohne strenge ideologische Vorgaben und Kontrolle war für stalinistische Kommunisten wahrscheinlich undenkbar.

Der Gestapo gelang es immer wieder, entlarvte KP-Aktivisten mit den bewährten Methoden der Folter und des psychischen Drucks »umzudrehen« und zu Verrätern an den eigenen Genossen und der eigenen Sache zu machen. So gut wie alle kommunistischen Widerstandszellen waren von Gestapospitzeln durchdrungen. Sehenden Auges setzte die KP-Führung in Moskau ihre besten Leute einer tödlichen Gefahr aus, indem sie sie nach Österreich entsandte, um die nach der jeweils vorangegangenen Verhaftungswelle schwer beschädigte Organisation wiederaufzubauen und die gerade aktuelle »Parteilinie« durchzusetzen.

Der effizienteste dieser Verräter war der 1915 geborene Kurt Koppel, ein Wiener jüdischer Herkunft. Er war als Funktionär des illegalen Kommunistischen Jugendverbands aktiv gewesen, bis ihn die österreichische Staatspolizei 1936 festgenommen hatte. Einem Polizeibeamten namens Lambert Leutgeb gelang es, Koppel »umzudrehen«. Er agierte ab nun als Konfident gegen seine Genossen. Und wie Leutgeb wechselte auch Koppel nach dem Anschluss anstandslos von der ständestaatlichen Stapo zur nationalsozialistischen Gestapo. Diese war wiederum flexibel genug, an der jüdischen Herkunft dieses »V-Mannes« (Vertrauensmannes) keinen Anstoß zu nehmen. Koppel arbeitete bei seiner Spitzeltätigkeit mit seiner Lebensgefährtin Grete Kahane zusammen, die ebenfalls in Kreisen des kommunistischen Widerstands verkehrte. Gemeinsam war allein dieses Paar für die Festnahme von rund achthundert Widerstandskämpfern verantwortlich.

Ende September 1939 übersiedelte das Zentralkomitee der KPÖ von Paris nach Moskau. Einige Spitzenfunktionäre ließen sich bei dieser Gelegenheit unter Decknamen in grenznahen Städten nieder. Ihre Aufgabe: den stark beschädigten Apparat der KPÖ in der Ostmark zu reanimieren und eine neue zentrale Leitung einzurichten. Einer dieser Leute war der 1905 in Wien geborene Erwin Puschmann. Sein Standort war Preßburg. Für Kurierdienste bediente er sich eines besonders geschickten Genossen, der unter dem Decknamen »Ossi« agierte. Dahinter steckte niemand anderer als ebenjener Verräter Koppel. Das heißt, Puschmann entwickelte seine Tätigkeit von Anfang an unter den Augen der Gestapo. Ende Juli 1940 ging Puschmann nach Wien, ab September wurde er von einem weiteren aus Moskau entsandten KP-Funktionär namens Karl Zwifelhofer von

Prag aus unterstützt. In Wien war Puschmann damit beschäftigt, vertrauenswürdige neue Leute für führende Funktionen im Widerstand zu rekrutieren. Sein wichtigster Mann, Kurt Koppel, war es übrigens auch, der den Kontakt zu Zwifelhofer hielt. Im Januar 1941 schlug die Gestapo zu. Puschmann wurde verhaftet. Insgesamt gingen ihr bei dieser Gelegenheit 536 Kommunisten ins Netz, darunter 42 Spitzenfunktionäre. (Von den Verhafteten landeten 112 vor dem Volksgerichtshof, der die meisten von ihnen wegen »Vorbereitung zum Hochverrat« zum Tode verurteilte.)

Im Februar 1941 beriet »Ossi« mit Zwifelhofer in Prag über die weitere Vorgehensweise nach den Verhaftungen. Bald danach ließ er ihn hochgehen. (Zwifelhofer wurde übrigens ebenfalls »umgedreht«, spionierte als »Zellenspitzel« seine in Gefangenschaft geratenen Genossen aus und entging so dem Fallbeil.) Ebenfalls im Februar reiste Koppel nach Agram, um den dort stationierten KPÖ-Emissär Julius Kornweitz über die Verhaftungswelle in Wien zu informieren. Zu Kornweitz gesellte sich bald ein weiterer KP-Mann aus Moskau namens Leo Gabler. Kurz nach dem Angriff Deutschlands auf die Sowjetunion Mitte 1941 gingen die beiden nach Österreich, um die dortige KP-Organisation neu aufzubauen. Im Oktober 1941 wurde Gabler verhaftet. Mit ihm erwischte es alle Personen, mit denen er im Rahmen seiner Tätigkeit konspirativen Kontakt gehabt hatte. Kornweitz konnte untertauchen und sich monatelang versteckt halten. In dieser Zeit bildete sich übrigens eine neue zentrale KP-Leitung, die aus fünf »echten« Mitgliedern und nicht weniger als drei Spitzeln bestand. Kornweitz, der sich davon fernhielt, geriet trotzdem Ende April 1942 in die Fänge der Gestapo. Er wurde 1944 in Mauthausen ermordet, Gabler im selben Jahr im Landesgericht Wien enthauptet.[75]

Das oben Dargestellte ist nur ein kleiner Ausschnitt aus dem mörderischen Hin und Her von selbstlosem Opfermut, perfidem Verrat – durch die eigene Parteiführung ebenso wie durch »umgedrehte« Genossen – und kaltem Vernichtungswillen der Nationalsozialisten. Allein von 1938 bis 1943 wurden im Bereich der Gestapo-Leitstelle Wien 6272 kommunistische Widerstandskämpfer festgenommen.[76]

Die Schwerpunkte des kommunistischen Widerstands lagen in den Industriebezirken von Wien, Niederösterreich, der Obersteiermark und Graz. Das Ehepaar Frieda und Otto Hauberger stammte aus dem obersteirischen Industrieort Kapfenberg. Otto, ein gelernter Schlosser, früher Mitglied der sozialdemokratischen Wehrorganisation Republikanischer Schutzbund, hatte bald nach dem Anschluss nach jahrelanger Arbeitslosigkeit endlich wieder Arbeit gefunden: bei Böhler in Kapfenberg, dem führenden Rüstungsbetrieb der Steiermark. Das hinderte ihn nicht daran, sich dem kommunistischen Widerstand anzuschließen. Führer der Gruppe, deren Wirkungsbereich große Teile der obersteirischen Industrieregion umfasste, war der aus Graz stammende Elektrotechniker Anton Buchalka. Im Frühjahr 1940 flog die Sache auf. Buchalka kam vor den Volksgerichtshof, wurde abgeurteilt und hingerichtet. Hauberger hingegen ging nach einigen Monaten Haft frei, schwerkrank und teilweise gelähmt.

Als er nach längerer Rekonvaleszenz wieder im Böhler-Werk arbeiten konnte, trat er gemeinsam mit seiner Frau erneut einer Widerstandsgruppe bei. Sie verbreiteten Propaganda, versuchten sich aber auch in Sabotageakten und Anschlägen. Den Sprengstoff dafür erhielten sie von slowenischen Partisanen. Bald fand ein Spitzel seinen Weg in die Gruppe. Im April 1944 schlug die Gestapo zu. Als Otto Hauberger sich der drohenden Festnahme entziehen wollte, wurde er angeschossen. In der Haft lebte er nicht mehr lange. Angebliche Todesursache: Selbstmord. Frieda Hauberger, die es ebenfalls erwischt hatte, wurde gemeinsam mit zwei Genossen in Graz zum Tode verurteilt. Monatelang saß sie in der Todeszelle. Schließlich ertrug sie das Warten nicht mehr, erhängte sich, wurde aber im letzten Moment vom Aufseher abgeschnitten. Er gab ihr Schnaps und Kaffee und redete ihr zu: Ihr Akt müsse wohl auf dem Amtsweg nach Berlin verlorengegangen sein, denn sonst wäre sie schon längst hingerichtet worden. Sie solle deshalb nur ja nicht die Hoffnung aufgeben. Und tatsächlich, Frieda Hauberger überlebte.[77]

Explizit sozialdemokratische Widerstandsgruppen waren eher selten. Allerdings handelte es sich bei den allermeisten kommunistischen Widerständlern um ehemalige junge und linksgerichtete Sozialdemokraten, die nach dem Februar 1934 zu den Kommunisten übergelaufen waren.[78] Ältere und eher der Parteirechten angehörende Sozialdemokraten hingegen zogen es vor, sich während der Jahre der NS-Diktatur unauffällig zu verhalten und das mit dem Fortschreiten des Krieges immer absehbarere Ende des Nationalsozialismus abzuwarten. Joseph Buttinger, Führer des sozialdemokratischen Widerstands im Ständestaat, hatte gleich nach dem Berchtesgadener Abkommen und noch vor dem Anschluss die Devise ausgegeben: »Wir werden der braunen Polizeimaschine keine unnötigen Opfer liefern.« Deshalb sei jede politische Betätigung einzustellen. Erste Pflicht sei es zu überleben, denn die Partei werde später jeden erfahrenen Aktivisten dringender denn je benötigen.[79]

Die meisten Führer der Christlichsozialen Partei und der Vaterländischen Front waren nach dem Anschluss verhaftet worden, viele saßen im Gefängnis, viele waren nach Dachau und in andere Konzentrationslager verschleppt worden. Die wenigen, die verschont geblieben waren, hatten sich – wie etwa Julius Raab, der letzte Handelsminister Schuschniggs und spätere Bundeskanzler – ganz ins Privatleben zurückgezogen. So dauerte es einige Monate, bis es zur Bildung von Widerstandsgruppen des katholisch-konservativen Lagers kam. Als Initialzündung ist das Rosenkranzfest im Oktober 1938 anzusehen. Allerdings hatte es davor schon vorsichtige Aktivitäten in Richtung eines organisierten Widerstands gegeben. Von besonderer Bedeutung sind drei Gruppen, die allesamt denselben Namen trugen, nämlich »Österreichische Freiheitsbewegung«. Die bekannteste war jene, die auf Initiative des Klosterneuburger Ordenspriesters Roman Karl Scholz entstand. Die Gruppe um den Rechtsanwaltsanwärter Jakob Kastelic hing großösterreichischen Phantasien nach. Die dritte Gruppe wurde von einem entlassenen Finanzbeamten namens Karl Lederer geleitet. Alle drei Gruppen befassten sich hauptsächlich mit der Erzeugung und Verbreitung von antinationalsozialistischer, proösterreichischer Propaganda.

1940 kam es zu Gesprächen, um die drei »Freiheitsbewegungen« zu einer zusammenzuführen. Zu dieser Zeit war ein besonders aktiver und radikaler Mitstreiter zur Scholz-Gruppe gestoßen, der Burgschauspieler Otto Hartmann. Dieser forderte vehement, man solle doch endlich zu ernsthaftem Widerstand übergehen und Sabotage- und Terrorakte durchführen. Scholz widersprach: Gewaltanwendung sei mit seiner christlichen Gesinnung nicht vereinbar. Hartmann, so stellte sich bald heraus, war ein Spitzel und *agent provocateur*. Im Sommer 1940 zerschlug die Gestapo die drei Gruppen und verhaftete Hunderte Personen. Die führenden Aktivisten wurden nach und nach wegen »Vorbereitung zum Hochverrat« abgeurteilt und hingerichtet.

Laut Wolfgang Neugebauer ist eine bunte Reihe von Gruppen und mehr oder weniger losen Vereinigungen dem katholisch-konservativen Widerstandskreis zuzurechnen: diverse katholische Jugendgruppen, die schon früh ihre Aktivitäten entfalteten; widerständische Kreise, die sich um Persönlichkeiten des bürgerlichen Lagers bildeten; Gruppen und Grüppchen von Legitimisten, also jenen, die für die Wiedererrichtung der Monarchie unter dem Haus Habsburg eintraten; die christliche Arbeiterbewegung; die katholische Studentenorganisation Cartellverband und so weiter.[80]

Aus dem bürgerlich-konservativen Lager heraus entstand eine Widerstandsgruppe, die Kontakte zu allen politischen Lagern zu knüpfen versuchte und sich bewusst überparteilich gab: die »O5«. Eine starke, einprägsame Marke, die sich rasch auf Hauswände, Mauern, Gehsteige und dergleichen malen ließ. Kopf und Initiator der Gruppe war Hans Sidonius Becker, der ehemalige Propandaleiter der Vaterländischen Front. Er war mit dem sogenannten Prominententransport am 1. April 1938 ins KZ Dachau eingeliefert und im Dezember 1940 entlassen worden. Eine besondere Stärke der Gruppe war es, dass sie über den jungen Soldaten Fritz Molden Kontakte zum US-Geheimdienst OSS und dessen Gesandten Allen Dulles in Bern knüpfen konnte. Wolfgang Neugebauer zufolge wird die Bedeutung der Gruppe allerdings überschätzt. Zweifellos erfüllte sie in der Endphase des Krieges eine wichtige Funktion, aber es handelte sich keineswegs um *die* große Dachorganisation des österreichischen Widerstands, wie manche ihrer Protagonisten später verbreiteten.[81]

Während sich die römisch-katholische Amtskirche dem Nationalsozialismus gegenüber vorsichtig abwartend verhielt, fanden sich viele Priester, Ordensleute und Laien, die mutig dazu bereit waren, für ihren Glauben und ihre Überzeugung einzustehen und ihr Gewissen als oberste Richtschnur ihres Handelns anzulegen. 724 katholische Priester kamen laut der Historikerin Erika Weinzierl in der NS-Ära ins Gefängnis. Sieben von ihnen starben in der Haft, 15 wurden hingerichtet. Von 110 Priestern, die in Konzentrationslager eingewiesen wurden, überlebten 20 die Haftzeit nicht. Mehr als 200 Priester wurden aus dem jeweiligen Gau oder sogar der gesamten Ostmark verwiesen. Über rund 1500 Priester verhängten die NS-Behörden ein Predigt- und Unterrichtsverbot.[82]

Die im Krankenhaus Mödling bei Wien als Operationsschwester tätige Helene Kafka (Ordensname Maria Restituta) hatte aus ihrer Ablehnung des Nationalsozialismus nie ein Hehl gemacht. Hitler war für sie ein »Narrischer«, und das sprach sie auch ganz offen aus. Wo und wann es nur ging, lehnte sie sich gegen nationalsozialistische Gebote auf. Sie war nicht bereit, im Spitalsalltag irgendwelche Zugeständnisse an die neue Staatsideologie zu machen. So hängte sie unter anderem im neu eingerichteten Spitalstrakt Kruzifixe auf, was sie in offenen Konflikt mit einem im Krankenhaus tätigen SS-Arzt brachte. Und dieser war es auch, der sie wegen der Verbreitung eines antinationalsozialistischen »Soldatenliedes« denunzierte. Im Februar 1942 wurde Helene Kafka verhaftet, im Oktober stand sie vor dem Volksgerichtshof und erhielt die Höchststrafe. Dass sie zu einer Ikone des österreichischen Widerstands aufstieg, dürfte nicht zuletzt auf ihre Beliebtheit bei den Mitgefangenen – zumeist atheistische Kommunistinnen – zurückzuführen sein. »Sie hat geholfen ohne Rücksicht auf Nationalität oder Weltanschauung«, sagte ihre Mitgefangene Anna Haider über sie. Nach der politischen Ausrichtung und Konfession habe sie nicht gefragt, es habe keinerlei Bedeutung für sie gehabt. »Sie hat die Menschen sichtlich wirklich gerne gehabt.« Am 30. März 1943 wurde Schwester Maria Restituta am Wiener Landesgericht enthauptet.[83]

Als weitaus bekannteste Persönlichkeit des österreichischen Widerstands, geradezu als ihre Leitfigur, gilt ein einfacher Bauer aus dem

oberösterreichischen Innviertel: Franz Jägerstätter. Den Nationalsozialismus lehnte er von Anfang an ab. Bei der Abstimmung am
10. April 1938 war er der Einzige in seinem Dorf, der mit Nein
stimmte, aber die Wahlkommission unterschlug sein Votum. Im
Juni 1940 wurde Jägerstätter zur Wehrmacht einberufen, dann zurückgestellt, ab Oktober 1940 musste er seine Grundausbildung
absolvieren, erlangte aber im April 1941 eine neuerliche »UK«-Stel-
lung. Aufgrund seiner Erfahrungen beim Heer verfestigte sich bei
ihm die unbedingte Gegnerschaft zum Nationalsozialismus. Er beschloss, einer neuerlichen Einberufung unter keinen Umständen
Folge zu leisten: Er könne den Kampf für den NS-Staat nicht mit seiner christlichen Gesinnung und seinem Gewissen vereinbaren. Und
an diesem Entschluss hielt er eisern fest, als er im Februar 1943 den
Einberufungsbefehl erhielt. Jägerstätter wurde verhaftet, nach
Berlin geschafft und vom Reichskriegsgericht wegen Wehrkraftzersetzung zum Tod verurteilt. Am 9. August 1943 starb er durch das
Fallbeil.[84]

Helene Kafka und Franz Jägerstätter wurden viele Jahre nach ihrem Tod in den Rang von Märtyrern der katholischen Kirche erhoben. Ihre Wirkung zur Zeit der NS-Herrschaft blieb auf einen kleinen
Kreis von Angehörigen, Freunden und Nachbarn beschränkt. Jägerstätters rigide, im Grunde selbstmörderische Haltung als Ehemann
und Vater von drei Kindern etwa stieß in seiner Heimatgemeinde
auch viele Jahre nach dem Krieg noch auf Unverständnis. Wie auch
immer: Die Ordensschwester und der strenggläubige Laie waren ihrem Gewissen gefolgt. Und das NS-Regime hatte an ihnen ein Exem-
pel statuiert.[85]

Wenn es um Menschen geht, die aus Gewissensgründen und religiöser Überzeugung in den Tod gingen oder zumindest schwerste
Unbill auf sich nahmen, darf die kleine Gemeinschaft der Zeugen Jehovas nicht vergessen werden. Die »Bibelforscher«, wie sie im NS-Jar-
gon hießen, lehnten den Nationalsozialismus in all seinen Facetten
und mit beeindruckender Konsequenz ab: Sie verweigerten den Hitlergruß, den Dienst in der Hitlerjugend, die Arbeit in Rüstungsbetrie-
ben und den Wehrdienst. Von 550 Mitgliedern in Österreich kamen

infolge der den NS-Herrschaft nicht weniger als 154 um. Von 51 Todesurteilen gegen Wehrdienstverweigerer wurden 42 vollstreckt.[86]
Individueller Widerstand ergab sich oft spontan aus der Situation
heraus. Bei Soldaten etwa konnte er die verschiedensten Formen
annehmen: offener und versteckter Ungehorsam, Befehlsverweige-
rung, Sabotage, listiges Hintertreiben von Befehlen oder die mutige,
selbstlose Hilfeleistung für Verfolgte. Bemerkenswert ist, wie weit
Feldwebel Anton Schmid, im Zivilleben Radiohändler in Wien, zu
gehen bereit war. Als Dienststellenleiter der Sammelstelle für ver-
sprengte Wehrmachtssoldaten in der litauischen Hauptstadt Wilna
(Vilnius) hatte er die unfassbaren Pogrome und Massenmorde an Juden aus nächster Nähe miterlebt. Schließlich folgte er, wie er schreibt,
seinem »weichen Herzen«. Schmid ging dazu über, so viele Juden als
möglich als Zwangsarbeiter in seiner Dienststelle unterzubringen
und sie mit einer neuen, nichtjüdischen Identität auszustatten. Auf
diese Weise kam er in Kontakt mit der jüdischen Untergrundbewe-
gung des Ghettos in Wilna und arbeitete bald eng mit ihr zusammen.
Der jüdische Schriftsteller Hermann Adler, der gemeinsam mit seiner Frau mehrere Monate in Schmids Dienstwohnung versteckt
überlebte, beschreibt seinen Retter als schlichten, treuherzigen Menschen: »Er war nicht religiös, er war kein Philosoph. Er las keine Zeitung [und] Bücher schon gar nicht. Er war kein geistiger Mensch.«
Letztlich handelte Anton Schmid nicht aus politischen, sondern aus
menschlichen Erwägungen, folgte seinem Gefühl, nicht dem Verstand. Er rettete schätzungsweise 100 bis 350 Juden das Leben. Im
Februar 1942 flog seine Tätigkeit auf, er wurde zum Tode verurteilt
und im April 1942 erschossen.[87]
    Der Widerstand Einzelner, die keiner Organisation angehörten,
fand seinen Ausdruck oft in Aktionen spontaner Hilfsbereitschaft
für Verfolgte. »Hör auf. Du gehst nicht. Ich werde dich verstecken!«,
sagte die Schauspielerin Dorothea Neff zu ihrer jüdischen Freundin,
der Kostümbildnerin Lilli Wolff. Diese hatte gerade erfahren – es war
Oktober 1941 –, dass sie in den Osten verschickt werden sollte. Und
so war sie gerade dabei, ihre Koffer zu packen. Lilli war 1940 ver-
botenerweise von Köln nach Wien gekommen. Dorothea hatte sie

von Anfang an unterstützt. Nun versteckte sie sie unter widrigsten Umständen bis zur Befreiung 1945 bei sich in der Wohnung, viereinhalb Jahre lang.[88] In der Großstadt unterzutauchen war für viele Juden die einzige Chance, der Deportation zu entgehen und zu überleben. Aber das ging nicht ohne die Hilfe von »Ariern«. Die Helferinnen (weit über die Hälfte waren Frauen) und Helfer kamen aus allen Schichten, Konfessionen und politischen Lagern, waren religiös oder nichtreligiös eingestellt, politisch aktiv oder desinteressiert. Nicht immer war ihre Unterstützung selbstlos. Oft waren es entfernte Bekannte, die sich – um Hilfe gebeten – bereitwillig zur Verfügung stellten, während sich einstige enge Freunde aus Angst oder Bequemlichkeit drückten.[89]

Über Widerständigkeit und Resistenzverhalten im Alltag geben Studien über Denunziation Auskunft. Sie lassen Rückschlüsse auf all das zu, was von den Behörden als verdächtiges, verwerfliches Verhalten geahndet wurde. Als etwa eine NSV-Blockleiterin in der Steiermark im August 1943 eine Frau wegen einer Spende ansprach, erhielt sie folgende Antwort:»Was wollen Sie schon wieder da? Wollt Ihr noch länger Krieg führen, habt Ihr noch nicht genug Blut vergossen? Und Ihr glaubt noch an einen Sieg? Lächerlich, seid doch nicht so blöd. Unsere Soldaten wollen ja nicht mehr kämpfen, ein jeder hat schon genug, aber Ihr gebt nicht nach.« Voller Empörung meldete die Blockleiterin die Frau der Gestapo. Das Oberlandesgericht Graz verurteilte die Unvorsichtige zu einem Jahr Zuchthaus. Sie habe versucht,»den Willen des deutschen Volkes zur wehrhaften Selbstbehauptung zu lähmen und zersetzen«. Nach Ablauf der Strafe kam sie ins KZ Ravensbrück. Dort starb sie im Januar 1945.[90]

Als Denunzianten betätigten sich häufig unerschütterliche, fanatische Hitleranhänger, die nicht wahrhaben wollten, dass das Ende des Nationalsozialismus nahe bevorstand. Zum Fanatismus gesellten sich oft private Gründe – persönliche Rachsucht, Streitigkeiten innerhalb der Familie, in der Nachbarschaft oder im Beruf. In der Anonymität der Städte und industrieller Ballungsräume kam Denunziation ungleich häufiger vor als im ländlich-dörflichen Bereich. Ab 1943 schnellten derartige Anzeigen beträchtlich in die Höhe, 1944 erreichten sie ihren Höhepunkt, um 1945 wieder deutlich abzusinken. Stalingrad markierte nicht nur den Anfang vom Ende des NS-Staates, sondern auch eine Wende in der Haltung der Bürger zu diesem Staat. Beinahe die Hälfte aller Anzeigen betraf regimekritische Äußerungen, Defätismus und das Abhören von Feindsendern. In 27 Prozent aller Fälle ging es um Widerstandshandlungen gegen das NS-Regime (oppositionelle Betätigung, Zugehörigkeit zu einer Widerstandsgruppe, Sabotage etc.). Dazu kamen Anzeigen wegen »Drückebergerei« (Desertion, Selbstverstümmelung etc.), wegen verbotenen Umgangs mit Zwangsarbeitern und Kriegsgefangenen, wegen »Rassenschande«, Anzeigen gegen Juden und Judenfreunde sowie einer Reihe von weiteren Delikten.

Die Auswertung der Akten der nach Kriegsende eingerichteten österreichischen Volksgerichte (Sonderstrafsenate zur Verfolgung nationalsozialistischer Straftaten) durch den Historiker Heimo Halbrainer ergab eine Anzahl von rund 1900 Personen, die im Gau Steiermark zwischen 1938 und 1945 einmal oder mehrmals wegen regimekritischer Aussagen und Handlungen angezeigt wurden.[91] Hochgerechnet auf die gesamte Ostmark, könnte man von ungefähr elfbis zwölftausend während der NS-Herrschaft denunzierten Personen ausgehen.[92] Demnach wird man die Zahl der Denunzianten bei zehntausend oder weniger ansetzen müssen. Der Anteil der Denunzianten wie der Denunzierten lag also jeweils unter 0,2 Prozent der Gesamtbevölkerung. Obwohl die Volksgerichtsakten die Denunziationen wahrscheinlich nicht vollständig abbilden, bleibt die Vermutung, dass die wegen regimekritischen Äußerungen und sonstigen widerständigen Handlungen denunzierten und in irgendeiner Weise deshalb verfolgten Personen bestenfalls ein Prozent der Gesamtbevölkerung ausmachen dürften. Was aber besagen diese Spekulationen? Heißt das, dass relativ wenige Bürger der Ostmark so niederträchtig waren, ihre Mitbürger zu denunzieren? Oder heißt es vielmehr, dass die Ostmärker so staats- und regimetreu waren, dass es kaum Anlass gab, kritische Äußerungen und Handlungen anzuzeigen? Jedenfalls hat die neuere Forschung die angebliche Allgegenwart der Gestapo als Legende entlarvt. Die Polizei- und Gestapostellen waren personell durchweg viel zu dünn besetzt und überlastet. Gerade in Fällen von »Heimtücke«, »Rundfunkvergehen« und »Wehrkraftzersetzung« waren sie auf freiwillige Angaben aus der Bevölkerung angewiesen. Es sei absurd zu meinen, die Gestapo sei von Haus zu Haus gegangen, um nach Schwarzhörern zu fahnden, so ein Gestapobeamter 1946 als Zeuge vor Gericht. »Wo wir nichts wussten, konnten wir auch nichts vermuten.«[93]

Das populärste widerständige Delikt, vermutlich auch das am häufigsten denunzierte, war das geheime Abhören von Sendern der alliierten Mächte – juristisch »Rundfunkverbrechen« und im alltäglichen Sprachgebrauch »Schwarzhören« genannt. Die Sondergerichte konnten auf Grundlage der zu Kriegsbeginn erlassenen »Verordnung über außerordentliche Rundfunkmaßnahmen« schwere Strafen verhängen: Gefängnis oder Zuchthaus für das bloße Abhören, Zuchthaus und in schweren Fällen sogar die Todesstrafe für das Weitererzählen des Gehörten. Der Grund für das massenhafte Abhören von ausländischen Sendern war verständlich: Man wollte wissen, was tatsächlich auf den Kriegsschauplätzen los war. Denn zu Recht traute man den eigenen Medien nicht. Die Aufrufe zum Widerstand gegen das Nazi-Regime, die von den Feindsendern neben den Informationen regelmäßig ausgestrahlt wurden, blieben allerdings zumeist ungehört. Immerhin trugen die von Schwarzhörern verbreiteten Informationen über den tatsächlichen Kriegsverlauf stark zu einer realistischen Einschätzung der eigenen Aussichten in diesem Krieg bei – und damit zu einem Verhalten, das gewiss nicht kriegsverlängernd wirkte. Josef Schöner machte im November 1944 die Beobachtung, dass sich die Menschen ziemlich ungeniert in aller Öffentlichkeit darüber unterhielten, was sie auf BBC gehört hatten. »Nicht nur Gegner, sondern auch Pgs und Zitternde hören schwarz, da nutzen alle Verbote, Drohungen und Todesstrafen nix.«[94]

Insgesamt gesehen, gab es durchaus so etwas wie einen spezifisch österreichischen Widerstand. Erstens bestand in aller Regel eine fast völlige organisatorische Trennung zwischen österreichischem und deutschem Widerstand, und zweitens hatten österreichische

Widerständler meist neben der Beseitigung des Nationalsozialismus die Wiederherstellung eines unabhängigen und demokratischen österreichischen Staates zum Ziel. Und das traf sowohl auf den kommunistischen als auch auf den katholisch-konservativen Widerstand zu. Freilich lässt sich sagen, dass diese Zielsetzung erst mit dem Fortschreiten des Krieges, als sich die Niederlage Deutschlands immer mehr abzuzeichnen begann, an der nötigen Schärfe und Klarheit gewann.

Erst nach Stalingrad, erinnert sich Johannes Eidlitz, ein Mitglied der O5-Gruppe, sei »das Radl (...) sozusagen plötzlich gelaufen«. Ein Umschwung in der öffentlichen Meinung habe eingesetzt. Die Leute, die auch bis dahin keineswegs allesamt Nazis gewesen seien, hätten mit einem Mal umgedacht. Fortan habe man als Widerständler ganz anders mit ihnen reden können. Trotzdem sei klar gewesen, dass es vor dem Heranrücken der Front unmöglich war, durch Widerstandsaktionen irgendetwas Greifbares zu erreichen. Vielmehr sei man sich auch damals schon über die zwielichtige Rolle, die Österreich im Jahr 1938 gespielt habe, im Klaren gewesen, ebenso wie über die Last, die daraus erwachsen werde. »Wir waren uns durchaus bewusst, dass wir nicht mit einem großen Aufstand gewinnen können, sondern dass es darum ging, bei Kriegsende, bei der großen Abrechnung, die dann stattfinden würde, sagen zu können: Ein bisserl etwas haben wir auch gemacht.«[95]

Panik und Hoffnung / 1945

UNTERGANG

Das bedrohliche Näherrücken der Roten Armee hatte Hitler schon im Sommer 1944 dazu veranlasst, den Bau einer Befestigungsanlage entlang der Reichsgrenze zwischen Ostsee und Adria zu befehlen. Im Bereich des Burgenlandes, das 1938 auf die Gaue Niederdonau und Steiermark aufgeteilt worden war, erhielt die Anlage die Bezeichnung »Reichsschutzstellung« oder »Südostwall«. Die Verantwortung für die Bauabwicklung lag bei den Gauleitern und Reichsverteidigungskommissaren Jury, Schirach und Uiberreither. Die Stellung sollte aus einem fünf Meter breiten und rund dreieinhalb Meter tiefen, V-förmigen Panzergraben mit dahinterliegenden Feldstellungen sowie Betonfallsperren an Straßen und Eisenbahnen bestehen. Die Unterstände wurden zumeist aus Holz gefertigt. Beton stand nicht mehr ausreichend zur Verfügung. Rund 300 000 Menschen kamen bei den Schanzarbeiten im Herbst und Winter 1944/45 zum Einsatz: Hitlerjugend, Notdienstverpflichtete aus der lokalen Bevölkerung, Fremdarbeiter, Kriegsgefangene und ungarische Juden. Die Verpflegung war schlecht, ebenso die Unterbringung und die hygienischen Bedingungen, die Behandlung der Fremdarbeiter und Kriegsgefangenen, vor allem der Juden, war unmenschlich, die Arbeit extrem schwer. Die Zahl der Opfer, die der Bau forderte, wird mit 33 000 beziffert.[1]

Im Spätsommer 1944 waren sowjetische Truppen, unterstützt von rumänischen Einheiten, in Ungarn eingedrungen, hatten nach der Einnahme von Debrezin Mitte Oktober mehrere Verteidigungslinien durchbrochen und waren zügig auf Budapest vorgestoßen. Ende Dezember begann die Schlacht um die nunmehr vollständig eingekesselte Stadt, die von Hitler zur Festung erklärt worden war. SS-Einheiten und ungarische Truppen verteidigten die Schwesterstadt Wiens mit allen zur Verfügung stehenden Mitteln und bereiteten ihr ein Schicksal ähnlich jenem von Stalingrad. Mitte Februar 1945 war der Kampf beendet und die Stadt ein Trümmerhaufen. Opfer: 165 000 Tote beim Militär und in der Zivilbevölkerung.

Anfang März 1945 versuchte Hitler noch einmal eine Offensive, eine allerletzte. Es ging um den Schutz Wiens und um die Sicherung der ungarischen Ölquellen und der dort lagernden Treibstoffreserven. Für die »Plattenseeoffensive« hatte Hitler Kräfte aus dem Westen hierher verlegen lassen, durchweg Verbände der Waffen-SS, die als besonders kampfstark galten. Allein, zu diesem Zeitpunkt waren sie es schon lange nicht mehr, sondern abgekämpft und mit notdürftig ausgebildeten, unerfahrenen Soldaten aufgefüllt, trotzdem weit unter Sollstärke. Die Offensive startete am 6. März. Den SS-Panzerdivisionen gelangen geringfügige Geländegewinne bei starker Gegenwehr. Bald blieben sie im Schlamm stecken. Die Sowjets, die vorab Wind von der Aktion bekommen hatten, waren gut vorbereitet gewesen. Der Gegenstoß der 2. und 3. Ukrainischen Front fegte alles hinweg und warf die Wehrmacht binnen weniger Tage auf die Reichsgrenze zurück. Und sogleich zeigte sich, was der soeben errichtete »Wall« wert war: nichts. Als die feindlichen Panzer näher rückten, setzten sich die als Besatzung aufgebotenen Volkssturmmänner in der Regel sofort Richtung Westen ab. Sofern die Stellungen überhaupt besetzt waren.[2]

Der russische Hauptstoß erfolgte über die Straße von Szombathely nach Kőszeg. Und dort, beim Dorf Klostermarienberg, überschritt das IX. Garde-mech. Korps am Gründonnerstag, 29. März 1945, fünf Minuten nach 11 Uhr vormittags, die Reichsgrenze und drang ins Burgenland ein. In sowjetischen Meldungen hieß es: »Wir sind über die große Linie geschritten.« Sieben Jahre und siebzehn Tage nachdem die Wehrmacht Österreich von Westen her besetzt hatte, drang die Rote Armee aus dem Osten in Österreich ein. Die Eroberer waren

1938 mit haltlosem Jubel begrüßt worden, die Befreier von 1945 trafen auf verängstigte, verzweifelte Menschen, die mit dem Schlimmsten rechneten.

Rasch stieß die 3. Ukrainische Front unter Marschall Tolbuchin über Eisenstadt und Wiener Neustadt Richtung Wien vor. Am 3. April erreichte die Rote Armee Baden bei Wien. Hier teilten sich die Truppen. Der größere Teil griff Wien vom Süden her an, das flache Wiener Becken war ein ideales Gelände für große Panzerverbände. Der kleinere Teil drang durch das Helenental in den Wienerwald Richtung Klosterneuburg vor, um die Stadt vom Westen her zu umfassen. Am 6. April standen die sowjetischen Truppen am südlichen, am 7. April am westlichen Stadtrand. Eigentlich hatten die Verteidiger mit einem Angriff aus dem Osten rechnen müssen. Tatsächlich aber kam die 2. Ukrainische Front erst mit einiger Verzögerung über die Slowakei ins Marchfeld. Sie erreichte den östlichen Stadtrand am 13. April und kämpfte gegen die aus Wien in nordwestliche Richtung abziehenden SS-Truppen.

Im Wiener Wehrkreiskommando XVII hatte sich um Major Carl Szokoll ein militärischer Widerstandskreis gebildet. Nach dem Scheitern der Verschwörung des 20. Juli 1944 war die Gruppe mit viel Glück unentdeckt geblieben. So hatte man sich in weiterer Folge aller Aktivitäten enthalten, um keine Aufmerksamkeit zu erregen. Als sich das Herannahen der Sowjetarmee abzeichnete, fassten Szokoll und seine Leute einen Plan, die Zerstörung Wiens zu verhindern und die Stadt kampflos zu übergeben. Die österreichisch-patriotische Tarnbezeichnung dafür war »Operation Radetzky«. Zwei Abgesandte der Gruppe traten am 2. April in Hochwolkersdorf im südöstlichen Niederösterreich in Kontakt mit dem Oberkommando der 3. Ukrainischen Front. Die Sowjets zeigten sich interessiert. Man vereinbarte Details. Auf ein Zeichen hin sollten die Widerstandsgruppe und »österreichische« Wehrmachtseinheiten in Wien mit dem Aufstand beginnen. Stichtag: 6. April. Aber alles ging schief. Bereits am 5. April wurde ein wichtiger Akteur der Widerstandsbewegung, Major Biedermann, denunziert und verhaftet. Der Aufstandsplan flog auf, weitere Verschwörer, Hauptmann Huth und Oberleutnant Raschke, gerieten in die Fänge der SS. Alle drei wurden standgerichtlich zum Tod verurteilt und auf offener Straße in Wien-Floridsdorf gehenkt. Szokoll und andere entkamen.[3]

Am 6. April trat die 3. Ukrainische Front vom Süden her den Vormarsch auf Wien an, am 7. April vom Westen aus dem Wienerwald und am 8. April vom Norden entlang des rechten Donauufers. Die Russen schätzten die Lage weitgehend richtig ein, wenngleich sie die Stärke der Verteidiger zu hoch bewerteten. In Wahrheit handelte es sich um bunt zusammengewürfelte Truppen: Ersatzabteilungen der Wehrmacht, Hitlerjugend, Volkssturm sowie die 6. SS-Panzerarmee, geführt von Sepp Dietrich, einem der Treuesten von Hitlers Getreuen. Auch er konnte die zweitgrößte Stadt des Deutschen Reichs nicht halten. Rund eine Woche dauerten die Kämpfe auf Wiener Stadtgebiet. Sukzessive zogen sich die Deutschen zum Donaukanal und dann über die Donau in den Raum Kagran und Floridsdorf zurück, während sich aus dem Osten bereits die 2. Ukrainische Front herankämpfte. Die abziehenden Truppen zerstörten die Floridsdorfer Brücke. Die Reichsbrücke, Wiens zweiter Donauübergang, bekamen die Sowjets hingegen wie durch ein Wunder unversehrt in die Hände. Schließlich war nur noch ein schmaler Korridor am linken Donauufer bei Langenzersdorf und Korneuburg frei. Durch diese Lücke entkamen die deutschen Einheiten in der Nacht vom 13. auf den 14. April der drohenden Einkesselung. Bezüglich der sowjetischen Verluste während der Wiener Angriffsoperation von Mitte März bis Mitte April werden in der neueren Literatur exakte Zahlen genannt: 38 661 Gefallene, 129 279 Verwundete. Und an Sachverlusten: 603 Panzer, Sturmgeschütze und Selbstfahrlafetten, 764 Geschütze und Granatwerfer sowie 614 Kampfflugzeuge. Aufseiten der Deutschen, die ungarischen Verbündeten eingeschlossen, fielen rund 19 000 Mann.[4]

Während in Wien die Schlacht tobte, eroberte die 2. Ukrainische Front das flache bis hügelige Agrarland östlich und nördlich von Wien (Marchfeld und Weinviertel). Besonders das Erdölgebiet von Zistersdorf verteidigten die Deutschen mit Vehemenz, aber erfolglos. Als die Region um den 17. April aufgegeben werden musste, gingen die letzten bedeutenden Erdölvorkommen des Deutschen Reichs verloren. An vielen anderen Orten kam es zu tagelangen heftigen Kämpfen. Die Zivilbevölkerung hatte ihre Häuser zumeist verlassen und sich in die tief in den Lössboden gegrabenen Weinkeller der Region zurückgezogen. Deshalb waren ihre Verluste vergleichsweise gering. Im nördlichen Weinviertel versuchten starke sowjetische Kräfte einen Durchbruch durch die deutsche Front Richtung Westen. Die Offensive misslang trotz starker Geländegewinne. Die Deutschen, die alles zusammengezogen hatten, was nur irgendwie zur Verfügung stand, erzielten einen überraschenden Abwehrerfolg. Danach erlahmte der Elan der russischen Truppen zusehends. Schließlich kam die Front ganz zum Stehen. Das Hauptaugenmerk der Sowjets wandte sich den tschechischen Gebieten zu.[5]

Im Süden stieß die 3. Ukrainische Front zügig voran. Die Reichsschutzstellung, die zum größten Teil unbesetzt geblieben war, hatte sich als unbedeutendes Hindernis erwiesen. Am Ostermontag, 2. April, erreichten die Spitzen des linken Flügels Kirchberg an der Raab. Entfernung zum Grazer Stadtzentrum: keine 30 Kilometer Luftlinie. Hier kam der Vormarsch vorerst zum Stillstand. Einzig dem abgelegenen Raum Fischbach – einer als »Joglland« bekannten gebirgigen Region, rund 50 Kilometer nordöstlich von Graz – galt das besondere Interesse des Kommandos der Roten Armee. Über diese Entscheidung ist später viel gerätselt worden. Der militärische Vorteil der verlustreichen Operationen ist nicht ersichtlich. Vom 13. bis 18. April hielten russische Truppen den Ort Fischbach besetzt. Es kam zu willkürlichen Erschießungen, Dutzende Frauen wurden vergewaltigt. Ein erfolgreicher deutscher Gegenstoß warf die Sowjets aber wieder aus dem Ort und der gesamten Region. Bis Kriegsende verlief die Front ungefähr entlang der steirisch-burgenländischen Grenze.[6]

Nach dem Überschreiten des Rheins im März 1945 hatte der Oberbefehlshaber der Westalliierten, General Eisenhower, eine Verlagerung des Schwerpunktes der Operationen nach Süden vollzogen. Es ist möglich, dass Eisenhowers Entscheidung von der Befürchtung beeinflusst war, im Alpenraum könnte so etwas wie ein letztes deutsches Bollwerk entstehen, eine »Alpenfestung«, in der das NS-Regime versuchen könnte die gegenwärtige Krise zu überstehen. Darüber war in amerikanischen Geheimdienstberichten schon seit geraumer Zeit spekuliert worden.

Der Gedanke stammte aus der Schweiz. Dort war 1940 bis 1942 ein »Réduit national« errichtet worden, eine massive Befestigungsanlage in den zentralen Alpenkantonen, in die sich die Schweizer Armee im Fall einer deutschen Invasion zurückziehen sollte. Ab Mitte 1944 kamen bei den alliierten Geheimdiensten Spekulationen auf, ob sich nicht die Wehrmacht gegen Kriegsende als letzte Zuflucht in den Alpen verschanzen würde. Gab es nicht Anzeichen genug, die genau darauf hindeuteten? Tatsächlich begannen die Deutschen 1944 mit dem Ausbau der »Voralpenstellung«, die sich von der Schweizer Grenze bis Istrien erstrecken sollte. Diese Aktivitäten stärkten in alliierten Kreisen die Meinung, Hitler plane tatsächlich eine Alpenfestung. Ein entsprechender Geheimbericht fiel in deutsche Hände und landete über Umwegen auf dem Schreibtisch des Tiroler Gauleiters und Reichsverteidigungskommissars Hofer. Das war im Herbst 1944. Hofer war erstaunt über die unzutreffenden alliierten Befürchtungen, konnte aber der Idee an sich durchaus etwas abgewinnen.

Er richtete über Bormann an Hitler die »dringende Bitte«, eine derartige Festung in den Alpen einrichten zu lassen. Diese stelle »eine einzigartige Möglichkeit dar, um bei geschickter und rascher Auswertung überhaupt noch in ein diplomatisches Gespräch zu kommen«. Hitlers Antwort ließ auf sich warten, sooft und sosehr Hofer auch insistierte. Bormann hielt die Vorlage von Hofers Vorschlag zurück. Die Zeit dafür schien ihm erst gekommen, als die Amerikaner den Rhein überschritten hatten und ins Ruhrgebiet eingedrungen waren. Es mutet wie ein schlechter Witz an, dass Hofer am 9. April 1945 nach Berlin zitiert wurde, um mit Hitler zu sprechen. Und man kann es wohl nicht anders denn als totalen Realitätsverlust bezeichnen, dass Hitler am 12. April in den Plan einwilligte und am 28. April – zwei Tage vor seinem Selbstmord – den Befehl erteilte, das Projekt »Alpenfestung« in Angriff zu nehmen.[7]

Um 19.30 Uhr dieses 28. April 1945 überschritt eine Kompanie der zur 7. US-Armee gehörenden 44. US-Infanteriedivision, von Steinach im Allgäu kommend, die Tiroler Grenze. Gleich hinter ihr stießen Panzer der 10. US-Panzerdivision nach. Ohne auf Gegenwehr zu treffen, fuhren sie in das kleine Tiroler Städtchen Vils ein. Anschaulich beschrieben ist die Situation in einem amerikanischen Bericht: Man habe so viele Kriegsgefangene gemacht, dass es unmöglich gewesen sei, genügend Wachen für sie abzustellen. »Sie marschierten meist gebrochen und vollständig demoralisiert die Straßen entlang nach hinten, in geschlossenen Kolonnen, die von ihren eigenen Offizieren und Unteroffizieren geführt wurden. Ebenso überfluteten wahre Ströme von Flüchtlingen die Straßen, unter ihnen Frauen und Kinder sowie viele Männer, die noch die gestreiften Anzüge der Konzentrationslager trugen.«[8]

Beim Vorrücken auf die Bezirksstadt Reutte stießen die Amerikaner auf deutschen Widerstand. Munitionsmangel und die wachsende Feindseligkeit der Tiroler Bevölkerung, die den sinnlosen Kampf so rasch wie möglich beendet sehen wollte, führten zum Rückzug der Verteidiger. Der weitere Vormarsch der US-Truppen wurde bestenfalls durch zerstörte Brücken und gesprengte Straßenstücke behindert. Ein heftiger Kampf entwickelte sich hingegen um den Fernpass. Die Amerikaner benötigten mehrere Tage, um den Übergang von Lermoos und Ehrwald nach Nassereith zu erzwingen. Schnee, Regen und Eis behinderten sie stark, ebenso die geschickte Verteidigung. Allerdings machte sich im Rücken der deutschen Truppen bereits die Tiroler Widerstandsbewegung störend bemerkbar. Am 2. Mai zogen die Amerikaner in Nassereith ein.

An der Porta Claudia, einer Engstelle zwischen Mittenwald in Oberbayern und Scharnitz in Tirol, war ein vierzig Mann starker HJ-Bann aus Innsbruck platziert worden. Als die Amerikaner am 1. Mai 1945 hier angriffen, herrschte starker Schneefall. Es gelang den Hitlerjungen, zwei US-Panzer abzuschießen. Die Amerikaner antworteten: mit heftigem Gegenbeschuss. Nicht weniger als 28 der Jugendlichen starben. Nach zwei Stunden war der Widerstand gebrochen. Eine weitere deutsche Abwehrstellung, am Zirler Berg, wurde am Morgen des 3. Mai überwunden. Die 103. US-Infanteriedivision stand vor Innsbruck. Dort hatte sich die von Karl Gruber geführte Tiroler

Widerstandsbewegung tags zuvor erhoben, Kasernen besetzt und den kommandierenden General der Wehrmacht gefangen gesetzt. Noch in den Abendstunden des 3. Mai 1945 rückten erste US-Verbände in der Tiroler Landeshauptstadt ein.

Bregenz, Vorarlbergs Hauptstadt, war nach vorangegangenem Artilleriebeschuss bereits am 1. Mai 1945 von französischen Truppen eingenommen worden. Die Franzosen besetzten anschließend sukzessive das gesamte Bundesland. Am 6. Mai standen sie am Arlberg.[9] General Eisenhower hatte am 30. April von seinen Truppen größtmögliche Beschleunigung gefordert. Etwaige noch nicht zerschlagene oder in Gefangenschaft geratene deutsche Verbände sollten daran gehindert werden, wichtige Alpenübergänge zu besetzen und die Zugänge in den zentralalpinen Raum zu sperren. So war um die Besetzung des Alpenraums ein regelrechter Run zwischen den US-Armeen entstanden. Es ging den Generälen nicht zuletzt um den Ruhm, die mysteriöse »Alpenfestung« einzunehmen und damit dem Nationalsozialismus den Todesstoß zu versetzen. Was Salzburg betrifft, bekam die 7. US-Armee des General Patch den Zuschlag gegenüber der von General Patton geführten 3. Armee. Als »Ringen mit der Wehrmacht« lässt sich der Vormarsch der Amerikaner gegen die österreichische Grenze nicht beschreiben. Die wenigen deutschen Soldaten, die hier noch im Einsatz waren, stellten für die US-Truppen kein wirkliches Problem dar. Eher noch war es das für die Jahreszeit untypische kalte Wetter mit starken Regenfällen, oft vermischt mit Schnee.

Einen ernsthaften Ausbau von Verteidigungsstellungen hatte es in Salzburg nicht gegeben. Und die Ankündigung von Gauleiter Scheel am 30. April, man werde dem Feind keinen Anlass geben, »seine Geschütze und Bomben gegen unsere Stadt zu richten«, dürfte allgemein mit Erleichterung aufgenommen worden sein. In den Morgenstunden des 3. Mai überschritten alliierte Truppen erstmals die Salzburger Grenze. Es war eine französische Panzerdivision. Sie gehörte an sich zur 7. US-Armee, hatte sich aber mehr oder weniger selbständig gemacht und war in einem wahren Wettrennen gegen die Amerikaner über Bad Reichenhall bis in die Bergwerks- und Industriestadt Hallein vorgestoßen.

In Salzburg-Stadt selbst, rund zwölf Kilometer nördlich gelegen, kam es mittlerweile zu dramatischen Szenen. Gauleiter Scheel hatte die Stadt verlassen. Sein Auftrag an Oberst Lepperdinger, den Kampfkommandanten von Salzburg: kampflose Übergabe. Der Führer des XIII. Armeekorps der Wehrmacht, General Bork, stellte sich dagegen: Salzburg sei unter allen Umständen zu halten. Lepperdinger beschloss, diesem Befehl nicht zu folgen. Vielmehr erklärte er Salzburg zur offenen Stadt und bot die Übergabe an. Im Laufe des 4. Mai hielten die Einheiten des XV. Korps der 7. US-Armee kampflos Einzug in der Mozartstadt.[10]

In Oberösterreich regierte der besonders fanatische Gauleiter August Eigruber. Und in der Heeresgruppe Süd – oder Heeresgruppe Ostmark, wie sie seit dem Rückzug aus Ungarn hieß – hatte ebenfalls ein überzeugter Nazi das Sagen: der Altösterreicher Lothar Rendulic. Der Wehrmacht standen rund zehntausend Mann zur Verfügung, notdürftig bewaffnet und verstärkt durch Volkssturm, RAD und HJ. Hier war aufgrund der führenden Personen ein besonders hartnäckiger und entschlossener Abwehrkampf zu erwarten. Die Abwehrbereitschaft galt allerdings den sowjetischen Truppen, die Wien erobert hatten und Mitte April rund fünfzig Kilometer westlich von Wien, bei St. Pölten, und damit ungefähr achtzig Kilometer von der oberösterreichischen Grenze standen. Dass die Amerikaner rasch aus Westen heranrückten, ließ befürchten, Oberösterreich könnte aus zwei Richtungen zugleich angegriffen werden. So begann man hastig – oder versuchte es zumindest –, Stellungen an der Grenze zu Bayern zu errichten.

Zur Besetzung Oberösterreichs war die 3. US-Armee ausersehen worden. Das XX. Korps sollte im Raum südlich, das XII. Korps nördlich der Donau vorgehen. Erstmals betrat ein amerikanischer Spähtrupp am 26. April bei Schwarzenberg am Böhmerwald kurzfristig österreichischen Boden. Der kleine, einsame Ort liegt im Dreiländereck Deutschland–Österreich–Tschechien. Am 29. und 30. April drangen die US-Truppen dann auf breiter Front ins Obere Mühlviertel ein. Sie stießen hier auf einigen, aber nicht allzu heftigen Widerstand und marschierten zügig voran Richtung Linz.

Der Übergang des XX. Korps über den Inn verzögerte sich dagegen. Auf Braunau am Inn setzten die Amerikaner gleich eine ganze Division an. Offenbar erwarteten sie hier, in Hitlers Geburtsstadt, besonders starken, hartnäckigen Widerstand. Davon konnte allerdings keine Rede sein. Zwar wurde die Brücke ins benachbarte bayerische Städtchen Simbach am 1. Mai, zwölf Uhr mittags, gesprengt. Kurz darauf erreichten die Amerikaner bereits das Ufer des Inns. Sie feuerten zwei Panzergranaten auf den Braunauer Kirchturm, um unmissverständlich ihre Anwesenheit zu signalisieren. Danach bestrichen sie die Umgebung mit einem leichten Störfeuer. Auch die Stadt selbst wurde dabei mehrfach getroffen.

Es folgte das amerikanische Ultimatum: Bis 12 Uhr des 2. Mai sei die Stadt zu übergeben. Wenn nicht, würde sie mit schwerer Artillerie beschossen werden. Diese Drohung sprach sich schnell herum. Schon im Morgengrauen demonstrierten Frauen mit Kleinkindern vor der örtlichen Kaserne. Sie forderten kampflose Übergabe. Überall an den Häusern tauchten weiße Fahnen auf. Die Polizei erhielt den Auftrag, diese zu entfernen. Aber sobald die Polizisten weg waren, hängten die Hausbewohner die Fahnen wieder hinaus. Ungefähr um 9 Uhr demonstrierten Männer vor der Kaserne. Sie verlangten vom Militär, es möge sich umgehend zurückziehen und die Stadt den Amerikanern überlassen. Eine Abordnung sprach beim Stadtkommandanten Major Grünwaldt vor. Dieser war tags zuvor in Braunau eingetroffen, um den Kampfabschnitt zu leiten. Er wusste, dass Widerstand mit den vorhandenen Kräften aussichtslos war. Nun war er hin- und hergerissen zwischen militärischer Pflichterfüllung und »menschlicher Vernunft«, wie er später schreibt. Gauleiter und Reichsverteidigungskommissar Eigruber beharrte am Telefon darauf, Braunau unter allen Umständen zu halten: »Wie, das ist mir gleich!« Ein weiterer Durchhaltebefehl traf ein, und zwar von demselben General Bork, der am Folgetag auch in Salzburg den Scharfmacher spielen sollte.

In der kleinen Kommandozentrale, die voll von Menschen war, herrschte Hochspannung. Da waren die Braunauer Bürger, die mit fortschreitender Zeit immer emotionaler argumentierten. Der NS-

Kreisleiter – selbst unschlüssig lavierend – und einige nationalsozialistisch gesinnte Offiziere waren gleichfalls anwesend. Sie hielten
dagegen. Gegen 11 Uhr wagte Hauptmann Danzinger, Grünwaldts
Adjutant, sich mit dem Vorschlag an den Kommandanten hervor,
nach Simbach überzusetzen, um die Bedingungen der Amerikaner
für eine kampflose Übergabe zu erkunden. Der Kommandant hatte
anscheinend nur auf einen solchen Vorschlag gewartet. Er stimmte
zu.

Auf der Straße vor der Kaserne, wo sich eine beträchtliche Menschenmenge angesammelt hatte, herrschte ebenfalls Unruhe. Die Uhr
tickte. Nach und nach verschwanden die Leute, verließen die Stadt
oder suchten die Luftschutzkeller auf. Gegen halb zwölf zeigte sich
der Kreisleiter in einem Fenster und versuchte eine Ansprache: An-
statt einer Übergabe würden die Truppen aus der Stadt herausgehen,
verkündete er. Diesen Widersinn zu hören beruhigte die Menschen
keineswegs. Der NS-Funktionär wurde von der Menge niedergebrüllt
und von innen her vom Fenster weggerissen. An einem anderen Fenster erschien ein Schlossermeister, der zur Abordnung jener Bürger
gehörte, die beim Kommandanten vorgesprochen hatten. Er rief:
»Wir fahren jetzt nach Simbach und übergeben!« Allgemeines Aufatmen, grenzenlose Erleichterung, Jubel.[11]

Alles Weitere lief problemlos über die Bühne. Die deutschen Truppen zogen ab. Die US-Truppen setzten auf einer Pontonbrücke, die
von Pionieren neben der gesprengten Straßenbrücke errichtet worden war, über den Inn. Weiter nordöstlich Richtung Passau konnten
weitere Brückenköpfe gebildet werden. Nicht so glimpflich wie in
Braunau lief die Sache rund vierzig Kilometer stromabwärts ab. Auch
in Schärding stellten die Amerikaner ein entsprechendes Ultimatum.
Der dortige Kreisleiter wies es zurück. Unglücklicherweise befand
sich SS in der Stadt. Als Schärdinger Bürger, wie in Braunau, für eine
kampflose Übergabe demonstrieren wollten, ging die SS scharf dagegen vor. Schüsse fielen, ein Demonstrant starb. Auf die Abweisung
ihres Ultimatums reagierten die Amerikaner so, wie sie es angekündigt hatten: 18 Stunden lang feuerte die Artillerie auf die Stadt, verhältnismäßig schonend übrigens. Das reichte jedoch, um diejenigen

zu vertreiben, die Schärding um jeden Preis verteidigen wollten. Am Morgen des 3. Mai besetzten amerikanische Truppen die Stadt. Zügig ging es nun Richtung Linz. Am 4. Mai stand die 3. US-Armee vor der Stadt. Nach einigem Hin und Her um die kampflose Kapitulation und den Abzug der deutschen Truppen fuhren amerikanische Panzer gegen 11 Uhr des 5. Mai 1945 in Linz ein. Hitlers Geschenk an seine »Patenstadt«, die Nibelungenbrücke über die Donau, entging der Vernichtung. Am Vormittag dieses 5. Mai erreichte ein Spähtrupp der 11. US-Panzerdivision das KZ Mauthausen, längst erwartet von den Häftlingen. Die SS-Wachmannschaft hatte sich zwei Tage zuvor davongemacht. Und am späten Abend rückte das 261. US-Infanterie-Regiment in Enns ein. Damit war die mit den Sowjets vereinbarte Demarkationslinie erreicht.[12]

In Kärnten hatte schon länger als in anderen Gauen der Landkrieg geherrscht, allerdings kein konventioneller, sondern ein Partisanenkrieg. Jugoslawische und Kärntner Slowenen führten diesen Kampf, dazu kamen geflohene Kriegsgefangene und Ostarbeiter, Deserteure und ideologisch motivierte NS-Gegner. Ende 1944 schien es, als hätten die Deutschen den Kampf gewonnen. Aber als sich die Fronten im Frühjahr 1945 näherten, machten sich die Partisanen in Kärnten wieder bemerkbar. Ihr Ziel war natürlich der Sieg über das NS-Regime, aber sie hatten auch territoriale Träume: Südkärnten sollte Jugoslawien angegliedert werden. Man wollte es zumindest versuchen.

Zu Kriegsende wurde Kärnten von Menschenmassen geradezu überschwemmt. Da waren zuerst einmal die rückflutenden Truppen der Wehrmacht aus Jugoslawien, aus Italien und aus der Steiermark. Dazu ungarische Soldaten, die entwaffnet werden mussten, zahllose Flüchtlinge aus dem Südostraum sowie Scharen von Verwundeten. Zwischen Briten und Jugoslawen entwickelte sich eine Art Wettlauf um die Besetzung Kärntens. Dabei hatten die Partisanen zweifellos Vorteile, operierten sie doch teilweise schon auf Kärntner Gebiet. Allerdings gelang es den Deutschen ganz gut, die jugoslawischen Angriffe abzuwehren. Es ging nun darum, die Partisanen daran zu hindern, durch die Besetzung Südkärntens Fakten zu schaffen, die nachträglich nur mehr schwer zu ändern sein würden.

Wo aber blieben die Briten? Ihr Vormarsch durch den oberitalie-
nischen Raum verlief schleppend. Nicht nur die SS war es, die sie
aufhielt. Auch die jugoslawischen Partisanen taten alles, um den
Vormarsch der mit ihnen verbündeten Briten unter verschiedenen
Vorwänden zu verzögern und so den Wettlauf um Südkärnten zu
gewinnen. Am 6. Mai signalisierten die Deutschen den Briten, den
Kampf einstellen zu wollen. Gauleiter Rainer erklärte Villach und Klagenfurt zu offenen Städten. Das war eine deutliche Einladung an die
Briten, so rasch wie möglich nach Kärnten zu kommen, um die Jugoslawen zurückzudrängen. Am 7. Mai übergab Rainer die Amtsge-
schäfte einer neuen provisorischen Landesregierung. Am Nachmittag desselben Tages traf die 6. britische Panzerdivision in Tarvis ein,
dem italienischen Grenzort zu Kärnten. Und am 8. Mai überschritten
die Truppen Seiner Majestät die österreichische Grenze.[13]

Zum Zeitpunkt der bedingungslosen Kapitulation des Deutschen
Reichs waren weite Teile Österreichs noch nicht von alliierten Truppen besetzt. Die Front gegen die Rote Armee verlief vom Weinviertel
durchs Tullnerfeld und durchs Traisental, über Semmering und Wech-
sel in die Oststeiermark bis zur Mur. Die Westalliierten hatten Vorarlberg, Teile Tirols, Salzburgs und Oberösterreichs besetzt.

Wie viele Offiziere der Wehrmacht hatte sich auch der Oberbefehlshaber der Heeresgruppe Ostmark, Lothar Rendulic, einige Zeit
lang der Illusion hingegeben, es könne zu einer Umkehr der Fronten
kommen und die Westalliierten würden gemeinsam mit den Deutschen gegen ihren gemeinsamen ideologischen Hauptfeind, den Bolschewismus, marschieren. Als Rendulic am 6. Mai zufällig in Kontakt
mit US-Offizieren kam, zerplatzten diese Träume wie Seifenblasen.
Es konnte jetzt nur noch um eines gehen: die Heeresgruppe im rich-
tigen Moment von der Ostfront zu lösen und das Gros der deutschen
Soldaten so rasch wie möglich über die amerikanischen Linien zu
retten, um ihnen die russische Kriegsgefangenschaft zu ersparen.
Genau diese Devise hatte Hitlers Nachfolger, Großadmiral Dönitz,
gleich bei Antritt seines traurigen Amtes ausgegeben.

Der 6. Mai, das war jener Tag, an dem eine von Generaloberst Jodl
geführte deutsche Delegation im alliierten Hauptquartier in Reims

über eine Teilkapitulation verhandeln wollte. Eisenhower aber bestand auf der bedingungslosen Gesamtkapitulation. So war es drei Monate vorher in Jalta zwischen den Großen Drei vereinbart worden. Den Deutschen blieb nichts anderes übrig, als einzuwilligen. In den frühen Morgenstunden des 7. Mai wurde das Abkommen unterzeichnet. (Und in der Nacht vom 8. auf den 9. Mai durch Generalfeldmarschall Keitel mit den Sowjets in Berlin-Karlshorst ratifiziert.) Am 7. Mai, um 9 Uhr vormittags, stellte die Heeresgruppe Ostmark auf Befehl von Rendulic alle Feindseligkeiten gegenüber den westalliierten Truppen ein. Am Nachmittag handelte er dann mit den Amerikanern eine Teilkapitulation seiner Heeresgruppe gegenüber der 3. US-Armee aus. Er erhielt die Zusage, dass den deutschen Truppen das Überschreiten der amerikanischen Linien bis 9. Mai, ein Uhr nachts, gestattet sein würde.

Befehlsgemäß begann die Heeresgruppe am Abend des 7. Mai damit, sich möglichst unbemerkt vom Feind abzusetzen. Motorisierte Kampfgruppen sollten vorerst in der Stellung verbleiben, um den Abzug zu verschleiern. Die Soldaten der Heeresgruppe, die immerhin noch 600 000 Mann stark war, hatten sich auf diese Stunde vorbereitet und Fahrzeuge und Benzin für das Absetzen von der Ostfront gespart. Die einzelnen Armeen waren geradezu generalstabsmäßig auf diese Absetzbewegung vorbereitet worden. Trotzdem entstand gewaltiges Chaos.

Ganze Heersäulen zogen nun hastig gegen Westen, ein regelrechter Wettlauf setzte ein. Österreichern, die in dieser Heeresgruppe dienten, wurde es freigestellt, sofort entlassen zu werden und nach Hause zu gehen. Eine Gelegenheit, die eine nicht unbeträchtliche Anzahl wahrnahm. Die anderen begaben sich, sofern sie nicht doch noch im letzten Moment den Sowjets in die Hände fielen, in amerikanische Kriegsgefangenschaft. Von einer halben Million Soldaten ist die Rede. Allein das XX. Korps der 3. US-Armee machte in den ersten acht Maitagen 325 630 Gefangene. Der Historiker Manfried Rauchensteiner schätzt, dass rund eineinhalb Millionen Soldaten der deutschen Wehrmacht und verbündeter Armeen im Frühjahr 1945 in Österreich die Waffen streckten.[14]

SOLDATEN

Verglichen mit ihren Kameraden aus dem Altreich, gehörten die Soldaten der Ostmark überdurchschnittlich oft zu den Überlebenden.
Das ergibt sich aus der Studie von Rüdiger Overmans über die deutschen militärischen Verluste im Zweiten Weltkrieg. Von 1,31 Millionen Österreichern, die während des Krieges zur Wehrmacht eingezogen wurden, kamen 242 000 ums Leben. Das waren erschreckende
19 Prozent aller Eingerückten. Allerdings, im Altreich (Deutsches
Reich in den Grenzen von 1937) lag dieselbe Quote ungleich höher,
nämlich bei 31 Prozent. Konkret: 4,08 Millionen Tote von 14,33 Millionen zur Wehrmacht Eingezogenen. Setzt man alle Todesfälle von
Soldaten (Wehrmacht plus Waffen-SS) in Bezug zur männlichen
Gesamtbevölkerung der jeweiligen Herkunftsgebiete, ergibt sich ein
ähnlich deutlicher Unterschied: Acht Prozent aller männlichen Österreicher kamen als Angehörige der Wehrmacht oder Waffen-SS ums
Leben, im Altreich waren es 13,2 Prozent.

Dieses statistische Phänomen lässt sich übrigens durchgehend von
1939 bis 1945 beobachten. In jedem Jahr des Krieges lag die Todesquote der altreichsdeutschen Soldaten mindestens beim Eineinhalb-
fachen der österreichischen. Bei Soldaten aus den ehemaligen Ost-
gebieten (gemeint sind die nach Kriegsende Polen oder der Sowjetunion zugeschlagenen deutschen Gebiete) war die Wahrscheinlichkeit
zu sterben in jedem Jahr des Krieges sogar um das Zwei- bis Dreifache
höher als bei den Österreichern.

Wie ist ein derartig auffallender Unterschied zu erklären? Dass
Österreicher überproportional oft zu Wehrmachtsteilen einberufen
worden wären, die verhältnismäßig geringe Verluste aufwiesen,
trifft nicht zu. Im Gegenteil: Österreicher waren im Heer deutlich
überrepräsentiert, in der Luftwaffe und bei der Marine hingegen un-
terrepräsentiert. Aber das Heer war jener Wehrmachtsteil mit der
weitaus höchsten Todesquote. (30,9 Prozent aller Heeresangehörigen
starben. Die Sterberate der zum Heer eingezogenen Österreicher hingegen lag »nur« bei 18,8 Prozent.) Ob Österreicher – aus welchem

Grund auch immer – deutlich überproportional an Kampfschauplätzen mit verhältnismäßig geringen Verlustzahlen eingesetzt worden wären, lässt sich mit Bestimmtheit nicht sagen, ist aber unwahrscheinlich.[15] So stellt sich die Frage nach der Motivation, mit der Soldaten aus unterschiedlichen Herkunftsgebieten in den Kampf zogen. War die Bereitwilligkeit, gegebenenfalls das eigene Leben für Volk, Reich und Führer hinzugeben, bei Österreichern erkennbar geringer als bei Altreichsdeutschen? Kann es sein, dass österreichische Soldaten weniger fanatisch, dafür mit größerer Selbstschonung ans Werk gingen? Waren sie erfolgreicher darin, geeignete Vermeidungsstrategien zu entwickeln? Anders ausgedrückt: Verstanden sie es besser, sich vor Gefahren zu drücken? Waren sie deshalb signifikant überlebensfähiger, weil ihre Loyalität zum Reich Hitlers alles in allem schwächer war als die ihrer Kameraden aus dem Altreich?

Weiter vorne haben wir festgestellt, dass die österreichischen Soldaten »funktionierten«. Aber aus der Sicht Hitlers und des NS-Regimes hätten sie anscheinend besser funktionieren können. Sie lehnten sich nur selten offen oder versteckt auf, aber ihre Kampfmoral ließ möglicherweise häufig zu wünschen übrig. Häufiger anscheinend, als dies bei Soldaten der Fall gewesen sein dürfte, die aus dem Altreich stammten.

Engelbert Taschl war im Januar 1943 in Stalingrad in sowjetische Kriegsgefangenschaft geraten. Dass er Anfang 1945 noch lebte, verdankte er seiner überaus robusten Konstitution, seinem zähen Überlebenswillen – und vor allem dem Glück. Seit Frühling 1944 befand er sich im vierten Lager seit seiner Gefangennahme, und zwar in Krasnoarmeisk an der Wolga, 300 Kilometer nördlich von Stalingrad. Zuerst hatten die Männer auf Weidenmatten oder blankem Holz geschlafen, später Strohsäcke und Decken erhalten. »Das war schon ein Himmelreich für uns«, schreibt Taschl. Er arbeitete in einer Geschützfabrik, stellte an der Drehbank Granathülsen her.

Im Spätwinter 1945 wurde Taschls Gruppe in ein neues Lager verschoben, nach Urjupinsk. Sein fünftes Lager. Der Bahntransport – sechzig unterernährte, ausgelaugte Kriegsgefangene in einem Vieh-

waggon – dauerte eine Woche. Der Hunger war groß, der Durst fast
unerträglich. Dann das Lager: ein trister Steinbau, keine Strohsäcke
zum Schlafen, überaus karge Kost. Fleckfieber und Ruhr herrschten,
das Lazarett – ein Hohn. Hier arbeitete Taschl. Er und seine Kameraden schafften Wasser für die Küche heran, betreuten die Patienten.
Viele von diesen waren schwer krank, viele lagen im Sterben. Essen
konnten sie nicht mehr zu sich nehmen. »Von diesem Essen haben
wir Gesunden uns etwas entwickelt. So traurig es war, aber ich muss
sagen, das taten wir auf Kosten der dem Tode Geweihten.« Engelbert
Taschl überstand alles. Im November 1947 kehrte er nach Niederösterreich zurück.[16]

Vier Jahre lang hatte Gottfried Florian als Schreibtischsoldat im
Wehrbezirkskommando ein verhältnismäßig geruhsames, vor allem
aber ungefährliches Leben geführt. Damit war es im September 1944
vorbei gewesen. Die Dienststellen der Etappe waren durchfilzt worden. Alles, was halbwegs tauglich erschien, musste an die Front. Florian verschlug es in den Westen, in die Eifel.

Zwei Tage nach Weihnachten ließen die Amerikaner hier die Geschütze sprechen. Florian wurde im dichten Granathagel verletzt und
kam ins Lazarett nach Düsseldorf. Nach drei Wochen war er wieder
frontverwendungsfähig. Er sollte sich gemeinsam mit zwölf Kameraden einer »Kampfgruppe Winter« anschließen. Wo sich denn diese
befinde? Achselzucken. »Irgendwo in der Schnee-Eifel«, hieß es.
Lange irrte man auf der Suche durch das Hinterland der Front. Nach
und nach verschwanden Florians Kameraden. Sie stammten alle aus
der Umgebung. Ihnen schien es sicherer, unterzutauchen und auf
das Eintreffen der US-Truppen zu warten, als sich einem ominösen
Himmelfahrtskommando anzuschließen. Schließlich kehrte Florian
allein zum Ausgangspunkt zurück, dem Lazarett in Düsseldorf. Dieses war kurz vor seinem Eintreffen bei einem Luftangriff zerstört
worden. Die Patienten erhielten aus diesem Grund Überweisungs-
scheine in ein Heimatlazarett. Florian gelang es, eine Überweisung
nach Niederdonau zu erbetteln. So kam er ins Lazarett Ybbs an der
Donau und von dort nach St. Pölten, in beiden Lazaretten durfte er
längere Zeit bleiben. Ende Februar 1945 erhielt er den Marschbefehl

nach Osnabrück zu seinem Ersatztruppenteil. Vor der Abreise besuchte er seine Familie, überzog den gewährten Urlaub aber um zwei Tage, weil sein Sohn ernstlich erkrankt war.

In der Schreibstube in Osnabrück hatte man keine anderen Sorgen, als nachzuprüfen, wieso Unteroffizier Florian für seine Fahrt vier statt zwei Tage gebraucht hatte. Er wurde verhört, wegen »unerlaubter Entfernung« verhaftet und zu neun anderen Häftlingen in ein enges Arrestlokal gesperrt. Am schlimmsten waren die täglichen Luftangriffe. Die Häftlinge mussten in ihren Zellen bleiben, während die Bomben fielen. Schutzlos. »Brüllend schlugen wir mit den Fäusten gegen die Zellentür, schrien durch die geöffneten Oberlichte in den leeren Gefängnishof, wohl wissend, kein Erbarmen zu finden.«

Nach der Entlassung aus dem Arrest wurde Florian einer Strafkompanie zugeteilt, die Richtung Berlin in Marsch gesetzt wurde. Endlose Kolonnen von Flüchtlingen sah man Richtung Westen ziehen. Es ging auf Ende April 1945 zu. Nur zu gerne hätte man sich den Flüchtenden angeschlossen. Stattdessen ging es in die andere Richtung, den Russen entgegen. Grauen vor dem Kommenden machte sich breit. In Berlin-Tegel die erste Feindberührung. Furchterregend das Geheul der sowjetischen Katjuscha-Raketenwerfer, von den Landsern ehrfürchtig »Stalinorgeln« genannt. Dann kamen die russischen Panzer, danach die Infanterie. Von der eigenen Einheit war bald nichts mehr zu sehen, Offiziere schon gar nicht, zu Nachbareinheiten gab es keinerlei Verbindung. So warfen die Soldaten die Panzerfäuste fort und rannten die Straße entlang. Vorbei an zerbombten Häusern, ausgebrannten Geschützen, Toten und Verwundeten. Gemeinsam mit seinem Kameraden Erwin schlug Florian sich zum Brandenburger Tor durch.

Massen von Soldaten sammelten sich auf dem Platz, gerade fünfhundert Meter vom Führerbunker entfernt. Gottfried Florian fragte mit verzweifeltem Galgenhumor in die Runde, ob nun der Führer sprechen werde. Niemand fand das witzig, aber es empörte sich auch niemand über diese Unbotmäßigkeit. Es hieß nur, dass von hier aus die gemeinsame Verteidigung Berlins in Angriff genommen werden solle. Das zu hören reichte Gottfried und Erwin. Sie entfernten sich ebenso schnell wie stillschweigend, gingen Richtung Westen, den Amerikanern entgegen. Über Feldwege und durchs Gestrüpp liefen sie weiter, schliefen tags, wanderten nachts, immer auf der Hut vor den »Kettenhunden«. Einmal sahen sie drei Kameraden, aufgeknüpft an Bäumen, Tafeln umgehängt: »Wegen Feigheit vor dem Feind!« Am 2. Mai 1945 standen die beiden am Ufer der Elbe. Aus angeschwemmten Holzstücken bastelten sie eine Art Floß, banden Kleider, Schuhe, Vorräte darauf und schwammen auf die gegenüberliegende Seite. Vier schwarze US-Soldaten empfingen die beiden Männer, nahmen ihnen ungerührt die Uhren ab und wiesen ihnen den Weg in ein drei Kilometer entferntes Sammellager. Bevor Gottfried und Erwin losmarschierten, blickten sie zurück über den Fluss. Drüben standen russische Panzer.[17]

Im Februar 1945 war Hans Piscator von der Malaria, die er sich in Albanien zugezogen hatte, einigermaßen genesen. Er konnte von Graz zum Urlaub nach Hause fahren. Weitgehend geheilt war er anscheinend auch vom Nationalsozialismus. Seinem Kreisleiter in Wien sagte er unverblümt, nach allem, was er auf dem Rückzug vom Balkan gesehen und erlebt habe, sei der Krieg unrettbar verloren. Die »Wunderwaffe« werde daran nichts ändern. Ein Mitarbeiter der Kreisleitung, ein fanatischer Nazi, hätte ihn wegen dieser Aussage beinahe angezeigt. »So gab es damals«, meint Piscator, »noch irregeleitete Phantasten.«

Weil die Russen im Vormarsch auf Wien waren und er fürchtete, in sowjetische Kriegsgefangenschaft zu geraten, beschloss er, nach Braunschweig zu fahren, wo sich die ihm zugewiesene »Genesenden-Einheit« befand. Eigentlich eine Verrücktheit zu diesem Zeitpunkt. Die Züge waren überfüllt, die Fahrt wegen der ständigen Fliegerangriffe gefährlich. Trotzdem erwies es sich als überaus klug, hierhergekommen zu sein. Denn die Stadt wurde schon am 12. April praktisch kampflos der US-Armee übergeben. Piscator hatte einen Rückfall erlitten und lag neuerlich mit Malaria im Lazarett. Nun kam er in ein richtiges Krankenhaus mit sauberen Betten und guter Pflege. Zu essen gab es genug. Das Beste: keine täglichen Fliegerangriffe mehr, keine Lebensgefahr, keine Todesangst, sondern endlich

Ruhe, endlich Frieden. Was blieb, war die Sorge um Frau und Kinder daheim.[18]

Alfred Bamer, dessen Bruder in Stalingrad gefallen war, durfte sich glücklich schätzen, Russland rechtzeitig entkommen zu sein. Im Frühjahr 1944 war er in den Westen kommandiert worden, zu einem Offizierslehrgang, den er im September 1944 erfolgreich abgeschlossen hatte. Als frischgebackener Leutnant war er anschließend in der »Führerreserve« gelandet. Ende 1944 enden seine Aufzeichnungen. Wir wissen aber, dass Alfred Bamer 1945 in Frankreich in amerikanische Kriegsgefangenschaft geriet und Anfang 1946 nach Hause zurückkehrte.[19]

Eine Offiziersausbildung bewahrte auch Fredy Pietsch zu Kriegsende vor dem Fronteinsatz. Nach seiner Verwundung 1944 ging er nicht zurück an die Front, sondern in die Kriegsschule. Ab Oktober 1944 war Pietsch sechs Monate lang im bayerisch-tirolerischen Grenzraum stationiert. Er wurde zum Offizier der Gebirgsjäger ausgebildet. Der Drill war beinhart, angesichts der Kriegslage aber völlig sinnlos. Doch er war möglichst weit weg von der Front. Anfang April 1945 wurde er zum Leutnant befördert. Währenddessen rückte die US-Armee bereits bedrohlich auf Mittenwald vor. Die Kriegsschule sollte als letztes Aufgebot in den Kampf geworfen werden. Gemeinsam mit seinem Freund Bernd erhielt Leutnant Pietsch den Befehl, eine Einheit des Volkssturms in den Endkampf zu führen. Auf dem Sammelplatz standen grauhaarige Bauern mit zerfurchten Gesichtern neben vierzehnjährigen Milchbärten. Vierzig Mann insgesamt. Fredy und Bernd führten die Gruppe aus dem Ort hinaus. Als man unbeobachtet war, ließen die beiden die Gruppe antreten. »Hört mir einmal zu«, sagte Pietsch. »Der Krieg ist bald vorbei! In längstens zwei Tagen sind die Amerikaner in Mittenwald. Es ist sinnlos, euer Leben jetzt zu opfern. Geht nach Hause und versteckt euch!« Erleichtertes Aufatmen. Die Gruppe zerstreute sich. Nur einige auf Fanatismus getrimmte Hitlerjungen hätten etwas irritiert dreingeblickt, meint Pietsch, sich dann aber widerspruchslos getrollt.

Im Verpflegungslager der Kaserne deckten Fredy und Bernd sich mit Lebensmitteln ein, zogen in den Wald und verbrachten hier eine kalte Nacht. Am nächsten Tag hörten sie Gefechtslärm und beobachteten mit dem Fernglas, wie am Nachmittag die ersten amerikanischen Panzer in Mittenwald einrückten. Keine Gegenwehr. Die Panzer fuhren sogleich weiter Richtung österreichische Grenze. Abends schlichen sich Fredy und Bernd an den Ortsrand, klopften an eine Haustür und baten darum, im Keller übernachten zu dürfen. Freundlich wurden sie aufgenommen. Zwei Tage später stellten sie sich und begaben sich in amerikanische Kriegsgefangenschaft, aus der sie im November 1945 entlassen wurden.[20]

In den letzten Kriegsmonaten verselbständigte sich die gutgeölte Maschinerie der deutschen Wehrmacht. Im institutionellen Todeskampf wurde ihr bürokratischer Apparat mehr und mehr zum Selbstzweck. Mit jedem noch so absurden bürokratischen Akt stellten der Apparat und die darin tätigen Personen sich selbst eine Existenzberechtigungsbescheinigung aus: Sie waren ausgerechnet an ihrem frontfernen Ort notwendig und wichtig, um den sogenannten Endsieg zu erreichen. Obschon jeder wusste, sofern er eins und eins zusammenzählen konnte, dass dieser Endsieg nichts als eine Chimäre war, dass vielmehr eine nie dagewesene Katastrophe drohte. Dass Alfred Bamer und Alfred Pietsch in den letzten Kriegsmonaten, in denen es an der Front auf jeden erfahrenen und bewährten Mann angekommen wäre, aufwändige Offizierskurse absolvierten, könnte als institutioneller Realitätsverlust bezeichnet werden. Andererseits bewahrten derartige Lehrgänge nicht nur die Auszubildenden vor der Front, sondern auch die Ausbilder und alle, die zur Aufrechterhaltung der Infrastruktur derartiger Kurse nötig waren. So entstanden kurz- oder auch längerfristige klandestine Interessengemeinschaften und Querbündnisse, die gegebenenfalls – etwa beim unmittelbaren Heranrücken des Feindes – ebenso rasch zerfallen konnten, wie sie sich gebildet hatten.

Ein Beispiel, wie man mit Geschick und unter Ausnutzung des Wehrmachtsbürokratismus überleben konnte, ist Sepp Frattnig. Im völlig überfüllten Lazarett im oberschlesischen Bad Ziegenhals, wo er mit seiner in Ungarn erlittenen Verwundung glücklich gelandet war, legte man ihm nahe, sich um einen Platz in einem Krankenhaus in der Heimat zu bemühen. Frattnig tat es und fand Aufnahme im Krankenhaus Lienz in Osttirol. Der behandelnde Arzt dort hatte es mit dem Operieren nicht eben eilig. Nach einer Woche kam Frattnig dann doch unters Messer, es folgte längere häusliche Pflege. Schließlich wurde er »beschränkt diensttauglich« geschrieben. Aus ärztlicher Sicht sei allerdings ein Genesungsurlaub nötig. Und den gestand man ihm beim Bataillonskommando in Admont in der Steiermark auch zu.

Wohl gegen Ende März 1945 kehrte er dorthin zurück: »Voll genesen, aber nicht sehr kampfwillig.« Als er nun an die Front abgestellt werden sollte, spielte er seinen »letzten Trumpf« aus: Er sei ausgebildeter Scharfschütze und benötige die entsprechende Ausrüstung. Darum beantrage er, sich die erforderlichen Gegenstände – vom Scharfschützengewehr bis zum Nahkampfmesser – bei der Scharfschützenausbildungskompanie in den Seetaler Alpen besorgen zu dürfen. Man gewährte ihm eine Dienstreise von drei Tagen. Bei den Scharfschützen herrschte gerade eklatanter Mangel an Ausbildern. Deshalb engagierte man den fronterfahrenen Frattnig vom Fleck weg. »[So] konnte ich gleich droben bleiben und mit meinen Schützlingen herumballern in der Gegend, dass das Echo von den Wänden des Kreiskogels zurückhallte.« Wiederum: geschenkte Zeit.

Als der Kurs beendet war, erhielten Frattnig und einige andere Soldaten einen neuen frontfernen Auftrag, nämlich von Heereswaffenämtern im ganzen Reich Scharfschützenausrüstung zu besorgen und per Bahn in die Steiermark zu verschicken. Mittlerweile war es April geworden. Die Rote Armee stand vor den Toren, Chaos allenthalben, Flüchtlinge stürmten die Züge. Die Verladung des Materials war schwierig, selbst in den Zug zu gelangen noch schwieriger. Zudem hieß es höllisch aufpassen, um dem »Soldatenklau« nicht in die Hände zu fallen. Gemeint waren Feldgendarmen, die herumreisende Soldaten – welchen Auftrag diese auch immer haben mochten – zusammenfingen und rücksichtslos an die Front schickten. Unter diesen Aktivitäten vergingen die Tage, hektisch, aber in angenehmer Frontferne.

Als dieser Auftrag erledigt war, wurde Frattnig zu seinem ur

sprünglichen Bataillon zurückkommandiert. Dieses stand mittlerweile – unfassbares Glück! – in Lienz, also in Frattnigs Heimatregion.
Zwar hatte er gleich nach der Ankunft dort mit Kameraden zum
Kampf nach Klagenfurt abzugehen. Unterwegs hörten sie, der »Führer« sei im Kampf um Berlin gefallen. Die Briten waren nahe, Titos
Partisanen noch näher. Es war eine Frage von Tagen, vielleicht Stunden, bis das Dritte Reich endgültig in Schutt und Asche versank.
Frattnig drehte um und zog auf Feldwegen und am Ufer der Drau
entlang westwärts, der Heimat zu. Immer auf der Hut vor SS-Verbän-
den und Feldgendarmen.

In Oberdrauburg kam es zu einer seltsamen Begegnung. Vom Gail-
bergsattel her kamen Unmengen von bunt gekleideten und bewaffneten Truppen, dazu Pferde, Karren und Leiterwagen, auf denen
Frauen und Kinder hockten. Es handelte sich um die mit Hitler verbündeten Kosaken, die nach dem Zusammenbruch der Ostfront in
Friaul angesiedelt worden waren und nun Richtung Osttirol zogen,
um sich den Westalliierten zu ergeben. Frattnig schloss sich ihnen
an. So konnte er in der Masse untertauchen. In Nikolsdorf sonderte
er sich ab, schlief im Stadel eines Bauernhofs und zog des Nachts
über den Iselsberg ins heimatliche Mölltal. Sein geladenes Gewehr
hatte er stets griffbereit, fest entschlossen, notfalls davon Gebrauch
zu machen. Zu Hause versteckte er sich sicherheitshalber ein paar
Tage. Dann war der Krieg aus.[21]

Zu Kriegsbeginn war Oswald Sint aus Kartitsch in Osttirol für
einige Wochen zur Wehrmacht einberufen, bald aber zurückgestellt
worden. Erst Ende November 1944 erinnerte man sich des zurück-
gestellten Soldaten, der mittlerweile 44 Jahre alt war, und schickte
ihn nach Südkärnten. Dort sollte er gegen Partisanen kämpfen. Dazu
kam es glücklicherweise nie. Und so kehrte er Mitte Januar 1945 unverrichteter Dinge wieder auf seinen Hof zur Frau und den sieben
Kindern heim.

Ganz war damit das Soldatenspielen für ihn noch nicht vorbei.
Denn zusätzlich gehörte Sint, wie alle »waffenfähigen« Jugendlichen
und Männer zwischen 16 und 60 Jahren, seit Oktober 1944 dem
Volkssturm an. Außer ein paar Übungen und Appellen geschah vor-

erst allerdings wenig. Ende April 1945 erhielt Sint den Auftrag, gemeinsam mit einem Nachbarn auf dem Dorfberg zu patrouillieren. Es wäre möglich, dass Engländer auf den ebenen Wiesen dort oben zu landen versuchten. Die beiden nahmen ihre Gewehre, packten Proviant und ein Schachspiel in ihre Rucksäcke und marschierten in die Höhe. Oben angekommen bezogen sie eine Almhütte, bereiteten sich ein Mittagessen zu und verbrachten den weiteren Tag mit Schachspielen. Abends gingen sie wieder heim. Dem örtlichen Gendarmerieinspektor meldeten sie, keine Engländer gesehen zu haben. Anderntags, am 1. Mai, wurde Sint mit weiteren Männern ins Tal befohlen, um an der Fertigstellung einer Panzerfalle mitzuarbeiten. Unterwegs erklärte ihm sein Gruppenführer namens Eger, es könne während der Arbeit ein Auto kommen, das sie nach Kärnten zum Kampf gegen die Partisanen bringe. Sint: »Steigst du noch ein, wenn das Auto kommt?« Eger: »Da hilft dir nichts.« Sint: »Ich steig nicht ein, eine Ausrede wird's wohl geben. (…) Glaubst du, dass ich mich jetzt noch erschießen lass, da der Krieg verspielt und in kurzer Zeit aus ist?« Während der Arbeit, bei der sie jede Überanstrengung tunlichst vermieden, hörten die Männer, dass die Engländer bereits in Toblach (Südtirol) seien, keine zwanzig Kilometer entfernt. Ein Auto kam an diesem Tag übrigens nicht.

2. Mai. Sint ging für eine Erledigung nach Sillian, eine vier Kilometer von der italienischen Grenze entfernt liegende Marktgemeinde. Nie vorher und nie mehr nachher habe er hier so viele Menschen gesehen. Drei Viertel Militär. Manche Offiziere wollten den Ort noch verteidigen. Sint hörte, wie ein Sillianer Geschäftsmann auf einen hohen Offizier einredete: Man möge doch von diesen wahnwitzigen Plänen ablassen. Das Radio habe gemeldet, Hitler sei tot, der Krieg bald zu Ende, weitere Soldaten würden sinnlos sterben und der Ort nutzlos zusammengeschossen werden. Die knappe Antwort: »Wir Offiziere müssen tun, wie die höheren Befehle lauten.« Aber die Soldaten schienen sich ohnehin schon selbständig zu machen. Sie verkauften Ausrüstungsgegenstände. Manche fragten heimlich nach Zivilkleidern. Überall steckten sie die Köpfe zusammen und unterhielten sich im Flüsterton. Ein junger Soldat aus Salzburg sprach Sint

leise an, ob es hier kein Tal gebe, das nach Norden führe. Er habe bis jetzt Glück gehabt und wolle sich nicht noch ganz am Schluss erschießen lassen. Sint riet ihm von einem Gang über die Berge nach Salzburg ab. Dafür sei derzeit die Lawinengefahr zu groß. Er möge auf einem einsamen, hochliegenden Bergbauernhof um ein Versteck bitten, das sei sicherer.

Während einer Rast auf dem Heimweg von Sillian wurde Sint von einem Soldaten aus seinem Dorf eingeholt, den er gut kannte. Sie grüßten einander. Sint: Ob er abgerüstet habe oder ob er auf Urlaub sei? Soldat: Auf Urlaub für acht Tage. Sint: Da habe er Glück, da müsse er nicht mehr einrücken. Soldat: Wie lange der Krieg seiner Meinung nach noch dauern werde? – Sint: Allerhöchstens einen Monat. Soldat: Er habe leider nur acht Tage Urlaub. Sint: Wenn es bis dahin nicht aus sei, so solle er sich halt verstecken.

Viele Soldaten tauchten zu Kriegsende unter, setzten sich von der Truppe ab, ergriffen die Fahnenflucht. Manche wanderten, berichtet Oswald Sint, in der Nacht weite Strecken zu Fuß und schliefen am Tag verborgen im Wald. Nach Kriegsende tauchten plötzlich als Soldaten eingezogene Einheimische auf, von deren Anwesenheit niemand etwas gewusst hatte. Einer grub sich während des Urlaubs im Wald in der Nähe eines Wassers einen Unterstand, ein anderer versteckte sich auf der Hochalm in Heuhütten, ein weiterer nahm Quartier unter dem Dach einer Friedhofskapelle, noch einer schuf sich im eigenen Wirtschaftsgebäude einen verborgenen Raum. Sie alle überlebten.[22]

Einer, der nicht überlebte, war Richard Ruffingshofer. Dabei hatte er bis Ende 1944 Glück gehabt, war als höherer Beamter der Reichspost nie zum Militärdienst einberufen worden. Bis in den Januar 1945 hinein machte er Aufzeichnungen, notierte sich einigermaßen regelmäßig, was ihm bemerkenswert erschien. So am 19. Januar 1945: »Die Russen dringen vor! Bald stehen sie an der schlesischen Grenze! Die Nerven sind wieder einmal zum Zerreißen gespannt.«

Aus Briefen geht hervor, dass er bald danach mit dem Volkssturm in den Kampf ziehen musste. Am 10. Februar 1945 hörte er in Mährisch-Ostrau mit mäßigem Interesse dem Vortrag eines Haupt-

manns zu und schrieb nebenbei seiner Frau einen Gruß. Am 28. März
lag er in einem Transportzug am Bahnhof in Olmütz und wartete
darauf, in einen Lazarettzug umgebettet zu werden. Er war verwundet worden, hatte einen Durchschuss des rechten Oberschenkels erlitten und einen Splitter im linken Bein. Passiert war das Ganze am
Abend des 24. März in Rybnik in Oberschlesien. Während er als Mel-
der in Begleitung seines Kompaniechefs unterwegs gewesen war,
hatte einige Schritte neben ihm eine russische Granate eingeschlagen. »Sie explodierte mit dem üblichen scharfen Knall, ich spürte
einen dumpfen Schmerz an den Beinen, der grelle Feuerschein er-
losch, und ich lag auf der Erde. Gleich darauf kamen meine Kameraden aus dem Keller und schleppten mich hinunter.« Vielleicht ein
Glück, wie er meint. Denn die Stadt sei mittlerweile eingeschlossen,
und so wäre er am Ende noch in russische Kriegsgefangenschaft geraten.

Einen weiteren Brief verfasste er am Ostersonntag, dem 1. April,
im Lazarettzug zwischen Wels und Salzburg. Er schlafe nicht viel,
weil er sich nicht rühren könne, Pillen würden manchmal helfen.
»Heute werden die Kinder Osterhasen suchen. Seid ihr alle gesund
und vergnügt?« Dann ein Telegramm vom 4. April: Er liege seit dem
Vortag im Reservelazarett Weilheim in Oberbayern. Es gehe zufrie-
denstellend. Und schließlich eine Sterbeurkunde des Standesamtes
Garmisch-Partenkirchen: Dr. Richard Ruffingshofer, verstorben am
23. April 1945 hierorts im Reservelazarett.[23]

ZIVILISTEN

Günther Doubek versah seit April 1944 seinen Dienst als Luftwaffenhelfer östlich von Wien. Es war eine Zeit neuer Freundschaften, erster Liebe und beträchtlicher Gefahren. Weihnachten 1944 konnte er
es arrangieren, ein paar Stunden bei seinen Eltern zu verbringen. Ge-
schenke gab es (fast) keine, der traditionelle Weihnachtsfisch musste
ausfallen. Höhepunkt der Feier waren geröstetes Brot und Tee mit
Rum-Aroma. Als Günther am Christtag zu seinem Stationierungsort

aufbrach, waren die Straßen tief verschneit. Überall waren Schnee-
schaufler im Einsatz. Im Zug unterhielten sich die Fahrgäste ungeniert über die Kriegslage. Vielleicht werde es einen Waffenstillstand
geben, bevor die Russen das Reichsgebiet erreichten, hoffte eine
Frau. Ein alter Mann: Das glaube er nicht. Wieso sollten sie sich den
Triumph nehmen lassen? Die Frau: Aber dann würde doch alles zerstört, die Häuser, die Kirchen, die Schulen ... Der Mann: »Das ist doch
denen wurscht. Was glauben Sie, wie's bei denen daheim ausschaut,
wie viele Häuser dort noch ganz sind.«[24]

Das Leben in der Großstadt Wien wurde Anfang 1945 zunehmend
chaotischer, drückender, gefahrvoller. Und an einen »Endsieg« glaubte
niemand mehr, mit Ausnahme vielleicht von einigen Nazifanatikern.
Die Luftangriffe hatten den Krieg mitten in die Gesellschaft getragen.
Das Alltagsleben im Hinterland der näher rückenden Fronten wurde
weitgehend davon beherrscht.

Niemand kann sich über das Näherrücken der Befreier mehr gefreut haben als Mignon Langnas, die jüdische Krankenschwester. Wie
durch ein Wunder war sie den Deportationen und dem Holocaust
entgangen und lebte sieben Jahre nach Hitlers Einmarsch immer
noch in Wien. Allein, die amerikanischen Bomben, die immer häufiger auf die Stadt fielen, machten für sie keine Ausnahme. Am
15. Januar 1945 steuerten 400 Flieger der 15. US-Luftflotte Wien an.
Am Morgen war Mignon von einem schweren Nachtdienst nach
Hause gekommen in ihre Wohnung in der Leopoldstadt und hatte
sich schlafen gelegt. Die Sirenen nahm sie erst spät wahr und wollte
zuerst einfach liegen bleiben, doch schließlich überwand sie sich
und stand auf. Da pochte der Nachbar, Herzig, ein guter Freund. Sie
schlüpfte in ihr Kleid und ihren Mantel. Rannte hinaus, sah noch im
Vorbeilaufen die benachbarten Eheleute aus ihrer Wohnung kommen. Nach einigen Sekunden, als Mignon einen Stock weiter unten
war – schlug es ein. Krachen und Gepolter, es schleuderte sie in eine
Ecke. Dunkelheit stieg um sie auf. Dann wurde es ruhiger, und
schließlich wurde es wieder hell. Erstaunt stellte sie fest, dass sie
noch lebte. Sie rappelte sich hoch, rannte dorthin, wo ihre Nachbarn
gestanden waren. Geröll bis hinauf. Man sah den Himmel durch. Sie

rief die Namen. Nichts. Sie rief. Nichts. Endlich schwach die Stimme Herzigs: »Hilfe! Hilfe!« Beide waren verschüttet, aber lebten. Hilfe war nötig, dringend.

Mignon lief in den Keller. Keiner wollte hinaus, solange nicht Entwarnung gegeben worden war. So rannte sie verzweifelt, während die Bomber noch flogen, während es niederhagelte, durch die menschenleeren Straßen. Suchte Hilfe, um ihre Freunde zu bergen. Auf einer Militärkommandantur erklärte ihr der diensthabende Feldwebel, er könne vor der Entwarnung keinen Mann hinausschicken. Und zuerst müsse man ohnehin die Menschen in den brennenden Häusern retten. Irgendwann trieb sie doch Hilfe auf, irgendwann wurden beide geborgen. Herzig, der Mann, hatte einen schweren Bruch erlitten. Er starb nach wochenlanger Leidenszeit im Krankenhaus. Nun war Mignon »ausgebombt«, ohne Zuhause. Alles, was sie besessen hatte, war verloren. Fast alles. Ein Soldat sollte später beim Aufräumen einen Koffer mit für sie wertvollen Erinnerungsstücken bergen. Tagelang schlief sie mal hier, mal da, bis ihr eine neue Bleibe zugewiesen wurde.[25]

Dem Angriff vom 15. Januar galt der erste Eintrag von Stephanie Bamer in ihr Tagebuch des Jahres 1945. Sie zählt akribisch die getroffenen Bezirke, Straßen und Plätze auf. Beim Angriff am 21. Januar wurde eine Bekannte verschüttet. Für den 31. des Monats, um 15 Uhr, war ihr Rigorosum angesetzt. Um diese Zeit saß sie wegen eines dreistündigen Luftalarms im Keller. Erst um 18 Uhr kam sie an die Universität. Weil keine Straßenbahn ging, musste sie mehr als vier Kilometer von ihrer Wohnung am Margaretengürtel bis zur Universität an der Ringstraße durch tiefen Schnee stapfen. Die Prüfung verlief gut. Nur bei Verwaltungs- und Verfassungsrecht zeigte die zukünftige Frau Doktor Wissenslücken: »Habe ich doch spekuliert, dass ich den ganzen ›deutschen Kram‹ nicht mehr werde können müssen.«

Die Promotion fand am 3. Februar, vormittags, im Dekanat der juridischen Fakultät statt. Kalt war es hier, sämtliche Räume unbeheizt. Einer der Professoren erschien in der Uniform eines SA-Führers, worüber sich der Vater eines der Promovierenden gehörig echauffierte. Von Steffis Verwandten war niemand da. Ihr Ehemann und ihr Vater standen beide im Krieg, die Mutter war zu Hause geblieben. Über das zu erwartende nationalsozialistische Getue hätte sie sich zu sehr aufgeregt, hasste sie die Nazis doch wie die Pest. Aber die Zeremonie verlief nüchtern. Statt des traditionellen »Spondeo« (Gelöbnis) gab es den Hitlergruß. Das war es dann schon.

Im Februar verzeichnet Bamer ansonsten nur noch Luftangriffe (achtmal) und Alarme, denen kein Angriff folgte (siebenmal).[26] Am 8. Februar traf es das Haus am Margaretengürtel 22, in dem sie und ihre Eltern lebten, allerdings einen anderen Bauteil. Rundherum gab es schwere Schäden. Am 15. Februar geriet das nahe der Bahnlinie liegende Wohnhaus erneut in den Bombenhagel. Und wieder blieb die Wohnung der Johne-Familie verschont. Dafür starben in einem Luftschutzraum im Keller der benachbarten Stiege mehrere Menschen. Im März ging es in ähnlicher Folge weiter: fünf Stunden Alarm am 1., drei Stunden am 4., weitere Alarme am 7. und 9. März.[27]

Auch in Adolfine Schumanns Aufzeichnungen dominieren ab Herbst 1944 die Luftangriffe. Seit Mitte November lebte eine Ausgebombte bei ihr. Mit ihrem Baby auf dem Arm und einem Einweisungsschein des Gauquartieramts in der Hand hatte sie eines Abends vor der Tür gestanden. Von ihrer Wohnung aus konnte Dolfi sehen, dass schon bei der Radiomeldung »Feindliche Flieger in Kärnten eingeflogen« eine wahre Völkerwanderung einsetzte. Mit Schemeln und Taschen bewehrt, zogen die Menschen zum Flakturm im Augarten. Hysterie und Panik habe die Stadt bei Luftalarm beherrscht, schreibt sie. Das sei kein Einzelerlebnis gewesen, sondern ein Gemeinschaftserlebnis. Man habe sich im selben Entsetzen verbunden gefühlt und ohnmächtig die Fäuste geballt. Sie für ihren Teil habe dieses Grauen nie mit Hitler in Verbindung gebracht, sondern nur die Amerikaner und Engländer gehasst. Die sinnlosen Zerstörungen hätten die Herzen der Menschen verhärtet und nicht für die Amerikaner gewonnen. »Wir wenden uns deshalb keineswegs von unserer Führung ab, wohin denn auch?«[28]

Der letzte Teilsatz entlarvt Dolfis Regimetreue als Chimäre. Denn gab es eine ernsthafte Alternative dazu, mit der alten Führung weiterzuleben und zu hoffen, dass bald alles vorüber sein würde? Und das war die große Fehlkalkulation der Alliierten: Wenn man täglich ums nackte Leben kämpfte, wie sollte man sich da gegen die eigene Regierung erheben? Tatsächlich hatte das alliierte »moral bombing« entgegen allen Intentionen vorerst einen erstaunlichen Solidarisierungseffekt bewirkt, die gegenseitige Hilfsbereitschaft und sogar den Willen zum Durchhalten gestärkt. Der von den Alliierten erhoffte Aufstand gegen die NS-Herrschaft war ausgeblieben.[29] In der Endphase des Krieges registrierten Beobachter dann verstärkt Resignation, Fatalismus, Egoismus und Desinteresse am Schicksal der Mitbürger. »Man wird so egoistisch«, schrieb Josef Schöner, »dass man überhaupt nicht an die Leiden der anderen mehr denkt.« Alles sei zermürbt, müde und voll Angst vor dem Kommenden. Das allgemeine Motto laute: »Wenn nur schon alles erst vorüber wäre!«[30]

Schöners Leben spielte sich auf der Linie zwischen seinem Arbeitsplatz im Wiener Gemeindebezirk Mariahilf, dem Wohnhaus seiner Eltern in Wien-Neubau und der Wohnung seiner Ehefrau Anita in Wien-Landstraße ab. Wenn Tagebucheinträge vorliegen, so sind sie ausführlich und detailreich, eine einzigartige Quelle zum Alltagsleben in Wien in den letzten Kriegsmonaten. Für Januar 1945 ist allerdings gar nichts, für Februar wenig überliefert. Am 26. Februar beschreibt Schöner einen regelrechten Sturmregen. Das Gehen in einer bombengeschädigten Gegend wie der Mariahilfer Straße war bei dieser Witterung lebensgefährlich. Der heftige Wind wirbelte lose Dachziegel, Blechstücke und Bretter durch die Luft. Die Straßenbahn verkehrte nicht, denn Gleise und Oberleitungen waren durch Bomben schwer beschädigt worden. Frauen mit Kübeln und Kannen waren unterwegs, auf der Suche nach einer Stelle, an der Wasser zu bekommen war. Der Regen verband sich mit dem Staub und Geröll der zerbombten Häuser zu einem schmutzigbraunen, schmierigen Straßenbelag.

In der Dienststelle waren sämtliche Fensterscheiben an der Straßenseite zersprungen, so dass alle, die hier ihre Büros hatten, auf die Hofseite umgezogen waren. Dort waren die Fenster heil geblieben. Nachmittags musste die gesamte männliche Belegschaft zu einem Ausbildungslehrgang des Volkssturms in der Stiftskaserne ausrü-

cken. Um 17 Uhr fuhr Schöner zum Luftschutzdienst in ein Geräte-
lager am Nordwestbahnhof im 20. Bezirk. Die Fahrt war eine Odys-
see. Sofern überhaupt Straßenbahnen verkehrten, fuhren sie Um-
wege, weil viele Strecken unpassierbar waren. Das Lager fand er gut
geheizt vor, richtiggehend gemütlich. Schöner plauderte längere Zeit
mit seinem Wachgenossen, einem Tschechen, der kein Blatt vor den
Mund nahm. Um fünf Uhr morgens ging es mit der Straßenbahn
heim, auf Umwegen natürlich.[31]

Den 12. März 1945 erlebte die Stadt Wien als Spiegel jenes fernen
12. März im Jahr 1938, als die Massen halb toll vor Begeisterung joh-
lend durch die Straßen Wiens gezogen waren. Nun, sieben Jahre später, steuerten 225 B-17- und 522 B-24-Bomber der 15. US-Luftflotte
Wien an. Sie luden während des eineinhalb Stunden langen Angriffs
eine Bombenlast von 1667 Tonnen ab. Die Ölraffinerie Wien-Floridsdorf sollte in Grund und Boden gebombt werden. Aber die Schäden
dort waren gering. Dafür traf es mit voller Wucht Innenstadt und
Ringstraße.[32]

Dolfi Schumann saß an diesem Montag gegen Mittag zu Hause und
stopfte Socken. Offenbar hatte sie die vorangegangenen Warnungen
nicht sonderlich ernst genommen. Leichtsinnig, aber verständlich,
denn schon seit drei Wochen war Wien verschont geblieben. Nun
aber meldete der Drahtfunk plötzlich: »Starke Verbände in Anflug
auf Wien!« Während sie überlegte, doch besser in den Keller zu gehen, gab es eine gewaltige Detonation. Im angrenzenden Augarten
war eine Bombe explodiert. Krachen und Klirren. Sämtliche Fensterscheiben im Haus zerbarsten. Dolfi schnappte das für den Fall eines
Luftalarms bereitgestellte Köfferchen. Es war übersät mit Glasscher-
ben. Im Stiegenhaus eine neuerliche Detonation. So nah und so heftig, dass der Luftdruck sie die Kellerstiege hinunterschleuderte. Das
Haus ächzte in seinen Grundfesten.

Nach der Entwarnung: ringsherum überall Feuer, überall Rauch-
säulen. Dolfi schlug mit Hammer und Stemmeisen die restlichen
Glasstücke aus den Fensterrahmen, dann nagelte sie bereitgestellte
Sperrholzplatten an. Das war wichtig, denn in der Nacht konnte es
noch empfindlich kalt werden. Die Mauer unter ihrer Wohnung

hatte einen Riss, so breit, dass man hindurchsehen konnte. Später ging sie in die Innenstadt. Sie hatte gehört, dass es dort große Schäden gab. Und so war es: Universität, Burgtheater, Rathaus, Parlament, Museen, Akademie – alle schwer getroffen. Die Staatsoper in Flammen, ebenso der gegenüberliegende Heinrichhof. Irgendwo stolperte sie über einen Engelskopf aus Stein. Sie wollte ihn mitnehmen, aber er war zu schwer.[33]

Im Heinrichhof befand sich eines der Kaffeehäuser der Gastronomenfamilie Schöner. Es war komplett zerstört. Ein weiteres, das »Casa piccola«, lag am unteren Ende der Mariahilfer Straße. Eine Bombe hatte unmittelbar davor in die Fahrbahn eingeschlagen. Straßenbahnschienen ragten in die Luft, Leitungsdrähte hingen herab, die Fassade des Cafés war ein Trümmerhaufen, die Scheiben weggeblasen. Drinnen wüste Schäden, kaum etwas, das heil geblieben war. Das Café »Fenstergucker« in der Kärntner Straße, gleich hinter der Oper, hatte die geringsten Schäden erlitten, aber es war dennoch schlimm genug. Ums Eck lag der Philipphof. Fassungslos stand Schöner in der Menschenmenge und sah zu, wie er lichterloh brannte. Hunderte Menschen, so hieß es, seien im Keller eingeschlossen.[34]

Mignon Langnas erlebte den Angriff im Keller der Israelitischen Kultusgemeinde in der Seitenstettengasse. Dort fanden die Juden Zuflucht, die allgemeinen Luftschutzräume waren ihnen verboten. So waren es durchwegs gute Bekannte, die sich hier versammelten. Eine nervöse, angstvolle Gemeinschaft. Sie horchten zitternd auf die Wellen der Flugzeuge, die über die Stadt flogen, hörten die Explosionen der Bomben, spürten das Beben von Wänden und Boden. Und dann schlug es ein. Direkt im Haus. Es wurde finster, Staub, Ruß, Geröll, die Luft schien für einige Momente wegzubleiben. Panik. »Was ist mit uns? Verschüttet? Werden wir hinauskönnen?« Nach bangen Minuten fand sich ein Durchgang. Beim vorsichtigen Tasten durch die Finsternis spürte Mignon, wie sie auf Weiches stieg: tote Menschenleiber. Draußen ein Sichsammeln, Sichfinden. Wer war noch da? Wer war tot? Rund sechzig Menschen starben in den Kellern unter dem Haus. Aber Mignon Langnas überlebte, überlebte auch das.[35]

Im Bombenkrieg kamen in Wien bei 52 Luftangriffen an die 10 000

Menschen ums Leben, jedes fünfte Haus wurde zerstört oder beschädigt (davon allerdings ein nicht unbeträchtlicher Teil während der
Bodenkämpfe). Die städtische Infrastruktur (Kanäle, Wasser- und
Gasleitungen, Straßen, Brücken, öffentliche Verkehrsmittel usw.)
erlitt schwerste Schäden.[36] Diese Zahlen und Fakten zeigen, dass
der Luftkrieg den Alltag zusehends beschwerlicher machte und ein-
schränkte. In vielen Bereichen der Stadt fiel durch bombenbedingte
Leitungsschäden die Wasserzufuhr aus, Gas und Strom waren häufig
unterbrochen, die Straßenbahnen verkehrten unregelmäßig oder
gar nicht, die Ernährungslage wurde immer schwieriger, Gebrauchs-
gegenstände aller Art, Kleidung, Schuhe etc. waren kaum erhältlich.
Dazu die drückende Ungewissheit über das Schicksal von nahen Angehörigen und Freunden. Und dann die übermächtige Angst, was
wohl werden würde, wenn die nach Rache sinnenden Russen vor der
Stadt stünden.[37]

Mignon Langnas schreibt, dass sie Wasser aus der Donau oder
irgendwelchen Brunnen holte. Beim morgendlichen Weg in den
Dienst sah sie lange Schlangen von Frauen vor den Bäckereien. Andere schleppten Kübel mit Wasser. Daheim kein Licht, kein Gas. Dolfi
Schumann, bei der sämtliche Fensterscheiben zerbrochen waren,
schlief nun mit Kopftuch, Handschuhen und Pullover. Die notdürftig
eingesetzten Sperrholzplatten boten nur unzureichend Schutz vor
der Witterung, sie fürchtete eine Kältewelle. Mitte März wollte Steffi
Bamer die Cousine ihrer Mutter im zweiten Bezirk besuchen. Sie
stand vor ihrem Wohnhaus, es war nur noch ein Schutthaufen. Lebte
sie noch? Glücklich fand sie die Gesuchte in der Nähe. Und immer
quälte Steffi sich mit der Frage, wie es wohl ihrem Ehemann Fredl
erging. Seit seinem letzten Brief war ein voller Monat verstrichen.
»Mir wird sehr bang.« Um aus Wien herauszukommen und den Luftangriffen zu entgehen, suchte sie um Versetzung an das Gericht in
Steyr an. Dabei war auch diese Industriestadt ständig aus der Luft bedroht.[38]

An einem Vormittag gegen Ende März 1945 saßen Josef Schöner
und einige Angestellte seiner Dienststelle im Hof beisammen. Es war
frühlingshaft mild, die Sonne schien. Man wartete auf den alltäg-

lichen Flugalarm und unterhielt sich über die Zukunft. Das Ende war nur noch, so die allgemeine Überzeugung, eine Frage von Wochen. Und man war sich im Klaren darüber, dass nachher alles noch viel schlimmer werden würde, vor allem die Lebensmittelversorgung. Man würde hungern, da war man sich sicher. Eine der Frauen: »Das macht alles nichts, wenn nur einmal diese furchtbaren Alarme aufhören, dann nehme ich alles gerne auf mich.«[39]

MASSENMORD

Im Oktober 1944 stand die Rote Armee tief in Ostungarn. »Reichsverweser« Horthy erkannte, dass es an der Zeit war, die Seiten zu wechseln. Er versuchte, Waffenstillstandsverhandlungen mit den Sowjets aufnehmen. Unterstützt von der SS, nutzte die faschistische Pfeilkreuzlerbewegung unter Ferenc Szálasi diese Situation. Sie putschte sich an die Macht und errichtete für einige Monate ein unbeschreibliches Schreckensregime. Zwischen Mitte Mai und Mitte Juli 1944 waren bereits 438 000 der rund 750 000 ungarischen Juden nach Auschwitz deportiert und dort zumeist gleich »ins Gas« geschickt worden. Dann hatte Horthy den Massenmord auf Druck der Alliierten gestoppt. Mittlerweile hatte sich in dieser Frage allerdings einiges geändert. In den Gauen Niederdonau und Wien herrschte nach dem Verlust der Ostgebiete ein katastrophaler Arbeitskräftemangel. Die SS hatte nun definitiv kein Interesse mehr an einer sofortigen Vernichtung der restlichen ungarischen Juden. Man benötigte sie vielmehr für die Arbeit in der Rüstungsproduktion und zum Bau des Südostwalls. Ab November 1944 wurden männliche Juden zwischen 16 und 60 Jahren in Tageskontingenten von zwei- bis viertausend Personen Richtung Grenze getrieben. Pro Tag hatten sie Strecken um die dreißig Kilometer zurückzulegen. Die Begleitumstände hätten schlimmer nicht sein können: Kälte, Hunger, Brutalitäten aller Art durch die Wachen. Schon auf dem Weg starben rund acht- bis neuntausend Menschen.

Im Grenzort Hegyeshalom wurden die Überlebenden der SS übergeben. Bis 1. Dezember 1944 waren es 76 209 Personen, für die Zeit danach liegen keine Zahlen vor. Beim Bau des Südostwalls kamen rund 50 000 ungarische Juden zum Einsatz. Bis Ende März 1945 starben an die 15 000 davon. Die Gründe: Unterernährung, Krankheit, Erschöpfung, Gewalt.[40]

Einer jener Standorte, in denen die Juden untergebracht wurden, war Engerau, eine Ortschaft am rechten Donauufer gegenüber der slowakischen Hauptstadt Preßburg. Der Ort war 1919 der Tschechoslowakei zugeschlagen worden (slowakischer Name: Petržalka). Nach dem Münchner Abkommen war Engerau an das Deutsche Reich und den Gau Niederdonau gefallen. Hier verlief die Reichsgrenze, und hier sollte die Reichsschutzstellung errichtet werden.

Die jüdischen Sklavenarbeiter kamen zum Teil zu Fuß, zum größeren Teil aber in Zügen aus Budapest. Die Dauer der Fahrt betrug fünf bis sieben Tage, und das für eine Strecke von kaum mehr als zweihundert Kilometern. In Engerau wurden die rund 1800 Budapester Juden auf sieben Teillager verteilt: in Kellern, Scheunen, Ställen, leerstehenden Fabriken. Sie schliefen auf dem nackten Boden, auf Stroh oder Papiermatten. Ungefähr vierhundert kamen auf dem Dachboden einer Fabrik für kinotechnische Artikel unter. Der Raum war achtzehn Meter lang und vier bis viereinhalb Meter breit. Es war so wenig Platz, dass die Menschen zum Teil aufeinanderliegend oder mit angezogenen Knien sitzend schlafen mussten. Ein anderes Teillager bestand aus zwei Scheunen. Die Dächer waren voller Löcher, die Seitenwände voller Spalten. Schnee, Regen und Wind gingen ungehindert hindurch. Schlafen musste man auf feuchtem, fauligem Stroh. Wenn jemand während der Nacht austreten musste und dabei erwischt wurde, erschossen ihn die Bewacher. Die Insassen gaben dieser Unterkunft den Namen »Totenkammer«.

Die Bewacher waren achtzig SA-Männer aus der Gegend. Sie beaufsichtigten die Juden in den Quartieren. Für die Aufsicht während der Schanzarbeiten waren hingegen notdienstverpflichtete Politische Leiter der NSDAP zuständig.

Nikolaus Auspitz gehörte zu den wenigen, die Engerau und alles Nachfolgende überlebten und Zeugnis ablegen konnten. Tagwache

war seiner Schilderung nach um fünf Uhr morgens. Danach Zähl-
appell, der sich in klirrender Kälte oft lange hinzog. Unter Schlägen
und Tritten ging es im Laufschritt zur Frühausgabe. Ration: täglich
33 Dekagramm (also 330 Gramm) Brot und für je zwei Tage ein wür-
felzuckergroßes Stück Margarine. Jeder kämpfte um seine Ration, es
war eine Frage von Leben und Tod. Die Arbeitsstelle befand sich fünf
bis sechs Kilometer entfernt. Gearbeitet wurde bei jedem Wetter,
Schneesturm wie Eisregen. Zwischen 12 und 15 Uhr kam ein Wagen
mit dem Mittagessen. Es gab Suppe aus Futterrüben oder aus Gers-
tengraupen, hin und wieder waren einige ungeschälte, verfaulte Kar-
toffelstücke dabei. Falls es Fliegeralarm gab – und das war fast täglich der Fall –, fiel das Mittagessen aus. Die Arbeit endete um 17 Uhr,
dann zurück ins Lager, wie immer unter Schlägen und Tritten.
Abendessen: dasselbe wie mittags. Und dann: »Schlafengehen, richtiger gesagt: zusammenbrechen.« Bald begann das tägliche Sterben.
Ungefähr jeder vierte bis fünfte jüdische Zwangsarbeiter kam in
Engerau ums Leben.[41]

Rund 115 Kilometer südwestlich von Engerau liegt Deutsch Schützen, eine kleine Gemeinde im südlichen Burgenland, das damals zum
Reichsgau Steiermark gehörte. Ernö Lazarovits traf im Januar 1945
hier ein. Der zwanzigjährige Jude, aus Klausenburg in Siebenbürgen
stammend, war im März 1944 zum Arbeitsdienst der ungarischen
Armee eingezogen worden. Nach dessen Auflösung hatten ungarische Gendarmen ihn Richtung Reichsgrenze verschleppt, zuerst
nach Fertőrákos, dann nach Deutsch Schützen. Man hatte ihn übel
behandelt, brutal und demütigend. Umso erstaunlicher war, was ihn
nun erwartete. Die jüdischen Zwangsarbeiter erhielten als Lager
zwei gemauerte Getreidespeicher zugewiesen, sie schliefen auf Prit-
schen, die mit frischem Stroh ausgelegt waren. Sogar einen Ofen gab
es, um die winterliche Kälte erträglich zu machen. Lazarovits fühlte
sich, als wäre er in einem Palast gelandet. Zum Frühstück gab es Marmelade und Brot, man konnte sich regelmäßig waschen, wurde desinfiziert.

Neben den ungarischen Juden waren in Deutsch Schützen fünf-
zehn- bis sechzehnjährige Hitlerjungen mit Schanzarbeiten beschäf-

tigt. Bemerkenswert ist, dass die ungarischen Juden fast dieselbe Verpflegung erhielten wie die Hitlerjungen. Manche Bauern des Dorfes steckten den Zwangsarbeitern hin und wieder auch etwas Brot oder einen Apfel zu. Zudem bestand die Chance, für landwirtschaftliche Arbeiten auf Höfe »verliehen« und dort noch besser verköstigt zu werden. Natürlich war die Zwangsarbeit hier wie dort weit davon entfernt, angenehm oder leicht zu sein. Man hatte von morgens bis abends mit Krampen und Schaufel Schützengräben auszuheben und diese durch ein Weidengeflecht abzusichern. Eine elende, sinnlose Plackerei. »Öde und trostlos« seien die Tage verstrichen, schreibt Ernö Lazarovits. Aber man wurde am Leben gelassen. Vorläufig.

Ausbeutung der Arbeitskraft oder Vernichtung durch Arbeit – zwischen diesen beiden Polen habe die Behandlung der ungarischen Juden geschwankt, meint der Historiker Walter Manoschek. Die Vorgehensweise vor Ort war Sache der jeweils dort Verantwortlichen. Stand die Erreichung eines Arbeitsziels im Vordergrund – die Errichtung einer effizienten Sperrstellung –, so war es sinnvoll, die Arbeiter einigermaßen adäquat zu versorgen, um ihre Arbeitskraft zu erhalten. Das heißt aber nicht, dass das Prinzip der Judenvernichtung damit grundsätzlich aufgehoben worden wäre.[42]

In den letzten Monaten des Krieges kam es überall im Deutschen Reich, also auch auf österreichischem Gebiet, zu grauenhaften Massenverbrechen. Diese richteten sich hauptsächlich gegen jüdische und andere KZ-Häftlinge, gegen politische Gegner in Strafhaft, Kriegsgefangene und Zwangsarbeiter. Auch die massenhaften Morde der fliegenden Standgerichte an Soldaten der Wehrmacht und Volkssturmleuten, die sich tatsächlich oder vermeintlich von der Truppe entfernt hatten, sind dieser Kategorie zuzuzählen. Täter waren SS- und Gestapo-Leute, normale Polizisten, Angehörige der Feldpolizei (»Kettenhunde«), sonstige Soldaten der Waffen-SS, der Wehrmacht und des Volkssturms, Angehörige der SA, der HJ, Politische Leiter der NSDAP und nicht zuletzt auch »einfache« Bürger, ob sie nun der NSDAP angehörten oder nicht.

Die Auflösung der bisherigen Ordnung und das zunehmende Chaos in allen Belangen des öffentlichen und privaten Lebens be-

günstigten derartige Verbrechen. Ernst Hanisch spricht vom Ausbruch einer Kollektivpanik. Von allen Seiten habe man sich bedroht
gesehen. Dazu die übermächtige Angst vor dem Bolschewismus, der
heranrückenden Roten Armee, die durch die NS-Propaganda nach
Kräften geschürt wurde. Dann das alte Feindbild: der Jude. Eine
Bedrohung, die übermächtig zu werden schien. Hatten die Juden
nicht den Krieg ausgelöst? Und waren es nun nicht wiederum Juden,
die Deutschland zerstörten? Auf einem der Todesmärsche brüllte ein
Kommandant fortwährend: »Ihr verfluchte Rasse! Ihr verfluchte
Rasse!« Aller Schmerz, aller Hass, alle Wut entlud sich ein letztes Mal
gegen die Juden.[43]

Und gegen andere, die in der NS-Rassenhierarchie ganz unten standen. In der Nacht vom 1. auf den 2. Februar 1945 versuchten rund
fünfhundert »K-Häftlinge« die Flucht aus dem Block 20 des Konzentrationslagers Mauthausen. »K«, das stand für »Kugel«. Es handelte
sich um kriegsgefangene russische Offiziere, die zu flüchten versucht hatten und wieder gefangen worden waren. Laut OKW-Erlass
waren sie ins KZ Mauthausen einzuliefern, um dort liquidiert zu werden. Nicht durch die Kugel (also durch Erschießen), sondern durch
systematische Unterernährung und grausame Behandlung. Wer in
den Block 20 kam, hatte nur noch wenige Tage oder Wochen zu leben. Als siebzehn sowjetische Offiziere im Januar 1945 hier eingeliefert wurden, erkannten sie sofort, dass ihre einzige Überlebens-
chance – wenn überhaupt – in der Flucht bestand. Sie wussten, dass
es bis zum Eintreffen der Roten Armee nicht mehr lange dauern
würde und dass das Protektorat Böhmen und Mähren nicht allzu
weit entfernt lag.

Der Block 20 war vom übrigen Lager durch eine zweieinhalb Meter
hohe Steinmauer getrennt. Auf der Mauerkrone verlief eine Stachel-
drahtumzäunung, die Starkstrom führte. Dass der Coup trotz wid-
rigster Umstände gelang und die sowjetischen Kriegsgefangenen aus
dem Lager entkamen, ist wohl nur auf ihre militärische Ausbildung
zurückzuführen. Sie handelten entschlossen, tatkräftig, mit äußers-
tem Mut. Und sie hatten nichts zu verlieren. Es gelang, einen Wach-
turm zu erobern und mit dem Maschinengewehr die Besatzung der

anderen Türme auszuschalten. Mit feuchten Decken und Kleidungs-
stücken verursachten sie einen Kurzschluss. Dadurch war es möglich, die Mauer und die Stacheldrähte zu überwinden. Schon auf den
ersten Metern wurden viele der Flüchtenden erschossen. Andere brachen zusammen und blieben zu Tode erschöpft liegen. Die Mehr-
zahl – laut Polizeibericht 419 Personen – lief in nördliche Richtung.
Dort lag die Grenze zum Protektorat Böhmen und Mähren, der ehemaligen Tschechoslowakei. Allerdings waren es noch mindestens
vierzig Kilometer Luftlinie bis dahin. Und es war Winter, es war kalt
und es lag viel Schnee.

Was sich nun ereignete, ist unter der zynischen Bezeichnung
»Mühlviertler Hasenjagd« bekannt geworden. Eine Großfahndung
wurde eingeleitet. Bereits am 3. Februar 1945 meldete die Kripo Linz
dem Reichssicherheitshauptamt in Berlin, dass mehr als dreihundert
Geflüchtete aufgegriffen worden seien, davon 57 lebend. An der Jagd
beteiligten sich Einheiten der SS und der Wehrmacht, SA-Abteilun-
gen, Volkssturm, Hitlerjugend und NSDAP-Mitglieder. Der Historiker
und Mauthausen-Überlebende Hans Maršálek urteilt, dass gewisse
Teile der Bevölkerung des Mühlviertels von einem regelrechten
»Blutrausch« und von »Massenhysterie« ergriffen worden seien. Dabei benahmen sich die Geflohenen der Bevölkerung gegenüber
durchweg anständig. Es kam zu keinerlei Übergriffen, Gewalttaten,
Morden, Brandlegung und dergleichen, die Geflohenen versuchten
lediglich, an Zivilkleider und Nahrung zu kommen. Der Gendar-
merie-Postenkommandant von Schwertberg, Johann Kohut, schrieb,
dass »unendliche Schuld« über die Bewohner der Gemeinde gekommen sei. Schon in den frühen Morgenstunden des 2. Februar wurden
der gesamte Volkssturm, die Feuerwehr und die Politischen Leiter
der NSDAP auf dem Marktplatz zusammengetrommelt. Folgender
Befehl erging: »Fünfhundert Schwerverbrecher sind aus dem KZ-
Lager Mauthausen ausgebrochen. Sie bilden eine große Gefahr für
die Bewohner, sie müssen sofort unschädlich gemacht werden. Niemand soll gefangen werden, alle sind sofort umzulegen.« Suchgrup-
pen wurden eingeteilt. Der Schneematsch auf den Straßen färbte
sich rot vom Blut der Erschossenen. »Überall, wie und wo man sie

antraf, in den Wohnungen, im Kuhstall, am Heuboden, im Keller, wenn man sie nicht herausholte und beim nächsten Hauseck erledigte, erschoss man sie auf der Stelle, egal wer anwesend war.« Ungefähr 150 Menschen seien in diesen Tagen allein in Schwertberg und Umgebung niedergemetzelt worden, schreibt Kohut. Man ließ die Leichen liegen, wie sie gefallen waren, oft tagelang.

Die örtlichen Gendarmen versuchten, sich in dieser Situation so ruhig wie möglich zu verhalten und sich an den Untaten nicht zu beteiligen. Auch viele Volkssturmmänner weigerten sich, aufgegriffene Häftlinge zu erschießen. Sie übergaben sie lieber der SS, die diese unangenehme »Arbeit« für sie erledigte.

Mindestens elf der Ausbrecher dürften die Flucht überlebt haben. Die genaue Zahl ist ungewiss, mehr als zwanzig waren es jedenfalls nicht. Daraus lässt sich schließen, dass bei der »Mühlviertler Hasenjagd« vom Februar 1945 rund vierhundert Menschen ermordet wurden. Wie aber hatte sich die Mühlviertler Bevölkerung dabei verhalten? Der Historiker Matthias Kaltenbrunner meint, dass das Gros der Menschen in den ersten Tagen »vor Angst gelähmt« gewesen sei. Trotzdem halfen viele den Verfolgten – allerdings nur so lange, bis sie selbst um ihr Leben zu fürchten begannen.[44]

Eine andere Form von Massengewalt war die Erschießung von ungarisch-jüdischen Zwangsarbeitern während des Südostwallbaus. Als im Februar und März 1945 in Zwangsarbeiterlagern im Reichsgau Steiermark eine Flecktyphusepidemie ausbrach, ordnete die Gauleitung die Ermordung der Kranken an, so in Deutsch Minihof, Jennersdorf, Neuhaus am Klausenbach, Kalch, St. Anna am Aigen und Klöch. Für die Ausführung der Taten wurden zumeist Angehörige der kroatischen Waffen-SS abkommandiert.

Der Rückzug aus Westungarn ab 21. März hatte eine weitere Welle von Massenmorden an Kranken zur Folge. In diesem Kontext ist das Massaker einzuordnen, das in der Nacht vom 24. auf den 25. März in Rechnitz stattfand, einer zum Kreis Oberwart des Reichsgaus Steiermark gehörenden Marktgemeinde. Während des 24. März waren rund tausend Zwangsarbeiter per Bahn von Kőszeg in den Raum Burg transportiert worden, rund zehn Kilometer südlich von Rechnitz gelegen. Sie sollten am Südostwall arbeiten. Allerdings hatte sich bei ihrer Ankunft herausgestellt, dass rund zweihundert von ihnen völlig erschöpft und krank waren. Kurz gesagt: arbeitsunfähig. Und damit aus Sicht der Nazis wertlos. Die Kreisleitung Oberwart ließ sie nach Rechnitz bringen. Dort trafen sie um 18 Uhr ein. Die Juden hätten sich in einem bejammernswerten Zustand befunden, stellte das Gericht später fest. »Sie waren total verschmutzt und verlaust und so entkräftet, dass ein Teil von ihnen kaum die Waggons verlassen konnte und ausgeladen werden musste; hiebei starben drei Mann an Erschöpfung.«

An diesem Samstagabend fand im Schloss Bátthyány ein »Kameradschaftsabend« statt. Gäste waren wegen des Südostwallbaus im Ort stationierte Gestapo- und SA-Leute sowie örtliche Parteiprominenz. Man tanzte, man trank. Um 23 Uhr erreichte ein Anruf das Schloss. Er war für Franz Podezin bestimmt, den örtlichen Unterabschnittsleiter des Südostwallbaus. Dieser quittierte das Telefonat mit den Worten: »Verdammte Schweinerei!« Dann bestimmte er rund fünfzehn männliche Gäste, mit ihm zu kommen und die angeordnete Arbeit zu erledigen – den Judenmord. Währenddessen waren bereits rund achtzig jüdische Zwangsarbeiter dabei, ein Massengrab auszuheben. Ab Mitternacht brachte ein Chauffeur insgesamt siebenmal bis zu dreißig Personen zu einem Gebäude an der südlichen Ortsausfahrt, dem sogenannten Kreuzstadel. Hier geschah der Massenmord, über dessen genauen Ablauf wir nicht informiert sind. Bekannt ist, dass die Mörder anschließend wieder auf das Fest zurückkehrten. Achtzehn ungarische Juden, die für die Beseitigung der Leichen eingesetzt wurden, mussten später ebenfalls sterben. Es sollte keine Spuren geben. Das gelang weitgehend. Die genauen Umstände der Tat sind trotz eines im Jahr 1948 geführten spektakulären Volksgerichtsprozesses im Halbdunkel geblieben. Die Haupttäter entgingen ihrer Strafe, das Massengrab mit den rund zweihundert Toten wurde niemals gefunden.[45]

Um den 29. März ging man überall in den Lagern entlang des Südostwalls daran, die jüdischen Schanzarbeiter in Richtung Mauthausen zu evakuieren. Angeblich hatte Himmler am 28. März den Gauleitern von Wien, Niederdonau, Oberdonau und der Steiermark den Befehl erteilt, die Evakuierung »ordentlich« durchzuführen, unter »möglichster Schonung« ihres Lebens. (Himmler betrachtete die Juden, die noch in seiner Hand waren, als Faustpfand für Verhandlungen mit den Alliierten.) In der Praxis hieß das nicht viel, denn immer noch galt die Order, dass kein Häftling lebend in die Hände des Feindes fallen durfte. Meistens mussten die ohnehin schon Erschöpften den Hunderte Kilometer langen Weg zu Fuß zurücklegen, nur hin und wieder auf Teilen des Weges per Bahn oder Schiff transportiert. Verpflegung: so gut wie keine. Übernachtung: in der Regel unter freiem Himmel, und das in den kalten März- und Aprilnächten. Für die Bewachung der Juden war hauptsächlich der Volkssturm, zudem HJ, SA, SS, Parteifunktionäre, Gendarmerie und Polizei verantwortlich. Alte, Kranke, Schwache, die nicht mehr weiterkonnten, wurden gnadenlos erschossen. Fluchtversuche und sonstige Widerständigkeiten endeten durchweg mit der Ermordung der Betreffenden. Manche Bewacher machten sich einen Spaß daraus, ihre Opfer zu quälen und ohne jede Veranlassung zu töten.[46]

Die ersten Massenmorde trugen sich zu, bevor die Kolonnen loszogen. In Engerau traf gegen Mittag des 29. März der Befehl ein, die Juden per Bahn nach Deutsch-Altenburg zu schaffen. Bald stellte sich heraus, dass die Reichsbahn keine Waggons zur Verfügung stellen konnte. Also hieß es zu Fuß gehen. Was aber mit den vielen Kranken tun, die der zwanzig Kilometer langen Strecke unmöglich gewachsen wären? Der SA-Kommandant traf einen aus seiner Sicht wohl folgerichtigen Entschluss. Er bildete ein Sonderkommando, das die Kranken erschießen sollte. Zur Stätte des Massenmords wurde das Krankenrevier, eine Scheune. Als die Munition verbraucht war, gingen die SA-Leute dazu über, die Kranken mit den Gewehrkolben zu erschlagen.[47]

Wie überall in den Grenzregionen herrschte auch in Deutsch Schützen Nervosität, Angst, Panik. Von Osten kommend, strömten Soldaten und Zivilisten schon seit Tagen über die Landstraßen und durch die Dörfer nach Westen. Alles auf der Flucht vor den immer näher rückenden Russen. In der Nacht vom 28. auf den 29. März 1945 fasste der örtliche Unterabschnittsführer weisungswidrig den Beschluss, sämtliche jüdischen Zwangsarbeiter in seinem Bereich zu ermorden, rund fünfhundert Menschen. Drei SS-Männer waren zufällig vor Ort. Sie waren bereit, die Tat durchzuführen. Am Vormittag des 29. März begann man in einem Waldstück nahe einer Kirche mit den Erschießungen. Rund sechzig jüdische Zwangsarbeiter wurden ermordet, bis die Aktion eingestellt wurde. Man hatte erkannt, dass die vollständige Ausführung mit den vorhandenen geringen personellen Ressourcen und aufgrund der Zeitknappheit nicht zu bewerkstelligen war.[48]

Am 29. März um 16 Uhr hieß es in Engerau, Aufstellung zu nehmen für den Abmarsch. Verpflegung: ein halbes Kilogramm Brot und zwei Dekagramm Margarine. Die Bewachungsmannschaften hatten zuvor schon Verpflegung spezieller Art erhalten: Wein. Einige, heißt es, waren schwer betrunken. Das mag zum Teil erklären, was während des Marsches passierte. Um 22 Uhr setzte sich der Zug endlich in Bewegung. Rund 1500 Häftlinge, eskortiert von etwa dreißig SA-Leuten und siebzig NSDAP-Funktionären. Alles in allem war die Kolonne einen Kilometer lang. Der Kommandant hatte einen unmissverständlichen Befehl ausgegeben: Jeder, der nicht mitkönne, müsse »umgelegt« werden. Schon während der Häftlingszug sich in Bewegung setzte, fielen die ersten Schüsse. Wahllos griffen sich die Bewacher Häftlinge aus den Reihen und ermordeten sie.

Um fünf Uhr morgens kam der Zug der Juden in Deutsch-Altenburg an. Der Pfarrer des Ortes notierte an diesem Karfreitag, dass die Bewohner frühmorgens durch Revolverschüsse aufgeschreckt worden seien. »Vertierte, betrunkene SA Leute« hätten fünfzehn ungarische Juden erschossen. »Abgemagert, ausgemergelt, mit ein paar Habseligkeiten lagen sie da.« Man stellte fest, dass insgesamt 102 Juden fehlten. Ob alle unterwegs getötet worden oder nicht doch einige geflüchtet waren, lässt sich nicht sagen. Eine exakte Opferzahl dieses Todesmarsches konnte nie eruiert werden.

In Deutsch-Altenburg wurden die Engerauer und andere jüdisch-ungarische Zwangsarbeiter aus dem Lager Bruck an der Leitha in den Donauauen gesammelt, am 31. März auf Schleppschiffe verfrachtet und nach Mauthausen abtransportiert. Auf der achttägigen Fahrt bekamen sie weder zu essen noch zu trinken. Rund zwei Dutzend starben unterwegs oder wurden umgebracht. Beim Verlassen der Schlepper in Mauthausen waren viele Juden fast bewusstlos vor Hunger und Erschöpfung. Wenn einer nicht schnell genug vom Schiff heruntersprang, erschossen die SA-Leute ihn an Ort und Stelle. Die Leichen fielen in die Donau oder wurden von den Schergen hineingeworfen.[49]

Während die jüdisch-ungarischen Zwangsarbeiter im Gau Niederdonau, also auch im nördlichen Burgenland, nach kürzeren Fußmärschen meist per Bahn oder Schiff nach Mauthausen geschafft wurden, mussten sie im Reichsgau Steiermark die Strecke zu Fuß bewältigen. Das hatte zwei Gründe: erstens die wesentlich günstigere Verkehrssituation im Donauraum, zweitens die zutreffende Erwartung, dass die Sowjetarmee zuerst ins Nordburgenland und nach Wien vorstoßen würde, hier also keine Zeit zu verlieren war. Ernö Lazarovits und seine Kameraden zählten zu jenen, die die gesamte Strecke marschieren mussten. Während ihrer täglichen Schinderei am Schützengraben von Deutsch Schützen hatten sie registriert, dass mit zunehmender Frequenz Bomber über ihre Köpfe hinwegdonnerten. Bald war von Osten her ein stetiges Grollen in der Ferne zu vernehmen gewesen. Artillerie. Eines Nachts, nach einem schweren Arbeitstag, schreckte Lazarovits auf. Ein Kanonenschuss war ganz in der Nähe detoniert. Dann ein zweiter, ein dritter und so weiter. Wie ein Erdbeben. Bald ging das Tor auf, der Kommandant erschien, brüllte: »Aufstehen und vor dem Revier antreten, bereit machen zum Abmarsch!« Aber wohin? Vage hieß es, an eine neue Arbeitsstelle weit hinter der Front. Die Richtung jedenfalls war klar, nach Westen.

Als alles vorbei war, fragte Ernö Lazarovits sich oft, wie es hatte passieren können, dass so viele sich von so wenigen willenlos zur Schlachtbank führen ließen, wie eine Herde Rinder oder Schafe. Aber was wäre nach einem Aufstand geschehen? Bei der unweigerlich folgenden Treibjagd wäre so gut wie keiner mit dem Leben davongekommen. Das war leicht auszurechnen. Also marschierte man weiter, in der Hoffnung, doch irgendwie zu überleben.

Die erste Nacht verbrachte man in Jabing, rund zwanzig Kilometer von Deutsch Schützen entfernt. Und am späten Nachmittag des 30. März kamen die Juden in Hartberg an, einer Kreisstadt in der östlichen Steiermark. Ein Sportplatz war der Sammelpunkt für alle Marschkolonnen aus dem Kreis Oberwart und aus Westungarn. Hier lagerte man. Die Deutsch Schützener Schanzarbeiter trafen auf Evakuierte aus dem Raum von Kőszeg. Diese waren schon vier Tage unterwegs, ohne irgendwelche Verpflegung. Sie flehten ihre Kameraden, die in noch etwas besserer Verfassung waren, um Brot an. Lazarovits steckte einem jungen Mann ein Stück zu, das er sich als eiserne Reserve aufgespart hatte. Der Beschenkte weinte vor Freude, aber Lazarovits sollte das Stück noch bitter fehlen.

Der nächste und wichtigste Knotenpunkt für die Judentransporte war Graz, wo die aus allen Richtungen Herangetriebenen in drei Lagern gesammelt und weiterverteilt wurden. Ernö Lazarovits erinnert sich an quälenden Hunger, peinigenden Durst, unendliche Erschöpfung, kalte Nächte im Freien, ständige Schikanen der Begleitmannschaften, ständige Ungewissheit über das eigene Schicksal. Die Menschen, die an den Durchzugsstraßen der Todesmärsche lebten, sahen mehr als genug. Sie sahen, dass Marschteilnehmer bei der Rast das Gras auf den Wiesen in sich hineinwürgten, sahen, dass die Juden so abgemagert waren, dass sie kaum noch gehen konnten, sahen unzählige Übergriffe und Morde. In manchen Abschnitten wurden Nachzügler, die nicht mehr weiterkonnten, auf Pferdewagen transportiert, in anderen wurden sie auf offener Straße oder am Waldrand ungeniert vor Zeugen abgeknallt. Es kam zu Akten selbstloser Hilfeleistung ebenso wie zu beschämenden Übergriffen. Manche Leute steckten den Vorbeiziehenden etwas zu essen zu, andere beschimpften sie deshalb, und die Wachleute drohten mit Erschießen. Die meisten aber hielten sich fern, schlossen die Fensterläden und Türen, wenn die Elendszüge durchkamen. Es herrschte Angst: vor möglicherweise marodierenden Häftlingen und vor ansteckenden Krankheiten wie Typhus.

Die Wege der ungarischen Juden führten auf verschiedenen Routen von Graz nach Bruck an der Mur, dann durch das Murtal bis

Leoben und weiter auf der Eisenstraße über den mehr als zwölfhundert Meter hohen Präbichl nach Eisenerz. Es gab eine Transportleitung aus Gestapo- und SS-Männern, die auf längeren Strecken dabei waren. Die restlichen Bewachungsmannschaften wurden jeweils an den Rayonsgrenzen gewechselt. In Eisenerz sollte die sogenannte »Alarmkompanie« die Eskortierung eines Transportes von fünf- bis siebentausend Juden durchführen, die für den 7. April angekündigt waren. Es handelte sich um eine Truppe von ungefähr hundertfünfzig Mann, hauptsächlich SA-Leute und sonstige überzeugte Nationalsozialisten. Sie war zur Unterstützung der örtlichen Polizei aufgestellt worden, weil die Machthaber einen Aufstand der vielen Zwangsarbeiter fürchteten, die am Erzberg Sklavenarbeit verrichteten.

Als Ernö Lazarovits sich an jenem kalten 7. April die Passstraße zum Präbichl hochschleppte, waren mit einem Mal in der Ferne Gewehrschüsse zu vernehmen. Was das wohl sei, wandte sich sein Freund namens Klein, der den ganzen Weg über mit ihm zusammen war, an ihn. Ernö: Er wisse es nicht. Vielleicht eine Bärenjagd? Das seien keine Jagdgewehre, erwiderte Klein, das seien Maschinenpistolen. Je höher sie kamen, desto klarer wurde es, dass es sich um keine Jagd handeln konnte. Zumindest um keine gewöhnliche Jagd. Die Unruhe wuchs, immer wieder waren die Salven zu vernehmen. Sie erreichten die Passhöhe. Und dann sahen sie es. Sahen, was sich nun unauslöschlich in ihre Erinnerung einprägen sollte: »Auf der linken Straßenseite standen SA-Männer im Abstand von zehn bis zwanzig Metern, die pausenlos aus ihren Maschinenpistolen auf Menschen feuerten, die um ihr Leben rannten, und sie feuerten auch auf uns, die wir zum Tode verurteilt waren. Auf der Straße vor uns lagen schon unzählige Leichen und Schwerverletzte.«

Ernö rannte. Rannte um sein Leben. Der erste SA-Mann verfehlte ihn, der zweite wechselte gerade sein Magazin, der dritte verfehlte ihn. Dann – plötzlich, unvermutet ein Schrei, so gewaltig laut, dass er den Schusslärm übertönte: »Halt, halt, nicht schießen!« So grotesk es klingt, aber es war ein SS-Offizier, der Ernö das Leben rettete. Er war mit dem Fahrrad unterwegs und hielt ein Megaphon in der Hand. Die SA-Männer machten wortlos kehrt und verzogen sich. Seinen

Freund hatte Ernö bei der Hetzjagd verloren. Was war ihm geschehen? Lag er bei den Hingemetzelten? Aber schon wenig später, weiter unten auf der Passstraße, fand er ihn wieder. Unverletzt, mit einem Loch im Rucksack. Von einer Kugel. Klein, sonst an Religion wenig interessiert, hatte in seiner Not zu Gott gefleht. Und Gott hatte sein Flehen erhört. – Die Zahl der Toten des Präbichl wird auf über 250 geschätzt.

Der weitere Weg dieses Zuges der Verdammten führte von Eisenerz durch die gebirgige, dünn besiedelte, waldreiche nördliche Steiermark tief ins Oberösterreichische hinein. Überall kam es zu schlimmsten Übergriffen, zu grauenvollsten Untaten, hin und wieder erlebten die Gequälten auch kleinere und größere Gesten der Menschlichkeit. Beim Zug durch ein Dorf sahen sie eine alte Frau weinend am Gartenzaun stehen. Manche Menschen warfen trotz Warnungen und Drohungen Brot und andere Lebensmittel auf die Straße. Allein, den Häftlingen war es streng verboten, etwas davon aufzuheben. Irgendwann auf ihrem endlosen Weg fragten Ernö und Klein sich, wie lange sie wohl noch durchhalten würden und ob sie nicht die Toten beneiden sollten. Die hatten es hinter sich, spürten weder Schmerz noch Pein noch Verzweiflung, waren erlöst.

Gut zwei Wochen nach dem Abmarsch in Deutsch Schützen trafen Ernö und Klein in Mauthausen ein. Das Konzentrationslager war zu dieser Zeit, Mitte April 1945, restlos überfüllt. Daher hatte die SS ein Zeltlager aufbauen lassen. Trotzdem mussten die beiden Freunde, wie unzählige andere auch, im Freien schlafen, auf schlammigem Grund, umzäunt von Stacheldraht, umgeben von Wachtürmen, bewacht von SS mit Maschinengewehren. 20 000 ungarische Juden wurden hier eingeliefert, 2500 bis 3000 davon starben bis Kriegsende.[50]

Mit dem Vormarsch der Russen wurden ab Anfang April rund ein Dutzend Außenlager des KZ Mauthausen evakuiert. Manche Häftlinge konnten den Weg in Viehwaggons und auf Schleppschiffen zurücklegen. Die meisten aber hatten die gesamte Strecke von zweihundert Kilometern und mehr zu Fuß zu gehen. Die Evakuierungsrouten verliefen über Nebenstraßen, weil die Hauptverkehrsverbindungen verstopft waren. Nicht alle Evakuierten kamen ins Hauptlager

Mauthausen, weitere Zielpunkte waren Steyr, Ebensee und Gusen. Im Mauthausen-Nebenlager in Ebensee, einem Industrieort im Salzkammergut, befanden sich Ende April etwa 18 500 Häftlinge. Wie in den Lagern des Südostwallbaus war es auch in den KZ-Außenlagern üblich, die Kranken vor Abmarsch zu ermorden. Eine Ausnahme bildete das Lager Saurerwerke in Wien-Simmering. Dort erreichte der Lagerälteste aufgrund seines guten persönlichen Verhältnisses zum Lagerkommandanten, dass 190 kranke Häftlinge befehlswidrig im Krankenrevier zurückgelassen und schon wenige Tage später von der Roten Armee befreit wurden.

In der Seegrotte Hinterbrühl hatten KZ-Häftlinge Flugzeugteile produziert. Am 1. April traten 1884 von ihnen den Marsch nach Mauthausen an. Sie waren täglich durchschnittlich 25 Kilometer unterwegs, in gebirgigem Gelände, bei unzureichender Bekleidung und häufig regnerischem Wetter. Übernachtet wurde auf freiem Feld. Am Ende des Zuges kamen ein Liquidierungskommando aus SS-Angehörigen und Luftwaffensoldaten und ein Beerdigungskommando aus Häftlingen. Unterwegs gab es 204 Tote durch Erschießen oder Herzinjektionen, 56 Häftlinge konnten fliehen. Am 8. April trafen 1624 KZ-Sklavenarbeiter des Lagers Hinterbrühl im Stammlager Mauthausen ein.

Aus Wiener Neudorf, einem Industrieort südlich von Wien, machten sich am Ostermontag, dem 2. April, 2490 Häftlinge auf den Weg. Mit dabei war der Häftlingsarzt Dr. Rolf Busch-Waldeck. Jeder Häftling hatte beim Abmarsch zwei Decken, zwei Brote und zwei Konservendosen erhalten. Die Ärzte und Sanitäter mussten zusätzlich ihre Sanitätskoffer schleppen. Hinter ihnen mühten sich Häftlinge mit der Medikamentenkiste ab. Um acht Uhr morgens, nicht lange nach dem Abmarsch, peitschte der erste Schuss. Schon bald kam der Arzt an diesem ersten Toten des Todesmarsches vorbei. Er lag am Wegesrand und hatte ein faustgroßes Loch im Hinterkopf. Nach wenigen Stunden waren manche Häftlinge so erschöpft, dass sie Decke oder Proviant wegwarfen. Ab dem nächsten Tag häuften sich die Erschießungen. Als Lagerkommandant Schmutzler abends zwölf besonders mitgenommene Häftlinge sah, die zum Verbandsplatz gebracht wurden, befahl er: »Umlegen!« So geschah es. Und so ging es weiter. Immer mehr Häftlinge flohen in der Nacht. Am vierten Marschtag registrierte Busch-Waldeck bereits 97 erschossene und 34 geflüchtete Häftlinge. Ab dem sechsten Tag gab es dann deutlich weniger Tote. Alles, was schwach und krank war, war mittlerweile erschossen worden. Nicht nur die Häftlinge flohen in zunehmender Zahl, auch SS-Angehörige und Wehrmachtssoldaten machten sich im Schutz der Dunkelheit aus dem Staub.

Am siebenten Marschtag waren sämtliche Vorräte aufgebraucht. Nach zwei Tagen Hunger fielen die Häftlinge über ein kräftiges Pferd her, das sie auf einer Wiese stehen sahen. Sie rissen es zu Boden, der Fourier der SS jagte dem Tier eine Kugel in den Kopf. Einige Häftlinge stießen ihm sogleich Messer in den Leib, schnitten Stücke heraus und schlangen gierig das noch warme Fleisch hinunter. Dann gingen Besonnenere daran, das Pferd fachmännisch zu häuten, zu zerlegen und das Fleisch zu verteilen. Einige aßen es roh, andere brieten es am Spieß. Ein Pferd war freilich zu wenig für die vielen Menschen. Die SS stellte nun regelrechte Jagdtrupps aus Häftlingen zusammen. Diese erbeuteten an diesem Tag noch eine Kuh, zwei Gänse, einige Hühner. Und auf diese Weise – indem man Bauern bestahl – brachte man sich auch in den nächsten Tagen durch. Gemeinsam verzehrten Bewacher und Bewachte dann die Beute.

Am zehnten Tag mehrten sich die Anzeichen, dass man sich dem KZ Mauthausen näherte. Auf der Straße lagen tote Häftlinge, die eindeutig nicht zu den Evakuierten aus Wiener Neudorf gehörten. Und je näher man dem Lager kam, desto mehr »fremde« Tote sah man liegen. Man begegnete auch Häftlingen aus anderen Nebenlagern. Das letzte Nachtquartier – wie immer unter freiem Himmel – hielt man eine Stunde vom KZ entfernt. Der Kommandant wünschte, erst am nächsten Tag am Zielort anzukommen. 243 Erschossene hatte Dr. Busch-Waldeck bis dahin registriert. Am 14. April zogen die Überlebenden durch das weit geöffnete Tor ins Lager Mauthausen ein.[51]

Ernö Lazarovits und sein Freund Klein blieben nur wenige Tage im Zeltlager von Mauthausen, es war einfach zu voll, zu eng. So trieb Waffen-SS die Häftlinge über eine mehr als sechzig Kilometer lange

Strecke nach Gunskirchen bei Wels, wo Häftlinge ab Herbst 1944 ein improvisiertes Lager eingerichtet hatten. Nicht zum Arbeiten kamen die zu Tode erschöpften Häftlinge hierher, sondern zum Sterben. Und das große Sterben begann schon unterwegs. Ungefähr 18 000 Menschen mussten in drei Zügen zwischen dem 16. und dem 28. April von Mauthausen nach Gunskirchen ziehen. Schon auf den ersten vier Kilometern töteten die Wachmannschaften der Waffen-SS rund 800 von ihnen. Schätzungen über die Gesamtzahl der unterwegs Umgekommenen gehen bis zu 6000.

Immer öfter hörte Ernö links und rechts von sich die pfeifenden Geräusche von Kugeln und das dumpfe Aufschlagen lebloser Körper. Er selbst hatte Glück, konnte das Tempo mithalten. Und die Stiefel hielten durch. Bei einer ersten Rast gegen Mittag rupften einige das frische Gras, das überall aus den Wiesen sprießte, und stopften es sich in den Mund. Ernö und Klein suchten Schnecken, hatten aber keinen Erfolg. So aßen sie ebenfalls Gras. Später am Nachmittag sprangen die beiden, als die Wache gerade etwas weiter weg von ihnen auf der anderen Seite ging, in ein Feld mit einer leuchtend gelben Pflanze. Das hätte sie das Leben kosten können. Sie rissen so viele Pflanzen wie möglich aus und eilten zurück in die Kolonne. Die Kameraden hatten den Atem angehalten aus Angst um ihr Leben. Aber nichts war geschehen. Da versuchten es auch andere. Die Frucht schmeckte süß und gut. Man kaute sie voll Genuss. Bis die Wachen aufmerksam wurden. Dann stopfte jeder sich die Reste hastig unter den Mantel und blickte starr geradeaus.

Das Lager war von dichtem Wald umgeben. Es bestand aus sieben Holzbaracken, in denen jeweils rund 800 bis 1000 Menschen untergebracht werden konnten. Zuerst presste man 1500 Menschen hinein, später bis zu 2400. Es war so eng, dass die Häftlinge mit angezogenen Knien Rücken an Rücken sitzen mussten. Vor der Latrine wartete stets eine lange Schlange. Viele Kranke waren zu schwach, um aufzustehen. Sie verrichteten ihre Notdurft an Ort und Stelle in den Baracken. Eine Wolke aus Wehklagen, pestilenzartigem Gestank und Hoffnungslosigkeit hing über dem Lager. Typhus breitete sich aus. Täglich starben Hunderte Häftlinge.

Eines Tages waren Flugzeuge zu hören. Sie flogen nicht sehr hoch, und so konnte man gut das amerikanische Hoheitszeichen erkennen. Etwas fiel vom Himmel. Es waren keine Bomben, es waren Soldaten an schneeweißen Fallschirmen. Irgendwo, nicht weit entfernt, gingen sie nieder. Man hörte Schüsse. Die SS trieb die Häftlinge in die Baracken, aber keiner wurde erschossen, wie es sonst üblich gewesen wäre. In der Nacht war ab und zu Maschinengewehrfeuer zu hören. Dann Stille. Am Morgen wussten die Häftlinge nicht, was sie tun sollten. Irgendwann wagten sie sich hinaus. Die SS war verschwunden.[52]

Ungefähr 110 Kilometer stromabwärts von Mauthausen liegt Stein an der Donau, seit 1938 Teil der benachbarten Stadt Krems. Im dortigen Zuchthaus saßen nur wenig kriminelle, sondern hauptsächlich politische Häftlinge ein. Beim Näherkommen der Front war schon im Februar 1945 ein Befehl folgenden Inhalts an die Justizanstalten ergangen: Gewöhnliche Kriminelle seien zu entlassen, politische Häftlinge unter Bewachung aus dem Frontbereich abzutransportieren. Sollte dies nicht möglich sein, so wären diese unschädlich zu machen. Mit dem Versuch, die Evakuierung der rund 1800 bis 1900 in Stein einsitzenden Häftlinge per Bahn oder Schiff zu organisieren, war der Steiner Anstaltsleiter Franz Kodré gescheitert. Aber es gelang ihm am 5. April, an vorgesetzter Stelle eine Erweiterung des Kreises der zu Entlassenden zu erreichen. Nun hieß es, er dürfe »nicht asoziale Häftlinge, soweit es sich nicht um schwere Fälle politischer oder krimineller Art handelt«, freilassen. Kodré nutzte den in dieser Weisung enthaltenen Ermessensspielraum so weit wie möglich aus.

Am 6. April wurden die politischen Häftlinge informiert, dass sie das Gefängnis verlassen durften. Und zwar sofort. Diese waren darüber höchst erfreut, sie lachten und sangen. Gehöriges Chaos und Unruhe entstand bei der Ausgabe der Zivilkleider. Nationalsozialistisch eingestellte Aufseher betrieben »passive Resistenz«, wie das Volksgericht Wien 1946 feststellte. Und einer von diesen war es, der telefonisch die Kreisleitung Krems informierte: In der Strafanstalt sei eine »Revolte« von Häftlingen ausgebrochen. Kreisleiter Wilthum alarmierte daraufhin das Kremser Pionier-Ersatzbataillon und den Volkssturm. Eine SS-Patrouille tauchte bei der Strafanstalt auf. Anstaltsleiter Kodré erklärte dem SS-Offizier, dass sämtliche Häftlinge weisungsgemäß entlassen würden. Daraufhin der Patrouillenführer: Das werde die SS zu verhindern wissen. Diese Hiobsbotschaft verbreitete sich rasend schnell unter den Gefangenen. Alles drängte nun nach draußen, alles wollte weg aus der Anstalt, bevor die SS kommen würde. Gefangene, die noch nicht an ihre Zivilkleider gekommen waren, verließen das Gefängnis in der Häftlingskluft. Die Anstaltsleitung ließ einige verlässliche Häftlinge bewaffnen und vor dem Tor Wache stehen, um für Ordnung zu sorgen. Das musste bei Außenstehenden den Eindruck einer Revolte verstärken. Ungefähr zur selben Zeit trafen Wehrmacht, Volkssturm und SS bei der Justizanstalt ein. Der stellvertretende Anstaltsdirektor Baumgartner empfing sie vor dem Haupttor mit den Worten:»Hier im Hause ist eine Revolte!« Die SS trieb diejenigen Häftlinge, die sich zu diesem Zeitpunkt schon im Freien befanden, zurück in die Anstalt. Im Innenhof entstand Panik. Die Häftlinge versuchten, in wilder Flucht zu entkommen. Schließlich drangen die Einheiten in den Hof ein.

Was nun geschah, heißt es in der Gerichtsakte,»ist in Worten kaum wiederzugeben«. Ohne Vorwarnung eröffnete die Exekutive das Feuer, schoss alles nieder, was sich bewegte. Bald bedeckten zerfetzte Leichen den Hof. Systematisch durchsuchten die Einheiten das Haus nach versteckten Häftlingen, zerrten sie hervor und machten sie erbarmungslos nieder. Oder sie trieben sie in Gruppen zusammen, stellten sie an die Wand und exekutierten sie an Ort und Stelle. So erging es auch dem Anstaltsleiter Franz Kodré und weiteren Justizbeamten. Insgesamt 229 Häftlinge und fünf Beamte wurden an diesem Tag im Zuchthaus Stein ermordet.

Gleichzeitig suchten Kommandos der Waffen-SS, unterstützt von der Gendarmerie, vom Volkssturm, der Hitlerjugend, lokalen NS-Funktionären und hin und wieder auch Zivilisten die Umgebung nach Häftlingen ab, die vor dem Eintreffen der Einheiten aus der Strafanstalt entkommen waren. So kam auch Krems zu seiner »Hasenjagd«. Opferzahl: um die dreihundert. Viele Häftlinge waren in die Weinberge über der Stadt oder in die Donauauen geflüchtet. Ihre

Jäger ermordeten sie zumeist an Ort und Stelle. Andere Häftlinge zogen gruppenweise die Straßen entlang. Gerade diese wussten meist gar nicht, dass nach ihnen gefahndet wurde. Gegen Abend des 6. April traf eine Gruppe in Hadersdorf am Kamp ein, einem Weinort rund elf Kilometer nordöstlich von Krems. Die Leute erkundigten sich unvorsichtigerweise beim Ortsbauernführer nach dem Weg nach Wien. Man nahm sie fest und warf sie in den Gemeindekotter. Andere, die in Hadersdorf und Umgebung aufgegriffen worden waren, kamen dazu. Rund sechzig waren es schließlich. Am nächsten Tag mussten die Gefangenen unter Schlägen und Misshandlungen der SS an der Friedhofsmauer ihr eigenes Massengrab ausheben. Dann wurden sie in die Grube hineingeschossen. 23 der 61 Todesopfer konnten später namentlich identifiziert werden. 15 waren Österreicher, vier Kroaten, drei Griechen und einer Tscheche.[53]

ENDE UND ANFANG

In der Karwoche 1945 fassten Stephanie Bamer und ihre Mutter einen wahnwitzigen Entschluss. Um der immer schlechter werdenden Versorgungslage und den ständigen Luftangriffen für ein paar Tage zu entfliehen, fuhren sie für einen Kurzurlaub aufs Land. Ihr Ziel: der Markt Aspang, rund hundert Kilometer südlich von Wien. Dort lebten gute Freunde und Bekannte. Ausgerechnet am Gründonnerstag, dem 29. März, machten sich die zwei Frauen auf den Weg. An jenem Tag also, an dem die Russen die Reichsschutzstellung durchbrachen.

Die Hinfahrt verlief glatt. Bei der Ankunft in Aspang allerdings herrschte helle Aufregung. Nichts als Militär und Flüchtlinge. Hier war kein Bleiben. Der Zug nach Wien zurück hatte drei Stunden Verspätung, er fuhr erst abends los. Nach einer Stunde Fahrt, bei der Ortschaft Pitten, hielt er plötzlich an. Tieffliegerangriff. Alles stürzte ins Freie. Chaos, Hysterie, Geschrei. Zuerst war hinter den Bergen Feuerschein zu sehen, dann kamen die »Christbäume« – Leuchtbomben, die an Fallschirmen langsam zu Boden schwebten –, und dann kam das Tackern der Maschinengewehre. Man schmiss sich zu Boden. Todesangst. Sobald die erste Welle vorbei war, sprangen alle auf und rannten in den Ort. Im Keller eines Hauses nahe dem Bahnhof fanden Steffi und ihre Mutter Deckung. Dort blieben sie ungefähr eine Stunde lang, bis es draußen ruhig war. Den Zug wagten sie nicht mehr zu besteigen, lieber wanderten die beiden zu Fuß weiter. Im nächsten Ort neuerlich Alarm. Die zwei Frauen flüchteten in einen Bergstollen, wo sich hauptsächlich Fremdarbeiter aufhielten. Nach der Entwarnung marschierten sie weiter in Dunkelheit und Kälte, hungrig und voller Angst. Endlich fanden sie Unterschlupf in einem Schuppen. Freundliche Menschen bereiteten heißen Tee für sie.

Um halb drei Uhr morgens nahmen Mutter und Tochter die Wanderschaft wieder auf und erreichten um halb fünf Wiener Neustadt. Die Ruinen der völlig zerbombten Industriestadt waren menschenleer, die Straßen hingegen voll von Soldaten und Flüchtlingen. Ein Lkw nahm die Frauen mit bis Felixdorf. Dort erreichten sie glücklich einen Frühzug nach Wien. Am Südbahnhof, gleich bei der Ankunft, gab es Fliegeralarm. Sobald sie im Luftschutzkeller in irgendeiner Ecke saß, schlief Steffi erschöpft ein, schlief, solange der Alarm dauerte.[54]

Tatsächlich überrannte die 3. Ukrainische Front die Region der »Buckeligen Welt«, in der die beiden Frauen Urlaub machen wollten, innerhalb von wenigen Tagen. Aspang wurde schon am 30. März besetzt. In der kleinen Gemeinde Hochwolkersdorf, nicht weit entfernt, richteten die Sowjets ihr Oberkommando ein. Am 1. April gewannen sie die Südbahnlinie und besetzten das Industriestädtchen Gloggnitz. Hier besaß der Sozialdemokrat Karl Renner, erster Kanzler der Ersten Republik, eine Villa. Von den Nazis unbehelligt, hatte er die Kriegszeit in diesem Domizil verbracht. Als die Rote Armee den Ort besetzte, begab Renner sich auf die örtliche Kommandantur, um wegen Übergriffen russischer Soldaten zu intervenieren. Zugleich aber hielt er es, wie er schreibt, nicht für ausgeschlossen, noch einmal für höhere Aufgaben gebraucht zu werden. Die örtlichen sowjetischen Befehlshaber schickten ihn zum Oberkommando nach Hochwolkersdorf. Ein »stattlicher Greis« in schwarzem Anzug sei erschienen, heißt es in einem sowjetischen Bericht. Zuerst beachtete man ihn wenig, aber bald fand ein Politoffizier heraus, um wen es sich handelte. Stalin, der 1913 kurze Zeit in Wien gelebt hatte und einige von Renners Schriften kannte, hatte sich nämlich bei der Besetzung Österreichs an Renner erinnert und die Weisung erteilt, nach ihm suchen zu lassen. Marschall Tolbuchin telegrafierte nach Moskau. Und keine halbe Stunde später hatte er die Antwort Stalins: »Karl Renner ist Vertrauen zu erweisen. Ihm ist mitzuteilen, dass ihm die Kommandantur der Sowjetischen Streitkräfte bei der Wiederherstellung der demokratischen Ordnung in Österreich Unterstützung gewähren wird.« Renner schritt ans Werk. Vorerst nahm er Sitz im Schloss Eichbüchl, rund zehn Kilometer südlich von Wiener Neustadt.[55]

Am 30. März bereitete Dolfi Schumanns reichsdeutscher Chef seine Abreise aus Wien vor. Unter anderem verbrannte er seine Privatkorrespondenz. Sie hielt das für nicht notwendig. Wien werde auch diesmal dem Sturm aus dem Osten standhalten, notierte sie sich. Ob sie das zu diesem Zeitpunkt noch ernsthaft geglaubt haben konnte? Die wenigsten teilten diesen Zweckoptimismus. »Wenn die Russen nur geschwind da wären«, hieß es stattdessen. Josef Schöner fand, dass eine einzige gespannte Stille über der Stadt liege, fast körperlich spürbar. Auf den Straßen seien erstaunlich wenig Menschen zu sehen. Am 4. April tauchten überall Plakate auf, Wien sei zum Verteidigungsgebiet erklärt worden. Frauen und Kindern werde empfohlen, die Stadt zu verlassen. Aber wie und wohin? Resignierend und fatalistisch harrten die Leute der Dinge, die da kommen würden.[56]

Am Morgen des 6. April hatte Josef Schöner das Gefühl, dass es nun bald ernst werden würde. In der Ferne war das Grollen und Donnern der sowjetischen Artillerie zu vernehmen. Die Batterie des Flakturms in der Stiftskaserne feuerte ununterbrochen Richtung Südosten. In Stundenabständen tauchten russische Tiefflieger auf und griffen die Geschütze auf dem Plateau des Turms an. Noch einmal ging Schöner ins Büro. Unterwegs, in der Mariahilfer Straße, sah er lange Schlangen von Frauen, die vor Lebensmittelläden und Schuhgeschäften anstanden. Weder das Artilleriefeuer noch die Tiefflieger konnten sie von der Straße vertreiben. Die Belegschaft von Schöners Dienststelle saß den ganzen Tag über in der Portiersloge herum. Man tauschte wilde Gerüchte aus, die in der Stadt umliefen. Es hieß, russische Vorauskommandos seien schon bis zum Margaretengürtel und zum Zentralfriedhof vorgestoßen.[57]

Am Vormittag dieses 6. April hörte Dolfi Schumann von einer Nachbarin, dass am Franz-Josefs-Bahnhof Güterzüge »freigegeben« worden seien. Sie machte sich sofort auf den Weg. Als sie ankam, herrschte bereits Riesenbetrieb. Die Leute rauften und schlugen sich um die Lebensmittel, besonders um Fett. Dolfi konnte einen Klumpen Butter ergattern, indem sie zwischen den Beinen der Leute durchgriff, die sich um eine Butterkiste scharten. Etwas Käse und weiße Bohnen trug sie ebenfalls heim. Nachmittags ging sie den weiten Weg in die Innere Stadt, um Marmelade einzukaufen. Schon am Döblinger Gürtel schlug vor ihren Augen eine Granate ein. Sie sah den ersten Toten, stockte zuerst, wechselte dann einfach die Straßenseite. Als sie später aus dem Schottendurchgang auf den weiten Platz der Freyung treten wollte, lagen plötzlich drei Tote vor ihr. Das Blut rann noch warm aus ihren Körpern. Das nackte Grausen packte sie. Obwohl sie nur noch dreißig Schritte von dem Geschäft entfernt war, machte sie kehrt. Als sie im Durchgang war, schlug eine Granate ein, genau in das Haus, an dem sie sich befand. Dann hörte sie eine Frau schreien: »Um Gottes willen, es brennt!« Da rannte sie weiter, rannte bis Döbling, immerzu, wie gehetzt.[58]

An diesem Nachmittag trat ein ausgemergelter Mann von ungefähr 40 Jahren mit kahlgeschorenem Schädel und rötlichen Bartstoppeln aus dem Tor des Wiener Landesgerichts. Anders als am selben Tag im Zuchthaus Stein ging die Entlassung der politischen Häftlinge in Wien problemlos über die Bühne. Leopold Figl war einer der Letzten, die das Gefängnis verließen, ausgestattet mit ordnungsgemäßen Entlassungspapieren und Proviant. Er überquerte die beinahe menschenleere Straße und ging zum nahe gelegenen Votivpark. Dort, auf einer Bank sitzend, erwartete ihn ein Mithäftling, Felix Hurdes. Er war kurz vor Figl freigekommen. Gemeinsam durchquerten sie die Innere Stadt, machten als gläubige Katholiken einen Abstecher in den Stephansdom. Dann gingen sie nach Hause in den dritten Gemeindebezirk.

Agraringenieur Figl hatte im Ständestaat zu den kommenden Männern gezählt. Er war Direktor des Niederösterreichischen Bauernbundes gewesen, Landesführer einer Schuschnigg-treuen katholischen Wehrorganisation und Mitglied des Bundeswirtschaftsrates. Am 11. März 1938 war er im Bundeskanzleramt mit anderen Getreuen an Schuschniggs Seite gestanden. Am 12. März hatte die Gestapo ihn geholt. Mehr als fünf Jahre hatte er sich in den Fängen des NS-Regimes befunden, war durch sämtliche Höllen gegangen und hatte sämtliche Schrecken erlebt, die der Nationalsozialismus bereithielt. Im Mai 1943 war Figl endlich entlassen worden, hatte in der Firma seines Freundes Julius Raab, Schuschniggs letztem Handelsminister, als Vermessungstechniker gearbeitet und im Geheimen seine politische Tätigkeit wiederaufgenommen. Ziel: Neugründung einer bürgerlichen Integrationspartei nach dem absehbaren Untergang des Nazismus.

Diese Aktivitäten waren der Gestapo nicht entgangen. Sie hatten dazu geführt, dass Figl im Oktober 1944 erneut verhaftet und nach einem kurzen Aufenthalt im Wiener Polizeigefangenenhaus ins KZ Mauthausen überstellt worden war. Im Januar 1945 hatte man ihn von dort ins Wiener Landesgericht gebracht, wo er auf sein Verfahren vor dem Volksgerichtshof warten musste. Was nichts anderes hieß, als auf die Hinrichtung zu warten, denn Verfahren vor diesem Gericht pflegten mit Todesurteilen zu enden. 1210 Menschen waren zwischen 1938 und 1945 im Landesgericht Wien hingerichtet worden, davon mehr als tausend wegen Delikten, die im weitesten Sinn als politisch gewertet werden konnten – von aktiver Betätigung im Widerstand bis zum Erzählen von politischen Witzen und dem Abhören von Feindsendern.[59] Figl entging diesem Schicksal. Noch am 3. April hatte ihm die Verlegung nach Westen gedroht, aber am 5. April waren die Häftlinge informiert worden, dass man sie freilassen würde.[60]

Den 8. April verbrachte Josef Schöner im Haus seiner Eltern im siebenten Bezirk, gemeinsam mit zahlreichen Angestellten, Bekannten und Nachbarn. Angstvoll horchte man auf das Donnern der Kanonen und auf das MG-Feuer, das immer näher zu kommen schien. Das Haustor war meistens zugesperrt, aber hin und wieder stellten sich die Männer davor, um zu sehen, was los war. Die Straßen waren praktisch menschenleer, nur in den Eingangstüren standen Menschen, die ebenfalls besorgt Ausschau hielten. Auf einmal waren Frauen mit Kartons auf der Straße unterwegs. In der Stiftskaserne (gleich um die Ecke) würden die Vorräte verteilt, riefen sie. Und plötzlich füllte sich die Straße mit Menschen. Mit Körben und Kisten liefen sie Richtung Kaserne. Auch die Küchenhilfen des Restaurants Schöner machten sich auf den Weg und schleppten Nützliches an: Knäckebrot, Seife, Mundwasser, Toilettenpapier, leider nicht die erhofften Fleischkonserven.[61]

Plünderungen. Es begann damit, dass unmittelbar vor dem Herannahen der feindlichen Truppen Magazine, Warenlager, Güterzüge etc. mehr oder weniger kontrolliert für die Bevölkerung geöffnet wurden. Die Überlegung dahinter: besser so, als dass die Sachen dem Feind in die Hände fallen. Panisch und gierig zugleich versuchten die Menschen zusammenzuraffen, was sie nur bekommen konnten. Man konnte nie wissen, wozu etwas noch gut sein würde, und sei es als Tauschobjekt. Aus diesen an sich gutgemeinten Verteilungsaktionen erwuchs im Chaos der Übergangsphase eine regelrechte Welle an Plünderungen.

In der Stiftskaserne führte die wilde, aber noch halbwegs geregelte Ausgabe von Lebensmitteln dazu, dass immer mehr Leute sich selbst bedienten. Wenige Schritte von der Kaserne entfernt lag das Kaufhaus Herzmansky, eines der großen Warenhäuser in der Mariahilfer Straße. Bald nach der Ankunft von Vorauskommandos der Roten Armee am 10. April wurde der Haupteingang des Kaufhauses aufgebrochen. Die Gegenwehr einiger Diener und Portiers war zwecklos, ein Strom von Plünderern ergoss sich ins Innere. Sie trugen weg, was sie nur konnten: Anzüge, Damenkleider, Stoffballen und so weiter.

Auch die Familie Schöner wurde Opfer von Plünderungen. Am 12. April wurde das Restaurant völlig leer geräumt und verwüstet, so wie praktisch jedes Geschäft und jedes Lokal in Wien. Nun war es aber die russische Soldateska, die dabei das Kommando führte, oft angeleitet von kundigen Einheimischen. Die wussten nämlich, wo etwas zu holen war. Am schlimmsten, fand Josef Schöner, hätten sich aber die Fremdarbeiter benommen. Alle Lagerräume wurden gestürmt, Lebensmittel- und Getränkevorräte weggeschleppt, dann ging es noch in das Büro und die Zimmer des Personals. Im Hof des Restaurants saßen Scharen von Russen, die Bordeauxwein aus Kaffeeschalen tranken.[62]

Das Phänomen beschränkte sich keineswegs auf den urbanen Raum oder Ostösterreich, wie Oswald Sints Aufzeichnungen belegen. In der Nähe seines Osttiroler Heimatdorfes gab es ein Arbeiterlager für italienische Militärinternierte. In den Baracken lagerten Geräte, Handwerkszeug, Drahtseile, Kabel und Ausrüstungsgegenstände aller Art. Diese waren immer streng bewacht gewesen. Als nun aber Anfang Mai die Wachen und die Gefangenen abzogen, ging sofort das Plündern los. Aus allen umliegenden Dörfern kamen Männer und Frauen in Scharen, um sich in den Baracken zu bedienen. Sint holte sich zwei oder drei Rollen Draht. So hätten es ohnehin alle gemacht, schreibt er entschuldigend. Auch der Ortspfarrer konnte nachträglich nichts Verwerfliches an den Plünderungen finden. Das sei herrenloses Gut gewesen, und wer nicht übergroße Mengen an sich gerissen habe, sei ohne Schuld.[63]

Das andere große Thema der letzten Kriegstage, zumindest im Bereich der Roten Armee, waren Vergewaltigungen. Steffi Bamer musste mit dem Schlimmsten rechnen. Seit dem 4. April schon hauste sie mit ihrer Mutter im Keller ihres zerbombten Wohnhauses am Margaretengürtel, nahe der Südbahnlinie. Es handelte sich um ein besonders schwer umkämpftes Gebiet. Am 6. April notierte sie, dass sie nun nicht einmal mehr vor die Kellertüren gehen könnten. »Wir (...) sitzen wie Sträflinge bei Kerzenschein – und warten auf den Tod.« Am 8. April, gegen 17 Uhr, pochte es laut an die Kellertür. Rufe: »Ruski!« Die Rotarmisten durchsuchten den Keller nach deutschen Soldaten und Waffen und fragten nach Wasser. Am nächsten Tag kamen immer häufiger russische Soldaten in den Keller. Am 10. April schleppten sie erstmals drei Frauen weg, um sie zu vergewaltigen. Steffi lag auf einer Pritsche, ihre Mutter und eine Nachbarin saßen auf ihr, so dass sie unbemerkt blieb. Sie rieb sich das Gesicht mit Schmutz ein. Als sie ein Russe anleuchtete, sagte dieser bloß »Stara baba« (altes Weib) und ließ sie in Ruhe. Am 11. April übernachteten alle Frauen der Hausgemeinschaft versteckt in einem zerfallenen Nebenhaus. Am 12. April blieb es ruhig. Am 13. April wurden im Haus wieder zwei Frauen vergewaltigt. Steffi und ein zweites Mädchen versteckten sich bei der Nachbarin hinter einem breiten Kasten. Zwei Russen kamen, leuchteten hinter den Kasten und bemerkten – nichts! Von halb elf Uhr nachts bis halb sechs Uhr morgens blieben die beiden in diesem Versteck. Am 14. April fragten Steffi und andere Frauen des Hauses bei völlig unbekannten Leuten in einem Gebäude gegenüber einer russischen Militärkommandantur um ein Nachtquartier. Sie fanden freundliche Aufnahme und bekamen sogar Klappbetten. Sessel, meint Steffi, hätten ihnen auch gereicht: Hauptsache, einmal ohne Angst schlafen!

Die Bewohner des Hauses am Margaretengürtel ersannen schließlich eine Methode, sich gegen die Übergriffe zu wehren. Die wenigen Männer, die zu der Zeit im Haus lebten, bezogen die ebenerdigen Wohnungen. Sobald sie das Kommen der Russen bemerkten, begannen sie zu schreien: »Hilfe, Kommandantura!« Und sofort schrien die übrigen Bewohner mit: »Kommandantura!« Dadurch ließen sich die russischen Soldaten üblicherweise verscheuchen.[64] In Dolfi Schumanns Nachbarschaft halfen sich die Menschen, indem sie mit Töpfen und Blechdeckeln Krach schlugen. So laut und so lang, bis sich die Russen aus dem Staub machten. Denn es war ihnen streng verboten, in die Häuser einzudringen. Eine andere zivile Abwehrmethode war es, dass sich die Männer eines Hauses versammelten, um passiv Widerstand zu leisten. So hörte Dolfi eines Nachts aus einem Nachbarhaus den Ruf: »Männer vom Sechserhaus, kommt alle herunter, Russen sind da und lassen den Leuten keine Ruhe!« Sie selbst wurde geschüttelt vor Angst, wenn sie nachts aufwachte und bemerkte, dass Trupps von russischen Soldaten durch die Straßen zogen und in die Häuser eindrangen. Als sie sich einmal auf die Straße wagte, um

Wasser zu holen, beschwor eine Frau sie, ein Kopftuch aufzusetzen und sich zum eigenen Schutz nur ja möglichst hässlich herzurichten.[65]

Die jüdische Krankenschwester Mignon Langnas hatte in den letzten, besonders schweren Tagen praktisch ununterbrochen Dienst gemacht. Als sie am 13. April die russischen Soldaten sah, stürzte sie in einen Taumel von Euphorie und Glückseligkeit. Sieben Jahre lang hatte sie diesen Moment herbeigesehnt. Aber bald lernte sie die Kehrseite der Befreiung kennen: die plündernde russische Soldateska, die Jagd auf wehrlose Frauen machte. Sie selbst fühlte sich durch ihre Schwesterntracht (noch) geschützt. Als eines Abends nach Einbruch der Dunkelheit Russen mit wüstem Gepolter ins Haus eindrangen, erlebte sie Stunden des Schreckens und der Verzweiflung. All die sieben Jahre habe sie nie so vor Angst gebebt wie in diesen Stunden, vertraute sie ihrem Tagebuch an. Und die Angst, sie blieb, noch wochen- und monatelang. Am sichersten fühlte Mignon sich im Spital. »Ist das auszudenken? Mitten in der Stadt, in seinem eigenen Zimmer fürchtet man den Überfall – der Befreier.«[66]

Es scheint, dass sexuelle Gewalt eine unvermeidliche Begleiterscheinung von kriegerischen Auseinandersetzungen ist. So auch im Zweiten Weltkrieg. Soldaten der Wehrmacht und SS-Leute taten es, Soldaten der Westalliierten taten es. Weitaus am häufigsten wurden derartige Übergriffe aber von sowjetischen Soldaten verübt. Die Plünderungen und Schändungen zu Kriegsende 1945 prägen bis in die Gegenwart das Bild von »den Russen«. Sie trugen wesentlich dazu bei, dass die Soldaten der Roten Armee nicht als Befreier wahrgenommen wurden, sondern stets nur als Eroberer und Besatzer. Aufgestaute Sexualität verband sich bei ihnen mit dem Verlangen nach Rache, mit Zerstörungswut und propagandistisch geschürtem Hass gegen alles Deutsche. (Wie auch die Goebbels-Propaganda alles getan hatte, um die Angst vor den russischen »Untermenschen« anzustacheln.) Viele Frauen überlebten die Tortur nicht, wurden nach der Vergewaltigung ermordet, starben an deren Folgen, verübten Suizid. Alle trugen seelische und die meisten körperliche Langzeitschäden davon. Barbara Stelzl-Marx zitiert in ihrer Studie über die sowjetischen Besatzungssoldaten in Österreich einige Zahlen, die die Dimension der sexuellen Gewalt zu Kriegsende in etwa umreißen. Demnach kam es in Wien zu ungefähr 70 000 bis 100 000 Vergewaltigungen, für Niederösterreich und Wien zusammen ist von ungefähr 240 000 Vergewaltigungen die Rede. In der Steiermark dürften ungefähr 10 000 Frauen davon betroffen gewesen sein und im Burgenland schätzungsweise 20 000.[67]

Leopold Figl verbrachte, wie die meisten Zivilisten, die kritischen Tage des Kampfes um Wien im Keller seines Wohnhauses. Er war nicht nur durch die Kriegshandlungen bedroht, es war auch nicht auszuschließen, dass er auf irgendeiner schwarzen Liste der SS stand und im letzten Augenblick einem Killerkommando zum Opfer fallen würde. In der Nacht vom 9. auf den 10. April zogen sich die Deutschen über den Donaukanal zurück, am 11. April war die Lage in Figls Umgebung so weit beruhigt, dass er sich aus dem Keller wagen und endgültig befreit fühlen konnte. Tags darauf stöberten sowjetische Soldaten ihn in seiner Wohnung auf und brachten ihn zum Oberkommandanten der 3. Ukrainischen Front, Marschall Tolbuchin. Den Sowjets ging es um die möglichst rasche Reorganisation der Lebensmittelversorgung der Großstadt Wien. Was das betraf, war der ehemalige niederösterreichische Bauernbunddirektor und Agrarexperte Figl zweifellos der Mann der Stunde. Der Hinweis auf ihn muss von Vertretern der »O5« oder von führenden österreichischen Kommunisten gekommen sein. Jedenfalls trat er sofort in Aktion, reaktivierte sein altes politisches Netzwerk und begann mit dem Wiederaufbau politischer Strukturen.

Die überparteiliche Widerstandsplattform O5 hatte ihren Sitz im Palais Auersperg am Rand der Wiener Innenstadt. Sie spielte in den ersten Stunden und Tagen nach der Befreiung eine wichtige Rolle, wurde aber schon nach wenigen Tagen von den traditionellen Parteien überflügelt und bald gänzlich ausgeschaltet. Die alte Sozialdemokratische Arbeiterpartei konstituierte sich am 14. April im Wiener Rathaus neu als Sozialistische Partei Österreichs (SPÖ). Die Christlichsoziale Partei wurde am 17. April im Wiener Schottenstift unter einem ganz neuen Namen wiedergegründet: Österreichische Volkspartei (ÖVP). Aus Moskau eingeflogene Funktionäre sorgten dafür, die Kommunistische Partei (KPÖ) zu reanimieren.

Am 20. April traf Renner in Wien ein. Er residierte vorerst in einer Villa in Wien-Hietzing. Hier fanden die Weichenstellungen für die Bildung einer provisorischen Allparteienregierung aus SPÖ, ÖVP und KPÖ statt. Am 27. April 1945 konstituierte sich das aus 29 Mitgliedern bestehende Kabinett im Wiener Rathaus und proklamierte eine Unabhängigkeitserklärung. Renner wurde Staatskanzler. Figl, nebenbei noch provisorischer Landeshauptmann von Niederösterreich, übernahm das Amt eines Staatssekretärs ohne Portefeuille und damit des Vizekanzlers. Zugleich wurde er in den politischen Kabinettsrat berufen, der alle wichtigen Entscheidungen fällen sollte. Am Sonntag, dem 29. April 1945, fand im stark beschädigten Wiener Rathaus ein feierlicher Staatsakt statt. Anschließend zog die Regierung über den dicht mit jubelnden Menschen gefüllten Rathausplatz zum nicht weniger beschädigten Parlamentsgebäude. Über Schutt und Trümmer bahnte man sich den Weg zum großen Sitzungssaal. Dort hielt Karl Renner eine große Rede – »überwältigt vom Wortschwall seiner Rhetorik«, wie der kommunistische Staatssekretär Ernst Fischer süffisant kommentierte.[68]

Josef Schöner war seit fast zwei Wochen schon wieder Beamter des Außenministeriums. Seine Dienststelle war das durch die alliierten Luftschläge stark beeinträchtigte, teilweise eingestürzte, fensterscheibenlose Bundeskanzleramt, in dem die Beamten an den oft kalten Apriltagen jämmerlich froren. An diesem Sonntag hatte Schöner Dienst und musste zu seinem Leidwesen die Position halten, während die meisten Beamten zum Rathaus zogen. Sehnsüchtig horchte er hinüber zum kaum vierhundert Meter entfernten Platz, hörte die Musik und den Jubel der für ihn unsichtbaren Massen. Da erklang das wohlvertraute »O du mein Österreich«. Das rührte ihn, den österreichischen Patrioten, zutiefst. Er konnte nicht anders, er faltete die Hände und dankte Gott. Steffi Bamer hingegen erwähnt das Ereignis mit keinem Wort. Sie hatte am Vortag im privaten Gemüsegärtchen in Ottakring gearbeitet. Dass gleich daneben russische Soldaten eine Tabakfabrik bewachten, beunruhigte sie. Die in den vorangegangenen Wochen ausgestandene Angst steckte ihr noch in den Gliedern. Ihr größter Kummer war freilich, dass sie nichts über das Schicksal ihres Ehemannes wusste, nichts über ihren Vater. Auch Mignon Langnas war ganz in ihren Alltagssorgen und -nöten gefangen. Und immer noch fürchtete sie Übergriffe der russischen Soldaten. Die historische Stunde der Wiedergründung der Republik war ihr keine Erwähnung wert. Sie hatte nur einen Gedanken: So rasch wie möglich nach New York, wo Ehemann Leo und die Kinder warteten. (Und wo sie schließlich Mitte 1946 eintraf.) Und Dolfi Schumann? Um 6 Uhr früh an diesem Sonntagmorgen wurde sie abgeholt und zur Polizei gebracht. Als Strafe dafür, sich vor einer ihr zugeteilten Arbeit gedrückt zu haben, musste sie gemeinsam mit vier anderen Frauen für einen russischen Major eine Wohnung reinigen. Um 11 Uhr bekam jede Frau ein halbes Stück Brot in die Hand gedrückt und durfte nach Hause gehen. Dann saß sie in ihrem halbzerstörten Heim, fühlte sich mutlos, verzweifelt und einsam. Wo war Rudi, ihr Mann? Wo ihre Brüder?[69]

Während sich die Wiener mehr oder weniger über die wiedergewonnene Staatlichkeit freuten, waren weite Teile Österreichs noch von der deutschen Wehrmacht besetzt, zogen endlose Kolonnen von Flüchtlingen über die verstopften Straßen nach Westen. Der Schriftsteller Arnolt Bronnen – ein Wiener, der es im Berlin der 1920er Jahre zu skandalumwitterter Berühmtheit gebracht hatte – sah sie vorbeiziehen. Er lehnte in seiner Wehrmachtsuniform mit den Distinktionen eines Oberfeldwebels an der Hinterseite des Bahnhofsgebäudes von Hadersdorf am Kamp, um sich gemeinsam mit ein paar zufällig dazugekommenen Kameraden vor der Geheimen Feldpolizei zu verstecken. Von der Straße her hörten sie ein beständiges »Rattern und Knattern«. Sie schlichen sich näher heran. Und da sahen sie es: »Vor uns brauste das Furioso der Großen Flucht. In doppelter Kolonne, zu beiden Seiten umsäumt von ächzenden, stoßenden, triefenden, wankenden Fußgängern, schiebenden Radfahrern, Elendsgestalten, die Radlböcke vor sich, Kinderwagen hinter sich schleppten, hetzten da ganze Dörfer, ganze Städte, ganze Wiener Bezirke vorüber.«

Bronnen hatte den Ersten Weltkrieg mitgemacht und war an der italienischen Front schwer verwundet worden. Ende August 1944 war er ein zweites Mal eingerückt, immerhin schon 49 Jahre alt. Stationierungsorte: zuerst Steyr in Oberdonau, dann Znaim, die südmährische Stadt, die 1938 Niederdonau zugeschlagen worden war. Für den 6. April hatte er sich selbst einen Marschbefehl nach Wien ausgestellt. Sein Plan: in seiner Heimatstadt in einen Zivilanzug schlüpfen und in den Wirren der letzten Kriegstage untertauchen. Am Bahnhof Hadersdorf war allerdings Schluss gewesen. Es fahre kein Zug mehr nach Wien, hatte ihm der Fahrdienstleiter erklärt, die Russen stünden schon in Tulln (einem Städtchen an der Donau, rund dreißig Kilometer stromaufwärts von Wien).

So fassten er und seine Zufallskameraden den Entschluss, sich den Flüchtlingskolonnen anzuschließen. Zuerst versuchten sie, sich auf einen der vielen oft nur im Schritttempo vorbeifahrenden Lkws hinaufzuschwingen. Aber diejenigen, die einen Platz auf einer der überfüllten Ladeflächen ergattert hatten, dachten nicht daran, diesen mit weiteren Passagieren zu teilen. Sie stießen, traten, schlugen. Unmöglich, auf einen Wagen zu gelangen. Schließlich entdeckte die kleine Gruppe überraschenderweise ein leeres Fahrzeug und enterte es. Sogleich wusste man, wieso dieses Lastauto von anderen Flüchtlingen verschmäht worden war. Der Boden war knöcheltief mit einer ekeligen Schmiere bedeckt, Schmalz, das aus beschädigten Kisten ausgetreten war. Da sie nun aber schon auf dem Fahrzeug saßen, blieben sie.

Mal ging es schneller, mal langsamer dahin. An der Donaubrücke in Krems trafen zwei Flüchtlingsströme aufeinander, die sich geradezu ineinander verkeilten. Durch die Wachau wälzte sich ein endloser Bandwurm aus Fahrzeugen und Menschen. Im Vorbeifahren sah Bronnen, wie hinter einer Mauer KZ-Häftlinge erschossen wurden, sah, wie Feldpolizei am Straßenrand lauerte, um Opfer aus dem Zug der Dahinziehenden herauszufischen, sah Erhängte an Wegtafeln baumeln. In Melk hörte er Kanonendonner vom Süden her. In Pöchlarn stieg er ab, vergaß seinen zweiten Rucksack auf der Ladefläche, erkannte es rechtzeitig, lief dem Wagen hinterher, schrie und gab verzweifelt Zeichen. Seine davonfahrenden Kameraden starrten ihn mit steinernen Mienen an. Keiner dachte daran, ihm seinen vergessenen Rucksack zuzuwerfen. Mit leichterem Gepäck nahm er weiter seinen Weg Richtung Westen, überquerte die Donau per Fähre. In Grein verwies man ihn auf die Frage nach einer Unterkunft hin auf den Wartesaal im Bahnhof. Er fand ihn heillos überfüllt. So übernachtete er, zitternd vor Kälte und Hunger, in einem leeren Waggon.

Zu Fuß, auf Autos, in Personen- und Güterzügen ging es weiter durchs Untere Mühlviertel bis Linz, dann nach Wels und Attnang-Puchheim. Dort erreichte Bronnen einen Zug ins Salzkammergut. Stets bedroht von Patrouillen der SS und der Feldpolizei, kam er irgendwie nach Goisern, dem angepeilten Ziel. 1943 war er aus Berlin hierher an den Hallstätter See gezogen. Schon vor seiner Einberufung zur Wehrmacht hatte er, der ehemalige NS-Sympathisant, Zugang zu örtlichen Kreisen des Widerstands gefunden. Gleich nach seiner Rückkehr nahm er diese Aktivitäten wieder auf.[70]

Die inneralpine Region des Salzkammerguts, weit entfernt von allen Fronten, galt als Kern der Alpenfestung, die in Wahrheit gar nicht existierte. Die Region wurde in den letzten Monaten und Wochen des Krieges zum Fluchtpunkt für Zehntausende: Flüchtlinge vor der Sowjetarmee, Ausgebombte, Verwundete, ungarische Pfeilkreuzler, Einheiten der Wehrmacht und SS. In den Bad Ischler Häusern und Sommervillen war jeder Raum, jede Kammer mehrfach belegt. Oft mussten sich drei Familien einen Herd teilen. Die Versorgungslage war prekär. Kein Wunder: Im Frühjahr 1945 wohnten rund 37 000 Menschen in der 11 000-Einwohner-Gemeinde. Überall an den Durchgangsstraßen lagerten Soldaten, bereiteten sich am offenen Feuer ihr Essen, überall lagen Waffen frei herum. An fast jedem Obstbaum in Straßennähe war ein Pferd angebunden. Die landschaftliche Schönheit und die ausgezeichnete touristische Infrastruktur hatten schon zu besseren Zeiten urlaubsreife Nazi-Prominenz in beträchtlicher Zahl angezogen. 1945 suchten und fanden hier Hitlers von der Roten Armee gestürzte osteuropäische Kollaborateure eine Zuflucht.

Der kleine Ort Altaussee am Ufer des von imposanten Bergen um-
gebenen gleichnamigen Sees war bis 1938 nicht zuletzt beim libera-
len jüdischen Bürgertum, bei Schriftstellern, Malern und Musikern
beliebt gewesen. Zu Kriegsende 1945 zog er Spitzenvertreter der SS
geradezu magisch an. Der Chef des Reichssicherheitshauptamts, der
Linzer Ernst Kaltenbrunner, suchte hier Anfang Mai 1945 Unterschlupf. Wie sein Chef und Mentor Heinrich Himmler hegte er bis
zuletzt die Illusion, mit den Westalliierten Separatverhandlungen
führen zu können. Der Effizienteste von Himmlers Judenmördern
verkroch sich ebenfalls hier: Adolf Eichmann. Auch Otto Skorzeny,
als »Mussolini-Befreier« eine Berühmtheit der letzten Kriegsjahre,
trieb sich im April und Mai 1945 mit einem obskuren »Schutzkorps
Alpenland« aus rund zwei- bis dreihundert SS-Leuten im Ausseerland
und in anderen Regionen des Salzkammergutes herum.[71]

In den Bergen, den ausgedehnten Wäldern und auf abgelegenen
Almen hatten sich schon ab 1943/44 Flüchtlinge anderer Art gesammelt: Deserteure, Wehrdienstverweigerer, entflohene KZ- und Ge-
stapo-Häftlinge, alle, die Hitlers Todesmühlen entkommen wollten.
Hier fanden sie Verstecke und Helfer, die bereit waren, sie unter Lebensgefahr zu unterstützen und zu versorgen. Nicht um Widerstand
ging es vorerst, sondern ums nackte Überleben. Rund um einen anderen Entflohenen, den Kommunisten und Spanienkämpfer Sepp
Plieseis, entstand später eine Widerstandsgruppe, die unter den
Decknamen »Willy« und »Fred« aktiv war. Im Frühjahr 1944 errichtete die Gruppe einen gutgetarnten Unterstand im Gebirge, der den
Namen »Igel« erhielt. Fünfzehn Mann und mehr hausten hier unter
schwierigsten Umständen. Andere versteckten sich an verschiedenen Orten, auf Dachböden, in Verschlägen, in Hütten, im Wald.

Um Partisanen im engeren Sinn handelte es sich bei der Gruppe
»Willy-Fred« freilich nicht. Von militärischen Störaktionen, von ge-
zielter Sabotage, gar von einem Guerillakrieg gegen das NS-Regime
konnte keine Rede sein. Allerdings beunruhigte die Tatsache, dass
illegale Bewaffnete in den ausgedehnten Wäldern des Salzkammergutes unterwegs waren, die NS-Behörden so sehr, dass dadurch beträchtliche Sicherheitskräfte gebunden wurden. Kräfte, die zum

Schutz der Rüstungsbetriebe in Ebensee und an anderen Orten des Salzkammerguts notwendig waren. Erst in den letzten Monaten und Wochen des Krieges, als sich die Lage im Salzkammergut immer mehr zuspitzte, griffen »Willy-Fred« und andere Widerstandsgruppen unter dem gemeinsamen Namen »Österreichische Freiheitsbewegung« aktiv in das Geschehen ein. Vor allem galt es zu verhindern, dass fanatische Nazi-Führer im letzten Moment noch sinnlose Kämpfe, Zerstörung und Blutvergießen provozierten.[72]

Der größte Fanatiker von allen war der Gauleiter von Oberdonau, August Eigruber. Mitte 1943 war damit begonnen worden, Kunstschätze aus dem Kunsthistorischen Museum in Wien und aus anderen Museen, aus Kirchen und Klöstern, später auch die für Hitlers Linzer Museum in ganz Europa zusammengeraubten Werke aus Sicherheitsgründen im Salzbergwerk von Altaussee zu lagern. 6500 Gemälde und viele weitere Objekte von unschätzbarem Wert waren es zuletzt. Im April 1945 fasste Eigruber einen monströsen Entschluss. Wenn schon Hitlers Reich untergehen sollte, dann sollten auch die Kunstwerke in Altaussee untergehen. Zu diesem Zweck ließ er am 10. April acht Fliegerbomben zu je 500 Kilogramm in den Altausseer Stollen platzieren, getarnt in Holzkisten mit der Aufschrift »Vorsicht Marmor – nicht stürzen«. Am 13. April wurde die Salinendirektion davon in Kenntnis gesetzt: Gauleiter Eigruber sei entschlossen, die Kunstwerke bei Annäherung des Feindes zu vernichten, sie dürften nicht in die Hände des »kapitalistischen Weltjudentums« fallen. Rasch formierte sich dagegen entschiedener Widerstand von zwei Seiten: Die Kunstexperten bangten um die unermesslichen Werte in ihrer Obhut, die Beamten und Arbeiter des Bergwerks um ihre Arbeitsplätze. Denn die Explosionen hätten nicht nur die Kunstwerke, sondern auch die Saline zerstört. Bald wurde die Widerstandsbewegung eingeweiht, die tagtäglich an Einfluss gewann. Versuche, Eigruber zur Einsicht zu bewegen, scheiterten. »Wir bleiben stur wie die Böcke!«, beschied er dem Salinendirektor bei einer Fünf-Minuten-Audienz. Im Bergwerk liefen nun Bemühungen an, die Kunstwerke heimlich an sichere Plätze zu verlegen. Das erwies sich aus verschiedenen Gründen als schwierig.

Ende April ließ Eigruber am Eingang des Bergwerks eine Militär-
wache aufziehen. Um diese Zeit wurde auch bekannt, dass am 3. oder
4. Mai ein Sprengkommando mit den Zündern eintreffen sollte, um
den Zerstörungsbefehl auszuführen. Am 3. Mai informierte der zuständige Bergrat die Arbeiterschaft vor Schichtbeginn offiziell, dass
die eingelagerten Kunstwerke und damit das Bergwerk zerstört werden sollten. Er rief Freiwillige auf, sich an der Bewachung und gegebenenfalls Beseitigung der Bomben zu beteiligen. Worauf sich die
Belegschaft geschlossen gemeldet habe, heißt es.

Über einen der Bergarbeiter gelang es, Kontakt mit Ernst Kaltenbrunner aufzunehmen, der sich schon einige Tage in Altaussee aufhielt. Dieser ließ sich überzeugen, dass die Bomben aus dem Bergwerk entfernt werden mussten. Wahrscheinlich versprach sich
Himmlers zweiter Mann von seinem Engagement einen Vorteil für
die Zeit nach Kriegsende. Jedenfalls gab er den Befehl, die Bomben
wegzuschaffen. Eine schwere Arbeit, die bis Mitternacht vom 3. auf
den 4. Mai dauerte. Sicherheitshalber ließ die Bergwerksdirektion
am 5. Mai die Zugangsstollen kontrolliert sprengen. So oder so wäre
es nun nicht mehr möglich gewesen, die Bomben innerhalb der kurzen Zeit, die noch bis zum Eintreffen der Amerikaner blieb, wieder
ins Bergwerk zu schaffen.[73]

An diesem Samstag, 5. Mai 1945, zogen Truppen der 3. US-Armee
in Linz ein. Vom Westen her besetzten die Amerikaner den Raum bis
zur Enns. Ein weiterer Keil schob sich in den Süden. Über Gmunden
stießen Soldaten der 80. US-Infanteriedivision ins Innere Salzkammergut vor. Am 6. Mai befreiten sie das KZ Ebensee. Die Lager-SS war
tags zuvor Richtung Bad Ischl und Ausseerland abgezogen. Sergeant
Robert B. Persinger sah sich, als er mit dem Panzer auf der Schotter-
straße vor dem Lager ankam, von gespensterartigen menschlichen
Wesen umgeben. Sie trugen schmutzige gestreifte Kleidung, schienen nur aus Haut und Knochen zu bestehen, steckten bis zu den Knö-
cheln im Morast. Offensichtlich waren viele sehr schwach, dem Tod
näher als dem Leben. Ein schier unerträglicher Gestank hing über
dem Lager, Leichen lagen herum. Die Soldaten scheuten sich zuerst,
den Gestalten näher zu kommen, warfen ihnen ihre Marschverpfle-

gung und Schokoladenriegel zu, alles, was sie dabeihatten. Ein englischsprachiger Häftling meldete sich, lud Persinger und seine Leute ein, sich das Lager näher anzusehen. Nach einigem Zögern ließen sich diese dazu überreden. Der Mann zeigte ihnen die Baracken, das Krematorium, wo die Leichen wie Holzscheite lagen, übereinandergestapelt bis zur Decke. Die Soldaten hatten viel Schreckliches gesehen in diesem Krieg, aber so etwas noch nicht. Es traf sie wie ein Keulenschlag. Sie organisierten eine Essensausgabe, begannen damit, den Ort und die Umgebung nach Nahrungsmitteln abzusuchen, die sie an die Häftlinge ausgeben könnten. In der Lagerküche wurde in großen Töpfen Suppe gekocht. Bei der Ausgabe kam es zu chaotischen Szenen. Den Soldaten blieb nichts anderes übrig, als über die Köpfe der Häftlinge hinweg ein paar Schreckschüsse abzufeuern. Daraufhin konnte die Verteilung relativ geordnet ablaufen. Für viele der halbverhungerten Häftlinge war die heiße, nahrhafte Suppe zu viel. Manche übergaben sich, andere starben sogar.[74]

Auch in dem keine zwanzig Kilometer entfernten Kurort Bad Ischl erwartete man an diesem Sonntag die US-Truppen. Der Platz vor der Kirche war nach dem Acht-Uhr-Gottesdienst voll von Menschen. Die Kirchgänger standen beisammen und tauschten Gerüchte aus. Eine fast unerträgliche Spannung lag in der Luft. Ungefähr um halb ein Uhr mittags fuhr der fünfzehnjährige Friedrich Wiener mit dem Fahrrad in die Stadt. Als er in die Grazer Straße einbog, sah er es: einen Jeep mit aufmontiertem Maschinengewehr, der im Schritttempo den Hügel herauffuhr. Knapp dahinter ein Panzerspähwagen. Die ersten Amerikaner! Aus den Häusern schwenkten die Menschen weiße Tücher. Zögernd näherten sich Frauen und Kinder den Fahrzeugen. Ein farbiger Soldat beugte sich aus dem Jeep und verteilte Kaugummi und Schokolade. Dann fuhr die Vorhut weiter.

Unmengen an Truppen waren die Tage zuvor die Straße entlanggezogen – Wehrmacht und Waffen-SS auf ihrem allerletzten Rückzug. Gemeinsam mit Kameraden vom Widerstand versuchte Arnolt Bronnen im Bürgermeisteramt von Goisern die Dinge zu regeln und den wenig energischen und noch weniger mutigen NS-Bürgermeister bei der Stange zu halten. Am 5. Mai fuhr die Lager-SS aus Ebensee durch den Ort, vorbei am Amtsgebäude, auf dem schon die weiße Fahne gehisst worden war. Die SS-Leute brüllten vor Zorn, schüttelten drohend die Fäuste, zogen es aber vor weiterzufahren. Bronnen sah, dass sie bleich waren vor Angst. Sie nahmen die Straße auf den Pötschen, die Passhöhe ins Ausseerland. Oben verschanzten sie sich. Kirchgänger brachten die Nachricht davon am Morgen des 6. Mai nach Goisern. Schrecken machte sich breit. Sollte das heißen, dass der Heimatort buchstäblich am letzten Tag des Krieges zum Schauplatz von Kämpfen werden sollte? Man schickte einen Parlamentär auf den Berg, der die SS überreden sollte abzuziehen. Er kam unverrichteter Dinge zurück ins Tal: Mit denen da oben sei nichts zu machen. Dann schickte man gleich eine ganze Delegation Goiserer Bürger hinauf. Man erklärte den SS-Leuten, wie sie über die Berge entkommen konnten, auf welchen Almen sie Verpflegung und Unterschlupf finden würden. Das wirkte, teilweise. In der Nacht verschwand das Gros der SS, nur eine kleine, kampfwütige Einheit blieb zurück. Am frühen Morgen des 7. Mai starteten die Amerikaner ihren Vormarsch von Bad Ischl auf Goisern. Ein Aufklärungsflugzeug wurde von der auf dem Pötschen verbliebenen SS beschossen. Eine halbe Stunde später belegten Tiefflieger die Passhöhe und die zu ihr hinführende Straße mit MG-Feuer und Bomben. Nach einem Ultimatum der Amerikaner und dramatischen Stunden in Goisern gab die SS den Weg ins Ausseerland schließlich doch frei.

In der Stunde der Befreiung ergriff überall in den Orten des Salzkammerguts die Österreichische Freiheitsbewegung die Macht, übernahm die Ämter, setzte neue Amtsträger ein – so etwa Arnolt Bronnen als Bürgermeister von Goisern –, verhaftete die wichtigsten NS-Funktionäre. Dabei kam es zu Zwischenfällen wie in Bad Ischl, wo beide Ortsgruppenleiter bei der Verhaftung erschossen wurden – unklar, ob mit Absicht oder weil sie sich zur Wehr gesetzt hatten. Adolf Eichmann zog es vor, zu verschwinden, als die Amerikaner das Ausseerland besetzten. Ernst Kaltenbrunner ließ sich am 7. Mai in Begleitung seiner letzten Getreuen zu einer Jagdhütte im Toten Gebirge bringen. Der Jäger, der Kaltenbrunner geführt hatte, war zugleich Mitglied der Österreichischen Freiheitsbewegung. Er informierte die Amerikaner, die den Chef des Reichssicherheitshauptamtes am 12. Mai verhafteten.[75] Hermann Göring, die treibende Kraft des Anschlusses von 1938, wurde am 8. Mai 1945 im Salzburger Pinzgau verhaftet. Arthur Seyß-Inquart, Reichskommissar der Niederlande, den Hitler in seinem politischen Testament sogar zum Reichsaußenminister gemacht hatte, fiel Anfang Mai in Hamburg den Briten in die Hände. Sein großer Konkurrent Joseph Bürckel war schon im September 1944 gestorben, vermutlich eines natürlichen Todes und nicht durch Selbstmord, wie häufig lanciert. Friedrich Rainer und Odilo Globocnik versteckten sich in der Gegend des Weißensees in Kärnten. Verraten durch einen SS-Mann, wurden sie Ende Mai von den Briten verhaftet. Globocnik verübte während des Verhörs Selbstmord mit einer Zyankalikapsel, die er sich vorsorglich in den Mund gesteckt hatte. Baldur von Schirach tauchte in Tirol unter, arbeitete sogar unter einem Decknamen als Dolmetscher für die US-Armee, stellte sich aber schließlich im Juni 1945. August Eigruber verkroch sich in einer Jagdhütte bei St. Pankraz in Oberösterreich. Dort wurde er im August 1945 ausgehoben. Hugo Jury schlug sein letztes Hauptquartier im äußersten Nordwesten seines Gaus auf, in Zwettl im Waldviertel. Dort beging er am Tag der Kapitulation, dem 9. Mai 1945, Selbstmord. Sigfried Uiberreither, der noch am vorletzten Tag seiner Herrschaft in Graz »Drückebergern« das Standgericht angedroht hatte, floh ins obere Murtal. Einen Monat später stellte er sich den Briten. Franz Hofer zog sich beim Anrücken der Amerikaner auf seinen Privatsitz zurück, den Lachhof bei Hall in Tirol. Dort stellte er sich großzügig der Besatzungsmacht »zur Verfügung«. Er wurde postwendend verhaftet.[76]

Der siebzehnjährige Luftwaffenhelfer Günther Doubek erlebte sein ganz persönliches Kriegsende ebenfalls hier, im Bergwerksstädtchen Hall. Seit Jahresbeginn 1945 hatte es ihn von Neusiedl am See über abenteuerliche Um- und Abwege bis nach Trient verschlagen. Ende April war er schließlich bei der motorisierten Gebirgsflak im Lager Eichat bei Hall gelandet. An dem Abend, als die Amerikaner in Innsbruck einzogen, wurde das Lager geräumt, die Soldaten zerstreuten sich. Günther tat sich mit anderen Wienern zusammen, gemeinsam wollten sie sich nach Hause durchschlagen. Nach einer Nacht im Zelt fand die Gruppe Unterkunft in der Scheune eines Bauern. Vormittags spazierten die Burschen zu acht durch die sehenswerte Altstadt von Hall. Die Läden waren geschlossen. Amerikanische Soldaten fuhren in ihren Jeeps herum, nur selten sah man welche zu Fuß gehen. Nach und nach wagten sich die Bürger des Ortes hervor, begannen allmählich, ihre Häuser rot-weiß-rot zu beflaggen. Günther konnte sich noch gut erinnern, dass das mit den Flaggen seinerzeit, im März 1938, viel schneller gegangen war.[77]

Schlüsse

Überwältigung 1938. Wenn die irrationale Anschlussbegeisterung von 1938 ein Rätsel ist, dann kein großes. Zu ihrem Verständnis muss man auf die enorme Spannung der vorangegangenen Wochen der Doppelherrschaft verweisen. Oder, zeitlich weiter gefasst, auf die aufgestauten Frustrationen seit Einsetzen der Weltwirtschaftskrise, auf Jahre der tiefsten Depression, unterbrochen von überaus dramatischen, aufwühlenden Vorgängen und ständigen politischen und sozialen Kämpfen. Auf einmal schien sich alles ganz einfach zu lösen, alle Krisen, alle Spannungen. Und war man nicht ohnehin deutsch? Hatte sich der Kleinstaat »Deutschösterreich« nicht schon 1918 der »Deutschen Republik« anschließen wollen? Nun war der ersehnte Augenblick gekommen, noch dazu herbeigeführt durch einen geborenen Österreicher: Hitler. In ihm bündelten sich alle Hoffnungen, alle Träume von einer besseren Zukunft.[1]

Der Soziologe Leopold Rosenmayr spricht von »Überwältigung«, um begreiflich zu machen, was er selbst mit 13 Jahren erlebt hatte. Am 12. März 1938 war der Himmel plötzlich schwarz von Flugzeugen. Ihr »Gebrüll«, wie Rosenmayr den Lärm der Maschinen nennt, wirkte fremd und bedrohlich. Die Menschen stürzten auf die Straße. Sie sahen, dass sich mit einem Mal ein seltsamer Schwarm niedersenkte, wie graue Vögel. Es waren Flugzettel. Auf ihnen stand, die deutsche Wehrmacht komme als Freund ins Land. Und auf jedem dieser Zettel prangte groß das bisher verbotene und verfemte Zeichen: das Hakenkreuz. Was konnte man da noch tun? »Man hatte keine Wahl mehr. Das war die eigentliche Überwältigung. So groß war die Macht, die sich vom Himmel her zeigte.«[2] Dieses Sich-überwältigen-Lassen und Überwältigt-Sein, diese für den deutschen Faschismus so bezeichnende Mischung aus Faszination und Gewalt,[3] das war es wohl, was die als Rausch und Massenhypnose beschriebene Euphorie der Anschluss-Tage auslöste.

Opfer. Die Alliierten hatten in der Moskauer Deklaration von 1943 erklärt, Österreich sei 1938 als »erstes freies Land« der Angriffspolitik Hitlers zum Opfer gefallen. Diese »Opferthese« galt jahrzehntelang als Staatsdoktrin der Zweiten Republik. Auf dem Weg zum Staatsvertrag und zur Wiedererlangung der vollen Unabhängigkeit war Österreich damit eine Chance geboten worden, die kein Politiker ausschlagen konnte und wollte. Später war die Opferthese unter anderem dazu gut, Forderungen nach Entschädigung und Wiedergutmachung abzuschmettern. Österreich trage als besetztes Land weder völkerrechtlich noch moralisch die Verantwortung für vom Deutschen Reich begangene Verbrechen, lautete die Argumentation. Erst mit der Debatte um die NS-Verstrickungen des Bundespräsidentschaftskandidaten Kurt Waldheim im Jahr 1986 begann diese verlogene Haltung zu erodieren. Schließlich bekannte sich der sozialdemokratische Bundeskanzler Franz Vranitzky 1991 offiziell »zur Mitverantwortung für das Leid, das zwar nicht Österreich als Staat, wohl aber Bürger dieses Landes über andere Menschen und Völker gebracht haben«. Vranitzky unterschied damit in Bezug auf die Verantwortung für die nationalsozialistischen Verbrechen zwischen Staat und Gesellschaft.

Richtig ist, dass der souveräne Staat Österreich der nationalsozialistischen Aggression zum Opfer fiel. Eine andere Sache ist die Haltung der österreichischen Gesellschaft während des Anschlusses und danach. Davon ausgehend, ist die Opferthese tatsächlich falsch.[4] Zum einen wegen des hysterischen Jubels, mit dem der Anschluss von großen Teilen der österreichischen Bevölkerung begrüßt wurde – und wegen der Volksabstimmung, durch die der Anschluss mit einer schandvollen Mehrheit von 99,74 Prozent bestätigt wurde. Moralisch noch schwerer wiegen zum anderen die antijüdischen Exzesse der Anschluss-Tage, der Raub des jüdischen

Vermögens, an dem sich Zehntausende beteiligten und von dem Hunderttausende profitierten, die Vertreibung der jüdischen Mitbürger, die vor den Augen einer Öffentlichkeit ablief, die davon nichts wissen wollte, und schließlich die Beteiligung von Österreichern an Vernichtungskrieg und Holocaust.[5]

Täter. Die selbstmitleidige Opferthese mutierte ab den 1980er Jahren unter dem Druck einer neuen Generation von Zeithistorikern und Politikwissenschaftlern in eine selbstquälerische »Täterthese«. Damit ist die von Simon Wiesenthal behauptete starke Überrepräsentation von Österreichern unter den nationalsozialistischen Tätern gemeint. Wiesenthals These wurde unter Verwendung von irrigen, bewusst falsch interpretierten oder schlicht aus der Luft gegriffenen Zahlen in der Literatur und den Medien breit aufgegriffen – zumeist mit dem Ziel, die Opferthese zu konterkarieren, und stets verknüpft mit der Nennung von Namen wie Kaltenbrunner, Eichmann, Globocnik und anderen Massenmördern mit österreichischem Bezug. Daraus entwickelte sich eine Art eingeübter Schuldreflex, der sich verfestigte.

Tatsächlich lässt sich, wie gezeigt wurde, eine Überrepräsentation von aus Österreich stammenden Tätern in Holocaust und Vernichtungskrieg empirisch nicht belegen. Österreicher waren an nationalsozialistischen Untaten beteiligt – auch in führenden Positionen –, aber ihr Anteil an den Mördern ging nicht über den ostmärkischen Anteil an der Gesamtbevölkerung des Großdeutschen Reichs hinaus, sondern blieb eher darunter. Wie die Opferthese ist auch die Täterthese nichts anderes als ein Mythos.

Loyalitätsdefizit? Aus der Untersuchung der deutschen militärischen Verluste im Zweiten Weltkrieg durch Rüdiger Overmans geht hervor, dass 261 000 aus Österreich stammende Soldaten im Krieg ums Leben kamen. Eine erschreckende Zahl. Aber hätte es unter den Österreichern dieselbe Todesrate gegeben wie unter den Deutschen, wären 425 000 österreichische Soldaten gestorben.[6] Einen plausiblen Grund für die vergleichsweise geringe Zahl an umgekommenen Österreichern konnte die Forschung bislang nicht finden. Schließt man aus, dass es sich um Auswertungsfehler handelt und auch eine markant einseitige Stationierung österreichischer Soldaten an Kampfschauplätzen mit geringerer Mortalität nicht anzunehmen ist, muss man die Ursachen im Bereich der Motivation suchen. Verstanden es die Österreicher besser als die Deutschen, sich zu drücken? Oder anders formuliert: Waren die Österreicher weniger als die Deutschen dazu bereit, ihr Leben für eine verwerfliche und immer aussichtsloser werdende Sache zu riskieren? Wies ihre Loyalität zum Regime Defizite auf? Und: Lässt sich vom Verhalten der österreichischen Soldaten auf die österreichische Gesellschaft insgesamt schließen?

Diese Thesen – nennen wir sie so – lassen sich nur als Fragen formulieren, weil empirisch gesicherte Antworten darauf nicht vorliegen. In einschlägigen Untersuchungen heißt es, dass zwischen den Soldaten aus der Ostmark und jenen aus dem Altreich wenig Unterschiede in ihrem Verhalten erkennbar seien. Immerhin ergab eine 1982 durchgeführte Umfrage unter ehemaligen österreichischen Wehrmachtssoldaten, dass diese den aus Deutschland stammenden Kameraden tendenziell mehr »Opferwillen« und »Einsatzfreude« bescheinigten als ihren eigenen Landsleuten.[7] Nehmen wir es als Hinweis, dass es bezüglich der Bereitschaft, im Einsatz notfalls das eigene Leben zu opfern, tatsächlich Unterschiede zwischen österreichischen und deutschen Soldaten gegeben haben könnte.

Und die Zivilbevölkerung? Der scharfe Beobachter Josef Schöner registrierte Anfang April 1945 eine resignative, fatalistische Stimmung in Wien. Da zeige sich, dass die NS-Propaganda nicht sehr tief in die Seelen eingedrungen sei, schreibt er. Niemand denke an die »Bewegung« und das Reich, jeder habe nur das Schicksal der eigenen Stadt im Sinn. »Hitler hat wohl die Mäuler der Wiener erobert, aber nicht ihre Herzen, das sieht man in den kritischen Tagen. Aus Wien wird kein zweites Breslau.«[8]

Österreich-Bewusstsein. Langsam einsetzend mit der Sudetenkrise vom Herbst 1938 und immer stärker anwachsend ab September 1939 entwickelte sich eine Rückbesinnung auf das Eigene, das Österreichische. Der schwedische Journalist Arvid Fredborg, der sich im Frühjahr 1943 längere Zeit in Wien aufhielt, stellte fest, dass fünf Jahre nationalsozialistischer Herrschaft die Österreich-Idee wiedererweckt hätten. »Viele Österreicher stellen sich ernsthaft die Frage: Sind wir überhaupt dasselbe Volk wie die Deutschen? Nach ihren bisherigen Erfahrungen neigen sie der Meinung zu, dass eine gemeinsame Sprache noch kein Volk macht.«[9] Tatsächlich explodierte dieses Österreich-Bewusstsein ab Anfang 1943 (Stalingrad) geradezu – stark, aber nicht ausschließlich gespeist von der opportunistischen Hoffnung, bei der Endabrechnung nach der immer wahrscheinlicher werdenden Niederlage als Österreicher von den Alliierten milder behandelt zu werden als die Deutschen.

Zweifellos entwickelte sich die allgemeine Stimmungslage überall im Reich ähnlich.[10] Aber vieles weist darauf hin, dass die Zustimmung zum Nationalsozialismus in der Ostmark schneller und gründlicher einbrach als im Altreich. Der Grund ist einleuchtend: Österreich war erst seit kurzer Zeit Teil des Deutschen Reichs. Verständlicherweise war ein starkes Separatbewusstsein vorhanden, ungleich stärker noch als etwa im verwandten Bayern. Dieses Österreich-Bewusstsein hielt sich hartnäckig, aller Anschlusshysterie und Propaganda zum Trotz. Es äußerte sich selten in offenem Widerstand, aber häufig durch passive Resistenz und die weitverbreitete Haltung des »Bleib über!«.

Widerstand. Gleichwohl gab es organisierten Widerstand gegen den Nationalsozialismus, und zwar von Anfang an. Aber erst in den allerletzten Tagen des Krieges gewann er eine gewisse Bedeutung, indem er sinnlose Verteidigungsaktivitäten unterband und den Übergang zu den neuen Mächten erleichterte. Eine breite österreichische »Résistance« entwickelte sich in keiner Phase der sieben Jahre. Immerhin lässt ein Vergleich der Zahl der Angeklagten und Todesurteile bei Volksgerichtshofverfahren in Hessen und Österreich auf eine ungleich intensivere österreichische Widerstandtätigkeit schließen.[11]

Qualitativ und quantitativ der stärkste und verlustreichste Widerstand wurde dem Nationalsozialismus von Kommunisten entgegengesetzt. Freilich, wie heldenhaft, wie opferbereit, wie bewundernswert mutig der kommunistische Widerstand auch immer gewesen sein mochte – wäre er erfolgreich gewesen, wäre das eine totalitäre System durch das andere ersetzt worden. Selbst wenn die betreffenden Widerständler subjektiv in erster Linie ein vom Faschismus befreites Österreich im Blick gehabt haben mochten, objektiv gesehen hätte der Erfolg zu nichts anderem geführt als zur Errichtung einer kommunistischen Diktatur. So gesehen fochten die kommunistischen Widerstandskämpfer einen guten Kampf für eine schlechte Sache. Stalins Rotarmisten brachten Österreich die Befreiung vom Faschismus. Aber Freiheit, Demokratie, Unabhängigkeit – sie kamen mit den GIs aus dem Westen.

Bilanz. Der Blick auf die Jahre 1938 bis 1945 ist ein Blick in den Abgrund. Die Zahl der österreichischen Todesopfer des Holocaust liegt bei mindestens 66 000.[12] Rund 8000 Menschen starben infolge politischer Verfolgung. Wenn man die geschätzte Zahl der Opfer der Militärjustiz dazurechnet, kommt man auf ungefähr 9500 Tote.[13] Die Todesopfer der alliierten Luftangriffe werden mit rund 35 000 beziffert.[14] 261 000 aus Österreich stammende Soldaten der Wehrmacht und Waffen-SS kamen aufgrund von Kriegshandlungen oder in Kriegsgefangenschaft ums Leben.[15] Dazu kommt die unbekannte Zahl der zivilen Opfer der nationalsozialistischen Verbrechen in den letzten Kriegswochen, während der Endkämpfe, und der Tod vieler weiterer Menschen, der direkt oder indirekt dem NS-Regime anzulasten ist. Nicht zu vergessen die Vertriebenen, nicht zu vergessen die ungeheuren materiellen und ideellen Schäden.

Das übliche Narrativ erzählt die Geschichte der Republik Österreich als die einer Wiedergeburt aus den Trümmern des schrecklichsten Krieges der Menschheitsgeschichte. Jedes österreichische Schulkind kennt diese Erzählung. Man mag sich fragen, ob sie stimmt, und wird sich eingestehen, dass sie eine Spur zu einfach, zu simplifizierend, zu beschönigend, zu heroisierend ist. Aber wie das so ist mit den ganz großen Erzählungen: Wer kann sich schon dem Sog der Geschichten und der Geschichte entziehen?

Nachwort

Dieses Buch soll einiges sein, eine Gesellschaftsgeschichte nämlich, die auf dem politik- und ereignisgeschichtlichen Auge nicht blind ist. Eine Gesellschaftsgeschichte, die besonderen Wert auf die Perspektiven der Individuen legt, aus denen Gesellschaft nun einmal besteht: auf die Akteure, auf die sozial Handelnden in ihrem lebensweltlichen Umfeld, auf die Männer und Frauen, die die sieben dunklen Jahre miterlebt und -erlitten und in lebensgeschichtlichen Erzählungen, Aufzeichnungen, Tagebucheinträgen und Briefen in ihrer je eigenen Weise reflektiert und überliefert haben.

Ein solches Buch von begrenztem Umfang kann vieles, aber es kann nicht alles sein. Unschwer werden sich ereignis- und gesellschaftsgeschichtliche Bereiche identifizieren lassen, die mehr oder weniger ausgeklammert sind. Regionale Details fehlen weitgehend, so interessant und bedeutsam sie auch immer sein mögen. Der allgemeine Gang der Geschichte, insbesondere die Ereignisse an den Fronten des Weltkriegs, werden als bekannt vorausgesetzt. Letztlich ging es mir darum, die Geschichte der Jahre 1938 bis 1945 für eine junge Generation neu zu erzählen und im Rahmen der Forschung in manchen Teilbereichen neu – besser gesagt: anders – zu deuten.

Einige editorische Hinweise: NS-Begriffe schreibe ich häufig ohne Anführungszeichen. Texte sollen übersichtlich, verständlich, lesbar sein. In diesem Sinne scheint es mir nicht zielführend, die gesamte Begrifflichkeit unter politisch korrekte Gänsefüßchen zu setzen. Dieser Umgang mit NS-Begriffen – der aber beispielsweise am »Führer« oder an der »Endlösung« haltmacht – bedeutet nicht, dass ich mich in irgendeiner Weise damit identifiziere.

Bei wörtlichen Zitaten aus den Quellen korrigiere ich offensichtliche Tipp-, Flüchtigkeits- und orthographische Fehler stillschweigend. Sowohl Quellen- als auch Literaturzitate werden der heute gültigen Rechtschreibung angepasst.

Die durchgängige Verwendung des generischen Maskulinums in diesem Buch, die einzig und allein der besseren Lesbarkeit des Textes dient, soll in keiner Weise dem Fortbestand der männlichen Hegemonie in unserer Gesellschaft Vorschub leisten. All jene Leserinnen und Leser, die an meiner konservativen Schreibweise Anstoß nehmen, bitte ich um Entschuldigung.

Dieses Buch lebt von und durch die Erzählungen der zeitgeschichtlichen Akteure. Die meisten der hier verwendeten Materialen stammen aus der »Dokumentation lebensgeschichtlicher Aufzeichnungen« des Instituts für Wirtschafts- und Sozialgeschichte der Universität Wien. Ich danke allen Mitarbeiterinnen und Mitarbeitern der »Doku«, die im Laufe der Jahre am Zustandekommen dieser einzigartigen Sammlung mitgewirkt haben. Vor allem danke ich Günter Müller, der mich bei der Auswahl der Texte mit seinem umfassenden Wissen beraten und mich auch sonst mit vollem Engagement unterstützt hat.

Viele Aspekte einzelner Themenbereiche des Buches konnte ich bei verschiedenen Gelegenheiten mit Kolleginnen und Kollegen der Fächer Zeit- und Sozialgeschichte freundschaftlich diskutieren und beleuchten. Sie haben mir damit oft mehr und effizienter geholfen, als sie ahnen. Ihnen allen danke ich von Herzen.

Mein Dank gilt dem S. Fischer Verlag für den hoffentlich belohnten verlegerischen Mut, mein Buchprojekt in sein anspruchsvolles Programm aufzunehmen. An meiner Lektorin Tanja Hommen bewundere ich, wie gut sie sich in die labile Psyche eines Autors einzufühlen vermag. Ich danke ihr für alles gleichermaßen: Kritik, Lob, Rat und Tat.

Bücherschreiben ist ein einsames Geschäft. Ohne Bea, die stets um mich und mit mir ist, wäre ich nicht in der Lage, es zu betreiben. Danke!

Anmerkungen

PROLOG

1 Vgl. allg. zum Gegensatz zwischen Österreich und Preußen als einer der »Grundtatsachen«, die die deutsche Geschichte durch Jahrhunderte prägten: Winkler, Der lange Weg nach Westen, Bd. I, S. 23–33 u. passim.

2 Vgl. Wladika, Hitlers Vätergeneration, S. 26–30; Rumpler, Eine Chance für Mitteleuropa, S. 401, 403.

3 Hamann, Hitlers Wien, S. 361.

4 Hanisch, Der lange Schatten des Staates, S. 154–157, Zitat S. 154; zu den politischen Lagern der Monarchie: ebd., S. 118–126. Für einen kurzgefassten Überblick über den Deutschnationalismus in der Habsburgermonarchie mit weiterführenden Literaturhinweisen: Bauer, »Heil Deutschösterreich!«, S. 263–268. Vgl. auch Saage, Die deutsche Frage, S. 65–68, u. Kriechbaumer, Die großen Erzählungen der Politik, S. 160–165.

5 Vgl. zur »Großraum-Idee«: Schausberger, Der Griff nach Österreich, S. 25–28, und zur »Legende von der Lebensunfähigkeit Österreichs«: ebd., S. 81–87.

6 Gesetz vom 12. November 1918 über die Staats- und Regierungsform von Deutschösterreich (StGBl. Nr. 5/1918).

7 Staatsvertrag von Saint-Germain-en-Laye vom 10. September 1919 (StGBl. Nr. 303/1920). Schausberger, Der Griff nach Österreich, S. 70 f., 102.

8 Schausberger, Der Griff nach Österreich, S. 99, 101–104.

9 Einen Überblick bieten: Staudinger, Vereine als Träger des Anschlußgedankens, sowie Schausberger, Der Griff nach Österreich, S. 145–173.

10 Schausberger, Der Griff nach Österreich, S. 184–197.

11 Allg. zur Geschichte des Nationalsozialismus in Österreich bis 1938: Carsten, Faschismus in Österreich; Pauley, Der Weg in den Nationalsozialismus.

12 Vgl. allg. zur Geschichte der Legion: Schafranek, Söldner für den »Anschluss«.

13 Carsten, Faschismus in Österreich, S. 211–242; Pauley, Der Weg in den Nationalsozialismus, S. 88–122; Goldinger/Binder, Geschichte der Repu-

blik Österreich 1918–1938, S. 193–232. Allg. zum Ständestaat (»Austrofaschismus«): Tálos, Das austrofaschistische Herrschaftssystem; Tálos/Neugebauer (Hg.), Austrofaschismus. Zu den NS-Terrorwellen 1933/34 vgl. Botz, Gewalt in der Politik, S. 215–219, 258–266.

14 Emilio Gentile: Der Faschismus. Eine Definition zur Orientierung. In: Mittelweg 36, 2007, H. 1, S. 81–99, insbes. S. 97–99.

15 Vgl. Wohnout, Anatomie einer Kanzlerdiktatur; Wohnout, Zwischen Ständestaat und Austrofaschismus. In dieselbe Richtung gehen: Botz, Faschismus und »Ständestaat«; Hanisch, Der lange Schatten des Staates, S. 310–315; Kriechbaumer (Hg.), Österreich! und Front Heil!, S. 9–49. Der wichtigste Vertreter der Gegenposition: Tálos, Das austrofaschistische Herrschaftssystem, insbes. S. 569–586.

16 Allg. zur Vorgeschichte, zum Verlauf und zu den Hintergründen des Juliputsches mit weiterführenden Literaturhinweisen: Bauer, Elementar-Ereignis; Bauer, Hitlers zweiter Putsch.

17 Pauley, Der Weg in den Nationalsozialismus, S. 161–168; Schausberger, Der Griff nach Österreich, S. 338–360; Volsansky, Pakt auf Zeit; Schmidt, Die Außenpolitik des Dritten Reiches, S. 186–204.

18 Pauley, Der Weg in den Nationalsozialismus, S. 170–175.

19 Glaise hinterließ ein umfangreiches Memoirenwerk, das eine der wichtigsten und interessantesten Quellen zur Vorgeschichte und zum Verlauf des Anschlusses darstellt: Peter Broucek (Hg.): Ein General im Zwielicht. Die Erinnerungen Edmund Glaises von Horstenau, 3 Bde., Wien, Köln, Graz 1980, 1983 und 1988. Von besonderem Interesse ist Band 2 (»Minister im Ständestaat und General im OKW«). – Zu den Katholisch-Nationalen: Wandruszka, Österreichs politische Struktur, S. 411–417.

20 Zur Biographie Seyß-Inquarts und dessen Agieren in der Zeit des Ständestaates und des Anschlusses vgl. allg. Rosar, Deutsche Gemeinschaft.

21 Volsansky, Pakt auf Zeit, S. 87–93; Tálos, Das austrofaschistische Herrschaftssystem, S. 520–529.

22 Vgl. ausführlich Schausberger, Der Griff nach Österreich, S. 433–487. Weiter: Tooze, Ökonomie der Zerstörung, S. 290–292.

23 Kershaw, Hitler 1936–1945, S. 87–92; Tooze, Ökonomie der Zerstörung, S. 283–287. http://www.1000dokumente.de/index.html/pdf/index.html?c=dokument_de&dokument=0008_hos&l=de (aufgerufen 5.7.2015).

24 Schausberger, Der Griff nach Österreich, S. 507–511; Pauley, Der Weg in den Nationalsozialismus, S. 189 f.; Schmidl, März 38, S. 25. Schuschniggs Wunsch nach einer Aussprache: ADAP, Serie D, Bd. 1, Dok. Nr. 279, S. 404.

25 Kershaw, Hitler 1936–1945, S. 93–104; Benz u. a. (Hg.), Enzyklopädie des Nationalsozialismus, S. 520.

26 Papen, Der Wahrheit eine Gasse, S. 458–461; Schausberger, Der Griff nach Österreich, S. 511. Ob Papens Darstellung ganz korrekt ist, sei dahingestellt. Anscheinend hatte Hitler ohnehin schon am 26. Januar sein Einverständnis erklärt, Schuschnigg am Obersalzberg bei Berchtesgaden zu empfangen. Als Termin war »ungefähr der 15. Februar« in Aussicht genommen worden.

27 IMT, Bd. 38, Dok. 1780-PS, Jodl-Diensttagebuch, S. 362. Jodl dürfte mit
    großer Wahrscheinlichkeit von General Keitel aus erster Hand über
    Aussagen Hitlers unterrichtet worden sein. Die fehlerhafte Orthogra-
    phie und Zeichensetzung des Zitates folgen der Quelle.

EUPHORIE UND PANIK / 1938

1 Schuschnigg, Ein Requiem in Rot-Weiß-Rot, S. 37; Papen, Der Wahrheit
   eine Gasse, S. 466–468; Guido-Schmidt-Prozess, Aussage Schmidt, S. 60;
   Zernatto, Die Wahrheit über Österreich, S. 211; Broucek (Hg.), Ein General im Zwielicht, Bd. 2, S. 222. Glaise-Horstenau erwähnt die Aussage
   bezüglich Wagner-Jauregg in seinen während des Krieges verfassten Erinnerungen. Guido Schmidt bestätigte sie während des gegen ihn geführten Volksgerichtsprozesses von 1947.
2 Schuschnigg, Ein Requiem in Rot-Weiß-Rot, S. 37 f., 46; Below, Als Hitlers Adjutant, S. 84 f.; Spitzy, So haben wir das Reich verspielt, S. 225.
3 Schuschnigg diktierte seinem Sekretär noch in der Nacht nach der
   Rückkehr aus Berchtesgaden ein »Promemoria« (Schuschnigg, Ein Requiem in Rot-Weiß-Rot, S. 53). Dem Botschafter Papen berichtete
   Schuschnigg, dass er unmittelbar nach dem Treffen Aufzeichnungen
   über das Vieraugengespräch erstellt hatte (ADAP, Serie D, Bd. 1, Dok.
   Nr. 327, S. 449). Denkbar ist, dass er beim Schreiben seines Buches
   1945/46 auf diese Aufzeichnungen zurückgreifen konnte.
4 Schuschnigg, Ein Requiem in Rot-Weiß-Rot, S. 38–44.
5 Vgl. ADAP, Serie D, Bd. 1, Dok. Nr. 294, S. 421–423.
6 Papen, Der Wahrheit eine Gasse, S. 468 f.
7 Schuschnigg, Ein Requiem in Rot-Weiß-Rot, S. 44–46; Spitzy, So haben
   wir das Reich verspielt, S. 226; Papen, Der Wahrheit eine Gasse, S. 469;
   Guido-Schmidt-Prozess, Aussage Schmidt, S. 60.
8 Schuschnigg, Ein Requiem in Rot-Weiß-Rot, S. 46 f.; Papen, Der Wahrheit eine Gasse, S. 468 f. – Folgt man Schuschnigg, könnte man meinen,
   dieser und Schmidt seien nun erstmals mit diesen Forderungen konfrontiert worden. Aus Papen ergibt sich hingegen, dass das Papier am
   Vormittag bereits Schmidt vorgelegt worden war.
9 Schuschnigg, Ein Requiem in Rot-Weiß-Rot, S. 36.
10 ADAP, Serie D, Bd. 1, Dok. Nr. 294, S. 421–423. Vgl. Schuschnigg, Ein
   Requiem in Rot-Weiß-Rot, S. 46 f.; Papen, Der Wahrheit eine Gasse,
   S. 469–471.
11 ADAP, Serie D, Bd. 1, Dok. Nr. 295, S. 423 f.
12 Schuschnigg, Ein Requiem in Rot-Weiß-Rot, S. 48 f.; Papen, Der Wahrheit eine Gasse, S. 471; Guido-Schmidt-Prozess, Aussage Schmidt, S. 61.
13 Schuschnigg, Ein Requiem in Rot-Weiß-Rot, S. 50–52; Papen, Der Wahrheit eine Gasse, S. 474 f. Vgl. ADAP, Serie D, Bd. 1, Dok. Nr. 295, S. 423 f.
14 Zernatto, Die Wahrheit über Österreich, S. 205–210; Schuschnigg, Ein

Requiem in Rot-Weiß-Rot, S. 52; Guido-Schmidt-Prozess, Zeugenaussage Hoffinger, S. 139; Wiener Zeitung, 14.2.1938, S. 1.

15 Vgl. die diesbezügliche Argumentation von Guido Schmidt (Guido-Schmidt-Prozess, S. 342).

16 Breuer, Nacht über Wien, S. 12.

17 ADAP, Serie D, Bd. 1, Dok. Nr. 328, S. 450.

18 Vgl. Kershaw, Hitler 1889–1936, S. 666.

19 Ähnlich urteilte Schuschnigg: »Für Hitler war es eine ausgemachte Tatsache, dass (...) die Österreicher auch gegen den Willen ihrer Regierung den Anschluss von innen heraus in irgendeiner Form erzwingen würden; in welcher Form war ihm fürs Erste weniger wichtig; nur eines zählte: Anschluss jetzt, also im Frühjahr 1938; alles Weitere würde sich zeigen.« (Schuschnigg, Im Kampf gegen Hitler, S. 253.) – Vgl. zu Hitlers Taktik auch Buttinger, Am Beispiel Österreichs, S. 498.

20 Schuschnigg, Ein Requiem in Rot-Weiß-Rot, S. 52–54.

21 Goebbels-Tagebuch, Eintrag vom 16.2.1938.

22 Vgl. etwa Reichspost, 16.2.1934, S. 1.

23 Telegramm der Gesandtschaft Berlin vom 16.2.1934, abgedr. in: Guido-Schmidt-Prozess, S. 564; ebd., Zeugenaussage Tauschitz, S. 132; Goebbels-Tagebuch, Eintrag vom 16.2.1938.

24 Goebbels-Tagebuch, Eintrag vom 21.2.1938. Offensichtlich eine verbreitete Charakterisierung Glaises in der NS-Spitze, vgl. Broucek (Hg.), Ein General im Zwielicht, Bd. 2, S. 226.

25 Zur neuen Regierung und ihren Mitgliedern siehe bspw. Neue Freie Presse, 16. 2. 1938, Abl., S. 1 f. Vgl. zur Einschätzung der neuen Regierung durch den deutschen Geschäftsträger in Wien: ADAP, Serie D, Bd. 1, Dok. Nr. 306, S. 432 f.

26 MRP 1068, S. 484–489, MRP 1069, S. 490–521. Zur Amnestie vgl. Entschließung des Bundespräsidenten vom 16. 2. 1938 über eine Amnestie wegen politischer Delikte, abgedruckt im Amtlichen Teil der Wiener Zeitung, 17.2.1938, S. 1.

27 Goebbels-Tagebuch, Eintrag vom 21. 2. 1938. Seyß-Inquart-Denkschrift, S. 89–91. Rosar, Deutsche Gemeinschaft, S. 219–221. Neue Freie Presse, 17.2.1938, Mbl., S. 6; 18.2.1938, Mbl., S. 1; 19.2.1938, Mbl., S. 2.

28 ADAP, Serie D, Bd. 1, Dok. Nr. 318, S. 443 f.

29 Schuschnigg, Ein Requiem in Rot-Weiß-Rot, S. 52 f. Vgl. dazu bspw. die Erinnerungen von zwei Wiener Journalisten: Lennhoff, The Last Five Hours of Austria, S. 86–92; Breuer, Nacht über Wien, S. 12 f.

30 Zit. n. Klaus Podak: Der Zerrissene. Anton Kuh, Kaffeehausliterat und Stegreifredner, in: Süddeutsche Zeitung, 10.5.2010, http://www.sueddeutsche.de/kultur/anton-kuh-xxix-der-zerrissene-1.435493 (aufgerufen 26.1.2015).

31 Kuh, Flucht aus der Mausefalle, S. 266 f., 273.

32 Drach, »Z. Z.« das ist die Zwischenzeit, S. 209 f.

33 Buttinger, Am Beispiel Österreichs, S. 485 f.

34 Zu Lennhoff und zum »Telegraf«: Sonnenberg, Medienkontrolle während der NS-Zeit, S. 49–54, 65–67. http://freimaurer-wiki.de/index.php/Eugen_Lennhoff (aufgerufen 27.1.2015).

35 Lennhoff, The Last Five Hours of Austria, S. 98–101.

36 ADAP, Serie D, Bd. 1, Dok. Nr. 313, S. 439–441.

37 Doku, Tagebuch Richard Ruffingshofer, Eintrag 16.2.1938.

38 Verhandlungen des Reichstages, III. Wahlperiode, Bd. 459, 2. Sitzung, 20.2.1938, S. 41: *http://www.reichstagsprotokolle.de/Band2_n3_bsb00000143. html* (aufgerufen 25.1.2015).

39 Doku, Tagebuch Ruffingshofer, Eintrag 21.2.1938.

40 Der Begriff wurde erstmals vom sozialdemokratischen Parteiführer Otto Bauer 1938 verwendet (Buttinger, Am Beispiel Österreichs, S. 491). Vgl. weiter Botz, Die Eingliederung Österreichs in das Deutsche Reich, S. 29, oder Hanisch, Gau der guten Nerven, S. 19 f.

41 Buttinger, Am Beispiel Österreichs, S. 498.

42 *Wiener Neueste Nachrichten*, 21.2.1938, S. 5; *Reichspost*, 21.2.1934, S. 4; *Neue Freie Presse*, 21.2.1934, S. 4. Lennhoff, The Last Five Hours of Austria, S. 103 f.

43 *Wiener Neueste Nachrichten*, 21.2.1938, S. 5. Karner, Die Steiermark im Dritten Reich, S. 44 f.

44 *Tages-Post Linz*, 21.2.1938, Mtbl., S. 1; Abl., S. 5.

45 Versammlungsverbot: Vgl. bspw. *Wiener Zeitung*, 22.2.1938, S. 1. Aufruf zu einer NS-Kundgebung in Linz am 24.2.1938, abgedr. in: »Anschluß« 1938, S. 175. Vgl. zur Rolle der volkspolitischen Referenten bei den NS-Demonstrationen: Zernatto, Die Wahrheit über Österreich, S. 242 f. Seyß-Inquart-Denkschrift, S. 80 f.

46 *Neue Freie Presse*, 23.2.1938, Mbl., S. 6; *Wiener Zeitung*, 25.2.1938, S. 8.

47 *Wiener Zeitung*, 25.2.1938, S. 2–8. Hier ist, wie in sämtlichen anderen österreichischen Tageszeitungen, der gesamte Text der Rede Schuschniggs abgedruckt.

48 Vgl. dazu ein Flugblatt der Revolutionären Sozialisten zur Schuschnigg-Rede, abgedr. in: »Anschluß« 1938, S. 206 f.

49 Vgl. bspw. Kuh, Flucht aus der Mausefalle, S. 273, oder Breuer, Nacht über Wien, S. 17.

50 Breuer, Nacht über Wien, S. 14–19.

51 Schuschnigg, Ein Requiem in Rot-Weiß-Rot, S. 59. – Vgl. für die Berichterstattung der regierungstreuen Presse bspw. *Das Kleine Blatt*, 25.2.1938, S. 7, *Neuigkeits-Welt-Blatt*, 26.2.1938, S. 12; *Linzer Volksblatt*, 25.2.1938, Abl., S. 1.

52 Erzählte Geschichte, S. 168 f.

53 *Tages-Post Linz*, 25.2.1938, Mtbl., S. 1 u. 7; *Linzer Volksblatt*, 25.2.1938, Mbl., S. 5; *Wiener Neueste Nachrichten*, 25.2.1938, S. 6. – Zur Situation in Linz vor dem Anschluss vgl. Burr Bukey, »Patenstadt des Führers«, S. 241.

54 *Neue Freie Presse*, 25.2.1938, Abl., S. 8.

55 Kramml, »Doppelherrschaft«, NS-Machtergreifung und »Anschluß«, S. 178–181.

56 Karner, Die Steiermark im Dritten Reich, S. 45; Karner, Maßgebende Persönlichkeiten 1938 in Graz, S. 417; Schmidl, März 38, S. 82 f.; *Wiener Neueste Nachrichten*, 25.2.1938, S. 6; *Reichspost*, 25.2.1938, S. 7; *Tagblatt Linz*, 26.2.1938, S. 3; *Neues Wiener Journal*, 26.2.1938, S. 1.

57 Schmidl, Bundesheer und Wehrmacht in Graz 1938, S. 143–147; Schmidl, März 38, S. 83–85; Karner, Die Steiermark im Dritten Reich, S. 45 f.

58 Schmidl, Bundesheer und Wehrmacht in Graz 1938, S. 145.

59 Kriechbaumer (Hg.), Österreich! und Front Heil!, S. 416 f. Vgl. *Linzer Volksblatt*, 25.2.1938, Mbl., S. 5.

60 Rosar, Deutsche Gemeinschaft, S. 227.

61 Gedye, Die Bastionen fielen, S. 244–247. Vgl. auch Lennhoff, The Last Five Hours of Austria, S. 114 f.; Rosar, Deutsche Gemeinschaft, S. 235 f.; Hochfellner, Der politische Umbruch im Frühjahr 1938, S. 94 f.; Staudinger, Zur Entwicklung des Nationalsozialismus in Graz, S. 70 f.; *Tagespost Linz*, 2.3.1938, Mtbl., S. 1.

62 Rosar, Deutsche Gemeinschaft, S. 236 f.; Staudinger, Zur Entwicklung des Nationalsozialismus in Graz, S. 71. *Tages-Post Linz*, 3.3.1938, Abl., S. 1.

63 Lennhoff, The Last Five Hours of Austria, S. 116; Buttinger, Am Beispiel Österreichs, S. 499.

64 *Tages-Post Linz*, 3.3.1938, Abl., S. 1.

65 Lennhoff, The Last Five Hours of Austria, S. 117.

66 »Anschluß« 1938, S. 159.

67 »Anschluß« 1938, S. 212 f.; Buttinger, Am Beispiel Österreichs, S. 504; Hillegeist, Mein Leben im Wandel der Zeiten, S. 70.

68 Hillegeist, Mein Leben im Wandel der Zeiten, S. 65, 70, 71–75; Schuschnigg, Ein Requiem in Rot-Weiß-Rot, S. 62 f. – Vgl. Das Kleine Blatt, 5.3.1938, S. 1.

69 Zit. n. Schmidl, März 38, S. 92.

70 Hillegeist, Mein Leben im Wandel der Zeiten, S. 75–77. Vgl. *Das Kleine Blatt*, 9.3.1938, S. 2.

71 Schuschnigg, Ein Requiem in Rot-Weiß-Rot, S. 61. – In einem späteren Buch führte er an, dass er seinen Entschluss »um den 4. März endgültig und unwiderruflich« gefasst hatte, und gab zumindest indirekt zu, dass man den Plan einer Volksbefragung als »Kurzschlussreaktion« bezeichnen könne (Schuschnigg, Im Kampf gegen Hitler, S. 295 f.).

72 Schuschnigg, Ein Requiem in Rot-Weiß-Rot, S. 60–64; Schmidl, März 38, S. 93 f.; Guido-Schmidt-Prozess, Zeugenaussage Liebitzky, S. 223. Vgl. auch »Anschluß« 1938, S. 237–239.

73 ADAP, Serie D, Bd. 1, Dok. Nr. 333, 334, 335, S. 456–459; Schuschnigg, Ein Requiem in Rot-Weiß-Rot, S. 60.

74 »Anschluß« 1938, S. 179. Vgl. zu den Vorgängen bspw. *Neues Wiener Journal*, 8.3.1938, S. 5; *Reichspost*, 8.3.1938, S. 3; *Das Kleine Blatt*, 9.3.1938, S. 3.

75 ADAP, Serie D, Bd. 1, Dok. Nr. 335, S. 458.

76 Breuer, Nacht über Wien, S. 24 f.

77 Zernatto, Die Wahrheit über Österreich, S. 272–274; Schuschnigg, Ein Requiem in Rot-Weiß-Rot, S. 65.

78 Lennhoff, The Last Five Hours of Austria, S. 132–134.

79 Mörl, Erinnerungen aus bewegter Zeit Tirols, S. 74; *Reichspost*, 10.3.1938, S. 3.

80 Schuschniggs Rede mitsamt dem Aufruf zur Volksbefragung ist im vol-

len Wortlaut in sämtlichen österreichischen Zeitungen vom 10.3.1938 abgedruckt. Hier wird sie zitiert nach *Reichspost*, 10.3.1938, S. 1–3.

81 Lennhoff, The Last Five Hours of Austria, S. 134–136.

82 Kuh, Flucht aus der Mausefalle, S. 273.

83 Schuschnigg, Ein Requiem in Rot-Weiß-Rot, S. 114 f.; Zernatto, Die Wahrheit über Österreich, S. 277; Lennhoff, The Last Five Hours of Austria, S. 135; Botz, Schuschniggs geplante »Volksbefragung« und Hitlers »Volksabstimmung«, S. 267.

84 Goebbels-Tagebuch, Eintrag vom 10.3.1938; Broucek (Hg.), Ein General im Zwielicht, Bd. 2, S. 244–246.

85 Zit. n. *Neues Wiener Tagblatt*, 10.3.1938, S. 1.

86 Durchführungsbestimmungen lt. *Reichspost*, 10.3.1938, S. 3. Doku, Tagebuch Ruffingshofer, Eintrag 13.3.1938. Vgl. allg. Botz, Schuschniggs geplante »Volksbefragung« und Hitlers »Volksabstimmung«, insbes. S. 261–267.

87 Rosar, Deutsche Gemeinschaft, S. 251. »Anschluß« 1938, S. 235 f. Vgl. bspw. *Neues Wiener Tagblatt*, 11.3.1938, S. 5.

88 Schmidl, März 38, S. 32 f., 135–141.

89 Goebbels-Tagebuch, Eintrag vom 11.3.1938. Zu den geplanten Propagandaflügen vgl. Schmidl, März 38, S. 138.

90 Goebbels-Tagebuch, Eintrag vom 11.3.1938. Allgemein zur Legion: Schafranek, Söldner für den »Anschluss«, insbes. S. 351–355. Zum Juliputsch: Bauer, Hitlers zweiter Putsch, S. 225–235.

91 Goebbels-Tagebuch, Eintrag vom 11.3.1938.

92 Broucek (Hg.), Ein General im Zwielicht, Bd. 2, S. 237–251. Vgl. Sachslehner, Zwei Millionen ham'ma erledigt, S. 57. Dass Globocnik erst gegen Mitternacht nach Wien zurückflog und nach 20 Uhr noch in der Reichskanzlei war, geht aus den präzisen Erinnerungen Glaise-Horstenaus hervor (S. 250), der selbst in der Reichskanzlei anwesend war. Der Darstellung von Sachslehner ist hingegen zu entnehmen, dass Globocnik bereits am Abend in Wien landete.

93 Goebbels-Tagebuch, Eintrag vom 11.3.1938.

94 Breuer, Nacht über Wien, S. 25–27; Danimann (Hg.), Finis Austriae, S. 52–54. *Neue Freie Presse*, 11.3.1938, Mbl., S. 4.

95 *Wiener Neueste Nachrichten*, 11.3.1938, Mbl., S. 4, Abl., S. 2; *Neues Wiener Tagblatt*, 11.3.1938, S. 5, Abl., S. 2; *Tages-Post Linz*, 11.3.1938, Mtbl., S. 2, Abl., S. 1; *Neue Freie Presse*, 11.3.1938, Mbl., S. 4, Abl., S. 8. Doku, Tagebuch Ruffingshofer, Eintrag 13.3.1938. Kriechbaumer (Hg.), Österreich! und Front Heil!, S. 430.

96 Guido-Schmidt-Prozess, Zeugenaussage Miklas, S. 263; Papen, Der Wahrheit eine Gasse, S. 483. Ein Beleg für die Intervention findet sich in den ADAP nicht.

97 ADAP, Serie D, Bd. 1, Dok. Nr. 342, S. 462.

98 Zernatto, Die Wahrheit über Österreich, S. 283–295; IMT, Bd. 34, Dok. 4005-PS, Rainer-Rede, S. 29 f.; Seyß-Inquart-Denkschrift, S. 94–96; Schuschnigg, Ein Requiem in Rot-Weiß-Rot, S. 65 f.; Rosar, Deutsche Gemeinschaft, S. 251–257; Sachslehner, Zwei Millionen ham'ma erledigt, S. 57 f.

99 Schuschnigg, Ein Requiem in Rot-Weiß-Rot, S. 66–68; Zernatto, Die Wahrheit über Österreich, S. 296–298.
100 Broucek (Hg.), Ein General im Zwielicht, Bd. 2, S. 252–256; Seyß-Inquart-Denkschrift, S. 97 f.; Zernatto, Die Wahrheit über Österreich, S. 298–305; Schuschnigg, Ein Requiem in Rot-Weiß-Rot, S. 69–72. IMT, Bd. 34, Dok. 4005-PS, Rainer-Rede, S. 30 f.
101 Lennhoff, The Last Five Hours of Austria, S. 140–144.
102 Zernatto, Die Wahrheit über Österreich, S. 305 f.; Doku, Tagebuch Ruffingshofer, Eintrag 13.3.1938.
103 Lennhoff, The Last Five Hours of Austria, S. 146–161.
104 Vgl. Görings Aussage im Nürnberger Prozess: IMT, Bd. 9, 14.3.1946, S. 332. Vgl. ausführlich Berger Waldenegg, Hitler, Göring, Mussolini und der »Anschluß«. Er kommt aufgrund seiner Analyse des Entscheidungsprozesses zu dem Schluss, dass die »These, Göring habe Hitler gewissermaßen zu seinem Glück drängen müssen« und vielleicht sogar gegen dessen Willen agiert, »nicht hinreichend belegt« sei (S. 163).
105 Guido-Schmidt-Prozess, S. 459. Vgl. Tomkowitz/Wagner, »Ein Volk, ein Reich, ein Führer!«, S. 157 f. In der Edition der Protokolle des Prozesses gegen Guido Schmidt, in der die Auszüge der Telefonate abgedruckt sind, die hier zitiert werden, heißt es, der zweite Anruf Görings bei Seyß sei um 15.50 Uhr erfolgt, was aus vielen Gründen nicht plausibel ist. Hingegen nennen Tomkowitz/Wagner als Zeitpunkt 15.05 Uhr, was zutreffen dürfte.
106 Seyß-Inquart-Denkschrift, S. 99 f.; Broucek (Hg.), Ein General im Zwielicht, Bd. 2, S. 251.
107 Zernatto, Die Wahrheit über Österreich, S. 308 f.; Broucek (Hg.), Ein General im Zwielicht, Bd. 2, S. 256 f.; Seyß-Inquart-Denkschrift, S. 98; Schuschnigg, Ein Requiem in Rot-Weiß-Rot, S. 72.
108 Tomkowitz/Wagner, »Ein Volk, ein Reich, ein Führer!«, S. 164–166.
109 Tomkowitz/Wagner, »Ein Volk, ein Reich, ein Führer!«, S. 152 f., 168 f. Vgl. allg. Stourzh, Die Außenpolitik der österreichischen Bundesregierung.
110 IMT, Bd. 34, Dok. 4005-PS, Rainer-Rede, S. 30 f. Hier wird der Fall 1 allerdings unklar definiert, nämlich: »Partei hat großen Sieg errungen. Fahnenschmuck.« Deutlicher ist eine Denkschrift Rainers aus 1939, zit. n. Hanisch, Gau der guten Nerven, S. 23.
111 Lennhoff, The Last Five Hours of Austria, S. 194–206.
112 Tomkowitz/Wagner, »Ein Volk, ein Reich, ein Führer!«, S. 186. Vgl. Wiener Neueste Nachrichten, 11.3.1938, Sonderausgabe.
113 Vgl. Neue Freie Presse, 12.3.1938, Mbl., S. 2: »Mit einem Schlag änderte sich das Bild in den Straßen. Immer mehr Nationalsozialisten zogen in die Innere Stadt (…).«
114 Schuschnigg, Ein Requiem in Rot-Weiß-Rot, S. 74–78; Tomkowitz/Wagner, »Ein Volk, ein Reich, ein Führer!«, S. 189 f.; Langer-Hansel, »Ich kann sitzen, Sie müssen stehen!«, S. 165.
115 IMT, Bd. 34, Dok. 4005-PS, Rainer-Rede, S. 31 f.; Broucek (Hg.), Ein General im Zwielicht, Bd. 2, S. 257, 260; Zernatto, Die Wahrheit über Öster-

reich, S. 316; Tomkowitz/Wagner, »Ein Volk, ein Reich, ein Führer!«, S. 182 f.

116 Zernatto, Die Wahrheit über Österreich, S. 316, 318; Guido-Schmidt-Prozess, Zeugenaussage Mühlmann, S. 253; Tomkowitz/Wagner, »Ein Volk, ein Reich, ein Führer!«, S. 191, 198.

117 Seyß-Inquart-Denkschrift, S. 101; Tomkowitz/Wagner, »Ein Volk, ein Reich, ein Führer!«, S. 191 f.

118 Schuschnigg, Ein Requiem in Rot-Weiß-Rot, S. 79 f.; Tomkowitz/Wagner, »Ein Volk, ein Reich, ein Führer!«, S. 192–195; *http://www.mediathek.at/ atom/015C6FC2-2C9-0036F-00000D00-015B7F64* (aufgerufen 31.3.2015).

119 Tomkowitz/Wagner, »Ein Volk, ein Reich, ein Führer!«, S. 198–200. Vgl. *Neue Freie Presse*, 12.3.1938, Mbl., S. 1.

120 IMT, Bd. 34, Dok. 4005-PS, Rainer-Rede, S. 34.

121 Massiczek, Ich war Nazi, S. 162 f.; *http://www.albert-massiczek.at/* (aufgerufen 31.3.2015).

122 Gardiner, Deckname »Mary«, S. 83–88; Buttinger, Am Beispiel Österreichs, S. 526–528, 532 f., 537–542.

123 Vgl. die plastische Darstellung bei Torberg, Auch das war Wien, S. 285–299.

124 Gedye, Die Bastionen fielen, S. 287–289; Buttinger, Am Beispiel Österreichs, S. 535 f.; Scheu, Der Weg ins Ungewisse, S. 290; Neugebauer/Schwarz, Stacheldraht, mit Tod geladen …, S. 30, 32, 45; Stephan Templ, Der Zug war voll. Wie die Tschechoslowakei 1938 Flüchtlinge abwies, in: *Neue Zürcher Zeitung*, 9.3.2002: *http://www.nzz.ch/aktuell/startseite/article 80DK3-1.376455* (aufgerufen 3.4.2015). Vgl. *Wiener Neueste Nachrichten*, 12.3.1938, Abendausgabe, S. 3.

125 Vgl. Sonnenberg, Medienkontrolle während der NS-Zeit, S. 49–54, insbes. 52.

126 Lennhoff, The Last Five Hours of Austria, S. 1–3, 234–255.

127 Breuer, Nacht über Wien, S. 28–37.

128 Doku, Tagebuch Stephanie Bamer (geb. Johne), Eintrag 11.3.1938.

129 Doku, Tagebuch Ruffingshofer, Eintrag 13.3.1938.

130 Botz, Nationalsozialismus in Wien, S. 147.

131 Vgl. bspw. Hanisch, Der lange Schatten des Staates, S. 338–342, oder Botz, Nationalsozialismus in Wien, S. 147 f.

132 Walzl, »Als erster Gau …«, S. 52–65; Wadl/Ogris, Das Jahr 1938 in Kärnten, S. 61, 322 f.

133 Zit. n. Schöpfer, Das Jahr 1938 im Lichte von Augenzeugenberichten, S. 80. Karner, Die Steiermark im Dritten Reich, S. 47–49, 484 (Anm. 106); Hochfellner, Der politische Umbruch im Frühjahr 1938, S. 98 f., 103 f. Vgl. auch *Wiener Neueste Nachrichten*, 12.3.1938, S. 3 f.

134 Hanisch, Gau der guten Nerven, S. 23–29.

135 Tomkowitz/Wagner, »Ein Volk, ein Reich, ein Führer!«, S. 204–206; Schmidl, März 38, S. 157.

136 Tomkowitz/Wagner, »Ein Volk, ein Reich, ein Führer!«, S. 213–215. (Ein Faksimile des vermutlich gefälschten Telegramms ist abgedruckt auf S. 366.) Schmidl, März 38, S. 107–109. Vgl. auch Seyß-Inquart-Denk-

schrift, S. 99 f. (Seyß irrt sich in diesem aus der Erinnerung sieben Jahre später verfassten Papier bei den Zeitangaben.)

137 Tomkowitz/Wagner, »Ein Volk, ein Reich, ein Führer!«, S. 220, 227 f., 237 f.

138 Ebd., S. 243–245, 254 f.

139 Vgl. Schmidl, März 38, S. 156–160.

140 Ebd., S. 161–166; Tomkowitz/Wagner, »Ein Volk, ein Reich, ein Führer!«, S. 257, 260–262; »Anschluß« 1938, S. 313–317. Göring-Aussage Nürnberg: IMT, Bd. 9, 14.3.1946, S. 336.

141 Schmidl, März 38, S. 161, 168 f.

142 Pietsch, Es regnete Hakenkreuze, S. 60.

143 Schmidl, März 38, S. 170–173, sowie Bildteil nach S. 152; »Anschluß« 1938, S. 313.

144 Tomkowitz/Wagner, »Ein Volk, ein Reich, ein Führer!«, S. 279 f., 282, 284 f., 290; Spitzy, So haben wir das Reich verspielt, S. 240 f.; Below, Als Hitlers Adjutant, S. 91; Kershaw, Hitler 1936–1945, S. 126 f.; Christa Zöchling, Das Geisterhaus, in: Profil, Nr. 46, 10.11.2014, S. 16–23; Neue Warte am Inn, 16.3.1938, S. 4.

145 Vgl. Kershaw, Hitler 1889–1936, S. 44–58.

146 Befragung Sepp Wolkerstorfer, abgedruckt in: Botz, Hitlers Aufenthalt in Linz, S. 206; Below, Als Hitlers Adjutant, S. 91; Spitzy, So haben wir das Reich verspielt, S. 241; Seyß-Inquart-Denkschrift, S. 103. Hitler-Rede zit. n. Linzer Volksblatt, 14.3.1938, Mbl., S. 1.

147 Befragung Sepp Wolkerstorfer, abgedruckt in: Botz, Hitlers Aufenthalt in Linz, S. 208; Below, Als Hitlers Adjutant, S. 92; Spitzy, So haben wir das Reich verspielt, S. 242.

148 Botz, Die Eingliederung Österreichs in das Deutsche Reich, S. 32–39; Below, Als Hitlers Adjutant, S. 92; Dietrich, 12 Jahre mit Hitler, S. 52; Botz, Hitlers Aufenthalt in Linz, S. 188; Kershaw, Hitler 1936–1945, S. 128. Vgl. aber Broucek (Hg.), Ein General im Zwielicht, Bd. 2, S. 270, wonach Hitler aufgrund von abgehörten Diplomatengesprächen zum »entschiedenen Handeln« bewegt worden sei.

149 »Anschluß« 1938, S. 328–330; Seyß-Inquart-Denkschrift, S. 103 f.

150 Mitteilungen Wilhelm Stuckart, abgedruckt in: Steinbauer, Ich war Verteidiger in Nürnberg, S. 69–72; Seyß-Inquart-Denkschrift, S. 104–107; MRP 1071, S. 535–537; »Anschluß« 1938, S. 326–328. Vgl. Botz, Hitlers Aufenthalt in Linz, S. 189 f.; Botz, Nationalsozialismus in Wien, S. 92 f. Seyß-Inquart spricht in seiner Denkschrift davon, Miklas sei zurückgetreten. Dieser beharrte als Zeuge im Nürnberger Prozess jedoch darauf, im Sinne des Artikels 77 Abs. 1 der Verfassung von 1934 nicht ausdrücklich demissioniert, sondern nur seine präsidentiellen Funktionen auf den Bundeskanzler übertragen zu haben.

151 Botz, Hitlers Aufenthalt in Linz, S. 190 f.; Botz, Die Eingliederung Österreichs in das Deutsche Reich, S. 49–53; Below, Als Hitlers Adjutant, S. 92; RGBl. I/1938, S. 248 u. 249; Gbl. f. Ö. Nr. 4/1938.

152 Tomkowitz/Wagner, »Ein Volk, ein Reich, ein Führer!«, S. 309. Zur fotografischen Inszenierung Hitlers vgl. Petschar, Anschluss, S. 18.

153 Botz, Hitlers Aufenthalt in Linz, S. 191 f.; Befragung Sepp Wolkerstorfer, in: ebd., S. 210; Langoth-Erinnerungen, zit. n. »Anschluß« 1938, S. 330 f. Vgl. bspw. *Arbeitersturm*, 15.3.1938 (Beitrag »Linz – die Patenstadt des Führers«).

154 Slapnicka, Oberösterreich als es »Oberdonau« hieß, S. 66–94 u. 125–134, sowie Mayrhofer, Die »Patenstadt des Führers«. Roland Sandgruber: Hitlers »Kulturhauptstadt«: *http://www.ooegeschichte.at/themen/wir-oberoesterrei cher/wir-oberoesterreicher/hitlers-kulturhauptstadt/* (aufgerufen 29.5.2015).

155 Spitzy, So haben wir das Reich verspielt, S. 245 f.; Gedye, Die Bastionen fielen, S. 305. Vgl. die Tageszeitungen vom 15.3.1938 auf *http://anno.onb.ac.at/*.

156 *Neues Wiener Tagblatt*, 15.3.1938, S. 2 f.

157 Botz, Nationalsozialismus in Wien, S. 93 f.

158 Vgl. allgemein: Hamann, Hitlers Wien.

159 Doubek, »Du wirst das später erst verstehen …«, S. 116 f.

160 *Neues Wiener Tagblatt*, 15.3.1938, S. 4. Below, Als Hitlers Adjutant, S. 93; Spitzy, So haben wir das Reich verspielt, S. 246; Broucek (Hg.), Ein General im Zwielicht, Bd. 2, S. 272; Rosenmayr, Überwältigung 1938, S. 256 (ob Rosenmayr bei dieser oder einer anderen Gelegenheit die jubelnden Menschenmassen vor dem Hotel Imperial erlebte, lässt sich nicht mit völliger Sicherheit rekonstruieren). Goebbels-Tagebuch, Eintrag vom 17.3.1938. Filmarchiv Austria: 1938. Kommentierte Filmdokumente zum Anschlussjahr, DVD, 2008: *https://www.youtube.com/watch?v=hRSw WuVtHF4* (aufgerufen 10.6.2015).

161 Botz, Nationalsozialismus in Wien, S. 94 f.; *Wiener Zeitung*, 14.3.1934, S. 2 f.

162 Liebmann, Kirche und Anschluss, S. 213–215; Weinzierl, Kirche und Nationalsozialismus in Wien, S. 168 f.; Botz, Nationalsozialismus in Wien, S. 103 f., 160–162; Picker, Hitlers Tischgespräche im Führerhauptquartier, S. 595.

163 Vgl. Botz, Nationalsozialismus in Wien, S. 99. Die in den Zeitungen zu findenden Zahlenangaben variieren allerdings stark und reichen von einer Viertelmillion bis zu zwei Millionen, wobei man davon ausgehen kann, dass sie aus propagandistischen Gründen grundsätzlich hoch angesetzt wurden.

164 *Das Kleine Blatt*, 16.3.1938, S. 4; *Kleine Volks-Zeitung*, 16.3.1938, S. 3. Doku, Tagebuch Ruffingshofer, Einträge 14. und 15.3.1938.

165 Botz, Nationalsozialismus in Wien, S. 99.

166 Doku, Manuskript Adolfine Schumann (geb. Jauernig), S. 62.

167 Schmitz-Berning, Vokabular des Nationalsozialismus, S. 456–459; Botz, Nationalsozialismus in Wien, S. 102 f.; *https://www.wien.gv.at/wiki/index. php/Ostmark* (aufgerufen 13.6.2015).

168 *Neue Freie Presse*, 15.3.1938, Abl., S. 1 f., 16.3.1938, Mbl., S. 1–3, 17.3.1938, Mbl., S. 1; *Neues Wiener Abendblatt*, 15.3.1938, S. 1 f.; *Das Kleine Blatt*, 16.3.1938, S. 1–8; *Illustrierte Kronen-Zeitung*, 16.3.1938, S. 1–7.

169 Botz, Nationalsozialismus in Wien, S. 236 f. Allein in Wien wurden 230 000 Menschen von der Abstimmung ausgeschlossen. Weitere Aus-

schließungsgründe neben den rassischen waren Entmündigung, Vor-
strafen oder laufende Straf- oder Untersuchungshaft. Letzteres betraf
auch die vielen NS-Gegner, die verhaftet worden waren.

170 Benz u. a. (Hg.), Enzyklopädie des Nationalsozialismus, S. 863.

171 Rosenmayr, Überwältigung 1938, S. 249.

172 Zit. n. Hanisch, Gau der guten Nerven, S. 37.

173 Zahl lt. Botz, Nationalsozialismus in Wien, S. 207.

174 *Das Kleine Blatt*, 18.3.1938, S. 4. Vgl. Botz, Nationalsozialismus in Wien,
S. 209, sowie Goebbels-Tagebuch, Einträge vom 16., 17., 18.3.1938. Goebbels spricht zuerst von 50000, dann von 40000 und schließlich von
30000 Geräten.

175 Goebbels-Tagebuch, Eintrag vom 19.3.1938.

176 Schmidl, März 38, S. 228 f. Vgl. zur Drei-Lager-Theorie der österreichischen Politik Wandruszka, Österreichs politische Struktur.

177 Botz, Nationalsozialismus in Wien, S. 157–167; Liebmann, Kirche und
Anschluss; Weinzierl, Kirche und Nationalsozialismus in Wien. Faksimile der Bischofserklärung und der anderen Schreiben: *Neue Freie Presse*,
29.3.1938, Mbl., S. 5.

178 Botz, Nationalsozialismus in Wien, S. 166; Goebbels-Tagebuch, Einträge
vom 25. und 26.3.1938.

179 Goebbels über Innitzer:»Ob man ihm wohl trauen darf? Er ist ein Sudetendeutscher und als solcher wohl etwas vorbelastet für uns«(Goebbels-
Tagebuch, Eintrag vom 2.4.1938).

180 Doku, Erinnerungen Thomas Kozich, S. 29–31. Es gibt keinen Grund anzunehmen, dass Kozichs Darstellung unwahr ist. Allerdings irrt er sich,
wenn er behauptet, das Interview mit Renner sei im *Völkischen Beobachter*
erschienen.

181 *Neues Wiener Tagblatt*, 3.4.1938, S. 3.

182 Jedenfalls ergibt die Durchsicht von *http://anno.onb.ac.at/* keinen Hinweis
auf eine Berichterstattung anderer Zeitungen über das Renner-Interview.
Vgl. auch Nasko/Reichl, Karl Renner, S. 59 u. Anm. 112 auf S. 93. Dort ist
davon die Rede, dass sich manche Zeitzeugen an kleinformatige Plakate
erinnern wollen, wobei es sich aber laut den Autoren auch um eine Ver-
wechslung mit Anti-Renner-Plakaten aus dem Jahr 1945 handeln könnte.

183 Nasko/Reichl, Karl Renner, S. 54–77. Vgl. auch Botz, Nationalsozialismus in Wien, S. 184–190.

184 Botz, Nationalsozialismus in Wien, S. 192–198. Weiters: Amann, Die
Dichter und die Politik, insbes. S. 113–128; Schneidmadl: Mulley, Niederdonau, S. 78; Laser: *Kleines Blatt*, 29.3.1938, S. 7; Wedenig: Wadl/Ogris,
Das Jahr 1938 in Kärnten, S. 77 f. Goebbels-Tagebuch, Eintrag vom
10.4.1938. *Neues Wiener Tagblatt*, 7.4.1938, S. 11.

185 Zit. n. Botz, Nationalsozialismus in Wien, S. 173; allg. zur »Aktion Neubacher«: ebd., S. 171–176.

186 Ehestandsdarlehen, Kinderbeihilfen: *Das Kleine Blatt*, 27.3.1938, S. 9;
1.4.1938, S. 10 f.; Wohnungsbau: ebd., 20.3.1938, S. 1; 7.4.1938, S. 1;
Preissenkung, Steuernachlässe: ebd., 18.3.1938, S. 1; 20.3.1938, S. 7;
Arbeitslosengeld: ebd., 1.4.1938, S. 4 f.; 2.4.1938, S. 8; 6.4.1938, S. 9.

187 Zum Verlauf der Reise siehe die Berichterstattung im *Kleinen Blatt* vom 18., 22.–24., 26. u. 27.3., 1. u. 10.4.1938.

188 *Das Kleine Blatt*, 19.3.1938, S. 8; 20.3.1938, S. 3, 5; 21.3.1938, S. 2; 24.3.1938, S. 8; 27.3.1938, S. 9; 10.4.1938, S. 15. Schmidl, März 38, S. 227 f.; Botz, Nationalsozialismus in Wien, S. 183; Benz u. a. (Hg.), Enzyklopädie des Nationalsozialismus, S. 562 f.: *http://agso.uni-graz.at/marienthal/chronik/06_1938_hilfszug.htm* (aufgerufen 30.7.2015).

189 Schmidl, März 38, S. 228; Molden, Fepolinski und Waschlapski, S. 90; Erzählte Geschichte, S. 182. Vgl. allg. Tooze, Ökonomie der Zerstörung, S. 196–200.

190 Erzählte Geschichte, S. 182 (Pfoch); Rosenmayr, Überwältigung 1938, S. 258, 282; Pietsch, Es regnete Hakenkreuze, S. 62.

191 *Das Kleine Blatt*, 23.3.1938, S. 1, 3 f.; 29.3.1938, S. 1, 4 f.; 1.4.1938, S. 6 (Neubacher-Zitat: 29.3.1938, S. 5). Vgl. zu den Auseinandersetzungen des Schutzbundes mit der SA bis 1933: Bauer, »... jüdisch aussehende Passanten«; Bauer, Die kalkulierte Eskalation. Verlauf des Februaraufstandes: Botz, Gewalt in der Politik, S. 246–258. Verdeckte Kooperation der Sozialdemokraten und der Nationalsozialisten nach dem Februaraufstand 1934: Schafranek, Hakenkreuz und rote Fahne; Schafranek, NSDAP und Sozialisten nach dem Februar 1934; Blatnik, Vom Februar zum Juli 1934.

192 Doubek, »Du wirst das später erst verstehen ...«, S. 51–53, 119, 121–126.

193 *Das Kleine Blatt*, 23.3.1938, S. 2, 25.3.1938, S. 1–4. Goebbels-Tagebuch, Eintrag vom 23.3.1938: »Ich bin in einer herrlichen Form«.

194 Zusammenfassung der wichtigsten Punkte der Göring-Rede lt. Berichterstattung in: *Das Kleine Blatt*, 27.3.1938, S. 1–3, 28.3.1938, S. 2–4; *Neue Freie Presse*, 28.3.1938, S. 3–6.

195 Vgl. zur Wirkung der Rede den Bericht eines Wehrmachtsoffiziers, zit. bei Schmidl, März 38, S. 228.

196 Vgl. zur »Anschluss-Generation«: Bauer, Elementar-Ereignis, S. 181–193, insbes. 184. Modernitätsvorbild Deutschland: Hanisch, Der Ort des Nationalsozialismus, S. 21. Zitat Bauernknecht: Ortmayr (Hg.), Knechte, S. 338.

197 Zum Verlauf der Göring-Reise und den NS-Rednern in Österreich siehe die Berichterstattung im *Kleinen Blatt*, 23.3. bis 10.4.1938, sowie die übrige Tagespresse. Zur Göring-Rede in Wien vgl. Botz, Nationalsozialismus in Wien, S. 213–215.

198 Überblick über die Wahlreise Hitlers: *Das Kleine Blatt*, 9.4.1938, S. 3. Vgl. auch Karner, Die Steiermark im Dritten Reich, S. 62 f; Wadl/Ogris, Das Jahr 1938 in Kärnten, S. 79 f.; Hanisch, Gau der guten Nerven, S. 38–40; Botz, Nationalsozialismus in Wien, S. 221–228. Zum Spatenstich der Reichsautobahn: *Das Kleine Blatt*, 8.4.1938, S. 3 f.; *Neue Freie Presse*, 8.4.1938, Mbl., S. 1 u. 6. Während der NS-Zeit fertiggestellte Abschnitte: *http://www.salzburg.com/wiki/index.php/Reichsautobahn* (aufgerufen 27. 7. 2015).

199 Botz, Nationalsozialismus in Wien, S. 201–228; Hanisch, Gau der guten Nerven, S. 34–44; Karner, Die Steiermark im Dritten Reich, S. 58–68;

Wadl/Ogris, Das Jahr 1938 in Kärnten, S. 72–81. Doku, Manuskript Josef Frattnig (Pseudonym), S. 57 f.; *Das Kleine Blatt*, 6.4.1938, S. 6; 9.4.1938, S. 6–8.

200   *Das Kleine Blatt*, 10.4.1938, S. 5–8.

201   Analyse und Zitate der Hitler-Reden lt. Domarus, April 1938. Vgl. auch Goebbels-Tagebuch, Eintrag vom 10.4.1938.

202   Wadl/Ogris, Das Jahr 1938 in Kärnten, S. 81 f.; Botz, Nationalsozialismus in Wien, S. 237 f.: *http://www.doew.at/erinnern/biographien/erzaehltegeschichte/anschluss-maerz-april-1938/janko-tolmajer-fuehrergemeinde* (aufgerufen 3.8.2015).

203   Vgl. Botz, Nationalsozialismus in Wien, S. 238 f.

204   Goebbels-Tagebuch, Eintrag vom 11.4.1938.

205   Eigene Berechnungen auf Basis der in den Statistischen Nachrichten 1938, S. 77–117, veröffentlichten Abstimmungsergebnisse. In dieser Quelle sind Gemeinden, in denen alle Stimmberechtigten mit »Ja« stimmten (sich also auch niemand der Stimmabgabe entzog oder ungültig stimmte), mit einem Sternchen markiert.

206   So argumentiert auch Botz, Nationalsozialismus in Wien, S. 231.

207   Eigene Berechnungen auf Basis folgender Quellen: Statistische Nachrichten 1938, S. 77–117; Statistisches Jahrbuch der Stadt Wien 1938, S. 224. Vgl. auch Botz, Nationalsozialismus in Wien, S. 230–240.

208   Eigene Berechnungen auf Basis der in den Statistischen Nachrichten 1938, S. 77–117, veröffentlichten Abstimmungsergebnisse. Als Resistenzfaktor wird der Anteil der Verweigerer an den Stimmberechtigten in % bezeichnet (Verweigerer = Stimmenthaltung + ungültige Stimmen + Nein-Stimmen). In den benachbarten Gemeinden Außervillgraten bzw. Sulzberg lag der Resistenzfaktor mit jeweils knapp 14 % ebenfalls außergewöhnlich hoch.

209   Rosenmayr, Überwältigung 1938, S. 267–270. In der Datenbank der Shoah-Opfer des Dokumentationsarchivs des österreichischen Widerstandes findet sich ein Siegmund Moses, geboren am 23.6.1879. Er wurde am 14.6.1942 von Wien ins Vernichtungslager Sobibor deportiert. Näheres über sein weiteres Schicksal ist nicht bekannt, aber laut Datenbank überlebte er die Shoah nicht.

210   Doku, Manuskript Adolfine Schumann (geb. Jauernig), S. 64.

211   Die erwähnten Fotos wurden hauptsächlich in der Online-Datenbank des Bildarchivs Austria (Österreichische Nationalbibliothek) recherchiert (*http://www.bildarchivaustria.at/*). Zwei Aufnahmen stammen von der Website *http://www.jewishhistorybaden.com/time* (beide aufgerufen 9.8.2015.)

212   Drach, »Z. Z.« das ist die Zwischenzeit, S. 254–265.

213   Sopade-Bericht vom Juli 1938, zit. in: Safrian/Witek, Und keiner war dabei, S. 49. Vgl. auch ebd., S. 24 f. u. passim.

214   Fellmann, Flucht vor dem gelben Stern, S. 50. Vgl. für eine ähnliche Vorgehensweise: Widerstand und Verfolgung in Wien, Bd. 3, S. 210 f.

215   Benz u. a. (Hg.), Enzyklopädie des Nationalsozialismus, S. 415 f.; Benz (Hg.), Lexikon des Holocaust, S. 17 f.

216 Vgl. Widerstand und Verfolgung in Wien, Bd. 3, S. 194–212; Safrian/ Witek, Und keiner war dabei, S. 23–59.

217 *Wiener Zeitung*, 14.3.1938, S. 3; 17.3.1938, S. 5; *Linzer Volksblatt*, 15.3.1938, S. 1; *Das Kleine Blatt*, 19.3.1938, S. 9; 20.3.1938, S. 11; 23.3.1938, S. 4; 29.3.1938, S. 9; *Amtliche Linzer Zeitung*, 1.4.1938, S. 212.

218 In Wien betrug 1934 der Anteil der Wohnbevölkerung an der israelitischen Konfession 9,39 % (176 034 Personen). Am höchsten waren die Anteile in der Leopoldstadt (2. Bezirk) mit 33,98 %, in der Inneren Stadt (1. Bezirk) mit 24,07 % und am Alsergrund (9. Bezirk) mit 23,28 %. Im Vergleich dazu einige Landeshauptstädte: Graz 1,13 %, Linz 0,62 %, Klagenfurt 0,61 %, Salzburg 0,49 % und Innsbruck 0,02 %. Im umliegenden Land und in kleineren Städten waren die Anteile in der Regel noch wesentlich geringer (Quelle: eigene Berechnungen auf Basis der Ergebnisse der Volkszählung von 1934).

219 Binder, Das Schicksal der Grazer Juden 1938, S. 216–218. Vgl. auch Lamprecht, Verfolgung der jüdischen Bevölkerung in der Steiermark. Zu Loewi: Michael Engel: »Loewi, Otto« in: *Neue Deutsche Biographie 15* (1987), S. 108 f. URL: *http://www.deutsche-biographie.de/pnd118728881.html* und *https://de.wikipedia.org/wiki/Otto_Loewi* (beide aufgerufen 19.8.2015).

220 Erinnerungen, Bd. 1, Lizzi Jalkio (Erinnerungen Emmy Mahler), S. 24–30. Die Firma Bobbin erzeugte Holzspulen für die Textilindustrie (Gerhard A. Stadler: Das industrielle Erbe Niederösterreichs. Wien u. a. 2006. S. 222). Zu den näheren Umständen der Arisierung siehe: Ulrike Felber u. a.: Ökonomie der Arisierung. Teil 2: Wirtschaftssektoren, Branchen, Falldarstellungen (Veröffentlichungen der Österreichischen Historikerkommission, Bd. 10–2), Wien 2004, S. 682–685.

221 Schätzung; inklusive Getaufte und »Mischlinge«. Israelitische Konfessionszugehörige im Burgenland laut Volkszählung 1934: 3632 Personen (1,21 %). Zum Vergleich: In den österreichischen Bundesländern ohne Wien betrug der israelitische Konfessionsanteil 0,32 %, in ganz Österreich unter Einbeziehung Wiens 2,83 % (Quelle: Die Ergebnisse der österreichischen Volkszählung vom 22. März 1934. Heft 1–11, Wien 1935).

222 Darstellung des Schicksals der burgenländischen Juden lt. Rosenkranz, Verfolgung und Selbstbehauptung, S. 45–47, 87–91; sowie Schmidt, Das Schicksal der Juden im Bezirk Neusiedl, S. 76–101 und *http://www.burgenland.at/kultur-wissenschaft/wissenschaft/opferdatenbank/opfergeschichten/dieverfolgung-der-juedischen-burgenlaender/* (aufgerufen 1.9.2015). Vgl. auch Mindler, Tobias Portschy, S. 63–91.

223 Goebbels-Tagebuch, Eintrag vom 23.3.1938. Auch Bürckel ging in seiner Wiener Rede am 24.3. darauf ein. Er sprach von »Gräuelmärchen« (*Wiener Zeitung*, 25.3.1938, S. 4 f.).

224 Zahlen lt. Botz, Nationalsozialismus in Wien, S. 137, 140, sowie Widerstand und Verfolgung in Wien, Bd. 3, S. 213.

225 Csokor, Auf fremden Straßen, S. 20 f.; Csokor, Zeuge einer Zeit, S. 165; Viel, Egon Friedell.

226 Die Informationen für diesen Absatz wurden aus einer Unzahl von

(hauptsächlich) Internetquellen zusammengetragen, die hier im Einzelnen nicht angeführt werden.

227 Erzählte Geschichte, S. 179–181. *DÖW-Mitteilungen*, 209, Dez. 2012 (Sonderheft »100 Jahre Jura Soyfer«); *DÖW-Mitteilungen*, 217, Aug. 2014 (Beitrag über die Tätigkeit der Rechtsanwaltskanzlei Dr. Hugo Ebner). Download: *http://www.doew.at/mitteilungen/mitteilungen-archiv* (aufgerufen 15.8.2015).

228 Unter den Gefangenen befanden sich Walter Adam (Generalsekretär der Vaterländischen Front), Robert Danneberg (führender Wiener Sozialdemokrat), Ludwig Draxler (Finanzminister), Robert Hecht (einflussreicher juristischer Berater Dollfuß'), Josef Reither (niederösterreichischer Landeshauptmann, Landwirtschaftsminister), Richard Schmitz (Wiener Bürgermeister), Karl Maria Stepan (steirischer Landeshauptmann). Nach Ende der NS-Herrschaft sollten einige der Überlebenden in hohe politische Funktionen aufsteigen: Leopold Figl (Bundeskanzler), Alfons Gorbach (Bundeskanzler), Fritz Bock (Vizekanzler), Franz Olah (Innenminister und Gewerkschaftspräsident). Vgl. Neugebauer/Schwarz, Stacheldraht, mit Tod geladen … Hier ist die von der Gestapo erstellte Originalliste im Faksimile abgedruckt (S. 12–16).

229 Allgemein zum Verlauf, zur Zusammensetzung etc. des Prominententransportes: Neugebauer/Schwarz, Stacheldraht, mit Tod geladen … – Weiters: Kalmar, Zeit ohne Gnade, S. 23, 45 f. (biographischer Abriss: ebd., S. 229–245); Bock, Vierzig Jahre nachher, S. 13.

230 Neugebauer/Schwarz, Stacheldraht, mit Tod geladen …, S. 50–53.

231 Botz, Nationalsozialismus in Wien, S. 343–350. Eigruber-Zitat von der Rede am 27.3.1938 in Gmunden: Arbeitersturm, 29.3.1938, S. 2; vgl. auch Tages-Post (Linz), 28.3.1938, Abl. S. 2.

232 Klösch, Des Führers heimliche Vasallen, S. 172–177.

233 Halbrainer u. a., Unsichtbar, S. 64–66.

234 Brief Otto Kunz an Gauleiter Bürckel, abgedr. bei Safrian/Witek, Und keiner war dabei, S. 70 f.

235 Safrian/Witek, Und keiner war dabei, S. 62 f.

236 Binder, Das Schicksal der Grazer Juden 1938, S. 218–220. Volksabstimmung: Gbl. f. Ö. Nr. 2/1938; Beamteneid: Gbl. f. Ö. Nr. 3/1938.

237 Friedländer, Die Jahre der Verfolgung, S. 263 f. Göring-Zitat: Tomkowitz/Wagner, »Ein Volk, ein Reich, ein Führer!«, S. 294. Biographischer Abriss Rafelsberger: Graf, Österreichische SS-Generäle, S. 169–173. Zu den Vermögensanmeldungen: *https://www.findbuch.at/de/vermoegensanmeldungen-110.html* (aufgerufen 24.8.2015).

238 Safrian, Die Eichmann-Männer, S. 36 f.

ERNÜCHTERUNG / 1938–1939

1 Dieser Anteil ergibt sich aus der Tabelle 1 in den Statistischen Nachrichten 1938, S. 48. Die dort angeführten Daten für Österreich wurden im Jahr 1934 und die für Deutschland im Jahr 1937 ermittelt. Gerhard Botz hingegen kommt für 1939 auf einen Anteil von 8,8 %. Dabei dürften die im Herbst 1938 angeschlossenen sudetendeutschen Gebiete miteingerechnet sein (Botz, Simon Wiesenthals Beitrag, S. 194 f.).

2 Laut der Volkszählung vom Mai 1939 betrug die Bevölkerung der Ostmark 6,88 Millionen. Rechnet man die in der Gesamtstatistik gesondert ausgewiesenen RAD- und Militärangehörigen anteilsmäßig hinzu, so ergibt sich ein Bevölkerungsstand der Ostmark von ungefähr sieben Millionen. (Daten nach der Online-Enzyklopädie »Wikipedia«, Stichwort »Volkszählung im Deutschen Reich 1939«; aufgerufen 21.8.2016.)

3 Vgl. Weber, Zwischen abhängiger Modernisierung und Zerstörung, S. 332. Demnach wanderten ca. 100 000 Arbeitskräfte ins Altreich ab, unter ihnen ca. 10 000 Ingenieure und Facharbeiter.

4 Statistische Nachrichten 1938, S. 48–61, 159, 190–195.

5 Wenn nicht anders ausgewiesen, folgen die Ausführungen in diesem Abschnitt: Botz, Die Eingliederung Österreichs in das Deutsche Reich. Persönliches Schreiben Bürckels an Hitler, abgedr. ebd., S. 127 f. Vgl. auch die ausführliche Darstellung bei Slapnicka, Oberösterreich als es »Oberdonau« hieß, S. 11–32.

6 Text des Erlasses zur Ernennung Bürckels und des Schreibens an Seyß-Inquart: Das Kleine Blatt, 26.4.1938, S. 2 – und die übrige Presse vom Tag.

7 Goebbels-Tagebuch, Eintrag vom 10.4.1938. – Der »österreichische Mensch« ist eine Anspielung auf Anton Wildgans' berühmte »Rede über Österreich« von 1930. Er hatte darin vom Typus des »österreichischen Menschen« gesprochen.

8 Zur Rolle Opdenhoffs: Jagschitz, Von der Bewegung zum Apparat, S. 100.

9 Elste/Hänisch, Auf dem Weg zur Macht, S. 356–358; Walzl, »Als erster Gau …«, S. 86 f., 93 f.; Preradovich, Österreichs höhere SS-Führer, S. 163–169.

10 Hanisch, Gau der guten Nerven, S. 136–140; Walzl, »Als erster Gau …«, S. 250–254.

11 Botz, Nationalsozialismus in Wien, S. 533–548, 685–687; Sachslehner, Zwei Millionen ham'ma erledigt, S. 74–97; IMT, Bd. 14, S. 449–452 (Aussage Schirach).

12 Mulley, Niederdonau, S. 79–83; Seliger, NS-Herrschaft in Wien und Niederösterreich, S. 247 f.

13 Slapnicka, Oberösterreich als es »Oberdonau« hieß, S. 11–19, 452–454; Botz, Die Eingliederung Österreichs in das Deutsche Reich, S. 93. Josef Goldberger, Cornelia Sulzbacher: August Eigruber, URL: http://www.ooe geschichte.at/epochen/oberoesterreich-in-der-zeit-des-nationalsozialismus/bio-grafien/august-eigruber.html (aufgerufen 5.7.2016).

14 Walser, Die illegale NSDAP in Tirol und Vorarlberg, S. 34 f. 80 f.; Schrei-

ber, Die Machtübernahme in Tirol, S. 42–45; Weiß (Hg.), Biographisches Lexikon zum Dritten Reich, S. 229 f.

15 Karner, Die Steiermark im Dritten Reich, S. 78–80 sowie 97; Weiß (Hg.), Biographisches Lexikon zum Dritten Reich, S. 467.

16 Hanisch, Gau der guten Nerven, S. 128–136; Benz u. a. (Hg.), Enzyklopädie des Nationalsozialismus, S. 527, 606, 760 f.; Schmitz-Berning, Vokabular des Nationalsozialismus, S. 456–459. Siehe auch *https://www.wien.gv.at/wiki/index.php/Ostmark* (aufgerufen 13.6.2015). RGBl., Teil 1, 1939, S. 777 (Ostmarkgesetz); RGBl., Teil 1, 1940, S. 539 (Entlassung Bürckels), S. 545 sowie 548 (Einrichtung der Reichsgaue).

17 Falter, Hitlers Wähler; Hänisch, Die österreichischen NSDAP-Wähler, S. 403.

18 Botz, Soziale »Basis« und Typologie der österreichischen Faschismen, S. 33; Jagschitz, Von der Bewegung zum Apparat, S. 119; Mitgliederzahl der Sozialdemokratischen Partei lt. Hänisch, Die österreichischen NSDAP-Wähler, S. 46.

19 Starhemberg, Memoiren, S. 276.

20 Jagschitz, Von der Bewegung zum Apparat, S. 96. Wenn nicht anders ausgewiesen, folgen die Ausführungen in diesem Abschnitt in erster Linie diesem Beitrag.

21 Bundesarchiv Berlin, Parteikorrespondenz, Gerold Karl, 31.1.1908. (Es handelt sich um den Großvater des Autors.) Allgemein zum Problemkreis der Mitgliedschaft: Botz, Expansion und Entwicklungskrisen der NSDAP-Mitgliedschaft; Walzl, »Als erster Gau ...«, S. 112–125.

22 Mitgliederentwicklung: Jagschitz, Von der Bewegung zum Apparat, S. 119. Regionale Verteilung: Botz, Soziale »Basis« und Typologie der österreichischen Faschismen, S. 36.

23 Hadwiger, Was von der Liebe bleibt, S. 267–270.

24 Doku, Manuskript Hans Piscator (Pseudonym), S. 1–66.

25 Doku, Tagebuch Richard Ruffingshofer, Einträge 1934–1939.

26 Doku, Tagebuch Stephanie Bamer (geb. Johne), Einträge 1937/38. Dies., Manuskript Adolfine Schumann (geb. Jauernig), S. 1–65. Vgl. auch Dressel/Müller (Hg.), Geboren 1916, S. 214–241.

27 Langnas, Tagebücher und Briefe, S. 13–32.

28 Doku, Manuskripte Oswald Sint. Vgl. auch Sint, »Buibm und Gitschn beinando, is ka Zoig!«, S. 1–11 u. passim.

29 Doku, Manuskript Josef Frattnig (Pseudonym), S. 56–60.

30 Doku, Manuskript Lorenz Möstl, S. 4–41.

31 Doku, Manuskript Gottfried Florian, S. 1–55.

32 Pietsch, Es regnete Hakenkreuze, S. 44–65.

33 Doubek, »Du wirst das später erst verstehen ...«, S. 104–158 u. passim.

34 Vgl. Schoenbaum, Die braune Revolution, S. 80 f.

35 Vgl. allg. den Sammelband Bajohr/Wildt (Hg.), Volksgemeinschaft.

36 Benz u. a. (Hg.), Enzyklopädie des Nationalsozialismus, S. 463 f., 605 f., 678 f., 750, 879.

37 Dachs, Schule in der »Ostmark«, S. 451–459; Lichtenberger-Fenz, »Es läuft alles in geordneten Bahnen«, S. 549–554.

38 Schörken, Jugend, S. 230–241. Vgl. für Österreich Gehmacher, Biografie, Geschlecht und Organisation; Mejstrik, Die Erfindung der deutschen Jugend.

39 Rosenmayr, Überwältigung 1938, S. 249–254, 259 f., 277–280.

40 Doubek, »Du wirst das später erst verstehen …«, S. 121, 130, 142, 153, 158 f.

41 Benz u. a. (Hg.), Enzyklopädie des Nationalsozialismus, S. 726 f.; *https://www.dhm.de/lemo/kapitel/ns-regime/ns-organisationen/reichsarbeitsdienst.html* (aufgerufen 11.9.2016).

42 Benz u. a. (Hg.), Enzyklopädie des Nationalsozialismus, S. 618, 701.

43 Rosa Schön: Der Ernst des Lebens beginnt. URL: *http://www.menschen schreibengeschichte.at/* (aufgerufen 11.9.2016).

44 Berger, Tage wie schwarze Perlen, S. 6–10.

45 Pietsch, Es regnete Hakenkreuze, S. 7–16.

46 Safrian, Die Eichmannmänner, S. 24–28; Krause, Der Eichmann-Prozess in der deutschen Presse, S. 20–23.

47 *http://www.schoah.org/shoah/eichmann/goetzen-a.htm* (aufgerufen 25.8. 2015). Über das Eichmannmanuskript vgl. Götz Aly: Adolf Eichmanns späte Rache. In: Österreichische Zeitschrift für Geschichtswissenschaft, 11. Jg., Heft 1, 2000. S. 186–191.

48 Zit. n. Safrian, Die Eichmann-Männer, S. 45.

49 Die Darstellung zur Tätigkeit Eichmanns und der Gründung der »Zentralstelle« folgt in erster Linie: Safrian, Die Eichmann-Männer, S. 36–49, sowie Safrian/Witek, Und keiner war dabei, insbes. S. 61–65. Weiter: Friedländer, Die Jahre der Verfolgung, S. 265 f.; Aly/Heim (Hg.), Die Verfolgung und Ermordung der europäischen Juden, Bd. 2, S. 39–41. Ausführlich zum Thema: Anderl/Rupnow, Die Zentralstelle für Jüdische Auswanderung als Beraubungsinstitution. Am 13.5.1939 hieß es im *Völkischen Beobachter*, dass 99 672 Juden ausgewandert seien (zit. bei Safrian, Die Eichmann-Männer, S. 46). Die Zahl könnte in etwa zutreffen, da bis Kriegsbeginn 126 481 Juden das Land verlassen hatten (Lichtblau, Integration, Vernichtungsversuch und Neubeginn, S. 526).

50 Urbanek, Österreichs Deutschland-Komplex, S. 146–159. Vgl. zur Diskussion um Sindelar: *http://www.ballesterer.at/heft/serien/fussball-unterm-hakenkreuz-3.html* (aufgerufen 20.9.2015).

51 Safrian/Witek, Und keiner war dabei, S. 125–132; Aly/Heim, Vordenker der Vernichtung, S. 33–43; Aly/Heim (Hg.), Die Verfolgung und Ermordung der europäischen Juden, Bd. 2, S. 38 f.; Friedländer, Die Jahre der Verfolgung, S. 262–264, 268 f. Gründung der Vermögensverkehrsstelle: *Wiener Neueste Nachrichten*, 19.5.1938, S. 1.

52 Bailer-Galanda u. a., »Arisierung« und Rückstellung von Wohnungen in Wien, S. 17–35, zur Problematik der Zahl der jüdischen Wohnungen in Wien: S. 14–16. Doubek, »Du wirst das später erst verstehen …«, S. 135 f.

53 Goebbels-Tagebuch, Eintrag vom 20.3.1938. Botz, Nationalsozialismus in Wien, S. 577–584.

54 Safrian, Die Eichmann-Männer, S. 45 f.

55 Michael Thaler: Die Schrift des Dr. Indra, in: *Die Presse*, Beilage »Spec-

trum«, 31.5.2013. *http://diepresse.com/home/spectrum/zeichenderzeit/1413372/ Die-Schrift-des-Dr-Indra* (aufgerufen 5.9.2015). Freuds Biographen Ernest Jones und Peter Gay lassen keinerlei Zweifel am Wahrheitsgehalt der Anekdote erkennen. Selbst ein kritischer Historiker wie Saul Friedländer übernimmt sie (Friedländer, Die Jahre der Verfolgung, S. 262).

56 Roland Kaufhold, Hans-Jürgen Wirth: Vor 70 Jahren emigrierte Sigmund Freud nach London, *http://www.hagalil.com/archiv/2008/11/freud.htm*. Sigmund Freud – aus seinen Briefen 1933 bis 1938, *http://www.psy-alpha.net/biografien/sigmund-freud/ins-exil-am-4-juni-1938/sigmund-freud-aus-seinen-briefen-1933–1938*. Christfried Tögel: Bahnstation Treblinka. Zum Schicksal von Sigmund Freuds Schwester Rosa Graf, *http://www.freud-bio graphik.de/trebl.htm* (alle Seiten aufgerufen 6.9.2015).

57 Bei der Volkszählung 1934 wurde in Gmünd eine Wohnbevölkerung von 5201 Einwohnern ermittelt. Davon gehörten 40 Personen (0,77 %) der israelitischen Konfession an. Wenn man die NS-Rassentheorie in Betracht zieht und »Abstammungsjuden« und »Mischlinge« schätzungsweise dazuzählt, dürfte der jüdische Anteil in Gmünd ungefähr 1 bis 1,5 % betragen haben.

58 Erinnerungen, Bd. 1, Lizzi Jalkio (Erinnerungen Emmy Mahler), S. 22–41.

59 Breuer, Nacht über Wien, S. 64–116. Zur Frage der Bäder und Parkbänke vgl. Rosenkranz, Verfolgung und Selbstbehauptung, S. 155.

60 Benz (Hg.), Lexikon des Holocaust, S. 66 f.

61 Statistische Nachrichten 1938, S. 132 f., 151, 162 f., 190 f. Weber, Zwischen abhängiger Modernisierung und Zerstörung, S. 330; Botz, Nationalsozialismus in Wien, S. 601.

62 Adolf Hitler: Mein Kampf. München 1941. S. 1.

63 Aly, Hitlers Volksstaat, S. 49–66, 346–362, 365–368 sowie passim; Schmidt, Die Außenpolitik des Dritten Reiches, S. 131 f., 137–140.

64 Slapnicka, Oberösterreich als es »Oberdonau« hieß, S. 114–157. Website *www.geheimprojekte.at*, Stichworte: »Hütte Linz«, »Stickstoffwerke Linz«, »Zellwolle Lenzing«, »Aluminium Ranshofen«, »Steyr II« (aufgerufen 25.8.2016).

65 Website *www.geheimprojekte.at*, Stichworte: »Nibelungenwerk St. Valentin«, »Wiener Neustädter Flugzeugwerke«, »Heinkel-Werke Jenbach«, »Flugmotorenwerke Ostmark«, »Raxwerk«, »Luftwaffenstützpunkt und Heinkel-Werke Schwechat/Heidfeld« (aufgerufen 30.8.2016).

66 Hanisch, Der lange Schatten des Staates, S. 354.

67 Diese Zahlen nennt Butschek, Die österreichische Wirtschaft 1938 bis 1945, S. 104.

68 Hanisch, Gau der guten Nerven, S. 59. Internet-Enzyklopädie »Salzburgwiki«, Stichworte: »Baugeschichte Tauernkraftwerke Kaprun«, »NS-Zwangsarbeit am Beispiel Tauernkraftwerke Kaprun«. Website *www.geheimprojekte.at*, Stichworte: »Donaukraftwerk Ybbs-Persenbeug«, »Erdölraffinerie Wien XXI«, »Tanklager Wien XXII«, »Hydroforming-Anlage Moosbierbaum« (aufgerufen 1.9.2016).

69 Der Abschnitt über Wirtschaft folgt neben den partiell bereits genann-

ten Quellen folgenden Werken: Sandgruber, Ökonomie und Politik, S. 408–416; Weber, Zwischen abhängiger Modernisierung und Zerstörung; Butschek, Die österreichische Wirtschaft 1938 bis 1945; Hagspiel, Die Ostmark, S. 52–57.

70 Vgl. Bauer, Elementar-Ereignis, S. 142–164, insbes. 151–154.

71 Hagspiel, Die Ostmark, S. 140–145; Hanisch, Gau der guten Nerven, S. 106–114; Hanisch, Der lange Schatten des Staates, S. 355 f.; Langthaler, Eigensinnige Kolonien; Sandgruber, Ökonomie und Politik, S. 416–418.

72 Eigene Berechnung auf Basis von statistischem Material, das dem Autor von der Wiener Magistratsabteilung 5 (Finanzwirtschaft, Haushaltswesen und Statistik) zur Verfügung gestellt wurde.

73 Überblick über die wirtschaftliche Entwicklung 1938/39: Butschek, Die österreichische Wirtschaft 1938 bis 1945, S. 45–71, Fremdenverkehr S. 54, BNP S. 65; Hanisch, Der lange Schatten des Staates, S. 351–354.

74 Frevert, Frauen, S. 247–251.

75 Aly, Hitlers Volksstaat, S. 19–22, 35 f. u. passim; Tálos, Sozialpolitik in der »Ostmark«.

76 Diesen Wert nennt Butschek, Die österreichische Wirtschaft 1938 bis 1945, S. 47, sowie Tálos, Sozialpolitik in der »Ostmark«, S. 390.

77 Recker, Sozialpolitik, S. 133–136; Tálos, Sozialpolitik in der »Ostmark«, S. 389–393; Butschek, Die österreichische Wirtschaft 1938 bis 1945, S. 60 f., 83 f.

78 Vgl. Langthaler, Schlachtfelder, S. 701 f.

79 Hanisch, Der lange Schatten des Staates, S. 348–351. Vgl. u. a. auch Sandgruber, Ökonomie und Politik, S. 427–430 (»gewaltsame Modernisierung«), oder Weber, Zwischen abhängiger Modernisierung und Zerstörung. Ausführlich befasst sich mit der Frage der Modernisierung im Agrarbereich: Langthaler, Schlachtfelder, S. 699–754.

80 Das Kleine Blatt, 29.3.1938, S. 9; 14.5.1938, S. 3 f.

81 Renner, Österreich von der Ersten zur Zweiten Republik, zit. n. Botz, Nationalsozialismus in Wien, S. 447.

82 Botz, Zwischen Akzeptanz und Distanz, insbes. S. 446.

83 Breuer, Nacht über Wien, S. 107 f.

84 Massiczek, Ich war Nazi, S. 170–172.

85 Botz, Nationalsozialismus in Wien, S. 424 f., 448, 607–610; Doubek, »Du wirst das später erst verstehen ...«, S. 134 f.

86 Zit. n. Slapnicka, Oberösterreich als es »Oberdonau« hieß, S. 284; gesamter Abschnitt über die Stimmungsberichte aus Oberösterreich: ebd., S. 279–286.

87 Botz, Nationalsozialismus in Wien, S. 451 f., 468–472. Doku, Tagebuch Ruffingshofer, Einträge vom 23. und 27.9.1938, ebd., Tagebuch Stephanie Bamer (geb. Johne), Einträge 15.–28.9.1938.

88 Schmidt, Die Außenpolitik des Dritten Reiches, S. 258–302; Benz u. a. (Hg.), Enzyklopädie des Nationalsozialismus, S. 822 f., 833–836; Hagspiel, Die Ostmark, S. 58 f.

89 Doku, Tagebuch Ruffingshofer, Einträge vom 30.9. und 10.10.1938; ebd., Tagebuch Stephanie Bamer (geb. Johne), Eintrag 29.9.1938.

90 Doku, Manuskript Adolfine Schumann (geb. Jauernig), S. 65 f.
91 Statistische Nachrichten 1938, S. 190–195.
92 Doku, Manuskript »Erinnerungen und Aufzeichnungen 1900–1941« von Oswald Sint, S. 495–500.
93 Schmidt, Die Außenpolitik des Dritten Reiches, S. 302–329; Slapnicka, Oberösterreich als es »Oberdonau« hieß, S. 286.
94 Doku, Tagebuch Stephanie Bamer (geb. Johne), Einträge 25.4–15.5.1938.
95 Sauer, Loyalität, Konkurrenz oder Widerstand, S. 160–167; Botz, Nationalsozialismus in Wien, S. 491–501; Weinzierl, Prüfstand, S. 15–139. Zur Residenz katholischer Milieus vgl. Falter, Hitlers Wähler, sowie Hänisch, Die österreichischen NSDAP-Wähler.
96 Schönner (Hg.), Die historische Bedeutung der Demonstration der katholischen Jugend (mit Zeitzeugenberichten und historischen Dokumenten); Botz, Nationalsozialismus in Wien, S. 485–491; Widerstand und Verfolgung in Wien, Bd. 3, S. 36–42. Alfred Palka: »Wir wollen uns zu Christus bekennen, unserem Führer und Meister …«, in: Der Fels, 8–9/2013. URL: *http://der-fels.de/2013/Fels%208-9_13.pdf.* Erwin Ringel: Der Platz hat ganz und gar uns gehört; Hermann Lein: Rosenkranzfeier 1938; URL: *http://www.doew.at/erinnern/biographien/erzaehlte-geschichte.* Hermann Lein – »Innitzer-Gardist« in Dachau und Mauthausen; URL: *http://gedenkdienst.or.at/index.php?id=231.* Ernst Exner: Christus ist Euer Führer! URL: *http://austria-forum.org/af/Wissenssammlungen/Essays/Zeitgeschichte/Rosenkranzandacht_1938* (alle Links aufgerufen 24.2.2016.)
97 Allgemein zum Verhältnis Kirche und NS-Staat: Sauer, Loyalität, Konkurrenz oder Widerstand; Botz, Nationalsozialismus in Wien, S. 491–501; Hanisch, Gau der guten Nerven, S. 120–126; Weinzierl, Kirchlicher Widerstand gegen den Nationalsozialismus; Weinzierl, Prüfstand. Zur Kirchenaustrittsbewegung: Botz, Nationalsozialismus in Wien, S. 493–496; Paarhammer, Der Kirchenaustritt und seine Folgen in der NS-Zeit, insbes. S. 293 f. Die Berechnung des Prozentsatzes der Austritte erfolgte aufgrund der Angaben bei Paarhammer (für Salzburg) und Botz (für Wien). Als Vergleichsbasis für Wien wurden die Ergebnisse der Volkszählung 1934 (1 475 744 Bewohner römisch-katholischer Konfessionszugehörigkeit) herangezogen. Aufgrund verschiedener Unsicherheiten handelt es sich bei dem Ergebnis für Wien um einen Näherungs- bzw. Schätzwert. Klosteraufhebungen: *http://www.ordensgemeinschaften.at/596-kaum-eine-ordensgemeinschaft-blieb-von-der-gestapo-verschont* (aufgerufen 3.3.2016).
98 Kershaw, Hitler 1936–1945, S. 187 f.; Friedländer, Die Jahre der Verfolgung, S. 276, 285–287; Aly/Heim (Hg.), Die Verfolgung und Ermordung der europäischen Juden, Bd. 2, S. 19.
99 Rosenkranz, Verfolgung und Selbstbehauptung, S. 157 f.; Benz (Hg.), Lexikon des Holocaust, S. 177–179.
100 Kershaw, Hitler 1936–1945, S. 194 f.; Reuth, Goebbels, S. 394. Ausführlich: Helmut Heiber: Der Fall Grünspan, in *Vierteljahreshefte für Zeitgeschichte*, 1957, Heft 2, S. 134–172.
101 Goebbels-Tagebuch, Eintrag vom 10.11.1938. Odilio Globocnik: »Bericht

über die am 10. und 11. November durchgeführte Judenaktion«, *http://www.doew.at/cms/download/1i6cu/9425_bericht_globocnik.pdf* (aufgerufen 22.9.2015).

102 Massiczek, Ich war Nazi, S. 174–179. Laut Bericht des *Völkischen Beobachters* (zit. n. Botz, Nationalsozialismus in Wien, S. 514) gingen die meisten Synagogen in Wien, unter ihnen jene in der Tempelgasse, am Vormittag des 10. November in Flammen auf. Es ist demnach zweifelhaft, aber nicht gänzlich auszuschließen, dass Massiczek auf seinem Weg von der Wohnung in der Lichtenauergasse zum Sammlungslokal bereits die brennende Synagoge in der Tempelgasse sah. Massiczeks Angaben über seine Tätigkeit im Widerstand und während des Novemberpogroms 1938 sind allerdings angezweifelt worden. Vgl. Neugebauer, Wolfgang u. a.: Zur Diskussion um Albert Massiczek. Stellungnahme zum *profil*-Artikel vom 9.5.2008, *http://www.doew.at/erforschen/projekte/arbeitsschwer punkte/widerstand-und-verfolgung/umgang-mit-der-ns-vergangenheit/zur-diskus sion-um-albert-massiczek#massiczek* (aufgerufen 20.9.2015).

103 Erinnerungen von Ernst Benedikt (1882–1973) an den Novemberpogrom 1938, DÖW, Dokument Nr. 4505 *http://www.doew.at/cms/download/ dlmit/4505_manus_benedikt_komm.pdf* und *http://www.doew.at/cms/down load/4iiee/benedikt_erinnerungen2_komm.pdf* (aufgerufen 21.9.2015). Eckfeld, Letzte Monate in Wien, S. 17–52. – Fritz/Rohrbach, Das Novemberpogrom 1938 und der Notarrest Kenyongasse.

104 Von den zahlreichen Darstellungen des Novemberpogroms seien hier folgende zitiert, denen die allgemeine Darstellung der Vorgänge in diesem Kapitel im Großen und Ganzen folgte: Hilberg, Die Vernichung der europäischen Juden, S. 43–46; Herbst, Das nationalsozialistische Deutschland, S. 206–209; Kershaw, Hitler 1936–1945, S. 194–202; Friedländer, Die Jahre der Verfolgung, S. 291–301.

105 Botz, Nationalsozialismus in Wien, S. 502–524, zur Frage der Anzahl der Todesopfer: S. 521, insbes. Fn. 190, Selbsttötungen: S. 522, Fn. 195, Verhaftete: S. 522 f.; Benz (Hg.), Lexikon des Holocaust, S. 162 f.; Heim, Novemberpogrom in Wien. Ausführlich zum Novemberpogrom und zu dessen Folgen in Wien und in ganz Österreich: Rosenkranz, Verfolgung und Selbstbehauptung, S. 159–167.

106 Hilberg, Die Vernichtung der europäischen Juden, S. 43–55; Herbst, Das nationalsozialistische Deutschland, S. 208–210; Kershaw, Hitler 1936–1945, S. 202–209; Friedländer, Die Jahre der Verfolgung, S. 302–311. Zu den ökonomischen Hintergründen des Novemberpogroms vgl. insbesondere: Aly, Hitlers Volksstaat, S. 58–63; Alys Argumentation teilweise widersprechend oder diese abschwächend: Tooze, Ökonomie der Zerstörung, S. 326–328. Siehe auch Stenographische Niederschrift der interministeriellen Konferenz im Reichsluftfahrtministerium (12.11.1938), URL: *http://germanhistorydocs.ghi-dc.org/sub_document.cfm? document_id=1524&language=german* (aufgerufen 15.9.2015).

107 Die Argumentationen bezüglich des Verhaltens der Deutschen und des weiteren Vorgehens der Nationalsozialisten nach dem Novemberpogrom folgt Hans Mommsen, Die Pogromnacht und ihre Folgen, in: *Gewerk-*

schaftliche Monatshefte 10/1988, S. 591–604. URL: *http://library.fes.de/gmh/ main/pdf-files/gmh/1988/1988-10-a-591.pdf* (aufgerufen 29.9.2015).

108 Benz (Hg.), Lexikon des Holocaust, S. 121 f.; Rosenkranz, Verfolgung und Selbstbehauptung, S. 181–186. Laut Rosenkranz, S. 185, gelangten 2262 »glaubensjüdische« Kinder zwischen 2.12.1938 und 22.8.1939 nach England. Zahlen, wie viele jüdische Kinder, die nicht der israelitischen Konfession angehörten, mit dem Kindertransport entkamen, nennt er nicht.

109 Tausig, Shanghai Passage, S. 48–60 u. passim.

110 Grundlegend: Bollauf, Dienstmädchen-Emigration.

111 Lichtblau, Integration, Vernichtungsversuch und Neubeginn, S. 526.

112 Langnas, Tagebücher und Briefe, S. 33–44.

113 Doku, Tagebuch Ruffingshofer, Einträge erste Jahreshälfte 1939.

114 Doku, Manuskript Hans Piscator (Pseudonym), S. 66 f.

115 Doku, Tagebuch Stephanie Bamer (geb. Johne), Einträge Juli, August 1939.

116 Schöner, Wiener Tagebuch, S. 441–444.

117 Doku, Manuskript »Erinnerungen und Aufzeichnungen 1900–1941« von Oswald Sint, S. 501–504.

ILLUSIONEN / 1939–1942

1 Doubek, »Du wirst das später erst verstehen …«, S. 167–169.

2 Schöner, Wiener Tagebuch, S. 444 f.

3 Doubek, »Du wirst das später erst verstehen …«, S. 170 f.

4 Doubek, »Du wirst das später erst verstehen …«, S. 172 f.

5 Slapnicka, Oberösterreich als es »Oberdonau« hieß, S. 286 f.

6 Schmidt, Die Außenpolitik des Dritten Reiches, S. 363–371.

7 Doku, Manuskript Adolfine Schumann (geb. Jauernig), S. 47 f., 65 f., 78–117.

8 Doku, Manuskript »Selbsterlebtes im Hinterland« von Oswald Sint.

9 Doku, Manuskript Gottfried Florian, S. 56–60.

10 Doku, Manuskript Josef Frattnig (Pseudonym), S. 63–75. – Vgl. zur Geschichte des Gebirgsjägerregiments 138, dem Frattnig angehörte: *http:// www.lexikon-der-wehrmacht.de/Gliederungen/Gebirgsjagerregimenter/GJR138. htm* (aufgerufen 3.5.2016).

11 Pietsch, Es regnete Hakenkreuze, S. 7 f.

12 Overmans, Deutsche militärische Verluste im Zweiten Weltkrieg, S. 214–227. Vgl. auch Buchmann, Österreicher in der deutschen Wehrmacht, S. 7 u. 33; Grischany, Der Ostmark treue Alpensöhne, S. 61. Die Angabe zur Anzahl der Waffen-SS-Angehörigen beruht auf einer Schätzung Overmans' (S. 215). Die Anzahl der aus Österreich zur Waffen-SS Eingezogenen geht aus Overmans allerdings nicht hervor. Sollte die Aufteilung in etwa den Anteilen der Wehrmacht entsprechen (Österreich 7,6 %), so wären es rund 68 000 Mann gewesen.

13 Buchmann, Österreicher in der deutschen Wehrmacht, S. 31–47; Grischany, Der Ostmark treue Alpensöhne, S. 107–114, 153, 155–158, 256–258 (Feldpostprüfstellen), 289–294 (Resümee) sowie passim.

14 Zahlen nach Koch, Fahnenfluchten, S. 14.

15 Fallgeschichte des Deserteurs Anton Brandhuber: Koch, Fahnenfluchten, S. 325–351.

16 Doku, Aufzeichnungen Alfred Bamer 1942. Vgl. zum Einsatz der 9. Panzer-Division: *http://www.lexikon-der-wehrmacht.de/Gliederungen/Panzerdivisionen/9PD.htm* (aufgerufen 18.5.2016).

17 Doku, Manuskript Josef Frattnig (Pseudonym), S. 74–76.

18 Doubek, »Du wirst das später erst verstehen …«, S. 147; Schöner, Wiener Tagebuch, S. 445–447. Doku, Tagebuch Stephanie Bamer (geb. Johne), Einträge September bis Dezember 1939; ebd. Manuskript Adolfine Schumann (geb. Jauernig), S. 78.

19 Hagspiel, Die Ostmark, S. 265–267; Aly, Hitlers Volksstaat, S. 93, 95.

20 Doku, Manuskript Adolfine Schumann (geb. Jauernig), S. 91 f., 113 f.

21 Hagspiel, Die Ostmark, S. 66; Schöner, Wiener Tagebuch, S. 445.

22 Hagspiel, Die Ostmark, S. 66; Doubek, »Du wirst das später erst verstehen …«, S. 177 f.

23 Doku, Manuskript Adolfine Schumann (geb. Jauernig), S. 75–112.

24 Schöner, Wiener Tagebuch, S. 447.

25 Zur Verhaftung der staatenlosen Juden und zu ihrer Internierung im Praterstadion vgl. Spring, Staatenloses Subjekt, vermessenes Objekt.

26 Langnas, Tagebücher und Briefe, S. 44–78.

27 Doku, Manuskript Adolfine Schumann, S. 66 f., 85, 117 f., 120.

28 Doku, Tagebuch Stephanie Bamer (geb. Johne), diverse Einträge Frühjahr bis Herbst 1940.

29 Doku, Tagebuch Ruffingshofer, Einträge vom Juli 1940.

30 Doku, Manuskript Hans Piscator (Pseudonym), S. 67–71.

31 Doku, Manuskript »Selbsterlebtes im Hinterland« von Oswald Sint.

32 Vgl. *Das Kleine Blatt*, 26.3.1941, S. 5.

33 Doku, Manuskript Adolfine Schumann (geb. Jauernig), S. 116 –122; ebd., Tagebuch Stephanie Bamer (geb. Johne), Einträge Herbst 1940 bis Frühjahr 1941.

34 Slapnicka, Oberösterreich als es »Oberdonau« hieß, S. 288–290.

35 Kershaw, Der Hitler-Mythos, S. 213–217; Doubek, »Du wirst das später erst verstehen …«, S. 241 f.

36 Doku, Manuskript Adolfine Schumann (geb. Jauernig), S. 124, 126, 131, 139 f.

37 Doku, Manuskript »Erinnerungen und Aufzeichnungen 1940–1985« von Oswald Sint, S. 1 f.; ebd., Tagebuch Stephanie Bamer (geb. Johne), Eintrag vom 17. 8. 1941.

38 Doku, Manuskript »Erinnerungen und Aufzeichnungen 1940–1985« von Oswald Sint, S. 6.

39 Doubek, »Du wirst das später erst verstehen …«, S. 265–267, 270 f., 284. Vgl. zum Wissen um Massenmord und Holocaust in der deutschen Bevölkerung: Bajohr/Pohl, Massenmord und schlechtes Gewissen.

40 Doku, Tagebuch Stephanie Bamer (geb. Johne), Einträge Sommer 1941 bis Frühjahr 1942.
41 Doku, Manuskript Adolfine Schumann (geb. Jauernig), S. 143–166.
42 Doku, Tagebuch Ruffingshofer, Einträge Herbst 1941 bis Herbst 1942.
43 Langnas, Tagebücher und Briefe, S. 93–108.
44 Hilberg, Die Vernichtung der europäischen Juden, S. 159 f., 175–182.
45 Zit. n. Safrian, Die Eichmann-Männer, S. 68 f.
46 Safrian, Die Eichmann-Männer, S. 69–72; Moser, Nisko, S. 24–27.
47 Moser, Nisko, S. 28–31, 34–41, 45–48, 51–53; Safrian, Die Eichmann-Männer, S. 72–78; Rosenkranz, Verfolgung und Selbstbehauptung, S. 216 f.
48 Genauer gesagt »Generalgouvernement für die besetzten polnischen Gebiete«, geschaffen per Führererlass vom 12. Oktober 1939 für die nicht dem Reich angegliederten zentralpolnischen Gebiete. Benz u. a. (Hg.), Enzyklopädie des Nationalsozialismus, S. 531–533.
49 Moser, Nisko, S. 46 f.; 56 f., 67–83; Safrian, Die Eichmann-Männer, S. 78–80. Vgl. Seev Goshen, Eichmann und die Nisko-Aktion im Oktober 1939. Eine Fallstudie zur NS-Judenpolitik in der letzten Etappe vor der »Endlösung«, in: Vierteljahreshefte für Zeitgeschichte, 1981, Heft 1, S. 74–96. Deutsch-sowjetischer Grenz- und Freundschaftsvertrag, 28. September 1939, URL: http://www.1000dokumente.de/ (aufgerufen 20.11.2015).
50 Moser, Nisko, S. 85 f., 90 f. Leopold Sonnenfeld: Jetzt haben wir gewusst, was los ist. URL: http://www.doew.at/erinnern/biographien/erzaehlte-geschichte/ns-judenverfolgung-deportation/leopold-sonnenfeld-jetzt-haben-wir-gewusst-was-los-ist (aufgerufen 8.11.2015).
51 Richard Kohns Vater, Alfred Kohn, geb. 1886, Schlossermeister, wurde im Juli 1940 festgenommen, weil er in einem Gasthaus geäußert hatte: »Ihr werdet noch Gras fressen unter Hitler und nackt herumlaufen!« Im November 1941 deportierten die Nationalsozialisten Alfred Kohn gemeinsam mit seiner Frau, der zwölfjährigen Tochter und dem sechsjährigen Sohn nach Kowno/Kaunas. Alle wurden nach ihrer Ankunft erschossen. (Opfersuche DÖW, http://www.doew.at/ – aufgerufen 17.11.2015.)
52 Interview mit Richard Kohn, geführt 2003 in Wien, URL: http://www.centropa.org/de/biography/richard-kohn (aufgerufen 12.11.2015). Moser, Nisko, S. 163–166.
53 Grundlegend zur Nisko-Aktion: Moser, Nisko, zur Geschichte des Lagers insbes. ebd., S. 85–163. Vgl. Rosenkranz, Verfolgung und Selbstbehauptung, S. 215–218; Safrian, Die Eichmann-Männer, S. 68–86; Benz (Hg.), Lexikon des Holocaust, S. 160 f.; Widerstand und Verfolgung in Wien, Bd. 3, S. 284–288.
54 Benz (Hg.), Lexikon des Holocaust, S. 146 f.
55 Rosenkranz, Verfolgung und Selbstbehauptung, S. 255 f.; Safrian, Die Eichmann-Männer, S. 96 f.; Hilberg, Die Vernichtung der europäischen Juden, S. 221.
56 Benz u. a. (Hg.), Enzyklopädie des Nationalsozialismus, S. 643.
57 Erinnerungen, Bd. 1, Peter S. (Tagebuch Martha S.), wörtlich zitiert wird aus den Einträgen vom 10.2.1940, 21.10.1940, 4.2.1941 und 22.10.1941. Dass Martha S. in ihren Aufzeichnungen ihre Schwester als »Tante«, ih-

ren Bruder als »Onkel«, ihre Eltern als »Großeltern« und ihren Ehemann als »Papa« bezeichnet, dürfte darauf zurückzuführen sein, dass sie beim Schreiben an ihren Sohn Peter als Adressaten dachte.

58 Rosenkranz, Verfolgung und Selbstbehauptung, S. 258–262, wörtliche Zitate: S. 258, 262; Safrian, Die Eichmann-Männer, S. 96–98.

59 Hilberg, Die Vernichtung der europäischen Juden, S. 186–189, 419 f.; Friedländer, Die Jahre der Vernichtung, S. 293 f., 314. Vgl. zur Kontroverse um Hitlers Entscheidungsfindung: Browning, Die Entfesselung der »Endlösung«, und Gerlach, Die Wannseekonferenz.

60 Rosenkranz, Verfolgung und Selbstbehauptung, S. 284–296; Browning, Die Entfesselung der »Endlösung«, S. 537–569; Benz u. a. (Hg.), Enzyklopädie des Nationalsozialismus, S. 148 f., 231 f.; Rabinovici, Von der Kultusgemeinde zum Ältestenrat. DÖW: Die Deportation der österreichischen Juden, URL: *http://ausstellung.de.doew.at/b62.html*; Bundesarchiv: Chronologie der Deportationen aus dem Deutschen Reich, URL: *https:// www.bundesarchiv.de/gedenkbuch/chronicles.html?page=1* (beide aufgerufen 13.12.2015).

61 Erinnerungen, Bd. 1, Peter S. (Tagebuch Martha S.), Einträge 1941 und 1942.

62 Erinnerungen, Bd. 1, Peter S. (Tagebuch Martha S.), Einträge 1942 bis 1945.

63 DÖW: Demographie der österreichischen Juden 1938–1945, URL: *http:// ausstellung.de.doew.at/m17sm150.html* (aufgerufen 1.12.2015).

64 Ungar-Klein, »Als Kind habe ich einmal einen Lichtstrahl gekannt …«, insbes. S. 69–72.

65 Erinnerungen, Bd. 2, Francis Wahle, S. 100–107, Anna Hedwig Wahle, S. 108–141.

66 Erinnerungen, Bd. 1, Koloman Baranyai, S. 265–268.

67 Zahlenangaben lt. der fundierten Schätzung von Baumgartner/Freund, Der Holocaust an den österreichischen Roma und Sinti, S. 20–23.

68 Mindler, Tobias Portschy, S. 92–124, insbes. 105–110. Die Zigeunerfrage. Denkschrift des Landeshauptmannes für das Burgenland Pg. Dr. Portschy. Burgenländische Landesbibliothek 3827-B.

69 Erinnerungen, Bd. 2, Walpurga Horvath, S. 259–264.

70 Baumgartner/Freund, Der Holocaust an den österreichischen Roma und Sinti, S. 13–23; Baumgartner/Freund, Roma-Politik in Österreich, S. 24–32; Freund u. a., Das Ghetto in Lodz, S. 54–79; Benz u. a. (Hg.), Enzyklopädie des Nationalsozialismus, S. 795–797. Vgl. allg. Thurner, Nationalsozialismus und Zigeuner in Österreich.

71 Wikipedia, Einträge »Mauthausen«, »Granit-und Gneisplateau«, »Mauthausner Granit«, »Mauthausner Steinindustrie« (alle aufgerufen 6.1.2016).

72 Zeitzeugenberichte Bruno Erbsmann und Józef Scislo, URL: *http://www. mauthausen-memorial.at/* (aufgerufen 17.1.2016).

73 Vgl. Benz (Hg.), Lexikon des Holocaust, S. 241 f.

74 Zeitzeugenbericht Ota Šik, URL: *https://www.youtube.com/watch?v=uUAiI ndikJU* (aufgerufen 30.1.2016).

75 Zit. n. Freund, Tötungen durch Giftgas in Mauthausen und Gusen, S. 5.

76 Geschichte des KZ Mauthausen-Gusen in erster Linie nach: Freund/Perz, Konzentrationslager Mauthausen, und Perz, Gusen I und II; weiter: Botz, Nationalsozialismus in Wien, S. 343–348; Fabréguet, Entwicklung und Veränderung der Funktionen des Konzentrationslagers Mauthausen 1938–1945; Baumgartner, Kurzgeschichte des KZ Mauthausen; Freund, Tötungen durch Giftgas in Mauthausen und Gusen. Grundlegend: Maršálek, Die Geschichte des Konzentrationslagers Mauthausen. Häftlingszahlen und Sterblichkeitsrate: Freund/Perz, Konzentrationslager Mauthausen, S. 315.

77 Kropf/Baumgartner,»Man hat halt mit dem leben müssen«, passim, insbes. S. 55–72.

78 Wikipedia, Einträge»Eferdinger Becken«,»Alkoven (Oberösterreich)«, »Schloss Hartheim«,»Tötungsanstalt Hartheim« (alle aufgerufen 9.2.2016).

79 Kepplinger, NS-Euthanasie in Österreich, S. 35–51; Kepplinger, Die Tötungsanstalt Hartheim 1940–1945, S. 63–69. Grundlegend: Klee,»Euthanasie« im NS-Staat, sowie Aly, Die Belasteten.

80 Gerhard Fürstler, Peter Malina:»Ich tat nur meinen Dienst«. Zur Geschichte der Krankenpflege in Österreich in der NS-Zeit. Wien 2004. S. 247, 251 f. u. passim. *http://arbeit.psychiatrische-landschaften.net/index.html@p=6.html;* *http://www.schloss-hartheim.at/index.php/historischer-ort/toetungsanstalt-hartheim-1940–1944* (aufgerufen 12.2.2016).

81 Auszug aus der Vernehmung des Beschuldigten Vinzenz Nohel durch die Kripo Linz vom 4.9.1945. URL: *http://www.mauthausen-memorial.at/* (aufgerufen 16.2.2016).

82 Allgemein zum Thema Hartheim und Euthanasie: Kepplinger, NS-Euthanasie in Österreich; Kepplinger, Die Tötungsanstalt Hartheim 1940–1945; Seifert,»Sterben hätte sie auch hier können«, S. 388–396; Kammerhofer, Die»Hartheimer Statistik«; Leitner, NS-Euthanasie: Wissen und Widerstand; Schwanninger,»Wenn du nicht arbeiten kannst…«; Klee, »Euthanasie« im NS-Staat, S. 135–159, 184–190 sowie passim; Vasold, Medizin, S. 269–274; Häupl, Der organisierte Massenmord an Kindern und Jugendlichen, S. 38 f., 187 f.; Burr Bukey, Hitlers Österreich, S. 236 f.

83 Diese Zahlen werden häufig genannt. Ein Beispiel von vielen ist Hanisch, Der Ort des Nationalsozialismus, S. 18. Vgl. Perz, Der österreichische Anteil an den NS-Verbrechen, S. 224 f. Er kommt in einer kritischen Analyse der Herkunft dieser Zahlen zu dem Schluss, dass der Anteil von 40 %»in keiner Weise nachvollziehbar« sei.

84 Vgl. Graf, Österreichische SS-Generäle, S. 21. Der Autor spricht, wohl irrtümlich, von 6,6 %. Weiter hinten nennt er wiederholt eine Zahl von 55 österreichischen SS-Generälen (und nicht 51 wie auf S. 21), was einem Anteil von 7,5 % entsprechen würde.

85 Gafke, Heydrichs Ostmärker, S. 16 f. Der Autor erstellte durch umfassende Auswertung verschiedener Quellen eine Liste von»etwa 1400« Personen, die der»ersten Garnitur« der Sicherheitspolizei und des SD zuzurechnen waren. Darunter ließen sich 51 Personen identifizieren, die in der Donaumonarchie geboren sind.

86 Vgl. generell zum Themenkomplex der aus Österreich stammenden NS-Täter: Perz, Der österreichische Anteil an den NS-Verbrechen; Botz, Simon Wiesenthals Beitrag.

87 Die erste Zahl (10 %) ergibt sich aus der Analyse einer Liste, die sich in der Internet-Enzyklopädie Wikipedia findet (»Liste der SS- und Polizeiführer«, aufgerufen 25.7.2016), die zweite Zahl (17 %) aus Graf, Österreichische SS-Generäle, S. 229.

88 Graf, Österreichische SS-Generäle, S. 223–301.

89 Berger, Experten der Vernichtung, S. 9–85; Sachslehner, Zwei Millionen ham'ma erledigt, S. 185–197; Snyder, Bloodlands, S. 261–283; Benz (Hg.), Lexikon des Holocaust, S. 9–11, 26 f., 218 f., 235–237.

90 Sachslehner, Zwei Millionen ham'ma erledigt, S. 126–135, 192–205; Berger, Experten der Vernichtung, S. 295–298, 401–415.

91 Als Quelle für diese Auswertung diente die Internet-Enzyklopädie Wikipedia, Einträge »Einsatzgruppen der Sicherheitspolizei und des SD« und »Einsatzgruppe D der Sicherheitspolizei und des SD« sowie diverse biographische Einträge von Führern und Teilkommandoführern der verschiedenen Einsatzgruppen (aufgerufen 27.7.2016). Ausdrücklich sei betont, dass diese Wikipedia-Einträge durchweg durch seriöse Quellen sehr gut belegt sind.

92 Zu Persterer: Wolfgang Greber: Krim: Die Massaker von Feodosia, in: *Die Presse*, 26.3.2014. Marianne Enigl, Christa Zöchling: Nicht nachgefragt. Kinder im Schatten des Hakenkreuzes, in: *Profil*, 21.10.2006. Zu Bast: Pollack, Der Tote im Bunker, passim. Zu Achamer-Pifrader: Graf, Österreichische SS-Generäle, S. 303–313. Vgl. zu allen dreien Gafke, Heydrichs Ostmärker, S. 73–78, 103–144, 202–225, 296 f.

93 Curilla, Die deutsche Ordnungspolizei und der Holocaust, S. 545–568. Alfred Aedtner: An Ort und Stelle erschossen, in: *Der Spiegel*, Nr. 44/1986, S. 76–99. Vgl. auch Zechmeister, Das Polizeibataillon 322 aus Wien-Kagran.

94 Die folgenden Ausführungen basieren durchweg, sofern nicht anders ausgewiesen, auf Geldmacher, »Wir als Wiener waren ja bei der Bevölkerung beliebt«.

95 Vgl. *http://www.prisonexp.org/german/* (aufgerufen 5.8.2016).

96 Browning, Ganz normale Männer, S. 208–246, insbes. 208–212.

97 Harald Welzer, Täter. Wie aus ganz normalen Menschen Massenmörder werden, Frankfurt am Main. 2005.

98 Stefan Kühl, Ganz normale Organisationen. Zur Soziologie des Holocaust, Frankfurt am Main. 2014.

ANGST / 1943–1944

1 Zahlen lt. Wolfgang Etschmann, Stalingrad, in: *Truppendienst*, 330, 6/2012. *http://www.bundesheer.at/truppendienst/ausgaben/artikel.php?id=1455* (aufgerufen 23.5.2016). In anderen Unterlagen finden sich zum Teil davon abweichende Zahlenangaben. Die Angaben zu den Kriegsgefangenen variieren zwischen 90000 und 110000.

2 Erinnerungen Engelbert Taschl: Crha, Österreicher im II. Weltkrieg, S. 122–136.

3 Pietsch, Es regnete Hakenkreuze, S. 83–85.

4 *http://www.lexikon-der-wehrmacht.de/Gliederungen/Gebirgsjagerregimenter/ GJR138.htm* (aufgerufen 3.5.2016).

5 Doku, Manuskript Josef Frattnig (Pseudonym), S. 77–94.

6 Pietsch, Es regnete Hakenkreuze, S. 111–116, 159 f.; vgl. allg. Fritsche, Entziehungen.

7 Doku, Aufzeichnungen Alfred Bamer November 1942 bis September 1943.

8 Doku, Manuskript Hans Piscator (Pseudonym), S. 79–106.

9 Doku, Manuskript Josef Frattnig (Pseudonym), S. 90–102.

10 Doku, Tagebuch Stephanie Bamer (geb. Johne), Einträge 14.12.1942 bis 6.1.1943.

11 Doubek, »Du wirst das später erst verstehen …«, S. 289 f.

12 Stadler, Österreich 1938–1945, S. 294–300.

13 Doubek, »Du wirst das später erst verstehen …«, S. 295 f.

14 Slapnicka, Oberösterreich als es »Oberdonau« hieß, S. 290; Stadler, Österreich 1938–1945, S. 295 f., 298.

15 Langnas, Tagebücher und Briefe, S. 117–124.

16 *Neue Zürcher Zeitung*, 14.11.1943, Blatt 4.

17 Doku, Tagebuch Ruffingshofer, Einträge Jänner bis November 1943.

18 Doku, Manuskript Adolfine Schumann (geb. Jauernig), S. 179–206, 212 f.

19 Doku, Tagebuch Stephanie Bamer (geb. Johne), Einträge Frühjahr bis Winter 1943.

20 Doku, Manuskript »Erinnerungen und Aufzeichnungen 1940–1985« von Oswald Sint, S. 22–29.

21 Doubek, »Du wirst das später erst verstehen …«, S. 291 f., 304 f., 332–351.

22 Bei seiner auf allen Sendern übertragenen Rede am 8. November 1943 in München hatte Hitler die nahende »Stunde der Vergeltung« angekündigt und damit einen »Jubelsturm ohnegleichen« ausgelöst (*Das Kleine Blatt*, 9.11.1943, S. 1–4). Vgl. dazu Kershaw, Der Hitler-Mythos, S. 259.

23 Doku, Tagebuch Ruffingshofer, Einträge Jänner bis November 1944.

24 Doku, Tagebuch Stephanie Bamer (geb. Johne), Einträge Jänner bis Oktober 1944.

25 Langnas, Tagebücher und Briefe, S. 130–137.

26 Burr Bukey, Hitlers Österreich, S. 296–309.

27 Schöner, Wiener Tagebuch, S. 59, 62, 71 f., 74 f., 80. Vgl. *Kleines Wiener Kriegsblatt*, 14.11.1944, S. 1 u. 6.

28 Doubek, Bleib über!, S. 85–93.

29 IMT, Bd. 14, S. 450 f.

30 Stadler, Österreich 1938–1945, S. 301–303; Burr Bukey, Hitlers Österreich, S. 264 f.

31 Doku, Tagebuch Stephanie Bamer (geb. Johne), Einträge Jänner 1941 bis August 1942.

32 Doku, Manuskript Adolfine Schumann (geb. Jauernig), S. 201, 234.

33 Urbanek, Österreichs Deutschland-Komplex, S. 196–206.

34 Urbanek, Österreichs Deutschland-Komplex, S. 233–259.

35 Doubek, »Du wirst das später erst verstehen…«, S. 216–219; Urbanek, Österreichs Deutschland-Komplex, S. 244–249. Beispiele für kritische Zeitungskommentare: *Das Kleine Blatt*, 19.11.1940, S. 10; *Neues Wiener Tagblatt*, 19.11.1940, S. 9.

36 Hans Mommsen etwa fand, die Inhalte der Stimmungsberichte seien »nicht Niederschlag einer seriösen Meinungsforschung, sondern Reflex auf die jeweils vorgegebene Propagandalinie« (Hans Mommsen, Der Holocaust und die Deutschen, in: *Zeitschrift für Geschichtswissenschaft*, 56. Jg., 2008, S. 846.)

37 Doku, Tagebuch Stephanie Bamer (geb. Johne), Eintrag 18.3.1944. Doubek, Bleib über!, S. 69 f. Vgl. Online-Enzyklopädie »Wikipedia«, Stichwort »Schrammeln« sowie *https://www.youtube.com/watch?v=tBbAuJSzuCI* (beide aufgerufen 23.2.2017).

38 Doku, Tagebuch Ruffingshofer, Einträge Februar bis Mai 1943 sowie 20.11.1944.

39 Vgl. Kershaw, Der Hitler-Mythos, insbes. S. 207–243.

40 Burr Bukey, Hitlers Österreich, S. 263.

41 Allgemein zum Thema Luftkrieg: Ulrich, Der Luftkrieg über Österreich; Friedrich, Der Brand; Süß, Tod aus der Luft; Overy, Der Bombenkrieg.

42 Hoffmann, Fliegerlynchjustiz, S. 63–68; Stadler, Österreich 1938–1945, S. 297.

43 *http://www.geheimprojekte.at/info_flaktuerme.html* (aufgerufen 18.11.2016).

44 Doubek, »Du wirst das später erst verstehen…«, S. 304, 318–320. Allg. zur »passiven Luftabwehr«: Ulrich, Der Luftkrieg über Österreich, 36 f.

45 Reisner, Der Luftkrieg 1944/45 über Österreich.

46 Diese Angaben finden sich bei Reisner, Bomben auf Wiener Neustadt, S. 309 f. Insgesamt ergibt sich daraus eine Gesamtzahl von 160 Toten. Unklar ist, wieso der Autor auf S. 312 eine Gesamtzahl von 134 Getöteten nennt. Er verweist übrigens seinerseits auf abweichende Angaben in der Literatur, die aber nicht die Diskrepanz in seinem Beitrag erklären. Möglicherweise hat er vergessen, die 26 getöteten Franzosen in die Gesamtrechnung einzubeziehen.

47 Der gesamte Abschnitt über Wiener Neustadt beruht auf der ausgezeichnet recherchierten und faktenreichen Darstellung von Markus Reisner. (Reisner, Bomben auf Wiener Neustadt, S. 280–329, 1175–1193 und passim.)

48 Zur hartnäckig vertretenen Auffassung, die Ostmark sei verbotenes Terrain für die alliierten Flieger, die bis Mitte 1944 anhielt, vgl. Burr Bukey, Hitlers Österreich, S. 296–298.

49 Albrich, Bomber über der »Alpenfestung«, S. 387–390; Ulrich, Der Luftkrieg über Österreich, S. 9 f. Leo Unterrichter, Die Luftangriffe auf Nordtirol im Kriege 1939–1945. (Erschienen 1949.) Download unter: *http://www.zobodat.at/pdf/VeroeffFerd_026-029_0555-0581.pdf.* Horst Schreiber: Innsbruck im Bombenkrieg. URL: *http://www.horstschreiber.at/texte/inns bruck-im-bombenkrieg* (alle aufgerufen 22.11.2016).

50 Reisner, Der Luftkrieg 1944/45 über Österreich. Die Zahlenangaben wurden aus diesem Überblicksbeitrag übernommen. Es muss aber betont werden, dass sich in anderen Quellen z. T. davon abweichende Angaben finden. Die Tendenz (rasant sinkender Ausstoß in Wiener Neustadt, starke Übermacht der Amerikaner) ist überall dieselbe.

51 Rauscher, Der Luftkrieg gegen Steyr; Slapnicka, Oberösterreich als es »Oberdonau« hieß, S. 292, 306 f.; Ulrich, Der Luftkrieg über Österreich, S. 12 u. 14.

52 Berger, Tage wie schwarze Perlen, S. 87–90; Ulrich, Der Luftkrieg über Österreich, S. 18; Slapnicka, Oberösterreich als es »Oberdonau« hieß, S. 307.

53 Ulrich, Der Luftkrieg über Österreich, S. 13, 16; Reisner, Der Luftkrieg 1944/45 über Österreich; Molden, Fepolinski und Waschlapski, S. 329.

54 *https://www.wien.gv.at/wiki/index.php?title=Luftangriffe* (aufgerufen 18.11. 2016).

55 Pietsch, Es regnete Hakenkreuze, S. 154–158. Vgl. zu diesem Angriff auch Schöner, Wiener Tagebuch, S. 25–27.

56 *https://www.wien.gv.at/wiki/index.php?title=Luftangriffe* (aufgerufen 18.11. 2016).

57 Schöner, Wiener Tagebuch, S. 54–84.

58 Hoffmann, Fliegerlynchjustiz, S. 57 f., 60.

59 Ulrich, Der Luftkrieg über Österreich, S. 16–21; Hanisch, Gau der guten Nerven, S. 173–177. *http://www.salzburg.com/wiki/index.php/Bomben_auf_ Salzburg* (aufgerufen 26.11.2016).

60 Thomas Bernhard: Die Ursache. Eine Andeutung. Salzburg 1975, Lizenzausgabe Deutsche Buchgemeinschaft o. J. S. 25–31.

61 Ulrich, Der Luftkrieg über Österreich, S. 59 u. 64; Karner, Die Steiermark im Dritten Reich, S. 245 f., 391–397; Brunner, Bomben auf die Steiermark, S. 604 u. passim. Ulrich und Karner zählen für Graz 56 Angriffe, Brunner 57.

62 Wagner, Zwangsarbeit im Nationalsozialismus. Zwangsarbeit im NS-Staat, URL: *http://www.bundesarchiv.de/zwangsarbeit/* (aufgerufen 6.10. 2016).

63 Perz/Freund, Zwangsarbeit in Österreich.

64 Hornung, Zwangsarbeit in der Landwirtschaft; Dohle/Slupetzky, Arbeiter für den Endsieg, S. 77; Stadler, Österreich 1938–1945, S. 283, 304.

65 Hornung, Zwangsarbeit in der Landwirtschaft, S. 52.

66 Ruff, Um ihre Jugend betrogen, S. 34–38 u. passim.

67 Grünfelder, Arbeitseinsatz für die Neuordnung Europas, S. 140 f.; Bauer (Hg.), Bauernleben, S. 184. Allgemein zu Zwangsarbeitern im alpinen Bereich: Nußbaumer, »Fremdarbeiter« im Pinzgau.

68 Grünfelder, Arbeitseinsatz für die Neuordnung Europas, S. 141–144.

69 Grünfelder, Arbeitseinsatz für die Neuordnung Europas, S. 158–166; Rauscher, Der Luftkrieg gegen Steyr, S. 9.

70 Ausführlich zur Moskauer Deklaration und ihrer Bedeutung für die Geschichte der Zweiten Republik: Karner/Tschubarjan (Hg.), Die Moskauer Deklaration 1943. Weiter: Lehnguth, Waldheim und die Folgen, S. 58–62; Burr Bukey, Hitlers Österreich, S. 291–295.

71 Botz, Lange Traditionen und Strukturen des Widerstands, S. 11, hat auf diese Diskrepanz aufmerksam gemacht. Er spricht allerdings von 100 000 verfolgten »Widerstandskämpfern«, was im Großteil der Fälle eine übertriebene Heroisierung von Vergehen wie Schwarzschlachten, Schwarzhören, dem Erzählen von politischen Witzen, unbedachten abschätzigen Bemerkungen über NS-Führer etc. ist. Die Schätzung von 100 000 in den Fokus der Gestapo geratenen Personen findet sich auch bei Bailer/Ungar, Die Zahl der Todesopfer politischer Verfolgung, S. 4. Vgl. auch Neugebauer, Der österreichische Widerstand, S. 236 f.

72 Bailer/Ungar, Die Zahl der Todesopfer politischer Verfolgung, S. 1–5.

73 Form, Politische NS-Strafjustiz in Österreich und Deutschland, S. 24–28. Vgl. auch Neugebauer, Der österreichische Widerstand, S. 34–38. Ausdrücklich muss darauf hingewiesen werden, dass die Problematik bestimmter Zahlenangaben gegenüber dem Originaltext vereinfacht und zum besseren Verständnis auf das Wesentliche reduziert wurde. Die Angaben zur Bevölkerungsstärke der Länder beziehen sich auf das Jahr 1941.

74 Neugebauer, Der österreichische Widerstand, S. 68 f.

75 Neugebauer, Der österreichische Widerstand, S. 73–81; Albu, Die Arbeitsweise der Denunzianten; Mang, »Er brachte sehr gute und schöne Nachrichten«; Schafranek, Julius Kornweitz und Leo Gabler. Vgl. auch *http://derstandard.at/1234261210054/Geschichte-Verraeter-und-politisches-Werkzeug* (aufgerufen 11.3.2017).

76 Neugebauer, Der österreichische Widerstand, S. 69.

77 Halbrainer, Frieda und Otto Hauberger.

78 Vgl. Neugebauer, Der österreichische Widerstand, S. 67 f.

79 Buttinger, Am Beispiel Österreichs, S. 485.

80 Neugebauer, Der österreichische Widerstand, S. 133–158; Widerstand und Verfolgung in Wien 1934–1945, Bd. 3, S. 81–149; Schönner, Katholikinnen und Katholiken in Widerstand und Verfolgung.

81 Neugebauer, Der österreichische Widerstand, S. 196–198. Vgl. Molden, Fepolinski und Waschlapski.

82 Weinzierl, Prüfstand, S. 213. Das DÖW geht von ungefähr 30 im KZ umgekommenen Priestern aus (Neugebauer, Der österreichische Widerstand, Anm. 282 auf S. 252).

83 Ursula Schwarz, Maria Restituta (Helene Kafka, 1894–1943), URL: *http:// www.doew.at/erinnern/biographien/spurensuche/maria-restituta-helene-kafka-*

1894–1943. Edith Beinhauer, Helene Kafka. Schwester Maria Restituta, URL: *http://austria-forum.org/af/Biographien/Kafka%2C_Helene* (beide aufgerufen 15.3.2017).

84 Es gibt zahlreiche Quellen zum Leben und Sterben Franz Jägerstätters. Diese kurze Zusammenfassung basiert in erster Linie auf Putz, Franz Jägerstätter – Märtyrer, sowie Weinzierl, Prüfstand, S. 182 f.

85 Allgemein zum Widerstand aus der katholischen Kirche: Neugebauer, Der österreichische Widerstand, S. 114–132; Weinzierl, Prüfstand, insbes. S. 161–226; Widerstand und Verfolgung in Wien 1934–1945, Bd. 3, S. 5–80; Schönner, Katholikinnen und Katholiken in Widerstand und Verfolgung.

86 Neugebauer, Der österreichische Widerstand, S. 159–163. Vgl. Widerstand und Verfolgung in Wien 1934–1945, Bd. 3, S. 161–185.

87 Vgl. ausführlich: Wette, Feldwebel Anton Schmid. Christian Staas, Tollkühn aus Nächstenliebe, *http://www.zeit.de/2013/27/wolfram-wette-feldwebel-anton-schmid* (aufgerufen 16.3.2017).

88 *http://www.lettertothestars.at/righteous_pers.php?ctype=&uid=54; http://www.yadvashem.org/righteous/stories/neff; http://www.yadvashem.org/righteous/stories/neff/lilli-wolff-testimony* (alle aufgerufen 3.12.2015).

89 Zu den untergetauchten Juden und ihren Helfern allgemein: Kosmala, Stille Helden. Vgl. auch Ungar-Klein, »Als Kind habe ich einmal einen Lichtstrahl gekannt …«.

90 Halbrainer, Der größte Lump, S. 79.

91 Halbrainer, Der größte Lump, S. 61 sowie Anm. 73 auf S. 259. Konkret spricht Halbrainer von 2012 »Personen«, die angezeigt wurden, meint aber offensichtlich 2012 *Fälle* von Anzeigen. In der dazugehörigen Fußnote führt er nämlich aus, dass insgesamt 1884 »Denunziationsopfer« erfasst worden seien, »da ein und dieselbe Person mehrmals denunziert werden konnte, sie also auch mehrmals – z. B. 1939, 1941 und 1944 – gezählt wurde«.

92 Nach dem Bevölkerungsstand laut der Volkszählung von 1934, aber auf Basis der neuen Gaueinteilung von 1938 hatte die Steiermark eine Wohnbevölkerung vom 1 122 947 Personen, das gesamte Land Österreich 6 760 233. Die Hochrechnung ergibt eine Zahl von 11 342 denunzierten Personen und 12 112 Denunziationsfällen. Berechnung laut Angaben in den Statistisches Nachrichten 1938, S. 123.

93 Ganzer Abschnitt primär nach Halbrainer, Der größte Lump, S. 61–119, wörtliche Zitate: S. 79, 94.

94 Müllner, Schwarzhörer und Denunzianten, passim u. bes. S. 360–371; Schöner, Wiener Tagebuch, S. 25–27.

95 Neugebauer, Der österreichische Widerstand, S. 46. Johannes Eidlitz: Das Radl ist sozusagen plötzlich gelaufen, URL: *http://www.doew.at/erinnern/biographien/erzaehlte-geschichte/widerstand-1938–1945/* (aufgerufen 18.3.2017). Vgl. allg. zu Wertung des österreichischen Widerstandes: Hanisch, Der lange Schatten des Staates, S. 389–394.

PANIK UND HOFFNUNG / 1945

1 Ausführlich: Banny, Schild im Osten. Vgl. weiter Rauchensteiner, Der Krieg in Österreich '45, S. 79–95; Karner, Die Steiermark im Dritten Reich, S. 398–401; Wartlik, Das Arbeitslager für ungarische Juden in Engerau, S. 39–47.

2 Rauchensteiner, Der Krieg in Österreich '45, S. 103–116; Gruchmann, Der Zweite Weltkrieg, S. 284–290.

3 Rauchensteiner, Der Krieg in Österreich '45, S. 123–166; Stelzl-Marx, Stalins Soldaten in Österreich, S. 100–112.

4 Rauchensteiner, Der Krieg in Österreich '45, S. 153–192; Stelzl-Marx, Stalins Soldaten in Österreich, S. 131–137; Etschmann, Die Schlachten um Wien und Berlin 1945.

5 Rauchensteiner, Der Krieg in Österreich '45, S. 193–216.

6 Rauchensteiner, Der Krieg in Österreich '45, S. 241–281; Stelzl-Marx, Stalins Soldaten in Österreich, S. 137–139.

7 Muigg, Die »Alpenfestung«; Rauchensteiner, Der Krieg in Österreich '45, S. 285–294.

8 Zit. n. Rauchensteiner, Der Krieg in Österreich '45, S. 319.

9 Rauchensteiner, Der Krieg in Österreich '45, S. 305–332.

10 Rauchensteiner, Der Krieg in Österreich '45, S. 333–339; Hanisch, Gau der guten Nerven, S. 177–186. Website »Salzburgwiki«, *http://www.salzburg.com/wiki/*, Stichwort »Hans Lepperdinger (aufgerufen 29.12.2016).

11 Darstellung der Vorgänge auf Basis der Website *http://braunau-history.at/*, Stichwort »Kriegsende« (aufgerufen 3.1.2017). Dort sind auch die zitierten Originaldokumente zu finden.

12 Rauchensteiner, Der Krieg in Österreich '45, S. 341–354; Slapnicka, Oberösterreich als es »Oberdonau« hieß, S. 332–340.

13 Rauchensteiner, Der Krieg in Österreich '45, S. 355–361.

14 Rauchensteiner, Der Krieg in Österreich '45, S. 363–397; Rauchensteiner, 1945 – Entscheidung für Österreich, S. 178–181.

15 Overmans, Deutsche militärische Verluste im Zweiten Weltkrieg, S. 217 (Tab. 25), S. 219 (Tab. 26), S. 224 (Tab. 29), S. 231 (Tab. 34), S. 241 (Tab. 39), S. 247 (Tab. 42), S. 263 (Tab. 51) sowie passim, insbes. S. 205–323. Ausdrücklich ist zu betonen, dass es sich hier ausschließlich um Schätzwerte handelt, die nur einen vagen Eindruck der in Frage stehenden Größenordnungen vermitteln sollen.

16 Erinnerungen Engelbert Taschl, in: Crha, Österreicher im II. Weltkrieg, S. 139 f.

17 Doku, Manuskript Gottfried Florian, S. 65–82.

18 Doku, Manuskript Hans Piscator (Pseudonym), S. 107–110.

19 Doku, Aufzeichnungen Alfred Bamer, Herbst 1943 bis Ende 1944.

20 Pietsch, Es regnete Hakenkreuze, S. 160–172.

21 Doku, Manuskript Josef Frattnig (Pseudonym), S. 102–112.

22 Doku, Manuskript »Erinnerungen und Aufzeichnungen 1940–1985« von Oswald Sint, S. 30–43.

23 Doku, Tagebucheinträge und Materialen Richard Ruffingshofer, 1945.
24 Doubek, Bleib über!, S. 107–109.
25 Langnas, Tagebücher und Briefe, S. 140–145.
26 Drei dieser Angriffe (nämlich jene vom 13., 14. und 15.2.1945) sind nicht in einer Auflistung verzeichnet, die auf dem Manuskript »Bomben auf Wien vom 12.IV.1944–23.III.1945« von Leopold Grulich sowie Angriffsmeldungen der Wiener Rathauskorrespondenz und der Literatur (Ulrich) basiert. Vgl. *https://www.wien.gv.at/wiki/index.php/Luftangriffe* (aufgerufen 14.12.2016). Ein Blick in die *Kleine Wiener Kriegszeitung* bestätigt allerdings die Angaben Bamers. Demnach fanden im Februar 1945 acht Luftangriffe auf Wien statt.
27 WStLA, Kommission Wien 1945, Tagebuch Dr. Stefanie Bamer, Einträge 15.1. bis 9.3.1945.
28 Doku, Manuskript Adolfine Schumann (geborene Jauernig), S. 222–228.
29 Vgl. Mommsen, Wie die Bomben Hitler halfen.
30 Schöner, Wiener Tagebuch, S. 101, 118.
31 Schöner, Wiener Tagebuch, S. 87 f.
32 Ulrich, Der Luftkrieg über Österreich, S. 29.
33 Doku, Manuskript Adolfine Schumann (geborene Jauernig), S. 235 f.
34 Schöner, Wiener Tagebuch, S. 105–108. Vgl. Wien Geschichte Wiki, *https://www.wien.gv.at/wiki/*, Einträge »Heinrichhof«, »Casa piccola«, »Café Fenstergucker«, »Philipphof« (alle aufgerufen 16.12.2016).
35 Langnas, Tagebücher und Briefe, S. 152 f. Vgl. Wien Geschichte Wiki, *https://www.wien.gv.at/wiki/*, Eintrag »Stadttempel« (aufgerufen 17.12.2016).
36 Wien Geschichte Wiki, *https://www.wien.gv.at/wiki/*, Einträge »Zweiter Weltkrieg«. »Luftangriffe« (aufgerufen 17.12.2016).
37 Vgl. zum Alltagsleben in Wien in der ersten Jahreshälfte 1945 u. a. die ausführlichen und präzisen Schilderungen bei Schöner, Wiener Tagebuch, passim.
38 Langnas, Tagebücher und Briefe, S. 155. Doku, Manuskript Adolfine Schumann (geborene Jauernig), S. 236. WStLA, Kommission Wien 1945, Tagebuch Dr. Stefanie Bamer, Einträge 15.3. bis 21.3.1945.
39 Schöner, Wiener Tagebuch, S. 113.
40 Die Darstellung folgt weitgehend Manoschek, »Dann bin ich ja ein Mörder!«, S. 27–36, sowie Lappin, Die Todesmärsche ungarischer Juden. Außerdem: Benz (Hg.), Lexikon des Holocaust, S. 239 f.; Friedländer, Die Jahre der Vernichtung, S. 642–648. Die Angaben über die Zahl der Deportierten und der Opfer in den genannten Werken variieren.
41 Wartlik, Das Arbeitslager für ungarische Juden in Engerau, S. 51–81. *http://www.nachkriegsjustiz.at/service/archiv/engerau1945_2005.php* (aufgerufen 13.1.2017).
42 Manoschek, »Dann bin ich ja ein Mörder!«, S. 36–50; Lazarovits, Mein Weg durch die Hölle, S. 7–11.
43 Hanisch, NS-Gewaltverbrechen gegen Kriegsende in Österreich.
44 Maršálek, Die Geschichte des Konzentrationslagers Mauthausen, S. 341–348; Kaltenbrunner, »K-Häftlinge« im KZ Mauthausen und die »Mühlviertler Hasenjagd«, S. 143–189 u. passim.

45 Lappin, Das Massaker von Rechnitz im zeitgeschichtlichen Kontext, S. 14–19; Pöllhuber, »In der Nacht zum Palmsonntag 1945 …«.

46 Lappin, Der Todesmarsch ungarischer Jüdinnen und Juden, S. 61–64.

47 Wartlik, Das Arbeitslager für ungarische Juden in Engerau, S. 82–85.

48 Manoschek, »Dann bin ich ja ein Mörder!«, S. 51–70.

49 Wartlik, Das Arbeitslager für ungarische Juden in Engerau, S. 86–93.

50 Lazarovits, Mein Weg durch die Hölle, S. 9–112; Manoschek, »Dann bin ich ja ein Mörder!«, S. 77–108; Lappin, Der Todesmarsch ungarischer Jüdinnen und Juden, S. 70–85.

51 Maršálek, Die Geschichte des Konzentrationslagers Mauthausen, S. 349–356. Zur Evakuierung der verschiedenen Außenlager vgl. insbes. die einzelnen Beiträge bei Freund/Perz, Konzentrationslager Mauthausen, S. 347–470. Dr. Rolf Busch-Waldeck zit. n. *http://gangoly.com/gedenkverein/todesmarsch.html* (aufgerufen 24.1.2017).

52 Lazarovits, Mein Weg durch die Hölle, S. 94–148; Manoschek, »Dann bin ich ja ein Mörder!«, S. 108–112; Freund/Perz, Konzentrationslager Mauthausen, S. 368 f.

53 Garscha/Kuretsidis-Haider, Die Räumung der Justizhaftanstalten 1945; Ferihumer/Garscha, Der »Stein-Komplex«, S. 56–59; DÖW-Mitteilungen, Folge 220, März 2015; Moser/Horacek, Zur Erschießung von 61 Menschen in Hadersdorf am Kamp. Urteil des LG Wien als Volksgericht gegen Leo Pilz u. a. vom 30.8.1946, Download: *http://www.doew.at/erinnern/fotos-und-dokumente/1938–1945/april-1945-massaker-im-zuchthaus-stein* (aufgerufen 21.1.2017).

54 WStLA, Kommission Wien 1945, Tagebuch Dr. Stefanie Bamer, Eintrag 29. 3. 1945.

55 Saage, Der erste Präsident, S. 303–309; Karner/Ruggenthaler, Die Renner-Stalin-Briefe; Stelzl-Marx, Stalins Soldaten in Österreich, S. 146–148.

56 Schöner, Wiener Tagebuch, S. 116–130. Doku, Manuskript Adolfine Schumann (geb. Jauernig), S. 238.

57 Schöner, Wiener Tagebuch, S. 130.

58 Doku, Manuskript Adolfine Schumann (geb. Jauernig), S. 243 f.

59 Vgl. Bailer, »Die Vollstreckung verlief ohne Besonderheiten«, S. 22 u. passim.

60 Wohnout, Leopold Figl und das Jahr 1945, S. 11–35.

61 Schöner, Wiener Tagebuch, S. 131 f.

62 Schöner, Wiener Tagebuch, S. 137–155.

63 Doku, Manuskript »Erinnerungen und Aufzeichnungen 1940–1985« von Oswald Sint, S. 38–41.

64 WStLA, Kommission Wien 1945, Tagebuch Dr. Stefanie Bamer, Einträge 4.–21.4.1945.

65 Doku, Manuskript Adolfine Schumann (geb. Jauernig), S. 247–250.

66 Langnas, Tagebücher und Briefe, S. 162–175.

67 Stelzl-Marx, Stalins Soldaten in Österreich, S. 408–429.

68 Wohnout, Leopold Figl und das Jahr 1945, S. 36–53; Saage, Der erste Präsident, S. 306–313; Fischer, Das Ende einer Illusion, S. 38–71; Neugebauer, Der österreichische Widerstand, S. 196–198.

69 Schöner, Wiener Tagebuch, S. 198 f.; Langnas, Tagebücher und Briefe, S. 173. WStLA, Kommission Wien 1945, Tagebuch Dr. Stefanie Bamer, Einträge 28. u. 29. 4. 1945. Doku, Manuskript Adolfine Schumann (geb. Jauernig), S. 262.

70 Bronnen, Arnolt Bronnen gibt zu Protokoll, S. 439–453, wörtliches Zitat: S. 440.

71 Vgl. Kalss, Widerstand im Salzkammergut, S. 255 f. u. passim sowie Selzer (Hg.), 1945. Ende und Anfang im Ausseer Land. Zusätzlich speisen sich die Angaben zum Salzkammergut als NS-Zuflucht 1945 aus einer Reihe von Zeitschriften- und Zeitungsbeiträgen, die im Internet zu finden sind und hier im Einzelnen nicht angeführt werden.

72 Botz, Lange Traditionen und Strukturen des Widerstands, S. 19–30; Kalss, Widerstand im Salzkammergut, S. 254–263.

73 Hammer, Glanz im Dunkel, S. 128–155; Topf, Auf den Spuren der Partisanen, S. 132–141.

74 Mernyi/Wenninger (Hg.), Die Befreiung des KZ Mauthausen, S. 119–121.

75 Bronnen, Arnolt Bronnen gibt zu Protokoll, S. 457–463; Steinacher, Nazis auf der Flucht, S. 37 f.; Topf, Auf den Spuren der Partisanen, S. 144–152; Hammer, Glanz im Dunkel, S. 167–170; Kalss, Widerstand im Salzkammergut, S. 254–263. Friedrich Wiener: Erinnerungen 1944 bis 1946, URL: *http://www.ooezeitgeschichte.at/Zeitzeugen/Zeitzeuge_WienerF.html* (aufgerufen 10.1.2017).

76 Koll, Arthur Seyß-Inquart, S. 573 f.; Sachslehner, Zwei Millionen ham'ma erledigt, S. 342–352; Goldberger/Sulzbacher, August Eigruber; Karner, Die Steiermark im Dritten Reich, S. 421 f.; Halbrainer/Stenner, Dr. Sigfried Uiberreither; Kasper, Franz Hofer, S. 11 f.; Rauchensteiner, Der Krieg in Österreich '45, S. 395; Weiß (Hg.), Biographisches Lexikon zum Dritten Reich, passim; sowie div. Internetquellen (Wikipedia u. a.).

77 Doubek, Bleib über!, S. 108–184.

SCHLÜSSE

1 Vgl. bspw. Hanisch, Der lange Schatten des Staates, S. 340 f.

2 Rosenmayr, Überwältigung 1938, S. 218 f.

3 Vgl. Peter Reichel: Der schöne Schein des Dritten Reiches. Faszination und Gewalt des Faschismus. Frankfurt am Main 1993.

4 Mit dieser Interpretation folge ich Hanisch, Der lange Schatten des Staates, S. 399, der die Opfertheorie als »Halbwahrheit« bezeichnet. Vgl. zur Dichotomie von Staat und Gesellschaft auch Hanisch, Opfer/Täter/Mythos, insbes. S. 319 f. Botz, Der »Anschluss« Österreichs an das Deutsche Reich, S. 123, hält dagegen »eine solche Trennung mit einem modernen Demokratieverständnis [für] nicht vereinbar«. Man könne Staat und Gesellschaft nicht als isolierte Einheiten betrachten.

5 Überblick zur Geschichte der Opferthese: Uhl, Das »erste Opfer«. Vgl.

weiter Bischof, Die Moskauer Deklaration und die österreichische Geschichtspolitik.

6 Vgl. Overmans, Deutsche militärische Verluste im Zweiten Weltkrieg, insbes. S. 205–323.

7 Germann, »Österreichische« Soldaten, S. 349 u. passim. Vgl. auch Grischany, Der Ostmark treue Alpensöhne.

8 Schöner, Wiener Tagebuch, S. 121. Breslau, die niederschlesische Hauptstadt, war zwischen Februar und Mai 1945 mit selbstvernichtendem Fanatismus gegen die sowjetischen Truppen verteidigt worden.

9 Zit. n. Stadler, Österreich 1938–1945, S. 301.

10 Vgl. allg. Kershaw, Der Hitler-Mythos, und Burr Bukey, Hitlers Österreich.

11 Form, Politische NS-Strafjustiz in Österreich und Deutschland, S. 24–28.

12 Bailer/Ungar, Die namentliche Erfassung der österreichischen Holocaustopfer, S. 72 f.

13 Bailer/Ungar, Die Zahl der Todesopfer politischer Verfolgung, S. 1–5.

14 Hoffmann, Fliegerlynchjustiz, S. 60.

15 Overmans, Deutsche militärische Verluste im Zweiten Weltkrieg, S. 260 u. passim.

Literatur und Quellen

ADAP: Akten zur deutschen auswärtigen Politik 1918–1945. Serie D: 1937–1945. Das Dritte Reich. Die ersten Jahre. Bd. 1: Von Neurath zu Ribbentrop (September 1937 – September 1938). Kapitel II: Deutschland und Österreich. Juli 1936 – Juli 1938. Baden-Baden 1950.

Albrich, Thomas: »Die Juden hinaus« aus Tirol und Vorarlberg: Entrechtung und Vertreibung 1938 bis 1940. In: Steininger, Rolf; Pitscheider, Sabine (Hg.): Tirol und Vorarlberg in der NS-Zeit. Innsbruck u.a. 2002. S. 299–317.

Ders.: Bomber über der »Alpenfestung«. Der Gau Tirol-Vorarlberg im Luftkrieg 1943–1945. In: Steininger, Rolf; Pitscheider, Sabine (Hg.): Tirol und Vorarlberg in der NS-Zeit. Innsbruck u.a. 2002. S. 383–402.

Albu, Diana Carmen: Die Arbeitsweise der Denunzianten des Nachrichtenreferates der Wiener Gestapoleitstelle am Beispiel dreier Biographien. In: David. Jüdische Kulturzeitschrift. Nr. 48. http://www.davidkultur.at/ (aufgerufen 7.3.2017).

Aly, Götz: Die Belasteten. »Euthanasie« 1939–1945. Eine Gesellschaftsgeschichte. Frankfurt am Main 2013.

Ders.: Die Wohlfühl-Diktatur. In: Burgdorff, Stephan; Wiegrefe, Klaus (Hg.): Der 2. Weltkrieg. Wendepunkt der deutschen Geschichte. München 2007. S. 176–186.

Ders.: Hitlers Volksstaat. Raub, Rassenkrieg und nationaler Sozialismus. Frankfurt am Main 2006.

Ders.; Heim, Susanne (Hg.): Die Verfolgung und Ermordung der europäischen Juden durch das nationalsozialistische Deutschland 1933–1945. Bd. 2: Deutsches Reich 1938 – August 1939. München 2009.

Dies.: Vordenker der Vernichtung. Auschwitz und die deutschen Pläne für eine neue europäische Ordnung. Hamburg 1991.

Amann, Klaus: Die Dichter und die Politik. Essays zur österreichischen Literatur nach 1918. Wien 1992.

Anderl, Gabriele; Rupnow, Dirk: Die Zentralstelle für Jüdische Auswanderung als Beraubungsinstitution (Veröffentlichungen der Österreichischen Historikerkommission, Bd. 20–1). Wien 2004.

»Anschluß« 1938. Eine Dokumentation. Hg. v. DÖW. Wien 1988.

Bailer, Brigitte u.a. (Hg.): »Die Vollstreckung verlief ohne Besonderheiten.« Hinrichtungen in Wien, 1938 bis 1945. Wien o.J.

Dies.; Ungar, Gerhard: Die Zahl der Todesopfer politischer Verfolgung – Ergebnisse des Projekts. DÖW-Forschungsprojekt: »Namentliche Erfassung der Opfer politischer Verfolgung 1938–1945«. Download: *http://www.doew.at/* (aufgerufen 15.11.2016).

Dies.: Die namentliche Erfassung der österreichischen Holocaustopfer. In: Opferschicksale. Widerstand und Verfolgung im Nationalsozialismus (Jahrbuch 2013. Hg.v. DÖW). Wien 2013. S. 63–73.

Bailer-Galanda, Brigitte u.a.: »Arisierung« und Rückstellung von Wohnungen in Wien. Manuskript. Download: *http://www.historikerkommission.gv.at/pdf_hk/d_Mieter.pdf* (aufgerufen 11.8.2015).

Bajohr, Frank; Pohl, Dieter: Massenmord und schlechtes Gewissen. Die deutsche Bevölkerung, die NS-Führung und der Holocaust. Frankfurt am Main 2008.

Bajohr, Frank; Wildt, Michael (Hg.): Volksgemeinschaft. Neue Forschungen zur Gesellschaft des Nationalsozialismus. Frankfurt am Main 2009.

Banny, Leopold: Schild im Osten. Der Südostwall zwischen Donau und Untersteiermark 1944/45. Lackenbach 1985.

Bauer, Kurt (Hg.): Bauernleben. Vom alten Leben auf dem Land. Wien u.a. 2005 (4. Aufl. 2014).

Ders.: »... jüdisch aussehende Passanten«. Nationalsozialistische Gewalt und sozialdemokratische Gegengewalt in Wien 1932/33. In: *Das Jüdische Echo. Europäisches Forum für Kultur und Politik.* Bd. 54, Oktober 2005. S. 125–139.

Ders.: »Heil Deutschösterreich!« Das deutschnationale Lager zu Beginn der Ersten Republik. In: Konrad, Helmut; Maderthaner, Wolfgang (Hg.): ... der Rest ist Österreich. Das Werden der Ersten Republik. Bd. I. Wien 2008. S. 261–280.

Ders.: Die kalkulierte Eskalation. Nationalsozialismus und Gewalt in Wien um 1930. In: Kos, Wolfgang (Hg.): Kampf um die Stadt. Politik, Kunst und Alltag um 1930. Ausstellungskatalog des Wien Museums. Wien 2010. S. 35–45.

Ders.: Elementar-Ereignis. Die österreichischen Nationalsozialisten und der Juliputsch 1934. Wien 2003.

Ders.: Hitlers zweiter Putsch. Dollfuß, die Nazis und der 25. Juli 1934. St. Pölten u.a. 2014.

Ders.: Nationalsozialismus. Ursprünge, Anfänge, Aufstieg und Fall. Wien u.a. 2008.

Baumgartner, Andreas: Kurzgeschichte des KZ Mauthausen 1938–1945. Materialiensammlung des Mauthausen Komitee Österreich. Manuskript, o.J. URL: *http://www.mkoe.at/* (aufgerufen 22.1.2016).

Baumgartner, Gerhard; Freund, Florian: Der Holocaust an den österreichischen Roma und Sinti. Manuskript, O.J. URL: *http://www.romasintigenocide.eu/* (aufgerufen 9. 12. 2015).

Dies.: Roma-Politik in Österreich. Hg.v. Kulturverein Österreichischer Roma. Wien 2007. URL: *http://www.kv-roma.at/* (aufgerufen 28.12.2015).

Below, Nicolaus von: Als Hitlers Adjutant 1937–1945. Mainz 1980.

Benz, Wolfgang (Hg.): Lexikon des Holocaust. München 2002.

Ders. u.a. (Hg.): Enzyklopädie des Nationalsozialismus. 5., aktual. Aufl. München 2007.

Berger Waldenegg, Georg Christoph: Hitler, Göring, Mussolini und der »Anschluß« Österreichs an das Deutsche Reich. In: *Vierteljahreshefte für Zeitgeschichte*, Heft 2, April 2003. S. 147–182.

Berger, Franciska: Tage wie schwarze Perlen. Tagebuch einer jungen Frau. Oberösterreich 1942–1945. Grünbach 1989.

Berger, Sara: Experten der Vernichtung. Das T4-Reinhardt-Netzwerk in den Lagern Belzec, Sobibor und Treblinka. Hamburg 2013.

Binder, Dieter A.: Das Schicksal der Grazer Juden 1938. In: Bouvier, Friedrich u. a. (Red.): Graz 1938 (Historisches Jahrbuch der Stadt Graz 18–19). Graz 1987. S. 203–228.

Bischof, Günter: Die Moskauer Deklaration und die österreichische Geschichtspolitik. In: Karner, St.; Tschubarjan, A. (Hg.): Die Moskauer Deklaration 1943. »Österreich wieder herstellen«. Wien u. a. 2015. S. 249–259.

Blatnik, Herbert: Vom Februar zum Juli 1934 oder von Rot nach Braun. Sozialdemokratie und Nationalsozialismus in der Steiermark. In: Anzenberger, Werner; Halbrainer, Heimo (Hg.): Unrecht im Sinne des Rechtsstaates. Die Steiermark im Austrofaschismus. Graz 2014. S. 173–196.

Bock, Fritz: Vierzig Jahre nachher. In: Wien 1938 (Forschungen und Beiträge zur Wiener Stadtgeschichte, Bd. 2. Hg. v. Felix Czeike). Wien 1978. S. 11–17.

Bollauf, Traude: Dienstmädchen-Emigration. Die Flucht jüdischer Frauen aus Österreich und Deutschland nach England 1938/39 (Wiener Studien zur Zeitgeschichte, Bd. 3). Wien, Berlin 2010.

Botz, Gerhard: Der »Anschluss« Österreichs an das Deutsche Reich. In: Karner, Stefan; Tschubarjan, Alexander (Hg.): Die Moskauer Deklaration 1943. »Österreich wieder herstellen«. Wien u. a. 2015. S. 121–133.

Ders.: Die Eingliederung Österreichs in das Deutsche Reich. Planung und Verwirklichung des politisch-administrativen Anschlusses (1938–1940). 3. Aufl. Wien 1988.

Ders.: Expansion und Entwicklungskrisen der NSDAP-Mitgliedschaft. Von der sozialen Dynamik zur bürokratischen Selbststeuerung? In: Beruf(ung) Archivar. Festschrift für Lorenz Mikoletzky. Teil II. S. 1161–1186.

Ders.: Faschismus und »Ständestaat« vor und nach dem 12. Februar 1934. In: Ders.: Krisenzonen einer Demokratie. Gewalt, Streik und Konfliktunterdrückung in Österreich seit 1918. Frankfurt am Main 1987. S. 211–236.

Ders.: Gewalt in der Politik. Attentate, Zusammenstöße, Putschversuche, Unruhen in Österreich 1918–1938. München 1983.

Ders.: Hitlers Aufenthalt in Linz im März 1938 und der »Anschluss«. In: Historisches Jahrbuch der Stadt Linz 1970. Linz 1971. S. 185–214.

Ders.: Lange Traditionen und Strukturen des Widerstands im Salzkammergut. In: Topf, Christian: Auf den Spuren der Partisanen. Zeitgeschichtliche Wanderungen im Salzkammergut. Grünbach 2006. S. 11–34.

Ders.: Nationalsozialismus in Wien. Machtübernahme, Herrschaftssicherung, Radikalisierung 1938/39. Überarb. und erw. Neuaufl. Wien 2008.

Ders.: Schuschniggs geplante »Volksbefragung« und Hitlers »Volksabstimmung« in Österreich. Ein Vergleich. In: Ders.: Krisenzonen einer Demokratie. Gewalt, Streik und Konfliktunterdrückung in Österreich seit 1918. Frankfurt am Main 1987. S. 249–277.

Ders.: Simon Wiesenthals Beitrag zur Aufarbeitung der Geschichte des österreichischen Nationalsozialismus. In: Forschungen zum Nationalsozialismus und dessen Nachwirkungen in Österreich. Festschrift für Brigitte Bailer. Hg. v. DÖW. Wien 2012. S. 169–199.

Ders.: Soziale »Basis« und Typologie der österreichischen Faschismen im innerösterreichischen und europäischen Vergleich. In: *Jahrbuch für Zeitgeschichte*, 1980/81. S. 15–77.

Ders.: Zwischen Akzeptanz und Distanz. Die österreichische Bevölkerung und das NS-Regime nach dem »Anschluss«. In: Stourzh, Gerald; Zaar, Brigitte (Hg.): Österreich, Deutschland und die Mächte. Internationale und österreichische Aspekte des »Anschlusses« vom März 1938. Wien 1990. S. 429–455.

Breuer, Robert: Nacht über Wien. Ein Erlebnisbericht aus den Tagen des Anschlusses im März 1938. Wien 1988.

Bronnen, Arnolt: Arnolt Bronnen gibt zu Protokoll. Beiträge zur Geschichte des modernen Schriftstellers. Kronberg/Ts. 1978.

Broucek, Peter (Hg.): Ein General im Zwielicht. Die Erinnerungen Edmund Glaises von Horstenau. Bd. 2: Minister im Ständestaat und General im OKW. Wien u. a. 1983.

Browning, Christopher R.: Ganz normale Männer. Das Reserve-Polizeibataillon 101 und die »Endlösung« in Polen. 6. Aufl. Reinbek 2006.

Ders.: Die Entfesselung der »Endlösung«. Nationalsozialistische Judenpolitik 1939–1942. Berlin 2006.

Brunner, Walter: Bomben auf die Steiermark. Der Luftkrieg 1941/44 bis 1945. In: Ableitinger, Alfred (Hg.): Bundesland und Reichsgau. Demokratie, »Ständestaat« und NS-Herrschaft in der Steiermark 1918 bis 1945 (Geschichte der Steiermark. Bd. 9/I). Wien u. a. 2015. S. 597–610.

Ders.: Die Bombentoten von Graz 1941–1945. Aus der Dokumentation Weissmann. In: *Mitteilungen des Steiermärkischen Landesarchivs*, Folge 38, 1988. S. 103–239.

Buchmann, Bertrand Michael: Österreicher in der deutschen Wehrmacht. Soldatenalltag im Zweiten Weltkrieg. Wien u. a. 2009.

Burgdorff, Stephan; Habbe, Christian (Hg.): Als Feuer vom Himmel fiel. Der Bombenkrieg in Deutschland. München 2005.

Burr Bukey, Evan: »Patenstadt des Führers«. Eine Politik- und Sozialgeschichte von Linz 1908–1945. Frankfurt am Main 1993.

Ders.: Hitlers Österreich. »Eine Bewegung und ein Volk«. Hamburg, Wien 2001.

Butschek, Felix: Die österreichische Wirtschaft 1938 bis 1945. Stuttgart 1978.

Buttinger, Joseph: Am Beispiel Österreichs. Ein geschichtlicher Beitrag zur Krise der sozialistischen Bewegung. Köln 1953.

Carsten, Francis L.: Faschismus in Österreich. Von Schönerer bis Hitler. München 1977.

Crha, Ewald: Österreicher im II. Weltkrieg. Konfrontation mit der Vergangenheit – Zeitzeugen berichten. Steyr 2007.

Csokor, Franz Theodor: Auf fremden Straßen. 1939–1945. Wien u. a. 1955.

Ders.: Zeuge einer Zeit. Briefe aus dem Exil 1933–1950. München 1955.

Curilla, Wolfgang: Die deutsche Ordnungspolizei und der Holocaust im Baltikum und in Weißrussland 1941–1944. 2. Aufl. Paderborn 2006.

Dachs, Herbert: Schule in der »Ostmark«. Angleichungen und Konsequenzen. In: Tálos, Emmerich u. a. (Hg.): NS-Herrschaft in Österreich. Ein Handbuch. Wien 2000. S. 376–408.

Danimann, Franz (Hg.): Finis Austriae. Österreich, März 1938. Wien u. a. 1978.

Der Hochverratsprozeß gegen Dr. Guido Schmidt. Siehe: *Guido-Schmidt-Prozess.*

Der Prozeß gegen die Hauptkriegsverbrecher vor dem Internationalen Militärgerichtshof. Siehe: *IMT.*

Die Tagebücher von Joseph Goebbels. Siehe: *Goebbels-Tagebuch.*

Dietrich, Otto: 12 Jahre mit Hitler. München 1955.

Dohle, Oskar; Slupetzky, Nicole: Arbeiter für den Endsieg. Zwangsarbeit im Reichsgau Salzburg 1939–1945. Wien u. a. 2004.

Doku: Dokumentation lebensgeschichtlicher Aufzeichnungen, Institut für Wirtschafts- und Sozialgeschichte der Universität Wien: Manuskripte, Tagebücher und sonstige Aufzeichnungen folgender Personen: Alfred Bamer, Stephanie Bamer (geb. Johne), Gottfried Florian, Josef Frattnig (Pseudonym), Lorenz Möstl, Hans Piscator (Pseudonym), Richard Ruffingshofer, Adolfine Schumann (geb. Jauernig), Oswald Sint.

Domarus: Domarus, Max: Hitler. Reden und Proklamationen 1932–1945. Kommentiert von einem deutschen Zeitgenossen. 4. Aufl. Leonberg 1988. *(Jeweils zitiert nach der Online-Datenbank »Nationalsozialismus, Holocaust, Widerstand und Exil 1933–1945« des Verlags De Gruyter).*

Doubek, Günther: »Du wirst das später erst verstehen …«. Eine Vorstadtkindheit im Wien der 30er Jahre (Damit es nicht verlorengeht …, Bd. 47). Wien u. a. 2003.

Ders.: Bleib über! Erinnerungen an das letzte Kriegsjahr. Schleinbach 2012.

Drach, Albert: »Z. Z.« das ist die Zwischenzeit. Ein Protokoll. Hamburg, Düsseldorf 1968 (Neuausg. 1996).

Dressel, Gert; Müller, Günter (Hg.): Geboren 1916. Neun Lebensbilder einer Generation (Damit es nicht verlorengeht …, Bd. 38). Wien u. a. 1996.

Eckfeld, Reinhold: Letzte Monate in Wien. Aufzeichnungen aus dem australischen Internierungslager 1940/41. Hg. v. Martin Krist. Wien 2002.

Elste, Alfred; Hänisch, Dirk: Auf dem Weg zur Macht. Beiträge zur Geschichte der NSDAP in Kärnten von 1918 bis 1938. Wien 1997.

Erhard, Benedikt; Natter, Bernhard: »Wir waren ja alle arbeitslos«. NS-Sympathisanten deuten ihre Motive. In: Albrich, Thomas u. a. (Hg.): Tirol und der Anschluß. Voraussetzungen, Entwicklungen, Rahmenbedingungen 1918–1938. Innsbruck 1988. S. 539–569.

Erinnerungen. Lebensgeschichten von Opfern des Nationalsozialismus. Bd. 1. Hg. v. Renate S. Meissner, Nationalfonds Österreich für Opfer des Nationalsozialismus. 3. Aufl. Wien 2012. Download: *https://nationalfonds.org/band-1-der-erinnerungen.html* (aufgerufen 19.8.2015).

Erinnerungen. Lebensgeschichten von Opfern des Nationalsozialismus. Bd. 2. Hg. v. Renate S. Meissner, Nationalfonds Österreich für Opfer des Nationalsozialismus. 2. Aufl. Wien 2014. Download: *https://nationalfonds.org/band-2-der-erinnerungen.html* (aufgerufen 19.8.2015).

Erzählte Geschichte. Berichte von Widerstandskämpfern und Verfolgten. Bd. 1: Arbeiterbewegung. Hg. v. DÖW. Wien, München o. J. [1985].

Etschmann, Wolfgang: Die Schlachten um Wien und Berlin 1945. In: *Truppendienst*, 2/2015. Download: *http://www.bundesheer.at/truppendienst/* (aufgerufen 17.12.2016).

Falter, Jürgen W.: Hitlers Wähler. München 1991.

Fellmann, Ilan: Flucht vor dem gelben Stern. 2. Aufl. Berlin 2014.

Ferihumer, Konstantin; Garscha, Winfried R.: Der »Stein-Komplex«. Nationalsozialistische Endphaseverbrechen im Raum Krems und ihre gerichtliche Aufarbeitung. In: Fanatiker, Pflichterfüller, Widerständige. Reichsgaue Niederdonau, Groß-Wien (Jahrbuch 2016. Hg. v. DÖW). Wien 2016. S. 51–82.

Fischer, Ernst: Das Ende einer Illusion. Erinnerungen 1945–1955. 2. Aufl., Frankfurt am Main 1988.

Form, Wolfgang: Politische NS-Strafjustiz in Österreich und Deutschland – ein Projektbericht. In: Jahrbuch 2001. Hg. v. DÖW. Wien 2001. S. 13–34.

Freund, Florian: Tötungen durch Giftgas in Mauthausen und Gusen. In: Bailer, Brigitte u. a. (Hg.): Wahrheit und »Auschwitzlüge«. Zur Bekämpfung »revisionistischer« Propaganda. Wien 1995. S. 119–136.

Freund, Florian; Perz, Bertrand: Konzentrationslager Mauthausen. In: Benz, Wolfgang; Distel, Barbara (Hg.): Der Ort des Terrors. Geschichte der nationalsozialistischen Konzentrationslager. Bd. 4: Flossenbürg, Mauthausen, Ravensbrück. München 2006. S. 289–470.

Dies.; Stuhlpfarrer, Karl: Das Ghetto in Lodz. Online-Publikation 2013 des Endberichts eines 1991 bis 1993 am Institut für Zeitgeschichte der Universität Wien durchgeführten Forschungsprojektes. URL: *http://www.univie. ac.at/zeitgeschichte/cms/uploads/Endbericht-Lodz_ro.pdf* (aufgerufen 30.12.2015).

Frevert, Ute: Frauen. In: Benz, Wolfgang u. a. (Hg.): Enzyklopädie des Nationalsozialismus. 5. Aufl. München 2007. S. 242–258.

Friedländer, Saul: Das Dritte Reich und die Juden. Die Jahre der Verfolgung 1933–1939. München 1998.

Ders.: Die Jahre der Vernichtung. Das Dritte Reich und die Juden. Bd. 2: 1939–1945. München 2006.

Friedrich, Jörg: Der Brand. Deutschland im Bombenkrieg 1940–1945. München 2002.

Fritsche, Maria: Entziehungen. Österreichs Deserteure und Selbstverstümmler in der Deutschen Wehrmacht. Wien u. a. 2004.

Fritz, Regina; Rohrbach, Philipp: Das Novemberpogrom 1938 und der Notarrest Kenyongasse. In: *Gedenkdienst*, Nr. 1a/2011, S. 1 f.

Gafke, Matthias: Heydrichs Ostmärker. Das österreichische Führungspersonal der Sicherheitspolizei und des SD 1939–1945. Darmstadt 2015.

Gardiner, Muriel: Deckname »Mary«. Erinnerungen einer Amerikanerin im österreichischen Untergrund. Wien 1989.

Garscha, Winfried R.; Kuretsidis-Haider, Claudia: Die Räumung der Justizhaftanstalten 1945 als Gegenstand von Nachkriegsprozessen – am Beispiel des Volksgerichtsverfahrens gegen Leo Pilz und 14 weitere Angeklagte. In:

Jagschitz, Gerhard; Neugebauer Wolfgang (Hg.): Stein, 6. April 1945. Das Urteil des Volksgerichts Wien (August 1946) gegen die Verantwortlichen des Massakers im Zuchthaus Stein. Wien 1995. S. 12–35.

Gedye, G. E. R.: Die Bastionen fielen. Wie der Faschismus Wien und Prag überrannte. Wien o. J. (1947).

Gehler, Michael: »Heilen durch Töten« oder »Gott und die Welt vergasen«. Vom Medizinstudent zum Massenmörder: Biographische Annäherung zu Dr. Irmfried Eberl 1910–1948. In: Steininger, Rolf; Pitscheider, Sabine (Hg.): Tirol und Vorarlberg in der NS-Zeit. Innsbruck u. a. 2002. S. 361–382.

Gehmacher, Johanna: Biografie, Geschlecht und Organisation. Der national-sozialistische »Bund Deutscher Mädel« in Österreich. In: Tálos, Emmerich u. a. (Hg.): NS-Herrschaft in Österreich. Ein Handbuch. Wien 2000. S. 467–493.

Geldmacher, Thomas: »Wir als Wiener waren ja bei der Bevölkerung beliebt«. Österreichische Schutzpolizisten und die Judenvernichtung in Ostgalizien 1941–1944. Wien 2002.

Gerlach, Christian: Die Wannseekonferenz, das Schicksal der deutschen Juden und Hitlers Grundsatzentscheidung, alle Juden Europas zu ermorden. In: Werkstatt Geschichte, Nr. 18/1997. S. 7–44.

Germann, Richard: »Österreichische« Soldaten in Ost- und Südosteuropa 1941–1945. Deutsche Krieger – nationalsozialistische Verbrecher – österreichische Opfer? Diss. Univ. Wien 2006.

Goebbels-Tagebuch: Die Tagebücher von Joseph Goebbels. Im Auftrag des Instituts für Zeitgeschichte und mit Unterstützung des Staatlichen Archivdienstes Rußlands hrsg. von Elke Fröhlich. Teil I: Aufzeichnungen 1923–1941. Bd. 5: Dezember 1937 – Juli 1938. München 2000. (Jeweils zitiert nach der Online-Datenbank »Nationalsozialismus, Holocaust, Widerstand und Exil 1933–1945« des Verlags De Gruyter).

Goldberger, Josef; Sulzbacher, Cornelia: August Eigruber. URL: http://www.ooe geschichte.at/epochen/oberoesterreich-in-der-zeit-des-nationalsozialismus/biografien/august-eigruber.html (aufgerufen 5.7.2016).

Goldinger, Walter; Binder, Dieter A.: Geschichte der Republik Österreich 1918–1938. Wien, München 1992.

Graf, Wolfgang: Österreichische SS-Generäle. Himmlers verlässliche Vasallen. Klagenfurt u. a. 2012.

Grischany, Thomas R.: Der Ostmark treue Alpensöhne. Die Integration der Österreicher in die großdeutsche Wehrmacht 1938–45. Göttingen 2015.

Gruchmann, Lothar: Der Zweite Weltkrieg. Kriegführung und Politik. München 1987.

Grünfelder, Anna Maria: Arbeitseinsatz für die Neuordnung Europas. Zivil- und ZwangsarbeiterInnen aus Jugoslawien in der »Ostmark« 1938/41–1945. Wien u. a. 2010.

Guido-Schmidt-Prozess: Der Hochverratsprozeß gegen Dr. Guido Schmidt vor dem Wiener Volksgericht: Die gerichtlichen Protokolle mit den Zeugenaussagen, unveröffentlichten Dokumenten, sämtlichen Briefen und Geheimakten. Wien 1947.

Hadwiger, Anton: Was von der Liebe bleibt. Wien 1993.

Hagspiel, Hermann: Die Ostmark. Österreich im Großdeutschen Reich 1938 bis 1945. Wien 1995.

Haidinger, Martin; Steinbach, Günther: Unser Hitler. Die Österreicher und ihr Landsmann. Salzburg 2009.

Halbrainer, Heimo: »Der größte Lump im ganzen Land, das ist und bleibt der Denunziant«. Denunziation in der Steiermark 1938–1945 und der Umgang mit den Denunzianten in der Zweiten Republik. Graz 2007.

Ders.: Frieda und Otto Hauberger. Widerstand in Kapfenberg. In: Alfred Klahr Gesellschaft – Mitteilungen, 24. Jg., Nr. 1/2017. S. 29–32.

Ders.; Lamprecht, Gerald; Mindler, Ursula (Hg.): NS-Herrschaft in der Steiermark. Positionen und Diskurse. Wien u. a. 2012.

Dies.: Unsichtbar. NS-Herrschaft: Widerstand und Verfolgung in der Steiermark. Graz 2008.

Halbrainer, Heimo; Stenner, Christian: Dr. Sigfried Uiberreither – das zweite Leben des Gauleiters. In: *Korso*, Juli 2008. URL: *http://korso.at/content/view/3151/163/* (aufgerufen 22.2.2017).

Hamann, Brigitte: Hitlers Wien. Lehrjahre eines Diktators. München, Zürich 1996.

Hammer, Katharina: Glanz im Dunkel. Die Bergung von Kunstschätzen im Salzkammergut am Ende des 2. Weltkrieges. Wien 1986.

Hänisch, Dirk: Die österreichischen NSDAP-Wähler. Eine empirische Analyse ihrer politischen Herkunft und ihres Sozialprofils. Wien u. a. 1998.

Hanisch, Ernst: Der lange Schatten des Staates. Österreichische Gesellschaftsgeschichte im 20. Jahrhundert (Österreichische Geschichte 1890–1990; hg. v. Herwig Wolfram). Wien 1994.

Hanisch, Ernst: Der Ort des Nationalsozialismus in der österreichischen Geschichte. In: Tálos, Emmerich u. a. (Hg.): NS-Herrschaft in Österreich. Ein Handbuch. Wien 2000. S. 11–24.

Ders.: Gau der guten Nerven. Die nationalsozialistische Herrschaft in Salzburg 1938–1945. Salzburg, München 1997.

Ders.: NS-Gewaltverbrechen gegen Kriegsende in Österreich. Manuskript o. J. Download: *http://www.erinnern.at/* (aufgerufen 20.5.2016).

Ders.: Opfer/Täter/Mythos: Verschlungene Erzählungen der NS-Vergangenheit in Österreich. In: *Zeitgeschichte* 2006, Heft 6, S. 318–327.

Häupl, Waltraud: Der organisierte Massenmord an Kindern und Jugendlichen in der Ostmark 1940–1945. Gedenkdokumentation für die Opfer der NS-Euthanasie. Wien u. a. 2008.

Heer, Friedrich: Der Glaube des Adolf Hitler. Anatomie einer politischen Religiosität. München 1968 (Neuausg. Frankfurt am Main 1989).

Heim, Susanne: Novemberpogrom in Wien. In: *Gedenkdienst*, Nr. 1a/2011, S. 2 f.

Herbst, Ludolf: Das nationalsozialistische Deutschland 1933–1945. Frankfurt am Main 1996.

Hilberg, Raul: Die Vernichtung der europäischen Juden. 3 Bde., Berlin 1982 (Neuausg. Frankfurt am Main 1990).

Hillegeist, Friedrich: Mein Leben im Wandel der Zeiten. Eine Selbstbiographie mit kritischen Betrachtungen. Wien 1974.

Hochfellner, Werner: Der politische Umbruch im Frühjahr 1938 in Österreich unter Berücksichtigung der Vorgänge in der Steiermark im Spiegel der österreichischen Presse. Diss. Univ. Graz 1971.

Hoffmann, Georg: Fliegerlynchjustiz. Gewalt gegen abgeschossene alliierte Flugzeugbesatzungen 1943–1945. Paderborn 2015.

Hornung, Ela u. a.: Zwangsarbeit in der Landwirtschaft. In: Informationen zur Politischen Bildung. Hg. v. Forum Politische Bildung. Nr. 20/2003: Gedächtnis und Gegenwart. HistorikerInnenkommissionen, Politik und Gesellschaft. S. 47–53.

IMT: Der Prozeß gegen die Hauptkriegsverbrecher vor dem Internationalen Militärgerichtshof Nürnberg. 14. November 1945 – 1. Oktober 1946. 42 Bde. Nürnberg 1947–1949. *(Prozessprotokolle jeweils zitiert nach: http://www.zeno.org/ nid/20002754371; Dokumente nach der gedruckten Ausgabe.)*

Jagschitz, Gerhard: Von der Bewegung zum Apparat. Zur Phänomenologie der NSDAP 1938 bis 1945. In: Tálos, Emmerich u. a. (Hg.): NS-Herrschaft in Österreich. Ein Handbuch. Wien 2000. S. 88–122.

Kalmar, Rudolf: Zeit ohne Gnade. Wien 1946 (Neuausg. Wien 2009).

Kalss, Helmut: Widerstand im Salzkammergut. Neue Aspekte. Diss. Univ. Graz 2013.

Kaltenbrunner, Matthias: Flucht aus dem Todesblock. Der Massenausbruch sowjetischer Offiziere aus dem Block 20 des KZ Mauthausen und die »Mühlviertler Hasenjagd«. Innsbruck 2012.

Kammerhofer, Andrea: Die »Hartheimer Statistik«. »Bis zum 1. September 1941 wurden desinfiziert: Personen: 70 273 …«. In: Kepplinger, Brigitte u. a. (Hg.): Tötungsanstalt Hartheim. 2., erw. Aufl. Linz 2008. S. 117–130.

Karner, Stefan: Die Steiermark im Dritten Reich 1938–1945. Aspekte ihrer politischen, wirtschaftlich-sozialen und kulturellen Entwicklung. 3. Aufl. Graz 1994.

Ders.: Maßgebende Persönlichkeiten 1938 in Graz. In: Bouvier, Friedrich u. a. (Red.): Graz 1938 (Historisches Jahrbuch der Stadt Graz 18–19). Graz 1987. S. 381–436.

Ders.; Ruggenthaler, Peter: Die Renner-Stalin-Briefe. Hg. v. Dr.-Karl-Renner-Museum. Gloggnitz 2015.

Karner, Stefan; Tschubarjan, Alexander (Hg.): Die Moskauer Deklaration 1943. »Österreich wieder herstellen«. Wien u. a. 2015.

Kasper, Michael: Franz Hofer. Jänner–Mai 1945. Seminararbeit. Univ. Innsbruck 2002. URL: *http://textfeld.ac.at/text/234/* (aufgerufen 22.2.2017).

Keegan, John: Der Zweite Weltkrieg. Berlin 2004.

Kepplinger, Brigitte: Die Tötungsanstalt Hartheim 1940–1945. In: Dies. u. a. (Hg.): Tötungsanstalt Hartheim. 2., erw. Aufl. Linz 2008. S. 63–116.

Dies.: NS-Euthanasie in Österreich: Die »Aktion T4« – Struktur und Ablauf. In: Dies. u. a. (Hg.): Tötungsanstalt Hartheim. Linz 2008. S. 35–62.

Kershaw, Ian: Der Hitler-Mythos. Führerkult und Volksmeinung. Stuttgart 1999.

Ders.: Der NS-Staat. Geschichtsinterpretationen und Kontroversen im Überblick. Reinbek 1994 (überarb. Neuausgabe 1999).

Ders.: Hitler 1889–1936. Stuttgart 1998.

Ders.: Hitler 1936–1945. Stuttgart 2000.

Klee, Ernst: »Euthanasie« im NS-Staat. Die »Vernichtung lebensunwerten Lebens. Frankfurt am Main 1985, 11. Aufl. 2004.

Klösch, Christian: Des Führers heimliche Vasallen. Die Putschisten des Juli 1934 im Kärntner Lavanttal. Wien 2007.

Koch, Magnus: Fahnenfluchten. Deserteure der Wehrmacht im Zweiten Weltkrieg – Lebenswege und Entscheidungen. Paderborn u. a. 2008.

Koll, Johannes: Arthur Seyß-Inquart und die deutsche Besatzungspolitik in den Niederlanden (1940–1945). Wien u. a. 2015.

Kosmala, Beate: Stille Helden. In: *Aus Politik und Zeitgeschichte* 14–15/2007. S. 29–34.

Kramml, Peter F.: »Doppelherrschaft«, NS-Machtergreifung und »Anschluß«. Vom Berchtesgadener Abkommen zur Anschluss-Volksabstimmung. In: Ders.; Hanisch, Ernst (Hg.): Hoffnung und Verzweiflung in der Stadt Salzburg 1938/39. Salzburg 2010. S. 162–237.

Krause, Peter: Der Eichmann-Prozess in der deutschen Presse. Frankfurt am Main 2002.

Kriechbaumer, Robert (Hg.): Österreich! und Front Heil! Aus den Akten des Generalsekretariats der Vaterländischen Front. Innenansicht eines Regimes. Wien u. a. 2005.

Ders.: Die großen Erzählungen der Politik. Politische Kultur und Parteien in Österreich von der Jahrhundertwende bis 1945. Wien u. a. 2001.

Kropf, Rudolf; Baumgartner, Andreas: »Man hat halt mit dem leben müssen«. Nebenlager des KZ-Mauthausen in der Wahrnehmung der Lokalbevölkerung. Endbericht eines Forschungsprojektes des Mauthausen Komitee Österreich. Manuskript, 2002. URL: *http://www.mkoe.at/sites/default/files/files/angebote-projekte/Forschung-Zeitzeugen-Endbericht.pdf* (aufgerufen 22.1.2016).

Kuh, Anton: Flucht aus der Mausefalle. In: Ders.: Zeitgeist im Literatur-Café. Feuilletons, Essays und Publizistik. Neue Sammlung. Hg. v. Ulrike Lehner. Wien 1983. S. 263–281.

Lamprecht, Gerald: Die Verfolgung der jüdischen Bevölkerung in der Steiermark 1938 bis 1940. In: Halbrainer, Heimo; Lamprecht, Gerald; Mindler, Ursula (Hg.): NS-Herrschaft in der Steiermark. Positionen und Diskurse. Wien u. a. 2012. S. 317–346.

Langer-Hansel, Harald: »Ich kann sitzen, Sie müssen stehen!« Als Miklas-Sekretär am Ballhausplatz. In: Chorherr, Thomas (Hg.): 1938 – Anatomie eines Jahres. Wien 1987. S. 161–169.

Langnas, Mignon: Tagebücher und Briefe 1938–1949. Hg. v. Elisabeth Fraller und George Langnas. Innsbruck, Wien 2013.

Langthaler, Ernst: Eigensinnige Kolonien. NS-Agrarsystem und bäuerliche Lebenswelten 1938–1945. In: Tálos, Emmerich u. a. (Hg.): NS-Herrschaft in Österreich. Ein Handbuch. Wien 2000. S. 348–375.

Ders.: Schlachtfelder. Alltägliches Wirtschaften in der nationalsozialistischen Agrargesellschaft 1938–1945. Wien u. a. 2016.

Lappin, Eleonore: Das Massaker von Rechnitz im zeitgeschichtlichen Kontext. In: Holzinger, Gregor u. a. (Red.): Das Drama Südostwall am Beispiel Rechnitz. Eisenstadt 2009. S. 11–19.

Dies.: Der Todesmarsch ungarischer Jüdinnen und Juden von Ungarn nach Mauthausen im zeitgeschichtlichen Kontext. In: Halbrainer, Heimo; Ehetreiber, Christian (Hg.): Todesmarsch Eisenstraße 1945. Terror, Handlungsspielräume, Erinnerung. Graz 2005. S. 59–94.

Dies.: Die Todesmärsche ungarischer Juden durch Österreich im Frühjahr 1945. URL: *http://www.ejournal.at/Essay/todmarsch.html* (aufgerufen 18.11.2015).

Lappin-Eppel, Eleonore: Ungarisch-jüdische Zwangsarbeiter und Zwangsarbeiterinnen in Österreich 1944/45. Arbeitseinsatz, Todesmärsche, Folgen. Wien u. a. 2010.

Lazarovits, Ernö: Mein Weg durch die Hölle. Ein Überlebender erzählt vom Todesmarsch. Mit zeitgeschichtlichen Beiträgen von Heimo Halbrainer. Grünbach 2009.

Lehnguth, Cornelius: Waldheim und die Folgen. Der parteipolitische Umgang mit dem Nationalsozialismus in Österreich. Frankfurt am Main 2013.

Leitner, Irene: NS-Euthanasie: Wissen und Widerstand. Wahrnehmungen in der Bevölkerung und der Widerstand Einzelner. In: Kepplinger, Brigitte u. a. (Hg.): Tötungsanstalt Hartheim. 2., erw. Aufl. Linz 2008. S. 217–259.

Lennhoff, Eugene: The Last Five Hours of Austria. New York 1938.

Lichtblau, Albert: Integration, Vernichtungsversuch und Neubeginn. Österreichisch-jüdische Geschichte 1848 bis zur Gegenwart. In: Brugger, Eveline u. a.: Geschichte der Juden in Österreich (Österreichische Geschichte; hg. v. Herwig Wolfram). Wien 2006. S. 447–565.

Lichtenberger-Fenz, Brigitte: »Es läuft alles in geordneten Bahnen«. Österreichs Hochschulen und Universitäten und das NS-Regime. In: Tálos, Emmerich u. a. (Hg.): NS-Herrschaft in Österreich. Wien 2000. S. 549–569.

Liebmann, Maximilian: Kirche und Anschluss. In: Ders. u. a. (Hg.): Staat und Kirche in der »Ostmark«. Frankfurt am Main u. a. 1998. S. 207–229.

Mang, Thomas: »Er brachte sehr gute und schöne Nachrichten.« Leutgebs V-Leute der Gestapo. Das Verhörprotokoll, Belgrad 1947/48. In: Täter. Österreichische Akteure im Nationalsozialismus (Jahrbuch 2014. Hg. v. DÖW). Wien 2014. S. 165–193.

Manoschek, Walter: »Dann bin ich ja ein Mörder!« Adolf Storms und das Massaker an Juden in Deutsch Schützen. Göttingen 2015.

Maršálek, Hans: Die Geschichte des Konzentrationslagers Mauthausen. Dokumentation. 4. Aufl. Wien 2006.

Maser, Werner: Der Sturm auf die Republik. Frühgeschichte der NSDAP. Düsseldorf u. a. 1994.

Massiczek, Albert: Ich war Nazi. Faszination – Ernüchterung – Bruch. Ein Erlebnisbericht: Erster Teil (1916–1938). Wien 1988.

Mayrhofer, Fritz: Die »Patenstadt des Führers«. Träume und Realität. In: Ders.; Schuster, Walter (Hrsg.): Nationalsozialismus in Linz. Bd. 1. Linz 2001. S. 327–386.

Mejstrik, Alexander: Die Erfindung der deutschen Jugend. Erziehung in Wien 1938–1945. In: Tálos, Emmerich u. a. (Hg.): NS-Herrschaft in Österreich. Ein Handbuch. Wien 2000. S. 494–522.

Mernyi, Willi; Wenninger, Florian (Hg.): Die Befreiung des KZ Mauthausen. Berichte und Dokumente. Wien 2006.

Mindler, Ursula: Tobias Portschy. Biographie eines Nationalsozialisten. Die Jahre bis 1945. Eisenstadt 2006.

Molden, Fritz: Fepolinski und Waschlapski auf dem berstenden Stern. Bericht einer unruhigen Jugend. 8. Aufl. Wien 2014.

Mommsen, Hans: Wie die Bomben Hitler halfen. In: Burgdorff, Stephan; Habbe, Christian (Hg.): Als Feuer vom Himmel fiel. Der Bombenkrieg in Deutschland. München 2005. S. 115–121.

Mörl, Anton: Erinnerungen aus bewegter Zeit Tirols. Innsbruck 1955.

Moser, Jonny: Nisko. Die ersten Judendeportationen. Wien 2012.

Moser, Katharina; Horacek, Alexander: Zur Erschießung von 61 Menschen in Hadersdorf am Kamp am 7. April 1945. Seminararbeit Universität Wien 1994/95. Download: *http://www.gedenkstaette-hadersdorf.at/* (aufgerufen 22.1.2017).

MRP: Protokolle des Ministerrates der Ersten Republik. Abteilung IX: 29. Juli 1934 bis 11. März 1938. Bd. 8: Kabinett Dr. Kurt Schuschnigg. 4. Juni 1937 bis 21. Februar 1938. Wien 2013.

Muigg, Mario: Die »Alpenfestung«. Mythos oder Realität? Online-Publikation, 2007. Download: *http://textfeld.ac.at/text/1324/* (aufgerufen 28.12.2016).

Mulley, Klaus-Dieter: Niederdonau: Niederösterreich im »Dritten Reich« 1938–1945. In: Eminger, Stefan; Langthaler, Ernst (Hg.): Niederösterreich im 20. Jahrhundert. Bd. 1: Politik. Wien u. a. 2008. S. 73–102.

Müllner, Christian: Schwarzhörer und Denunzianten. Vergehen nach §§ 1 und 2 der Verordnung über außerordentliche Rundfunkmaßnahmen vor dem Sondergericht Wien. Diss. Univ. Wien 2011.

Nasko, Siegfried; Reichl, Johannes: Karl Renner. Zwischen Anschluß und Europa. Wien 2000.

Neugebauer, Wolfgang: Der österreichische Widerstand 1938–1945. Wien 2008.

Ders.; Schwarz, Peter: Stacheldraht, mit Tod geladen ... Der erste Österreichertransport in das KZ Dachau 1938. Wien 2008. Download: *http://www. doew.at/cms/download/3sfgo/dachau_1938.pdf* (aufgerufen 15.8.2015).

Nußbaumer, Alois: »Fremdarbeiter« im Pinzgau. Zwangsarbeit, Lebensgeschichten. Salzburg 2011.

Ortmayr, Norbert (Hg.): Knechte. Harte Arbeit, karges Brot. Wien 2001.

Overmans, Rüdiger: Deutsche militärische Verluste im Zweiten Weltkrieg. München 1999.

Overy, Richard: Der Bombenkrieg. Europa 1939–1945. Berlin 2014.

Paarhammer, Hans: Der Kirchenaustritt und seine Folgen in der NS-Zeit. In: Liebmann, Maximilian u. a. (Hg.): Staat und Kirche in der »Ostmark«. Frankfurt am Main u. a. 1998. S. 281–308.

Papen, Franz von: Der Wahrheit eine Gasse. Innsbruck 1952.

Pauley, Bruce F.: Der Weg in den Nationalsozialismus. Ursprünge und Entwicklung in Österreich. Wien 1988.

Perz, Bertrand: Der österreichische Anteil an den NS-Verbrechen. Anmerkungen zur Debatte. In: Kramer, Helmut u. a. (Hg.): Österreichische Nation – Kultur – Exil und Widerstand. In memoriam Felix Kreissler. Wien, Berlin 2006. S. 223–234.

Ders.: Gusen I und II. In: Benz, Wolfgang; Distel, Barbara (Hg.): Der Ort des Terrors. Geschichte der nationalsozialistischen Konzentrationslager. Bd. 4: Flossenbürg, Mauthausen, Ravensbrück. München 2006. S. 371–380.

Ders.; Freund, Florian: Zwangsarbeit in Österreich zwischen 1938 und 1945. In: Hördler, Stefan u. a. (Hg.): Zwangsarbeit im Nationalsozialismus. Begleitband zur Ausstellung. Göttingen 2016. S. 194–203.

Petschar, Hans: Anschluss. »Ich hole Euch heim«. Der »Anschluss« Österreichs an das Deutsche Reich. Fotografie und Wochenschau im Dienst der NS-Propaganda. Eine Bildchronologie. Wien 2008.

Picker, Henry: Hitlers Tischgespräche im Führerhauptquartier. Entstehung, Struktur, Folgen des Nationalsozialismus. Frankfurt am Main 1993.

Pietsch, Alfred: Es regnete Hakenkreuze. Ein junger Wiener überlebt das Dritte Reich. Wien 2004.

Pollack, Martin: Der Tote im Bunker. Bericht über meinen Vater. Wien 2004.

Pöllhuber, Karl: »In der Nacht zum Palmsonntag 1945 …«. Eine Auseinandersetzung mit dem Massaker in Rechnitz an Hand von Volksgerichtsakten. In: Holzinger, Gregor u. a. (Red.): Das Drama Südostwall am Beispiel Rechnitz. Eisenstadt 2009. S. 78–91.

Preradovich, Nikolaus von: Österreichs höhere SS-Führer. Berg am See 1987.

Putz, Erna: Franz Jägerstätter – Märtyrer. Leuchtendes Beispiel in dunkler Zeit. Linz 2007. Download: *http://dioezese-linzold.at/redaktion/* (aufgerufen 15.3.2017).

Rabinovici, Doron: Instanzen der Ohnmacht. Wien 1938–1945. Der Weg zum Judenrat. Frankfurt am Main 2000.

Ders.: Von der Kultusgemeinde zum Ältestenrat, 1938 bis 1945. Symposium: »Jüdisches Wien vom Ende des 1. Weltkriegs bis zur Schoa, 1918–1945«, 2012. URL: *http://www.misrachi.at/* (aufgerufen 15.12.2015).

Rauchensteiner, Manfried: 1945 – Entscheidung für Österreich. Graz u. a. 1995.

Ders.: Der Krieg in Österreich '45. Sonderausgabe, Wien 1995.

Rauscher, Karl-Heinz: Der Luftkrieg gegen Steyr. In: *Amtsblatt der Stadt Steyr*, Sondernr. Mai 2005, S. 8–10.

Recker, Marie-Luise: Sozialpolitik. In: Benz, Wolfgang u. a. (Hg.): Enzyklopädie des Nationalsozialismus. 5. Aufl. München 2007. S. 130–142.

Reisner, Markus: Bomben auf Wiener Neustadt. Die Zerstörung eines der wichtigsten Rüstungszentren des Deutschen Reiches. Der Luftkrieg über der »Allzeit Getreuen« von 1943 bis 1945. 3., überarb. Aufl. Berndorf 2014.

Ders.: Der Luftkrieg 1944/45 über Österreich. In: *Truppendienst*, 2/2015. Download: *http://www.bundesheer.at/truppendienst/* (aufgerufen 17.11.2016).

Reuth, Ralf Georg: Goebbels. München 1990.

Rosar, Wolfgang: Deutsche Gemeinschaft. Seyss-Inquart und der Anschluß. Wien u. a. 1971.

Rosenkranz, Herbert: Verfolgung und Selbstbehauptung. Die Juden in Österreich 1938–1945. Wien, München 1978.

Rosenmayr, Leopold: Überwältigung 1938. Frühes Erlebnis – späte Deutung. Rückblick eines Soziologen auf die eigene Kindheit und seine frühe Jugend. Wien u. a. 2008.

Ruff, Margarethe: Um ihre Jugend betrogen. Ukrainische Zwangsarbeiter/innen in Vorarlberg 1942–1945. Bregenz 1996.

Rumpler, Helmut: Eine Chance für Mitteleuropa. Bürgerliche Emanzipation und Staatsverfall in der Habsburgermonarchie (Österreichische Geschichte 1804–1914; hg. v. Herwig Wolfram). Wien 1997.

Saage, Richard: Der erste Präsident. Karl Renner – eine politische Biografie. Wien 2016.

Ders.: Die deutsche Frage. Die Erste Republik im Spannungsfeld zwischen österreichischer und deutscher Identität. In: Konrad, Helmut; Maderthaner, Wolfgang (Hg.): … der Rest ist Österreich. Das Werden der Ersten Republik. Bd. I. Wien 2008. S. 65–82.

Sachslehner, Johannes: Zwei Millionen ham'ma erledigt. Odilo Globocnik – Hitlers Manager des Todes. Wien u. a. 2014.

Safrian, Hans: Die Eichmann-Männer. Wien 1993.

Ders.; Witek, Hans: Und keiner war dabei. Dokumente des alltäglichen Antisemitismus in Wien 1938. Wien 2008.

Sandgruber, Roland: Ökonomie und Politik. Österreichische Wirtschaftsgeschichte vom Mittelalter bis zur Gegenwart (Österreichische Geschichte; hg. v. Herwig Wolfram). Wien 1995.

Sauer, Walter: Loyalität, Konkurrenz oder Widerstand? Nationalsozialistische Kultuspolitik und kirchliche Reaktionen in Österreich 1938–1945. In: Tálos, Emmerich u. a. (Hg.): NS-Herrschaft in Österreich. Ein Handbuch. Wien 2000. S. 159–186.

Schafranek, Hans: Hakenkreuz und rote Fahne. Die verdrängte Kooperation von Nationalsozialisten und Linken im illegalen Kampf gegen die Diktatur des »Austrofaschismus«. In: *Archiv für die Geschichte des Widerstandes und der Arbeit*, Nr. 9, 1990. S. 7–45.

Ders.: Julius Kornweitz und Leo Gabler – Auslandsemissäre der KPÖ im Visier der Gestapo. In: Politische Verfolgung im Lichte von Biographien (Jahrbuch 2011. Hg. v. DÖW). Wien 2011. S. 185–208.

Ders.: Söldner für den »Anschluss«. Die Österreichische Legion 1933–1938. Wien 2011.

Schausberger, Norbert: Der Griff nach Österreich. Der Anschluß. Wien, München 1978.

Scheu, Friedrich: Der Weg ins Ungewisse. Österreichs Schicksalskurve 1929–1938. Wien u. a. 1972.

Schieder, Paul: Französische Zwangsarbeiter im »Reichseinsatz« auf dem Gebiet der Republik Österreich. Hintergründe und Lebenswelten. Wien u. a. 2012.

Schmidl, Erwin A.: Bundesheer und Wehrmacht in Graz 1938. In: Bouvier, Friedrich u. a. (Red.): Graz 1938 (Historisches Jahrbuch der Stadt Graz 18–19). Graz 1987. S. 137–166.

Ders.: März 38. Der deutsche Einmarsch in Österreich. Wien 1987.

Schmidt, Rainer F.: Die Außenpolitik des Dritten Reiches 1933–1939. Stuttgart 2002.

Schmidt, Silvia Maria: Das Schicksal der Juden im Bezirk Neusiedl am See 1938–1945. Dipl.-Arb. Univ. Wien 2010.

Schmitz-Berning, Cornelia: Vokabular des Nationalsozialismus. Berlin u. a. 1998.

Schoenbaum, David: Die braune Revolution. Eine Sozialgeschichte des Dritten Reiches. Köln 1968 (Neuausg. Berlin 1999).

Schöner, Josef: Wiener Tagebuch 1944/1945. Hg. v. Eva-Marie Csáky u. a. Wien u. a. 1992.

Schönner, Johannes (Hg.): Die historische Bedeutung der Demonstration der katholischen Jugend gegen den Nationalsozialismus in Wien. Hg. v. Karl von Vogelsang-Institut zur Erforschung der Geschichte der christlichen Demokratie in Österreich. Wien 2013. Download: http://www.kvvi.at/ (aufgerufen 28.5.2015).

Ders.: Katholikinnen und Katholiken in Widerstand und Verfolgung. DÖW-Forschungsprojekt: »Namentliche Erfassung der Opfer politischer Verfolgung 1938–1945«. Download: http://www.doew.at/ (aufgerufen 15.11.2016).

Schöpfer, Gerald: Das Jahr 1938 im Lichte von Augenzeugenberichten. In: Bouvier, Friedrich u. a. (Red.): Graz 1938 (Historisches Jahrbuch der Stadt Graz 18–19). Graz 1987. S. 75–86.

Schörken, Rolf: Jugend. In: Benz, Wolfgang u. a. (Hg.): Enzyklopädie des Nationalsozialismus. 5. Aufl. München 2007. S. 223–241.

Schreiber, Horst: Die Machtübernahme in Tirol. In: Steininger, Rolf; Pitscheider, Sabine (Hg.): Tirol und Vorarlberg in der NS-Zeit. Innsbruck u. a. 2002. S. 31–49.

Schuschnigg, Kurt: Ein Requiem in Rot-Weiß-Rot. »Aufzeichnungen des Häftlings Dr. Auster«. Zürich 1946.

Ders.: Im Kampf gegen Hitler. Die Überwindung der Anschlußidee. Wien u. a. 1969.

Schwanninger, Florian: »Wenn du nicht arbeiten kannst, schicken wir dich zum Vergasen.« Die »Sonderbehandlung 14f13« im Schloss Hartheim 1941–1944. In: Kepplinger, Brigitte u. a. (Hg.): Tötungsanstalt Hartheim. 2., erw. Aufl. Linz 2008. S. 155–208.

Seifert, Oliver: »Sterben hätte sie auch hier können«. Die »Euthanasie«-Transporte aus der Heil- und Pflegeanstalt Hall in Tirol nach Hartheim und Niedernhart. In: Kepplinger, Brigitte u. a. (Hg.): Tötungsanstalt Hartheim. 2., erw. Aufl. Linz 2008. S. 359–409.

Seliger, Maren: NS-Herrschaft in Wien und Niederösterreich. In: Tálos, Emmerich u. a. (Hg.): NS-Herrschaft in Österreich. Ein Handbuch. Wien 2000. S. 237–259.

Selzer, Erika (Hg.): 1945. Ende und Anfang im Ausseer Land. Katalog zur Ausstellung im Ausseer Kammerhofmuseum. Bad Aussee 1996.

Seyß-Inquart-Denkschrift: Seyß-Inquart, Arthur: Die österreichische Frage 1934–1938. Abgedruckt in: Steinbauer, Gustav: Ich war Verteidiger in Nürnberg. Ein Dokumentenbeitrag zum Kampf um Österreich. Klagenfurt 1950. S. 73–110.

Sint, Oswald: »Buibm und Gitschn beinando, is ka Zoig!« Jugend in Osttirol 1900–1930 (»Damit es nicht verlorengeht …«, Bd. 9). Wien u. a. 1986.

Slapnicka, Harry: Oberösterreich als es »Oberdonau« hieß (1938–1945). Linz 1978.

Snyder, Timothy: Bloodlands. Europa zwischen Hitler und Stalin. München 2011.

Sonnenberg, Peter: Medienkontrolle während der NS-Zeit. Dipl.-arb. Univ. Wien 2009.

Spitzy, Reinhard: So haben wir das Reich verspielt. Bekenntnis eines Illegalen. München, Wien 1986.

Spring, Claudia: Staatenloses Subjekt, vermessenes Objekt: Anthropologische Untersuchungen an staatenlosen Juden im September 1939. In: *Zeitgeschichte*, 30. Jg., 2003, S. 163–170.

Stadler, Karl: Österreich 1938–1945 im Spiegel der NS-Akten. Wien, München 1966.

Stargardt, Nicholas: Der deutsche Krieg 1939–1945. Frankfurt am Main 2015.

Starhemberg, Ernst Rüdiger: Memoiren. Wien, München 1971.

Statistische Nachrichten. Hg. v. Bundesamt für Statistik. 16. Jg., Wien 1938.

Statistisches Jahrbuch der Stadt Wien 1938. Neue Folge, 5. Bd., Wien 1939.

Staudinger, Eduard G.: Vereine als Träger des Anschlußgedankens. In: *Zeitschrift des Historischen Vereins für Steiermark*. 79. Jg., Graz 1988, S. 257–275.

Ders.: Zur Entwicklung des Nationalsozialismus in Graz von seinen Anfängen bis 1938. In: Bouvier, Friedrich u. a. (Red.): Graz 1938 (Historisches Jahrbuch der Stadt Graz 18–19). Graz 1987. S. 31–74.

Steinacher, Gerald: Nazis auf der Flucht. Wie Kriegsverbrecher über Italien nach Übersee entkamen. Innsbruck 2008.

Steinbauer, Gustav: Ich war Verteidiger in Nürnberg. Ein Dokumentenbeitrag zum Kampf um Österreich. Klagenfurt 1950.

Stelzl-Marx, Barbara: Stalins Soldaten in Österreich. Die Innensicht der sowjetischen Besatzung 1945–1955. Wien, München 2012.

Stojka, Ceija: Wir leben im Verborgenen. Erinnerungen einer Rom-Zigeunerin. Hg. v. Karin Berger. Wien 1988.

Stourzh, Gerald: Die Außenpolitik der österreichischen Bundesregierung gegenüber der nationalsozialistischen Bedrohung. In: Stourzh, Gerald; Zaar, Brigitte (Hg.): Österreich, Deutschland und die Mächte. Internationale und österreichische Aspekte des »Anschlusses« vom März 1938. Wien 1990. S. 319–346.

Süß, Dietmar: Tod aus der Luft. Kriegsgesellschaft und Luftkrieg in Deutschland und England. München 2011.

Tálos, Emmerich: Das austrofaschistische Herrschaftssystem. Österreich 1933–1938. Wien 2013.

Ders.: Sozialpolitik in der »Ostmark«. Angleichungen und Konsequenzen. In: Ders. u. a. (Hg.): NS-Herrschaft in Österreich. Ein Handbuch. Wien 2000. S. 376–408.

Ders.; Neugebauer, Wolfgang (Hg.): Austrofaschismus. Politik – Ökonomie – Kultur 1933–1938. 5., überarb. Aufl. Wien 2005.

Tausig, Franziska: Shanghai Passage. Emigration ins Ghetto. Wien 2007.

Thurner, Erika: Nationalsozialismus und Zigeuner in Österreich. Wien 1983.

Tomkowitz, Gerhard; Wagner, Dieter: »Ein Volk, ein Reich, ein Führer!« Der »Anschluß« Österreichs 1938. München 1968 (Neuausg. 1988).

Tooze, Adam: Ökonomie der Zerstörung. Die Geschichte der Wirtschaft im Nationalsozialismus. München 2007.

Topf, Christian: Auf den Spuren der Partisanen. Zeitgeschichtliche Wanderungen im Salzkammergut. Grünbach 2006.

Torberg, Friedrich: Auch das war Wien. Roman. München, Wien 1984.

Treichl, Wolfgang: Am Ende war die Tat. Wien 1992.

Uhl, Heidemarie: Das »erste Opfer«. Der österreichische Opfermythos und seine Transformationen in der Zweiten Republik. In: Österreichische Zeitschrift für Politikwissenschaft 2001/1, S. 19–34.

Ulrich, Johann: Der Luftkrieg über Österreich 1939–1945 (Militärhistorische Schriftenreihe, Nr. 5/6). 5. Aufl. Wien 1994.

Ungar-Klein, Brigitte: »Als Kind habe ich einmal einen Lichtstrahl gekannt …« Die Lebensumstände von Kindern und Jugendlichen, die als U-Boote überlebt haben. In: Forschungen zum Nationalsozialismus und dessen Nachwirkungen in Österreich. Festschrift für Brigitte Bailer. Hg. v. DÖW. Wien 2012. S. 67–77.

Urbanek, Gerhard: Österreichs Deutschland-Komplex. Paradoxien in der österreichisch-deutschen Fußballmythologie. Wien 2012.

Vasold, Manfred: Medizin. In: Benz, Wolfgang u. a. (Hg.): Enzyklopädie des Nationalsozialismus. 5., aktual. Aufl. München 2007. S. 259–276.

Viel, Bernhard: Egon Friedell. Der geniale Dilettant. München 2013.

Volkszählung 1934: Die Ergebnisse der österreichischen Volkszählung vom 22. März 1934. Bearbeitet vom Bundesamt für Statistik. Heft 1–11. Wien 1935.

Volsansky, Gabriele: Pakt auf Zeit. Das Deutsch-Österreichische Juli-Abkommen 1936. Wien u. a. 2001.

Wadl, Wilhelm; Ogris, Alfred: Das Jahr 1938 in Kärnten und seine Vorgeschichte. Ereignisse – Dokumente – Bilder. 2. Aufl. Klagenfurt 1997.

Wagner, Jens-Christian: Zwangsarbeit im Nationalsozialismus – ein Überblick. In: Hördler, Stefan u. a. (Hg.): Zwangsarbeit im Nationalsozialismus. Begleitband zur Ausstellung. Göttingen 2016. S. 180–193.

Walser, Harald: Die illegale NSDAP in Tirol und Vorarlberg. Wien 1983.

Walzl, August: »Als erster Gau …«. Entwicklungen und Strukturen des Nationalsozialismus in Kärnten. Klagenfurt 1992.

Wandruszka, Adam: Österreichs politische Struktur. Die Entwicklung der Parteien und politischen Bewegungen. In: Benedikt, Heinrich (Hg.): Geschichte der Republik Österreich. Wien 1954. S. 289–485.

Wartlik, Helmut: Das Arbeitslager für ungarische Juden in Engerau (3. Dezember 1944 – 29. März 1945) im Rahmen des Südostwallbaues aus der Perspektive der Prozesse vor dem Volksgericht Wien 1945–1955. Dipl.-Arb. Univ. Wien 2008.

Weber, Fritz: Zwischen abhängiger Modernisierung und Zerstörung. Österreichs Wirtschaft 1938–1945. In: Tálos, Emmerich u. a. (Hg.): NS-Herrschaft in Österreich. Ein Handbuch. Wien 2000. S. 326–347.

Weber, Wolfgang: Von Silbertal nach Sobibór. Über Josef Vallaster und den Nationalsozialismus im Montafon (Schriftenreihe der Rheticus-Gesellschaft, Heft 48). Feldkirch 2008.

Weinberg, Gerhard L.: Eine Welt in Waffen. Die globale Geschichte des Zweiten Weltkrieges. Stuttgart 1995.

Weinzierl, Erika: Kirche und Nationalsozialismus in Wien im März 1938. In: Wien 1938 (Forschungen und Beiträge zur Wiener Stadtgeschichte, Bd. 2. Hg. v. Felix Czeike). Wien 1978. S. 164–171.

Dies.: Kirchlicher Widerstand gegen den Nationalsozialismus. In: Themen der Zeitgeschichte und der Gegenwart. Arbeiterbewegung – NS-Herrschaft – Rechtsextremismus. Hg. v. DÖW. Wien 2004. S. 76–85.

Dies.: Prüfstand. Österreichs Katholiken und der Nationalsozialismus. Mödling 1988.

Weiß, Hermann (Hg.): Biographisches Lexikon zum Dritten Reich. Frankfurt am Main 2002.

Wette, Wolfram: Feldwebel Anton Schmid. Ein Held der Humanität. Frankfurt am Main 2013.

Widerstand und Verfolgung in Wien 1934–1945. Eine Dokumentation. Hg. v. DÖW. Bd. 1: 1934–1938. Bd. 2 u. 3: 1938–1945. 2. Aufl. Wien 1984.

Winkler, Heinrich August: Der lange Weg nach Westen. Bd. I: Deutsche Geschichte vom Ende des Alten Reichs bis zum Untergang der Weimarer Republik. Bd. II: Deutsche Geschichte vom »Dritten Reich« bis zur Wiedervereinigung. 6. Aufl. München 2005.

Wladika, Michael: Hitlers Vätergeneration. Die Ursprünge des Nationalsozialismus in der k. u. k. Monarchie. Wien, Köln, Weimar 2005.

Wohnout, Helmut: Anatomie einer Kanzlerdiktatur. In: Kopetz, Hedwig u. a. (Hg.): Soziokultureller Wandel im Verfassungsstaat. Phänomene politischer Transformation. Wien u. a. 2004. S. 961–974.

Ders.: Leopold Figl und das Jahr 1945. Von der Todeszelle auf den Ballhausplatz. St. Pölten u. a. 2015.

Ders.: Zwischen Ständestaat und Austrofaschismus. Anmerkungen zur österreichischen Kanzlerdiktatur 1933/34–1938. In: Anzenberger, Werner, Halbrainer, Heimo (Hg.): Unrecht im Sinne des Rechtsstaates. Die Steiermark im Austrofaschismus. Graz 2014. S. 19–36.

Zechmeister, Herbert: Das Polizeibataillon 322 aus Wien-Kagran. Österreichische Polizisten und der Vernichtungskrieg im Osten. Diss. d. Univ. Klagenfurt, 1998.

Zernatto, Guido: Die Wahrheit über Österreich. New York, Toronto 1938.

Abkürzungen

Abl.	Abendblatt, Abendausgabe
ADAP	Akten zur deutschen auswärtigen Politik
Anm.	Anmerkung
BGBl.	Bundesgesetzblatt
DAF	Deutsche Arbeitsfront
DJ	Deutsches Jungvolk
Doku	Dokumentation lebensgeschichtlicher Aufzeichnungen, Institut für Wirtschafts- und Sozialgeschichte der Universität Wien
DÖW	Dokumentationsarchiv des österreichischen Widerstandes
Fn.	Fußnote
Gbl. f. Ö.	Gesetzblatt für das Land Österreich
Gestapo	Geheime Staatspolizei
HSSPF	Höherer SS- und Polizeiführer
IMT	International Military Tribunal (Internationaler Militärgerichtshof; die Verfahren vor diesem Tribunal sind als »Nürnberger Prozesse« bekannt)
KdF	Kraft durch Freude, Freizeitorganisation der DAF
Mbl.	Morgenblatt, Morgenausgabe
Mtbl.	Mittagsblatt, Mittagsausgabe
NSKK	Nationalsozialistisches Kraftfahrerkorps
NSV	Nationalsozialistische Volkswohlfahrt
OKW	Oberkommando der Wehrmacht
Pg.	Parteigenosse, NSDAP-Mitglied
RAD	Reichsarbeitsdienst
RGBl.	Reichsgesetzblatt
RSHA	Reichssicherheitshauptamt
Schupo	Schutzpolizei
SD	Sicherheitsdienst des Reichsführers-SS
SSPF	SS- und Polizeiführer
UK	unabkömmlich
VF	Vaterländische Front
VGH	Volksgerichtshof
WStLA	Wiener Stadt- und Landesarchiv

Akteure

Alfred Bamer (1917–1982); aufgewachsen in Oberösterreich. Matura; Studium der Rechtswissenschaft in Innsbruck und Wien; Musikausbildung. Nach der Rückkehr aus der Kriegsgefangenschaft als Kirchenmusiker und Komponist tätig. Verheiratet mit Stephanie Johne, ein Kind.

Stephanie Bamer (geb. Johne, 1919–2006); aufgewachsen und wohnhaft in Wien. Sie arbeitete ab 1937 als Postangestellte, daneben absolvierte sie ein Jura-Studium an der Universität Wien; nach 1945 Rechtsanwaltsanwärterin und schließlich Parlamentsstenographin.

Robert Breuer (1909–1996); aufgewachsen und wohnhaft in Wien. Studium der Rechte, Musikausbildung; freier Journalist für verschiedene in- und ausländische Blätter. 1938 Emigration nach Großbritannien und 1940 in die USA. Dort verdingte er sich als Gelegenheitsarbeiter, konnte aber später als Journalist und Musikkritiker Fuß fassen.

Günther Doubek (1928–2016); stammte aus einer Wiener sozialdemokratischen Arbeiterfamilie. Matura an Lehrerbildungsanstalt 1950. Volks- und Hauptschullehrer in Niederösterreich und Wien; Direktor eines Polytechnischen Lehrgangs. Fünf Kinder aus zwei Ehen.

Gottfried Florian (1914–2001); kam als uneheliches Kind zur Welt und wuchs im Industrieort Neuda, Bezirk Melk, Niederösterreich, auf. Nach der Schule arbeitete er in der örtlichen Seilwarenfabrik und war dort bis zur Pensionierung als Angestellter tätig. Verheiratet, ein Kind.

Josef Frattnig (Pseudonym, 1922–1993); Bauernsohn; aufgewachsen im Mölltal, Bezirk Spittal an der Drau, Kärnten. Nach dem Krieg zehn Jahre auf dem elterlichen Bergbauernhof, dann Landwirt im Hausruckviertel, Oberösterreich. Verheiratet, vier Kinder.

Mignon Langnas (1903–1949); geboren in Galizien, stammte aus einer frommen jüdischen Familie, der Vater war Kaufmann. Kurz nach Kriegsausbruch 1914 übersiedelte die Familie nach Wien. Heirat 1928, drei Kinder, von denen das erste im Alter von drei Jahren starb. Nachdem sie die NS-Ära als jüdische

Krankenschwester in Wien überlebt hatte, gelangte sie im Sommer 1945 in ein Lager für »Displaced Persons« in Deggendorf in Bayern. Dort erkrankte sie an Typhus, rang wochenlang mit dem Tod, überlebte aber schließlich. Erst Ende Juni 1946 konnte sie in New York nach jahrelanger Trennung ihre Kinder und ihren Ehemann in die Arme schließen. Aber ihre Gesundheit war durch die jahrelangen Entbehrungen so schwer angeschlagen, dass sie im November 1949 im Alter von nur 46 Jahren starb.

Ernö Lazarovits (1924–2015), geboren in Siebenbürgen, Rumänien. 1942 Übersiedelung nach Budapest; wurde 1944 zum Arbeitsdienst einberufen. Nach seiner Befreiung in Gunskirchen kehrte er nach Budapest zurück, besuchte die Universität und graduierte in Philosophie. Danach lehrte er an der Universität, schrieb für Zeitungen und war aufgrund seiner Sprachkenntnisse im Außenhandel tätig.

Eugen Lennhoff (1891–1944); Sohn eines Bankiers; geboren und aufgewachsen in der Schweiz; Studium in Berlin und Zürich. Seit 1914 Korrespondent für Schweizer Zeitungen in Österreich. Nach dem Zusammenbruch der Monarchie blieb er in Wien und arbeitete für verschiedene Blätter. Von 1933 bis 1938 war er Chefredakteur und Herausgeber des *Telegraf*. 1938 floh er nach Ungarn und gelangte schließlich nach Großbritannien. Dort erschien im selben Jahr sein Buch »The Last Five Hours of Austria«. Beim Radiosender BBC war er ab 1941 für die Österreich-Sendungen tätig.

Alfred Pietsch (geboren 1925); aufgewachsen und wohnhaft in Wien. Ausbildung zum Grafiker. Nach dem Krieg war er 35 Jahre lang Angestellter der Österreichischen Nationalbank.

Hans Piscator (Pseudonym, 1904–2002); Sohn eines Postsparkassenbeamten; aufgewachsen und wohnhaft im Raum südlich von Wien. Er studierte an der Hochschule für Welthandel in Wien, trat ohne Abschluss ins Berufsleben ein und war als Betriebsbeamter, Filialleiter, selbständiger Großhandelskaufmann, Bilanzbuchhalter, Leiter des Rechnungswesens und Wirtschaftsberater tätig. Verheiratet, zwei Kinder.

Leopold Rosenmayr (1925–2016); Vater Hausverwalter, Mutter Geschäftsfrau; Schulbesuch in Wien. Kriegsteilnahme von 1943 bis 1945. Nach der Rückkehr aus der Kriegsgefangenschaft studierte er Philosophie und promovierte 1949. Von 1963 bis 1995 war er ordentlicher Universitätsprofessor für Soziologie und Sozialphilosophie an der Universität Wien.

Richard Ruffingshofer (1904–1945); Vater Beamter der Gemeinde Wien; aufgewachsen und wohnhaft in Wien und Klosterneuburg bei Wien. Er studierte an der Universität Wien Rechtswissenschaft, danach Beamter des Postsparkassenamtes und der Postverwaltung. Verheiratet, drei Kinder.

Josef Schöner (1904–1978); Sohn eines Gastronomen-Ehepaares aus Wien; Studium der Rechtswissenschaft. Seit 1933 im Auswärtigen Dienst, 1939 zwangspensioniert. 1945 Wiedereintritt in die Politische Abteilung des Amtes für Auswärtige Angelegenheiten, deren Leiter er 1953 wurde. Berater und enger Mitarbeiter der Außenminister Karl Gruber und Leopold Figl, später Botschafter u. a. in Bonn und in London.

Adolfine Schumann (geb. Jauernig, 1916–2014); Vater Schuhmacher, Mutter Bedienerin; aufgewachsen und wohnhaft in Wien. Erlernte den Beruf einer Verkäuferin und arbeitete danach als Stenographin und Büroangestellte in verschiedenen Institutionen, zuletzt viele Jahre beim »Zwischenstaatlichen Komitee für europäische Auswanderung«. 1956 geschieden, keine Kinder.

Oswald Sint (1900–1992); Sohn von Kleinbauern; zeit seines Lebens ansässig in der Gemeinde Kartitsch, Bezirk Lienz, Osttirol. Er war als Bauer und Holzarbeiter tätig. Seine eigentliche Berufung war das Schreiben, man kann ihn als Dorfchronisten und Heimatdichter bezeichnen. In den 1950er Jahren erschienen zwei von ihm verfasste Romane. Seine Jugenderinnerungen kamen 1986 unter dem Titel »Buibm und Gitschn beinando, is ka Zoig!« heraus. Verheiratet, sieben Kinder.

Orts- und Personenregister

ORTE

PERSONEN

Der Name Adolf Hitler wurde nicht aufgenommen.